Christine Varga

Die Grundzüge des ungarischen Steuerstrafrechtssystems

Reihe Rechtswissenschaft

Band 212

Christine Varga

Die Grundzüge des ungarischen Steuerstrafrechtssystems unter kriminalstrafrechtlichen und verwaltungsstrafrechtlichen Gesichtspunkten

Centaurus Verlag & Media UG 2009

Zur Autorin:
Christine Varga, geb. 1974, studierte Rechtswissenschaften an der Universität Bayreuth und promovierte dort 2008 bei Prof. Dr. Gerhard Dannecker. Sie ist seit 2008 als Rechtsanwältin im Bereich Wirtschafts- und Steuerstrafrecht in der Kanzlei Rödl & Partner in Nürnberg tätig

Die Deutsche Bibliothek – CIP-Einheitsaufnahme

Varga, Christine:
Die Grundzüge des ungarischen Steuerstrafrechtssystems unter kriminalstrafrechtlichen und verwaltungsstrafrechtlichen Gesichtspunkten / Christine Varga. – Kenzingen : Centaurus-Verl., 2009
    (Reihe Rechtswissenschaft ; Bd. 212)
    Zugl: Bayreuth, Univ., Diss., 2008
    ISBN 978-3-8255-0724-4   ISBN 978-3-86226-363-9 (eBook)
    DOI 10.1007/978-3-86226-363-9

ISSN 0177-2805

Alle Rechte, insbesondere das Recht der Vervielfältigung und Verbreitung sowie der Übersetzung, vorbehalten. Kein Teil des Werkes darf in irgendeiner Form (durch Fotokopie, Mikrofilm oder ein anderes Verfahren) ohne schriftliche Genehmigung des Verlages reproduziert oder unter Verwendung elektronischer Systeme verarbeitet, vervielfältigt oder verbreitet werden.

© *CENTAURUS Verlags KG, Kenzingen 2009*

Umschlaggestaltung: Antje Walter, Titisee

Widmung

Meiner Familie,

deren große Unterstützung wesentlich zum Entstehen dieser Arbeit beigetragen hat.

„Auf dieser Welt kann nichts vorhergesagt werden außer dem Tod und der Steuer".
Benjamin Franklin

„Ezen a világon semmire sem mondhatjuk hogy biztos, kivéve a halált és az adót".
Benjamin Franklin

Vorwort

Ungarn ist unter allen osteuropäischen Staaten sicherlich das Land, das bereits vor dem Fall des „Eisernen Vorhangs" am meisten westlich orientiert war und die notwendigen Änderungen des Wirtschaftssystems nach dem Ende der kommunistischen Planwirtschaft zielsicher umgesetzt hat. Die Bundesrepublik Deutschland ist sowohl aus politischer als auch aus wirtschaftlicher Sicht ein wichtiger Verbündeter des Landes, was sich nicht zuletzt, gerade in jüngster Zeit, in den zahlreichen Direktinvestitionen deutscher Unternehmen in Ungarn und Kapitaltransfers widerspiegelt. Aus diesem Blickwinkel heraus erhebt sich konsequenterweise die Frage, ob die Gesetzgebung, aber auch die Rechtsprechung mit den tiefgreifenden Änderungen in der Politik und in der Wirtschaft Schritt halten konnte und ob die Gesetzgebung insbesondere sich an westeuropäische Gesetzeskodifikationen orientiert. Das Hauptziel der vorliegenden Arbeit besteht darin, diese Fragestellung im Bereich des ungarischen Steuerstrafrechts näher zu beleuchten. Das Werk lässt sich insoweit inhaltlich als eine umfassende Darstellung des ungarischen Steuerstrafrechts unter kriminalstrafrechtlichen und verwaltungsstrafrechtlichen Aspekten verstehen, aber auch als eine rechtsvergleichende Arbeit, welche Gemeinsamkeiten und Unterschiede im ungarischen und deutschen Steuerstrafrechtssystem aufzeigt. Vorgestellt werden darüber hinaus in einem einleitenden Teil geschichtliche Grundzüge und allgemeine Grundlagen des ungarischen Steuer(straf)rechts. In einem abschließenden Teil und gleichermaßen als Ausblick werden die Reformbestrebungen Ungarns auf dem Gebiet des Steuer(straf-)rechts geschildert und bewertet. Schwerpunkte der Betrachtung liegen auf der Darstellung des Steuerstrafrechts und den verwaltungsstrafrechtlichen Sanktionen auf dem Gebiet des Steuerrechts.

Der Arbeit liegt der Stand von Gesetzgebung, Rechtsprechung und Literatur zum 01.05.2007 zugrunde. Im Hinblick darauf, dass in Ungarn vor allem auf dem Gebiet des Steuerstrafrechts vergleichsweise wenige Monographien und Aufsätze publiziert werden, soll die Arbeit die aktuelle Rechtslage und die dogmatischen Probleme in Ungarn auf dem Gebiet des Steuerstrafrechts veranschaulichen.

An dieser Stelle möchte ich mich ganz besonders für die wertvollen Anregungen und Hilfen meines sehr verehrten Doktorvaters, Herrn Professor Dr. Gerhard Dannecker, bedanken. Ohne seine Unterstützung und tatkräftige Betreuung wäre die Entstehung dieser Arbeit nicht möglich gewesen.

Zu danken ist auch Frau Némenyine Antalics Mária, von der höchsten Steuer- und Finanzüberwachungsbehörde in Budapest und dem wissenschaftlichen Assistenten Herrn Simon István, vom finanzrechtlichen Lehrstuhl der Universität ELTE in Budapest, die mich bei der schwierigen Literatursuche freundlicherweise unterstützt haben.

Bayreuth, im Mai 2007

Christine Varga

Inhaltsverzeichnis

Seite:

Erster Teil: Einleitung   1

I.   Zum Gegenstand der Untersuchung   1

1. Anlass der Untersuchung   1
2. Ziel der Untersuchung   3
3. Gang der Untersuchung   4
4. Probleme der Untersuchung   6

II.   Zu den Grundstrukturen des ungarischen Rechtssystems   7

1. Zu den Grundzügen der geschichtlichen Entwicklung   7
2. Zu den einzelnen Steuerarten und ihren rechtlichen Grundlagen   9
3. Steuerstrafdelinquenz in Ungarn: Zahlen und Fakten   16

Zweiter Teil: Strafrechtliche Aspekte des Steuerbetrugs   22

I.   Der Steuerbetrug gem. § 310 Btk. (ungarisches StGB)   23
II.   Entwicklungsgeschichtlicher Hintergrund des § 310 Btk.   25
III.   Die rechtliche Analyse des § 310 Btk.   26

1. Geschütztes Rechtsgut   26
2. Voraussetzungen des Straftatbestandes und Deliktscharakter   29
3. Strafrechtliche Verantwortung natürlicher und juristischer Personen   45
4. Täterschaft und Teilnahme   49
5. Vorsatz und Abgrenzung zur Fahrlässigkeit   62
6. Die Irrtumslehre und ihre Bedeutung für den Steuer- und Sozialversicherungsbetrugtatbestand   70
7. Versuch und Rücktritt   79
8. Die Rechtsfolgen des § 310 Btk. und der Strafaufhebungsgrund des § 310 Abs. 6 Btk.   91
9. Die Verjährung des Steuer- und Sozialversicherungsbetrugs   105
10. Die Konkurrenzen   113
11. Das Verhältnis der Strafrechtsnormen zu den Bestimmungen der ungarischen Abgabenordnung   128

IV.	Grundsätze des gerichtlichen Strafverfahrens	131
1.	Kurzer entwicklungsgeschichtlicher Hintergrund des ungarischen Strafverfahrensrechts	132
2.	Die Ermittlungsbehörden	134
3.	Die Staatsanwaltschaft und die Strafgerichte	136
4.	Der Strafverteidiger	138
5.	Der Beschuldigte	141
6.	Die unterschiedlichen Rollen des Verletzten im Verfahren	142
7.	Die wichtigsten Verfahrensgrundsätze im ungarischen Strafprozess	144
V.	Zusammenfassung zum Zweiten Teil	152

Dritter Teil: Die Steuerstraftat aus verwaltungssteuerrechtlichen Gesichtspunkten   **154**

I.	Die ungarische Abgabenordnung oder törvény az adózás rendjéröl	154
II.	Die Steuerpflichtigen und die Steuerbehörden nach der ungarischen Abgabenordnung	156
1.	Der Steuerpflichtige	156
2.	Die Steuerbehörden	159
III.	Die einzelnen Steuerpflichten	169
IV.	Verwaltungsbehördlich zu ahndende Steuerrechtsverstöße	173
V.	Das Sanktionensystem der ungarischen Abgabenordnung	175
1.	Verzugszinsen	176
2.	Selbstrevisionszuschlag	180
3.	Geldbuße	184
4.	Säumniszuschlag	186
5.	Maßnahmen und Anordnungen	190
VI.	Die Selbstüberwachung (Selbstrevision) als Besonderheit der ungarischen Abgabenordnung	195
VII.	Die Verjährung in der ungarischen Abgabenordnung	204
VIII.	Die Finanzgerichtsbarkeit in Ungarn	211
IX.	Zusammenfassung zum dritten Teil	219

Vierter Teil: Ein Beitrag zur Korruptionsproblematik in Ungarn und ihren Auswirkungen auf das Steuerverfahren   **221**

I.	Die Definition der Korruption als Versuch einer Eingrenzung	222
II.	Die Erscheinungsformen der Korruption	224
III.	Der Versuch einer Ursachenanalyse der Korruption	228
IV.	Die Auswirkungen der Korruption, insbesondere auf das steuerbehördliche Verfahren	231

V.	Möglichkeiten für eine effektive Bekämpfung der Korruption in Ungarn	245
1.	Zur strafrechtlichen Ahndung der Korruption, die Bestechungsdelikte	249
2.	Zu den sonstigen Bekämpfungsmöglichkeiten der Korruption	252
VI.	Zusammenfassung zum Vierten Teil	256

Fünfter Teil: Zusammenfassung – Der Versuch eines aktuellen Lageberichts und zugleich ein Ausblick auf Harmonisierungsmöglichkeiten zur europaweiten Bekämpfung der Steuerhinterziehung — 259

Literaturverzeichnis: 271
Anlage I. – III. 305

Abkürzungsverzeichnis

Abs.	Absatz
Áe	államigazgatási eljárás általános szabályairól szóló törvény
	Ungarisches Verwaltungsverfahrensgesetz
a.F.	alte Fassung
AG	Aktiengesellschaft
Áht.	az államháztartásról szóló 1992. évi XXXVIII törvény
	Ungarisches Staatshaushaltsgesetz
AO	Abgabenordnung
APEH	Adó es Penzügyi Ellenörzési Hivatal
	Höchste Steuer- und Finanzüberwachungsbehörde Ungarns
Art.	törvény az adózás rendjéröl
	Ungarische Abgabenordnung
ÁSZ	Állami Számvevöszék
	Staatlicher Rechnungshof
AT	Allgemeiner Teil
Aufl.	Auflage
Bd.	Band
Be.	törvény a büntetöeljárásról
	Ungarisches Strafverfahrensgesetz
BED	Büntetö Elvi Döntések
	grundlegende strafgerichtliche Entscheidungen
Ben.	Büntetö eljárási novellák
	Strafrechts-Novellen
bfai	Bundesagentur für Außenwirtschaft
BGHSt	Entscheidungen des Bundesgerichtshofs in Strafsachen
BH	Birosági Határozatok
	Gerichtliche Entscheidungen
BJE	Büntetö jogegységi határozatok
	Rechtsvereinheitlichende strafrechtliche Entscheidungen
BK	Kollégiumi Állásfoglalásók
	Stellungnahmen der Kollegialgerichte
BT	Besonderer Teil
Btk.	Büntetö törvény könyv
	Ungarisches Strafgesetzbuch
Btké	törvényerü rendelet
	Erlasse des Obersten Ungarischen Strafgerichts mit Gesetzeswirkung
Bvtv.	Büntetés végrehajtási törvény
	Ungarisches Strafvollzugsgesetz
bzw.	beziehungsweise
ca.	circa
DAAD	Deutscher Akademischer Austauschdienst
DBA	Doppelbesteuerungsabkommen
d.h.	das heißt

Dr.	Doktor
EBH	Elvi büntető határozatok
	grundlegende strafgerichtliche Beschlüsse
EG	Europäische Gemeinschaft
ELTE	EÖTÖS LORÁND TUDOMÁNY EGYETEM
ENSZ	Egyesült Nemzetek Szervezette
	Organisation für die Vereinten Nationen
EstG	Einkommensteuergesetz
etc.	etcétera
EU	Europäische Union
EUR	Euro
f.	folgende
ff.	fortfolgende
FN	Fußnote
gem.	gemäß
ggf.	gegebenenfalls
GmbH	Gesellschaft mit beschränkter Haftung
GRECO	Groupe d´États contre la Corruption
GVG	Gerichtsverfahrensgesetz
hrsg. v.	herausgegeben von
HUF	ungarische Forint (240 HUF ~ 1 EUR)
i.S.d.	im Sinne des / der
i.V.m.	in Verbindung mit
Kft.	korlátolt felelösségü társaság
	Gesellschaft mit beschränkter Haftung
Kfv.	Közigazgatási Legfelsöbb Bíróság végzése
	Entscheidung des Höchsten Gerichts in Verwaltungssachen
KG	Kommanditgesellschaft
KraftStG	Kraftfahrzeugsteuergesetz
KStG	Körperschaftsteuergesetz
lat.	lateinisch
lit.	litera, Buchstabe
LK	Leipziger Kommentar
LPK	Lern- und Praxiskommentar
Mio.	Millionen
MK	Münchener Kommentar
Mrd.	Milliarden
MRK	Menschenrechtskonvention
NK	Nomos Kommentar
Nr.	Nummer
NRW	Nordrhein-Westfalen
OECD	Organization for Economic Cooperation and Development
	Organisation für wirtschaftliche Zusammenarbeit und Entwicklung
o.g.	oben genannte
OHG	Offene Handelsgesellschaft
Pp.	a Polgári perrendtartásról szóló törvény

	Ungarische Zivilprozessordnung
Prof.	Professor
Ptk.	Polgári törvénykönyv
	Ungarisches Zivilrechtsbuch
Rdnr.	Randnummer
Rt.	Részvénytársaság
	Aktiengesellschaft
Rz.	Randziffer
S.	Seite
SK	Systematischer Kommentar
sog.	so genannte(m/ n / r / s)
StGB	Strafgesetzbuch
Szja. tv.	személyi jövedelemadó törvény
	Ungarisches Einkommensteuergesetz
TI	Transpirancy International
u.	und
UStG	Umsatzsteuergesetz
v. Chr.	vor Christus
VerbrStG	Verbrauchsteuergesetz
vgl.	vergleiche
Vht.	a bírósági végrehajtásról szóló törvény
	Ungarisches Gesetz zum gerichtlichen Vollzugsverfahren
VP	Vám – és Pénzügyörség
	Zoll- und Finanzamt
VPOP	a Vám és Pénzügyörség Országos Parancsnoksága
	Staatliche Kommandatur in Zoll- und Finanzüberwachungssachen
z.B.	zum Beispiel
ZPO	Zivilprozessordnung
z.T.	zum Teil

Erster Teil: Einleitung

I. Zum Gegenstand der Untersuchung

1. Anlass der Untersuchung

Man sagt, es gibt nur zwei sichere Dinge im Leben: Den Tod und die Besteuerung. Aber während es unmöglich ist, sich dem ersten Übel zu entziehen, gibt es doch in den meisten Ländern vielfältige „Fluchtmöglichkeiten" vor dem zweiteren. Dies kann sowohl auf legalem Weg in Form der Erlangung gesetzlich vorgesehener Steuervergünstigungen und -befreiungen als auch auf illegalem Weg in Form von Steuerhinterziehungen erfolgen.[1] Hierfür lassen sich mehrere, unter anderem auch gesetzessystematische Ursachen anführen: Eine steigende Zahl von Daten, Formularen und Anträgen, mit denen sich der Steuerzahler konfrontiert sieht, und eine oft zu laxe Überwachungspraxis der ungarischen Steuerbehörden, oft einhergehend mit Korruptionsfällen. Nichts desto trotz lässt sich in den letzten Jahren ein Fortschritt der ungarischen Steuerbehörden bei der Aufdeckung von Steuerrückständen feststellen. So stellte die höchste ungarische Steuer- und Finanzüberwachungsbehörde in der ersten Hälfte des Jahres 1997 in Folge der abgegebenen Steuererklärungen einen Steuerfehlbetrag in Höhe von 36,5 Mrd. HUF (~ 152,1 Mio. EUR) fest. Die Überwachung ergab in mehr als zwei Drittel der Fälle Steuerunstimmigkeiten; es war mit Mehreinnahmen von mehr als 16,1 Mrd. HUF (~ 67,1 Mio. EUR) nach entsprechenden rechtskräftigen Gerichtsurteilen zu rechnen.[2] Die Einführung der Marktwirtschaft in Ungarn führte zu einer steigenden Anzahl immer neuer Gesetzesänderungen und letztendlich zu einer vergleichsweise großen Rechtsunsicherheit in der ungarischen Bevölkerung.[3] Diese Rechtsunsicherheit, gepaart mit der ohnehin sinkenden Steuermoral, führte schließlich zu einem Anstieg der Steuerbetrugsdelikte.[4] Angesichts der alarmierenden internationalen Entwicklung[5] entspre-

---

1 Gemeinschaftliche Finanzsachen, Theorie und Praxis im mitteleuropäischen Übergang, S. 152.

2 Gemeinschaftliche Finanzsachen, Theorie und Praxis im mitteleuropäischen Übergang, S. 153.

3 Lux, Gyula, Die Erfahrenswerte der Ermittlung bei Wirtschaftsstraftaten. In: Schau für innere Angelegenheiten, Zeitschrift des Innenministeriums, 33. Jahrgang, 13. Sonderausgabe, 1995, S. 49.

4 So ist einer durchgeführten Umfrage zur Folge ein großer Teil der ungarischen Bevölkerung der Ansicht, dass „kleinere Steuerbetrügereien" tagtäglich vorkommen und einen

chenden Veränderungen hat die Diskussion um die Sicherstellung von Steuern und öffentlichen Abgaben für einen ausgewogenen Staatshaushalt und damit zusammenhängend um die Bekämpfung der Wirtschaftsstraftaten in den letzten Jahren einen erheblichen Stellenwert erreicht. Angesichts der Tatsache, dass die Steuern als Quelle des öffentlichen Wohls[6] anzusehen sind, die für das Funktionieren eines Gemeinwesens unerlässlich sind, wurde allgemein und in zunehmendem Maße gefordert, dass der Staat die bestehenden Rechtsunsicherheiten im Steuerrecht beseitigen sollte, in dem er regelt, welche wirtschaftlichen Handlungsweisen gemeinschädlich sind und strafrechtlich verfolgt werden können.[7] Diese „gesetzliche Orientierungshilfe" erscheint umso mehr von Nöten, als die gesamte ungarische Steuerphilosophie auf der freiwilligen Rechtsbefolgung und einer weitgehenden Eigeninitiative des Steuerzahlers in Form der Selbstbesteuerung beruht;[8] wenn aber diese eigenverantwortliche Steuerzahlung nicht erfolgt, muss auf andere Weise sichergestellt werden, dass der Staat dennoch die Mittel erhält, die er benötigt, um Gemeinwohlaufgaben zu erfüllen – nur diesmal unter Anwendung von Zwangsmitteln – seien sie kriminalstrafrechtlicher oder verwaltungsstrafrechtlicher Art.

Das zentrale Anliegen der Arbeit soll nun die Beantwortung der Frage sein, ob und inwieweit das neue ungarische Straf- und Steuerverwaltungsrecht eine Grundlage für die Bekämpfung der Steuerdelinquenz und der damit zusammenhängenden sonstigen Wirtschaftsstraftaten geschaffen hat und ob ggf. noch Verbesserungsmöglichkeiten bestehen, um eine noch effizientere Verfolgung zu gewährleisten.

„verzeihlichen" Straftatbestand darstellen. Vgl. Lux, Gyula, Die Erfahrenswerte der Ermittlung bei Wirtschaftsstraftaten. In: Schau für innere Angelegenheiten, Zeitschrift des Innenministeriums, 33. Jahrgang, 13. Sonderausgabe, 1995, S. 50.

5   Newsweek, Die Paradiese des Steuerbetrugs. In: Rechtskorrespondent, 33. Jahrgang, Nr. 5, Mai 2002, S. 14.

6   Vigvári, András, in: Öffentliche Geldangelegenheiten, Selbstverwaltungsgeldangelegenheiten, S. 143.

7   Kiss, Sándor, Gedanken zum Steuerbetrug. In: Schau für innere Angelegenheiten, Zeitschrift des Innenministeriums, 33. Jahrgang, 13. Sonderausgabe, 1995, S. 58.

8   Bordács Ágnes / Csillag, Dezsöné / Zsohár, Istvánné, in: APEH, Der auf eine Straftat hinweisende Sachverhalt im Rahmen der Steuerüberwachung, eine Veröffentlichung der APEH, überarbeitete Fassung, S. 10 ff. Földes, Gábor, in: Steuerrecht, S. 195 f., S. 203 f.

2. Ziel der Untersuchung

Das Phänomen des Steuerbetrugs und seine vielfältigen Ursachen[9] haben schon immer die rechtswissenschaftliche Diskussion angeregt.[10] Die komplexe Materie des Steuerbetrugs mit seinen rechtlichen, wirtschaftlichen und sozialen Hintergründen erfordert eine umfassende Darstellung der strafrechtlichen und steuerverwaltungsrechtlichen Grundlagen. Die vorliegende Arbeit verfolgt das Ziel, die Möglichkeiten, welche die ungarischen Gesetze allgemeinhin für die Bekämpfung der Steuerstrafdelikte bereithalten, aufzuzeigen und zu bewerten. Die Untersuchung berücksichtigt sowohl die strafrechtliche als auch die steuerrechtliche Seite, da einerseits die Strafgerichte bei der Auslegung der Steuerstraftatbestände auf die speziellen Steuergesetze zurückgreifen müssen, andererseits die Steuerbehörden zur sofortigen Anzeige und Mitteilung an die Strafverfolgungsbehörden verpflichtet sind, wenn sich der Verdacht eines Steuerbetrugs ergibt.[11] Es wird hier deutlich, dass ein unmittelbarer Zusammenhang zwischen den beiden Rechtsgebieten besteht. Die Ausführungen zur strafrechtlichen und verwaltungsrechtlichen Behandlung des Steuerbetrugs sollen an geeigneter Stelle auch Hinweise zur strafrechtlichen und steuerlichen Rechtsprechung enthalten.

Eine weitere Aufgabe der vorliegenden Untersuchung wird es sein, die Gemeinsamkeiten und Unterschiede zwischen dem ungarischen Steuerstrafrecht und dem deutschen Steuerstrafrecht herauszuarbeiten, um insbesondere die Frage beantworten zu können, inwieweit das ungarische Steuerstrafrecht dem deutschen Rechtsmodell vergleichbar ist.

---

9 Empirische Untersuchungen der amerikanischen Steuerbehörden haben annähernd 60 Ursachen und Faktoren für die Steuerhinterziehung ergeben, angefangen von der Strenge der Steuerüberwachung bis hin zur Steuerbelastung des Einzelnen. Vgl. Szilovics, Csaba, in: Betrug und Rechtsverfolgung im Steuerrecht, S. 11.

10 So z.B. Aristoteles und Savigny, Kelsen und Weber. Vgl. Szilovics, Csaba, in: Betrug und Rechtsverfolgung im Steuerrecht, S. 9.

11 Die Zoll- und Finanzämter sind nach dem ungarischen Strafverfahrensgesetz (~ BE) gem. § 36 verpflichtet, mit den ihnen zur Verfügung stehenden Mitteln den Steuersachverhalt dahingehend zu untersuchen, ob bereits der Straftatbestand des Steuerbetrugs nach dem ungarischen Strafgesetzbuch erfüllt ist und bei Bedarf auch die nötigen Beweismittel zu sichern. Sie werden insofern als eine Art Ermittlungsbehörde tätig. Erforderlich für das Einleiten eines strafrechtlichen Verfahrens ist zumindest der begründete Verdacht einer Straftat. Vgl. Bordács Ágnes / Csillag, Dezsöné / Zsohár, Istvánné, in: APEH, Der auf eine Straftat hinweisende Sachverhalt im Rahmen der Steuerüberwachung, eine Veröffentlichung der APEH, überarbeitete Fassung, S. 9 ff. Tóth, Mihály, in: Wirtschaftskriminalität und Wirtschaftsstraftaten, S. 400 f.

Letztlich soll geprüft werden, inwieweit sich ein Zusammenhang zwischen Steuerbetrug und Korruption herstellen lässt. In diesem Zusammenhang konzentrieren sich die Ausführungen vor allem auf den Nachweis der wechselseitigen tatsächlichen Beeinflussung der Korruptionsdelikte und der Steuerbetrugsdelikte[12] sowie auf die Darstellung und Interpretation der wichtigsten Bestechungsdelikte (§§ 250 ff. Btk.) im ungarischen Strafgesetzbuch. Die Behandlung der Korruptionsproblematik erscheint zudem aus folgenden Gründen sinnvoll: Zum einen kann in diesem Bereich die Frage, inwieweit Korruption die Steuermoral des Einzelnen und somit seine Bereitschaft, einen Steuerbetrug zu begehen, negativ beeinflusst, aufgeworfen werden. Zum anderen stellt sich die Frage, inwieweit Bestechungsgelder steuerlich berücksichtigt werden können.

3. Gang der Untersuchung

In einem ersten Abschnitt erfolgt eine Auseinandersetzung mit den allgemeinen Strukturprinzipien des ungarischen Steuerrechtssystems und der geschichtlichen Entwicklung, um die allgemeine Systematik des ungarischen Steuerrechts darzulegen und zugleich einen allgemeinen Überblick über die Besteuerung in Ungarn zu geben.

Sodann wird in Anlehnung an das Hauptziel einer einleitenden Darstellung des ungarischen Steuerstrafrechts, eingebettet in die Regelungen des allgemeinen Strafrechts, in einem nachfolgenden Teil die Steuerstraftat aus kriminalstrafrechtlicher Sicht behandelt und im Rahmen der Auseinandersetzung mit § 310 Btk., der den Steuer- und Sozialversicherungsbetrug regelt, auf Fragen, wie das geschützte Rechtsgut, Täterschaft und Teilnahme, Versuch und Rücktritt, Konkurrenzen etc. unter Berücksichtigung der höchstrichterlichen Rechtsprechung eingegangen. Um die bereits eingangs erwähnte enge Verflechtung des Kriminalstrafrechts und des Steuerrechts zu verdeutlichen, wird das Verhältnis der beiden Rechtsgebiete gesondert und zudem das Verhältnis der Kriminalstrafe zu den verwaltungsstrafrecht-

---

12 So haben die Korruptionsdelikte ganz entscheidenden Einfluss auf das Ansehen der Steuerbehörden und auf das Vertrauen der Bevölkerung in die Arbeit dieser Behörden. Im Gegenzug sind die Verantwortlichen bei den jeweiligen Steuerbehörden umso eher bereit, sich der Straftat der Bestechlichkeit schuldig zu machen, je größer die „illegalen Nebenverdienstmöglichkeiten" sich darstellen. Untersuchungen zu Folge ist vor allem der Steuer- und Zollbereich besonders anfällig für Korruptionsdelikte, da in diesem Bereich relativ hohe Steuer- und Zollsummen einem vergleichsweise geringen Verdienst der ungarischen Beamten gegenüberstehen. Vgl. Lux, Gyula, Die Erfahrenswerte der Ermittlung bei Wirtschaftsstraftaten. In: Schau für innere Angelegenheiten, Zeitschrift des Innenministeriums, 33. Jahrgang, 13. Sonderausgabe, 1995, S. 50.

lichen Sanktionen herausgearbeitet. Insoweit stellt sich die Frage, ob auf einen Steuerbetrug eine kriminalstrafrechtliche Rechtsfolge oder eine verwaltungsstrafrechtliche Sanktion anzuwenden ist und ob unter bestimmten Voraussetzungen sogar beide nebeneinander verhängt können.

Schließlich wird in diesem Abschnitt noch auf die Grundsätze des gerichtlichen Strafverfahrens und insbesondere auf die wichtigsten Verfahrensgrundsätze, die auf den Straftatbestand des Steuerbetrugs ebenfalls anzuwenden sind, eingegangen.

Danach wird in einem dritten Teil der Arbeit auf die steuerrechtlichen Aspekte eingegangen und nach allgemeinen theoretischen Ausführungen zur ungarischen Abgabenordnung insbesondere eine Auseinandersetzung mit den verwaltungsstrafrechtlichen Sanktionsmöglichkeiten vorgenommen.

Der dritte Teil der Arbeit wird ebenso wie der zweite Teil durch die Auswertung der aktuellen höchstrichterlichen Rechtsprechung zum jeweiligen Sachgebiet, soweit vorhanden, abgerundet. In der ungarischen Straftrechtsprechung unterscheidet man Erlasse des Obersten Ungarischen Strafgerichts mit Gesetzeswirkung (~ Btké, törvényerü rendelet), ferner die sog. grundlegenden strafgerichtlichen Entscheidungen (~ BED, Büntetö Elvi Döntések), die Stellungnahmen der Kollegialgerichte (~ BK, Kollégiumi Allásfoglalások), die rechtsvereinheitlichenden strafrechtlichen Entscheidungen (~ Büntetö jogegységi határozatok) und schließlich die Richtliniendirektiven der obersten Gerichte (~ a legfelsöbb Biróság Irányelvei). Bei diesen Entscheidungen handelt es sich allesamt um gerichtliche Entscheidungen (~ BH, Birósági Határozatok).[13]

Im vierten Teil der Arbeit wird der Frage nach der Auswirkung der Korruptionsproblematik auf die Steuerstraftat nachgegangen und es werden Möglichkeiten für eine wirksame Bekämpfung der Korruption bei den Steuerbehörden erarbeitet. Letzteres ist vor allem insoweit von Bedeutung, als nur eine gut funktionierende Steuerverwaltung, deren Autorität vom Steuerzahler nicht in Frage gestellt wird, eine effektive Verfolgung und Ahndung von Steuerbetrugsdelikten gewährleisten kann.

Schließlich wird im fünften Teil der Arbeit untersucht, wie weit die Bestrebungen Ungarns auf dem Gebiet des Strafrechts und Steuerrechts zur Bekämpfung des Steuerbetrugs und der Korruption gerade im Hinblick auf den EU-Beitritt des Landes reichen und welche Schritte für die Zukunft noch erforderlich sind. In diesem Zusammenhang soll hauptsächlich der Stand der gegenwärtigen Entwicklung in

---

13   Zödi, Zsolt / Csizner, Ildikó / Lovász, Adrienn / Kerek, Imréné / Vigh, Ágnes, in: Das ungarische Strafgesetzbuch, Gesetzestext, S. 131. Berkes, György / Szabó, Gyözö, in: Grundlegende strafgerichtliche Entscheidungen 1973-1996, Bd. I-II, S. 1 f. Berkes, György / Katona, Sándor / Kiss, Zsigmond / Kónya, István, in: Strafrecht 1973-2000, Strafgerichtliche Entscheidungssammlung, Bd. I, S. 25.

diesen Bereichen dargestellt und kritisch hinterfragt werden, um so die Hauptergebnisse der Untersuchung zusammenzufassen und einen Überblick über die Kernaussagen der einzelnen Kapitel der Untersuchung zu verschaffen. Zum Ende der Arbeit soll der Frage nachgegangen werden, inwieweit durch Harmonisierungsmöglichkeiten die Bekämpfung der Steuerhinterziehung effektiver gestaltet werden kann, wobei insbesondere die Harmonisierungsfähigkeit des ungarischen Steuerbetrugstatbestandes dargestellt werden soll.

4. Probleme der Untersuchung

Nicht unerheblich erschwert wurde die Untersuchung durch die Tatsache, dass in Ungarn vergleichsweise wenig publiziert wird, was juristische Fachliteratur anbelangt. So verfügt die ELTE, die größte juristische Fakultät in Budapest, über eine beschränkte Literaturauswahl (viele Werke sind auch einfach veraltet), im Bereich des Steuerverwaltungsrechtes besteht eine noch größere Literaturknappheit. Außerdem behandeln die strafrechtlichen Fachbücher und Kommentare den Tatbestand des Steuer- und Sozialversicherungsbetruges oft nur sehr rudimentär, der Schwerpunkt liegt eindeutig im allgemeinen Strafrecht. Dies kann darauf zurückgeführt werden, dass § 310 Btk. erst im Jahre 1978 als gesetzlicher Straftatbestand eingeführt worden ist und Jahre lang eine eher untergeordnete Rolle in der Praxis gespielt hat, bis man im Zuge des sich öffnenden europäischen Marktes die Notwendigkeit einer eingehenderen Beschäftigung mit dieser Vorschrift erkannt hat. Große Schwierigkeiten bereitete auch die Tatsache, dass in Ungarn nicht, wie im deutschen Rechtssystem bekannt, ganze Entscheidungen veröffentlicht werden, sondern nur die Leitsätze der Entscheidungen, ähnlich dem case-law-System im anglo-amerikanischen Rechtsraum. Auffallend ist dabei auch, dass vielfach Ausführungen zu allgemeinen Strafrechtsfragen, wie z.B. Täterschaft und Teilnahme, als Grundsatzentscheidungen des höchsten ungarischen Gerichts herausgegeben werden. Dies kann darauf zurückgeführt werden, dass seit dem Umbruch im Jahre 1989, als Ungarn sich als einer der ersten Reformstaaten ausländischen Investoren geöffnet hat, das ungarische Recht einer stetigen Neustrukturierung ausgesetzt war, da man erkannt hat, dass die sozialistischen Rechtsstrukturen für die gewandelten gesellschaftlichen, wirtschaftlichen und politischen Verhältnisse nicht mehr ausreichend waren. Im Zuge dieser Reformbestrebungen musste und muss noch vieles entschieden werden, was im Verständnis eines gewachsenen Rechtssystems wie dem deutschen, welches solchen grundlegenden Reformen in jüngster Zeit nicht ausgesetzt war, als geklärt gelten kann, weil es juristische Grundsatzfragen betrifft. Deshalb kann die vorliegende Untersuchung nur einen Einblick in ein fremdes Teilrechtsgebiet des ungarischen Strafrechts geben, in dem die vom deutschen

Recht bekannten dogmatischen Maßstäbe nicht in gleicher Weise angesetzt werden können. So wird im ungarischen Steuerrecht aktuellen Problemen wie Umsatzsteuer-Karussellen oder Steuerflucht nicht dieselbe Aufmerksamkeit geschenkt wie im deutschen Recht, gleichwohl ist z.B. die Problematik des sog. Mehrwertsteuer-Karussells Gegenstand von Problemerörterungen auf internationaler Ebene.[14] Sehr breit wird hingegen eine allgemeine Frage wie die Abgrenzung des Steuerbetruges vom allgemeinen Betrug bei ungerechtfertigter Umsatzsteuer-Rückforderung diskutiert.

II. Zu den Grundstrukturen des ungarischen Rechtssystems

1. Zu den Grundzügen der geschichtlichen Entwicklung

Steuern existieren, seitdem erstmals gut organisierte Regierungen entstanden sind, da man frühzeitig erkannt hat, dass die Aufgaben des öffentlichen Allgemeinwohls nur mit Hilfe von staatlichen Einnahmen finanziert werden können.[15] In Ungarn gab es bis 1848 ein relativ einfach strukturiertes Steuerrechtssystem: Das Einkommen des Staates war gleichzusetzen mit dem Einkommen des Königs. Die wichtigsten Einnahmequellen des Staates waren zu dieser Zeit vor allem Einnahmen aus Verpachtung, Mienen und Salzgewinnung.[16] Erst Ende des Jahres 1847 erkannte man allmählich die Notwendigkeit einer umfassenden Steuerreform, die dann auch im Jahre 1848 unter dem ungarischen Finanzminister Kossúth Lajos erfolgte. Erwähnenswert ist, dass hierbei zum ersten Mal direkte Steuern wie die sog. Haussteuer, die nach der Anzahl der Zimmer bemessen wurde, die Grundsteuer und die persönliche Einkommensteuer und indirekte Steuern wie die Tabak- und Schnapssteuer eingeführt wurden. Außerdem wurden fortan auch die Adeligen besteuert. Die Steuerfreiheit als Privileg des Adels entfiel völlig.[17] Das Steuerrechtssystem war gänzlich am österreichischen Steuerrechtssystem angelehnt; erst ab 1868 gab es die ersten Anzeichen eines ungarischen Steuerrechtssystems mit der Kodifikation eines Gesetzes unter anderem über die Einkommensteuer.

---

14 Vgl. die Ausführungen unter Erster Teil, II. 3.

15 Herich, György / Horváth, Sándor / Luklíder, Gabriella, in: Steuerlehre I, S. 22. Stieglitz, Joseph, E., in: Die Wirtschaftslehre des regierenden Sektors, S. 397.

16 Herich, György / Horváth, Sándor / Luklíder, Gabriella, in: Steuerlehre I, S. 23.

17 Herich, György / Horváth, Sándor / Luklíder, Gabriella, in: Steuerlehre I, S. 23.

Es war ein großer Verdienst des ungarischen Finanzministers Wekerle Sándor, im Jahre 1909 erstmalig eine soziale Komponente im ungarischen Steuerrechtssystem zu etablieren.[18] Die Besteuerung wurde nunmehr auf die finanzielle Leistungsfähigkeit des Steuerzahlers abgestimmt: Dem Einzelnen sollte ein Existenzminimum verbleiben und es gab Steuervergünstigungen für kinderreiche Familien.[19] Die Bemühungen des Finanzministers Wekerle wurden durch den Ausbruch des ersten Weltkrieges unterbrochen und erst im Jahre 1922 beendet. Nach dem Krieg betrug der Einkommensteuersatz 1 bis 40 Prozent, der Vermögensteuersatz 0,1 bis 1 Prozent.[20] Die Entwicklung und Reformierung des noch „jungen" ungarischen Steuerrechtssystems fand durch den Ausbruch des zweiten Weltkrieges ein Ende und sollte in dieser Form erst im Jahre 1988 wieder aufgenommen werden.[21]

Nach dem Ende des zweiten Weltkrieges wurde das ungarische Steuerrechtssystem vollkommen auf die Bedürfnisse des sozialistischen Regimes ausgerichtet. Ziel des sozialistischen Machtapparates war es unter anderem, den Weg in die Selbständigkeit durch immense Steueransprüche des Staates praktisch unmöglich zu machen und in- bzw. ausländische Unternehmen dadurch in die Insolvenz zu treiben, damit die Unternehmensmasse schließlich dem Staatsvermögen anheim fiel. Diese manipulierte Finanzpolitik verbot jegliche Neuentwicklung oder Anpassung an moderne westeuropäische Steuerrechtssysteme.[22] Der Weg der Annäherung an moderne westeuropäische Steuerrechtssysteme, den Wekerle János im Jahre 1909 zum ersten Mal eingeschlagen hatte, wurde erst im Jahre 1988, unmittelbar vor dem Regimewechsel, mit der Vierten Steuerreform wieder aufgenommen. Von der Annäherung an westliche Steuerrechtssysteme versprach man sich eine Stabilisierung und Stärkung der finanzwirtschaftlichen Verhältnisse in Ungarn.[23] Nach Ab-

---

18   Herich, György / Horváth, Sándor / Luklíder, Gabriella, in: Steuerlehre I, S. 23. Lomnici, Zoltán, in: Finanzrechtsprechung, S. 12.

19   Die Grundlage für die Steuerbemessung wurde nach dem Verdienst des Familienoberhauptes bestimmt, wobei das Einkommen der anderen Familienmitglieder einfach zusammengerechnet wurde.

20   Herich, György / Horváth, Sándor / Luklíder, Gabriella, in: Steuerlehre I, S. 24.

21   Herich, György / Horváth, Sándor / Luklíder, Gabriella, in: Steuerlehre I, S. 25 f. Lomnici, Zoltán, in: Finanzrechtsprechung, S. 13.

22   Herich, György / Horváth, Sándor / Luklíder, Gabriella, in: Steuerlehre I, S. 25. Lomnici, Zoltán, in: Finanzrechtsprechung, S. 13. Földes, Gábor, in: Finanzrecht, S. 31.

23   Herich, György / Horváth, Sándor / Luklíder, Gabriella, in: Steuerlehre I, S. 26. Papp, László, Die Kodifikation des Btk. und des Ordnungswidrigkeitenrechts. In: Lörincz, Lajos / Bocz, Endre / Kádár, Béla / Máthé, Gábor / Török, Gábor / Kapa, Mátyás, Theoretische

schluss dieser Vierten Steuerrechtsreform existierten in Ungarn die, vom deutschen Steuerrechtssystem bekannten, Steuerarten, wie Umsatzsteuer, Verbrauchsteuer, Kraftfahrzeugsteuer etc.[24] Darüber hinaus wurde eine umfassende Neustrukturierung des Besteuerungsverfahrens durchgeführt, die in dem „Gesetz über die Steuerordnung von 1990" Ausdruck fand.[25] Beachtenswert ist hierbei, dass das Gesetz über die Steuerordnung, das im Wesentlichen der deutschen Abgabenordnung entspricht, keine eigenständige Finanzgerichtsbarkeit kennt; Steuerstreitigkeiten werden von den ordentlichen Zivilgerichten, im Bereich des Kriminalstrafrechts von den Strafgerichten, entschieden, die auf dem Gebiet des Finanzrechts über vergleichsweise wenig Erfahrung verfügen.[26] Dies stellt ein erhebliches Problem für die ungarische Justiz dar, zumal die Zahl der entscheidungsbedürftigen Steuerrechtsfälle stetig zunimmt. Es kommt nicht selten vor, dass Rechtsfälle mit einem Streitwertvolumen von mehreren Milliarden Forint erst nach zwei bis drei Jahren entschieden werden.[27]

2. Zu den einzelnen Steuerarten und ihren rechtlichen Grundlagen

In der ungarischen Literatur wird unter der Definition der Steuer eine allgemein auferlegte Verpflichtung zur Zwangsabgabe verstanden, die der Verwirklichung öffentlicher Aufgaben dient und ohne eine entsprechende Gegenleistung vereinnahmt wird.[28] Dem Staat steht es frei, die öffentlichen Aufgaben aus den unterschiedlichsten Steuerquellen zu finanzieren und vor allem das Vermögen und das Einkommen der Steuerpflichtigen zu besteuern: Sechs verschiedene Steuerarten

---

    und praktische Fragen im Hinblick auf das Strafgesetzbuch und die Modifikation des Strafprozessrechts, S. 83.

24   Zu den einzelnen Steuerarten vgl. unter Erster Teil, II. 2.

25   Lomnici, Zoltán, in: Finanzrechtsprechung, S. 14. Földes, Gábor / Hadi, László / Kurucz-Váradi, Károly / Pénzely, Márta / Pölöskei, Pálné / Szolnoki, Béla, in: Die Erläuterung des neuen Steuerrechts 2004, S. 1 ff.

26   Djanani, Christiana / Brähler, Gernot / Ulbrich, Philipp, in: Investitionen und Steuern in Ungarn, S. 54.

27   Lomnici, Zoltán, in: Finanzrechtsprechung, S. 17.

28   Das ungarische Wort für Steuer „adó" leitet sich vom Verb „adni" = geben ab, so dass bereits das Wort die Definition in sich trägt. Der Steuerpflichtige gibt dem Staat eine finanzielle Leistung ohne selbst dafür eine Gegenleistung zu bekommen. Vgl. Dáni, Sándor, in: Die wesentlichen theoretischen Fragen des Finanzrechts, S. 110. Kostyál, Rezsö / Kosztolányi, Lászlóné / Pintér, János, in: Das Handbuch der Agrarfinanzrechtsfälle, S. 77. Finanzrecht-Steuer-Abgabe-Zoll- und Vermögensrecht, S. 15 f.

stellen die wichtigsten Finanzquellen des ungarischen Staates dar. Besteuert werden der Ertrag in Form der Körperschaft- und Einkommensteuer, der Umsatz in Form der Umsatzsteuer und der Verbrauch in Form der Verbrauchsteuer. Daneben werden in Ungarn eine Reihe örtlicher Steuern oder sogenannter Kommunalsteuern erhoben, von denen die wichtigste Steuerart die Kraftfahrzeugsteuer ist.[29]

a. Die Körperschaftsteuer

Der Körperschaftsteuer unterliegen mit Ausnahme der Einzelgewerbetreibenden gem. § 2 des Gesetzes LXXXI. von 1991 über die Körperschaft- und Dividendensteuer (~ a társasági és osztalékadóról szóló törvény) sämtliche Wirtschaftsgesellschaften (OHG, KG, GmbH und AG), deren Zweigniederlassungen und Betriebsstätten ausländischer Unternehmen, sofern sie in Ungarn Einkünfte erzielen.[30] Eine Organschaft wie in Deutschland oder Österreich ist in Ungarn nicht zulässig, es gibt keine Konzernbesteuerung.[31] Das ungarische Körperschaftsteuergesetz enthält eine Trennung zwischen der eigentlichen Körperschaftsteuer, der sog. errechneten Steuer und der Dividendensteuer, der unter anderem Ausschüttungen von Gesellschaften, Zweigniederlassungen unterliegen; es handelt sich um zwei Steuern, die in einem Gesetz geregelt sind, aber verschiedene Steuersubjekte betreffen.[32] Der allgemeine Körperschaftsteuersatz beträgt 16 Prozent, die Dividendensteuer 20 Prozent.[33]

---

29 Eine Tabelle zu den wichtigsten Steuerarten in Ungarn findet sich auch im Anhang, in Anlage I. Nr. 1.

30 Kurtán, Lajos, in: Wirtschaftswissenschaftslehre, S. 181. Vigvári, András, in: Öffentliche Geldangelegenheiten, Selbstverwaltungsgeldangelegenheiten, S. 150. Herich, György / Hadi, László / Horváth, Sándor / Magony, Krisztina / Molnár Gáspár, Endre / Szatmári, László, in: Steuerlehre I, Erklärungen, S. 93 ff. Rácz, Ildikó, in: Steuerkenntnisse, S. 140. Kurucz-Váradi, Károly / Csákiné Fodor, Anna / Szikszainé Bérces, Anna / Kovácsné Homoródy, Beáta / Hórváth, Hedvig / Radics, Zsuzsanna, in: Steuerratgeber, S. 41. Fazekas, Judit / Tóth, Ferenc / Türkösi, József / Balla, Katalin / Szilágyiné Velladics, Éva, in: Die GmbH, S. 91 f. Barta, Tamás / Tóth, Tinamér, in: Unternehmenslehre, S. 102.

31 Knaus, Michael / Wakounig, Marian-Raimund, in: Steuer- und Gesellschaftsrecht der EU-Beitrittskandidaten, S. 475 u. 483.

32 Djanani, Christiana / Brähler, Gernot / Ulbrich, Philipp, in: Investitionen und Steuern in Ungarn, S. 61 u. 81.

33 APEH, Das Steuersystem in Ungarn, 12.01.2006, S. 1, zu entnehmen unter www.apeh.hu/deutsch/adorsz_de.htm. Bank Austria, Investitionsleitfaden Ungarn, Ein Überblick über Land, Förderungen, Finanzierungen und rechtliche Grundlagen, Juli 2004, S. 56 ff., zu entnehmen unter www.ba-ca.com.

Körperschaftsteuersubjekte, mit Ausnahme von gemeinnützigen Organisationen, werden ab dem 01. September 2006 verpflichtet, vier Prozent vom Gewinn als Sondersteuer zu zahlen. Diese neue Abgabe wurde unter der Bezeichnung „Sondersteuer zur Verbesserung des Haushaltsgleichgewichts" oder Solidaritätssteuer eingeführt und dient einer umfangreichen Haushaltssanierung aufgrund des hohen Budgetdefizits von derzeit 9,4 Prozent des Bruttoinlandsprodukts.[34] Von der neuen Abgabe sind vor allem Großinvestoren betroffen, die zuvor wegen Investitionen in strukturschwachen Regionen Ansprüche zur Ermäßigung oder Erlass der Körperschaftsteuer erworben haben und nunmehr mit der Sonderabgabe konfrontiert werden. Die Sondersteuer läuft nämlich in der wirtschaftlichen Wirkung auf eine Erhöhung des Körperschaftsteuersatzes von 16 Prozent auf 20 Prozent hinaus. Außerdem unterliegen Körperschaftsteuerpflichtige ab dem 01. Januar 2007 einer sog. „Hauskassensteuer", damit der bisher vielfach verbreiteten Praxis statt Ausschüttungen hohe Kassenbestände auszuweisen, Einhalt geboten wird. Bemessungsgrundlage ist die Differenz zwischen dem tagesdurchschnittlichen Kassenbestand und 0,8 Prozent der Erträge, wobei der Steuersatz 20 Prozent beträgt.[35]

b. Die Einkommensteuer

Steuergrundlage des Gesetzes CXVII. von 1991 über die persönliche Einkommensteuer (~ törvény a magánszemélyes jövedelemadóról), im Folgenden: ungarisches EStG, ist die Summe sämtlicher Einkünfte aus selbständiger und nicht selbständiger Arbeit sowie aus sonstigen Einkommen.[36] Steuersubjekte sind natürliche Personen, die mit ihrem Welteinkommen der ungarischen Einkommensteuer nach dem § 4 ungarisches EStG, entsprechend dem deutschen Universalitätsprinzip, unterliegen. Unbeschränkt steuerpflichtig ist, wer seinen Wohnsitz in Ungarn hat oder sich gem. § 3 Nr. 2 ungarisches EStG an mindestens 183 Kalendertagen in Ungarn aufhält. Beschränkt einkommensteuerpflichtig ist eine natürliche Person hingegen, wenn sie weder einen Wohnsitz in Ungarn hat, noch ein gewöhnlicher Aufenthalt in Ungarn vorliegt. Nach dem sog. Territorialitätsprinzip unterliegen in diesem

---

34 Felkai, Roland, Steuer- und Wirtschaftsreform in Ungarn, Rödl & Partner, Auslandsbrief, Oktober 2006, S. 2, zu entnehmen unter www.rödl.de.

35 Felkai, Roland, Steuer- und Wirtschaftsreform in Ungarn, Rödl & Partner, Auslandsbrief, Oktober 2006, S. 3, zu entnehmen unter www.rödl.de.

36 Gemeinschaftliche Finanzsachen, Theorie und Praxis im mitteleuropäischen Übergang, S. 201 ff. Kostyál, Rezsö / Kosztolányi, Lászlóné / Pintér, János, in: Das Haundbuch der Agrarfinanzrechtsfälle, S. 96 ff. Kurtán, Lajos, in: Wirtschaftswissenschaftslehre, S. 181. Knaus, Michael / Wakounig, Marian-Raimund, in: Steuer- und Gesellschaftsrecht der EU-Beitrittskandidaten, S. 470.

Bereich nur die ungarischen Einkommensanteile der Steuerpflicht.[37] Seit Beginn 2005 existieren in Ungarn nur noch zwei Steuerklassen: Einkommen von weniger als 1,5 Mio. HUF (~ 6.250,- EUR) pro Jahr werden mit 18 Prozent besteuert, höhere Einkommen mit 38 Prozent.[38]
Seit September 2006 werden Einkünfte aus selbständiger und unselbständiger Arbeit sowie aus sog. sonstigen Einkünften ab einem Freibetrag von derzeit jährlich 6.325.450,- HUF (~ 26.356,- EUR) mit vier Prozent Sondersteuer belastet. Dies entspricht ebenfalls einer Erhöhung des Einkommensteuertarifs. Die einkommensteuerliche Erfassung von Zinseinkünften von nunmehr 20 Prozent löste ab 01. September 2006 die bisherige Steuerfreiheit ab.[39]

c. Die Umsatzsteuer

Grundlage der Umsatzsteuer ist das Gesetz LXXIV. von 1989 über die allgemeine Umsatzsteuer (~ törvény az általános forgalmi adóról), im Folgenden: ungarisches UStG.[40] Steuersubjekte sind gem. § 4 Abs. 1 ungarisches UStG natürliche und juristische Personen sowie Organisationen ohne eigene Rechtspersönlichkeit, soweit sie

---

37 Djanani, Christiana / Brähler, Gernot / Ulbrich, Philipp, in: Investitionen und Steuern in Ungarn, S. 54 f. Kostyál, Rezsö / Kosztolányi, Lászlóné / Pintér, János, in: Das Handbuch der Agrarfinanzrechtsfälle, S. 96. Kátai, András / Vámosi-Nagy, Szabolcs / Szakács, László / Török, Júlia, in: Steuerbriefe, Finanz- und steuerrechtliche Fachzeitschrift, 8. Jahrgang, Nr. 1, 2004, S. 6 ff. Kátai, András / Vámosi-Nagy, Szabolcs / Zödi, Zsolt / Török, Júlia, in: Steuerbriefe, Finanz- und steuerrechtliche Fachzeitschrift, 8. Jahrgang, Nr. 2, 2004, S. 3 ff. Nagy, Tibor, in: Finanzrecht, S. 106.

38 Bank Austria, Investitionsleitfaden Ungarn, Ein Überblick über Land, Förderungen, Finanzierungen und rechtliche Grundlagen, Juli 2004, S. 53 ff., zu entnehmen unter www.ba-ca.com.

39 Felkai, Roland, Steuer- und Wirtschaftsreform in Ungarn, Rödl & Partner, Auslandsbrief, Oktober 2006, S. 3, zu entnehmen unter www.rödl.de.

40 Djanani, Christiana / Brähler, Gernot / Ulbrich, Philipp, in: Investitionen und Steuern in Ungarn, S. 83 ff. Pénzely, Márta, in: Die allgemeine Umsatzsteuer, S. 9 ff. Lázár, Erzsébet / Pénzely, Márta, in: Umsatzsteuerkommentar, S. 9 ff. Andrási, Gábor, Die Hauptgruppen der rechtlichen Vorschriften zur Umsatzsteuer (1). In: Firma und Recht, Heft 11, 2003, S. 39. Andrási, Gábor, Die Hauptgruppen der rechtlichen Vorschriften zur Umsatzsteuer (2). In: Firma und Recht, Heft 12, 2003, S. 40 ff. Petrik, Ferenc / Lomnici, Zoltán, in: Verwaltungswirtschaftliche Entscheidungssammlung, Steuersachen, 13. Jahrgang, Heft 7, Nr. 121, 2004, S. 1. Petrik, Ferenc / Lomnici, Zoltán, in: Verwaltungswirtschaftliche Entscheidungssammlung, Steuersachen, 13. Jahrgang, Heft 4, Nr. 54, 2004, S. 1. Kátai, András / Vámosi-Nagy, Szabolcs / Zödi, Zsolt / Török, Júlia, in: Die Steuer, Finanz- und steuerrechtliche Fachzeitschrift, Steuergesetze / Kodex, 13. Jahrgang, Heft 4, 2004, S. 3 ff.

unternehmerische Tätigkeiten ausüben; besteuerbar sind im Inland entgeltlich erbrachte Lieferungen und Leistungen, der Eigenverbrauch und die Selbstherstellung von Anlagen und seit dem 01. Januar 2001 unentgeltlich verrichtete Dienstleistungen, nicht jedoch Tätigkeiten im Rahmen von Arbeitsverhältnissen.[41] Dienstleistungen sind am Leistungsort, also am Sitz oder Ort der Betriebsstätte des Leistungserbringers, steuerpflichtig, während Ort der Lieferung gem. § 14 Abs. 1 ungarisches UStG grundsätzlich der Ort ist, an dem sich der Gegenstand zu Beginn der Lieferung befindet. Ab dem 01. Januar 2006 wurde der Spitzensteuersatz von 25 Prozent auf 20 Prozent gesenkt, während der ermäßigte Steuersatz von 12 Prozent (bei Büchern, Nahrungsmitteln) auf 15 Prozent und der Null-Steuersatz (bei Dienstleistungen im Finanz-, Versicherungs-, Postwesen) auf 5 Prozent angehoben wurde.[42]

d. Die Verbrauchsteuer

Gesetzliche Grundlage für die Verbrauchsteuer ist das von 1991 stammende Gesetz über die Verbrauchsteuer (törvény a fogyasztási adóról) im Folgenden ungarisches VerbrStG;[43] die Steuer wird auf den Vertrieb von bestimmten, in der Anlage zum Gesetz näher ausgeführten Produkten wie z.B. Edelmetallerzeugnisse, Kaffee, Pkw's (Verbrauchsteuer) und Alkohol, Mineralöle, Tabak (Verbrauchertragssteuer) erhoben. Die Steuersätze der Verbrauchsteuer differieren je nach Art des Gutes zwischen 11 Prozent (Wein) und 35 Prozent (Edelmetallerzeugnisse). Die Bemessungsgrundlage ist die Menge und/oder der Wert der Güter. Zur Anwendung kom-

---

41 Djanani, Christiana / Brähler, Gernot / Ulbrich, Philipp, in: Investitionen und Steuern in Ungarn, S. 84 f. Petrik, Ferenc / Lomnici, Zoltán, in: Verwaltungswirtschaftliche Entscheidungssammlung, Steuersachen, 13. Jahrgang, Heft 3, Nr. 36, 2004, S. 1 ff. Nagy, Tibor, in: Finanzrecht, S. 114 f. Knaus, Michael / Wakounig, Marian-Raimund, in: Steuer- und Gesellschaftsrecht der EU-Beitrittskandidaten, S. 484.

42 Djanani, Christiana / Brähler, Gernot / Ulbrich, Philipp, in: Investitionen und Steuern in Ungarn, S. 85 f. Nagy, Tibor, in: Finanzrecht, S. 115. Kostyál, Rezsö / Kosztolányi, Lászlóné / Pintér, János, in: Das Handbuch der Agrarfinanzrechtsfälle, S. 84 f. Bobály, Erzsébet, Besteuerung im Fremdenverkehr. In: Steuerverfahren und Buchführung, 3. Jahrgang, Heft 11, 1999, S. 28. Knaus, Michael / Wakounig, Marian-Raimund, in: Steuer- und Gesellschaftsrecht der EU-Beitrittskandidaten, S. 488 f. APEH, Das Steuersystem in Ungarn, 12.01.2006, S. 1, zu entnehmen unter www.apeh.hu/deutsch/adorsz_de.htm. Coface Austria / Coface Central Europe, Country Report für Investoren und Exporteure, Ungarn, Mai 2006, S. 12, zu entnehmen unter www.myksv.at/ksv_edit/KSV/download_de/947-Leitfaden Ungarn.pdf.

43 Djanani, Christiana / Brähler, Gernot / Ulbrich, Philipp, in: Investitionen und Steuern in Ungarn, S. 87 ff.

men je nach Herkunft der Ware der Kaufpreis, die Herstellungskosten oder der Zollwert.[44]

Im Bereich der Verbrauchertragssteuer ist im Hinblick auf den Steuerbetrug von Bedeutung, dass gerade bei den alkoholischen Getränken die Steuerhinterziehung erheblich zugenommen hat.[45] In diesem Zusammenhang begeht auch derjenige einen Steuerbetrug gem. § 310 Btk., der als Unternehmer alkoholische Getränke in den Verkehr bringt, ohne seiner Zahlungsverpflichtung im Hinblick auf die Verbrauchsteuer nachzukommen, auch wenn er die alkoholischen Getränke im Rahmen eines abgeschlossenen Importvertrages aus dem Ausland und unter günstigeren Preiskonditionen als in Ungarn gegeben, einführt.[46] Steuerschuldner der Verbrauchsteuer ist dabei nicht nur der Hersteller oder Händler, sondern auch derjenige, der die Waren wie z.B. alkoholische Getränke erst aus dem Ausland importiert und dann in den Verkehr bringt, so dass es sich bei der Erhebungsform um eine für die Verbrauchsteuern typische Fabrikationssteuer handelt.[47]

e. Die Kraftfahrzeugsteuer und sonstige örtliche Steuern

Ob und in welchem Umfang die kommunalen Steuern erhoben werden, differiert von Kommune zu Kommune stark, wobei das Gesetz über die örtlichen Steuern (~ törvény a helyi adókról) nur eine begrenzende Funktion hat, indem es zulässige steuerliche Anknüpfungspunkte nennt und Höchstsätze festlegt. Die Belastung durch die örtlichen Steuern stellt ca. 2 bis 4 Prozent des ungarischen Gesamtsteueraufkommens dar und ist die wichtigste Einnahmequelle der ungarischen Kommunen.[48] Das Kraftfahrzeugsteuergesetz aus dem Jahre 1991 (~ gépkocsi adóról szóló törvény / gépjárműadóról szóló törvény), im Folgenden: ungarisches KraftStG, betrifft gleichfalls eine örtliche und damit Gemeindesteuer, die von der örtlich zuständigen Finanzbehörde der kommunalen Selbstverwaltung erhoben wird.[49] Steu-

---

44   Djanani, Christiana / Brähler, Gernot / Ulbrich, Philipp, in: Investitionen und Steuern in Ungarn, S. 88 mit entsprechenden Fußnoten.

45   Felkai, Roland, in: Die Reform des ungarischen Steuersystems, S. 129 f. mit weiteren Verweisen.

46   Berkes, György / Katona, Sándor / Kiss, Zsigmond / Kónya, István, in: Strafrecht 1973-2000, Strafgerichtliche Entscheidungssammlung, Bd. II, S. 582. BH 1999, S. 492 ff.

47   Felkai, Roland, in: Die Reform des ungarischen Steuersystems, S. 127.

48   Djanani, Christiana / Brähler, Gernot / Ulbrich, Philipp, in: Investitionen und Steuern in Ungarn, S. 88 mit entsprechenden Fußnoten.

49   Kátai, András / Vámosi-Nagy, Szabolcs / Szakács, László / Török, Júlia, in: Die Steuer, Finanz- und steuerrechtliche Fachzeitschrift, Die Steuergesetze 2004 II / Kodex, 13. Jahr-

erschuldner ist der Halter (nicht zwingend der Eigentümer) des Pkw, Steuerbemessungsgrundlage ist das Gewicht des Fahrzeugs, wobei die jährliche Steuerbelastung zwischen 600,- HUF (~ 2,50 EUR) und 1.000,- HUF (~ 4,17 EUR) je angefangene 100 Kilogramm Gewicht variiert. Die Kraftfahrzeugsteuer wurde zum 01. Januar 2007 umgestaltet; Bemessungsgrundlage ist zukünftig die Motorleistung statt dem Gesamtgewicht. Es gibt grundsätzlich keine Steuerbefreiung, wohl aber eine Steuervergünstigung für Fahrzeuge mit einem Katalysator.[50] Neben der bereits erwähnten Kraftfahrzeugsteuer gibt es noch eine Vielzahl örtlicher Steuern (~ helyi adók);[51] wichtige örtliche Steuern stellen unter anderem die Vermögensteuer in Form der Gebäude- und Geländesteuer (~ épitmény- és telekadó), die örtliche Gewerbesteuer (~ helyi iparüzési adó), welche im Jahre 2008 durch eine sog. lokale Gewinnsteuer abgelöst werden soll, und die Kommunalsteuer (~ kommunalis adó) dar.[52]

---

gang, Heft 1, 2004, S. 86. Nagy, Tibor, in: Finanzrecht, S. 119. Nagy, Tibor, in: Finanzrecht, Die Grundlagen des internationalen Finanzrechts, S. 129.

50   Djanani, Christiana / Brähler, Gernot / Ulbrich, Philipp, in: Investitionen und Steuern in Ungarn, S. 90 mit entsprechenden Fußnoten. Nagy, Tibor, in: Finanzrecht, S. 119 f.

51   Djanani, Christiana / Brähler, Gernot / Ulbrich, Philipp, in: Investitionen und Steuern in Ungarn, S. 88 ff. Fazekas, Judit / Tóth, Ferenc / Türkösi, József / Balla, Katalin / Szi-lágyiné Velladics, Éva, in: Die GmbH, S. 262 f. Nagy, Tibor, in: Finanzrecht, Die Grundlagen des internationalen Finanzrechts, S. 109 ff. Nagy, Tibor, in: Finanzrecht, S. 100. Pomázi, István / Zsikla, György, Die Steuerordnung und der Umweltschutz in Ungarn. In: Schau für Finanzangelegenheiten, 36. Jahrgang, Heft Nr. 10-11, 1992, S. 778. Pitti, Zoltán, Die örtlichen Steuern in der Steuerordnung und in der Wirtschaftsführung der Selbstverwaltung. In: Schau für Finanzangelegenheiten, 35. Jahrgang, Heft Nr. 9, 1992, S. 688 ff.

52   Bei der Kommunalsteuer in Form der sog. Unternehmer-Kommunalsteuer werden Unternehmer besteuert, die ihren Sitz bzw. ihre Niederlassung oder ihre Filiale in der Gemeinde haben. Vgl. Djanani, Christiana / Brähler, Gernot / Ulbrich, Philipp, in: Investitionen und Steuern in Ungarn, S. 90. Nagy, Tibor / Tóth, János / Nagy, Árpád, in: Finanzrecht, S. 188. Kékesi, László / Csúcs, László / Sugár, Dezsö, in: Handbuch der örtlichen Steuern, S. 216. Petrik, Ferenc / Lomnici, Zoltán, in: Verwaltungswirtschaftliche Entscheidungssammlung, Steuersachen, 13. Jahrgang, Heft 7, Nr. 122, 2004, S. 17. Petrik, Ferenc / Lomnici, Zoltán, in: Verwaltungswirtschaftliche Entscheidungssammlung, Steuersachen, 13. Jahrgang, Heft 1, Nr. 4, 2004, S. 9. Wirtschaftszeugnis, wöchentlich erscheinender Schnellbericht für Unternehmen, für Institutionsleiter, Wird die Gewerbesteuer auslösbar?, 7. Jahrgang, Nr. 9, 2004, S. 4.

3. Steuerstrafdelinquenz in Ungarn: Zahlen und Fakten

Die Auswertung des jährlichen Reports der ungarischen Steuerbehörden ergibt eindeutig eine steigende Anzahl von Steuerstraftaten.[53] So wurden im Jahre 2003 allein durch die Steuerbehörden 1421 Straftaten zur Anzeige gebracht, der Wert der Steuerforderungen betrug 9,741 Mio. HUF (~ 40.588,- EUR); die Straftatbestände des Steuer- und Sozialversicherungsbetrugs und der Urkundenfälschung stellen 90 Prozent aller Strafdelikte dar, gefolgt von Insolvenzbetrug und Untreue.[54] Der Anstieg der Steuerstraftaten,[55] wie auch der Wirtschaftsstraftaten im „Steuerparadies Ungarn"[56] lässt sich im Allgemeinen nicht leugnen und kann durch folgende Zahlen belegt werden: Im Jahre 2003 wurden 77 Prozent mehr Wirtschaftsstraftaten zur Anzeige gebracht als 2002; insgesamt wurden 1269 Fälle zur Anzeige gebracht, von den insgesamt 2432 aufgedeckten Wirtschaftsstraftaten waren mehr als die Hälfte Steuerbetrugssachen.[57] Im Jahre 2003 nahm die Zahl der angezeigten Personen auf 1060 zu, wobei aber gleichzeitig nach einer Auswertung der höchsten Steuer- und Finanzüberwachungsbehörde APEH die Zahl der unentdeckt geblieben-

---

53   Vgl. hierzu auch dieSchaubilder im Anhang, in der Anlage I. Nr. 2 – 5.

54   Kiss, Sándor, Gedanken zum Steuerbetrug. In: Schau für innere Angelegenheiten, Zeitschrift des Innenministeriums, 33. Jahrgang, 13. Sonderausgabe, 1995, S. 60 ff. APEH-Jahrbuch, Die Welt der APEH 2003, Fakten, Informationen, S. 42 f.

55   Dies stellt aber eine allgemeine Entwicklung in der Weltwirtschaft dar und ist keine typische Erscheinung der ungarischen Wirtschaft. Nach Schätzung der amerikanischen Steuerbehörden haben mehr wie 1 bis 2 Mio. Amerikaner in Europa „schwarze Konten", mit dem Ziel der Steuerhinterziehung. Steuerhinterziehung findet sich mittlerweile weltweit und die Steuerdiskussionen überschreiten schon längst den eigenen nationalen Rechtskreis. Vgl. RZECZPOSPOLITA, Die Steuer muss bezahlt werden. In: Rechtskorrespondent, 33. Jahrgang, Nr. 1, Januar 2002, S. 19. Newsweek, Die Paradiese des Steuerbetrugs. In: Rechtskorrespondent, 33. Jahrgang, Nr. 5, Mai 2002, S. 14. Time, Kampf gegen Steuerfluchten? In: Rechtskorrespondent, 35. Jahrgang, Nr. 5, Mai 2004, S. 29. THE ECONOMIST, Steuerfreier Tabakverkauf, in: Rechtskorrespondent, 33. Jahrgang, Nr. 9, September 2002, S. 19.

56   So verfügte Ungarn über die drittgeringste Gesellschaftsteuer in Höhe von 16 Prozent nach 12,5 Prozent in Irland und 10 bis 15 Prozent in Zypern (der Durchschnittswert in Europa beträgt bei der Gesellschaftsteuer 31 bis 32 Prozent!). Allerdings wurden im Zuge der Steuerreform die Steuern erheblich angehoben. Vgl. auch Ausführungen unter Erster Teil, II. 2. a. Wirtschaftszeugnis, wöchentlich erscheinender Schnellbericht für Unternehmen, für Institutionsleiter, Sinkende Steuerschlüssel, 7. Jahrgang, Nr. 14, 2004, S. 4.

57   APEH-Bulletin 2003, Informationen zur Arbeit der APEH im Jahre 2003, S. 39 f.

nen Täter zunahm.[58] Auffallend ist hierbei, dass die Zahl der von Privatleuten verübten Steuerstraftaten abnahm, während die Zahl der von Geschäftsführern und Unternehmern begangenen Steuerstraftaten zeitgleich zunahm; so sank die Anzahl der von Privatleuten verübten Steuerstraftaten im Jahr 2003 um insgesamt 14 Prozent.[59] Der Schaden, der durch die Wirtschaftsstraftaten verursacht wurde, betrug 2003 mehr als 14,2 Mrd. HUF (~ 59 Mio. EUR), über 5,2 Mrd. HUF (~ 21 Mio. EUR) mehr als 2002, wobei 98 Prozent hiervon auf den Steuerbetrugstatbestand entfielen. Allein auf die nicht abgeführte Steuer wegen Schwarzarbeit entfielen im Jahre 2003 annähernd 1,4 bis 2,1 Mrd. HUF (~ 5,8 Mio EUR bis 8,8 Mio. EUR).[60] Der Wert der unberechtigterweise nicht abgeführten Steuern nahm pro Fall im Jahre 2003 um 8 Mio. HUF (~ 33.333,- EUR) zu.[61] Im Bereich der Steuerarten nahm die Umsatzsteuerstraftat mit annähernd 34 bis 35 Prozent den größten Teil ein.[62] Strafrechtlich geahndet wurden die aufgedeckten und zur Anzeige gebrachten Steuerbetrugsdelikte in diesem Rahmen mit Geldstrafen, wobei die Anzahl der Tagessätze zwischen 50 und 320 Tagessätzen und die Höhe der Geldstrafe im durchschnittlichen Fall zwischen 4.500,- HUF (~ 18,75 EUR) und 500.000,- HUF (~ 2.083,- EUR) schwankte. Es fällt auf, dass die Gerichte in den 90er Jahren für die Wirtschaftsstraftaten weitaus geringere Strafen verhängt haben als für die allgemeinen Strafdelikte. So wurden nach einem planmäßigen Bericht der strafgerichtlichen Abteilung der Generalstaatsanwaltschaft aus dem Jahre 1997 in 24,5 Prozent aller Fälle zeitige Freiheitsstrafen gegen die Delinquenten verhängt, wobei es nur in 22,8 Prozent der Fälle zu einem tatsächlichen Vollzug der Strafe kam, in 77,2 Prozent der Fälle wurde die Freiheitsstrafe auf Bewährung verhängt. Während bei den allgemeinen Strafdelikten in 30 bis 40 Prozent aller Fälle Freiheitsstrafen verhängt wurden, kam es bei den Wirtschaftsdelikten in 51,1 Prozent zur Verhän-

---

58   APEH-Bulletin 2003, Informationen zur Arbeit der APEH im Jahre 2003, S. 39 f. APEH-Jahrbuch, Die Welt der APEH 2003, Fakten, Informationen, S. 55.

59   APEH-Bulletin 2003, Informationen zur Arbeit der APEH im Jahre 2003, S. 39 f. APEH-Jahrbuch, Die Welt der APEH 2003, Fakten, Informationen, S. 55.

60   APEH-Bulletin 2003, Informationen zur Arbeit der APEH im Jahre 2003, S. 40. APEH-Jahrbuch, Die Welt der APEH 2003, Fakten, Informationen, S. 51. Wirtschaftszeugnis, wöchentlich erscheinender Schnellbericht für Unternehmen, für Institutionsleiter, Verschwiegene Einkommen, 7. Jahrgang, Nr. 23, 2004, S. 4.

61   APEH-Bulletin 2003, Informationen zur Arbeit der APEH im Jahre 2003, S. 40.

62   APEH-Bulletin 2003, Informationen zur Arbeit der APEH im Jahre 2003, S. 53.

gung einer Geldstrafe, wobei wiederum 22,9 Prozent der verhängten Geldstrafen zur Bewährung ausgesetzt wurden.[63]

Erst in den späteren 90er Jahren und in der heutigen Zeit ist eine Annäherung der Wirtschaftsdelikte an die Allgemeindelikte zu verzeichnen, was die Strafzumessung anbelangt. Diese Entwicklung beruht auf mehreren Ursachen: Mit der Entwicklung der ungarischen Wirtschaft zu einer modernen Marktwirtschaft nahm auch die Anzahl der Steuerbetrugsdelikte wie auch die der Wirtschaftsstraftaten im Allgemeinen zu und erforderte die Verhängung von härteren Strafen und eine verbesserte Ausbildung der Richter und der Anwaltschaft, um „der Flut von Wirtschaftsstrafsachen" Herr zu werden. Letzteres macht sich vor allem dadurch bemerkbar, dass Wirtschaftsstrafsachen in einer kürzeren Zeit abgeurteilt werden als früher, auch wenn eine Prozessdauer von zwei bis drei Jahren noch keine Seltenheit ist. Des Weiteren erforderte auch der Beitritt Ungarns zur EU erhöhte Bemühungen, insbesondere der Justiz, um den Bestrebungen der Gemeinschaft, den Steuerbetrug auf ein Mindestmaß zurückzudrängen, gerecht zu werden.[64]

Die hier vorgestellten Zahlen beruhen weitgehend auf den Informationen und Fakten, welche die APEH jährlich in einem Bulletin bzw. in einem Jahrbuch zu ihrer Tätigkeit publiziert. Die Informationen, welche in dem Bulletin bzw. Jahrbuch veröffentlicht werden, basieren auf einer sog. Stammdatenbank (~ törzsadattár), die von einer gesonderten Abteilung der APEH auf Grundlage von Steueranmeldungen, Steuererklärungen, aber auch auf Grundlage von innerbehördlichen Datenaustausch auf elektronischem Weg geführt wird. In der Stammdatenbank sind nicht nur die persönlichen Daten von annähernd 10 Mio. Steuerpflichtigen gespeichert, sondern es existieren auch statistische Erhebungen über den prozentualen Anteil von Steuerpflichtverletzungen und dem Verhältnis der Strafdelikte innerhalb der einzelnen Steuerarten und zu den anderen (Wirtschafts-)Delikten.[65]

Allerdings gibt es zum Bereich der unentdeckt gebliebenen Steuer- und Wirtschaftsstraftaten bedeutend weniger aussagekräftige Statistiken darüber, wie viele Strafdelikte den ungarischen Steuerbehörden prozentual unbekannt bleiben. Über die Ursache dieser Entwicklung lassen sich indessen nur Vermutungen anstellen: Zum einen halten sich die ungarischen Steuerbehörden mit Äußerungen zur „steu-

---

63 Fazekas, Géza, Die Wirtschaftsstraftatbestände sowie die ausgetretenen Pfade der gerichtlichen Erwägungen. In: collega, 2. Jahrgang Nr. 10 – 3. Jahrgang Nr. 1, Dezember 1998, S. 23 f.

64 Lomnici, Zoltán, in: Finanzrechtsprechung, S. 17 f. APEH-Bulletin 2003, Informationen zur Arbeit der APEH im Jahre 2003, S. 43. Fazekas, Géza, Die Wirtschaftsstraftatbestände sowie die ausgetretenen Pfade der gerichtlichen Erwägungen. In: collega, 2. Jahrgang Nr.10 – 3. Jahrgang Nr. 1, Dezember 1998, S. 23 f.

65 APEH-Jahrbuch, Die Welt der APEH 2003, Fakten, Informationen, S. 13 f.

erhinterziehenden Schattenwirtschaft" wohl in dem Bewusstsein zurück, dass die Bekanntgabe einer entsprechenden Quote zu einem gewissen Nachahmungseffekt führen könnte, wenn die Gefahr einer Tatentdeckung durch die Steuerbehörden verhältnismäßig gering ist. Zum anderen beruhen die hier vorgestellten Zahlen, wie bereits eingangs erwähnt, auf Informationsmaterial, das die APEH begleitend zu ihrer jährlichen Arbeit herausgibt. Diese Vorgehensweise dient nicht nur dem einzelnen Steuerpflichtigen, indem dadurch eine höhere Transparenz hinsichtlich der steuerbehördlichen Überwachungstätigkeit erreicht wird, sondern auch der Selbst- und Fremdkontrolle der APEH durch das Finanzministerium, inwieweit sie ihr Aufgabensoll erfüllt hat. Dies hängt wiederum damit zusammen, dass es sich bei der APEH zwar um eine eigenständig wirtschaftende juristische Person handelt, die aber der Leitung und Weisung des Finanzministeriums unterstellt ist; so kann der Finanzminister z.B. auch jederzeit den Präsidenten der APEH gem. § 5 Abs. 7 des Gesetzes über die APEH seines Amtes entheben.[66] Es ist daher anzunehmen, dass die APEH in diesem Zusammenhang eher bestrebt sein wird, eine positive Bilanz ihrer Arbeit darzustellen und aus diesem Grund den Schwerpunkt der Informationsdarstellung nicht auf den Teil ihrer Bemühungen legen wird, welche nicht zum angestrebten Erfolg geführt haben. Außerdem ist zu bedenken, dass die Zahl der nicht aufgedeckten Fälle sich im Allgemeinen leicht ermitteln lässt, wenn erst einmal feststeht, wie viele Fälle entdeckt und zur Anzeige gebracht wurden. Ein Erfassen des sog. Dunkelfeldes wäre somit möglich, ohne dass der Erfolg der steuerbehördlichen Tätigkeit und damit das Vertrauen der Steuerpflichtigen in diese in irgendeiner Weise geschmälert werden müsste. So lässt sich anhand der wenigen Anhaltspunkte zumindest feststellen, dass im Jahre 2003 ca. 63 Prozent der Täter den Steuerbehörden namentlich bekannt wurden und dass sogar ca. 90,9 Prozent der Ermittlungstätigkeit zum Erfolg geführt hat.[67]

Zusammenfassend und als Beispiel für die allgemeine Meinungsbildung in der Literatur zur Bedeutung der Steuerdelinquenz für die ungarische Wirtschaft kann auf das Zitat von Tóth Mihály, einem anerkannten Finanzexperten, verwiesen werden, wonach „in der jüngsten Geschichte Ungarns möglicherweise niemals die Wirtschaft, das Recht und die Moral so weit auseinander lagen wie jetzt. Die Wirtschaft unserer heutigen Zeit verfüge über keinerlei moralischen Hintergrund und deshalb kann auch die rechtliche Durchdringung der Materie keine moralische

---

66 Kommentar zum ungarischen Gesetz über die APEH, Kommentar zum § 5 des Gesetzes, S. 3 im Ausdruck (CD-Rom).

67 APEH-Bulletin 2003, Informationen zur Arbeit der APEH im Jahr 2003, S. 40. APEH-Jahrbuch, Die Welt der APEH 2002, Fakten, Informationen, S. 62.

Deckung aufweisen."[68] Tóth Mihály versucht, die steigende Anzahl von steuerlich und wirtschaftlich motivierten Straftaten mit einer Verrohung der moralischen Ansichten der Gesellschaft zu erklären;[69] die Steuerstraftat kann nach dieser Auffassung nur dort prosperieren, wo sie gesellschaftlich toleriert wird.[70] Diese Entwicklung ist aber zu komplex, als dass sie monokausal, nur mit einer Verrohung der Steuermoral in der ungarischen Bevölkerung, zu erklären wäre. Diese Tatsache ist vielmehr hauptsächlich auf die zunehmende Sensibilisierung der zuständigen Behörden im Hinblick auf die Steuerstraftat und auf die Verbesserung des Informationsaustausches zwischen den Behörden zurückzuführen. Es besteht eine enge Zusammenarbeit zwischen den Steuer- und Ermittlungsbehörden und den Staatsanwaltschaften bzw. den Gerichten, welche durch den Informationsaustausch auf elektronischem Weg noch verstärkt wird. So können Daten, die den Steuerbehörden vorliegen, durch ein einheitliches EDV-System z.B. auch den Zollbehörden zugänglich gemacht werden. Außerdem finden regelmäßig Seminare, Workshops und Veranstaltungen zur Vernetzung der EDV-Systeme von Steuerbehörden auf europäischer Ebene statt, um den länderübergreifenden Datenaustausch zu ermöglichen.[71]

Dieser länderübergreifende Datenaustausch bekommt zunehmende Bedeutung für die Fälle des grenzüberschreitenden Mehrwertsteuerbetrugs oder „Mehrwertsteuer-Karussells". Rund 2,5 Prozent der Wirtschaftsleistung der EU, nämlich 250 Mrd. EUR, gehen der Allgemeinheit durch Steuerbetrug jedes Jahr verloren, 60 Mrd. EUR hiervon entfallen alleine auf die Mehrwertsteuer. Bei den sog. „Mehrwertsteuer-Karussellen" werden zum Schein Waren aus einem EU-Land in

---

68 Übersetzt aus dem Ungarischen: „Legújabbkori történelmünkben talán még sohasem állot egymástól ennyire távol gazdaság, jog és erkölcs. A gazdaságnak napjainkban nincs morális háttere, s igy a gazdaság jogi szabályozásának sincs erkölcsi fedezete." Vgl. Fazekas, Géza, Die Wirtschaftsstraftatbestände sowie die ausgetretenen Pfade der gerichtlichen Erwägungen. In: collega, 2. Jahrgang Nr. 10 – 3. Jahrgang Nr. 1, Dezember 1998, S. 23 f.

69 Die enge Verbindung zwischen den gesellschaftlichen Moralanschauungen und der Anzahl der Steuerstraftaten wird auch durch das Zitat des englischen Finanzexperten Gladstone, bei der Einführung der Einkommensteuer 1874 zutreffend wiedergegeben: „Die Einkommensteuer hat eine verlogene Gesellschaft zur Folge." Vgl. Szilovicz, Csaba, in: Betrug und Rechtsverfolgung im Steuerrecht, S. 99.

70 Szilovicz, Csaba, in: Betrug und Rechtsverfolgung im Steuerrecht, S. 99. Nagy, Imre Zoltán, Die Erfahrungen zur Aufdeckung verdeckter Einkommen in entwickelten Ländern. In: Schau für Finanzangelegenheiten, 35. Jahrgang, Heft Nr. 8-9, 1991, S. 672.

71 APEH-Jahrbuch, Die Welt der APEH 2003, Fakten, Informationen, S. 106 f. Girnt, József, Der neue online Steuerratgeber und Webseite. In: Täglicher Jurist, 2. Jahrgang, Nr. 1, 2002, S. 46 ff. APEH-Bulletin 2003, Informationen zur Arbeit der APEH im Jahre 2003, S. 39 f.

einen anderen Mitgliedstaat verbracht, der Exporteur holt sich die Mehrwertsteuer vom Staat für die innergemeinschaftliche Warenlieferung wieder und bringt dann die Ware wieder „inoffiziell" ins Land zurück. Eine Variante dieses Steuerbetrugs ist diejenige, dass von der Mehrwertsteuer befreite Waren im Ausland mit Mehrwertsteuer verkauft werden, diese aber nicht abgeführt wird.[72] Erforderlich wird in diesem Bereich die Einrichtung eines elektronischen Informationssystems, welche eine Vernetzung der einzelnen Zollbehörden garantiert, damit überprüft werden kann, ob die Waren tatsächlich über die Grenze gefahren worden sind und in dem Bestimmungsland auch verbleiben.

---

72 Der Standard, Steuerbetrug in der EU: 250 Milliarden pro Jahr, 31.05.2006, S. 1, zu entnehmen unter: http://derstandard.at/druck. Europäisches Informationszentrum Niedersachsen, USt-Betrug stärker bekämpfen, Juni 2006, S. 2, zu entnehmen unter: http://www.eiz-niedersachsen.de/851.98html.

Zweiter Teil: Strafrechtliche Aspekte des Steuerbetrugs

Der Staat beansprucht zur Erfüllung seiner öffentlichen Aufgaben regelmäßig die finanzielle Unterstützung seiner Bürger in Form von Steuerverpflichtungen.[73] Jede staatliche Führung, die auf eine möglichst gleichmäßige Durchsetzung der Steuergesetze, auf eine geringe Staats(neu)verschuldung und auf eine geringe Anhebung der Steuersätze bedacht ist, muss unter anderem die Steuerordnung strafrechtlich „absichern".[74] Das Steuerstrafrecht soll idealerweise die Funktion eines Mittels zur Unterstützung, Bewehrung oder auch Stärkung der Steuerrechtsordnung im Kampf gegen Straftaten, die das Vertrauen der Allgemeinheit in die Wirksamkeit der Steuerrechtsordnung untergraben könnten, einnehmen.[75] Die ständig wechselnden Verhältnisse in der Wirtschaft und die sich daraus ergebenden Handlungsmöglichkeiten erfordern schnelle Reaktionen seitens des Gesetzgebers einerseits, andererseits erfordert der im ungarischen Recht ebenfalls geltende Bestimmtheitsgrundsatz, dass der Straftatbestand und die Strafandrohung gesetzlich bestimmt und die Voraussetzungen der Strafbarkeit konkret umschrieben sind, damit der Normadressat erkennen kann, welches Verhalten mit Strafe bedroht ist. So kann ein Sozialversicherungsbetrug dann nicht festgestellt werden, wenn zum Zeitpunkt der Tat keine gesetzlichen Vorschriften existieren, die eine entsprechende Verpflichtung zur Zahlung der Sozialversicherung vorsehen.[76] Vergehen im Zusammenhang mit Finanz- und Steuerangelegenheiten und ihre Sanktionierung regelt das ungarische Rechts-

---

73   Horváth, Tibor / Kereszty, Béla / Maráz, Vilmosné / Nagy, Ferenc / Vida, Mihály, in: Das ungarische Strafgesetzbuch / BT, S. 690. Erdösy, Emil / Földvári, József / Tóth, Mihály, in: Ungarisches Strafgesetz / BT, S. 471. Gál, István, in: Studien; Einige Fragen der Verbindung der wirtschaftlichen Delikte und der theoretischen Wirtschaftslehre, S. 190. Bácskai, Tamás, in: Finanz- und Handelsenzyklopädie, S. 11.

74   Spicer, W. Michael, Die Erwünschtheit des Steuerbetrugs aus der Sichtweise der herkömmlichen bzw. verfassungsrechtlichen Wirtschaftslehre, in: Semjén, András, Besteuerung, Steuerordnungen, Steuerreformen, S. 130. Tipke, Klaus, in: Die Steuerrechtsordnung, Bd. III, S. 1403.

75   Tipke, Klaus, in: Die Steuerrechtsordnung, Bd. III., S. 1403. Pollák, Vanda, Staatliche Schadensmilderung für die Opfer von Straftaten. In: collega, 2. Jahrgang, Nr. 7, September 1998, S. 33.

76   BH 2004, S. 99 ff. Kommentar zum ungarischen Strafgesetzbuch, Kommentar zum § 310 Btk., S. 599 im Ausdruck (CD-Rom).

system in mehreren Gesetzen, z.B. im § 310 des Ungarischen Strafgesetzbuches (Btk.), sowie im Gesetz über die Abgabenordnung (~ törvény az adózás rendjéröl oder Art.),⁷⁷ im Folgenden: ungarische AO. Darüber hinaus wird die Nichtabführung von Abgaben zur Unterstützung des Arbeitsmarktes, sowie von Abgaben, welche der Arbeitgeber an die Gesundheits- oder Rentenkasse zu entrichten hat, von den Spezialvorschriften der §§ 310 A und §10 B Btk. erfasst.

I. Der Steuerbetrug gem. § 310 Btk. (ungarisches StGB)

Im ungarischen Strafgesetzbuch wird der Steuerbetrug in § 310 Btk. geregelt. Die Übersetzung des § 310 Btk. ins Deutsche lautet:⁷⁸

(§ 310, Abs. 1): Wer eine für die Feststellung der Steuerverpflichtung, der Sozialversicherungsabgabe, der Unfallversicherungsabgabe, der Krankenversicherungsabgabe, der Rentenversicherungsabgabe oder des privaten Krankenversicherungsbeitrages erhebliche Tatsache gegenüber der Behörde oder im Falle des privaten Krankenversicherungsbeitrages gegenüber der privaten Rentenversicherungsanstalt unrichtig angibt oder verschweigt und durch dieses oder ein anderes täuschendes Verhalten den Betrag der Steuereinnahmen, der Sozialversicherungsabgaben, der Unfallversicherungsabgaben, der Krankenversicherungsabgaben, der Rentenversicherungsabgaben oder der Beiträge zur privaten Krankenversicherung mindert, begeht ein Vergehen und wird mit bis zu zweijähriger Freiheitsstrafe, gemeinnütziger Arbeit oder mit Geldstrafe bestraft.

(Abs. 2): Mit bis zu drei Jahren Freiheitsstrafe wird bestraft, wer die Minderung von Steuerzahlungen, von Sozialversicherungsabgaben, von Unfallversicherungsabgaben, Kranken- und Rentenversicherungsabgaben oder von Beitragszahlungen zur privaten Krankenversicherung in größerem Umfang zu vertreten hat.

---

77 Magyar, Szilvia, Der Steuer- und Sozialversicherungsbetrug. In: Steuerverfahren und Buchführung, 4. Jahrgang, Heft 14, 2000, S. 20. Jamrik, Krisztina, Der Steuerbetrug. In: Steuerverfahren und Buchführung, 2. Jahrgang, Heft 9, 1998, S. 24. Petrik, Ferenc / Lomnici, Zoltán, in: Verwaltungswirtschaftliche Entscheidungssammlung, Steuersachen, 13. Jahrgang, Heft 5, Nr. 80, 2004, S. 22. Hugó, Hajnal, in: Csemegi Károly – Leben und Wirken, S. 54. Schultze-Willebrand, Bernd, in: Das Strafrecht der europäischen sozialistischen Staaten, S. 22.

78 Eine Übersetzung des § 310 Btk. ins Deutsche findet sich auch im Anhang, in der Anlage II. Nr. 49.

(Abs. 3): Die Strafe erstreckt sich auf Freiheitsstrafe von einem bis zu fünf Jahren, wenn infolge der Straftat die Einnahmen durch Steuerzahlungen, von Sozialversicherungsabgaben, Unfallsversicherungsabgaben, Kranken- und Rentenversicherungsabgaben oder Beiträgen zur privaten Krankenversicherung in bedeutendem Maße abnehmen.

(Abs. 4): Die Strafe erstreckt sich auf Freiheitsstrafe von zwei bis acht Jahren, wenn
a. infolge der Straftat die Einnahmen durch Steuerzahlungen, Sozialversicherungsabgaben, Unfallversicherungsabgaben, Kranken- und Rentenversicherungsabgaben oder Beiträgen zur privaten Krankenversicherung in einem besonders großem oder dies noch übersteigendem Maße verringert werden.
b. Außer Kraft gesetzt.

(Abs. 5): Ebenfalls nach den Absätzen 1 bis 4 wird bestraft, wer in der Absicht, die bereits festgestellte Steuer, die Sozialversicherungsabgabe, die Unfallversicherungsabgabe, die Kranken- und Rentenversicherungsabgabe oder den Beitrag zur privaten Krankenversicherung nicht zu entrichten, die Behörden täuscht, wenn dadurch die Eintreibung der Steuer, der Sozialversicherungsabgabe, der Unfallversicherungsabgabe, der Kranken- und Rentenversicherungsabgabe oder des Beitrages zur privaten Krankenversicherung bedeutend verzögert oder verhindert wird.

(Abs. 6): Der Täter der im Absatz 1 beschriebenen Straftat kann nicht bestraft werden, wenn er bis zur Einreichung der Anklage, die Steuerverpflichtung, die Sozialversicherungsabgabe, die Unfallversicherungsabgabe, die Gesundheits- und Rentenversicherungsabgabe oder den Mitgliedsbeitrag zur privaten Krankenversicherung entrichtet.[79]

---

[79] 310. § (1) Aki az adókötelezettség, társadalombiztosítási járulék, a baleseti járulék, egésség biztosítási járulék, nyugdíjjárulék, illetve magán-nyugdíjpénztári tagdíj megállapítása szempontjából jelentös tényt (adatot) a hatóság, illetve a magán-nyugdíjpénztári tagdíj vonatkozásában a magán-nyugdíjpénztár elött valótlanul ad elö vagy elhallgat, és ezzel vagy más megtévesztö magatartásával az adóbevételt, a társadalombiztosítási járulék, a baleseti járulék, az egészségbiztosítási járulék, a nyugdíjjárulék, illetve a magánnyugdíjpénztári tagdíj bevételének összegét csökkenti, vétséget követ el, és két évig terjedö szabadságvesztéssel, közérdekü munkával vagy pénzbüntetéssel büntetendö.

(2) A büntetés büntett miatt három évig terjedö szabadságvesztés, ha a büncselekmény folytán az adóbevétel, a társadalombiztosítási járulék, a baleseti járulek, az egészségbiztosítási járulék, a nyugdíjjárulék, illetve a magán-nyugdíjpénztári tagdíj bevételének összege nagyobb mértékben csökken.

II. Entwicklungsgeschichtlicher Hintergrund des § 310 Btk.

Der Straftatbestand des § 310 Btk. besteht seit 1978 nahezu unverändert.[80] Die aktuelle Fassung erhielt der § 310 Btk. aber erst im Jahre 1997 bzw. 1999, als neben dem Steuerbetrug auch die Nichtabführung von Sozialversicherungs-, Gesundheitsversicherungs- und Rentenversicherungsabgaben unter Strafe gestellt wurde.[81] Des Weiteren ist es eine wichtige Modifizierung des § 310 Btk., nicht nur die fälschliche Wiedergabe von Tatsachen oder deren Nichtwiedergabe zum Zweck einer geringeren Steuer- oder Abgabenfestsetzung, sondern auch Tathandlungen

---

(3) A büntetés egy évtöl öt évig terjedö szabadságvesztés, ha a büncselekmény folytán az adóbevétel, a társadalombiztosítási járulék, a baleseti járulék, az egészségbiztosítási járulék, a nyugdíjjárulék, illetve a magán-nyugdíjpénztári tagdíj bevételének összege jelentös mértékben csökken.

(4) A büntetés két évtöl nyolc évig terjedö szabadságvesztés, ha

a) a büncselekmény folytán az adóbevétel, a tórsadalombiztosítási járulék, a baleseti járulék, az egészségbiztosítási járulék, a nyugdíjjárulék, illetve a magán-nyugdíjpénztári tagdíj bevételének összege különösen nagy, vagy ezt meghaladó mértékben csökken,

b) [hatályon kívül helyezve].

(5) Az (1)-(4) bekezdés szerint büntetendö, aki a megállapított adó, társadalombiztosítási járulék, a baleseti járulék, egészségbiztosítási járulék, a nyugdíjjárulék, a magánnyugdíjpénztári tagdíj meg nem fizetése celjából téveszti meg a hatóságot, ha ezzel az adó, a társadalombiztosítási járulék, a baleseti járulék, egészségbiztosítási járulék, a nyugdíjjárulék, illetve a magán-nyugdíjpénztári tagdíj behajtását jelentösen késlelteti vagy megakadályozza.

(6) Az (1) bekezdésben meghatározott büncselekmény elkövetöje nem büntethetö, ha a vádirat benyújtásáig az adótartozását, társadalombiztosítási járulék tartozását, baleseti járulék tartozását, egészségbiztosítási járulék tartozását, nyugdíjjárulék-tartozását, illetve a magán-nyugdíjpénztári tagdíját kiegyenlíti.Vgl. Zödi, Zsolt / Csizner, Ildikó / Lovász, Adrienn / Kerek, Imréné / Vigh, Ágnes, in: Das ungarische Strafgesetzbuch, Gesetzestext, S. 113 ff. Bordács, Ágnes / Fekete, Jozsefné / Csillag, Dezsöne / Zsohár, Istvánné, in: APEH, Der auf eine Straftat hinweisende Sachverhalt im Rahmen der Steuerüberwachung, eine Veröffentlichung der APEH, überarbeitete Fassung, S. 64 ff.

---

80 Eine erste Formulierung des Steuerbetrugs findet sich im Gesetz von 1920: „Steuerbetrug ist eine Straftat, welche die Schädigung der Staatskasse zur Folge hat und von einem Gesetz über Steuern oder sonstigen öffentlichen Abgaben als solcher ausdrücklich bezeichnet wird." Vgl. Tóth, Mihály, in: Wirtschaftsstraftaten in der entstehenden Rechtspraxis, S. 335.

81 Kommentar zum ungarischen Strafgesetzbuch, Kommentar zum § 310 Btk., S. 597 im Ausdruck (CD-Rom). Tóth, Mihály, in: Wirtschaftskriminalität und Wirtschaftsstrafsachen, S. 390.

hinsichtlich der bereits festgestellten Steuer- oder Abgabenschuld unter Strafe zu stellen.[82] Zusätzlich wurde der Fall, dass durch die Tathandlung die Steuereinnahmen, die Einnahmen infolge von Sozialversicherungs-, Krankenversicherungs- und Rentenversicherungsabgaben in einem besonders großen Maß verringert werden, sowie die bandenmäßige Begehung zur Qualifikation des § 310 Btk. erhoben.[83] Die Qualifikation der bandenmäßigen Begehung wurde im Jahre 2001 gänzlich aus dem Straftatbestand des § 310 Btk. herausgenommen; eine allgemeine Regelung zur bandenmäßigen Begehung einer Straftat findet sich nunmehr im Allgemeinen Teil des ungarischen Strafgesetzbuches (§ 137 Nr. 8 Btk.), unter den erläuternden Bestimmungen; im Rahmen des § 310 Btk. stellt es keinen ausdrücklich geregelten Strafschärfungsgrund mehr dar.[84] Im Jahre 1999 wurde der Straftatbestand des § 310 Btk. auch auf die Nichtabführung der Unfallversicherungsabgabe und des Mitgliedsbeitrages zur privaten Rentenversicherung ausgedehnt und in Abs. 6 des § 310 Btk. ein eigenständiger Strafaufhebungsgrund eingeführt.[85]

III. Die rechtliche Analyse des § 310 Btk.

1. Geschütztes Rechtsgut

Die primäre Aufgabe des Strafrechts besteht im Rechtsgüterschutz, so dass der Begriff des Rechtsguts (~ jogi tárgy) für die Auslegung von Straftatbeständen von entscheidender Bedeutung ist und einen zentralen Rechtsbegriff in der modernen Strafrechtslehre darstellt. Darüber hinaus wird der Gesetzgeber erst durch den Schutz von Rechtsgütern in der Anwendung von Strafen legitimiert, denn ein Delikt, das nicht einem bestimmten Rechtsgüterschutz dient, hat von vornherein keine Existenzberechtigung. Trotz dieser anspruchsvollen Doppelfunktion des Rechtsgutes ist der genaue Inhalt des Rechtsgüterschutzes im Rahmen des Steuer- und Sozialversicherungsbetrugs nicht Gegenstand einer dogmatischen Diskussion.

---

82   Kommentar zum ungarischen Strafgesetzbuch, Kommentar zum § 310 Btk., S. 597 f. im Ausdruck (CD-Rom).

83   Kommentar zum ungarischen Strafgesetzbuch, Kommentar zum § 310 Btk., S. 597 im Ausdruck (CD-Rom).

84   Kommentar zum ungarischen Strafgesetzbuch, Kommentar zum § 137 Btk., S. 254 im Ausdruck (CD-Rom).

85   Tóth, Mihály, in: Wirtschaftskriminalität und Wirtschaftsstrafsachen, S. 390. Tóth, Mihály, Einige Gesichtspunkte zur Neuregelung der Wirtschaftsstraftaten. In: Strafrechtliche Kodifikation, 4. Jahrgang, Nr. 3, 2004, S. 30 ff.

Vielmehr wird in der ungarischen Literatur nahezu einhellig vertreten, dass durch den Straftatbestand des § 310 Btk. das staatliche und gesellschaftliche Interesse an der Funktionsfähigkeit des Finanz- und Wirtschaftskreislaufs und des Staatshaushalts im Allgemeinen und als Voraussetzung hierfür das reibungslose Bezahlen von Steuern und Abgaben, ohne die das Erfüllen von gesellschaftlichen und staatlichen Aufgaben nur schwer denkbar wäre, geschützt wird.[86] Ohne den Schutz des § 310 Btk. wäre eine Sicherung der öffentlichen Einnahmen des Staates und somit die Erfüllung wichtiger Aufgaben ebenso wie der Grundsatz der Steuergerechtigkeit nicht gewährleistet.[87] Da aber für eine gut funktionierende staatliche Finanzwirtschaft nicht nur die Steuereinnahmen, sondern auch Einnahmen des Staates durch Sozialversicherung-, Krankenversicherungs-, Rentenversicherungs-, Unfallsversicherungsabgaben oder durch Mitgliedsbeitragszahlungen an die private Rentenversicherung von zentraler Bedeutung sind, unterfallen sie ebenfalls dem Schutz des § 310 Btk. Durch den Straftatbestand des § 310 Btk. wird die Funktionsfähigkeit des staatlichen Finanz- und Wirtschaftskreislauf wie durch eine Art Rahmengesetz geschützt, eine nähere inhaltliche Ausgestaltung erhält das Schutzobjekt aber durch die speziellen Steuergesetze und die ungarische Abgabenordnung, die den § 310 Btk. insoweit ergänzen, als sie das geschützte Rechtsgut näher bestimmen und konkretisieren.[88]

Die Frage, die sich im Zusammenhang mit dem Rechtsgüterschutz nunmehr stellt, ist die, ob der Inhalt des Rechtsgutsbegriffs, wie er augenblicklich von der ungarischen Rechtsdogmatik vorgegeben wird, alle Facetten des Steuer- und Sozialversicherungsbetrugs zu erfassen vermag oder ob neben der Funktionserhaltung des Finanz- und Wirtschaftskreislaufs dem ungarischen Besteuerungssystem auch noch andere Funktionen zukommen, die ebenfalls dem Rechtsgüterschutz des § 310 Btk. unterstellt werden müssten. So könnte sich eine weitere Funktion des

---

86 Wiener, A. Imre, in: Wirtschaftsverwaltung – Strafpolitik, S. 7. Tóth, Mihály, in: Grundlagen des ungarischen Strafrechts und Strafprozessrechts (I) und die kurze Erläuterung der Wirtschaftsstraftaten (II), S. 245. Tóth, Mihály, in: Wirtschaftsstraftaten in der entstehenden Rechtspraxis, S. 336. Csemáné Váradi, Erika / Görgényi, Ilona / Gula, József / Lévay, Miklós / Sántha, Ferenc, in: Ungarisches Strafrecht / BT II, S. 296. Horváth, Tibor / Kereszty, Béla / Maráz, Vilmosné / Nagy, Ferenc / Vida, Mihály, in: Das ungarische Strafgesetzbuch / BT, S. 691. Tóth, Mihály, in: Wirtschaftskriminalität und Wirtschaftsstrafsachen, S. 391.

87 Csemáné Váradi, Erika / Görgényi, Ilona / Gula, József / Lévay, Miklós / Sántha, Ferenc, in: Ungarisches Strafrecht / BT II., S. 296.

88 Tóth, Mihály, in: Wirtschaftskriminalität und Wirtschaftsstrafsachen, S. 391. Jamrik, Krisztina, Der Steuerbetrug. In: Steuerverfahren und Buchführung, 2. Jahrgang, Heft 9, 1998, S. 24. Kommentar zum ungarischen Strafgesetzbuch, Kommentar zum § 310 Btk. (CD-Rom), S. 597 f. im Ausdruck.

ungarischen Besteuerungssystems auf den Anspruch des Staates bzw. der Steuerbehörden auf Offenlegung aller Tatsachen, die für die Festsetzung oder Erhebung einer Steuer von Bedeutung sind, erstrecken, was zur Folge hätte, dass auch dieser staatliche Informationsanspruch dem Rechtsgüterschutz des § 310 Btk. unterfällt.

Hierfür könnte zum einen sprechen, dass der Staat bei der Erhebung der Steuern zwingend auf die Mitwirkung der Bürger angewiesen ist, wie auch die zahlreichen Vorschriften der ungarischen Abgabenordnung zur Informationsbeschaffung der Steuerbehörden, so z.B. die §§ 52 ff. ungarische AO,[89] belegen; ohne eine Offenlegung der Besteuerungsgrundlagen seitens des Steuerpflichtigen könnte eine ordnungsgemäße Besteuerung oftmals nicht durchgeführt werden. Des Weiteren könnte für eine entsprechende Ausdehnung des Rechtsgüterschutzes von § 310 Btk. auch der Wortlaut des § 310 Abs. 1 Btk. sprechen, der als Tathandlung sowohl die Abgabe von falschen Angaben als auch das Verschweigen von für die Datenerfassung wichtigen Angaben unter Strafe stellt und somit die Wichtigkeit der Offenlegung der für die Steuerfestsetzung erheblichen Daten ausdrücklich erwähnt.

Hiergegen spricht allerdings die Tatsache, dass es keinen zwingenden Schluss von der normierten Tathandlung auf das zugrunde liegende Rechtsgut gibt, sondern im Rahmen des § 310 Btk., ähnlich wie beim allgemeinen Betrugstatbestand des § 318 Btk., nur spezifische Angriffsarten gegen das geschützte Rechtsgut des staatlichen Vermögens erfasst werden sollen und der Rechtsgüterschutz nicht auf die Dimension von Mitteilungspflichten reduziert werden soll. Im Ergebnis ist das entscheidende Argument gegen eine Ausdehnung des Rechtsgüterschutzes im Rahmen des § 310 Btk., dass der staatliche Offenlegungsanspruch nur einen Teilaspekt der Funktionserhaltung des staatlichen Finanz- und Wirtschaftskreislaufs darstellt, welche bereits dem Rechtsgüterschutz des § 310 Btk. unterfällt. Zum selben Ergebnis würde man auch kommen, wenn man z.B. Rechtzeitigkeit und Vollständigkeit des Steueraufkommens als schützenswertes Rechtsgut ansehen würde. Aus diesem Grund wäre eine Diskussion über eine Erweiterung des geltenden Rechtsgutsbegriffs immer nur ein Streit darüber, wie abstrakt oder konkret man einen bestimmten Rechtsgutsbegriff fassen will.

Fraglich ist andererseits, ob eine engere Bestimmung des Rechtsgutes geboten ist. Eine Begrenzung des geltenden Rechtsgutsbegriffs allein auf ein bestimmtes Objekt der Handlung oder auf den Handlungsablauf selber würde aber der neuen umfassenden Funktion des Besteuerungssystems, als eine Kombination und Ausgestaltung verschiedener steuerlicher Lenkungsziele, widersprechen. So kann das geschützte Rechtsgut nicht allein aus einer bestimmten Tathandlung abgeleitet werden, da diese lediglich eine Teilmenge aus der Summe der möglichen Angriffe auf

---

89 Eine Übersetzung der §§ 52 ff. ungarische AO findet sich im Anhang, in der Anlage III. Nr. 9.

das Rechtsgut und nicht das Rechtsgut selbst beschreibt. Der Telos einer Strafrechtsnorm, ihr Sinn und Zweck bestimmt auch die Weite ihres Rechtsgutsbegriffs und damit die Qualität ihres Schutzanspruchs. Geht man von einer möglichst umfassenden Sicherstellung des vollständigen und rechtzeitigen Steueraufkommens im Hinblick auf jede Besteuerungsform und jede Steuerart aus, dann kann dieses Ziel nur mit einem entsprechend weiten Rechtsgutsbegriff erreicht werden.[90] Bei der Festlegung des Rechtsgutsbegriffs ist folglich darauf zu achten, dass der Sinn und Zweck der Strafrechtsnorm mit dem, durch den Rechtsgutsbegriff garantierten, Schutz korrespondiert; denn das Ziel der Strafrechtsnorm kann nur so gut und so weit verwirklicht werden, wie weit der Schutz der Rechtsgutsdefinition reicht.

2. *Voraussetzungen des Straftatbestandes und Deliktscharakter*

a. Die Verwirklichung des objektiven Tatbestandes von § 310 Btk. durch die Handlungsalternativen des Absatzes 1 und Absatzes 5

Der Tatbestand des Steuer- und Sozialversicherungsbetrugs erfasst in seinen Absätzen 1 und 5, ebenso wie die Vorschrift des § 310 A Btk.[91] hinsichtlich der Abgaben zur Sicherung des Arbeitsmarktes, mehrere heterogene Tathandlungen:

- zum einen die Minderung des Betrages der Steuer- und Abgabeneinnahmen durch falsche Angaben oder durch das Verschweigen von für die Datenerfassung wichtigen Angaben oder durch ein anderes täuschendes Verhalten, wie im Absatz 1 geregelt;
- zum anderen die zeitliche Verzögerung oder Verhinderung der Eintreibung der bereits festgestellten Steuer und zwar ebenfalls durch falsche Angaben oder durch das Verschweigen von Daten vor den zuständigen Behörden oder durch ein anderes täuschendes Verhalten, wie im Absatz 5 geregelt.[92]

---

90 Báldy, Péter / Csizner, Ildikó / Schuller, Krisztina / Czimbalmos, Csaba / Kerek, Imréne, in: Die Erklärung zum Strafgesetzbuch, Bd. 2, S. 1219.

91 Eine Übersetzung des § 310 A Btk. findet sich im Anhang, in der Anlage II. Nr. 50.

92 Erdösy, Emil / Földvári, József / Tóth, Mihály, in: Ungarisches Strafgesetz / BT, S. 471. Horváth, Tibor / Kereszty, Béla / Maráz, Vilmosné / Nagy, Ferenc / Vida, Mihály, in: Das ungarische Strafgesetzbuch / BT, S. 691. Balogh, Ágnes, in: Strafrecht II / BT, S. 419. Báldy, Péter / Csizner, Ildikó / Schuller, Krisztina / Czimbalmos, Csaba / Kerek, Imréne, in: Die Erklärung zum Strafgesetzbuch, Bd. 2, S. 1227. Kommentar zum ungarischen Strafgesetzbuch, Kommentar zum § 310 Btk., S. 598 im Ausdruck (CD-Rom).

Der Straftatbestand des § 310 Btk. kann sowohl aktiv durch die Abgabe von unrichtigen Daten als auch in passiver Form, durch das Verschweigen relevanter Daten,[93] sowie durch jedes andere täuschende Verhalten gegenüber den Behörden verwirklicht werden.[94] Gemeinsames Merkmal der oben angeführten Begehungsformen ist ein täuschendes Verhalten gegenüber Behörden, die sowohl in mündlicher als auch in schriftlicher Weise erfolgen kann, über Tatsachen, die für das Steuerverfahren von Relevanz sind.[95] Verfahrensrelevant sind dabei alle Tatsachen und Daten, die einen Rechtsanspruch oder die betragsmäßige Höhe eines solchen in irgendeiner Weise beeinflussen können.[96]

Kennzeichnend für beide Tatbestandsalternativen ist ferner der Umstand, dass die tatbestandsmäßige Täuschungshandlung gegenüber Behörden erfolgt sein muss: In der Tatbestandsalternative des Absatzes 1 muss eine aktive oder passive täuschende Handlung des Täters vor den Behörden (~ „hatóság elött") erfolgen; in der

---

[93] Dies entspricht grundsätzlich dem deutschen Recht. Die Steuerhinterziehung nach § 370 AO kann nämlich sowohl durch das pflichtwidrige Verschweigen von steuerlich erheblichen Tatsachen als auch durch unrichtige oder unvollständige Angaben über steuerlich erhebliche Tatsachen verwirklicht werden. Vgl. Friemel, Rainer / Schiml, Kurt, in: Lehrbuch der Abgabenordnung, S. 366, Rdnr. 466. Lammerding, Jo / Hackenbroch, Rüdiger / Sudau, Alfred, in: Steuerstrafrecht einschließlich Steuerordnungswidrigkeitenrecht und Verfahrensrecht, 6. Aufl., S. 29. Ehlers, Hans / Lohmeyer, Heinz, in: Steuerstraf- und Steuerordnungswidrigkeitenrecht einschließlich Verfahrensrecht, 5. Aufl., S. 5. Suhr, Gerhard / Naumann, Axel / Bilsdorfer, Peter, in: Steuerstrafrecht-Kommentar zu §§ 369 – 412 AO, 4. Aufl., S. 154 ff. Koch, Karl / Scholz, Rolf-Detlev, AO-Kommentar, Bearbeiter: Scheurmann-Kettner, Peter , 5. Aufl., § 370 AO, Rdnr. 20 ff., S. 2118. Klein, Franz, Abgabenordnung einschließlich Steuerstrafrecht, Kommentar, Bearbeiter: Gast-de Haan, 7. Aufl., § 370 AO, Rdnr. 25 ff., S. 1666 ff. Ax, Rolf / Große, Thomas / Melchior, Jürgen, in: Abgabenordnung und Finanzgerichtsordnung, 18. Aufl., Rdnr. 2994 ff., S. 715 ff. Kühn, Rolf, in: Abgabenordnung / Finanzgerichtsordnung, 17. Aufl., § 370, S. 846 ff. Schmitz, Herbert / Tillmann, Georg, in: Das Steuerstrafverfahren, Ein Leitfaden für die Praxis, 2. Aufl., S. 168 ff. Kohlmann, Günter, in: Steuerstrafrecht mit Ordnungswidrigkeitenrecht und Verfahrensrecht, Kommentar zu den §§ 369 – 412 AO 1977, § 370 AO, Rdnr. 19 ff., S. 60 ff.

[94] Erdösy, Emil / Földvári, József / Tóth, Mihály, in: Ungarisches Strafgesetz / BT, S. 471. Horváth, Tibor / Kereszty, Béla / Maráz, Vilmosné / Nagy, Ferenc / Vida, Mihály, in: Das ungarische Strafgesetzbuch / BT, S. 691 f.

[95] Erdösy, Emil / Földvári, József / Tóth, Mihály, in: Ungarisches Strafgesetz / BT, S. 473. Horváth, Tibor / Kereszty, Béla / Maráz, Vilmosné / Nagy, Ferenc / Vida, Mihály, in: Das ungarische Strafgesetzbuch / BT, S. 692. Báldy, Péter / Csizner, Ildikó / Schuller, Krisztina / Czimbalmos, Csaba / Kerek, Imréne, in: Die Erklärung zum Strafgesetzbuch, Bd. 2., S. 1227.

[96] Horváth, Tibor / Kereszty, Béla / Maráz, Vilmosné / Nagy, Ferenc / Vida, Mihály, in: Das ungarische Strafgesetzbuch / BT, S. 692.

Tatbestandsalternative des Absatzes 5 verwirklicht der Täter den Steuer- und Sozialversicherungsbetrug, indem er eine Behörde täuscht, um eine zeitliche Verzögerung oder Verhinderung der bereits festgesetzten Steuerzahlung zu erreichen.[97] Die Steuerbehörden, denen gegenüber die Täuschungshandlung begangen werden kann, sind in § 6 ungarische AO[98] aufgeführt, der zur Interpretation des § 310 Btk. herangezogen werden kann.[99] Der Straftatbestand des § 310 Btk. ist insoweit als eine Art Rahmendisposition (~ keretdiszpozíció) insbesondere durch die Vorschriften der ungarischen Abgabenordnung ausfüllungsfähig und –bedürftig und als ein Blanketttatbestand ausgestaltet.[100] Dies wird insbesondere dadurch deutlich, dass der Straftatbestand selbst keine weiteren Ausführungen im Hinblick auf näher zu definierende Begriffe wie z.b. „zuständige Behörden" enthält und auf die Vorschriften der ungarischen Abgabenordnung verweist. In der weit verzweigten, komplizierten Materie des Steuerrechts ist es aber von großem Nutzen, dass die entsprechende Strafnorm den Rückgriff auf spezielle steuergesetzliche Bestimmungen und auf die ungarische Abgabenordnung zulässt, da erst dadurch eine praktikable und effiziente Normierung möglich wird. Ohne eine solche Verweisung wäre man nämlich gezwungen, sämtliche, steuerlich erheblichen Tatsachen im Gesetzestext des Straftatbestandes zu beschreiben, was die Verständlichkeit der ohnehin komplizierten Strafrechtsnorm noch wesentlich erschweren würde.

Legt man den Begriff der Behörde, wie er in der ungarischen Abgabenordnung vorausgesetzt wird, auch dem Straftatbestand des § 310 Btk. zugrunde, dann handelt es sich dabei um Behörden, die über eine spezielle gesetzliche Ermächtigung zur Festsetzung und Überwachung, aber ebenso zur Eintreibung der Steuerschuld verfügen und legitimiert sind, Verstöße gegen die Steuergesetze aufzudecken.[101] Folglich sind Behörden i.S.d. § 310 Btk. vor allem die höchste ungarische Steuer- und Finanzüberwachungsbehörde APEH und ihre Organe (~ die staatlichen Steuer-

---

97 Erdösy, Emil / Földvári, József / Tóth, Mihály, in: Ungarisches Strafgesetz / BT, S. 472. Belovics, Ervin / Molnár, Gábor / Sinku, Pál, in: Strafrecht / BT, 4. überarbeitete Aufl., S. 561.

98 Eine Übersetzung des § 6 ungarische AO findet sich im Anhang, in der Anlage III. Nr. 1.

99 Kommentar zum ungarischen Strafgesetzbuch, Kommentar zum § 310 Btk., S. 597 f. im Ausdruck (CD-Rom). Erdösy, Emil / Földvári, József / Tóth, Mihály, in: Ungarisches Strafgesetz / BT, S. 472. Báldy, Péter / Csizner, Ildikó / Schuller, Krisztina / Czimbalmos, Csaba / Kerek, Imréne, in: Die Erklärung zum Strafgesetzbuch, Bd. 2., S. 1219.

100 Báldy, Péter / Csizner, Ildikó / Schuller, Krisztina / Czimbalmos, Csaba / Kerek, Imréne, in: Die Erklärung zum Strafgesetzbuch, Bd. 2., S. 1219.

101 Erdösy, Emil / Földvári, József / Tóth, Mihály, in: Ungarisches Strafgesetz / BT, S. 472. Balogh, Ágnes, in: Strafrecht II / BT, S. 420.

behörden), die staatliche Zoll- und Finanzüberwachungskommandatur (~ die Zollbehörden), das sog. Selbstverwaltungsnotariat (~ die Selbstverwaltungssteuerbehörden) sowie die Abgabenämter.[102] Entscheidend im Hinblick auf die Behörden ist, dass die Tathandlung des § 310 Btk. nicht nur gegenüber den Behörden begangen werden kann, die nach der ungarischen Abgabenordnung über eine entsprechende Zuständigkeit in der Sache verfügen, sondern gegenüber allen Behörden, die überhaupt in Steuersachen zu einer Entscheidung berufen sein können.[103] Diese Regelung lässt sich dahingehend interpretieren, dass die Strafbarkeit des Steuer- und Sozialversicherungsbetrugs nicht durch die oft komplizierten Zuständigkeitsregelungen der Steuerverwaltung eingeschränkt werden darf.

Allerdings soll der Tatbestand des § 310 Btk. dann nicht erfüllt sein, wenn die Täuschungshandlung gegenüber einer Behörde begangen wird, die in Steuersachen über keine Entscheidungskompetenz verfügt, der aber Kompetenzen im Rahmen der Verfolgung von Straftaten oder sonstige Überwachungsbefugnisse zustehen.[104] Durch die Eingrenzung auf Behörden, die Entscheidungsbefugnisse in steuerrelevanten Fragestellungen haben, soll eine Ausuferung der Steuerbetrugstrafbarkeit verhindert werden.

Gemeinsames Objekt der Tathandlungen von § 310 Abs. 1 und Abs. 5 Btk. sind neben der Steuer, der Sozialversicherungs-, Gesundheitsversicherungs-, Renten- und Unfallversicherungsabgabe sowie dem Beitrag zur privaten Rentenversicherung nach einem Erlass des Obersten ungarischen Strafgerichts mit Gesetzeswirkung (~ § 26 Btké.) auch die Abgaben, Gebühren, die nach Art einer Abgabe zu entrichten sind, und alle Zahlungsverpflichtungen zur Erfüllung öffentlicher Aufgaben eines Haushaltsorgans ohne Anspruch auf eine Gegenleistung.[105]

102　Erdösy, Emil / Földvári, József / Tóth, Mihály, in: Ungarisches Strafgesetz / BT, S. 472. Tóth, Mihály, in: Wirtschaftskriminalität und Wirtschaftsstrafsachen, S. 393.

103　Erdösy, Emil / Földvári, József / Tóth, Mihály, in: Ungarisches Strafgesetz / BT, S. 472. Horváth, Tibor / Kereszty, Béla / Maráz, Vilmosné / Nagy, Ferenc / Vida, Mihály, in: Das ungarische Strafgesetzbuch / BT, S. 692. Balogh, Ágnes, in: Strafrecht II / BT, S. 420.

104　Tóth, Mihály, in: Wirtschaftskriminalität und Wirtschaftsstrafsachen, S. 393 f. Erdösy, Emil / Földvári, József / Tóth, Mihály, in: Ungarisches Strafgesetz / BT, S. 472.

105　Báldy, Péter / Csizner, Ildikó / Schuller, Krisztina / Czimbalmos, Csaba / Kerek, Imréne, in: Die Erklärung zum Strafgesetzbuch, Bd. 2., S. 1219. Kommentar zum ungarischen Strafgesetzbuch, Kommentar zum § 310 Btk., S. 597 im Ausdruck (CD-Rom).

b. Die Tatbestandsalternative des § 310 Abs. 1 Btk.

Die Handlungsalternative des § 310 Abs. 1 Btk. kann zum einen dadurch verwirklicht werden, dass zur Feststellung der Steuer- oder Abgabenverpflichtung erhebliche Tatsachen unrichtig wiedergegeben oder verschwiegen werden, sowie durch jedes andere täuschende Verhalten.[106]

Steuerrechtlich erhebliche Daten sind dabei alle konkreten gegenwärtigen und vergangenen Geschehnisse und Zustände, die aufgrund der steuerrechtlichen Vorschriften für die Festsetzung und Erhebung der Steuern von Bedeutung sind.[107] Die Wiedergabe der Daten kann sowohl auf schriftlichem als auch auf mündlichem Weg in Form einer Aussage, die eine Erklärung beinhaltet, erfolgen.[108]

Eine Unrichtigkeit der Tatsachenangaben liegt vor, wenn diese objektiv mit der Wirklichkeit nicht übereinstimmen.[109] Um einen möglichst umfassenden Schutz durch den § 310 Btk. sicherzustellen, muss konsequenterweise vom Straftatbestand nicht nur die Situation erfasst sein, in der die Angaben selbst unrichtig sind, sondern auch die, in der die Umstände, die den Tatsachen zugrunde liegen, nicht der Wirklichkeit entsprechen. Der objektive Erklärungswert der Tatsache stimmt nämlich in beiden Fällen nicht mit der Wirklichkeit überein.

Nicht ausdrücklich im Gesetzestext geregelt ist die unvollständige Wiedergabe von für die Steuerfestsetzung erheblichen Tatsachen. Allerdings hätte eine Erwähnung der „unvollständigen Angaben" wohl nur eine klarstellende Funktion, da aufgrund der allgemeinen Pflicht zur Abgabe von vollständigen Erklärungen sich jede unvollständige Angabe auch unter dem Tatbestandsmerkmal der „unrichtigen Angabe" subsumieren lassen wird. Würde man hingegen eine solche Pflicht des Steuerzahlers zur Abgabe von vollständigen Erklärungen ablehnen, dann könnte noch immer der Auffangtatbestand der „Täuschung in sonstiger Weise" eingreifen.

Der Steuer- und Sozialversicherungsbetrug kann des Weiteren neben den bereits dargestellten aktiven Tathandlungen auch in passiver Weise, nämlich durch das Verschweigen der für die Festsetzung der Steuer erheblichen Tatsachen, verwirk-

---

106 Kommentar zum ungarischen Strafgesetzbuch, Kommentar zum § 310 Btk., S. 597 im Ausdruck (CD-Rom).

107 Báldy, Péter / Csizner, Ildikó / Schuller, Krisztina / Czimbalmos, Csaba / Kerek, Imréne, in: Die Erklärung zum Strafgesetzbuch, Bd. 2., S. 1226.

108 Báldy, Péter / Csizner, Ildikó / Schuller, Krisztina / Czimbalmos, Csaba / Kerek, Imréne, in: Die Erklärung zum Strafgesetzbuch, Bd. 2., S. 1227.

109 Báldy, Péter / Csizner, Ildikó / Schuller, Krisztina / Czimbalmos, Csaba / Kerek, Imréne, in: Die Erklärung zum Strafgesetzbuch, Bd. 2., S. 1227. Balogh, Ágnes, in: Strafrecht II / BT, S. 419.

licht werden. Auch die ungarische Rechtsdogmatik unterscheidet zwischen reinen Begehungsdelikten (~ kizárólag tevéssel megvalósítható büncselekmények), reinen Unterlassungsdelikten (~ kizárólag mulasztással megvalósítható büncselekmények) oder Delikten, die sowohl durch Tun als auch durch Unterlassen verwirklicht werden können (~ tevéssel és mulasztással egyaránt megvalósítható büncselekmények).[110] Bei § 310 Btk. handelt es sich um ein Delikt, das sowohl durch Tun als auch durch Unterlassen verwirklicht werden kann, in letzterem Fall allerdings nur insoweit, als dem Täter eine Pflicht zur Mitteilung der steuerrechtlichen Daten trifft und er soweit für den Nichteintritt des tatbestandlichen Erfolges einstehen muss.[111] Die Pflichten des Steuerschuldners sind im § 14 ungarische AO[112] geregelt. Der Steuerzahler ist unter anderem zum Bezahlen der Steuer, zur Steuererklärung, zur Buchführung und Aufbewahrung von Belegen und zur Informationsbeschaffung verpflichtet; der Steuerschuldner muss alle Daten, die zur Festsetzung der Steuer erforderlich sind, zur Verfügung stellen. Diese Verpflichtung zur Offenbarung gegenüber Steuer-, Zoll- und Abgabenbehörden und den örtlichen Steuerbehörden besteht ohne Aufforderung seitens der Behörden und bezieht sich auf alle steuerrelevanten Daten des Verpflichteten.[113]

Nicht geregelt ist die Frage, ob die Verletzung aller Pflichten, die in der ungarischen Abgabenordnung geregelt sind, für ein Unterlassen i.S.d. § 310 Btk. ausreicht oder ob an die Pflichten bestimmte Qualitätserfordernisse gestellt werden müssen. Geht man zum einen davon aus, dass die Täuschung der Behörden dergestalt erfolgt, dass diese über wichtige Steuertatsachen in Unkenntnis gelassen werden, indem die Tatsachen verschwiegen werden, so könnte man als ein Qualitätskriterium ansehen, dass nur diejenigen Pflichten für die Verwirklichung des Straftatbestandes geeignet sein sollen, welche gerade die Kenntnis der Steuerbehörden in irgendeiner Weise schützen. Hierfür spricht auch die Tatsache, dass der staatliche Informationsanspruch auch einen Teilaspekt der Funktionsfähigkeit des Steuer- und Wirtschaftskreislaufes darstellt und diese wiederum Inhalt des herrschenden

---

110	Báldy, Péter / Csizner, Ildikó / Schuller, Krisztina / Czimbalmos, Csaba / Kerek, Imréné, in: Die Erklärung zum Strafgesetzbuch, Bd. 1, S. 61.
111	Báldy, Péter / Csizner, Ildikó / Schuller, Krisztina / Czimbalmos, Csaba / Kerek, Imréne, in: Die Erklärung zum Strafgesetzbuch, Bd. 2., S. 1227. Erdösy, Emil / Földvári, József / Tóth, Mihály, in: Ungarisches Strafgesetz / BT, S. 473.
112	Eine Übersetzung des § 14 ungarische AO findet sich im Anhang, in der Anlage III. Nr. 3.
113	Földes, Gábor, in: Steuerrecht, S. 179 ff. Báldy, Péter / Csizner, Ildikó / Schuller, Krisztina / Czimbalmos, Csaba / Kerek, Imréne, in: Die Erklärung zum Strafgesetzbuch, Bd. 2, S. 1221. Erdösy, Emil / Földvári, József / Tóth, Mihály, in: Ungarisches Strafgesetz / BT, S. 473. Horváth, Tibor / Kereszty, Béla / Maráz, Vilmosné / Nagy, Ferenc / Vida, Mihály, in: Das ungarische Strafgesetzbuch / BT, S. 691.

Rechtsgutsbegriffs von § 310 Btk. ist, welcher zur Auslegung der Norm immer heranzuziehen ist. Zum anderen kann aber auch ein Wortlautargument für ein entsprechendes Qualitätserfordernis der verletzten Steuerpflichten sprechen: Unterzieht man den Straftatbestand des § 310 Btk. einer näheren Analyse, so kann dieser sowohl durch aktives Tun als auch durch passives Unterlassen verwirklicht werden; beide Verhaltensmodalitäten stehen insoweit gleichberechtigt nebeneinander und verwirklichen dasselbe Handlungsunrecht. Dies wird im ungarischen Gesetzestext durch das Wort „oder" deutlich gemacht („... unrichtig angibt oder verschweigt ..." ~ „... valótlanul ad elö vagy elhalgat ..."). Geht man aber davon aus, dass aus strafrechtlicher Sicht beide Handlungsalternativen vollkommen gleichberechtigt sind, dann müssen auch für beide dieselben Prämissen zur Erfüllung des Straftatbestandes von § 310 Btk. gelten. Da aber das aktive Tun nur in Form von Äußerungen oder Erklärungen hinsichtlich steuerrelevanter Tatsachen möglich ist, muss dies auch für das passive Unterlassen gelten, so dass insoweit nur die Verletzung von solchen steuerrechtlichen Pflichten in Betracht kommt, die sich in irgendeiner Weise auf die Abgabe von Erklärungen beziehen. Eine solche Pflicht, welche für die Informationsbeschaffung der Steuerbehörden von eminenter Bedeutung ist, ist z.B. die Pflicht zur Abgabe der Steuererklärung gem. §§ 31 ff. ungarische AO. Die Bedeutung der Steuererklärung zeigt sich insbesondere darin, dass gem. § 172 Abs. 6 ungarische AO der Steuerpflichtige, der eine fehlerhafte Erklärung abgegeben hat, mit einem Säumniszuschlag belegt werden kann. Des Weiteren kann der Steuerberater mit einem entsprechenden Säumniszuschlag belegt werden, wenn er gem. § 31 Abs. 8 ungarische AO eine fehlerhafte Steuererklärung gegenzeichnet. Eine ausdrückliche Berichtigungspflicht der fehlerhaften Steuererklärung sieht das Gesetz nicht vor; eine entsprechende Berichtigungsfrist ist nur für den Fall einer fehlerhaften Steuererklärung bei Selbstbesteuerung vorgesehen. Allerdings können gegen den Steuerpflichtigen im Falle der Abgabe einer fehlerhaften Steuererklärung, ebenso wie im Falle einer unzureichenden Buchführung oder Rechnungsaufbewahrungspflicht, Verwaltungssanktionen verhängt werden, so dass auch in diesem Bereich die weitgehende Selbstverantwortlichkeit des Steuerpflichtigen eingreift.

Fraglich ist des Weiteren, ob nicht aus der Anwendung eines strafverfahrensrechtlichen Grundsatzes, wie dem „nemo-tenetur-Grundsatz" (~ az önvádra kötelezés titalma),[114] der für das gesamte Strafverfahrensrecht Bindung entfaltet, sich eine Einschränkung für die Verletzung von steuerrechtlichen Pflichten ergeben kann. Ein solches Problem stellt sich vor allem dann, wenn der Steuerpflichtige zuvor einer seiner, in der ungarischen Abgabenordnung normierten, Pflichten nicht oder nur unvollständig nachgekommen ist, wie z.B. durch Abgabe einer falschen Steu-

---

114 Vgl. hierzu auch die Ausführungen unter Zweiter Teil, IV. 7. b.

ererklärung. Die Frage, die sich nunmehr stellt und die ebenfalls noch nicht in der ungarischen Strafrechtsdogmatik behandelt wurde, ist die, ob die Nicht-Erklärung der Falschheit der Angaben, welche einer Selbstbelastung des Steuerpflichtigen gleichkommen würde, den Tatbestand des § 310 Btk. in Form des Unterlassens verwirklichen kann. Wendet man den Gedanken des „nemo-tenetur-Grundsatzes", wonach niemand verpflichtet ist, sich selbst zu belasten oder sich selbst einer Straftat zu überführen, konsequent an, dann muss gefolgert werden, dass ein Unterlassen nur dann tatbestandsmäßig sein kann, wenn für den Täter die gebotene Handlung möglich bzw. zumutbar ist, denn es kann ein Unterlassen dem Täter nicht vorgeworfen werden, wenn er sich dadurch der Strafverfolgung aussetzen würde, zumal es beim Unterlassungsdelikt immer darauf ankommt, was vom einzelnen Täter gefordert werden kann. Ein Tätigwerden, das berechtigte Interessen des Täters nicht unerheblich beeinträchtigen würde, kann aber nicht gefordert werden. Nichts desto trotz kann wohl ein solcher Umstand, wenn man eine solche Einschränkung, welche bereits auf der Tatbestandsebene erfolgt, ablehnt, dennoch im Rahmen der Rechtfertigung oder auf der Schuldebene Berücksichtigung finden. Möglicherweise kann auch ein Verwendungsverbot strafrechtlicher Art für die Fälle angenommen werden, in denen den Steuerbehörden strafbegründende Tatsachen im Laufe des Besteuerungsverfahrens bekannt werden, die sie gem. § 54 Abs. 5 lit. b ungarische AO an die Strafverfolgungsbehörden weitergeben können.[115]

Schließlich ist ebenfalls die Frage nicht geklärt, ob der Wortlaut des § 310 Btk. nur den Fall erfassen soll, dass der Steuerpflichtige wichtige Tatsachen verschweigt und die Behörde dadurch in Unkenntnis lässt, sondern auch denjenigen Fall, dass der Steuerpflichtige das Entstehen der Unkenntnis nicht verhindert, indem er weiterhin schweigt. Ausgehend vom Sinngehalt des § 310 Btk., die Funktionsfähigkeit des Finanz- und Wirtschaftskreislaufs umfassend zu schützen, ist aber anzunehmen, dass der Gesetzgeber wohl beide Alternativen durch den Straftatbestand des § 310 Btk. erfassen wollte, nämlich sowohl das Hervorrufen einer Unkenntnis durch Schweigen als auch die Nichtbeseitigung einer bereits vorhandenen Unkenntnis durch Schweigen.

c. Die Tatbestandsalternative des § 310 Abs. 5 Btk.

Die Tatbestandsalternative des Absatzes 5 unterscheidet sich von der des Absatzes 1 nur darin, dass das Verhalten des Täters darauf ausgerichtet sein muss, das Bezahlen der bereits festgesetzten und fälligen Steuerschuld zu verhindern oder zu-

---

115 Vgl. hierzu die Ausführungen unter Zweiter Teil, IV. 7. b.

mindest bedeutend zu verzögern.[116] Dies kann wiederum durch aktives Tun (~ Abgabe von unrichtigen Tatsachen), durch ein passives Verhalten (~ Verschweigen von erheblichen Tatsachen) oder in sonstiger Weise erfolgen, was sich aus dem direkten Verweis des § 310 Abs. 5 Btk. auf § 310 Abs. 1 Btk. ergibt („Ebenfalls nach den Absätzen 1 bis 4 wird bestraft ..." ~ „Az (1) – (4) bekezdés szerint büntetendö ...").

Für die Annahme einer bedeutenden Verzögerung, welche im Gegensatz zur Zahlungsverhinderung die Erfüllung der Steuerverpflichtung nicht endgültig ausschließt, reicht das Überschreiten des Fälligkeitszeitpunktes oder einer Zahlungsfrist um lediglich ein paar Tage nicht aus, wobei in diesem Bereich nicht genau festgelegt wird, wie viele Tage für eine bedeutende Überschreitung der Zahlungsfrist erforderlich sind.[117] Berücksichtigt man die Tatsache, dass die Steuerbehörde nach § 34 Abs. 1 ungarische AO den Steuerpflichtigen erst nach Ablauf eines Zeitraums von 30 Tagen von der Berichtigung kleinerer Unrichtigkeiten der Steuererklärung, wie Schreibfehler, unterrichten muss und dem Steuerpflichtigen danach noch 15 Tage zugestanden werden, um sich mit der Berichtigung einverstanden zu erklären, dann lässt bereits dies den Rückschluss zu, dass der Verzögerungszeitraum nicht zu eng bemessen sein darf. Ebenso reicht allein die Einleitung des steuerbehördlichen Vollstreckungsverfahrens für die Tatbestandsvoraussetzung einer „bedeutenden Verzögerung" nicht aus.[118] Eine bedeutende Verzögerung der Zahlungspflicht infolge der Täterhandlung kann hingegen angenommen werden bei einer Überschreitung des Fälligkeitszeitpunktes um (mehr als) ein Jahr. Bei einer Zahlungsverzögerung um ein Jahr oder mehr ist die Erfüllung öffentlicher Aufgaben fast immer gefährdet, da der Staat in diesem Rahmen seine Einnahmen und Ausgaben in Folge der Haushaltsaufstellung ein Jahr im Voraus plant. Die Umstände des Einzelfalles müssen immer beachtet werden; so ist in dem Jahreszeitraum ein ordnungsgemäßes Aussetzen des steuerbehördlichen Verfahrens, z.B. nach der Gewährung einer Ratenzahlung, nicht mit einzurechnen.[119]

---

116 Báldy, Péter / Csizner, Ildikó / Schuller, Krisztina / Czimbalmos, Csaba / Kerek, Imréne, in: Die Erklärung zum Strafgesetzbuch, Bd. 2, S. 1228. Tóth, Mihály, in: Wirtschaftskriminalität und Wirtschaftsstrafsachen, S. 393. Belovics, Ervin / Molnár, Gábor / Sinku, Pál, in: Strafrecht / BT, 4. überarbeitete Aufl., S. 561.

117 Báldy, Péter / Csizner, Ildikó / Schuller, Krisztina / Czimbalmos, Csaba / Kerek, Imréne, in: Die Erklärung zum Strafgesetzbuch, Bd. 2, S. 1228.

118 Báldy, Péter / Csizner, Ildikó / Schuller, Krisztina / Czimbalmos, Csaba / Kerek, Imréne, in: Die Erklärung zum Strafgesetzbuch, Bd. 2, S. 1227.

119 Horváth, Tibor / Kereszty, Béla / Maráz, Vilmosné / Nagy, Ferenc / Vida, Mihály, in: Das ungarische Strafgesetzbuch / BT, S. 692. Báldy, Péter / Csizner, Ildikó / Schuller, Krisztina / Czimbalmos, Csaba / Kerek, Imréne, in: Die Erklärung zum Strafgesetzbuch, Bd. 2,

d. Die Ausgestaltung des § 310 Btk. als Erfolgsdelikt

Die Ausgestaltung eines Straftatbestandes wird vor allem durch die Frage beeinflusst, ob das Rechtsgut gegen Verletzungshandlungen oder bereits gegen Gefährdungen geschützt werden soll.

Beide Begehungsalternativen, sowohl die des Absatzes 1 als auch die des Absatzes 5, stellen ein sog. Erfolgsdelikt (~ eredmény-büncselekmény) dar; in beiden Fällen tritt der Erfolg mit der Minderung der Steuer- und Abgabeneinnahmen ein: Während in dem, in Absatz 1 geregelten Fall, weniger Steuer als geschuldet bezahlt wird, unterbleibt in dem, in Absatz 5 geregelten Fall, die Zahlung der Steuer vorübergehend oder ganz;[120] zwischen der Tathandlung und dem Taterfolg muss ein kausaler Zusammenhang bestehen.[121] Für die Einordnung des § 310 Btk. als Erfolgsdelikt spricht bereits der Wortlaut der Norm („... den Betrag mindert" bzw. „... die Eintreibung der Steuer ... bedeutend verzögert oder verhindert wird"); der Zustand der Minderung, Verzögerung oder Verhinderung wird als Erfolg der tatbestandlichen Handlung angesehen. Da der gesetzliche Straftatbestand des § 310 Btk. somit einen über die Tathandlungen hinausgehenden Erfolg fordert, kommt ein abstraktes Gefährdungsdelikt (~ absztrakt veszélyeztető büncselekmény) nicht in Frage. Aus der Qualifizierung des § 310 Btk. als Erfolgsdelikt im Zusammenhang mit dem Schutzzweck der Strafvorschrift, nämlich der Funktionsfähigkeit des staatlichen Finanz- und Wirtschaftskreislaufs als notwendige Grundlage zur Erfüllung von Staatsaufgaben, wird deutlich, worin der verbotene Erfolg des § 310 Btk. besteht, nämlich in der Minderung bzw. Aufhebung des Realisierungswertes von dem staatlichen Steueranspruch. Eine Minderung des Realisierungswertes besteht in der betraglichen Herabsetzung oder zeitlichen Verzögerung des Steueranspruchs; eine Aufhebung des Realisierungswertes tritt hingegen immer dann ein, wenn die Zahlung der Steuerforderung unterbleibt. Eine Minderung bzw. Aufhebung des Realisierungswertes von der staatlichen Steuerforderung liegt aber dann

---

S. 1228. Belovics, Ervin / Molnár, Gábor / Sinku, Pál, in: Strafrecht / BT, 4. überarbeitete Aufl., S. 562. Erdösy, Emil / Földvári, József / Tóth, Mihály, in: Ungarisches Strafgesetz / BT, S. 472. Tóth, Mihály, in: Wirtschaftskriminalität und Wirtschaftsstrafsachen, S. 393.

120 Horváth, Tibor / Kereszty, Béla / Maráz, Vilmosné / Nagy, Ferenc / Vida, Mihály, in: Das ungarische Strafgesetzbuch / BT, S. 692. Báldy, Péter / Csizner, Ildikó / Schuller, Krisztina / Czimbalmos, Csaba / Kerek, Imréne, in: Die Erklärung zum Strafgesetzbuch, Bd. 2, S. 1227 f. Kommentar zum ungarischen Strafgesetzbuch, Kommentar zum § 310 Btk., S. 598 im Ausdruck (CD-Rom). Erdösy, Emil / Földvári, József / Tóth, Mihály, in: Ungarisches Strafgesetz / BT, S. 472.

121 Horváth, Tibor / Kereszty, Béla / Maráz, Vilmosné / Nagy, Ferenc / Vida, Mihály, in: Das ungarische Strafgesetzbuch / BT, S. 692. Belovics, Ervin / Molnár, Gábor / Sinku, Pál, in: Strafrecht / BT, 4. überarbeitete Aufl., S. 561.

nicht vor, wenn die Behörden in irgendeiner Weise Kenntnis von den tatsächlichen Besteuerungsgrundlagen erlangt haben, da sie in diesem Fall die Steuern unschwer selbst festsetzen und eintreiben können. Will man die Deliktsnatur des § 310 Btk. als Erfolgsdelikt wahren, muss man folglich eine Unkenntnis der Behörde, der gegenüber die unrichtigen Angaben gemacht werden, fordern, sei es in Form eines ungeschriebenen Tatbestandsmerkmals oder als Ergebnis einer Täuschung oder als Bestandteil der Tathandlung „unrichtige Tatsachenangabe".

Die Einordnung des § 310 Btk. als Erfolgsdelikt erfasst nicht den gesamten Deliktscharakter des Straftatbestandes; erforderlich ist darüber hinaus auch eine Einordnung als Verletzungsdelikt (~ sértő bűncselekmény) oder als konkretes Gefährdungsdelikt (~ konkrét veszélyeztető bűncselekmény), je nach dem, ob die Verletzung eines Rechtsguts oder bereits seine konkrete Gefährdung zum Straftatbestand gehören. Geht man davon aus, dass der Schutzzweck des § 310 Btk. die Sicherung des staatlichen Steueraufkommens durch Erhalt der Funktionsfähigkeit des Finanz- und Wirtschaftskreislaufs ist, dann kann daraus gefolgert werden, dass mittels unrichtiger Steuerfestsetzungen bzw. verspäteter oder unterbliebener Steuereintreibungen das staatliche Steueraufkommen nicht nur gefährdet, sondern verletzt ist. Die Durchsetzung des staatlichen Steueranspruchs wird nämlich bereits dadurch verletzt, dass dem Staat durch das Verhalten des Täters unrichtige Vollstreckungsgrundlagen zur Verfügung stehen bzw. die Vollstreckung zeitlich verzögert wird oder gar nicht erfolgt.

Bedenken für die Annahme eines Verletzungsdelikts ergeben sich aber aus § 310 Abs. 1 Btk.; demnach macht sich derjenige eines Steuerbetrugs strafbar, der eine zur Steuerfestsetzung erhebliche Tatsache unwahr angibt oder verschweigt und dadurch die Steuereinnahmen mindert oder anders ausgedrückt, wenn die Steuerfestsetzung nicht in voller Höhe erfolgt. Darin könnte man eine Vorverlagerung der Strafbarkeit sehen und den Steuerbetrug als Gefährdungsdelikt qualifizieren, denn nach dem Wortlaut würde es nicht darauf ankommen, ob zu diesem Zeitpunkt eine Steuer bereits fällig, also geschuldet wird. Diese Annahme hätte zur Folge, dass sich jemand auch dann wegen eines Steuerbetrugs strafbar machen würde, wenn er in Wirklichkeit nichts schuldet, weil er z.B. einen Rückerstattungsanspruch hat. Da in diesem Fall der Tatbestand erfüllt wäre, obgleich ein Schaden nicht vorliegt, könnte dies für die Annahme eines Gefährdungsdelikts sprechen. Geht man allerdings davon aus, dass die Steuerbehörde mit der Festsetzung die Prüfung des Steuersachverhalts in diesem Rahmen abschließt (so §§ 125 ff. ungarische AO), und nach der Festsetzung erwartungsgemäß Manipulationen nicht mehr aufgedeckt werden, so ist mit der Festsetzung der Schadenseintritt sicher, so dass die Gefährdung bereits einen wirtschaftlichen Vermögensschaden darstellt.

Wenn auch die plausibleren Argumente für die Annahme eines Verletzungsdelikts sprechen, so wäre unter dem Aspekt eines effektiven Rechtsgüterschutzes

39

dennoch die Annahme eines konkreten Gefährdungsgeliktes vielversprechender, weil dadurch auch das Handlungsunrecht des § 310 Btk. und nicht nur das Erfolgsunrecht in den Vordergrund gerückt würde. Außerdem würden eine Vielzahl von Handlungen im Vorfeld des Verletzungserfolgs, die aber auf das staatliche Steueraufkommen ebenfalls negative Auswirkungen haben, erfasst. In praktischer Hinsicht hätte dies den Vorteil, dass ein Verletzungserfolg nicht nachgewiesen werden müsste, sondern bereits eine Gefährdung des Rechtsguts ausreichen würde, um den Straftatbestand des § 310 Btk. annehmen zu können.

Allerdings muss an dieser Stelle ausgeführt werden, dass es dadurch zu einer Vorverlagerung des Rechtsgüterschutzes kommen würde, welche vom Gesetzgeber so nicht gewollt war. Außerdem würde dadurch ungleiches Unrecht gleichgestellt werden, weil der Täter, der das geschützte Rechtsgut bereits verletzt hat, auch nicht anders gestellt wäre, wie derjenige, welcher nur eine konkrete Gefährdung des Rechtsguts herbeigeführt hat. Die Einführung eines Gefährdungsdelikts bedeutet auch regelmäßig eine Unbestimmtheit des Straftatbestandes, da ein Erfolgsunrecht für den Täter eine greifbare Verhaltensanweisung enthält. Umgekehrt rechtfertigt ein Verletzungserfolg eher den Eingriff der Justizbehörden in Eigentum und Freiheit des Täters im Rahmen der Strafverfolgung. Schließlich kann auch aus rechtspolitischer Sicht gegen eine Verankerung des Steuer- und Sozialversicherungsbetrugs als Gefährdungsdelikt ausgeführt werden, dass Gefährdungsdelikte durch ihre naturgemäße Unbestimmtheit gegenüber den Verletzungsdelikten eher geeignet sind, Risikoverbote in das Steuerstrafrecht zu verankern. Dies würde das Steuerstrafrecht aber zum großen Teil unkalkulierbar und wirklichkeitsfremd machen, da angesichts der komplexen Rechtsmaterie des Steuerrechts, bereits die Abgabe einer Steuererklärung das Risiko einer Gefährdung der staatlichen Steuereinnahmen in sich trägt. Das Strafrecht würde damit nicht dem Umstand Rechnung tragen, dass die Wirklichkeit des Steuerrechts, angesichts immer komplizierterer Rechtsvorschriften, dem Steuerpflichtigen insbesondere im Rahmen der Selbstbesteuerung, eine größere Risikolast aufbürdet.

e. Die Ausgestaltung des § 310 Btk. als Allgemeindelikt

Schwierigkeiten ergeben sich schließlich bei der Frage, inwieweit eine Eingrenzung des Täterkreises von § 310 Btk. Auswirkungen auf den Deliktscharakter haben kann. Je nachdem, ob der Steuerbetrug durch Jedermann oder nur durch ganz bestimmte Personen verwirklicht werden kann, unterscheidet man zwischen Allgemein- oder Jedermanndelikten (~ közönséges bűncselekmények oder delicta communa) und sog. Sonderdelikten (~ különös bűncselekmények oder delicta propria). Von Bedeutung ist diese Unterscheidung für die möglichen Formen der Täterschaft, da bei einem Steuerbetrug als Allgemeindelikt jeder Dritte Mittäter bzw. mittelbarer Täter sein kann, was in der Praxis vor allem Auswirkungen für die Arbeit von Steuerberatern und anderen Berufsträgern haben kann.[122]

Ausgehend vom Wortlaut des § 310 Btk. kann Täter des Steuerbetrugs jeder sein, auf dem eine Verpflichtung zur Steuer- oder Abgabenzahlung lastet.[123] Da im Gegensatz zu Straftatbeständen wie der Vorteilsannahme im Amt gem. § 250 Btk., bei dem die Amtseigenschaft des Täters erforderlich ist,[124] keinerlei besondere Eigenschaften des Täters für die Verwirklichung des § 310 Btk. verlangt werden, spricht dies für eine Qualifizierung des Steuer- und Sozialversicherungsbetrugs als Allgemeindelikt.[125]

Zweifel an der Einordnung des § 310 Btk. als Allgemeindelikt könnten sich daraus ergeben, dass man als möglichen Täter des Steuer- und Sozialversicherungsbetrugs nur denjenigen ansieht, dem durch die Steuergesetze zur Sicherung des staatlichen Steueranspruchs bestimmte steuerliche Pflichten auferlegt worden sind, denn Täter des § 310 Btk. kann nur derjenige sein, der in der Lage ist, auf das Steueraufkommen zum Nachteil des Staates einzuwirken. Solche Einwirkungsmöglichkeiten sind aber regelmäßig in Form von steuerlichen Erklärungs- und Mitwirkungspflichten des Steuerschuldners normiert. Für eine solche These würde zum einen das strukturelle Wesen des Besteuerungsverfahrens sprechen, da der Staat auf die Mitteilung von steuerrelevanten Tatsachen durch den Steuerpflichtigen angewiesen ist, um seinen Steueranspruch ordnungsgemäß festsetzen und vollstrecken zu können. Dies wird bereits dadurch deutlich, dass die ungarische Abgabenordnung die Erklärungs- und Informationspflichten des Steurschuldners teilweise sehr ausführlich normiert hat (so vor allem §§ 31 ff., 48 und 52 ungarische AO). Zum anderen könnte hierfür die Tatsache sprechen, dass der staatliche Offenbarungsanspruch einen wesentlichen Teil der Funktionsfähigkeit des Finanz- und Wirtschaftskreislaufs darstellt und somit den steuerlichen Pflichten, die der Erfüllung dieses Offenbarungsanspruchs dienen, ebenfalls Rechtsgutqualität zukommen würde. Damit wäre aber der § 310 Btk. nur bei der Verletzung von solchen steuerlichen Mitwir-

---

122 Auf die Problematik der Berufsträgerhaftung wird noch ausführlich im Abschnitt über die Täterschaft und Teilnahme eingegangen werden.

123 Der Tatbestand des § 310 Btk. beginnt nämlich mit den Worten: „Wer eine zur Festsetzung der Steuerverpflichtung ..., wird ... bestraft." (Aus dem Ungarischen: „Aki az adókötelezettség ... megállapítása szempontjából ..., ... büntetendő.")

124 Der Wortlaut der Vorteilsannahme im Amt gem. § 250 Btk. lautet im Vergleich zum § 310 Btk.: „Diejenige Amtsperson, die ...". (Aus dem Ungarischen: „Az a hivatalos személy, aki ...")

125 Horváth, Tibor / Kereszty, Béla / Maráz, Vilmosné / Nagy, Ferenc / Vida, Mihály, in: Das ungarische Strafgesetzbuch / BT, S. 693. Kommentar zum ungarischen Strafgesetzbuch, Kommentar zum § 310 Btk., S. 598 im Ausdruck (CD-Rom).

kungspflichten einschlägig. Diese Argumentation ist aber abzulehnen, da sie die Verletzung von steuerlichen Mitwirkungspflichten und den staatlichen Offenbarungsanspruch viel zu sehr in den Vordergrund stellt und der Ausgestaltung des § 310 Btk. nicht in ausreichendem Maße gerecht wird. Insbesondere würde die skizzierte Argumentation verkennen, dass die mittelbar zum Rechtsgut erhobenen steuerlichen Pflichten dem Staat nur Mittel zum Zweck sind, seine steuerlichen Ansprüche in ausreichendem Maße abzusichern. Rechtsgut des § 310 Btk. ist aber vor allem die Funktionsfähigkeit des staatlichen Steueraufkommens bzw. das Vermögensinteresse des Staates in Form von Steueransprüchen. Letzendlich soll der staatliche Offenbarungsanspruch dieses Rechtsgut absichern und vermag quasi als Mitbestandteil des Rechtsgutes[126] eine generelle Einordnung des § 310 Btk. als Sonderdelikt nicht zu begründen. Außerdem würde eine zu starke Betonung des staatlichen Offenbarungsanspruchs als Rechtsgut dem Charakter des § 310 Btk. als Erfolgsdelikt entgegenstehen, denn es wäre schwerlich zu erklären, warum der Tatbestand des § 310 Btk. einen Erfolg in Form einer Steuerminderung oder Verzögerung bzw. Verhinderung der Steuereintreibung voraussetzt, obwohl das Rechtsgutsziel des § 310 Btk. allein auf den staatlichen Offenbarungsanspruch oder umgekehrt die Pflicht des Steuerschuldners zur Offenbarung steuerrelevanter Daten ausgerichtet wäre. Schließlich ist auch nicht einzusehen, warum das staatliche Interesse an der Durchsetzung der Steueransprüche nicht auch gegen Dritte geschützt werden soll, sondern nur gegen das Verhalten von Personen, die bestimmte steuerliche Mitwirkungspflichten haben. Es besteht folglich kein Erfordernis für eine solche generelle Eingrenzung des Täterkreises, und dadurch bedingt, für eine Einordnung des § 310 Btk. als Sonderdelikt.

Allerdings kann mit dieser Begründung der Sonderdeliktscharakter nur für die Tatbestandsalternative der unrichtigen Tatsachenangabe, also für die aktive Tatbestandsverwirklichung, abgelehnt werden, nicht aber für den Fall des Verschweigens von steuererheblichen Tatsachen, da in diesem Fall der Kreis der möglichen Täter sehr wohl auf diejenigen beschränkt ist, die zur Vornahme der gebotenen Handlung, nämlich zur Abgabe der steuererheblichen Daten verpflichtet sind. Nur derjenige verwirklicht den Steuer- und Sozialversicherungsbetrug durch passives Verschweigen, dem zuvor eine entsprechende Erklärungspflicht auferlegt worden ist,[127] so dass der § 310 Btk. sowohl einen Allgemein- als auch einen Sonderdeliktscharakter aufweist.

---

126 Diese Thematik wurde i.R.d. Rechtsgutproblematik, unter Zweiter Teil, III. 1. bereits näher erläutert.

127 Erdősy, Emil / Földvári, József / Tóth, Mihály, in: Ungarisches Strafgesetz / BT, S. 473.

Da der § 310 Btk. nicht näher ausführt, aufgrund welcher Vorschrift sich die Erklärungspflicht im o.g. Sinn ergeben kann, sondern nur verlangt, dass die Steuerbehörde über eine erhebliche Tatsache in Unkenntnis gelassen wird, kann bei der näheren Bestimmung der Erklärungspflicht auf die Vorschriften der ungarischen Abgabenordnung, insbesondere auf die §§ 31 ff. ungarische AO zur Steuererklärung, zurückgegriffen werden.

Fraglich ist, ob sich eine entsprechende Erklärungspflicht nicht nur aus den gesetzlichen Bestimmungen, sondern quasi aus einer allgemeinen Garantenstellung des Steuerpflichtigen ergeben könnte. Eine solche Garantenpflicht ließe sich z.B. als eine Pflicht zur Berichtigung nach Abgabe einer unrichtigen Steuererklärung konstruieren. Der Steuerpflichtige beherrscht nämlich durch seine unrichtige Erklärung den gefährdenden Umstand bezüglich des Rechtsguts.

Die ungarische Abgabenordnung regelt anders als die deutsche Abgabenordnung nicht explizit eine Pflicht zur Berichtigung der unrichtigen Steuererklärung. Eine solche Pflicht lässt sich nicht problemlos bejahen. So kann eine solche Pflicht nicht aus dem Umstand abgeleitet werden, dass die Abgabe einer fehlerhaften Steuererklärung gem. § 172 Abs. 6 ungarische AO mit einer Geldstrafe geahndet werden kann oder dass der Steuerberater, der eine fehlerhafte Steuererklärung unterzeichnet hat, gem. § 31 Abs. 8 ungarische AO ebenfalls mit einer Sanktion belegt werden kann. Auch reicht nicht aus, dass das Gesetz in § 34 ungarische AO die Berichtigung einer fehlerhaften Steuererklärung durch die Steuerbehörde vorsieht. Man könnte allenfalls argumentieren, dass das ungarische Besteuerungssystem weitgehend auf Selbstbesteuerung und damit in höherem Maße als das deutsche Steuerrecht auf Eigenverantwortlichkeit des Steuerpflichtigen beruht. Zu einer eigenverantwortlichen Selbstbesteuerung gehört aber auch eine Berichtigungspflicht für den Fall einer fehlerhaften Steuererklärung, wenn man diese Art der Besteuerung in der Praxis sinnvoll gestalten möchte. Letztlich fehlt es jedoch an einer gesetzlichen Grundlage, um eine Strafbarkeit zu begründen.

Ein Verstoß gegen die steuerliche Erklärungspflicht ist nur dann tatbestandsmäßig i.S.d. § 310 Btk., wenn die Pflicht ausdrücklich vom Gesetz im Interesse ordnungsgemäßer Besteuerung aufgestellt wurde. Ansonsten würde quasi durch die Hintertür des Strafrechts eine Mitteilungspflicht konstruiert werden, welche keine gesetzliche Grundlage hat und dennoch bei ihrer Verletzung den Vorwurf eines Steuer- und Sozialversicherungsbetrugs durch Unterlassen begründen könnte.

Die Stellungnahmen in Rechtsprechung und Literatur beschäftigen sich nur mit den allgemeinen Voraussetzungen der Tatbestandsverwirklichung von § 310 Btk., enthalten aber keinerlei Ausführung zu diesem Sonderproblem. Aus diesem Grund ist im Folgenden zu untersuchen, welche Argumente für oder gegen eine Ausdehnung der Erklärungspflichten auf strafrechtlichen Weg sprechen.

Bedenken gegen eine Ausweitung des Pflichtenkreises auf allgemeine Garantenpflichten könnten sich aus verschiedenen Aspekten ergeben: Zum einen kann man argumentieren, dass die ungarische Abgabenordnung im § 14 einen begrenzten Katalog von Steuerpflichten normiert; diese Begrenzung der steuerrechtlichen Mitwirkungspflichten wäre aber hinfällig, wenn man eine Erklärungs- und Mitwirkungspflicht aus jeder beliebigen Garantenstellung ableiten könnte. Aus dieser Betrachtung heraus könnte man auf eine abschließende Normierung der steuerrechtlichen Pflichten durch die ungarische Abgabenordnung verweisen.

Andererseits ist diese „Sperrwirkung" des Steuerrechts gegenüber dem Strafrecht gar nicht erforderlich, wenn die sich auf Grundlage der allgemeinen Garantenstellung ergebende Pflicht bereits aus dem Gesetzestext ableiten lässt. Dies ist aber vorliegend der Fall, da wie bereits erörtert die Berichtigungspflicht sich unmittelbar aus den §§ 31, 34, 172 Abs. 6 ungarische AO ableiten lässt, so dass die Erweiterung des Pflichtenkreises auf eine allgemeine Garantenstellung gar nicht erforderlich ist.

Inhaltlich lässt sich ausführen, dass eine Erweiterung des Pflichtenkreises auf ungeschriebene, allgemeine Garantenpflichten eine Gleichstellung von ungleichen Pflichten bedeuten würde. Während es sich bei den Garantenpflichten vorwiegend um Erfolgsabwendungspflichten handelt, geht es bei den im Rahmen des § 310 Btk. bedeutenden Steuerpflichten um Mitwirkungs- und Erklärungspflichten. Die steuerlichen Mitwirkungs- und Erklärungspflichten unterscheiden sich somit inhaltlich und strukturell von den allgemeinen Garantenpflichten, so dass die Tatbestandsalternative „Verschweigen von erheblichen Tatsachen" auch keinen Verweis auf die allgemeinen Garantenpflichten, quasi als Oberbegriff zu den steuerrechtlichen Erklärungspflichten, darstellen kann. Eine Argumentation dahingehend, dass die steuerlichen Erklärungspflichten einen typischen Teil der großen Gruppe allgemeiner Garantenpflichten darstellen und deshalb die allgemeinen Garantenpflichten ebenfalls vom Tatbestand des § 310 Btk. erfasst sein sollen, geht folglich fehl.

Entscheidendes Argument gegen eine Ausdehnung des Pflichtenkreises auf allgemeine Garantenpflichten ist aber, dass auf dem Umweg des Strafrechts strafbewehrte Pflichten in das Steuerrecht ohne eine entsprechende gesetzliche Grundlage eingeführt werden würden. Dies stellt aber einen nicht zu rechtfertigenden Eingriff in die Handlungsfreiheit des Steuerpflichtigen dar.

Damit sprechen die besseren Argumente gegen eine Geltung der allgemeinen Garantenstellung bei dem Steuer- und Sozialversicherungsbetrug durch Unterlassen. Das Tatbestandsmerkmal „Verschweigen von erheblichen Tatsachen" weist ausschließlich auf die steuergesetzlichen Erklärungspflichten hin.

Der Steuer- und Sozialversicherungsbetrug nach § 310 Btk. ist nach der hier vertretenen Ansicht als Erfolgs-, Verletzungs- bzw. konkretes Gefährdungsdelikt und teils als Allgemeindelikt, teils als Sonderdelikt zu qualifizieren.

3. *Strafrechtliche Verantwortung natürlicher und juristischer Personen*

a. Täterkreis

§ 310 Abs. 1 Btk. verwendet für die Bezeichnung des Täters den allgemeinen Begriff „wer" (~ „aki"). Aus diesem Grund kann jedermann und nicht nur der Steuerschuldner Täter (~ tettes bzw. elkövetö) des Steuer- und Sozialversicherungsbetrugs sein; eine Begrenzung des Täterkreises erfolgt allein in der Unterlassungsalternative des § 310 Btk., welche nur durch diejenigen Personen verwirklicht werden kann, die verpflichtet sind, die Finanzbehörden über steuererhebliche Tatsachen in Kenntnis zu setzen.[128] Allerdings sind der Kreis der Verpflichteten und die Arten von möglichen Verpflichtungen im ungarischen Strafgesetzbuch nicht geregelt, sondern werden durch die ungarische Abgabenordnung (~ törvény az adozás rendjéröl, Art.) und durch die speziellen Steuergesetze[129] näher bestimmt.[130] Das Strafgesetzbuch hat insofern den Charakter eines „Blankettgesetzes" (~ keretdiszpozíció), das die Verstöße gegen spezialgesetzlich geregelte Pflichten und dadurch bedingt die Senkung der Steuereinnahmen sanktioniert.[131] Die im § 14 Abs. 1 ungarische AO aufgeführten Verpflichtungen,[132] unter anderem auch die Steuerzah-

---

128 Vgl. hierzu auch die Ausführungen unter Zweiter Teil, III. 2. d. und Horváth, Tibor / Kereszty, Béla / Maráz, Vilmosné / Nagy, Ferenc / Vida, Mihály, in: Das ungarische Strafgesetzbuch / BT, S. 693. Belovics, Ervin / Molnár, Gábor / Sinku, Pál, in: Strafrecht / BT, 4. überarbeitete Aufl., S. 563.

129 So im Gesetz über die Umsatzsteuer (~ törvény az általános forgalmi adóról), über die persönliche Einkommensteuer (~ törvény a magánszemélyes jövedelemadóról), über die Körperschaftsteuer (~ a társasági adóról szóló törvény) etc. Diese Rechtsquellen wurden bereits im Zusammenhang mit den einzelnen Steuerarten, unter dem Punkt Erster Teil II. 2. a. – e. näher genannt.

130 Jamrik, Krisztina, Der Steuerbetrug. In: Steuerverfahren und Buchführung, 2. Jahrgang, Heft 9, 1998, S. 24. Magyar, Szilvia, Der Steuer- und Sozialversicherungsbetrug. In: Steuerverfahren und Buchführung, 4. Jahrgang, Heft 14, 2000, S. 20.

131 Jamrik, Krisztina, Der Steuerbetrug. In: Steuerverfahren und Buchführung, 2. Jahrgang, Heft 9, 1998, S. 24.

132 Die Hauptpflichten des Steuerzahlers sind gem. § 14 Abs. 1 ungarische AO unter anderem folgende: Benachrichtigung der Steuerbehörde, dass ein Steuertatbestand vorliegt, das Be-

lungspflicht, betreffen in erster Linie den Steuerpflichtigen; wer in den Kreis der Steuerpflichtigen fällt, regeln wiederum die §§ 6 Abs. 1 und 35 Abs. 1 ungarische AO. Steuerpflichtiger ist demnach diejenige Person, der durch ein Steuergesetz oder durch ein Haushaltsgesetz eine entsprechende Zahlungsverpflichtung auferlegt wird.[133] Dabei muss es sich nicht um Privatpersonen mit ständigem Wohnsitz oder Aufenthalt in Ungarn handeln; einer solchen Zahlungsverpflichtung nach den speziellen steuergesetzlichen Bestimmungen unterliegen auch juristische Personen oder sonstige Vereinigungen, die entweder eine wirtschaftliche Tätigkeit jedweder Art ausüben oder eine (Haupt-)Niederlassung auf ungarischem Staatsgebiet unterhalten.

b. Strafrechtliche Verantwortung juristischer Personen

Strafrechtlich zur Verantwortung gezogen werden konnte bislang immer nur die natürliche Person, zu deren Pflichten es gehörte, im Interessen- und Rechtskreis der juristischen Person steuerrechtliche Angelegenheiten zu erledigen. Der Grundsatz „societas delinquere non potest" leitet sich aus der Überlegung ab, dass zur Begehung einer Straftat und ihrer Bestrafung immer strafbares menschliches Handeln erforderlich ist.[134] Allerdings wurde diese Strafbarkeitslücke im Hinblick auf die juristischen Personen nun endgültig im Wege der europäischen Rechtsharmonisierung durch das Gesetz CIV aus dem Jahre 2001 zur Anwendung von strafrechtlichen Maßnahmen auf juristische Personen (~ a 2001. évi CIV törvény a jogi

---

reitstellen der erforderlichen Daten und vor allem das Bezahlen der festgesetzten Steuer. Vgl. Kátai, András / Vámosi-Nagy, Szabolcs / Szakács, László / Török, Júlia, in: Die Steuer, Finanz- und steuerrechtliche Fachzeitschrift, Steuergesetze 2004 / Kodex, 12. Jahrgang, Heft 7-8, 2003, S. 236. Wirtschaftszeugnis, wöchentlich erscheinender Schnellbericht für Unternehmen, für Institutionsleiter, Die häufigsten Regeln der Umsatzsteuerberechnung, 7. Jahrgang, Nr. 10, 2004, S. 4.

133 Dies stellt wiederum einen Verweis von der ungarischen Abgabenordnung in die steuerlichen Einzelgesetze dar, wo der Kreis der Steuerpflichtigen explizit geregelt wird, z.B. ist für die Abführung der Steuer im Arbeitsverhältnis der Arbeitgeber verantwortlich. Vgl. Horváth, Tibor / Kereszty, Béla / Maráz, Vilmosné / Nagy, Ferenc / Vida, Mihály, in: Das ungarische Strafgesetzbuch / BT, S. 693. Kátai, András / Vámosi-Nagy, Szabolcs / Szakács, László / Török, Júlia, in: Die Steuer, Finanz- und steuerrechtliche Fachzeitschrift, Steuergesetze 2004 / Kodex, 12. Jahrgang, Heft 7-8, 2003, S. 235 und 243.

134 Auch die ungarische Verfassung erwähnt im Zusammenhang mit dem „nullum crimen / nulla poena sine lege"-Grundsatz nur die natürlichen Personen (§ 53 Abs. 4 der ungarischen Verfassung). Vgl. Nagy, Ferenc, in: Der Allgemeine Teil des ungarischen Strafgesetzes, S. 553. Belovics, Ervin / Molnár, Gábor / Sinku, Pál, in: Strafrecht / BT, 4. überarbeitete Aufl., S. 563.

személlyel szemben alkalmazható büntetőjogi intézkedésekről) geschlossen. Das neue Gesetz statuiert nicht die strafrechtliche Verantwortlichkeit von juristischen Personen, sondern schafft nur die Möglichkeit, bei Vorliegen von bestimmten Anwendungsvoraussetzungen, auch gegen die juristischen Personen direkt strafrechtliche Sanktionen zu verhängen. Hierfür ist nach § 2 des Gesetzes unter anderem erforderlich, dass eine gerichtlich strafbare Tat, bzw. in diesem Fall ein entsprechendes Steuerdelikt vorliegt, die Tat zugunsten der juristischen Person begangen worden ist und ein Vermögensvorteil im Interesse der juristischen Person beabsichtigt oder tatsächlich erzielt worden ist. Des Weiteren muss die Tat im Wirkungskreis der juristischen Person durch einen Geschäftsführer oder ein zur Vertretung der juristischen Person berufenes Mitglied oder einem Funktionär begangen worden sein.[135] Nach den § 3 bis 6 des Gesetzes kann gegen die juristische Person die Auflösung oder Beschränkung der Tätigkeit oder die Verhängung einer Geldstrafe beschlossen werden. Die Auflösung der Tätigkeit als schwerste Sanktionsmöglichkeit kommt regelmäßig nur dann in Betracht, wenn bereits die Tätigkeit der juristischen Person selbst einen Straftatbestand verwirklicht. Die Beschränkung der Tätigkeit kann sich entweder auf einen der im Gesetz taxativ erwähnten Sachbereiche (z.B. das Verbot, Konzessionsverträge abzuschließen, gem. § 5 Abs. 3 lit. c des Gesetzes) beziehen oder erst vom Gericht inhaltlich festgelegt werden, wobei sich die Beschränkung auf einen Zeitraum von ein bis drei Jahren erstrecken kann. In der Praxis ergeben sich aus der Überwachung der juristischen Person im Hinblick darauf, dass nur „erlaubte Tätigkeiten" ausgeführt werden, allergrößte Probleme. Die Geldstrafe als leichteste Sanktionsform ist in den §§ 3 Abs. 1 c, 6 d des Gesetzes geregelt und beträgt das dreifache des erstrebten oder erlangten Vermögensvorteils, mindestens aber 500.000,- HUF (~ 2.083,- EUR). Das Gesetz hat bewusst auf die Festlegung einer Obergrenze verzichtet, da es z.B. einen großen Unterschied macht, ob die Geldstrafe gegen eine familiär betriebene Kft. (~ GmbH) oder eine international tätige Rt. (~ AG) verhängt wird.[136]

---

135 Ausreichend ist aber auch eine Tatbegehung durch ein Mitglied oder durch einen Angestellten der juristischen Person, im Wirkungskreis derselbigen, wenn die Tat durch entsprechende Kontrollmaßnahmen des leitenden Funktionärs hätte verhindert werden können. Diesem gleichzusetzen ist schließlich der Fall, dass die zur Führung und Vertretung der juristischen Person berufene Person oder der entsprechende Funktionär von der Tatbegehung Kenntnis hatten. Vgl. Nagy, Ferenc, in: Der Allgemeine Teil des ungarischen Strafgesetzes, S. 555 f.

136 Nagy, Ferenc, in: Der Allgemeine Teil des ungarischen Strafgesetzes, S. 558 ff.

c. Strafrechtliche Verantwortlichkeit der Gesellschafter, Geschäftsführer und Mitglieder juristischer Personen

Die Gesellschafter, Geschäftsführer und Mitglieder, die über eine Ermächtigung zur Erledigung von Steuerangelegenheiten verfügen, machen sich alleine aufgrund ihrer gesellschaftlichen Stellung und der damit verbundenen Befugnisse, unabhängig von der Verhängung einer Sanktion gegen die juristische Person selbst, strafbar. Dies soll selbst dann gelten, wenn die so ermächtigten Gesellschafter und Geschäftsführer sich anderer Personen zu ihrer Pflichterfüllung bedienen, da sich sonst dieser Personenkreis durch die, in der Regel gerade bei juristischen Personen und sonstigen Gesellschaften vorgegebene Arbeitsteilung, ihrer strafrechtlichen Verantwortung leicht entziehen könnte und so im Vergleich zu natürlichen Personen, die nicht über eine entsprechende Befugnis verfügen, ungerechtfertigt bevorteilt wäre. Sie werden insoweit „normalen" natürlichen Personen gleichgestellt. So hat sich der Geschäftsführer einer GmbH (~ Kft.) eines Steuerbetrugs wegen nicht erklärter Umsatzsteuer trotz Beauftragung eines Buchhalters schuldig gemacht, wenn er dem Buchhalter die für die Steuererklärungen erforderlichen Daten nicht zur Verfügung gestellt hat und nicht nachgeprüft hat, ob die Steuererklärung erfolgt ist.[137]

d. Zusammenfassung

Zusammenfassend lässt sich ausführen, dass nach dem neuen Gesetz nunmehr neben der natürlichen Person (~ természetes személy) auch juristische Personen (~ jogi személyek) strafrechtlich zur Verantwortung gezogen werden können. Daneben kann die Straftat selbstverständlich bei den juristischen Personen und sonstigen Vereinigungen von den Gesellschaftern, Geschäftsführern und Mitgliedern verwirklicht werden, die über eine Ermächtigung zur Erledigung der Steuerangelegenheiten verfügen.[138]

---

137 BH 2003, S. 397 ff. Kommentar zum ungarischen Strafgesetzbuch, Kommentar zum § 310 Btk., S. 598 im Ausdruck (CD-Rom). Báldy, Péter / Csizner, Ildikó / Schuller, Krisztina / Czimbalmos, Csaba / Kerek, Imréne, in: Die Erklärung zum Strafgesetzbuch, Bd. 2, S. 1226.

138 Belovics, Ervin / Molnár, Gábor / Sinku, Pál, in: Strafrecht / BT, 4. überarbeitete Aufl., S. 563. Báldy, Péter / Csizner, Ildikó / Schuller, Krisztina / Czimbalmos, Csaba / Kerek, Imréne, in: Die Erklärung zum Strafgesetzbuch, Bd. 2, S. 1227.

4. Täterschaft und Teilnahme

Neben dem Täter können aber auch Mittäter, Anstifter oder Gehilfen an der Tat beteiligt sein. Bei dem juristischen Begriff des Täters handelt es sich nämlich um einen Sammelbegriff; das ungarische Strafgesetzbuch kennt die, vom deutschen Recht bereits bekannten, zwei möglichen Begehungsformen, nämlich Täterschaft und Teilnahme.[139] Das ungarische Recht folgt, ebenso wie das deutsche Recht, nicht dem sog. Einheitsmodell und verzichtet nicht auf die Unterscheidung zwischen Täterschaft und Teilnahme. Die Abgrenzung der Täterschaft von der Teilnahme hat in der Vergangenheit auch in der ungarischen Rechtsdogmatik, ähnlich wie in der deutschen, zur Entstehung von Theorien geführt, wobei nach der neueren ungarischen Strafrechtslehre idealerweise sowohl objektive als auch subjektive Gesichtspunkte gleichermaßen zur Abgrenzung herangezogen werden müssen: Demnach verwirklicht der Täter, im Gegensatz zum Teilnehmer, den gesetzlichen Tatbestand unmittelbar in eigener Person, wobei der Täter die Tatverwirklichung in den Händen hält und der Teilnehmer hierzu nur beiträgt.[140] Diese Unterscheidung zwischen Täterschaft und Teilnahme findet sich im Allgemeinen Teil des ungarischen Strafgesetzbuches in den §§ 19 bis 21 Btk.:[141] In § 19 Btk., wonach die Straftat sowohl vom Täter als auch vom Teilnehmer begangen werden kann und in § 20 Btk., der in seinem Absatz 1 die Täterschaft und im Absatz 2 die Mittäterschaft definiert. Eine Definition der Anstiftung findet sich in § 21 Abs. 1 Btk., eine Definition der Beihilfe in § 21 Abs. 2 Btk.

§ 21 Abs. 3 Btk. regelt schließlich, dass Teilnehmer derselben Strafe unterfallen wie Täter. Einen Milderungsgrund, wie in § 49 Abs. 1 StGB geregelt, kennt das ungarische Strafgesetz in Form des § 87 Abs. 3 Btk.[142] nur für die Beihilfe.[143]

---

139 Balogh, Ágnes / Kőhalmi, László, in: Strafrecht I / AT, S. 74 f. Báldy, Péter / Csizner, Ildikó / Schuller, Krisztina / Czimbalmos, Csaba / Kerek, Imréné, in: Die Erklärung zum Strafgesetzbuch, Bd. 1, S. 92 ff. Nagy, Ferenc / Fantoly, Zsanett / Karsai, Krisztina / Kovács, Judit / Szomora, Zsolt, in: Aufgaben und Strafrechtsfälle zum Allgemeinen Teil des ungarischen Strafrechts, S. 174 f. Nagy, Ferenc, in: Der Allgemeine Teil des ungarischen Strafgesetzes, S. 288. Földvári, József, in: Ungarisches Strafrecht / AT, S. 194 ff.

140 Földvári, József, in: Ungarisches Strafrecht / AT, S. 194. Belovics, Ervin / Békes, Imre / Busch, Béla / Molnár, Gábor / Sinku, Pál / Tóth, Mihály, in: Strafrecht / AT, S. 200.

141 Eine Übersetzung der §§ 19 bis 21 Btk. findet sich im Anhang, in der Anlage II. Nr. 8 – 10.

142 Eine Übersetzung des § 87 Abs. 3 Btk. findet sich im Anhang, in der Anlage II. Nr. 28.

143 Zödi, Zsolt / Csizner, Ildikó / Lovász, Adrienn / Kerek, Imréné / Vigh, Ágnes, in: Das ungarische Strafgesetzbuch, Gesetzestext, S. 11. Pénzes, Károly / Vigh, András, in: Strafgesetzbuch, Strafverfahren, Strafvollzug 2004, S. 16 f. Horváth, Béla / Debreczeni, Ágnes / Harkai, Éva / Bors, Krisztina, in: Strafgesetzbuch / Strafverfahren, S. 12 f. Koczka, Éva, in:

Die Mittäterschaft (~ társtettesség) ist in § 20 Abs. 2 Btk. geregelt als eine neben der Alleintäterschaft (~ tettesség) mögliche Form der Täterschaft.[144] Alleintäter ist nach § 20 Abs. 1 Btk. im Gegensatz zur Mittäterschaft derjenige, der den gesetzlichen Straftatbestand selbst und unmittelbar, d.h. durch eine eigene Handlung, verwirklicht.[145] Für den Fall des Steuerbetrugs bedeutet dies, dass derjenige den Straftatbestand des § 310 Btk. als Alleintäter verwirklicht, der die Steuerbehörden selbst, ohne die Mithilfe von anderen Personen, täuscht.

Die Mittäterschaft hingegen setzt einen gemeinsamen Tatplan und eine teilweise oder gänzlich gemeinsame Tatbegehung voraus, wobei der Vorsatz der Mittäter sich auf die einzelnen Tatbestandselemente des verwirklichten Delikts, auf die gemeinsame Tatbegehung und die Tatsache, dass sich die Handlungen gegenseitig ergänzen, beziehen muss. Mittäter ist also nur, wer in bewusstem und gewolltem Zusammenwirken mit anderen aufgrund eines gemeinsamen Tatplans einen Straftatbestand verwirklicht;[146] nicht erforderlich ist, dass die Mittäter in demselben Strafprozess abgeurteilt werden.[147] Ebenso wie im deutschen Strafrecht ist die Begehung eines fahrlässigen Strafdelikts in Mittäterschaft ausgeschlossen.[148] Ein Steuer- und Sozialversicherungsbetrug in Mittäterschaft ist in der Praxis dann verwirklicht, wenn z.B. Gesellschafter einer Personengesellschaft in bewusstem und gewolltem Zusammenwirken eine falsche Steuererklärung abgeben. Ebenso wird der Fall zu entscheiden sein, dass ein Steuerberater mit seinem Mandanten zusam-

---

Strafrechtsvorschriften, S. 47. Bárd, Károly / Gellér, Balázs / Ligeti, Katalin / Margitán, Éva / Wiener, A. Imre, in: Strafrecht / AT, S. 104 f.

144 Wiener, A. Imre, in: Straffälligkeit / Strafbarkeit, S. 191.

145 Zödi, Zsolt / Csizner, Ildikó / Lovász, Adrienn / Kerek, Imréné / Vigh, Ágnes, in: Das ungarische Strafgesetzbuch, Gesetzestext, S. 11. Kommentar zum ungarischen Strafgesetzbuch, Kommentar zum § 20 Btk., S. 55 im Ausdruck (CD-Rom). Tóth, Mihály, in: Die Grundlagen des ungarischen Strafrechts und Strafprozessrechts mit besonderer Beachtung der Regelungen zu den Wirtschaftsstraftaten, S. 12. Kis, Norbert / Papp, László, in: Die Grundlagen des Strafrechts, S. 53. Bárd, Károly / Gellér, Balázs / Ligeti, Katalin / Margitán, Éva / Wiener, A. Imre, in: Strafrecht / AT, S. 106.

146 BH 1997, S. 566 ff. Kommentar zum ungarischen Strafgesetzbuch, Kommentar zum § 20 Btk., S. 57 im Ausdruck (CD-Rom).

147 Báldy, Péter / Csizner, Ildikó / Schuller, Krisztina / Czimbalmos, Csaba / Kerek, Imréné, in: Die Erklärung zum Strafgesetzbuch, Bd. 1, S. 96.

148 Tröndle, Herbert / Fischer, Thomas, in: Strafgesetzbuchkommentar, § 25, Rdnr. 10, § 26, Rdnr. 2, § 27, Rdnr. 10. Nagy, Ferenc, in: Der Allgemeine Teil des ungarischen Strafgesetzes, S. 291. Báldy, Péter / Csizner, Ildikó / Schuller, Krisztina / Czimbalmos, Csaba / Kerek, Imréné, in: Die Erklärung zum Strafgesetzbuch, Bd. 1, S. 92.

menwirkt und den Steuerbehörden bewusst falsche Daten zur Verfügung stellt, um so die Festsetzung einer verkürzten Steuer zu erreichen, wobei hier regelmäßig die Mittäterschaft am gemeinsamen Tatplan scheitern wird, da der Mandant in den seltensten Fällen seine Absicht, einen Steuerbetrug begehen zu wollen, offen legen wird; in diesem Fall ist aber eine mittelbare Täterschaft des Steuerpflichtigen zu erwägen. Während der Steuerberater straflos bliebe, käme eine Strafbarkeit des Mandanten als mittelbarer Täter wegen vorsätzlichem Steuerbetrug in Betracht.[149] Zu beachten ist ferner, dass bei der Tatbestandsverwirklichung des § 310 Btk. durch Unterlassen beide Mittäter eine Pflicht zur Erklärung treffen muss, da § 310 Btk. insoweit einen Sonderdeliktstatbestand darstellt.

Nicht im Gesetz geregelt, aber für die Strafpraxis ebenfalls von großer Bedeutung ist die Begehungsform der mittelbaren Täterschaft (~ közvetett tettesség), welche dann vorliegt, wenn die Tat durch eine andere Person verübt wird, die nicht nach den Vorschriften des ungarischen Strafgesetzbuchs zur Verantwortung gezogen werden kann, weil sie in ihrer Willensbildung oder Willensbetätigung einen Defekt aufweist.[150] Dogmatisch begründet wird das Erfordernis der mittelbaren Täterschaft damit, dass dadurch eine gesetzlich bedingte Strafbarkeitslücke verhindert wird, die ansonsten dadurch entstehen würde, dass der unmittelbar Handelnde (~ közvetlen tettes) nicht bestraft werden kann; so wird der mittelbar Handelnde (~ közvetett tettes) bestraft, der ihn als Werkzeug benutzt.[151] Im Rahmen des Steuer- und Sozialversicherungsbetrugs kommt eine mittelbare Tatverwirklichung grundsätzlich z.B. dann in Betracht, wenn der Täter einen Irrtum des Steuerberaters, den er zuvor durch die Vorlage unrichtiger oder gefälschter Unterlagen oder durch die Nichtvorlage von Unterlagen[152] hervorgerufen hat, ausnutzt, indem er durch die unrichtigen Angaben des gutgläubigen Steuerberaters eine Festsetzung der Steuerschuld in geringerer Höhe erreicht; er bedient sich des Steuerberaters, der die Falschheit der Unterlagen nicht erkennt, als eines menschlichen Werkzeugs. Ein Steuer- und

---

149 Zur Strafbarkeit des Steuerberaters und anderer Berufsträger wegen Teilnahme am Steuer- und Sozialversicherungsbetrug siehe weiter unten.

150 Kommentar zum ungarischen Strafgesetzbuch, Kommentar zum § 20 Btk., S. 55 im Ausdruck (CD-Rom). Zödi, Zsolt / Csizner, Ildikó / Lovász, Adrienn / Kerek, Imréné / Vigh, Ágnes, in: Das ungarische Strafgesetzbuch, Gesetzestext, S. 11 ff. Wiener, A. Imre, in: Straffälligkeit / Strafbarkeit, S. 193. Bárd, Károly / Gellér, Balázs / Ligeti, Katalin / Margitán, Éva / Wiener, A. Imre, in: Strafrecht / AT, S. 108 f. Földvári, József, in: Ungarisches Strafrecht / AT, S. 196.

151 Báldy, Péter / Csizner, Ildikó / Schuller, Krisztina / Czimbalmos, Csaba / Kerek, Imréné, in: Die Erklärung zum Strafgesetzbuch, Bd. 1, S. 93 f.

152 So BH 1998, S. 660 ff.

Sozialversicherungsbetrug wird nämlich auch von demjenigen verwirklicht, der mit Tatherrschaft veranlasst, dass der Behörde im Rahmen des steuerlichen Kommunikationsverfahrens eine unrichtige Information vermittelt wird. Würde man für das Tatbestandsmerkmal „erhebliche Tatsache ... unrichtig angibt" fordern, dass der Täter selbst eine Erklärung abgeben muss, dann würde man den § 310 Btk. in ein eigenhändiges Delikt umformulieren. Wenn man aber mit der allgemeinen Auffassung den § 310 Btk. nicht als eigenhändiges Delikt ansieht, dann muss man auch zugestehen, dass unter die Tathandlung des „Angaben-Machens" auch die mittelbare Weitergabe von Informationen fällt. Dieser Auffassung ist auch unter dem Blickwinkel des Rechtsgüterschutzes zu folgen, da die Finanzbehörden generell von einer Beeinflussung durch unzutreffende Daten und Informationen geschützt werden sollen, zumal sie bei der Selbstbesteuerung in zunehmenden Maße auf die Informationsdienstleistung durch den Steuerpflichtigen angewiesen sind, wie auch die §§ 52 ff. ungarische AO beweisen. Folglich kann, wenn man unter „Angaben-Machen" jeden Kommunikativakt innerhalb des steuerbehördlichen Verfahrens versteht, dieses Merkmal auch erfüllt sein, wenn der Steuerberater die Erklärung seines Mandanten vorbereitet, auch wenn ihm die Erklärung regelmäßig nicht zuzurechnen ist.

Die Straflosigkeit des Steuerberaters, der die Steuererklärung nach den Unterlagen seines Mandanten anfertigt, ergibt sich aus mehreren Gesichtspunkten: Reicht der Steuerpflichtige die unterschriebene Steuererklärung bei der Behörde ein, dann macht er alleine die Angaben, der Steuerberater hat durch das unrichtige Ausfüllen der Steuererklärung nur mittelbar an der Tatbestandsverwirklichung mitgewirkt. Da die Mitwirkung des Steuerberaters im Rahmen der Erklärung des Steuerpflichtigen nicht nach außen hin abgrenzbar ist und der Erklärungsinhalt, der vom Steuerberater stammt, quasi untrennbar verwoben ist mit der Erklärung des Steuerpflichtigen, werden die in der Erklärung enthaltenen Angaben, für die der Steuerpflichtige durch seine Unterschrift die Verantwortung übernimmt, alleine ihm zugerechnet.

Eine Täterschaft des Steuerberaters würde aus diesem Grund von vorneherein nur dann in Betracht kommen, wenn der Steuerberater eigene Angaben macht. Dies wäre dann der Fall, wenn er trotz Kenntnis von der Unrichtigkeit des Informationsmaterials die Steuererklärung ausfüllt und, nachdem der Steuerpflichtige unterschrieben hat, diese bei der Behörde einreicht. In diesem Fall würde die erforderliche Tatherrschaft des Steuerpflichtigen kraft überlegenen Wissens fehlen. Dadurch, dass der Steuerberater neben dem Steuerpflichtigen Anteil an der Handlungsherrschaft hat, werden die in der Steuererklärung enthaltenen Angaben nicht, wie dies normalerweise der Fall ist, dem Steuerpflichtigen alleine zugerechnet.

Sobald der Steuerberater aber keine Kenntnis von der Unrichtigkeit der vorgelegten Urkunden hat, verliert er diesen Anteil an der Handlungsherrschaft und wird zum bloßen menschlichen Werkzeug des Steuerpflichtigen degradiert, der durch den Steuerberater den Steuerbetrug verwirklicht.

Eine Straflosigkeit des Steuerberaters ergibt sich aber regelmäßig auch dadurch, dass er infolge seiner Unkenntnis fahrlässigerweise einem Irrtum unterliegt und der § 310 Btk. nicht in fahrlässiger Weise verwirklicht werden kann.[153] Der Steuerberater wird aber in der Regel fahrlässigerweise einem Irrtum unterliegen, da er zwar verpflichtet ist, seinen Mandanten bestmöglichst zu beraten und in diesem Rahmen auch darauf achten muss, nicht gefälschte Unterlagen vorgelegt zu bekommen, bei bloßen Zweifeln an der Echtheit der Unterlagen wohl aber nicht verpflichtet sein kann, diese zurückzuhalten und den Steuerbehörden nicht vorzulegen. Ansonsten würde er sich gerade dem Vorwurf aussetzen, die für die ordnungsgemäße Festsetzung der Steuer relevanten Daten gegenüber den Steuerbehörden zu unterdrücken, sollte sich im Nachhinein die Echtheit der Unterlagen herausstellen.

Zusammenfassend lässt sich ausführen, dass in dieser Konstellation eine mittelbare Tatausführung nur dann anzunehmen ist, wenn der unmittelbar Handelnde, also das menschliche Werkzeug, straflos bleibt und der Hintermann die Tatherrschaft kraft überlegenen Wissens innehat. Dies ist aber nur dann der Fall, wenn der gutgläubige Steuerberater von der Unrichtigkeit der vorgelegten Papiere keine Kenntnis hat und der Steuerpflichtige diese Tatsache zu seinem Gunsten ausnutzt, da nur dann der Hintermann die Handlungsherrschaft über die Tatbestandsverwirklichung innehat und es daher gerechtfertigt ist, diese Angaben in der Steuererklärung ausschließlich ihm zuzurechnen. Der Steuerpflichtige wird behandelt, wie wenn er selber unrichtige Angaben über erhebliche Tatsachen gemacht hätte, nur eben durch seinen Steuerberater, dessen er sich zur Ausführung seiner Tat bedient hat.

Die Teilnahme in Form der Anstiftung (~ felbujtás, wörtlich Aufhetzung) und der Beihilfe (~ bűnsegéd) ist in § 21 Btk. geregelt;[154] gemeinsam ist beiden Begehungsformen, dass sie eine vorsätzliche Haupttat voraussetzen, die zumindest das Stadium des Versuchs erreicht hat, so dass die Teilnahme auch nach dem ungarischen

---

153 So auch Kommentar zum ungarischen Strafgesetzbuch, Kommentar zum § 20 Btk., S. 55 im Ausdruck (CD-Rom).

154 Zödi, Zsolt / Csizner, Ildikó / Lovász, Adrienn / Kerek, Imréné / Vigh, Ágnes, in: Das ungarische Strafgesetzbuch, Gesetzestext, S. 11.

Strafgesetz akzessorisch zur Haupttat ist (~ járulékosság).[155] Sowohl die Anstiftung als auch die Beihilfe setzen einen ursächlichen Zusammenhang (~ okozati összefüggés) zur Handlung des Haupttäters dergestalt voraus, dass die Anstiftung die Handlungsentscheidung erst hervorruft, während die Beihilfe ihre Durchführung erleichtert.[156] Merkmal der Beihilfe ist folglich die Unterstützung eines anderen bei der Tat, ohne, im Gegensatz zur Mittäterschaft, selber den Straftatbestand zu verwirklichen,[157] während für die Anstiftung charakteristisch ist, dass sie für die Handlung des Haupttäters den entscheidenden Anstoß liefert und aus diesem Grund z.B. nicht in Frage kommt, wenn der Haupttäter bereits vor der Teilnahmehandlung zur Tatbegehung entschlossen war, wie dies beim sog. „alias facturus" der Fall ist.[158] Entscheidend für beide Teilnahmeformen ist, dass die Haupttat zu der angestiftet oder Hilfe geleistet worden ist, zumindest versucht wird, da ansonsten, ebenso wie im deutschen Recht, nur wegen einer Vorbereitungstat, sofern vom Gesetz unter Strafe gestellt, bestraft werden kann.[159] Des Weiteren muss für beide Teilnahmeformen Vorsatz in zweifacher Hinsicht vorliegen: Neben einer vorsätzlichen Teil-

---

155 Földvári, József, in: Ungarisches Strafrecht / AT, S. 199 f. Kommentar zum ungarischen Strafgesetzbuch, Kommentar zum § 21 Btk., S. 60 im Ausdruck (CD-Rom).

156 Báldy, Péter / Csizner, Ildikó / Schuller, Krisztina / Czimbalmos, Csaba / Kerek, Imréné, in: Die Erklärung zum Strafgesetzbuch, Bd. 1, S. 97. Földvári, József, in: Ungarisches Strafrecht / AT, S. 201 und 204.

157 Földvári, József, in: Ungarisches Strafrecht / AT, S. 204. Bárd, Károly / Gellér, Balázs / Ligeti, Katalin / Margitán, Éva / Wiener, A. Imre, in: Strafrecht / AT, S. 112.

158 Földvári, József, in: Ungarisches Strafrecht / AT, S. 202. Balogh, Ágnes / Kőhalmi, László, in: Strafrecht I / AT, S. 83. Nagy, Ferenc, in: Der Allgemeine Teil des ungarischen Strafgesetzes, S. 304.

159 Vgl. zum ungarischen Recht in: Földvári, József, in: Ungarisches Strafrecht / AT, S. 201 f. Nagy, Ferenc, in: Der Allgemeine Teil des ungarischen Strafgesetzes, S. 303 f. Vgl. zum deutschen Recht in: NK-StGB, Bearbeiter: Schild, § 26, Rdnr. 2 ff., S. 1 ff., § 30, Rdnr. 9, S. 7 ff. SK, StGB, Bearbeiter: Hoyer, Andreas, 8. Aufl., § 30, Rdnr. 17 ff. S. 87 ff. Schönke / Schröder, Strafgesetzbuch Kommentar, Bearbeiter: Cramer, Peter / Heine, Günter, 26. Aufl., § 26, Rdnr. 1 / 2, S. 510. Kindhäuser, Urs, in: Strafgesetzbuch, LPK, 2. Aufl., § 26, Rdnr. 1 ff., S. 180 ff. Wessels, Johannes / Beulke, Werner, in: Strafrecht, AT, 34. Aufl., Rdnr. 567 ff., S. 202 ff. Stratenwerth, Günter / Kuhlen, Lothar, in: Strafrecht, AT I, 5. Aufl., Rdnr. 138, S. 303. Haft, Fritjof, in: Strafrecht, AT, 9. Aufl., S. 214 ff. Maurach, Reinhart / Gössel, Karl Heinz / Zipf, Hans, in: Strafrecht, AT, Teilbd. 2, 6. Aufl., Rdnr. 1 ff., S. 300 ff. Jeschek, Hans-Heinrich / Weigend, Thomas, in: Lehrbuch des Strafrechts, AT, 5. Aufl., S. 686 ff. Kühl, Kristian, in: Strafrecht, AT, 4. Aufl., Rdnr. 166 ff., S. 843 ff. Kindhäuser, Urs, in: Strafrecht, AT, S. 338 ff. und 351 ff. Joecks, Wolfgang, in: Strafgesetzbuch / Studienkommentar, 5. Aufl., § 26, Rdnr. 1 ff., S. 138 ff., § 30, Rdnr. 1 ff., S. 151 ff. Jakobs, Günther, in: Strafrecht, AT, S. 515 ff. und S. 631 ff.

nahmehandlung muss auch eine vorsätzliche Handlung des Haupttäters zu bejahen sein.[160] Das Gesetz regelt bei beiden Teilnahmeformen den Vorsatz nur bezüglich der Anstiftungs- oder Beihilfehandlung, was aber nur als redaktionelles Versehen des Gesetzgebers gewertet wird.[161]

Vom zeitlichen Ablauf aus betrachtet, kann eine Teilnahme nur bis zur Beendigung des Strafdelikts in Frage kommen; nach diesem Zeitpunkt ist nur noch eine Begünstigung (~ bünpártolás) oder eine Hehlerei (~ orgazdaság) zugunsten des Haupttäters möglich. Das ungarische Strafgesetzbuch unterscheidet ebenso wie das deutsche zwischen Vollendung bzw. Beendigung (~ befejezettség és bevégzettség), wobei ebenfalls nur bis zur Beendigung der Tat eine Teilnahme möglich sein soll. Nach Beendigung der Tat kommt eine Teilnahme jedenfalls nicht mehr in Betracht, es erscheint aber angesichts des einheitlichen Deliktvorgangs angemessen, eine Teilnahme nach Vollendung und bis zur Beendigung der Tat zuzulassen. Beihilfe kann sowohl nach ungarischem als auch nach deutschem Recht unstreitig während der Ausführung der Tat, aber auch schon zur Vorbereitung geleistet werden.[162]

Nach § 21 Abs. 3 Btk. ist der Gehilfe, ebenso wie der Anstifter, gleich wie der Täter zu bestrafen, da die Tatverwirklichung oft nur von der Mitwirkung des Gehilfen oder Anstifters abhängt, so dass die Bestrafung gleich einem Täter gerechtfertigt ist.[163] Trotz Akzessorietät der Teilnahmehandlung zur Haupttat, hängt die strafrechtliche Verantwortlichkeit der Teilnehmer nicht von der des Haupttäters ab, so dass ein Teilnehmer, gänzlich wie im deutschen Recht, selbst dann zur Verantwortung gezogen werden kann, wenn sich die Identität des Haupttäters im Laufe des strafprozessualen Verfahrens nicht aufklären lässt.[164]

---

160 Földvári, József, in: Ungarisches Strafrecht / AT, S. 200.

161 Földvári, József, in: Ungarisches Strafrecht / AT, S. 200.

162 Kommentar zum ungarischen Strafgesetzbuch, Kommentar zum § 21 Btk., S. 60 f. im Ausdruck (CD-Rom). BH 2004, S. 398 ff. Tröndle, Herbert / Fischer, Thomas, in: Strafgesetzbuchkommentar, vor § 25, Rdnr. 13, § 27, Rdnr. 4. LK, Bd. 1, Einleitung: §§ 1 – 31 StGB, Bearbeiter: Roxin, Claus, 11. Aufl., § 27, Rdnr. 30 ff., S. 170 ff. Kühl, Kristian, in: Strafgesetzbuch Kommentar, 25. Aufl., § 27, Rdnr. 3 ff., S. 193 ff. MK, Bd. 1, §§ 1 – 51 StGB, Bearbeiter: Joecks, § 27, Rdnr. 13 ff., S. 1104 ff. Weber, Ulrich, in: Baumann, Jürgen / Weber, Ulrich / Mitsch, Wolfgang, Strafrecht, AT, 11. Aufl., Rdnr. 25 f., S. 745. Krey, Volker, in: Deutsches Strafrecht, AT, Studienbuch, Bd. 2, 2. Aufl., Rdnr. 306, S. 113. Roxin, Claus, in: Strafrecht, AT, Bd. II, Rdnr. 255 ff., S. 219 ff. BGHSt 3, S. 44 ff. BGHSt 6, S. 251 ff. BHGSt 19, S. 325 ff. BGHSt 30, S. 30 ff.

163 Földvári, József, in: Ungarisches Strafrecht / AT, S. 206.

164 EBH 1999, S. 84 ff. Kommentar zum ungarischen Strafgesetzbuch, Kommentar zum § 21 Btk., S. 61 im Ausdruck (CD-Rom). Zum deutschen Recht vgl. Tröndle, Herbert / Fischer, Thomas, in: Strafgesetzbuchkommentar, § 27, Rdnr. 12.

Teilnehmer eines Steuer- und Sozialversicherungsbetrugs nach § 310 Btk. kann grundsätzlich jeder sein, der das Steuersubjekt, entgegen dessen Steuerverpflichtung, zur Täuschungshandlung gegenüber den Steuerbehörden überredet oder ihm dabei Hilfe zukommen lässt, also in irgendeiner Weise dabei mitwirkt, dass die Steuerbehörden durch den steuerpflichtigen Haupttäter getäuscht werden und dadurch eine Senkung der Steuereinnahmen bzw. die Nichtentrichtung der bereits festgestellten Steuer erreicht wird.[165]

Problematisch und für die Rechtspraxis von großer Bedeutung ist allerdings, welche Qualitäten neutrale bzw. berufstypische Handlungen aufweisen müssen, um die Schwelle zur Teilnahmehandlung zu überschreiten, oder anders ausgedrückt, macht sich die Sekretärin, welche die Steuererklärung ihres Chefs schreibt oder der Steuerberater bzw. der Bankangestellte, der einen steuerlichen Rat erteilt, wegen Anstiftung bzw. Beihilfe zu einem Steuer- und Sozialversicherungsbetrug nach § 310 Btk. strafbar? Unproblematisch sind dabei all diejenigen Fälle, bei denen die Teilnahmehandlung eindeutig als Anstiftungs- oder Beihilfebeitrag qualifiziert werden kann. Bezogen auf die oben erwähnten Beispiele ist dies z.B. der Fall, wenn die Sekretärin beim Abtippen der Steuererklärung ihren Chef auf eine „Steuersparmöglichkeit" aufmerksam macht und dieser sie anweist, die Steuererklärung in diesem Sinne zu verändern, oder wenn der Steuerberater oder Bankangestellte dem Mandanten oder Kunden gezielt Tipps erteilt, wie man Einkommen verschleiern und einen Steuerbetrug begehen kann. Es lassen sich dabei wohl Anstiftungshandlungen als auslösendes Moment zum Verhalten des Angestifteten leichter feststellen als Beihilfehandlungen, da ein „Überreden zur Tat" immer mehr voraussetzt als eine bloße Unterstützung der Tat und dementsprechend auch die Anstiftungshandlung greifbarer wird. Außerdem erleichtert die ungeheure Bandbreite der möglichen Beihilfehandlungen, angefangen von der physischen bis hin zur psychischen Beihilfe, nicht gerade deren Feststellung.

Interessanter und für die vorliegende Arbeit gewinnbringender ist die Behandlung von problematischen Fällen, also bei äußerlich neutralen Handlungen, bei denen die Teilnahmehandlung nicht so offensichtlich zu Tage tritt. Ursache des Problems ist vor allem die Tatsache, dass alltägliche Berufstätigkeit sowohl zu deliktischen als auch zu außerdeliktischen Zielsetzungen eingesetzt werden kann

---

[165] So haben sich einer Beihilfe zu mehrfachem Steuerbetrug die beschuldigten Gründer einer Stiftung strafbar gemacht, die wahrheitswidrig über größere Summen Bescheinigungen für Steuerrückerstattungen ausgestellt haben und dadurch denjenigen, die sich an die Stiftung gewandt haben, ihr Hilfe zur Steuersenkung haben zukommen lassen. Vgl. BH 2001, S. 513 ff. Kommentar zum ungarischen Strafgesetzbuch, Kommentar zum § 21 Btk., S. 62 im Ausdruck (CD-Rom). Kommentar zum ungarischen Strafgesetzbuch, Kommentar zum § 310 Btk., S. 599 im Ausdruck (CD-Rom). Erdősy, Emil / Földvári, József / Tóth, Mihály, in: Ungarisches Strafgesetz / BT, S. 473.

und dass die professionelle Ausübung eines Berufes, wie jede andere Handlung auch, unter bestimmten Vorzeichen unerlaubt werden kann. Zum anderen ist der Wortlaut des § 21 Abs. 2 Btk. sehr weit gefasst, so dass die Beihilfehandlung die unterschiedlichsten Formen annehmen kann. So kann der Teilnehmer die Haupttat nicht nur aktiv, in Form einer physischen Unterstützung, sondern auch durch passives Verhalten, in Form der sog. psychischen Beihilfe, fördern. Jede Form der Unterstützung, Bestärkung oder Anspornung als „Wegbereiter" für die spätere Tatbegehung fällt somit unter Beihilfe, wenn dadurch die Haupttat in irgendeiner Weise gefördert oder erleichtert wird, indem dem Täter ein erhöhtes Gefühl der Sicherheit vermittelt wird.[166] Konsequenz der weiten Definition der Beihilfe ist, dass schlechthin jede Berufshandlung, die im Zusammenhang mit der festgesetzten oder noch festzusetzenden Steuer vorgenommen wird, grundsätzlich als Beihilfehandlung gewertet werden kann, sofern sie nur in irgendeiner Weise die Situation des Haupttäters verbessert bzw. fördert. Dies würde unter Umständen zu dem unsinnigen Ergebnis führen, dass ein Steuerberater sich durch bloße Anwesenheit bei der Steuererklärung seines Mandanten einer psychischen Beihilfe zum Steuer- und Sozialversicherungsbetrug strafbar machen könnte, weil er dem Haupttäter dadurch ein Gefühl der Sicherheit gibt und die Haupttat somit fördert oder, dass jemand, der die Idee eines Steuerbetrugs gut heißt, sich ebenfalls wegen seinem Beitrag zur Tat in Form der psychischen Beihilfe strafbar machen würde. Unerheblich ist dabei die Tatsache, dass zwischen der Förderungshandlung und dem späteren Steuerbetrug eventuell ein längerer Zeitraum liegt, da genaue Vorstellungen über den zeitlichen Ablauf der Tat beim Teilnehmer nicht erforderlich sind; außerdem kann eine Förderungshandlung weit vor der Haupttat durchaus die gleiche Wirkung haben wie unmittelbar vor der Durchführung der Haupttat. Bei einer konsequenten Subsumtion der Voraussetzungen für die Beihilfe bestünde damit grundsätzlich das Risiko, dass auch berufsneutrale Handlungen als Beihilfehandlungen gewertet werden könnten und folglich eine Lähmung des wirtschaftlichen und gesellschaftlichen Verkehrs eintreten könnte. Aus diesem Grund muss näher untersucht werden, welche Ansätze zur Lösung dieses Problems denkbar sind.

Die ungarische Rechtsprechung hat bislang noch keine grundsätzliche Stellungnahme zur Bestrafung berufstypischer Handlungen abgegeben. Das kann zum einen daran liegen, dass sich die Gerichte noch nicht sehr oft mit derartigen Fällen befassen mussten. Zum anderen könnte der Mangel an entsprechenden strafgerichtlichen Entscheidungen aber auch darauf zurückzuführen sein, dass in Ungarn ver-

---

166 Földvári, József, in: Ungarisches Strafrecht / AT, S. 206. Bárd, Károly / Gellér, Balázs / Ligeti, Katalin / Margitán, Éva / Wiener, A. Imre, in: Strafrecht / AT, 113. Balogh, Ágnes / Kőhalmi, László, in: Strafrecht I / AT, S. 85 f. BH 2003, S. 139 ff. Kommentar zum ungarischen Strafgesetzbuch, Kommentar zum § 21 Btk., S. 61 im Ausdruck (CD-Rom).

gleichsweise wenig publiziert wird und die Entscheidungen, die entgegen dem deutschen Rechtssystem als Leitsätze veröffentlicht werden, vielfach nur zu allgemeinen Strafrechtsfragen Stellung nehmen, was auf eine Neustrukturierung des Rechts „von Grund auf" seit dem politischen Umbruch schließen lässt.

Für eine strafrechtliche Sonderbehandlung berufstypischer Handlungen sind indessen vielfältige Lösungsansätze denkbar:

Um eine scharfe Grenzziehung zwischen noch zulässigem und schon verbotenem Handeln zu erreichen, könnte man zum einen eine Reduktion des subjektiven Tatbestandes in Erwägung ziehen. Ausgehend von der Tatsache, dass es gerade beim Steuer- und Sozialversicherungsbetrug typischerweise oftmals zu einer Förderungshandlung weit im Vorfeld zum Steuerbetrug kommt, könnte man durchaus die Meinung vertreten, dass aufgrund der langen Zeitdauer zwischen Beihilfehandlung und Haupttat die sichere Voraussicht bzw. das sichere Wissen aufgrund hinreichender Indizien auf Seiten des Teilnehmers hinsichtlich der Haupttat vorliegen muss, um eine Beihilfehandlung annehmen zu können. Für eine entsprechende Verschärfung der subjektiven Anforderungen im Rahmen des § 310 Btk. spricht vor allem die Rechtssicherheit, denn solange ein Berufsträger sich an die Berufsregeln hält, kann er auch darauf vertrauen, dass der andere sich rechtmäßig verhält, es sei denn, er kennt die deliktischen Pläne des anderen oder diese Kenntnis drängt sich ihm nahezu auf; erst in den letzteren Fällen verlässt der Teilnehmer den Bereich des Sozialüblichen und Berufstypischen und erhöht durch sein Verhalten das Risiko für das geschützte Rechtsgut, wobei die Anforderungen an die subjektive Seite desto geringer ausfallen dürften, je höher das geschaffene Risiko für das Rechtsgut ist. Von welcher Art und Stärke die hinreichenden Indizien sein müssten, auf denen das sichere Wissen des Teilnehmers gegründet wird, müsste sich wohl nach den Umständen des Einzelfalles richten. So könnte sich für den Steuer- oder Bankberater ein wichtiges Indiz aus der grundsätzlichen Deliktsbereitschaft seines Mandanten bzw. aus dessen Einstellung zur Steuerpflicht ergeben. Allerdings sprechen gewichtige Argumente gegen eine Verschärfung der subjektiven Anforderungen im Rahmen des § 310 Btk.: Zum einen würde dieser Lösungsansatz zu einem, vom Gesetzgeber nicht gewollten, Gesinnungsstrafrecht führen, da an und für sich neutrale Berufshandlungen allein durch das Hinzutreten eines bestimmten subjektiven Elements strafbar würden. Zum anderen würden sich für den Strafrichter unüberwindbare Beweisschwierigkeiten beim Nachweis dieses subjektiven Elements ergeben, da er dem Berufsträger nachweisen müsste, dass er vom späteren Steuerbetrug des Täters gewusst hat bzw. mit einem solchen Verhalten des Täters sicher gerechnet hat. Hinzu kommt noch, dass aufgrund der schwierigen Beweislage die Einleitung staatsanwaltlicher Ermittlungsmaßnahmen gegen Unschuldige nicht ausgeschlossen werden könnte, da die erwähnten Beweisschwierigkeiten sich ebenso bei der Bejahung des hinreichenden Tatverdachts stellen würden. Als zentrales Argument gegen den genannten Lösungsansatz ist aber der Wortlaut des § 21 Abs. 2 Btk. heranzuziehen, der eine gesteigerte Vorsatzform im Sinne einer „Wissentlichkeit" nicht voraussetzt. Hätte der ungarische Gesetzgeber eine Reduktion des subjektiven Tatbestandes von § 310 Btk. gewollt, dann hätte er dies wohl ausdrücklich geregelt.

Ein weiterer Ansatz, der sich zur Lösung des Problems anbietet, wenn man aufgrund der eben dargestellten Argumente eine Reduktion des subjektiven Tatbestandes von § 310 Btk. ablehnt, ist die über die Schuldebene. Der Berufsträger, der im üblichen beruflichen Rahmen seinen Pflichten aus dem Arbeitsvertrag oder aus dem Mandanten- bzw. Kundenverhältnis nachkommt, hält sein Verhalten regelmäßig nicht für Unrecht, ihm fehlt das Bewusstsein, dass seine Handlung eine Bedrohung der Rechtsgesellschaft bewirkt und damit etwas „rechtlich Verbotenes" darstellt; er unterliegt einem „Irrtum über die Bedrohung der Rechtsgesellschaft",[167] der in § 27 Abs. 2 Btk. geregelt ist, das Unrechtsbewusstsein des Täters ausschließt und in der deutschen Strafrechtsdogmatik dem Verbotsirrtum entspricht. Allerdings kann der Berufsträger nur dann Straflosigkeit erlangen, wenn ein berechtigter Grund für den Irrtum bestand. An das Vorliegen des berechtigten Grundes werden strenge Anforderungen gestellt. Ein solcher berechtigter Grund soll unter anderem immer dann vorliegen, wenn vom Handelnden nicht erwartet werden konnte, dass er die Gefährlichkeit seines Tuns erkennt.[168] Die Gefährlichkeit des Tuns wird ein Steuer- oder Bankberater, der von Berufs wegen in steuerlichen Sachverhalten versiert ist, aber regelmäßig nur dann nicht erkennen, wenn keinerlei Anzeichen für einen Steuerbetrug gegeben sind oder der Mandant gezielt unrichtige Unterlagen zur Verfügung gestellt hat. In diesen Fällen wird aber auch keine (Teilnahme-) Strafbarkeit des Berufsträgers angenommen werden, d.h. das Problem der Berufsträgerhaftung stellt sich so gar nicht, so dass der Lösungsansatz über die Schuldebene nicht erforderlich ist. In den problematischen Fällen, in denen die Grenzziehung zwischen Erlaubtem und Verbotenem sowieso zweifelhaft ist, kann man vom Berufsträger aber regelmäßig erwarten, dass sich ihm die Gefährlichkeit seines Tuns aufdrängt. Außerdem spricht gegen diesen Lösungsansatz, dass das Fehlen des Unrechtsbewusstseins, im Gegensatz zu seinem Vorliegen, immer nachgewiesen werden muss und sich daher für den Berufsträger angesichts der strengen Voraussetzungen, die an das Vorliegen eines Irrtums geknüpft werden, wohl oft schwierige Beweisprobleme ergeben können, so dass an der Praktikabilität dieser Lösung zu zweifeln ist.

---

167   Zu den einzelnen Arten des Irrtums vgl. die Ausführungen unter Zweiter Teil, III. 6. a. – c.

168   Földvári, József, in: Ungarisches Strafrecht / AT, S. 162. Báldy, Péter / Csizner, Ildikó / Schuller, Krisztina / Czimbalmos, Csaba / Kerek, Imréné, in: Die Erklärung zum Strafgesetzbuch, Bd. 1, S. 121.

Schließlich ist zu fragen, ob eine adäquate Lösung des Problems durch eine Reduktion des objektiven Tatbestandes zu erreichen ist. Gegenstand der Untersuchung muss dabei sein, welche objektiven Kriterien vorliegen müssen, um die Grenzlinie zwischen straflosen und strafbaren Verhaltens ziehen zu können. Dabei wird eine Strafbarkeit des Berufsträgers um so eher anzunehmen sein, je mehr er dazu bereit ist, von seinem berufstypischem Handeln, das durch die Berufsstandsregeln und -vorschriften weitgehend vorgegeben ist, abzuweichen und sein Handeln in den Dienst der späteren Straftat zu stellen; umgekehrt wird man dann eine Strafbarkeit des Berufsträgers ablehnen müssen, wenn er dem Täter eine Dienstleistung zur Verfügung stellt, die der Täter bei jedem anderen Berufsträger in einer vergleichbaren Situation erhalten hätte. Dies ist z.B. dann der Fall, wenn die Sekretärin die Steuererklärung des Chefs auf dessen Anweisung abtippt; das Abtippen der Steuererklärung hätte der Chef bei jeder anderen Sekretärin in Auftrag geben können. Erst wenn die Sekretärin vom berufstypischen Verhalten abweicht, indem sie eine Steuererklärung, von der sie weiß, dass sie nicht der Wahrheit entspricht, abtippt, könnte eine Strafbarkeit bejaht werden, da die Sekretärin einen ungewöhnlichen Beitrag zur Haupttat geleistet hat. Es kann nämlich nicht vorausgesetzt werden, dass sich alle Sekretärinnen in der gegebenen Situation so verhalten würden. Entscheidendes Kriterium für eine Straflosigkeit des Berufsträgers ist somit, ob sein Beitrag zur Tat überall und von jedem anderen Berufsträger in der Situation erhältlich ist, ob es sich also um einen standardisierten Beitrag handelt, der von jedem Kunden, Mandanten, etc. abrufbar ist. Anhaltspunkte für die Deliktsprägung bzw. Angepasstheit einer Handlung an die Straftat liefern dabei die Berufsstandsregeln, die sog. „leges professionelles", die nahezu in jedem Beruf anzutreffen und daher geeignet sind, einen objektiven Maßstab für die Abgrenzung zu setzen. Allerdings handelt es sich dabei, und das ist wiederum die Schwäche dieses Lösungsansatzes, um pauschale und abstrakte Kriterien und Begrifflichkeiten, denen bestimmte Wertungen zugrunde liegen und die in der Rechtspraxis oft nur schwer Anwendung finden können. Aus diesem Grund ist bei der Prüfung, ob eine berufstypische Handlung strafbar ist, wohl immer eine umfassende Bewertung und Abwägung erforderlich, bei der alle o.g. objektiven Kriterien, aber auch die subjektive Tatbestandsseite einzubeziehen sind.

Zusammenfassend lässt sich somit feststellen, dass ein Berufsträger sich immer dann strafbar macht, wenn er seine Handlungen den Bedürfnissen des Haupttäters anpasst, sich also nicht mehr an die einschlägigen Regeln seiner Berufsausübung hält. Darüber hinaus ist aber auch immer das Vorliegen von Indizien zu beachten, die auf sichere Voraussicht oder auf ein sicheres Wissen des Berufsträgers hinsichtlich der Haupttat schließen lassen. Dabei spricht die Tatsache, dass der Beihilfetatbestand entsprechende Voraussetzungen an die subjektive Seite des Gehilfen nicht voraussetzt, nicht gegen die Beachtung dieser besonderen subjektiven Voraussetzungen; das sichere Wissen bzw. die sichere Voraussicht wird nur als ein mögliches Kriterium zur Abgrenzung von straflosem und strafbarem Verhalten des Berufsträgers herangezogen. Liegt es vor, dann spricht dies für die Strafbarkeit der berufstypischen Handlung, sein Fehlen hingegen hat nicht automatisch die Straflosigkeit des Berufsträgers zur Folge.

Eine andere, wenn auch eher spezielle Frage im Rahmen der Berufshaftung ist die, ob ein Berufsträger, wie z.B. ein Steuerberater bzw. Rechtsanwalt sich wegen Beihilfe zu einem Steuer- bzw. Sozialversicherungsbetrugs strafbar gemacht hat, weil er einen Fehler vor Weiterleitung an die Behörden nicht berichtigt hat, oder anders ausgedrückt, inwieweit dem Berufsträger der Vorwurf einer Beihilfe durch Unterlassen gemacht werden kann. Dies würde aber auf jeden Fall voraussetzen, dass der Steuerberater eine Pflicht zur Berichtigung gehabt haben muss, d.h. er muss die gebotene Berichtigung unterlassen haben. Für eine solche Berichtigungspflicht könnte vor allem die Vorschrift des § 31 Abs. 8 ungarische AO sprechen, nach welcher der Steuerberater oder -fachmann nach Gegenzeichnung der Steuererklärung im Falle einer fehlerhaften Erklärung mit der steuerrechtlichen Sanktion des Steuerzuschlags belegt wird. Würde man aber eine solche Berichtigungspflicht des Steuerberaters bejahen, dann würde die Wertung des Strafverfahrensrechts, welche dem Steuerberater bzw. dem Rechtsanwalt für Steuerrecht gem. § 82 Abs. 1 lit. c Be. ein Zeugnisverweigerungsrecht zugesteht, umgangen. Diese Regelung dient dazu, bestimmten Berufsgruppen einen Pflichtenwiderstreit und eine Interessenkollision zwischen beruflichen und öffentlichen Verpflichtungen zu ersparen und das Vertrauensverhältnis, das typischerweise in bestimmten Beratungsverhältnissen existiert, den Vorrang vor den Strafverfolgungsinteressen der Allgemeinheit einzuräumen. Dies wird auch durch die Vorschrift des § 222 Btk. deutlich, der jeden Verstoß gegen die berufliche Verschwiegenheitspflicht mit Freiheitsstrafe, gemeinnütziger Arbeit oder Geldstrafe ahndet. Aus diesem Grund kann ein Vorrang der öffentlichen Interessen in Form einer Unterrichtungspflicht des Steuerberaters oder steuerkundigen Rechtsanwalts gegenüber dem privaten Interesse, welches sich aus der Verschwiegenheitspflicht und dem zugrundeliegenden Vertrauensverhältnis ergibt, nicht angenommen werden. Ein solcher Vorrang und mithin eine Unterlassungsstrafbarkeit des Berufsträgers bei Verletzung der Berichtigungspflicht wäre wohl nur dann anzunehmen, wenn der Steuerberater vorsätzlich die Steuerbehörden von einem entdeckten Fehler des Mandanten nicht unterrichtet, da in diesem Fall durch das Verhalten des steuerlichen Beraters ein erhöhtes Risiko für das Rechtsgut der Funktionsfähigkeit des staatlichen Finanz- und Wirtschaftskreislaufs geschaffen worden ist.

5. Vorsatz und Abgrenzung zur Fahrlässigkeit

a. Allgemeine Anforderungen an den Vorsatz

Der Straftatbestand des § 310 Btk. setzt voraus, dass der Täter vorsätzlich gehandelt hat.[169] Das ungarische Strafgesetzbuch enthält Regelungen zum Vorsatz und zur Fahrlässigkeit (~ szándekoság és gondatlanság) in den §§ 13 bis 15 Btk.,[170] im Allgemeinen Teil, im zweiten Kapitel und ersten Titel. § 13 Btk. regelt die Voraussetzungen einer vorsätzlichen Straftatbegehung, § 14 Btk. die Voraussetzungen einer fahrlässigen Straftatbegehung.[171] Nach § 13 Btk. handelt vorsätzlich, wer den Erfolg seines Tuns wünscht oder sich zumindest mit ihm abfindet;[172] es gibt grundsätzlich zwei Arten von Vorsatz, nämlich den direkten Vorsatz (~ egyenes szándék oder dolus directus) und den bedingten Vorsatz (~ eshetöleges szándék oder dolus eventualis).[173] In beiden Fällen besteht der Vorsatz aus einem sog. Wissenselement (~ értelmi, tudati elem) und einem sog. Wollenselement (~ érzelmi, lélektani elem). Das Wissenselement setzt voraus, dass der Täter sich bewusst ist, dass er „etwas Strafbares" begeht und die für die Gesellschaft gefährlichen Folgen seiner Tat vorhersieht, während das Wollenselement den „Willen zur Tat" und somit eine bestimmte emotionale Bindung des Täters zur Tatbestandsverwirklichung beinhaltet. Der Vorsatz verlangt folglich als komplexer Sachverhalt nicht nur die Kenntnis der Tatbestandsmerkmale, die Voraussicht des künftigen Geschehens, sondern auch den Willen des Täters zur Begehung der Tat. Nur wenn beide Elemente mehr oder weniger ausgeprägt, vorliegen, kann von einem vorsätzlichen Handeln ge-

---

169 Weshalb der Tatbestand des § 310 Btk. auch in den Formen des Versuchs, der Mittäterschaft, der Anstiftung und der Beihilfe begangen werden kann.

170 Eine Übersetzung der §§ 13 bis 15 Btk. findet sich im Anhang, in der Anlage II. Nr. 2 – 4.

171 Zödi, Zsolt / Csizner, Ildikó / Lovász, Adrienn / Kerek, Imréné / Vigh, Ágnes, in: Das ungarische Strafgesetzbuch, Gesetzestext, S. 11. Hedvig, Olga / Csizner, Ildikó / Lovász, Adrienn / Kerek, Imréné / Agoston, Katalin, in: Das Strafgesetzbuch, S. 46. Báldy, Péter / Csizner, Ildikó / Schuller, Krisztina / Czimbalmos, Csaba / Kerek, Imréné, in: Die Erklärung zum Strafgesetzbuch, Bd. 1, S. 72 ff.

172 Entsprechend der Fachterminologie direkter Vorsatz (~ dolus directus) oder bedingter Vorsatz (~ dolus eventualis).

173 Báldy, Péter / Csizner, Ildikó / Schuller, Krisztina / Czimbalmos, Csaba / Kerek, Imréné, in: Die Erklärung zum Strafgesetzbuch, Bd. 1, S. 72. Nagy, Ferenc, in: Der Allgemeine Teil des ungarischen Strafgesetzes, S. 179. Wiener, A. Imre, in: Straffälligkeit / Strafbarkeit, S. 178.

sprochen werden.¹⁷⁴ Der Vorsatz des Täters muss die Umstände, die zur Tatverwirklichung führen und ihren sozialen Bedeutungsgehalt erfassen und der Täter muss sich bei einem Erfolgsdelikt darüber im Klaren sein, dass sein Verhalten geeignet ist, den tatbestandlichen Erfolg herbeizuführen. Nur wenn der Täter den sozialen Sinngehalt der einzelnen, objektiven Merkmale der Tat erkannt hat, kann man auf seine Absicht zur Begehung der Tat schließen.¹⁷⁵ Nicht erforderlich ist, dass der Täter weiß, welchen konkreten Straftatbestand er durch sein Handeln verwirklicht und mit welcher Strafe das Gesetz die Tat ahndet;¹⁷⁶ der Täter muss allgemeinhin nur die Bedeutung seiner Tat ermessen können.¹⁷⁷

Bei der schwerwiegenderen Vorsatzform des „dolus directus" muss sich der Vorsatz des Täters auf die Tatumstände und ihre Sozialwidrigkeit beziehen: Der Täter muss die Folgen der Tat wollen und dementsprechend die Tat willentlich vollziehen.¹⁷⁸ In Letzterem besteht gerade der entscheidende Unterschied zum „dolus eventualis": Bei dieser, in der Regel milderen Vorsatzform, muss der Täter die Folgen seiner Handlung nicht wollen, er findet sich aber mit ihrem Eintritt ab, obwohl er die Gefährlichkeit seines Tuns erkennt. Auch darin unterscheidet sich das ungarische Recht nicht vom deutschen. Der bedingte Vorsatz zeichnet sich dadurch aus, dass der Täter handelt, obwohl er die Tatbestandsverwirklichung für möglich hält, der direkte Vorsatz hingegen dadurch, dass der Täter handelt, obwohl

---

174   Balogh, Ágnes / Köhalmi, László, in: Strafrecht I / AT, S. 53 f. BH 2001, S. 255 ff. Kommentar zum ungarischen Strafgesetzbuch, Kommentar zum § 13 Btk., S. 31 im Ausdruck (CD-Rom).

175   Báldy, Péter / Csizner, Ildikó / Schuller, Krisztina / Czimbalmos, Csaba / Kerek, Imréné, in: Die Erklärung zum Strafgesetzbuch, Bd. 1, S. 72. Wiener, A. Imre, in: Straffälligkeit / Strafbarkeit, S. 179. BH 2000, S. 478 ff. Kommentar zum ungarischen Strafgesetzbuch, Kommentar zum § 13 Btk., S. 31 im Ausdruck (CD-Rom). Berkes, György / Katona, Sándor / Kiss, Zsigmond / Kónya, István, in: Strafrecht 1973-2000, Strafgerichtliche Entscheidungssammlung, Bd. I, S. 205.

176   Báldy, Péter / Csizner, Ildikó / Schuller, Krisztina / Czimbalmos, Csaba / Kerek, Imréné, in: Die Erklärung zum Strafgesetzbuch, Bd. 1, S. 72.

177   Enthält der verwirklichte Straftatbestand eine Qualifikation, dann muss der Täter auch die Umstände (er)kennen, welche die Qualifizierung des Grundtatbestandes zur Folge haben. Bei Strafdelikten, die auch durch Unterlassen begangen werden können, hat der Täter die Handlungspflicht und -möglichkeit zu erkennen. Vgl. Báldy, Péter / Csizner, Ildikó / Schuller, Krisztina / Czimbalmos, Csaba / Kerek, Imréné, in: Die Erklärung zum Strafgesetzbuch, Bd. 1, S. 72.

178   Balogh, Ágnes / Köhalmi, László, in: Strafrecht I / AT, S. 55. Kommentar zum ungarischen Strafgesetzbuch, Kommentar zum § 13 Btk., S. 29 im Ausdruck (CD-Rom).

er von der Tatbestandsverwirklichung sicher weiß oder sie gerade Ziel seiner Handlung ist.[179]

b. Bezugsgegenstand des Vorsatzes beim § 310 Btk.

Fraglich ist, ob die eben erörterten allgemeinen Grundsätze des Strafgesetzbuches zum Vorsatz uneingeschränkt auf den Tatbestand des Steuer- und Sozialversicherungsbetrugs Anwendung finden können oder inwieweit strafrechtliche Besonderheiten des § 310 Btk. für den Vorsatz von Einfluss sind.

Bei der Erörterung des objektiven Tatbestandes von § 310 Btk. ist deutlich geworden, dass sich seine Strafandrohung auf ein teilweise in speziellen Steuergesetzen näher umschriebenes Verhalten bezieht; erst durch ein Ausfüllen des Straftatbestandes von § 310 Btk. durch die speziellen Steuergesetze ergibt sich der einheitliche Tatbestand des Steuer- und Sozialversicherungsbetrugs.[180] Diese Eigenart des § 310 Btk. hat aber auch Konsequenzen für den Vorsatz, da sich insoweit die Frage stellt, worauf sich der Vorsatz des Täters in diesem Fall beziehen muss. Wenn der Vorsatz des Täters, den allgemeinen Regeln des Strafrechts entsprechend, alle Umstände erfassen muss, die zur Tatverwirklichung führen und erst der Inhalt des § 310 Btk. und der Inhalt der ausfüllenden speziellen steuergesetzlichen Vorschriften zur Erfüllung des Straftatbestandes führt, dann muss sich der Vorsatz des Täters konsequenterweise sowohl auf die Tatbestandsmerkmale des § 310 Btk. als auch auf die Merkmale der Ausfüllungsnormen beziehen. Der Täter muss also wissen, dass ein Sachverhalt vorliegt, der eine Steuerpflicht begründet, dass der staatliche Steueranspruch fällig ist, dass er durch sein Verhalten die Behörden über Bestand oder Höhe der Steuerforderung durch unrichtige, steuererhebliche Angaben täuscht oder in Unkenntnis lässt und dass dadurch der staatliche Steueranspruch nicht, nicht vollständig oder rechtzeitig geltend gemacht wird, wodurch wiederum eine Minderung der staatlichen Steuereinnahmen eingetreten ist.[181]

Fragwürdig ist in diesem Zusammenhang, ob sich der Vorsatz auch auf die Höhe der hinterzogenen Steuer oder sonstigen Abgabe beziehen muss. Um diese Frage beantworten zu können, muss zunächst geklärt werden, welche Stellung und

---

179 Kommentar zum ungarischen Strafgesetzbuch, Kommentar zum § 13 Btk., S. 29 im Ausdruck (CD-Rom). Báldy, Péter / Csizner, Ildikó / Schuller, Krisztina / Czimbalmos, Csaba / Kerek, Imréné, in: Die Erklärung zum Strafgesetzbuch, Bd. 1, S. 73. BH 2001, S. 255 ff.

180 Vgl. hierzu auch die Ausführungen unter Zweiter Teil, III. 2. a.

181 Báldy, Péter / Csizner, Ildikó / Schuller, Krisztina / Czimbalmos, Csaba / Kerek, Imréné, in: Die Erklärung zum Strafgesetzbuch, Bd. 2, S. 1227. Erdösy, Emil / Földvári, József / Tóth, Mihály, in: Ungarisches Strafgesetz / BT, S. 474. Balogh, Ágnes, in: Strafrecht II / BT, S. 420. Blaskó, Béla / Miklós, Irén / Schubauer, Laszlo, in: Strafrecht, BT II, S. 191.

Bedeutung die Höhe der Hinterziehung innerhalb des § 310 Btk. hat. Beide Tatbestandsvarianten des § 310 Btk., geregelt in Absatz 1 und 5, erfahren durch die Regelung des § 310 Abs. 2 bis 4 Btk. eine Verschärfung dergestalt, dass die Höhe der zu verhängenden Strafe mit der Höhe der Steuerbetrugssumme zunimmt; die Höhe der zu verhängenden Strafe steigt linear mit dem Maß der Steuer- oder Abgabenminderung an. So kann eine Freiheitsstrafe bis acht Jahren nur bei einer außergewöhnlichen Minderung der Steuereinnahmen verhängt werden, während der Täter unter Umständen mit einer Freiheitsstrafe von nur einem Jahr bei einer bedeutenden Minderung der Steuereinnahmen bestraft wird.[182] Die Absätze 2 bis 4 des § 310 Btk. stellen folglich jeweils eine Qualifikation der Grundtatbestände von Absatz 1 oder 5 dar. Qualifizierendes Element des § 310 Abs. 2 bis 4 Btk. ist der Steuer- und Sozialversicherungsbetrug in größerem, bedeutendem oder außergewöhnlichem Umfang.[183] Der Vorsatz des Täters muss alle Umstände und Tatsachen, die zur Begehung der Tat führen, umfassen, wobei die Kenntnis der Tatumstände immer auf die konkrete Tat bezogen sein muss und im Falle einer Qualifikation auch die Umstände und Tatsachen, die zur Qualifikation führen, umfassen muss; der Vorsatz des Täters muss sich auf sämtliche Qualifikationsumstände beziehen.[184] Nach dem bisher Erläuterten hat sich der Vorsatz des Täters, bei Vorliegen eines der Qualifikationstatbestände der Absätze 2 bis 4, auch auf die Höhe der nicht entrichteten Steuer zu beziehen.[185] Nicht erforderlich ist hingegen, dass der Täter den genauen Strafrahmen kennt, mit dem das Gesetz einen Steuer- und Sozialversicherungsbetrug, z.B. in bedeutendem Umfang, ahndet.[186]

---

182 Zum abgestuften Rechtsfolgesystem des § 310 Btk. vgl. die Ausführungen unter Zweiter Teil, III. 8.

183 Erdösy, Emil / Földvári, József / Tóth, Mihály, in: Ungarisches Strafgesetz / BT, S. 473. Horváth, Tibor / Kereszty, Béla / Maráz, Vilmosné / Nagy, Ferenc / Vida, Mihály, in: Das ungarische Strafgesetzbuch / BT, S. 693. Wiener, A. Imre, in: Wirtschaftsstraftaten, S. 274.

184 Kommentar zum ungarischen Strafgesetzbuch, Kommentar zum § 13 Btk., S. 29 im Ausdruck (CD-Rom).

185 Angesichts der Tatsache, dass das Gesetz an die Verwirklichung der Qualifikationen der Absätze 2 bis 4 empfindliche Strafen knüpft (bis zu einer achtjährigen Freiheitsstrafe!) ist dies nur angemessen. Der Täter soll nur dann mit diesem Strafrahmen konfrontiert werden, wenn sein Vorsatz auch die Umstände, die zur Qualifikation führen, erfasst und ihm bewusst ist, dass er die Steuereinnahmen des Staates in erheblichem Umfang mindert oder verhindert.

186 Kommentar zum ungarischen Strafgesetzbuch, Kommentar zum § 13 Btk., S. 29 im Ausdruck (CD-Rom). Báldy, Péter / Csizner, Ildikó / Schuller, Krisztina / Czimbalmos, Csaba / Kerek, Imréné, in: Die Erklärung zum Strafgesetzbuch, Bd. 1, S. 72. Nagy, Ferenc, in: Der

c. Anforderungen bezüglich der Vorsatzformen

Nachdem nunmehr festgestellt wurde, worauf sich der Vorsatz beim Steuer- und Sozialversicherungsbetrug beziehen muss, ist des Weiteren ebenfalls von Interesse, welche Vorsatzform für die Verwirklichung des § 310 Btk. vorliegen muss sowie ob der § 310 Btk. auch mit bedingtem Vorsatz begangen werden kann.

Für die Tatbestandsalternative des Absatzes 5 wird zumindest direkter Vorsatz des Täters vorausgesetzt.[187] Ziel des Täters ist nämlich, im Gegensatz zu Absatz 1, der Zahlungsverpflichtung bezüglich der bereits festgesetzten Steuer in irgendeiner Form zu entkommen und gerade aus dieser Zielsetzung heraus muss er die zuständige Behörde täuschen, so dass der bedingte Vorsatz bereits gedanklich ausgeschlossen ist.[188]

Fraglich ist, inwieweit die Tatbestandsalternative des Absatzes 1 mit bedingtem Vorsatz verwirklicht werden kann. In der Literatur wird für die Tatbestandsvariante des Absatzes 1 durchweg bedingter Vorsatz für ausreichend erachtet.[189] Wendet man die Definition des allgemeinen Strafrechts für den bedingten Vorsatz aber auch im Bereich des Steuer- und Sozialversicherungsbetrugs an, so ergibt sich ein weiteres Problem: Wenn man für das Vorliegen von bedingtem Vorsatz für ausreichend erachtet, dass der Täter die Tatbestandsverwirklichung in Form des Erfolgseintritts für möglich hält, wäre § 310 Btk. in nahezu jedem Fall verwirklicht, denn ein vorsichtiger Steuerpflichtiger hält es immer für möglich, dass seine Steuererklärung Fehler enthält, die zu niedrigeren Steuereinnahmen des Staates führen

---

Allgemeine Teil des ungarischen Strafgesetzes, S. 179. Wiener, A. Imre, in: Straffälligkeit / Strafbarkeit, S. 178.

187 Horváth, Tibor / Kereszty, Béla / Maráz, Vilmosné / Nagy, Ferenc / Vida, Mihály, in: Das ungarische Strafgesetzbuch / BT, S. 693. Erdösy, Emil / Földvári, József / Tóth, Mihály, in: Ungarisches Strafgesetz / BT, S. 474. Báldy, Péter / Csizner, Ildikó / Schuller, Krisztina / Czimbalmos, Csaba / Kerek, Imréne, in: Die Erklärung zum Strafgesetzbuch, Bd. 2, S. 1227 f. Belovics, Ervin / Molnár, Gábor / Sinku, Pál, in: Strafrecht / BT, 4. überarbeitete Aufl., S. 563.

188 Kommentar zum ungarischen Strafgesetzbuch, Kommentar zum § 310 Btk., S. 598 im Ausdruck (CD-Rom). Báldy, Péter / Csizner, Ildikó / Schuller, Krisztina / Czimbalmos, Csaba / Kerek, Imréne, in: Die Erklärung zum Strafgesetzbuch, Bd. 2, S. 1228.

189 Balogh, Ágnes, in: Strafrecht II / BT, S. 419. Belovics, Ervin / Molnár, Gábor / Sinku, Pál, in: Strafrecht / BT, 4. überarbeitete Aufl., S. 563. Báldy, Péter / Csizner, Ildikó / Schuller, Krisztina / Czimbalmos, Csaba / Kerek, Imréne, in: Die Erklärung zum Strafgesetzbuch, Bd. 2, S. 1228. Horváth, Tibor / Kereszty, Béla / Maráz, Vilmosné / Nagy, Ferenc / Vida, Mihály, in: Das ungarische Strafgesetzbuch / BT, S. 693. Erdösy, Emil / Földvári, József / Tóth, Mihály, in: Ungarisches Strafgesetz / BT, S. 472 u. 474.

können. Auf diese Weise würde es zu einer uferlosen Ausweitung der Strafbarkeit des Steuer- und Sozialversicherungsbetrugs kommen; es wäre quasi nicht mehr möglich, eine Steuererklärung abzugeben ohne sich dadurch gleichzeitig zumindest wegen eines Versuchs zum § 310 Btk. strafbar zu machen. Außerdem würde der gedankenlose Steuerpflichtige, der den Behörden ohne jegliche Skrupel eine fehlerhafte Erklärung vorlegt, gegenüber dem vorsichtigen Steuerpflichtigen, der sich um eine fehlerlose Steuererklärung bemüht, bevorzugt werden.

In Rechtsprechung und Literatur sind Lösungsansätze für dieses Problem nicht erkennbar. Möglicherweise bietet sich ein Lösungsweg, vergleichbar dem bei der Problematik der Berufsträgerhaftung im Rahmen der Beihilfe, an; die Definition des bedingten Vorsatzes ist nämlich ebenso wie der Beihilfebegriff zu weit, so dass sich insoweit ebenfalls eine subjektive Reduktion anbietet. Zur Begründung dieses Lösungsansatzes kann dabei auf die Rechtsdogmatik zurückgegriffen werden, welche für die Abgrenzung des bedingten Vorsatzes von der bewussten Fahrlässigkeit herangezogen wird: Nach § 14 Btk. handelt der Täter fahrlässig, wenn er den möglichen Erfolg seiner Handlung vorhersieht, aber auf sein Ausbleiben fahrlässig vertraut (~ bewusste Fahrlässigkeit oder luxuria oder tudátos gondatlanság); ebenso handelt derjenige fahrlässig, der die möglichen Folgen seines Tuns deshalb nicht vorhersieht, weil er die von ihm erwartete Aufmerksamkeit und Umsicht außer Acht lässt (~ Nachlässigkeit oder neglegencia oder hanyagság). Es gibt also im ungarischen Strafgesetz, ebenso wie im deutschen, zwei Formen der Fahrlässigkeit, nämlich die sog. bewusste Fahrlässigkeit und die sog. Nachlässigkeit. Bewusst fahrlässig verhält sich derjenige, der sich der Möglichkeiten seines Tuns bewusst ist, aber auf ihr Ausbleiben vertraut; er will also im Gegensatz zum vorsätzlich Handelnden den Erfolg gerade nicht. Bei der Nachlässigkeit fehlt dem Täter auf der Bewusstseinsebene das Vorhersehen der möglichen Folgen seines Tuns und folglich auch die emotionale Bindung zu seinem Handeln.[190] Da der Straftatbestand des § 310 Btk. sowohl in der Tatbestandsvariante des Absatzes 1 als auch des Absatzes 5 nicht fahrlässig begangen werden kann,[191] ergibt sich zwischen dem bedingten

---

190 Báldy, Péter / Csizner, Ildikó / Schuller, Krisztina / Czimbalmos, Csaba / Kerek, Imréné, in: Die Erklärung zum Strafgesetzbuch, Bd. 1, S. 75 f. Balogh, Ágnes / Köhalmi, László, in: Strafrecht I / AT, S. 55. Zödi, Zsolt / Csizner, Ildikó / Lovász, Adrienn / Kerek, Imréné / Vigh, Ágnes, in: Das ungarische Strafgesetzbuch, Gesetzestext, S. 11. Kommentar zum ungarischen Strafgesetzbuch, Kommentar zum § 14 Btk., S. 34 im Ausdruck (CD-Rom).

191 Auch nach deutschem Recht setzt die Steuerhinterziehung ein vorsätzliches Handeln des Täters voraus, wobei auch ein bedingter Vorsatz ausreicht. Vgl. zum deutschen Recht Friemel, Rainer / Schiml, Kurt, in: Lehrbuch der Abgabenordnung, S. 368 ff., Rdnr. 471 f. Koch, Karl / Scholz, Rolf-Detlev, AO-Kommentar, Scheurmann-Kettner, Peter, 5. Aufl.,

Vorsatz und der bewussten Fahrlässigkeit ein Abgrenzungsproblem, da beiden gemeinsam ist, dass der Täter die möglichen Folgen seiner Handlung vorhersieht. Während der Täter beim bedingten Vorsatz sich mit dem möglichen Erfolgseintritt abfindet, vertraut der fahrlässig Handelnde auf sein Ausbleiben und nimmt bewusst ein bedeutendes Risiko auf sich.[192]

Da durch diese Abgrenzung die Problematik aber nicht völlig behoben, sondern auf die Unterscheidung verlagert wird, wann der Täter sich mit dem Erfolgseintritt abfindet oder auf sein Ausbleiben vertraut, behilft sich die Rechtspraxis in diesem Fall mit der Analyse der äußeren Umstände und vor allem des Täterverhaltens; ein Indiz für ein Vertrauen auf das Ausbleiben des Handlungserfolges kann z.B. die Tatsache sein, dass der Täter alle Vorkehrungen für das Verhindern des Erfolgseintritts unternommen hat.[193] Weil er aber die Umstände der Tat und auch seine eigenen Fähigkeiten nicht in ausreichendem Maße durchdacht hat, treten die nicht erwünschten Folgen seines Handelns dennoch ein.[194] Entbehrt aber das Vertrauen in das Ausbleiben des tatbestandlichen Erfolges jeglicher objektiven Grundlage und entspringt es nur einer völlig unbegründeten, vagen Hoffnung, dann wird in der Rechtspraxis das Abfinden mit dem Eintritt des Taterfolges dem bedingten Vorsatz gleichgestellt, weil der Täter sich ähnlich gleichgültig gegenüber dem möglichen Erfolgseintritt verhält. Das Vertrauen des Täters auf das Ausbleiben des Taterfolges muss sich also auf konkrete Umstände stützen, es darf nicht „aus der Luft gegriffen sein". Solche objektiven Umstände können Vorkehrungen, die der Täter zur

---

§ 370 AO, Rdnr. 46, S. 2126. Ax, Rolf / Große, Thomas / Melchior, Jürgen, in: Abgabenordnung und Finanzgerichtsordnung, 18. Aufl., Rdnr. 3007, S. 721. Sikorski, Ralf / Wüstenhöfer, Ulrich, in: Abgabenordnung, 6. Aufl., Rdnr. 1182, S. 412. Klein, Franz, Abgabenordnung einschließlich Steuerstrafrecht, Kommentar, Gast-de Haan, 7. Aufl., § 370 AO, Rdnr. 91 f., S. 1684 f. Kohlmann, Günter, in: Steuerstrafrecht mit Ordnungswidrigkeitenrecht und Verfahrensrecht, Kommentar zu den §§ 369 – 412 AO 1977, § 370 AO, Rdnr. 201 ff., S. 229 ff. Vgl. zum ungarischen Recht Kommentar zum ungarischen Strafgesetzbuch, Kommentar zum § 14 Btk., S. 34 im Ausdruck (CD-Rom).

192   Báldy, Péter / Csizner, Ildikó / Schuller, Krisztina / Czimbalmos, Csaba / Kerek, Imréné, in: Die Erklärung zum Strafgesetzbuch, Bd. 1, S. 76. Wiener, A. Imre, in: Straffälligkeit / Strafbarkeit, S. 181.

193   Nagy, Ferenc, in: Der Allgemeine Teil des ungarischen Strafgesetzes, S. 184. Báldy, Péter / Csizner, Ildikó / Schuller, Krisztina / Czimbalmos, Csaba / Kerek, Imréné, in: Die Erklärung zum Strafgesetzbuch, Bd. 1, S. 76. BH 1994, S. 168 ff. BH 1998, S. 417 ff. BH 2005, S. 3 ff. Kommentar zum ungarischen Strafgesetzbuch, Kommentar zum § 13 Btk., S. 30 und 32 im Ausdruck (CD-Rom). Berkes, György / Katona, Sándor / Kiss, Zsigmond / Kónya, István, in: Strafrecht 1973-2000, Strafgerichtliche Entscheidungssammlung, Bd. I, S. 203.

194   Balogh, Ágnes / Köhalmi, László, in: Strafrecht I / AT, S. 55.

Erfolgsverhinderung ergriffen hat, sein, aber auch besondere Fähigkeiten oder Kenntnisse des Täters, die das Verhindern des tatbestandlichen Erfolges nahelegen. Fehlt es aber an solchen Umständen, dann ist es auch nicht gerechtfertigt, den Täter, der eine vollkommen vage Hoffnung hegt, gegenüber dem Täter zu begünstigen, der sich von vornherein mit dem Erfolg der Handlung abfindet.[195] Entscheidendes Kriterium ist hierbei wohl das Gewicht und die Nähe der Gefahr. Wenn das Risiko der Tatbestandsverwirklichung sehr hoch ist und der Täter es dem Zufall überlässt, ob sich die von ihm erkannte Gefahr verwirklicht, ist die Annahme des bedingten Vorsatzes naheliegend. Gerade dieses Risikoelement des bedingten Vorsatzes kann aber auch für die Reduktion des bedingten Vorsatzes herangezogen werden, um so ein Ausufern der Strafbarkeit im Bereich des Steuer- und Sozialversicherungsbetrugs zu verhindern. Dies kann erreicht werden, indem man das Vorliegen des bedingten Vorsatzes nur dann bejaht, wenn der Täter nicht nur von der bloßen Möglichkeit der Tatbestandsverwirklichung, sondern von einem nicht mehr tolerierbaren Risiko hinsichtlich des Erfolgseintritts ausgeht, weil er sich von sachfremden oder völlig unbegründeten Motiven leiten lässt.

Demnach würde immer dann bedingter Vorsatz anzunehmen sein, wenn ein § 310 Btk. quasi immanentes, erlaubtes Risiko in unvertretbarer Weise überschritten oder eine ernstzunehmende Gefahr verkannt worden ist. Das erlaubte Risiko ergibt sich dabei im Rahmen des § 310 Btk. vor allem aus dem Umstand, dass der Steuerschuldner zwar gewissen steuerlichen Pflichten, wie z.B. der Erklärungspflicht, nachkommen muss, andererseits es sich beim Steuerrecht um eine sehr schwierige Rechtsmaterie handelt, die in mehreren speziellen Gesetzen geregelt ist und zu der unter Umständen verschiedene Rechtsauffassungen existieren, so dass der Umstand allein, dass der Täter die Tatbestandsverwirklichung und den Erfolgseintritt für möglich hält für eine Vorsatzstrafbarkeit nicht ausreichen kann. Entscheidend ist vielmehr, wie weit er das Risiko einer Tatbestandsverwirklichung zu seinen Gunsten ausgedehnt hat.

d. Nachweis des Vorsatzes

Ein eher prozessuales Problem, welches sich in diesem Zusammenhang ergibt, ist das der Nachweisbarkeit des voluntativen Elements als innere Tatsache bei der Abgrenzung des bedingten Vorsatzes von der bewussten Fahrlässigkeit und des Umstands, dass die Rechtsprechung sich im Zweifelsfall dennoch auf äußere Indizien, wie z.B. das Verhalten des Täters vor der Tat, seine Bemühungen um eine

---

195 Nagy, Ferenc, in: Der Allgemeine Teil des ungarischen Strafgesetzes, S. 184. Báldy, Péter / Csizner, Ildikó / Schuller, Krisztina / Czimbalmos, Csaba / Kerek, Imréné, in: Die Erklärung zum Strafgesetzbuch, Bd. 1, S. 76.

Erfolgsverhinderung, verlassen muss. Da die abschließende Entscheidung des Täters in jedem Fall auf einem nur schwer nachweisbaren Wissenselement, nämlich den Vorstellungen des Täters über die bestehende Gefährdungs- und Risikolage, beruhen muss, kann eine gewisse Unsicherheit in der Entscheidungsfindung nicht gänzlich ausgeschlossen werden. Dieses allgemeine Nachweisproblem stellt sich aber nicht nur im Rahmen der Abgrenzung „bedingter Vorsatz – bewusste Fahrlässigkeit", sondern ist bei jedem vorsätzlichen Begehungsdelikt anzutreffen, da der Vorsatz immer die innere Einstellung des Täters zu der Tat betrifft und seine Feststellung sich entsprechend schwierig gestaltet.

Fraglich ist nunmehr, aus welchen äußeren Umständen Rückschlüsse auf das Vorsatzelement gezogen werden können. In erster Linie lassen sich vor allem aus der Ausführung der Tat, ihrer Vorbereitung und Absicherung wohl starke Rückschlüsse auf den Vorsatz des Täters ziehen, aber auch der allgemeine Bildungsstand des Täters oder seine Erfahrung in Steuerfragen stellen unbedingt zu beachtende äußere Umstände dar. Ein in steuerlichen Fragen versierter Rechtsanwalt wird sich in geringerem Maße auf seine Unkenntnis bezüglich der Auswirkungen seines Handelns berufen können als ein in Steuerfragen unerfahrener Arbeiter, der bei der Erstellung seiner Steuererklärung auch nicht die Hilfe eines Steuerberaters in Anspruch genommen hat. Auf jeden Fall ist es immer einzelfallabhängig, aufgrund welcher äußerer Umstände vorsätzliches Handeln des Täters nachgewiesen wird. Entscheidend ist nur, dass alle „Entschuldigungsgründe" des Täters entkräftigt werden und der Handlungswille, der auf die Verwirklichung aller objektiven Tatbestandsmerkmale und dem Handlungserfolg gerichtet sein muss, eindeutig festgestellt werden kann.

6. *Die Irrtumslehre und ihre Bedeutung für den Steuer- und Sozialversicherungsbetrugstatbestand*

Jemand befindet sich dann in einem Irrtum, wenn in seinem Bewusstsein ein von der Wirklichkeit abweichendes Bild entsteht, er aber dieses für die Wirklichkeit hält, oder aber, wenn der Täter sich von einer Tatsache gar kein Bild macht, er also von ihr nichts weiß; der Irrtum muss eine Handlung auslösen, die der Täter bei wahrer Kenntnis der Sachlage nicht verwirklichen würde.[196] Das ungarische Strafgesetz unterscheidet zwischen zwei Arten von Irrtümern: dem Irrtum über die Tat-

---

196 Báldy, Péter / Csizner, Ildikó / Schuller, Krisztina / Czimbalmos, Csaba / Kerek, Imréné, in: Die Erklärung zum Strafgesetzbuch, Bd. 1, S. 119. Belovics, Ervin / Békés, Imre / Busch, Béla / Molnár, Gábor / Sinku, Pál / Tóth, Mihály, in: Strafrecht / AT, S. 147.

sachen der Tat (~ ténybelli tévedés oder error facti) und dem sog. „Irrtum über die Bedrohung der Rechtsgesellschaft" (~ társadalomra veszélyességben való tévedés).[197]

a. Irrtum über Tatsachen

Von einem Irrtum über Tatsachen, nach § 27 Abs. 1 Btk.,[198] kann gesprochen werden, wenn der Täter über bestimmte, gesetzliche, objektive Tatbestandsmerkmale wie z.B. Tatobjekt, Tathandlung, Taterfolg, Kausalzusammenhang, Tatort und Tatzeit oder Art der Tatausführung irrt. Der Irrtum über die objektiven Tatbestandsmerkmale entspricht dem Tatbestandsirrtum in der deutschen Rechtsdogmatik.

Die besondere Schwierigkeit, die sich beim Steuer- und Sozialversicherungsbetrug ergibt, liegt darin, dass der gesetzliche Tatbestand des § 310 Btk. durch spezielle Steuervorschriften ausgefüllt wird, wobei sich erst durch die „Zusammenschau" mehrerer Gesetze der vollständige Straftatbestand ergibt. Auch diese Tatbestandsmerkmale, mit denen § 310 Btk. ausgefüllt wird, wie z.B. steuererhebliche Tatsachen oder Behörden, gehören also zum objektiven Straftatbestand und gerade über diese speziell geregelten steuerlichen Tatbestandsmerkmale kann sich der Täter irren. Wenn man bedenkt, dass diese speziellen Tatbestandsmerkmale oft durch schwer verständliche Spezialnormen näher bestimmt werden, ist ein solcher Irrtum des Täters über objektive Tatsachen nahezu vorprogrammiert. Ein entsprechender Irrtum über die Tatsachen der Tat schließt aber im Gegensatz zu den sog. Strafaufhebungsgründen (~büntethetőséget megszüntető okok, wörtlich übersetzt: Strafbeendigungsgründe) die Strafbarkeit von vornherein aus, weil es im Falle eines Irrtums über Tatsachen regelmäßig an einer Tatbestandsmäßigkeit fehlt.[199] Es liegt insofern ein sog. primärer Strafausschließungsgrund (~ elsődleges büntethetőséget kizáró ok) vor.[200] Strafausschließungsgründe finden sich sowohl im Allgemeinen Teil als auch im Besonderen Teil des ungarischen Strafgesetzbuchs.[201] Ein

---

197 Nagy, Ferenc, in: Der Allgemeine Teil des ungarischen Strafgesetzes, S. 245. Balogh, Ágnes / Kőhalmi, László, in: Strafrecht I / AT, S. 123 f.

198 Eine Übersetzung des § 27 Btk. findet sich im Anhang, in der Anlage II. Nr. 12.

199 Földvári, József, in: Ungarisches Strafrecht / AT, S. 130 ff. Kommentar zum ungarischen Strafgesetzbuch, Kommentar zum § 22 Btk., S. 67 im Ausdruck (CD-Rom).

200 Kommentar zum ungarischen Strafgesetzbuch, Kommentar zum § 22 Btk., S. 67 im Ausdruck (CD-Rom). Báldy, Péter / Csizner, Ildikó / Schuller, Krisztina / Czimbalmos, Csaba / Kerek, Imréné, in: Die Erklärung zum Strafgesetzbuch, Bd. 1, S. 104 f.

201 Földvári, József, in: Ungarisches Strafrecht / AT, S. 165 ff. Bárd, Károly / Gellér, Balázs / Ligeti, Katalin / Margitán, Éva / Wiener, A. Imre, in: Strafrecht / AT, S. 137 f. Báldy,

primärer Strafausschließungsgrund verhindert, im Gegensatz zu einem sog. sekundären Strafausschließungsgrund (~ másodlagos büntethetőséget kizáró ok), welcher nur die Strafbarkeit der ansonsten tatbestandsmäßigen Tat verhindert, bereits das Zustandekommen der Straftat.[202]

Allerdings geht das ungarische Strafrecht nicht generell vom Fehlen der Tatbestandsmäßigkeit im Falle eines entsprechenden Irrtums aus, sondern lässt bei der Qualifizierung die objektiven Tatsachen unberücksichtigt, über die sich der Täter geirrt hat, und fragt dann, welcher Straftatbestand durch die „übrig gebliebenen Merkmale" verletzt wird; dies kann zur Folge haben, dass überhaupt kein Straftatbestand mehr wegen fehlender Tatbestandsmäßigkeit vorliegt bzw., dass das Handeln des Täters unter der Wirkung des Irrtums möglicherweise einen ganz anderen Straftatbestand erfüllt. Der Irrtum schließt somit die Strafbarkeit nur hinsichtlich desjenigen Straftatbestandes aus, über dessen Merkmale der Täter einem Irrtum unterliegt.[203] Irrt der Täter über ein spezialgesetzlich geregeltes Tatbestandsmerkmal, so wird in der Regel eine Strafbarkeit aus § 310 Btk. wegen fehlender Tatbestandsmäßigkeit ausgeschlossen sein, weil der Steuer- und Sozialversicherungsbetrug durch die ausfüllenden Tatbestandsmerkmale erst zu einem solchen wird. Lässt man aber diese speziellen Tatbestandsmerkmale außer Acht, weil der Täter sich über diese geirrt hat, liegt auch kein Steuer- und Sozialversicherungsbetrug mehr vor. Unerheblich ist beim Irrtum über Tatsachen, ob der Irrtum des Täters auf seiner Unkenntnis oder einer sonstigen Fehlvorstellung beruht, ob er verschuldet war und ob er insbesondere vermeidbar war oder nicht.

Allerdings ist gem. § 27 Abs. 3 Btk. die Strafbarkeit dann nicht ausgeschlossen, wenn der Irrtum fahrlässigerweise entstanden ist, da der Täter wegen fahrlässiger Verwirklichung des Delikts bestraft werden könnte.[204] Voraussetzung für eine Verurteilung aus dem Fahrlässigkeitstatbestand ist aber, dass das jeweilige Delikt auch die fahrlässige Begehung unter Strafe stellt, was bei § 310 Btk. gerade nicht der Fall ist.[205]

Péter / Csizner, Ildikó / Schuller, Krisztina / Czimbalmos, Csaba / Kerek, Imréné, in: Die Erklärung zum Strafgesetzbuch, Bd. 1, S. 106.

202   Báldy, Péter / Csizner, Ildikó / Schuller, Krisztina / Czimbalmos, Csaba / Kerek, Imréné, in: Die Erklärung zum Strafgesetzbuch, Bd. 1, S. 104.

203   Kommentar zum ungarischen Strafgesetzbuch, Kommentar zum § 27 Btk., S. 74 im Ausdruck (CD-Rom). Belovics, Ervin / Békés, Imre / Busch, Béla / Molnár, Gábor / Sinku, Pál / Tóth, Mihály, in: Strafrecht / AT, S. 147 f.

204   Báldy, Péter / Csizner, Ildikó / Schuller, Krisztina / Czimbalmos, Csaba / Kerek, Imréné, in: Die Erklärung zum Strafgesetzbuch, Bd. 1, S. 122.

205   Vgl. hierzu die Ausführungen zum Vorsatz und zur Fahrlässigkeit unter Zweiter Teil, III. 5.

Von praktischer Relevanz, in der Literatur aber noch nicht behandelt, könnte die Frage sein, inwieweit gesetzlich vorgegebene Strafbarkeitslücken vermieden werden könnten, wenn man einen fahrlässigen Steuer- und Sozialversicherungsbetrug in das Strafgesetzbuch einführen würde. Wie bereits weiter oben ausgeführt, handelt es sich bei § 310 Btk. um einen „schwierigen" Straftatbestand, was auf die Tatsache zurückzuführen ist, dass er stark von spezialgesetzlichen Vorschriften geprägt ist, die den Steuer- und Sozialversicherungsbetrug ausfüllen. Gerade aus diesem Grund sind aber Irrtümer des Täters, die oft auf Fahrlässigkeit zurückzuführen sind, sehr leicht möglich. Nach der jetzigen Gesetzeslage führt ein solcher Irrtum des Täters wegen fehlender Tatbestandsmäßigkeit, und weil ein entsprechender Fahrlässigkeitstatbestand nicht existiert, regelmäßig zur Straflosigkeit. Dies hat zur Folge, dass ein Schutz der staatlichen Steuereinnahmen nur beim vorsätzlichen Handeln des Täters besteht. Allerdings müssen an dieser Stelle auch die Konsequenzen bedacht werden, die sich aus der Einführung eines entsprechenden Fahrlässigkeitstatbestandes in das ungarische Strafgesetz ergeben würden. Da an das Vorliegen von Fahrlässigkeit geringere Anforderungen als an das Vorliegen von Vorsatz gestellt werden, würde zum einen die Strafbarkeit wegen § 310 Btk. erheblich ausgeweitet. So könnte man sich bereits eines Steuer- und Sozialversicherungsbetrugs strafbar machen, weil man seine Steuererklärung nicht mit der gebührenden Sorgfalt angefertigt oder weil man darauf vertraut hat, dass sich kein Fehler in die Steuererklärung eingeschlichen hat. Außerdem hätte man zum anderen neue Abgrenzungs- und Definitionsprobleme erschaffen, weil man z.B. festlegen müsste, was für ein Maß an Aufmerksamkeit und Umsicht vom Einzelnen zu fordern wäre. Von einem Täter, der seine Steuererklärung mit Hilfe eines Steuerberaters anfertigt, kann man aber sicherlich ein Mehr an Aufmerksamkeit und Umsicht verlangen, als man es von einem „steuerlichen Laien" erwarten kann. Dadurch würde man aber gerade diejenigen, welche auf ihre Steuererklärung mehr Sorgfalt verwenden gegenüber denjenigen benachteiligen, die den Aufwand eines Steuerberaters scheuen. Da es sich bei dem Straftatbestand des § 310 Btk. auch nicht um Berufsstrafrecht handelt, welches für den Täter im subjektiven Bereich schärfere Voraussetzungen vorsieht und die Bestrafung vom fahrlässigen Täterverhalten rechtfertigt, sondern der Steuer- und Sozialversicherungsbetrug von jedermann begangen werden kann, ist auch aus diesem Grund die Einführung eines Fahrlässigkeitstatbestandes abzulehnen. Auch ein Vergleich mit dem allgemeinem Betrugstatbestand oder Straftatbeständen, welche einen Vermögensschutz bezwecken, zeigt, dass der Gesetzgeber diesen Schutz nur bei vorsätzlichem Täterverhalten gewähren wollte. Dahinter steht wohl der Gedanke, dass im Gegensatz zu persönlichen Rechtsgütern wie Leben und körperliche Unversehrtheit des Einzelnen, welche auch durch fahrlässiges Täterverhalten erheblich gefährdet oder verletzt werden können, die sachbezogenen Rechtsgüter erst bei einem vorsätzlichen Täterverhalten unter den Schutz des Strafrechts fallen sollen. Dies ist aber gerechtfertigt, weil persönliche Rechtsgüter wie Leben und körperliche Unversehrtheit höher wiegen als sachbezogene Rechtsgüter wie das Vermögen und aus diesem Grund auch eines stärkeren Schutzes durch das Strafrecht bedürfen. Die Einführung eines fahrlässigen Steuer- und Sozialversicherungsbetrugs ist folglich abzulehnen, weil sie die Strafbarkeit wegen § 310 Btk. über Gebühr ausdehnen und den Gesetzgeber vor neuen, schwierigen Problemen stellen würde.

Schließlich rechtfertigt der komplexe Straftatbestand des § 310 Btk., der das Entstehen von Irrtümern über objektive Tatbestandsmerkmale begünstigt, und die relativ hohe Strafandrohung des § 310 Btk., die auch im Falle einer Fahrlässigkeitstat wohl unwesentlich unter dem Regelstrafrahmen bleiben würde, eine Straflosigkeit des Täters im Falle der fahrlässigen Verursachung eines Irrtums.

b. Irrtum über die Bedrohung der Rechtsgesellschaft

Ein sog. „Irrtum über die Bedrohung der Rechtsgesellschaft", als zweite im ungarischen Strafgesetzbuch geregelte Irrtumsart, kann nur festgestellt werden, wenn der Täter bei der Tatausführung irrig annimmt, dass die Straftat keine Bedrohung für die Gesellschaft darstellt, ihm also bei der Begehung der Straftat das Unrechtsbewusstsein fehlt und er somit ohne Schuld (~ bünösség) handelt. Der Irrtum über die Bedrohlichkeit der Tat entspricht dem in § 17 StGB geregelten Verbotsirrtum und entspringt der Vorstellung, dass das Bewusstsein des Täters auch die Tatsache umfassen muss, dass seine Tat eine Bedrohung der Rechtsgesellschaft und damit etwas „rechtlich Verbotenes" darstellt.[206] Das Unrechtsbewusstsein des Täters wird dabei unabhängig von seinen persönlichen Moralanschauungen bestimmt, denn ansonsten wäre das Vorliegen eines Irrtums jeweils abhängig von der persönlichen Bildung, Mentalität und moralischen Haltung des Täters. Ein „Irrtum über die Bedrohung der Rechtsgesellschaft" liegt bereits dann nicht vor, wenn der Täter das rechtliche Verbot an und für sich kennt und dennoch dem Verbot zuwiderhandelt, weil er in diesem Fall über das erforderliche Unrechtsbewusstsein verfügt. Er muss nur wissen, dass seine Handlung rechtlich verboten ist und gesellschaftlich missbilligt wird.[207] Der „Irrtum über die Bedrohung der Rechtsgesellschaft" kommt relativ häufig bei Straftatbeständen, wie z.B. beim Steuer- und Sozialversicherungsbetrug

---

206   Báldy, Péter / Csizner, Ildikó / Schuller, Krisztina / Czimbalmos, Csaba / Kerek, Imréné, in: Die Erklärung zum Strafgesetzbuch, Bd. 1, S. 120. Nagy, Ferenc, in: Der Allgemeine Teil des ungarischen Strafgesetzes, S. 246.

207   Báldy, Péter / Csizner, Ildikó / Schuller, Krisztina / Czimbalmos, Csaba / Kerek, Imréné, in: Die Erklärung zum Strafgesetzbuch, Bd. 1, S. 121. Balogh, Ágnes / Köhalmi, László, in: Strafrecht I / AT, S. 125.

vor, die eine rechtliche Gestaltung bzw. Ausfüllung durch Vorschriften erfahren, welche ständiger Veränderung und rechtlichem Wandel ausgesetzt und dementsprechend für Irrtümer anfällig sind.[208] Der Irrtum über Tatbestandsmerkmale der ausfüllenden Norm ist, wie bereits weiter oben erörtert, als „Irrtum über Tatsachen der Tat" zu qualifizieren, während ein Irrtum über die bloße Existenz einer ausfüllenden Norm als „Irrtum über die Bedrohung der Rechtsgesellschaft" anzusehen ist. Der Täter nimmt dabei irrig an, dass sein Handeln nicht etwas rechtlich Verbotenes darstellt, weil er z.B. die spezielle Steuervorschrift, die eine bestimmte Pflicht normiert, gar nicht kennt. Ein „Irrtum über Tatsachen der Tat" kommt nicht in Betracht, da nur die Tatbestandsmerkmale der ausfüllenden Norm Bestandteile des § 310 Btk. werden, nicht jedoch die ausfüllende Norm selbst.[209] So liegt ein „Irrtum über die Bedrohung der Rechtsgesellschaft" z.B. dann vor, wenn der Täter keine Steuererklärung abgibt, weil er glaubt, dass die Finanzbehörde von selbst auf ihn zukommen und zur Abgabe einer Steuererklärung auffordern wird; der Täter irrt, weil er die §§ 31 ff. ungarische AO nicht kennt, die eine entsprechende Pflicht zur Abgabe einer Steuererklärung normieren. Ein solcher „Irrtum über die Bedrohung der Rechtsgesellschaft" ist also immer dann anzunehmen, wenn der Täter gar nicht weiß, dass sein Verhalten gegen die verbindliche Wertordnung des Rechts verstößt, weil er z.B. eine den Tatbestand des § 310 Btk. ausfüllende Norm nicht kennt, sie eventuell für ungültig hält oder über den Geltungsbereich der Norm irrt.

Liegt ein solcher „Irrtum über die Bedrohung der Rechtsgesellschaft" gem. § 27 Abs. 2 Btk. vor, so entfällt die rechtsfeindliche Gesinnung des Täters, er handelt ohne Schuld; beim „Irrtum über die Bedrohung der Rechtsgesellschaft" handelt es sich insofern ebenfalls um einen sog. primären Strafausschließungsgrund.[210] Gem. § 27 Abs. 3 Btk. ist auch beim „Irrtum über die Bedrohung der Rechtsgesellschaft" eine Verurteilung aus dem Fahrlässigkeitstatbestand möglich, wenn der Irrtum aus einer Fahrlässigkeit des Täters hervorgerufen wurde.[211] Voraussetzung ist aber wiederum, dass das jeweilige Delikt die fahrlässige Begehung unter Strafe stellt, was

---

208 Báldy, Péter / Csizner, Ildikó / Schuller, Krisztina / Czimbalmos, Csaba / Kerek, Imréné, in: Die Erklärung zum Strafgesetzbuch, Bd. 1, S. 121. Nagy, Ferenc, in: Der Allgemeine Teil des ungarischen Strafgesetzes, S. 246.

209 Báldy, Péter / Csizner, Ildikó / Schuller, Krisztina / Czimbalmos, Csaba / Kerek, Imréné, in: Die Erklärung zum Strafgesetzbuch, Bd. 2, S. 1219. Belovics, Ervin / Molnár, Gábor / Sinku, Pál, in: Strafrecht / BT, 4. überarbeitete Aufl., S. 558 f.

210 Kommentar zum ungarischen Strafgesetzbuch, Kommentar zum § 22 Btk., S. 67 im Ausdruck (CD-Rom). Báldy, Péter / Csizner, Ildikó / Schuller, Krisztina / Czimbalmos, Csaba / Kerek, Imréné, in: Die Erklärung zum Strafgesetzbuch, Bd. 1, S. 104 f.

211 Báldy, Péter / Csizner, Ildikó / Schuller, Krisztina / Czimbalmos, Csaba / Kerek, Imréné, in: Die Erklärung zum Strafgesetzbuch, Bd. 1, S. 122.

beim § 310 Btk. gerade nicht der Fall ist,[212] so dass sowohl beim „Irrtum über Tatsachen der Tat" als auch beim „Irrtum über die Bedrohung der Rechtsgesellschaft" die fahrlässige Verursachung eines Irrtums durch den Täter ohne rechtliche Konsequenzen bleibt.

Allerdings weist der „Irrtum über die Bedrohung der Rechtsgesellschaft" ein weiteres gesetzliches Merkmal auf, das § 27 Abs. 1 Btk. nicht regelt und welches dadurch besondere Bedeutung erlangt, da ansonsten die beiden Irrtumsarten annähernd gleiche Rechtsfolgen haben: Bei beiden bleibt der Täter regelmäßig straflos, bei § 27 Abs. 1 Btk., weil es oft an der Tatbestandsmäßigkeit fehlt, wenn man die Merkmale unberücksichtigt lässt, über die sich der Täter irrt oder weil der Täter schuldlos handelt, wie das beim § 27 Abs. 2 Btk. der Fall ist; bei beiden Irrtumsarten bleibt die fahrlässige Verursachung eines Irrtums ohne Konsequenzen. Nach § 27 Abs. 2 Btk. soll aber nur dann Schuldlosigkeit und damit Straflosigkeit des Täters eintreten, wenn für den Täter ein berechtigter Grund bestand, eine Bedrohung der Rechtsgesellschaft abzulehnen.[213] Diese Formulierung lehnt sich an die Unvermeidbarkeit des Irrtums im deutschen Rechtssystem an. Nur wenn ein gewichtiger Grund für den Irrtum bestand, der Täter also dem Irrtum quasi nicht ausweichen konnte und er somit für ihn unvermeidbar war, soll er ohne Schuld und schließlich straflos bleiben. Ein solcher gewichtiger äußerer oder innerer Grund kann z.B. gegeben sein, wenn der Täter sich auf die Auskunft von Behörden verlässt und dementsprechend handelt.[214] So wurde bereits in der richtungsweisenden Grundsatzentscheidung EBH 2003, S. 931 ff. und zuvor in der Entscheidung BH 1994, S. 471 ff. festgelegt, dass sogar die Strafbarkeit wegen Steuerbetrugs in einem außergewöhnlich hohen Maß ausgeschlossen ist, wenn die höhere Steuerbehörde in Kenntnis der Tatsachen fälschlicherweise den Standpunkt eingenommen hat, dass durch den Besitz von Berechtigungen an einem öffentlichen Lagerhaus kein Einkommen i.S.d. persönlichen Einkommensteuer entstanden ist.[215] Die Grundsatzentscheidung EBH 2003, S. 931 ff. führt fast lehrbuchmäßig aus, dass der Täter § 310 Btk. dann vorsätzlich verwirklicht, wenn er sich der Tatsache bewusst ist,

---

212 Vgl. hierzu die Ausführungen zum Vorsatz und zur Fahrlässigkeit unter Zweiter Teil, III. 5.

213 Zödi, Zsolt / Csizner, Ildikó / Lovász, Adrienn / Kerek, Imréné / Vigh, Ágnes, in: Das ungarische Strafgesetzbuch, Gesetzestext, S. 17.

214 Nagy, Ferenc, in: Der Allgemeine Teil des ungarischen Strafgesetzes, S. 247.

215 Kommentar zum ungarischen Strafgesetzbuch, Kommentar zum § 27 Btk., S. 75 im Ausdruck (CD-Rom). Báldy, Péter / Csizner, Ildikó / Schuller, Krisztina / Czimbalmos, Csaba / Kerek, Imréné, in: Die Erklärung zum Strafgesetzbuch, Bd. 1, S. 121. Lomnici, Zoltán / Bauer, Jánosné / Erményi, Lajos / Kónya, István / Murányi, Katalin / Wellmann, György, in: Öffentliche Entscheidungssammlung der Obersten Gerichtsbarkeit 2003/2, S. 34 ff.

dass er eine für die Steuerfestsetzung bedeutende Tatsache vor den Steuerbehörden fälschlicherweise wiedergibt oder verschweigt und dadurch die Steuereinnahmen gemindert werden. In dem, in der Entscheidung behandelten, Fall wurde der Betroffene aber nicht vom Wunsch, die Steuergesetze zu umgehen um dadurch seinen Steuerpflichten entfliehen zu können, geleitet, sondern er unterlag einem inhaltlichen Irrtum bezüglich der die Verpflichtung begründenden Steuergesetze. Es ging nämlich im vorliegenden Fall um den Ankauf von sog. Berechtigungsscheinen zu einem öffentlichen Lagerhaus im Nennwert von 56 Mio. HUF (~ ca. 233.333,- EUR), die der Betroffene irrtümlicherweise nicht in der Steuererklärung angeführt hat, da er der Meinung war, dass ihm durch den Erwerb der Wertpapiere keine steuerrelevanten Einnahmen entstanden sind.[216] Die Besonderheit des Falles bestand darin, dass die Steuerbehörde APEH selbst Unsicherheiten bei der Beurteilung des steuerrechtlichen Sachverhalts gezeigt hatte, indem sie das Vorliegen von steuerrelevanten Einnahmen abgelehnt hat.[217] Die höchstrichterliche Rechtsprechung berücksichtigte konsequenterweise die Tatsache, dass speziell der Steuerbetrugstatbestand von steuerrechtlichen Spezialvorschriften ausgefüllt wird und diese einem so schnellen Wandel unterliegen, dass es dem „steuerrechtlichen Laien" unmöglich ist, alle behördlichen Entscheidungen zu kennen; außerdem kann vom Betroffenen auch nicht erwartet werden, in einer konkreten Steuerfrage entgegen den eigenen Interessen zu handeln, wenn selbst die Steuerbehörde den Sachverhalt falsch beurteilt und eine entsprechende Unsicherheit bei der Anwendung der steuerrechtlichen Vorschriften zeigt. Dem Täter fehlt hier von vornherein das Bewusstsein Unrecht zu tun, weil er einem Irrtum über die Bedrohlichkeit seines Tuns unterliegt, für den aber ein berechtigter und gewichtiger Grund bestand. Man kann also vom einzelnen Bürger nur ein so großes Maß an Rechtstreue verlangen, wie dies von den Behörden und anderen, mit entsprechender Sachkunde ausgestatteten, Stellen verlangt wird. Unterliegen die Steuerbehörden bei der rechtlichen Beurteilung des Sachverhalts selbst einem Irrtum, so ist der Irrtum, der sich beim Steuerbürger nur fortsetzt, für diesen quasi unvermeidbar und eine Strafbarkeit wegen Steuerbetrugs entfällt. Diese täterfreundliche Rechtsprechung hat die Tendenz sich weiter fortzusetzen, wie die Entscheidung BH 2004, S. 311 ff.[218] zeigt,

---

216 Lomnici, Zoltán / Bauer, Jánosné / Erményi, Lajos / Kónya, István / Murányi, Katalin / Wellmann, György, in: Öffentliche Entscheidungssammlung der Obersten Gerichtsbarkeit 2003/2, S. 35.

217 Lomnici, Zoltán / Bauer, Jánosné / Erményi, Lajos / Kónya, István / Murányi, Katalin / Wellmann, György, in: Öffentliche Entscheidungssammlung der Obersten Gerichtsbarkeit 2003/2, S. 34 und 36.

218 Kommentar zum ungarischen Strafgesetzbuch, Kommentar zum § 27 Btk., S. 75 im Ausdruck (CD-Rom).

wonach der Täter nicht wegen vorsätzlichem Steuerbetrug bestraft werden kann, wenn er unter Beachtung einer steuerbehördlichen Entscheidung einem Irrtum über die Bedeutung einer steuerrechtlichen Vorschrift unterliegt, weil ein berechtigter Grund für seinen Irrtum bestand, der Irrtum gewissermaßen unausweichlich war. Konsequenterweise kann sich aber nur derjenige auf die Unvermeidbarkeit des Irrtums berufen, der eine geringe oder gar keine Kenntnis in steuerrechtlichen Fragestellungen hat und sich deshalb auf die Entscheidung der Behörde verlassen muss und nicht ein in Geld- und Steuersachen erfahrener Geschäftsmann, der allein aufgrund seiner Fachkenntnis die Gesetzeswidrigkeit seines Tuns erkennen muss. So kann sich nach der Grundsatzentscheidung EBH 1999, S. 81 ff.[219] der Hauptdirektor einer Bank, der über einen wirtschaftswissenschaftlichen Universitätsabschluss, über große Fachkenntnis sowie über jahrzehntelange Praxiserfahrung gerade im Finanz- und Kreditwesen verfügt, nicht auf einen Irrtum über die Bedrohlichkeit seines Tuns berufen, da ein entsprechender Grund hierfür fehlt. Zwar muss die Frage, ob ein Irrtum des Täters überhaupt vorliegen kann, unabhängig von persönlichen Anschauungen, Schulausbildung des Täters etc. geklärt werden, für die Beurteilung der Vermeidbarkeit des Irrtums ist aber selbstverständlich entscheidend, ob der konkrete Täter bei seinen individuellen Fähigkeiten und Kenntnissen und unter Beachtung der ihn treffenden Rechtspflichten überhaupt die Möglichkeit gehabt hat, den Irrtum zu vermeiden. Die Anforderungen ergeben sich vor allem aber aus der spezifischen Lebens- und Berufssituation des Täters, so dass in Zweifelsfällen dem Täter auch durchaus zugemutet werden kann, entsprechende Rechtsauskünfte einzuholen.

c. Der umgekehrte Irrtum

Neben den Irrtümern, die in § 27 Btk. geregelt sind, gibt es noch einen sog. „umgekehrten Irrtum" (~ forditott irányú tévedés), der z.B. dann vorliegt, wenn der Täter die Grenzen eines Straftatbestandes zu weit zieht oder aber das Vorliegen eines Strafausschließungsgrundes verkennt. In all diesen Fällen liegt nur eine vermeintliche Straftat (~ vélt bűncselekmény) vor, die zu strafrechtlichen Folgen nicht berechtigt und der Täter somit straflos bleibt.[220] Dieser Irrtum hat aber im Rahmen des Steuer- und Sozialversicherungsbetrugs keine besondere Bedeutung.

---

219 Kommentar zum ungarischen Strafgesetzbuch, Kommentar zum § 27 Btk., S. 75 im Ausdruck (CD-Rom).

220 Nagy, Ferenc, in: Der Allgemeine Teil des ungarischen Strafgesetzes, S. 247 f.

7. Versuch und Rücktritt

a. Der Versuch des Steuer- und Sozialversicherungsbetrugs

Nach § 16 Btk.[221] ist der Täter wegen einem Versuchstatbestand zu bestrafen, wenn er mit der Durchführung einer vorsätzlichen Straftat beginnt, diese aber nicht vollendet.[222]

Aus der Formulierung des Gesetzestextes wird deutlich, dass das ungarische Strafrechtssystem, ebenso wie das deutsche, mehrere Stadien der Durchführung einer Tat kennt: Die Stadien, die unterschieden werden, sind die Vorbereitung (~ elökészület), der Versuch (~ kisérlet) sowie die Vollendung bzw. Beendigung (~ befeyezettség illetve bevégzettség).

Die Verwirklichung einer Straftat kann grob in zwei Teile gegliedert werden. Der erste Teil der Tatdurchführung spielt sich in der inneren Gedankenwelt des Täters ab und endet mit dem Tatentschluss, der zweite Teil ist die Durchführung des Tatentschlusses und spielt sich in der Regel für die Außenwelt wahrnehmbar ab. Je näher der Täter dabei der Verwirklichung seines ursprünglich gefassten Tatentschlusses kommt, desto gefährlicher wird sein Handeln, so dass auch die verschiedenen Durchführungsstadien Vorbereitung, Versuch, Voll- bzw. Beendigung einer unterschiedlichen rechtlichen Wertung unterliegen müssen.[223] Während der Versuch, als eine über das Vorbereitungsstadium unmittelbar hinausreichende Tätigkeit, den Beginn der tatbestandlichen Verwirklichung darstellt, ist ein Strafdelikt erst dann vollendet, wenn alle im Besonderen Teil des ungarischen Strafgesetzbuchs umschriebenen Merkmale verwirklicht sind, und erst beendet, wenn der rechtswidrige Zustand wirklich sein Ende gefunden hat; der Zeitpunkt, ab dem eine Handlung ein bestimmtes Durchführungsstadium verwirklicht, kann von Delikt zu Delikt anders ausfallen. Es kommt vor, dass ein und dieselbe Handlung bezüglich eines Straftatbestandes nicht einmal das Vorbereitungsstadium erreicht, bezüglich eines anderen Delikts aber bereits den Beginn eines Versuchs. So kann die Manipulation einer Rechnung lediglich die Vorbereitung zu einem späteren Steuerbetrug darstellen, aber bereits den Versuch einer Urkundenfälschung.[224]

---

221 Eine Übersetzung des § 16 Btk. findet sich im Anhang, in der Anlage II. Nr. 5.

222 Zödi, Zsolt / Csizner, Ildikó / Lovász, Adrienn / Kerek, Imréné / Vigh, Ágnes, in: Das ungarische Strafgesetzbuch, Gesetzestext, S. 11.

223 Földvári, József, in: Ungarisches Strafrecht / AT, S. 181. Nagy, Ferenc, in: Der Allgemeine Teil des ungarischen Strafgesetzes, S. 269. Kommentar zum ungarischen Strafgesetzbuch, Kommentar zum § 16 Btk., S. 40 im Ausdruck (CD-Rom).

224 Földvári, József, in: Ungarisches Strafrecht / AT, S. 183.

Die Vorbereitung einer Straftat, als das früheste Durchführungsstadium, ist in § 18 Btk.[225] geregelt und wird in der Regel nicht unter Strafe gestellt, es sei denn, eine Strafvorschrift des Besonderen Teils bestimmt es so. Durch die Vorbereitungshandlung werden nur die für die Tatausführung geeigneten Vorkehrungen getroffen, der Täter beginnt aber noch nicht mit der Verwirklichung des eigentlichen Straftatbestandes. Ein Beispiel für eine Vorbereitungshandlung im Bereich des Steuer- und Sozialversicherungsbetrugs ist, dass der Täter zwar seine Steuererklärung bewusst wahrheitswidrig ausfüllt und diese unterschreibt, sie aber den Finanzbehörden nicht vorlegt. Obwohl hier bereits eine Handlung im Hinblick auf das geplante Ziel des Steuerbetrugs erfolgt, erweist sich diese als nicht so schwerwiegend, dass man bereits vom Beginn der Tatbestandsverwirklichung sprechen könnte. Die bloße Vorbereitung zum Steuer- und Sozialversicherungsbetrug ist im ungarischen Strafgesetz nicht unter Strafe gestellt.

Vom bloßen Vorbereitungsstadium ist das Stadium des Versuchs abzugrenzen. Für das Versuchsstadium ist charakteristisch, dass die Handlung des Täters in erkennbarer Weise auf die Verwirklichung des gesetzlichen Straftatbestandes abzielt.[226]

Um einen Versuch des Straftatbestandes annehmen zu können, müssen bestimmte Voraussetzungen vorliegen: So kann eine versuchte Straftat nur im Falle von Vorsätzlichkeit, da es keinen Versuch am Fahrlässigkeitsdelikt gibt, und nur dann, wenn die Tatverwirklichung zwar begonnen, die Tatausführung aber noch nicht vollendet ist, bejaht werden; des Weiteren muss der Täter einen Tatentschluss gefasst haben, der sich auf die vorbehaltlose Begehung einer Straftat bezieht. Der Versuch ist auch dann möglich, wenn die Straftat nur mit bedingtem Vorsatz verwirklicht werden soll. Umschließt der Straftatbestand auch einen bestimmten Umstand, der zu einer Qualifikation führt, dann muss der vorbehaltlose Tatentschluss des Täters auch diese Elemente umfassen, da ansonsten nur der Versuch des Grunddelikts in Frage kommt.[227] Ob diese innere Willensrichtung in Form des vorbehaltlosen Tatentschlusses bei der Tat vorgelegen hat, ist eine Frage des Einzelfalls und vom zuständigen Richter umfassend zu würdigen. Rückschlüsse für den inneren Willen können aus dem Verhalten des Täters gezogen werden, so z.B. im Falle einer unrichtigen, auf gefälschte Belege gestützten, Steuererklärung.

---

225 Eine Übersetzung des § 18 Btk. findet sich im Anhang, in der Anlage II. Nr. 7.

226 Báldy, Péter / Csizner, Ildikó / Schuller, Krisztina / Czimbalmos, Csaba / Kerek, Imréné, in: Die Erklärung zum Strafgesetzbuch, Bd. 1, S. 81. Földvári, József, in: Ungarisches Strafrecht / AT, S. 183 ff.

227 Báldy, Péter / Csizner, Ildikó / Schuller, Krisztina / Czimbalmos, Csaba / Kerek, Imréné, in: Die Erklärung zum Strafgesetzbuch, Bd. 1, S. 82.

Der Beginn der Tatausführung, entsprechend dem unmittelbaren Ansetzen in der deutschen Strafrechtsdogmatik, soll dann vorliegen, wenn das Rechtsgut, dessen Schutz das Strafgesetz, gegen welches verstoßen wird, bezweckt, unmittelbar durch die Handlung des Täters gefährdet wird. Unmittelbar gefährdet ist das Rechtsgut, wenn die Gefährdung jederzeit in eine Verletzung umschlagen kann. Im Falle einer entfernten Gefahr liegt folglich eine bloße Vorbereitungshandlung vor. Als negative Voraussetzung darf noch keine Tatvollendung eingetreten sein; dies ist dann der Fall, wenn der strafrechtliche Tatbestand voll und ganz verwirklicht oder der tatbestandliche Erfolg eingetreten ist. Ausgeschlossen ist der Versuch unter anderem beim Fahrlässigkeitsdelikt, bei echten Unterlassungsdelikten und bei Vorbereitungshandlungen.[228]

Im Hinblick auf den Steuer- und Sozialversicherungsbetrug ist die Grenze zwischen bloßer Vorbereitungshandlung und Versuch noch nicht überschritten, wenn der Täter z.B. die unrichtige Steuererklärung noch nicht an die Finanzbehörden weitergeleitet hat bzw. im Falle eines Unterlassens, wenn die Frist zur Abgabe der Steuererklärung gem. §§ 31 ff. ungarische AO noch nicht verstrichen ist, da in diesem Fall noch keine unmittelbare Gefährdung des durch § 310 Btk. geschützten Rechtsguts eingetreten ist. Erst nach der Abgabe der unrichtigen Steuererklärung bei den Finanzbehörden bzw. nach Verstreichenlassen der Abgabefrist kann von einer Gefährdung der Funktionsfähigkeit des staatlichen Finanz- und Wirtschaftskreislaufs und somit von einem unmittelbaren Ansetzen zur Tatbestandsverwirklichung gesprochen werden. Durch die Abgabe einer unrichtigen Steuererklärung bei den Finanzbehörden betätigt der Täter erstmalig nach außen hin seinen Willen zur Begehung eines Steuerbetrugs, indem er das weitere Geschehen gleichsam aus den Händen gibt. Mit Einreichung der Steuererklärung setzt der Täter quasi einen behördlichen Automatismus in Gang, der zur Festsetzung der Steuerschuld führt; er wendet das zuvor erschaffene Tatmittel, nämlich die unrichtige Steuererklärung, zur Verwirklichung des gesetzlichen Straftatbestandes an. Eine Vollendung des § 310 Btk. kann indessen nicht angenommen werden, da der Täter zwar mit Abgabe der unrichtigen Steuererklärung sämtliche Straftatbestandsmerkmale erfüllt und eine Kausalkette in Gang gesetzt hat, die den weiteren Erfolg der Handlung, nämlich die zu niedrige, verspätete oder gänzlich unterlassene Festsetzung der Steuer herbeiführen soll. Es fehlt aber an dem für ein Erfolgsdelikt wesentlichen Eintritt eines besonderen, über die bloße Handlung hinausgehenden Erfolges, der beim

---

228 Kommentar zum ungarischen Strafgesetzbuch, Kommentar zum § 16 Btk., S. 40 im Ausdruck (CD-Rom). Báldy, Péter / Csizner, Ildikó / Schuller, Krisztina / Czimbalmos, Csaba / Kerek, Imréné, in: Die Erklärung zum Strafgesetzbuch, Bd. 1, S. 82 f. Balogh, Ágnes / Köhalmi, László, in: Strafrecht I / AT, S. 60 ff.

Steuer- und Sozialversicherungsbetrug in der Verkürzung des staatlichen Steueranspruchs zu sehen ist.[229]

In diesem Zusammenhang könnte von Interesse sein, wie der Fall zu behandeln ist, dass der Steuerpflichtige zwar eine Steuererklärung unrichtig ausfüllt, diese aber noch nicht abgegeben hat, und ein Dritter, der glaubt, die Steuererklärung sei nur versehentlich liegen geblieben, diese an die Finanzbehörden weiterleitet. Diese Fallgestaltung erinnert an die sog. „abhandengekommene Willenserklärung", bei der eine Willenserklärung auch nach ungarischem Recht mit gutem Grund abgelehnt wird, weil die Erklärung nicht mit dem Willen des Erklärenden in den Verkehr gelangt ist. Der Gedanke, der dem Ganzen zugrunde liegt, ist der, dass der Erklärende selbst und eigenverantwortlich entscheiden soll, ob er die Erklärung jemandem zukommen lassen möchte oder nicht. Für den Bereich des Steuer- und Sozialversicherungsbetrugs kann aber nichts anderes gelten: Kennzeichnend für den Versuch ist nämlich, dass der Täter Handlungen vornimmt, die nach seiner Vorstellung von der Tat in die Tatbestandsverwirklichung unmittelbar einmünden und das geschützte Rechtsgut konkret gefährden. Dies liegt aber im oben beschriebenen Fall gerade nicht vor, da nach der Vorstellung des Täters eine unmittelbare Gefährdung des geschützten Rechtsguts noch nicht eingetreten ist. Erst wenn die unrichtige Steuererklärung mit Wissen und Wollen des Täters an die Finanzbehörden weitergeleitet worden ist, kann ein unmittelbares Ansetzen zur Tatbestandsverwirklichung angenommen werden. Außerdem erscheint es unbillig, den Täter für einen Kausalverlauf zu bestrafen, den er so nicht in Gang gesetzt hat. Es liegt folglich nur eine straflose Vorbereitungshandlung des Täters vor.

Das ungarische Strafrecht kennt, ebenso wie das deutsche, mehrere Formen des Versuchs: Es gibt einen vollständigen oder beendeten (~ teljes vagy befejezett) Versuch, einen unvollständigen oder unbeendeten (~ nem teljes vagy befejezetlen) Versuch, einen entfernten (~ távoli) oder nahen (~ közeli) Versuch und schließlich einen Versuch am untauglichen Objekt oder mit einem untauglichen Werkzeug ausgeführten Versuch (~ alkalmatlan tárgyon vagy eszközel); Letzteres ist im § 17 Abs. 2 Btk. geregelt.[230]

Beendet ist der Versuch, wenn der Täter von seiner Seite aus alles getan hat, damit der tatbestandliche Erfolg eintreten kann, er also einen Kausalverlauf in

---

229 BH 1996, S. 628 ff. Kommentar zum ungarischen Strafgesetzbuch, Kommentar zum § 16 Btk., S. 44 im Ausdruck (CD-Rom).

230 Báldy, Péter / Csizner, Ildikó / Schuller, Krisztina / Czimbalmos, Csaba / Kerek, Imréné, in: Die Erklärung zum Strafgesetzbuch, Bd. 1, S. 83. Földvári, József, in: Ungarisches Strafrecht / AT, S. 186 ff. Eine Übersetzung des § 17 Btk. findet sich im Anhang, in der Anlage II. Nr. 6.

Gang gesetzt hat, der auch ohne weiteres Zutun seitens des Täters geeignet ist, den Eintritt des tatbestandlichen Erfolges herbeizuführen.[231]

Unbeendet ist hingegen der Versuch, wenn der Täter noch nicht ein Verhalten gezeigt hat, das erforderlich wäre, um das Delikt in das Stadium der Vollendung gelangen zu lassen.[232]

Die Unterscheidung beendeter oder unbeendeter Versuch ist entscheidend für den, im § 17 Abs. 3 Btk. geregelten, Rücktritt.[233]

Die Gerichtspraxis macht des Weiteren einen Unterschied zwischen nahem und entferntem Versuch, je nach dem, welcher Realisierungsgrad des Versuchs erreicht ist; dies ist von Bedeutung für die Strafzumessung. Die Strafe wird umso höher ausfallen, je weiter der Versuch fortgeschritten ist und je größer die Gefährdung des geschützten Rechtsobjekts ist.[234]

Das ungarische Strafgesetzbuch regelt in § 17 Abs. 2 Btk. den sog. untauglichen Versuch. Im Falle eines untauglichen Versuchs wird eine Straftat verwirklicht und es besteht grundsätzlich nur die Möglichkeit zu einer Milderung der Strafe und nur ausnahmsweise zur Nichtverhängung der Strafe.[235] Dies ist nur gerechtfertigt, da auch der Täter, der sich im Mittel vergreift oder seinen Versuch am falschen Objekt ausführt, seinen verbrecherischen Willen nach außen manifestiert und die Tatsache, dass es sich zufälligerweise um ein untaugliches Mittel oder Objekt handelt, nicht die Straflosigkeit des Täters begründen kann. Der Versuch der Straftat kann untauglich sein, weil er an einem untauglichen Objekt vollzogen wurde oder weil er mit einem untauglichen Werkzeug ausgeführt worden ist. Das Objekt der Tat ist untauglich, wenn die im gesetzlichen Tatbestand des Btk. beschriebene Verletzung nicht hervorgerufen werden kann oder der tatbestandliche Erfolg nicht eintreten kann. Es liegt also ein am untauglichen Tatobjekt begangener Versuch vor, wenn der Täter sich zwar tatbestandsgemäß verhält, aber im konkreten Fall ein dem Schutz des Strafrechts unterstellter Wert fehlt. Ein mit einem untauglichen Werkzeug ausgeführter Versuch liegt hingegen vor, wenn der Täter sich zwar tatbestandsgemäß verhält und das Werkzeug grundsätzlich auch geeignet wäre, das

---

231 Földvári, József, in: Ungarisches Strafrecht / AT, S. 186. Balogh, Ágnes / Kőhalmi, László, in: Strafrecht I / AT, S. 67.

232 Földvári, József, in: Ungarisches Strafrecht / AT, S. 186. Balogh, Ágnes / Kőhalmi, László, in: Strafrecht I / AT, S. 67.

233 Balogh, Ágnes / Kőhalmi, László, in: Strafrecht I / AT, S. 68.

234 Kommentar zum ungarischen Strafgesetzbuch, Kommentar zum § 16 Btk., S. 40 im Ausdruck (CD-Rom).

235 BH 2004, S. 351 ff. Kommentar zum ungarischen Strafgesetzbuch, Kommentar zum § 17 Btk., S. 49 im Ausdruck (CD-Rom).

Opfer zu schädigen, aber das durch den Täter verwendete Werkzeug unter den konkreten Tatumständen oder durch die Art oder das Maß seiner Verwendung nicht geeignet war, den tatbestandsmäßigen Erfolg oder die Folge herbeizuführen.[236] Ein Beispiel für einen, mit einem untauglichen Mittel durchgeführten, Versuch im Bereich des Steuer- und Sozialversicherungsbetrugs, wäre eine Fallgestaltung, bei welcher der Täter den Behörden augenscheinlich gefälschte und unrichtige Rechnungen, Schriftstücke etc. vorlegt, die von vornherein nicht zu dem vom Täter gewünschten Erfolg führen konnten oder die Behörde von vornherein Kenntnis von der Unrichtigkeit des vorgelegten Schriftsatzes hatte. In dieser Fallgestaltung ist von vornherein nur der Versuch des Strafdelikts möglich. Ein versuchter Steuer- und Sozialversicherungsbetrug liegt mit der Abgabe der unrichtigen Erklärung vor, eine Vollendung scheidet wegen dem fehlenden Erfolgseintritt aber aus. Die entscheidende Frage, die sich dann stellt, ist, ob der Täter vom Versuch des § 310 Btk. zurücktreten und die bereits entstandene Versuchsstrafbarkeit wiederaufheben kann, obwohl er mit den ihm zur Verfügung stehenden Mitteln den Eintritt des tatbestandlichen Erfolges nicht mehr herbeiführen kann. Diese Frage soll nachfolgend im Rahmen der Ausführungen zum Rücktritt beantwortet werden.

Die Rechtsfigur des untauglichen Versuchs hat gem. § 17 Abs. 2 Btk. i.V.m. § 87 Abs. 4 Btk., ebenso wie der Versuch im Allgemeinen, gem. § 87 Abs. 3 Btk., eine gesetzliche Milderungsmöglichkeit zur Folge. Im Falle des untauglichen Versuchs kann gem. § 17 Abs. 2 Btk. die Strafe auch gänzlich entfallen. Die unbegrenzte Milderungsmöglichkeit des § 87 Abs. 4 Btk. gibt dem Gericht einen breiten Rahmen zur Verhängung der Strafe vor. Allerdings greift § 87 Abs. 4 Btk. nur in den vom Gesetz vorgeschriebenen Fällen (z.B. untauglicher Versuch gem. § 17 Abs. 2 Btk.); des Weiteren werden in der Gerichtspraxis Freiheitsstrafen unter zwei Monaten oder Geldstrafen unter 30 Tagessätzen nicht verhängt. Im Falle des Versuchs besteht nach § 87 Abs. 3 Btk. eine zweifache Milderungsmöglichkeit: Das Gericht nimmt eine erste Milderung nach § 87 Abs. 2 Btk. vor. Die Vorschrift des § 87 Abs. 2 Btk. geht von der jeweiligen Mindeststrafe aus, die im gesetzlichen Straftatbestand des Besonderen Teils geregelt ist, und mindert dann die Strafe abermals nach bestimmten pauschalen Sätzen, die das Gesetz vorschreibt (z.B. im Falle einer zehnjährigen Freiheitsstrafe zu einer fünfjährigen Mindestfreiheitsstrafe). Befindet das Gericht, dass selbst dieses Strafminimum für das begangene Unrecht zu hoch sei, so steht es ihm frei, die Strafe ein zweites Mal zu mindern,

---

236 Kommentar zum ungarischen Strafgesetzbuch, Kommentar zum § 17 Btk., S. 49 im Ausdruck (CD-Rom). Földvári, József, in: Ungarisches Strafrecht / AT, S. 187 f.

unter Beachtung des Mindeststrafrahmens von zwei Monaten oder 30 Tagessätzen gem. den §§ 40 Abs. 2 und 51 Abs. 2 Btk.[237]

Die ungarische Rechtsdogmatik erwähnt nicht den fehlgeschlagenen Versuch als explizite Form des Versuchs. Allerdings finden über die Anforderungen, die an die Freiwilligkeit eines Rücktritts gestellt werden, ihre Voraussetzungen auch im ungarischen Strafrecht Eingang.[238]

Eine Vollendung des Steuer- und Sozialversicherungsbetrugs tritt ein, wenn sämtliche Tatbestandsmerkmale verwirklicht sind und insbesondere auch der Erfolg eingetreten ist: In der Tatbestandsvariante des § 310 Abs. 1 Btk. ist das Strafdelikt mit der Minderung der Steuereinnahmen vollendet, während in der Tatbestandsvariante des § 310 Abs. 5 Btk. Vollendung mit der deutlichen Verspätung oder Verhinderung der Steuereinnahmen eintritt. So liegt ein vollendeter Betrugstatbestand und nicht nur ein Versuch vor, wenn rechtswidrigerweise zurückgeforderte Umsatzsteuer durch die Steuerbehörde auf das Konto des Beschuldigten überwiesen worden ist, die Bank aber aufgrund einer falschen Kontonummer eine Rückbuchung an die Steuerbehörde vorgenommen hat.[239] Der Versuch beginnt mit dem unmittelbaren Ansetzen des Täters zur Täuschung, in diesem Fall mit der rechtswidrigen Rückforderung der Umsatzsteuer; vollendet ist der Umsatzsteuerrückforderungsbetrug mit dem Eintritt des Vermögensschadens, also mit der Überweisung eines bestimmten, dem Täter nicht zustehenden Geldbetrages auf sein Konto. Die rein zufällige Tatsache der Rückbuchung durch die Bank aufgrund einer falschen Kontonummer soll dem Täter nicht zugute kommen. Durch die monatliche Nichtenrichtung des geschuldeten Umsatzsteuerbetrages liegt ein vollendeter Steuerbetrug vor, der mit einer tatsächlichen Senkung der Steuereinnahmen einhergeht.[240]

Beendet ist der Steuer- und Sozialversicherungsbetrug nach Eintritt des tatbestandlichen Erfolges, also nach Minderung der Steuereinnahmen, nach Verzögerung

---

237 Kommentar zum ungarischen Strafgesetzbuch, Kommentar zum § 17 Btk., S. 49 mit weiteren Verweisen im Ausdruck (CD-Rom). Eine Übersetzung der §§ 40 und 51 Btk. findet sich im Anhang, in der Anlage II. Nr. 18 und 21.

238 Vgl. hierzu die Ausführungen unter Zweiter Teil, III. 7. b.

239 BH 1993, S. 408 ff. Bárd, Károly / Gellér, Balázs / Ligeti, Katalin / Margitán, Éva / Wiener, A. Imre, in: Strafrecht / AT, S. 92. Kommentar zum ungarischen Strafgesetzbuch, Kommentar zum § 16 Btk., S. 46 im Ausdruck (CD-Rom).

240 BH 1993, S. 660 ff. Kommentar zum ungarischen Strafgesetzbuch, Kommentar zum § 16 Btk., S. 46 im Ausdruck (CD-Rom).

oder Verhinderung der Entrichtung der bereits festgesetzten Steuer und mit Erlangung des erstrebten Vermögensvorteils durch den Täter. Der Straftatbestand des § 310 Btk. ist beendet, wenn der endgültige und gewollte Erfolg der Tat eingetreten ist. Da aber der Vermögensvorteil des Täters gerade in der Minderung der Steuereinnahmen, in der zeitlichen Verzögerung oder Verhinderung der Erfüllung der Steuerschuld besteht, wird in der Regel bei § 310 Btk. der Zeitpunkt der Vollendung und Beendigung zusammenfallen, so z.b. bei Entrichtung der Steuer in zu geringer Höhe, aufgrund einer unrichtigen Steuerfestsetzung. Erreicht der Täter durch sein täuschendes Verhalten, dass eine geringere Steuerschuld festgesetzt wird und sich dadurch die Steuereinnahmen des Staates verringern oder dass die bereits festgesetzte Steuerverpflichtung verspätet oder gar nicht beglichen wird, ist der Handlungserfolg eingetreten und das Delikt nicht nur vollendet, sondern auch zugleich beendet, da der Täter auch über einen entsprechenden Vermögensvorteil verfügt.[241]

Die Unterscheidung zwischen Vollendung (~ befejezettség) und Beendigung (~ bevégzettség) hat ganz entscheidende Bedeutung für die Verjährung, da diese erst mit der Beendigung der Straftat beginnt, und des Weiteren für die Formen der Teilnahme.[242]

b. Der Rücktritt vom Versuch des Steuer- und Sozialversicherungsbetrugs

Der Rücktritt vom Versuch ist in § 17 Abs. 3 Btk., in den Formen des sog. freiwilligen Rücktritts (~ önkéntes elállás) und der freiwilligen Erfolgsverhinderung (~ önkéntes eredmény-elhárítás), geregelt.[243]

Die Rechtsfigur des sog. freiwilligen Rücktritts (~ önkéntes elállás) kommt nur beim unbeendeten[244] Versuch vor und bedeutet grundsätzlich die Einnahme einer passiven Haltung des Täters, also namentlich die Unterbrechung der Tatausfüh-

---

241 Horváth, Tibor / Kereszty, Béla / Maráz, Vilmosné / Nagy, Ferenc / Vida, Mihály, in: Das ungarische Strafgesetzbuch / BT, S. 692 f.

242 Vgl. hierzu die Ausführungen unter Zweiter Teil, III. 3. sowie Bárd, Károly / Gellér, Balázs / Ligeti, Katalin / Margitán, Éva / Wiener, A. Imre, in: Strafrecht / AT, S. 91.

243 Báldy, Péter / Csizner, Ildikó / Schuller, Krisztina / Czimbalmos, Csaba / Kerek, Imréné, in: Die Erklärung zum Strafgesetzbuch, Bd. 1, S. 84. Eine Übersetzung des § 17 Abs. 3 Btk. findet sich im Anhang, Anlage II. Nr. 6.

244 Vgl. die Definition „unbeendeter Versuch" unter Zweiter Teil, III. 7. a.

rung.²⁴⁵ Nicht erforderlich ist für den freiwilligen Rücktritt, dass der Täter durch eine aktive Handlung die weitere Tatvollendung verhindert; es reicht bereits ein passives Aufgeben des Tatplans aus.²⁴⁶ Dies ist z.B. dann der Fall, wenn der Täter der Behörde noch nicht alle für die Steuerfestsetzung benötigten, Unterlagen vorgelegt hat und somit noch nicht alles Erforderliche für die Tatbestandsverwirklichung unternommen hat. Im Vergleich zur freiwilligen Erfolgsverhinderung beim beendeten Versuch reicht hier ein „Weniger" an Handlung aus, um Straffreiheit zu erlangen. Dies lässt sich damit erklären, dass im Falle des unbeendeten Versuchs die Gefährdung des geschützten Rechtsguts noch nicht so weit fortgeschritten ist wie beim beendeten Versuch und der Täter dementsprechend auch weniger leisten muss, um seinen Tatbeitrag zu revidieren.

Handelt es sich bei dem Täter um einen Alleintäter, dann bleibt er in der Regel bereits durch das Aufgeben der weiteren Tatausführung straffrei; im Falle von mehreren Tätern muss er die anderen erfolgreich an der Tatvollendung hindern und aktiv in das Geschehen eingreifen. Die anderen Täter sind aber, wenn sie die Tat nicht vollenden, nicht ebenfalls erfolgreich zurückgetreten, sie partizipieren nicht an der Straflosigkeit des Zurücktretenden. Es kommt aber eine Milderung der Strafe nach § 87 Abs. 3 Btk.²⁴⁷ in Betracht. Vollenden die anderen aber die Tat trotzdem, dann wird der freiwillig Zurücktretende nur wegen Versuchs, die anderen aber aus dem vollendeten Straftatbestand bestraft.²⁴⁸

Die Feststellung der Freiwilligkeit als wesentliche, subjektive Voraussetzung des Rücktritts bereitet in der Rechtspraxis oft erhebliche Probleme, da die Freiwilligkeit als innere Tatsache oft auf vielfältige Motive und Ursachen zurückzuführen ist; auf die Schwierigkeit einer Feststellung deuten auch die zahlreichen Grundsatzentscheidungen in der höchstrichterlichen Rechtsprechung hin. Freiwilligkeit des Tuns soll nur dann anzunehmen sein, wenn die Entscheidung auf einen inneren Grund des Täters zurückzuführen ist; die äußeren Umstände müssen die Fortsetzung der Tat erlauben, von welcher der Täter aufgrund einer eigenen Ent-

---

245 Belovics, Ervin / Békés, Imre / Busch, Béla / Molnár, Gábor / Sinku, Pál / Tóth, Mihály, in: Strafrecht / AT, S. 191. Bárd, Károly / Gellér, Balázs / Ligeti, Katalin / Margitán, Éva / Wiener, A. Imre, in: Strafrecht / AT, S. 99.

246 BH 2001, S. 506 ff. Kommentar zum ungarischen Strafgesetzbuch, Kommentar zum § 17 Btk., S. 50 im Ausdruck (CD-Rom).

247 Eine Übersetzung des § 87 Btk. findet sich im Anhang, in der Anlage II. Nr. 28.

248 Kommentar zum ungarischen Strafgesetzbuch, Kommentar zum § 17 Btk., S. 49 im Ausdruck (CD-Rom).

scheidung, aus autonomen Motiven heraus, zurücktritt.[249] Die Freiwilligkeit des Rücktritts kann nicht von vornherein deswegen abgelehnt werden, weil das Opfer auf die Forderung des Täters nicht eingeht.[250] Die Feststellung der Freiwilligkeit im Sinne einer autonomen Entscheidung ist ohne eine Bewertung der näheren Tatumstände nicht möglich; so kann bei einer abwehrenden Haltung des Opfers dennoch Freiwilligkeit gegeben sein, wenn z.b. dem Täter weitere Möglichkeiten zur Erreichung seines Ziels offen stehen. Der innere Grund für den Rücktritt muss nicht unbedingt aus moralischer Sicht positiv sein; die Angst vor Strafe kann ebenso Auslöser für den Rücktritt sein, wie plötzlich auftretende moralische Bedenken. Es kann aber nicht mehr als ausreichender, innerer Grund angesehen werden, wenn z.b. die weitere Tatausführung aufgegeben wird, weil der Täter den tatbestandlichen Erfolg als bereits gegeben erachtet. Ebenso wenig kommt ein autonomes Motiv des Täters für den Rücktritt in Betracht, wenn er allein aufgrund des Erscheinens von Polizei- oder Ermittlungsbehörden die Vollendung der Tat aufgibt.[251] Entscheidend ist nur, dass es sich um eine selbstbestimmte Entscheidung des Täters handeln muss. Dies liegt aber nicht vor, wenn der Täter aufgrund eines unüberwindbaren Hindernisses die weitere Tatausführung aufgibt oder sich die äußeren Umstände so weit verändert haben, ohne dass der Täter hierauf einen Einfluss gehabt hätte, dass mit einer Fortsetzung der Tat nicht mehr gerechnet werden konnte und der Täter das Ziel seines Handelns mit den ihm zur Verfügung stehenden Mitteln nicht mehr erreichen kann. Dies ist aber z.B. dann der Fall, wenn die Finanzbehörden von der Unrichtigkeit der steuerlichen Angaben von Anfang an Kenntnis gehabt haben oder die Unrichtigkeit in Kenntnis gebracht haben. Die Tatsache, dass sich die Umstände ohne weiteres Zutun des Täters zu seinen Ungunsten soweit verändert haben, dass die weitere Tatbestandsverwirklichung quasi als ausgeschlossen gilt, darf ihm nicht zum Vorteil gereichen. Er gibt nämlich die weitere Tatverwirklichung nicht aus einem anerkennswerten Motiv heraus auf, sondern nur deshalb, weil er gar nicht mehr anders kann. Wenn die ungarische Strafrechtsdogmatik auch nicht explizit den Begriff des „fehlgeschlagenen Versuchs" gebraucht,

---

249 Földvári, József, in: Ungarisches Strafrecht / AT, S. 189. Belovics, Ervin / Békes, Imre / Busch, Béla / Molnár, Gábor / Sinku, Pál / Tóth, Mihály, in: Strafrecht / AT, S. 191.

250 BH 2001, S. 506 ff. Kommentar zum ungarischen Strafgesetzbuch, Kommentar zum § 17 Btk., S. 51 im Ausdruck (CD-Rom).

251 Kommentar zum ungarischen Strafgesetzbuch, Kommentar zum § 17 Btk., S. 49 f. im Ausdruck (CD-Rom). Belovics, Ervin / Békes, Imre / Busch, Béla / Molnár, Gábor / Sinku, Pál / Tóth, Mihály, in: Strafrecht / AT, S. 191. Földvári, József, in: Ungarisches Strafrecht / AT, S. 189.

so verwendet sie dennoch für die Begründung der Freiwilligkeit dieselben Grundsätze wie bereits aus der deutschen Rechtsdogmatik bekannt.[252]

Der Rücktritt setzt des Weiteren eine endgültige Aufgabe des Tatplans voraus; wer die Fortführung der Tat nur verschiebt, ist nicht strafbefreiend zurückgetreten. Der freiwillige Rücktritt wird als Zeichen bzw. Hinweis dafür angesehen, dass der Täter keine unbegrenzt rechtsfeindliche Gesinnung aufweist; dieser positive Ansatz des Täters soll durch das in Aussicht stellen der möglichen Straffreiheit noch bestärkt werden. Der Bonus der Straffreiheit soll dem Täter aber dann nicht zu Gute kommen, wenn er innerlich den Wunsch zur Tatverwirklichung nicht aufgegeben, sondern, bedingt durch unvorhergesehene äußere Einflüsse, nur zeitlich verschoben hat.[253] Nicht erforderlich ist, dass der Entschluss, die weitere Tatausführung aufzugeben, nach außen hin erkennbar wird, erforderlich ist aber immer ein echter Verzicht auf die Tatvollendung, der auch zum Ausdruck kommen muss; ein bloßes Unterbrechen der Tathandlung reicht nicht aus.[254]

Die Rechtsfigur der freiwilligen Erfolgsverhinderung garantiert für den Fall des bereits beendeten[255] Versuchs Straffreiheit für den Täter. Voraussetzung für die freiwillige Erfolgsverhinderung (~ önkéntes eredmény-elhárítás) ist ein aktives und zugleich erfolgreiches, selbstbestimmtes Handeln des Täters, auf den die Erfolgsverhinderung zurückzuführen sein muss und welcher den zum Erfolg führenden Kausalverlauf unterbricht. Nicht erforderlich ist, dass der Täter allein den Erfolgseintritt verhindert; er kann hierfür auch die Hilfe einer anderen, außenstehenden Person in Anspruch nehmen.

So ist der Täter erfolgreich vom Versuch eines Steuer- und Sozialversicherungsbetrugs zurückgetreten, wenn er die zuvor den Finanzbehörden vorgelegte, unrichtige Steuererklärung, unter Umständen mit Hilfe eines Steuerberaters, berichtigt und den Behörden die für die Steuerfestsetzung erforderlichen Unterlagen zukommen lässt. Straflosigkeit kann aber nur dann eintreten, wenn gerade durch sein Verhalten ein Kausalverlauf in Gang gesetzt wird, der im Endeffekt zum Aus-

---

252 Belovics, Ervin / Békés, Imre / Busch, Béla / Molnár, Gábor / Sinku, Pál / Tóth, Mihály, in: Strafrecht / AT, S. 191. Bárd, Károly / Gellér, Balázs / Ligeti, Katalin / Margitán, Éva / Wiener, A. Imre, in: Strafrecht / AT, S. 99.

253 Belovics, Ervin / Békés, Imre / Busch, Béla / Molnár, Gábor / Sinku, Pál / Tóth, Mihály, in: Strafrecht / AT, S. 190.

254 EBH 2001, S. 400 ff. Kommentar zum ungarischen Strafgesetzbuch, Kommentar zum § 16 Btk., S. 40 im Ausdruck (CD-Rom). Kommentar zum ungarischen Strafgesetzbuch, Kommentar zum § 17 Btk., S. 49 im Ausdruck (CD-Rom).

255 Vgl. die Definition „beendeter Versuch" unter Zweiter Teil, III. 7. a.

bleiben des tatbestandlichen Erfolges führt.²⁵⁶ Auch die freiwillige Erfolgsverhinderung muss ebenso wie der freiwillige Rücktritt aus einem inneren Grund heraus erfolgen, wobei der Anlass der Erfolgsverhinderung ebenso wie beim freiwilligen Rücktritt auf sehr unterschiedliche Motive gegründet sein kann.²⁵⁷ Es gelten die für den freiwilligen Rücktritt bereits dargestellten Grundsätze.

Eine freiwillige Erfolgsverhinderung wirkt ebenso wie der freiwillige Rücktritt nur zugunsten desjenigen, der sie vorgenommen hat und bewirkt für die anderen keine automatische Straflosigkeit, wenn auch in diesem Fall die Strafe nach § 89 Abs. 3 Btk. gemindert werden kann.²⁵⁸

In beiden Fällen des § 17 Abs. 3 Btk. liegt ein gesetzlich bestimmter Strafausschließungsgrund i.S.d. § 22 lit. i Btk.²⁵⁹ vor. In der Praxis lässt sich der Strafausschließungsgrund in der Regel erst im Laufe des Beweisverfahrens feststellen, so dass sein Vorliegen grundsätzlich nicht von vornherein die Einleitung des Strafverfahrens und die Erhebung der Anklage hindert, sondern später einen (Teil-)Freispruch zugunsten des Zurückgetretenen zur Folge hat. Während die Strafausschließungsgründe eine Strafbarkeit des Täters von vornherein nicht entstehen lassen, beseitigen die Strafaufhebungsgründe die Strafbarkeit rückwirkend. Gemeinsam ist beiden, dass in der Person des Täters Umstände liegen, die zu dessen persönlicher Straflosigkeit führen, obwohl Tatbestandsmäßigkeit, Rechtswidrigkeit und Schuld gegeben sind.²⁶⁰

Allerdings relativiert der § 17 Abs. 4 Btk. die Strafausschließung nach § 17 Abs. 3 Btk., indem er vorsieht, dass bereits die Durchführung des Versuchs selbst einen anderen, zusätzlichen Straftatbestand verletzen kann, von dem der Täter später nicht zurücktreten kann, da dieses Delikt bereits vollendet ist und selbständig bestraft werden muss; so z.B., wenn der Täter beim Versuch eines Steuerbetrugs Urkunden fälscht oder solche besorgt und dann später vom Versuch des Steuerbe-

---

256 Földvári, József, in: Ungarisches Strafrecht / AT, S. 189. Kommentar zum ungarischen Strafgesetzbuch, Kommentar zum § 17 Btk., S. 49 im Ausdruck (CD-Rom).

257 Földvári, József, in: Ungarisches Strafrecht / AT, S. 189. Báldy, Péter / Csizner, Ildikó / Schuller, Krisztina / Czimbalmos, Csaba / Kerek, Imréné, in: Die Erklärung zum Strafgesetzbuch, Bd. 1, S. 87.

258 Kommentar zum ungarischen Strafgesetzbuch, Kommentar zum § 17 Btk., S. 49 im Ausdruck (CD-Rom). BH 1997, S. 566 ff. Báldy, Péter / Csizner, Ildikó / Schuller, Krisztina / Czimbalmos, Csaba / Kerek, Imréné, in: Die Erklärung zum Strafgesetzbuch, Bd. 1, S. 87.

259 Eine Übersetzung des § 22 Btk. findet sich im Anhang, in der Anlage II. Nr. 11.

260 Kommentar zum ungarischen Strafgesetzbuch, Kommentar zum § 17 Btk., S. 49 im Ausdruck (CD-Rom). Báldy, Péter / Csizner, Ildikó / Schuller, Krisztina / Czimbalmos, Csaba / Kerek, Imréné, in: Die Erklärung zum Strafgesetzbuch, Bd. 1, S. 89 f.

trugs erfolgreich zurücktritt. Er wird zwar nicht wegen versuchten Steuer- und Sozialversicherungsbetrugs bestraft, denn von diesem Straftatbestand ist er zurückgetreten, wohl aber wegen vollendeter Urkundenfälschung.[261] Der Täter tritt also nur vom Deliktsversuch erfolgreich zurück, es verbleibt aber noch ein sog. Strafrest (~ maradék büntetösség), der als ein anderes, regelmäßig milder zu bestrafendes Delikt zu qualifizieren ist und nach Feststellung der strafrechtlichen Verantwortlichkeit entsprechend zu sanktionieren ist.[262] Im Rahmen des Versuchs muss ein anderes Delikt folglich bereits mitverwirklicht und vollendet worden sein, das als „strafbarer Rest" nach dem Rücktritt zurückbleibt; dieses Delikt wird vom Rücktritt nicht erfasst, da es vollendet ist.[263]

Die Regelung des § 17 Abs. 4 Btk.[264] ist nach dem Gesetzeswortlaut auch auf den Fall des Versuchs am untauglichem Objekt oder mit untauglichem Werkzeug anzuwenden. Dies ist aber eine überflüssige Feststellung, da der untaugliche Versuch im Gegensatz zum gesetzlichen Strafausschließungsgrund des freiwilligen Rücktritts nur die Verhängung der tatangemessenen Strafe mildernd beeinflusst und so die Gerichtsbarkeit im Rahmen der Strafwürdigung auch ohne einen entsprechenden Hinweis die Handlungen des Täters würdigen muss.[265]

8. Die Rechtsfolgen des § 310 Btk. und der Strafaufhebungsgrund des § 310 Abs. 6 Btk.

a. Die Sanktionierung des Steuer- und Sozialversicherungsbetrugs

Nach dem Wortlaut des § 310 Btk. wird derjenige, der durch sein Verhalten den Betrag der Steuer- oder Abgabeneinnahmen mindert, mit bis zu zweijähriger Freiheitsstrafe, mit der Auferlegung von gemeinnütziger Arbeit oder Geldstrafe be-

---

261 Belovics, Ervin / Békés, Imre / Busch, Béla / Molnár, Gábor / Sinku, Pál / Tóth, Mihály, in: Strafrecht / AT, S. 192 f. Báldy, Péter / Csizner, Ildikó / Schuller, Krisztina / Czimbalmos, Csaba / Kerek, Imréné, in: Die Erklärung zum Strafgesetzbuch, Bd. 1, S. 88. Kommentar zum ungarischen Strafgesetzbuch, Kommentar zum § 17 Btk., S. 49 ff. im Ausdruck (CD-Rom).

262 Báldy, Péter / Csizner, Ildikó / Schuller, Krisztina / Czimbalmos, Csaba / Kerek, Imréné, in: Die Erklärung zum Strafgesetzbuch, Bd. 1, S. 88.

263 BH 2003, S. 270 ff. Kommentar zum ungarischen Strafgesetzbuch, Kommentar zum § 17 Btk., S. 50 im Ausdruck (CD-Rom).

264 Eine Übersetzung des § 17 Btk. findet sich im Anhang, in der Anlage II. Nr. 6.

265 Bárd, Károly / Gellér, Balázs / Ligeti, Katalin / Margitán, Éva / Wiener, A. Imre, in: Strafrecht / AT, S. 100.

straft. Dasselbe gilt für den Fall, dass jemand die Eintreibung der Steuer- oder Abgabenschuld bedeutend verspätet oder gänzlich verhindert, gem. § 310 Abs. 5 Btk. Allerdings besteht ein Erlass des Obersten ungarischen Strafgerichts mit Gesetzeswirkung (§ 27 Btké.), wonach bei einer Minderung der Steuer- oder Abgabeneinnahmen um einen Betrag, der die Summe von 50.000,- HUF (~ 208,- EUR) nicht übersteigt, keine Straftat vorliegt und folglich keine Kriminalstrafen, sondern nur die, in der ungarischen Abgabenordnung bestimmten, Sanktionen (wie z.B. Verspätungszuschlag, Geldbuße) verhängt werden dürfen.[266]

§ 310 Btk. sieht des Weiteren ein abgestuftes Rechtsfolgensystem[267] für die schwereren Fälle der Absätze 2 bis 4 vor; die Höhe der zu verhängenden Strafe steigt dabei linear mit dem Maß der Steuer- oder Abgabenminderung an: Eine Freiheitsstrafe bis zu drei Jahren im Falle einer größeren Steuer- oder Abgabenminderung, eine Freiheitsstrafe von einem Jahr bis zu fünf Jahren bei einer bedeutenden Steuer- oder Abgabenminderung und schließlich eine Freiheitsstrafe von zwei bis acht Jahren im Falle einer besonders großen Einnahmensenkung oder einer Einnahmensenkung in noch größerem Umfang; die Absätze 2 bis 4 sind wiederum auch auf den Fall der verspäteten oder verhinderten Steuereintreibung bezüglich der bereits festgesetzten Steuer, geregelt im § 310 Abs. 5 Btk., entsprechend anzuwenden.[268] Ebenfalls ein abgestuftes Rechtsfolgensystem weist die Spezialvorschrift des § 310 A Btk. hinsichtlich der Nichtabführung von arbeitsmarktsichernden Abgaben auf. Demnach wird die Verwirklichung des Grundtatbestandes von § 310 A Abs. 1 Btk. mit Freiheitsstrafe bis zu einem Jahr, gemeinnütziger Arbeit oder Geldstrafe geahndet. Liegt eine Einnahmensenkung bedeutenden Ausmaßes vor, dann kann eine Freiheitsstrafe bis zu drei Jahren und im Falle einer besonders großen oder diese Summe noch übersteigenden Einnahmensenkung eine Freiheitsstrafe bis fünf Jahren verhängt werden. Der abgestufte Strafrahmen des § 310 A Abs. 1 – 3 Btk. ist wiederum auch auf den Fall der verspäteten oder verhinderten Eintreibung der Abgaben anzuwenden. Da der § 310 A Btk. im Gegensatz zum Straftatbestand des § 310 Btk. die Abstufung einer größeren Einnahmenminderung nicht regelt, reicht der Grundtatbestand von 50.001,- HUF (~ 208,- EUR) bis 2 Mio. HUF (~ 8.333,- EUR). Die anderen Wertegrenzen entsprechen

---

266 Belovics, Ervin / Molnár, Gábor / Sinku, Pál, in: Strafrecht / BT, 4. überarbeitete Aufl., S. 563. Báldy, Péter / Csizner, Ildikó / Schuller, Krisztina / Czimbalmos, Csaba / Kerek, Imréne, in: Die Erklärung zum Strafgesetzbuch, Bd. 2, S. 1230. Kommentar zum ungarischen Strafgesetzbuch, Kommentar zum § 310 Btk., S. 598 im Ausdruck (CD-Rom).

267 Vgl. hierzu das Schaubild im Anhang, in der Anlage I. Nr. 6.

268 Zödi, Zsolt / Csizner, Ildikó / Lovász, Adrienn / Kerek, Imréné / Vigh, Ágnes, in: Das ungarische Strafgesetzbuch, Gesetzestext, S. 113. Belovics, Ervin / Molnár, Gábor / Sinku, Pál, in: Strafrecht / BT, 4. überarbeitete Aufl., S. 564.

den von § 310 Btk. bekannten Abstufungen, so dass ein bedeutender Wert ab einem Betrag von 2.000.001,- HUF (~ 8.333,- EUR) bis 50 Mio. HUF (~ 208.333,- EUR) und ein besonders großer Wert ab einem Betrag von 50.000.001,- HUF (~ 208.333,- EUR) aufwärts anzunehmen ist. Eine identische Regelung sowohl hinsichtlich des Strafrahmens als auch hinsichtlich der einzelnen Abstufungen im Strafrahmen enthält der Straftatbestand des § 310 B Btk.[269] bezüglich der Nichtabführung der Sozial-, Gesundheits- und Rentenversicherungsabgaben.

Dieser Anstieg des Strafrahmens, entsprechend dem Betrugs- oder Schadenswert, ist dem Steuerbetrugstatbestand mit dem allgemeinen Betrugstatbestand gemein, der dieselben Rechtsfolgen für den Grundtatbestand und für die schwereren Fälle vorsieht. Dies entspricht einer allgemeinen Forderung im Strafrecht, dass ähnlich schwere Delikte mit einem annähernd gleichen Strafrahmen belegt werden sollen, um eine erhöhte Transparenz und damit eine höhere Rechtsakzeptanz in der Bevölkerung zu erreichen.[270] So sieht der allgemeine Betrugstatbestand nach der im Jahre 1997 vorgenommenen Rechtsangleichung für den Grundfall gem. § 318 Abs. 1 und Abs. 2 Btk. Freiheitsstrafe bis zu zwei Jahren, gemeinnützige Arbeit oder Geldstrafe vor und für die schwereren Fälle Freiheitsstrafe bis zu drei Jahren bei Verursachung eines größeren Schadens gem. § 318 Abs. 4 Btk., Freiheitsstrafe von ein bis fünf Jahren bei Verursachung eines bedeutenden Schadens gem. § 318 Abs. 5 Btk. und schließlich Freiheitsstrafe von zwei bis acht Jahren bei Verursachung eines besonders großen Schadens gem. § 318 Abs. 6 Btk. vor. Der Fall eines außergewöhnlich bedeutenden Schadens ist seit dem Jahr 2000 gem. § 318 Abs. 7 Btk. mit Freiheitsstrafe von fünf bis zehn Jahren bedroht, um so eine adäquate Bestrafung schwerster Betrugsdelinquenz zu gewährleisten.[271]

Eine Vereinheitlichung der Strafrahmen wegen vergleichbarer Tatfolgen und Tatschwere wird zumindest innerhalb des Bereichs der Wirtschafts- und Vermögensdelikte dadurch erreicht, dass § 138 A Btk.[272] für diese Strafdelikte vergleichbare Wertgrenzen hinsichtlich des Schadens, des Vermögensnachteils, der hinterzogenen Summe oder des beeinträchtigten Vermögenswertes festsetzt. Bei der Entscheidung, ob eine größere, bedeutende oder außergewöhnliche Einnahmenverkürzung im Rahmen eines Steuer- und Sozialversicherungsbetrugs vorliegt, kann sich

---

269 Eine Übersetzung des § 310 B Btk. findet sich im Anhang, in der Anlage II. Nr. 51.

270 Belovics, Ervin / Molnár, Gábor / Sinku, Pál, in: Strafrecht / BT, 4. überarbeitete Aufl., S. 564.

271 Zödi, Zsolt / Csizner, Ildikó / Lovász, Adrienn / Kerek, Imréné / Vigh, Ágnes, in: Das ungarische Strafgesetzbuch, Gesetzestext, S. 120. Belovics, Ervin / Molnár, Gábor / Sinku, Pál, in: Strafrecht / BT, 4. überarbeitete Aufl., S. 632 f.

272 Eine Übersetzung des § 138 A Btk. findet sich im Anhang, in der Anlage II. Nr. 34.

das Gericht an den Wertgrenzen des § 138 A Btk. orientieren, um so eine größere Einheitlichkeit bei der Frage der Strafzumessung zu erreichen, wobei § 138 A Btk. wegen fortschreitender Inflation ständig angepasst wird und sich folglich auch die Wertgrenzen verschieben. § 138 A Btk. sieht mittlerweile fünf Wertgrenzen vor, und zwar unabhängig davon, ob der einzelne Straftatbestand diese Wertgrenzen ausdrücklich nennt: Ein kleiner Wert soll bei einem Betrag ab 10.001,- HUF bis 200.000,- HUF (~ 41,67 EUR bis 833,33 EUR) ein größerer Wert ab einem Betrag von 200.001,- HUF bis 2 Mio. HUF (~ 833,33 EUR bis 8.333,- EUR), ein bedeutender Wert ab einem Betrag 2.000.001,- HUF bis 50 Mio. HUF (~ 8.333,- EUR bis 208.333,- EUR) und ein besonders großer Wert ab einem Betrag von 50.000.001,- HUF bis 500 Mio. HUF (~ 208.333,- EUR bis 2.083.333,- EUR) vorliegen. Mit der Gesetzesänderung im Jahre 2000 wurde eine weitere Wertgrenze, nämlich die des außergewöhnlich bedeutenden Wertes ab einem Betrag von 500.000.001,- HUF (~ 2.083.333,- EUR) eingeführt.[273] Dies geschah ebenfalls zum Zweck der Rechtsfolgenvereinheitlichung innerhalb der Wirtschafts- und Vermögensdelikte, da einige Wirtschaftsstraftatbestände wie auch der § 310 Btk., diese Wertgrenze bereits in der Formulierung „... in einem besonders großen Maße oder dies übersteigendem Maße ..." (~ „... különösen nagy vagy ezt meghaladó mértékben ...") enthielten, andere Straftatbestände, wie der Betrug gem. § 318 Btk., hingegen nur die Wertgrenze eines besonders großen Betrags regelten. Die Vergleichbarkeit der Tat- und Schuldschwere und die Tatsache, dass sich Wirtschaftsstraftaten auch größeren Ausmaßes häuften, machte eine Anpassung unumgänglich.[274] Dadurch lässt sich erklären, warum der § 310 Btk., im Gegensatz zum allgemeinen Betrugstatbestand, die Minderung der Steuer- und Abgabeneinnahmen um einen außergewöhnlich bedeutenden Wert nicht explizit regelt, sondern dieser Fall vielmehr vom § 310 Abs. 4 Btk., der die Einnahmensenkung in einem besonders großen Umfang oder in einem noch größeren Maße regelt, erfasst wird.[275]

Entsprechend dieser Wertgrenzen liegt somit ein Steuer- und Sozialversicherungsbetrug größeren Umfangs vor, wenn der Minderungsbetrag größer als 200.000,- HUF (~ 833,- EUR), aber kleiner als 2 Mio. HUF (~ 8.333,- EUR) ist. Vor dem 01. März 2000 war die Grenze für den größeren Betragswert 500.000,-

---

273 Kommentar zum ungarischen Strafgesetzbuch, Kommentar zum § 138 A Btk., S. 271 im Ausdruck (CD-Rom).

274 Kommentar zum ungarischen Strafgesetzbuch, Kommentar zum § 138 A Btk., S. 269 ff. im Ausdruck (CD-Rom). Báldy, Péter / Csizner, Ildikó / Schuller, Krisztina / Czimbalmos, Csaba / Kerek, Imréne, in: Die Erklärung zum Strafgesetzbuch, Bd. 2, S. 1327.

275 Zödi, Zsolt / Csizner, Ildikó / Lovász, Adrienn / Kerek, Imréné / Vigh, Ágnes, in: Das ungarische Strafgesetzbuch, Gesetzestext, S. 113. Belovics, Ervin / Molnár, Gábor / Sinku, Pál, in: Strafrecht / BT, 4. überarbeitete Aufl., S. 564.

HUF (~ 2.083,- EUR), so dass man von einer Verschärfung der gesetzlichen Regelung sprechen muss, da nun viel mehr Steuer- und Sozialversicherungsbetrugsfälle unter die Qualifikation des § 310 Abs. 2 Btk. fallen. Der Grundtatbestand des Absatzes 1 (bzw. Absatzes 5) erfasst die Wertgrenze zwischen 50.000,- HUF (~ 208,- EUR) und 200.000,- HUF (~ 833,- EUR).

Ein Steuer- und Sozialversicherungsbetrug in einem bedeutenden Fall liegt vor, wenn der Minderungsbetrag mehr als 2 Mio. HUF (~ 8.333,- EUR), aber keine 50 Mio. HUF (~ 208.333,- EUR) beträgt. Vor dem 01. März 2000 war die obere Grenze für den bedeutenden Wert 6 Mio. HUF (~ 25.000,- EUR), so dass wiederum hier von einer Gesetzesmilderung gesprochen werden kann, da immerhin auch ein Steuerbetrug mit einer Einnahmenminderung von 200.000 EUR noch nicht einen Steuerbetrug in einem besonders großen Umfang darstellt.

Schließlich ist eine Steuerminderung besonders großen Umfangs gegeben, wenn sich die Steuereinnahmen um mehr wie 50 Mio. HUF (~ 208.333,- EUR) verringern. Erst ab einem Wert von 500.000.001,- HUF (~ 2.083.333,- EUR) liegt der Tatbestand eines Steuer- und Sozialversicherungsbetrugs vor, der nach dem Gesetzeswortlaut ebenfalls dem § 310 Abs. 4 Btk. unterfällt, wobei bei einem Steuerbetrug eines solchen Ausmaßes sich die Strafe wohl an der Höchstgrenze von acht Jahren gem. § 310 Abs. 4 Btk. orientieren wird.

Vorteil dieses abgestuften Rechtsfolgesystems ist eine differenzierte Strafzumessung mit dem Ziel einer speziellen Prävention dahingehend, dass der Täter von der Begehung weiterer Straftaten derselben oder anderer Art abgehalten wird und des Weiteren mit dem Ziel einer Generalprävention, die andere Täter von der möglichen Begehung von Straftaten abhalten soll.[276]

Aufgabe der Rechtsprechungsorgane ist es, in dem vom Gesetz vorgegebenen Strafrahmen, entsprechend dem Grundsatz „nulla poena sine lege", eine tatangemessene Strafe zu verhängen, welche die ablehnende Haltung der Gesellschaft ge-

---

276 Dies erklärt wohl auch die Tatsache, dass von 100 Angeklagten ca. 96 rechtskräftig verurteilt werden, so dass mittlerweile fast von einer Übersicherung der Justiz gesprochen werden kann. Vgl. Tóth, Mihály, Strafrechtliche Verantwortlichkeit und Unverantwortlichkeit außerhalb des Strafrechts. In: Täglicher Jurist, 2. Jahrgang, Nr. 1, 2002, S. 14. Kommentar zum ungarischen Strafgesetzbuch, Kommentar zum § 37 Btk., S. 96 im Ausdruck (CD-Rom). Kerezsi, Klara, in: Die Wirkungsbestandteile der Strafe, Strafrechtsstudien, S. 9. Garami, Lajos, in: Die Wirkung der Strafe, Strafrechtsstudien, S. 23. Nagy, Zoltán, in: Sanktionensystem und Strafverhängung, Kriminalpolitische Antworten auf die Herausforderungen der Kriminalität mit besonderer Berücksichtigung der organisierten Kriminalität und des strafrechtlichen Sanktionensystems, S. 194. Rendeki, Sándor, in: Die Verhängung der Strafe, Mildernde und erschwerende Umstände, S. 23. Kommentar zum ungarischen Strafgesetzbuch, Kommentar zum § 138 A Btk., S. 269 im Ausdruck (CD-Rom).

genüber der Straftat widerspiegelt und zugleich die Täterpersönlichkeit erfasst.[277] Entscheidend ist, dass der Täter dabei niemals mit einer Strafe belegt werden kann, die das Gesetz so nicht vorsieht. So kann der Täter auch nicht zu einer Zahlung der nicht entrichteten Steuer verpflichtet werden, da die Verpflichtung zur Begleichung der Steuerschuld einen Schadensersatzanspruch (~ kártérítés) darstellen würde, der als Rechtsfolge im § 310 Btk. nicht vorgesehen ist.[278]

Des Weiteren ist bei der Feststellung der einzelnen Wertgrenzen ein genaues, sachkundiges Vorgehen mit der Berücksichtigung der Rechtsprechung unerlässlich; so darf bei der Feststellung der Wertgrenzen nur die tatbestandliche Einnahmenminderung berücksichtigt werden: Steht dem Täter, trotz der Tatbestandsverwirklichung, eine rechtmäßige Steuervergünstigung zu, die er aber nicht in Anspruch genommen hat, so nimmt die Höhe des Steuerminderungswertes um diesen Betrag ab; ansonsten besteht im ungarischen Recht ein sog. „Aufrechnungsverbot", d.h. der zur Steuerzahlung Verpflichtete darf mit einem, ihm gegen den Staat oder der Steuerbehörde zustehenden, Anspruch nicht gegen seine Steuerverpflichtung aufrechnen.[279]

Die einzelnen strafrechtlichen Konsequenzen des § 310 Btk. sind explizit in den §§ 38 ff. Btk.[280] geregelt. Bei der Freiheitsstrafe handelt es sich gem. § 38 Abs. 1 Btk. um eine sog. Hauptstrafe (~ föbüntetés); sie kann gem. § 40 Abs. 1 Btk. lebenslang oder wie im § 310 Btk. unter anderem geregelt, auch zeitig verhängt werden, wobei sie gem. § 40 Abs. 2 Btk. nicht weniger als zwei Monate betragen darf.[281] Sie stellt unter den in § 38 Abs. 1 Btk. geregelten Hauptstrafen die schärfste und zugleich bekannteste Strafform dar[282] und bestimmt nach § 11 Btk. über die

---

277 Wiener, A. Imre, in: Theoretische Grundlagen zur Kodifikation des Allgemeinen Teils des Strafrechts, S. 12. Várszegi, Asztrik, in: Gedanken über die Strafe, Strafrechtstudien, S. 19. Kommentar zum ungarischen Strafgesetzbuch, Kommentar zum § 37 Btk., S. 97 im Ausdruck (CD-Rom). Beccaria, Cesáre, in: Über die Straftaten und die Strafen, S. 16.

278 Kommentar zum ungarischen Strafgesetzbuch, Kommentar zum § 310 Btk., S. 600 im Ausdruck (CD-Rom). BH 1979, S. 348 ff.

279 Báldy, Péter / Csizner, Ildikó / Schuller, Krisztina / Czimbalmos, Csaba / Kerek, Imréne, in: Die Erklärung zum Strafgesetzbuch, Bd. 2, S. 1230.

280 Eine Übersetzung der §§ 38 ff. Btk. findet sich im Anhang, in der Anlage II. Nr. 17 – 22.

281 Zödi, Zsolt / Csizner, Ildikó / Lovász, Adrienn / Kerek, Imréné / Vigh, Ágnes, in: Das ungarische Strafgesetzbuch, Gesetzestext, S. 18 ff.

282 Dies wird bereits durch die Aufzählung des § 38 Abs. 1 Btk. deutlich, der zuerst die Freiheitsstrafe, dann die gemeinnützige Arbeit und schließlich die Geldstrafe nennt. Vgl. Kommentar zum ungarischen Strafgesetzbuch, Kommentar zum § 40 Btk., S. 99 im Aus-

Qualifizierung als Vergehen oder Verbrechen. Nach § 11 Abs. 1 Btk. kann eine Straftat nur als Verbrechen oder Vergehen qualifiziert werden, wobei ein Verbrechen nach § 11 Abs. 2 Btk. nur dann vorliegen soll, wenn das vorsätzlich begangene Delikt mit einer Freiheitsstrafe über zwei Jahren bedroht ist. Alle anderen Straftaten stellen Vergehen dar. Für die Zweiteilung ist, ebenso wie im deutschen Recht, die abstrakte Betrachtungsweise entscheidend: Es entscheidet also das Mindestmaß der Hauptstrafe, welche für die im Tatbestand beschriebene Handlung abstrakt angeordnet ist und nicht das Strafmaß, das durch das Gericht verhängt wird.

Im Falle des Steuer- und Sozialversicherungsbetruges liegt im Grundfall des § 310 Abs. 1 und Abs. 5 Btk. jeweils ein Vergehen vor, da die Freiheitsstrafe nicht über zwei Jahren liegt und auch gemeinnützige Arbeit oder Geldstrafe im Strafmaß enthalten ist; bei den Qualifikationen der Absätze 2 bis 4 handelt es sich jeweils um Verbrechen, da Freiheitsstrafe über zwei Jahre verhängt werden kann.[283] Die Freiheitsstrafe kann als Hauptstrafe alleine verhängt werden oder es können neben ihr noch sog. Nebenstrafen (~ mellék büntetések) oder Maßnahmen (~ intézkedések) dem Täter auferlegt werden. Als sog. Nebenstrafen kommen gem. § 38 Abs. 2 Btk. in Betracht: Das Verbot öffentliche Aufgaben wahrzunehmen (~ közügyektöl el tiltás), das Berufsverbot (~ foglalkozástól eltiltás), ein Fahrverbot (~ jarmüvezetéstöl eltiltás), eine Ausweisung (im Falle von ungarischen Staatsbürgern „kitiltás", sonst „kiutasitás") oder eine Geldnebenstrafe (~ pénzmellékbüntetés).

Maßnahmen, die neben Hauptstrafen verhängt werden dürfen sind vor allem der sog. Tadel (~ megrovás), die Verhängung einer Bewährung (~ a probára bocsátás), die Zwangsheilbehandlung (~ kényszergyógyitás), eine Zwangsentziehungskur (~ az alkoholisták kényszergyógyitása), die (Vermögens-)Beschlagnahme (~ vagyon-elkobzás) und die Überwachungsaufsicht (~ a pártfogó felügyelet). Selbstverständlich werden bei einem Steuer- oder Sozialversicherungsbetrug nicht sämtliche Maßnahmen in Betracht kommen, in vielen Fällen wird aber die Verhängung einer Freiheitsstrafe und die gleichzeitige Aussetzung der Strafe zur Bewährung in Be-

---

druck (CD-Rom). Lukáts, Ákosné / Jáger, István, in: Die Wirkung der Strafe aus dem Blickwinkel des Bewährungshelfers, Strafrechtsstudien, S. 31. Nagy, Ferenc, in: Anordnungen im Sanktionensystems des Strafrechts, S. 81. Báldy, Péter / Csizner, Ildikó / Schuller, Krisztina / Czimbalmos, Csaba / Kerek, Imréné, in: Die Erklärung zum Strafgesetzbuch, Bd. 1, S. 152.

283 Báldy, Péter / Csizner, Ildikó / Schuller, Krisztina / Czimbalmos, Csaba / Kerek, Imréné, in: Die Erklärung zum Strafgesetzbuch, Bd. 1, S. 62 f. Tokaji, Géza, in: Die Grundlagen der Straftatenlehre im ungarischen Strafrecht, S. 156 ff.

tracht kommen. Unzulässig ist hingegen die Verhängung von verschiedenen Hauptstrafen, wie z.B. Freiheitsstrafe und gemeinnützige Arbeit, nebeneinander.[284]

Der Strafrahmen, der im Falle des § 310 Abs. 4 Btk. immerhin bis zu einer Freiheitsstrafe von acht Jahren reicht, ist recht hoch. Dies lässt sich aber damit erklären, dass ein milderes Strafmaß dazu verleiten würde, den Steuer- und Sozialversicherungsbetrug als Kavaliersdelikt anzusehen, was der Tatschwere aber nicht gerecht werden würde, da das Delikt eine Beeinträchtigung des allgemeinen Vertrauens in die Wirtschaftsordnung des Staates und eine Senkung der öffentlichen Einnahmen zur Folge hat. Das Gemeinschaftsvermögen ist außerdem mindestens gleichwertig zum Individualvermögen anzusehen, welches durch den allgemeinen Betrugstatbestand des § 318 Btk. geschützt wird, d.h. gleichzeitig, dass der Strafrahmen des § 310 Btk. nicht wesentlich unter dem des § 318 Btk. bleiben darf, zumal dies dem Grundsatz widersprechen würde, dass Strafdelikte vergleichbarer Tatschwere mit einem annähernd gleichen Strafrahmen zu belegen sind. Schließlich ist die weit überwiegende Anzahl der Steuerstraftaten wohl geeignet, mit einer bloßen Geldstrafe geahndet zu werden, weil die Delikte wegen der Art der Tatdurchführung oder des Tatumfangs eine Freiheitsstrafe nicht bedingen. Gerade aus diesem Grund scheint der Rechtsfolgenkatalog des § 310 Btk. aber angemessen zu sein, weil er für die schwere Steuerkriminalität die Verhängung auch einer höheren Freiheitsstrafe ermöglicht, für die weniger schweren Fälle aber unter Umständen die Verhängung einer Geldstrafe oder die Auferlegung von gemeinnütziger Arbeit vorsieht.

Die gemeinnützige Arbeit, die in § 49 Btk. geregelt ist, nimmt unter den Hauptstrafen eine Mittelstellung ein: Sie ist zwar milder einzustufen als die Freiheitsstrafe, aber schwerer als die Geldstrafe.[285] Bei der Verhängung der Strafe muss der Gesundheitszustand des Verurteilten und seine Fähigkeiten berücksichtigt werden; er muss voraussichtlich fähig sein, die ihm aufgetragene Arbeit auszuführen. Eine Zustimmung des Betroffenen ist nicht erforderlich, die Durchführung der Arbeit kann zwar nicht erzwungen werden, die Strafe kann aber jederzeit in eine Freiheits-

---

284 Zödi, Zsolt / Csizner, Ildikó / Lovász, Adrienn / Kerek, Imréné / Vigh, Ágnes, in: Das ungarische Strafgesetzbuch, Gesetzestext, S. 19 und 27. Kommentar zum ungarischen Strafgesetzbuch, Kommentar zum § 38 Btk., S. 98 im Ausdruck (CD-Rom).

285 Kommentar zum ungarischen Strafgesetzbuch, Kommentar zum § 49 Btk., S. 116 im Ausdruck (CD-Rom).

strafe umgewandelt werden.[286] Die Strafe beträgt gem. § 49 Abs. 4 Btk. mindestens einen Tag, maximal 50 Tage à sechs Stunden.[287]

Die Geldstrafe, als die leichteste Form der Hauptstrafe, ist in § 51 Btk. geregelt. Bei der Strafzumessung muss vor allem der gezogene oder der zu ziehende Vorteil aus der Tat, die persönlichen Lebens- und Einkommensverhältnisse, das Gewicht der Tat, die Bedrohung für die Gesellschaft, alle für und gegen den Täter sprechenden Umstände berücksichtigt werden.[288] Die Geldstrafe wird, ebenso wie im deutschen Strafrecht, nach dem sog. Tagessatzsystem (~ napitételes rendszer) verhängt. Das ungarische Strafgesetzbuch folgte darin 1978 dem skandinavischen, westdeutschen und österreichischen Rechtsvorbild. Mit der Aufspaltung der Strafe in der Weise, dass die Zahl der Tagessätze im Wesentlichen der Schuld, die Höhe des einzelnen Tagessatzes dagegen der wirtschaftlichen Leistungsfähigkeit des Täters entsprechen soll, konnte in höherem Maße eine individuelle Strafzumessung und eine annähernd gleiche Belastung von Tätern mit unterschiedlichem Einkommen erreicht werden als dies beim sog. globalen System (~ globális rendszer) der Fall war, bei dem ein fixer Geldbetrag allen Tätern zur Zahlung auferlegt wurde, die dasselbe Strafdelikt verwirklicht hatten, ohne Rücksicht auf die Belastungsfolgen der Strafe.[289]

In einem ersten Schritt legt das Gericht, unter Berücksichtigung vor allem des durch die Tat gezogenen oder noch zu ziehenden Vorteils, die Anzahl der Tagessätze fest, dann in einem zweiten Schritt die Höhe eines einzelnen Tagessatzes, wobei wiederum die o.g. Kriterien wie persönliche Einkommens- und Vermögensverhältnisse des Täters herangezogen werden und eventuell in einem dritten Schritt mögliche Zahlungserleichterungen. Die persönlichen Einkommens- und Vermögensverhältnisse stellen aber nicht den einzigen Gesichtspunkt dar, denn sonst würden nur Täter mit höheren Einkommen in den Genuss einer Geldstrafe kommen, die Täter mit geringerem Einkommen würden strenger bestraft werden, näm-

---

286 Kommentar zum ungarischen Strafgesetzbuch, Kommentar zum § 49 Btk., S. 116 im Ausdruck (CD-Rom).

287 Bis 1997 konnten 100 Tage verhängt werden, was eine enorme Belastung des Verurteilten darstellte. Die gemeinnützige Arbeit muss vom Verurteilten mindestens einmal pro Woche in seiner Freizeit (worunter auch die Urlaubszeit fällt) oder am Feierabend unentgeltlich verrichtet werden. Vgl. Báldy, Péter / Csizner, Ildikó / Schuller, Krisztina / Czimbalmos, Csaba / Kerek, Imréné, in: Die Erklärung zum Strafgesetzbuch, Bd. 1, S. 182.

288 Báldy, Péter / Csizner, Ildikó / Schuller, Krisztina / Czimbalmos, Csaba / Kerek, Imréné, in: Die Erklärung zum Strafgesetzbuch, Bd. 1, S. 185. Kommentar zum ungarischen Strafgesetzbuch, Kommentar zum § 51 Btk., S. 118 im Ausdruck (CD-Rom).

289 Báldy, Péter / Csizner, Ildikó / Schuller, Krisztina / Czimbalmos, Csaba / Kerek, Imréné, in: Die Erklärung zum Strafgesetzbuch, Bd. 1, S. 185.

lich mit Freiheitsstrafe oder gemeinnütziger Arbeit. Es ist vielmehr eine Betrachtung der Gesamtumstände vorzunehmen.[290] Entscheidendes Merkmal des Tagessatzsystems ist die Aufspaltung des Strafzumessungsvorgangs in der Weise, dass sowohl der Schuldgehalt der Tat als auch die individuelle Belastung nach den persönlichen und wirtschaftlichen Verhältnissen des Täters Beachtung finden. Von der sorgfältigen Trennung dieser Akte hängt das richtige Ergebnis sowie Sinn und Funktionalität des gesamten Systems ab.[291] So soll im Falle einer Qualifizierung zwar wegen der Schwere der Tat regelmäßig eine Erhöhung der Anzahl der Tagessätze erfolgen, bei der Festsetzung der Höhe eines einzelnen Tagessatzes ist aber gleichzeitig darauf zu achten, dass die Strafe den persönlichen Einkommens- und Vermögensverhältnissen des Täters angemessen ist.[292] Die Geldstrafe soll also für den Täter zwar ein „fühlbares Strafübel" darstellen, aber die tatsächliche Leistungsfähigkeit des Täters muss stets Orientierungspunkt hierfür sein. Dies hat zur Folge, dass z.B. bei Mittätern, bei denen aufgrund derselben oder ähnlicher Tatumstände der Schuldgehalt der Tat in etwa gleich ist, die Verhängung einer unterschiedlichen Anzahl von Tagessätzen nicht gerechtfertigt wäre, da es gegen den Grundsatz der Opfergleichheit verstoßen würde; nur bei der Höhe der Tagessätze sind Unterschiede, bedingt durch die unterschiedliche finanzielle Belastbarkeit der Mittäter, möglich.[293]

Bei einem Steuerbetrug ist die Verhängung einer Geldstrafe insbesondere dann rechtsfehlerhaft, wenn das Gericht bei seiner Entscheidung die Besonderheiten des Falls sowie die Vermögens- und Einkommensverhältnisse des Täters außer Acht lässt und bei der Festsetzung der Höhe eines Tagessatzes für jeden Täter die gleiche, nach dem Gesetz geringstmögliche Geldstrafe ausspricht. Die Strafzumessungsentscheidung verstößt in diesem Fall gegen den Grundsatz der Opfergleichheit, da es pauschal für alle Täter dieselbe Tagessatzhöhe von vornherein festlegt

---

290 Báldy, Péter / Csizner, Ildikó / Schuller, Krisztina / Czimbalmos, Csaba / Kerek, Imréné, in: Die Erklärung zum Strafgesetzbuch, Bd. 1, S. 185 f. Kommentar zum ungarischen Strafgesetzbuch, Kommentar zum § 51 Btk., S. 118 im Ausdruck (CD-Rom).

291 Diese Anforderungen des Tagessatzsystems wurden auch in weiteren Entscheidungen, so unter anderem BH 1980, S. 69 ff., S. 200 ff., S. 230 ff. u. 315 ff., BH 1982, S. 317 ff., BH 1983, S. 345 ff., BH 1984, S. 136 ff. und BH 1987, S. 67 ff. behandelt. Vgl. Berkes, György / Katona, Sándor / Kiss, Zsigmond / Kónya, István, in: Strafrecht 1973-2000, Strafgerichtliche Entscheidungssammlung, Bd. I, S. 260 ff.

292 Kommentar zum ungarischen Strafgesetzbuch, Kommentar zum § 51 Btk., S. 119 im Ausdruck (CD-Rom). BH 1981, S. 8 ff.

293 Berkes, György / Katona, Sándor / Kiss, Zsigmond / Kónya, István, in: Strafrecht 1973-2000, Strafgerichtliche Entscheidungssammlung, Bd. I, S. 260. BH 1981, S. 43 ff.

und damit den zweiten Zumessungsschritt einbüßt. Diese Vorgehensweise widerspricht aber dem Tagessatzsystem.[294]

Gemäß § 51 Abs. 2 Btk. kann die verhängte Strafe sich nur im Rahmen von 30 bis 540 Tagessätzen bewegen, wobei ein Tagessatz mindestens 100,- HUF (~ 0,42 EUR), aber nicht mehr wie 20.000,- HUF (~ 83,33 EUR) betragen darf. Die Gesamtstrafe, die sich aus der Multiplikation von der Anzahl der Tagessätze mit der Höhe eines Tagessatzes ergibt, bewegt sich also zwischen mindestens 3.000,- HUF (~ 12,50 EUR) und maximal 10.800.000,- HUF (~ 45.000,- EUR). Bis 1998 betrug der Mindesttagessatz 50,- HUF (~ 0,21 EUR), der Höchsttagessatz 10.000,- HUF (~ 41,67 EUR).[295] Die Vollziehung der Geldstrafe obliegt dem Wirtschaftsamt des hauptstädtischen Gerichts. Wird die Geldstrafe nicht entrichtet, so tritt an ihre Stelle eine Freiheitsstrafe, wobei ein Tagessatz einem Tag Freiheitsstrafe entspricht. In diesem Fall darf gem. § 51 Satz 2 Btk. die Freiheitsstrafe auch weniger als zwei Monate betragen.[296] Das Gericht ist bei der Festsetzung der tatangemessenen Strafe an die rechtskräftigen Feststellungen der Finanzbehörden nicht gebunden, vielmehr stellt es die, für die Tat wichtigen, Umstände eigenverantwortlich und selbständig fest, so z.B. die Frage, ob gegen eine steuerrechtliche Zahlungsverpflichtung verstoßen wurde und in welcher Höhe die Steuer- oder Abgabeneinnahmen gesunken sind; das Gericht kann aber eventuell noch ein Sachverständigengutachten einholen.[297]

Zu überlegen bleibt schließlich, ob neben den hier aufgezählten Rechtsfolgen des § 310 Btk. noch andere Sanktionsmöglichkeiten zur Bekämpfung des Steuer- und Sozialversicherungsbetrugs in Frage kommen könnten. Zu denken wäre an eine Regelung wie die des § 55 Abs. 3 ungarische AO, wonach die Steuerbehörden vierteljährlich die persönlichen Daten derjenigen Steuerpflichtigen, zu deren Lasten im vergangenen Vierteljahr ein Steuerfehlbetrag von mehr als 10 Mio. HUF (~ 41.666,- EUR) bei Privatpersonen bzw. mehr als 100 Mio. HUF (~ 416.666,- EUR) bei sonstigen Steuerpflichtigen festgestellt worden ist, veröffentlichen. Im

---

294 Kommentar zum ungarischen Strafgesetzbuch, Kommentar zum § 310 Btk., S. 600 im Ausdruck (CD-Rom). BH 1980, S. 315 ff.

295 Kommentar zum ungarischen Strafgesetzbuch, Kommentar zum § 51 Btk., S. 118 im Ausdruck (CD-Rom). Báldy, Péter / Csizner, Ildikó / Schuller, Krisztina / Czimbalmos, Csaba / Kerek, Imréné, in: Die Erklärung zum Strafgesetzbuch, Bd. 1, S. 186.

296 Báldy, Péter / Csizner, Ildikó / Schuller, Krisztina / Czimbalmos, Csaba / Kerek, Imréné, in: Die Erklärung zum Strafgesetzbuch, Bd. 1, S. 186. Kommentar zum ungarischen Strafgesetzbuch, Kommentar zum § 51 Btk., S. 118 im Ausdruck (CD-Rom).

297 Belovics, Ervin / Molnár, Gábor / Sinku, Pál, in: Strafrecht / BT, 4. überarbeitete Aufl., S. 562. Berkes, György, in: Die kollegialen Stellungnahmen des höchsten Gerichts zum Strafrecht und Strafprozessrecht, S. 78.

strafrechtlichen Bereich könnte man die Veröffentlichung der verhängten Strafen, insbesondere bei den schwereren Fällen der Steuerbetrugskriminalität, in Erwägung ziehen, um die Anonymität, die gerade oft Wirtschaftsstraftaten anhaftet, aufzuheben und auf Wirtschaftsstraftäter, die ihren „seriösen Schein" wahren wollen, eine abschreckende Wirkung auszuüben.

Erwägenswert wäre daneben auch eine Einführung von Auflagen und Beschränkungen für die Gewerbeausübung de lege ferenda, insbesondere bei einem Verstoß gegen gewerbe-, umsatz- und lohnsteuerrechtliche Pflichten, ähnlich einem Fahrverbot bei den Straßenverkehrsdelikten. Zu denken wäre an ein zeitweiliges Verbot bestimmte berufliche Tätigkeiten auszuführen oder Arbeitnehmer zu beschäftigen. Dadurch könnte meines Erachtens nach eventuell die Rückfallanfälligkeit der Täter gesenkt werden und zugleich eine weniger einschneidende Nebenstrafe wie z.B. das allgemeine Berufsverbot, das bereits im ungarischen Strafgesetzbuch im § 38 Abs. 2 Nr. 2 Btk. sowie in den §§ 56 ff. Btk. geregelt ist, verhängt werden.

Insgesamt ist das Rechtsfolgensystem des § 310 Btk. ausgewogen und eröffnet der Strafzumessungspraxis einen weiten Bereich möglicher Sanktionsmittel. Dennoch ist die Einführung weiterer Rechtsfolgemöglichkeiten, neben den bereits bestehenden, durchaus in Erwägung zu ziehen.

b. Der Strafaufhebungsgrund des § 310 Abs. 6 Btk.

Der Täter kann auch im ungarischen Strafrechtssystem nicht für sein Tun verantwortlich gemacht werden, wenn ein sog. Strafausschließungs- oder Strafaufhebungsgrund (~ büntethetőséget kizáró és a büntethetőséget megszüntető ok; wörtlich übersetzt: Strafausschließungs- und -beendigungsgrund) vorliegt;[298] beiden gemeinsam ist, dass sie die Strafbarkeit des Täters ausschließen.

Im Falle eines zum Zeitpunkt der Tat vorliegenden Strafausschließungsgrundes wird der Angeklagte freigesprochen, im Falle eines nach der Tatbegehung eintretenden Strafaufhebungsgrundes hingegen das Verfahren durch das Gericht eingestellt.[299]

Die Strafaufhebungsgründe, die erst nach dem tatbestandsmäßigen Zustandekommen der Straftat entstehen und die strafrechtliche Verantwortlichkeit des Täters ausschließen, sind in § 32 Btk. geregelt und beziehen sich auf jeden Abschnitt des Strafverfahrens; so haben die Strafaufhebungsgründe nicht nur im Zeitpunkt der Ermittlungstätigkeit, sondern auch während der Verhandlung das Ende

---

298 Vgl. auch die Ausführungen zu den beiden Strafbarkeitshindernissen unter Zweiter Teil, III. 6. a.

299 Báldy, Péter / Csizner, Ildikó / Schuller, Krisztina / Czimbalmos, Csaba / Kerek, Imréné, in: Die Erklärung zum Strafgesetzbuch, Bd. 1, S. 103 f.

des Strafverfahrens zur Folge.[300] Als Beispiele für Strafaufhebungsgründe nennt § 32 Btk.[301] z.B. den Tod[302] des Täters und die Verjährung.[303]

§ 310 Btk. normiert in seinem Absatz 6, ebenso wie der § 310 A Abs. 5 Btk., einen eigenständigen Strafaufhebungsgrund i.S.d. § 32 e Btk. (~ gesetzlich bestimmter Strafaufhebungsgrund); demnach ist der Täter der in Absatz 1 aufgeführten Tathandlung für seine Handlung nicht strafbar, wenn er vor Einreichung der Klageschrift seine Steuer- oder Abgabenschuld begleicht.[304] Eine entsprechende Regelung weist auch der Straftatbestand des § 310 B. Btk. in seinem Absatz 4 auf, mit dem Unterschied, dass ein Strafausschließungsgrund an dieser Stelle angenommen wird,[305] was aber unerheblich ist, da auch in diesem Fall der Täter straflos bleibt. Durch eine solche Regelung will der Gesetzgeber erreichen, dass der Täter den von ihm angerichteten Schaden wiedergutmacht; an dieser „Reparationsleistung" des Täters besteht nämlich ein größeres gesellschaftliches Interesse als an seiner Bestrafung.[306] Allerdings muss dabei berücksichtigt werden, dass der Täter des § 310 Btk. diese Möglichkeit regelmäßig auch in Erwägung ziehen wird und dadurch zur Tatbegehung geradezu angespornt werden könnte. Selbst wenn nämlich seine Tat aufgedeckt würde, könnte er durch die nachträgliche Zahlung jeglichen strafrechtlichen Folgen entgehen.[307] Dies ist wohl der Grund dafür, dass die Regelung die Möglichkeit der Straflosigkeit nur für die Tatbegehung mit der ge-

---

300 Báldy, Péter / Csizner, Ildikó / Schuller, Krisztina / Czimbalmos, Csaba / Kerek, Imréné, in: Die Erklärung zum Strafgesetzbuch, Bd. 1, S. 138. Földvári, József, in: Ungarisches Strafrecht / AT, S. 169.

301 Eine Übersetzung des § 32 Btk. findet sich im Anhang, in der Anlage II. Nr. 13.

302 Wenn der Täter vor Verhängung der Strafe verstirbt, stellt das Gericht das Verfahren ein, verstirbt er erst nach Verhängung der Strafe, dann stellt das Gericht fest, dass die Strafe nicht vollziehbar ist.

303 Zur Verjährung vgl. die Ausführungen im nachfolgenden Abschnitt der Arbeit.

304 Báldy, Péter / Csizner, Ildikó / Schuller, Krisztina / Czimbalmos, Csaba / Kerek, Imréné, in: Die Erklärung zum Strafgesetzbuch, Bd. 2, S. 1230. Belovics, Ervin / Molnár, Gábor / Sinku, Pál, in: Strafrecht / BT, 4. überarbeitete Aufl., S. 565 f. Tóth, Mihály, Einige Gesichtspunkte zur Neuregelung der Wirtschaftsstraftaten, II. Teil, in: Strafrechtliche Kodifikation, 4. Jahrgang, Nr. 4, 2004, S. 15.

305 Báldy, Péter / Csizner, Ildikó / Schuller, Krisztina / Czimbalmos, Csaba / Kerek, Imréné, in: Die Erklärung zum Strafgesetzbuch, Bd. 2, S. 1238.

306 Belovics, Ervin / Molnár, Gábor / Sinku, Pál, in: Strafrecht / BT, 4. überarbeitete Aufl., S. 565 f. Balogh, Ágnes, in: Strafrecht II / BT, S. 421.

307 Belovics, Ervin / Molnár, Gábor / Sinku, Pál, in: Strafrecht / BT, 4. überarbeitete Aufl., S. 565 f.

ringsten Deliktsschwere eröffnet, so dass nur der Täter des Grunddelikts nach § 310 Abs. 1 Btk. in den Genuss des § 310 Abs. 6 Btk. kommt. Der Grundtatbestand des Absatzes 1 erfasst die Wertgrenze zwischen „lediglich" 50.000,- HUF (~ 208,- EUR) und 200.000,- HUF (~ 833,- EUR).

Der Täter kommt des Weiteren nur dann in den Genuss des Strafaufhebungsgrundes nach Absatz 6, wenn er die Steuer- oder Abgabenschuld höchstpersönlich und im eigenen Namen begleicht. Dies lässt sich vor allem dadurch belegen, dass der Wortlaut des § 310 Abs. 6 Btk. vom „Straftäter, der entrichtet" spricht (~ „... büncselekmény elkövetöje ... kiegyenlíti ...").[308] Unerheblich ist hingegen, aus welcher Geldquelle die Errichtung der Steuer- oder Abgabenschuld erfolgt,[309] was zur Folge hat, dass der Täter die Zahlung der Steuer- und Abgabenschuld auf einen Dritten abwälzen oder die Steuer- und Abgabenschuld aus illegal erworbenen Mitteln begleichen kann. Außerdem werden wohl eher vermögende Steuerschuldner ihre Steuer- und Abgabenschuld zeitnah, vor Einreichung der Klageschrift, begleichen und so vom Strafaufhebungsgrund des § 310 Abs. 6 Btk. profitieren können. Der reuige Straftäter, welcher womöglich nicht imstande ist, zeitnah die gesamte Summe zu begleichen, kommt nicht in den Genuss des § 310 Abs. 6 Btk. Ebenso muss der Straftäter, welcher aus Versehen nicht die gesamte Steuerschuld beglichen hat, auf die Straffreiheit verzichten, denn nach dem Wortlaut des § 310 Abs. 6 Btk. kann nur derjenige Straftäter nicht bestraft werden, der bis zur Einreichung der Anklage seine Steuerverpflichtung entrichtet. Der Gesetzgeber hat es bislang versäumt eine Anordnung dahingehend zu treffen, dass der Täter straffrei wird, so weit er den Schaden gut macht. Durch die Aufnahme einer entsprechenden Regelung im Gesetzestext würde der finanziell weniger gut gestellte oder vergessliche, reuige Täter zwar schon bestraft werden, aber nur nach der Strafdrohung, die dem (noch) nicht gut gemachten Betrag entspricht.

Dennoch rechtfertigen diese Aspekte nicht, dass Maßnahmen, die der Täter von sich aus zur Verringerung des Schadens ergreift, unberücksichtigt bleiben.

§ 310 Abs. 6 Btk., welcher eine „tätige Reue" des Steuerstraftäters vorsieht, ermöglicht dem Staat auf diese Weise eine rasche und effektive Befriedigung seiner Steueransprüche. Eine Verzögerung der Zahlung wird dadurch verhindert, dass diese noch vor Einreichung der Klageschrift erfolgen muss. Der Staat verzichtet auf einen Strafanspruch aus rein fiskalischem Interesse und schafft dadurch für den Täter den stärksten Anreiz vor den Finanzbehörden richtige Angaben zu machen und hinterzogene Steuern doch noch zu entrichten.

---

308 Tóth, Mihály, in: Wirtschaftskriminalität und Wirtschaftsstraftaten, S. 400.

309 Belovics, Ervin / Molnár, Gábor / Sinku, Pál, in: Strafrecht / BT, 4. überarbeitete Aufl., S. 566.

Trotz der Nachteile, die der Strafaufhebungsgrund des § 310 Abs. 6 Btk. bedingt, überwiegen somit dennoch die positiven Anreize und Vorteile dieses Systems auf das Steuerstrafverfahren; der ungarische Gesetzgeber hat dies erkannt und die Möglichkeit, auf diesem Weg Straffreiheit zu erlangen, gesetzlich geregelt. Außerdem haften die oben erwähnten negativen Folgen jedem Zahlungssystem und nicht nur dem speziellen Strafaufhebungsgrund des § 310 Abs. 6 Btk. an. Wollte man diese systemimmanenten Nachteile verhindern, dann müsste man z.B. auch die Verhängung einer Geldstrafe untersagen, da sich in diesem Bereich dieselben Probleme stellen.

9. *Die Verjährung des Steuer- und Sozialversicherungsbetrugs*

Die Verjährung, die den Rechtsfrieden dadurch aufrecht erhält, dass Anspruchsberechtigte gezwungen werden, ihre Ansprüche zeitnah durchzusetzen, hat im Bereich des Steuer- und Sozialversicherungsbetrugs große Bedeutung: So ist zwar jeder Steuerzahler verpflichtet, seine Steuerschuld zu begleichen. Dennoch führt die Nichtverfolgung einer Steuerstraftat zu einem gewissen, schutzwürdigen Vertrauen des Steuerschuldners dahingehend, dass die Tat nicht mehr verfolgt wird. Dem Steuerschuldner soll dadurch möglichst zeitnah Gewissheit über die Folgen seines Handelns gegeben werden. Darüber hinaus können insbesondere im Bereich des Steuerrechts durch Zeitablauf Beweisschwierigkeiten sowohl auf Seiten der Steuerbehörden als auch auf Seiten des Steuerpflichtigen, der insoweit gegen unbegründete Steuerforderungen der Behörden geschützt werden muss, auftreten. Schließlich entfernt man sich, je mehr Zeit zwischen der Tat und der eigentlichen Strafe liegt, immer mehr von der eigentlichen Zielsetzung der Strafe.[310]

Das ungarische Strafgesetz kennt zwei Formen der Verjährung: Die in den §§ 33 ff. Btk.[311] geregelte Verjährung der Strafbarkeit[312] und die in den §§ 66 ff. Btk.[313] geregelte Verjährung der Vollziehung der Strafe.[314] Die Verjährung setzt eine

---

310 Báldy, Péter / Csizner, Ildikó / Schuller, Krisztina / Czimbalmos, Csaba / Kerek, Imréné, in: Die Erklärung zum Strafgesetzbuch, Bd. 1, S. 140. Földvári, József, in: Ungarisches Strafrecht / AT, S. 170. Balogh, Ágnes / Köhalmi, László, in: Strafrecht I / AT, S. 146. Belovics, Ervin / Békés, Imre / Busch, Béla / Molnár, Gábor / Sinku, Pál / Tóth, Mihály, in: Strafrecht / AT, S. 173 f.

311 Eine Übersetzung der §§ 33 ff. Btk. findet sich im Anhang, in der Anlage II. Nr. 14 – 16.

312 Entsprechend der in den §§ 78 bis 78 c StGB geregelte Verfolgungsverjährung.

313 Eine Übersetzung der §§ 66 ff. Btk. findet sich im Anhang, in der Anlage II. Nr. 23 – 25.

314 Entsprechend der in den §§ 79 bis 79 b StGB geregelten Vollstreckungsverjährung.

zeitliche Grenze für die Ausübung der Strafmacht: Während die Verjährung der Strafbarkeit oder Verfolgungsverjährung (~ büntethetőség elévülése) einen Strafbeendigungsgrund i.S.d. § 32 b Btk. darstellt,[315] verhindert die Vollziehungs- oder Vollstreckungsverjährung (~ büntetés elévülése) lediglich die Durchsetzung der im rechtskräftigen Strafurteil festgesetzten Strafe und schließt somit das Strafbarkeitsbedürfnis des Staates aus.[316]

a. Die Verfolgungsverjährung

Der Gesetzgeber hat erkannt, dass die Strafziele nur dann erreicht werden können, wenn die Strafe der Tat möglichst auf dem Fuß folgt, und deshalb die Verfolgungsverjährung in den §§ 33 ff. Btk. normiert.

Für die Bestimmung der Verjährung unterscheidet der § 33 Abs. 1 Btk. zwischen Straftaten, die mit lebenslänglicher Freiheitsstrafe bedroht sind, und den übrigen Straftaten: Die Verjährung beträgt bei einer Straftat, die mit lebenslänglicher Freiheitsstrafe geahndet werden kann, 20 Jahre, bei den übrigen Straftaten, d.h. Straftaten, die entweder mit Freiheitsstrafe oder Geldstrafe geahndet werden können, eine der obersten Strafbarkeitsgrenze entsprechende Zeit, aber mindestens drei Jahre. Der Gesetzgeber hat hier keine Entscheidung zur Festsetzung der einzelnen Verjährungszeiten getroffen, so dass die Verjährung, abhängig von der zu erwartenden obersten Strafgrenze, im Einzelfall 3, 5, 8 und 15 Jahre betragen kann. Bei Straftaten, für die z.B. nur eine Geldstrafe vorgesehen ist, beträgt die Verjährung drei Jahre. Für die Bestimmung der Verjährung ist die objektive Strafbarkeitsgrenze heranzuziehen, so dass z.B. konkurrenzrechtliche Fragen außer Acht bleiben müssen. Jede Straftat verjährt für sich selbst, wenn sie in enger Verbindung zu einer anderen Straftat steht und die eine Straftat nur zur Vorbereitung der anderen dient.

Im Falle des Steuer- und Sozialversicherungsbetruges hat dies zur Folge, dass die Straftat frühestens in drei Jahren verjährt (auch wenn die Strafbarkeitsgrenze im Absatz 1 zwei Jahre beträgt), da die Mindestverjährung von drei Jahren eingreift. Bei Vorliegen einer Qualifikation nach den Absätzen 2 bis 4 beträgt die Verjäh-

---

315 Die Verfolgungsverjährung wird im deutschen Recht als bloßes Verfahrenshindernis angesehen. Das Verfahren wird aber, genau wie im ungarischen Recht, im Falle eines Strafbeendigungsgrundes eingestellt. Vgl. Tröndle, Herbert / Fischer, Thomas, in: Strafgesetzbuchkommentar, vor § 78, Rdnr. 4.

316 Kommentar zum ungarischen Strafgesetzbuch, Kommentar zum § 66 Btk., S. 140 im Ausdruck (CD-Rom).

rung, entsprechend der obersten Strafbarkeitsgrenze 3, 5 und 8 Jahre.[317] § 33 Abs. 2 Btk. enthält eine abschließende Aufzählung derjenigen Straftatbestände, bei denen eine Verjährung gänzlich ausgeschlossen ist, so z.B. bei terroristisch motivierten Straftaten und bei Verbrechen gegen die Menschlichkeit. Dies entspricht der Regelung des § 78 Abs. 2 StGB, wie auch die Verjährung der Strafbarkeit im Groben mit der deutschen Verjährungsregelung zu vergleichen ist. Während der deutsche Gesetzgeber aber eine explizite Regelung zur Verjährung gem. § 78 Abs. 3 Nr. 1 bis 5 StGB vorgenommen hat, verzichtet der ungarische Gesetzgeber hingegen auf eine entsprechende Regelung. Maßgeblich für die Verjährung ist aber in beiden Rechtsgebieten die Höhe der angedrohten Strafe in Form der Regelstrafdrohung, so dass im Ergebnis beide Regelungen vergleichbar sind. Ein weiterer Unterschied besteht darin, dass im ungarischen Strafrecht Taten, die mit lebenslänglicher Freiheitsstrafe bedroht sind, bereits in 20 Jahren verjähren und nicht wie nach deutschem Recht erst in 30 Jahren, gem. § 78 Abs. 3 Nr. 1 StGB.

Der Beginn der Verjährung wird durch § 34 Btk. geregelt: Bei bereits abgeschlossenen Straftaten beginnt die Verjährung mit dem Tag der vollständigen Tatbestandsverwirklichung und, wenn zum gesetzlichen Tatbestand ein bestimmter Erfolg gehört, mit Eintritt des tatbestandlichen Erfolges. Im Falle des Steuer- und Sozialversicherungsbetrugs beginnt somit die Verfolgungsverjährung mit Minderung der Steuer- und Sozialabgaben. Liegt eine bloße Vorbereitungs- oder Versuchshandlung vor, so beginnt die Verfolgungsverjährung gem. § 34 lit. b Btk. mit dem Tag der Ausführung von der Vorbereitungs- oder Versuchshandlung.

In diesem Zusammenhang könnte die praxisrelevante Frage von Interesse sein, ob auf denselben Zeitpunkt für den Beginn der Verfolgungsverjährung abzustellen ist, wenn der Versuch mit einem untauglichen Mittel unternommen wird, so z.B. wenn der Steuerpflichtige eine offensichtlich falsche Erklärung den Steuerbehörden vorlegt. Dieses Problem wurde in der ungarischen Rechtsprechung und Literatur bislang noch nicht erörtert; man könne aber daran denken, den Beginn der Verjährung auf den Zeitpunkt der Verfehlung des Erfolgseintritts hinauszuschieben. Allerdings würde dieser Lösungsansatz wohl der Intention des Gesetzgebers widersprechen: Nach § 34 lit. a Btk. ist nämlich grundsätzlich auf den Zeitpunkt der Tatbestandsverwirklichung bzw. des Erfolgseintrittes abzustellen; liegt aber ein solcher nicht vor, so ist gem. § 34 lit. b Btk. der Zeitpunkt der abgeschlossenen Versuchshandlung entscheidend; es kommt folglich auf das Verhalten an, das nach der

---

317 Balogh, Ágnes / Köhalmi, László, in: Strafrecht I / AT, S. 146. Belovics, Ervin / Békes, Imre / Busch, Béla / Molnár, Gábor / Sinku, Pál / Tóth, Mihály, in: Strafrecht / AT, S. 174. Kommentar zum ungarischen Strafgesetzbuch, Kommentar zum § 33 Btk., S. 91 im Ausdruck (CD-Rom).

Vorstellung des Täters auf die Verwirklichung des Tatbestandes von § 310 Btk. gerichtet ist. Auf andere als die genannten Zeitpunkte kann aber nicht abgestellt werden.

Eher von theoretischer Bedeutung und in der ungarischen Rechtsprechung und Literatur ebenfalls unbehandelt ist des Weiteren die Frage, auf welchen Zeitpunkt für den Fall abgestellt werden muss, dass die Verjährung nach abgeschlossener tatbestandlicher Handlung eingetreten ist und der tatbestandliche Erfolg sich erst später einstellt. Bis zum Eintritt des tatbestandlichen Erfolges, der Minderung der Steuer- und Abgabeneinnahmen, befindet sich das Delikt im Versuchsstadium. Fraglich ist, ob nunmehr auf den Zeitpunkt des Abschlusses der Versuchshandlung oder auf den Zeitpunkt des späten Erfolgseintrittes abzustellen ist und ob die für die grundsätzlich tatbestandliche Handlung erlangte Straffreiheit nachträglich durch den Erfolgseintritt wieder entzogen werden kann. Ein solcher, zugegebenermaßen eher seltene Fall, kann in der Praxis dann vorkommen, wenn komplizierte steuerliche Fragestellungen das Steuerverfahren entsprechend verzögern, insbesondere bei Beteiligung von mehreren Steuerschuldnern, vor allem in Form von Gesellschaften. Diese Frage kann auch anhand der Gesetzessystematik beantwortet werden: Dadurch, dass § 34 Btk. zunächst auf den Zeitpunkt der Tatbestandsverwirklichung bzw. des Erfolgseintrittes abstellt und erst nachrangig im § 34 lit. b Btk. auf den Zeitpunkt der Beendigung der Versuchshandlung, wird deutlich, dass der Zeitpunkt des Erfolgseintrittes vorrangig maßgeblich sein soll. Daraus folgt wiederum, dass nur der späte Eintritt des tatbestandlichen Erfolges für den Verjährungsbeginn ausschlaggebend sein soll, unabhängig davon, welche Zeitspanne zwischen dem Ende der tatbestandlichen Handlung und dem Erfolgseintritt liegt. Dies ist auch nicht unbillig, da das einmal geschehene Unrecht der tatbestandlichen Handlung auch nach Ablauf einer gewissen Zeit noch Unrecht bleibt und durch das Ausbleiben des Erfolgsunrechts nicht gemindert wird, ebenso wie das verwirklichte Handlungsunrecht durch den Eintritt des Erfolgsunrechts nicht noch gesteigert wird. Das mit Zeitablauf schwindende Handlungsunrecht kann außerdem im Rahmen der Strafverhängung berücksichtigt werden.

Bei echten Unterlassungsdelikten beginnt die Verjährung schließlich mit dem Zeitpunkt, zu der die unterlassene Handlung noch hätte vorgenommen werden können, bei unechten Unterlassungsdelikten mit dem Zeitpunkt des, durch die Unterlassung herbeigeführten, Erfolges.[318] Es gelten in diesem Bereich somit die gleichen Regeln wie bei der Begehung der Straftat, wodurch auch eine gewisse Rechtsvereinheitlichung und damit Rechtssicherheit erreicht wird.

---

318 Báldy, Péter / Csizner, Ildikó / Schuller, Krisztina / Czimbalmos, Csaba / Kerek, Imréné, in: Die Erklärung zum Strafgesetzbuch, Bd. 1, S. 142.

Bei den sog. Fortsetzungsstraftaten ist eine Verjährung der einzelnen Tathandlungen ausgeschlossen. Im Falle einer Fortsetzungsstraftat verwirklichen die einzelnen Teilhandlungen einen einzigen Straftatbestand. Daraus folgt, dass die Verjährung an der Verwirklichung der letzten Teilhandlung anknüpft und die, sich am Regelstrafrahmen orientierende, Verjährung von diesem Zeitpunkt an zu laufen beginnt.[319]

Bei Dauerdelikten beginnt die Verjährung hingegen mit Beendigung des rechtswidrigen Zustandes.[320]

Die Unterbrechung der Verjährung bzw. das Ruhen der Verjährung ist in § 35 Abs. 1 bzw. in § 35 Abs. 2 bis 4 Btk. geregelt. Die Unterbrechung der Verjährung (~ félbeszakítás) hat zur Folge, dass nach Beendigung der Unterbrechung, entsprechend der deutschen Rechtsdogmatik, eine neue Verjährung beginnt und die Zeit bis zur Unterbrechung vollkommen außer Betracht bleibt; der Tag der Unterbrechung ist gleichzeitig der Beginn der neuen, anlaufenden Verjährung. Eine absolute Verjährung dahingehend, dass nach Ablauf einer bestimmten Zeit, ohne Rücksicht auf die Tätigkeit der Strafverfolgungsbehörden, Verjährung eintritt, kennt das ungarische Gesetz nicht; eine mehrmalige Verjährungsunterbrechung ist möglich.[321]

Die Verjährung wird durch bestimmte Verfahrenshandlungen, die mit der Straftat in unmittelbarem Zusammenhang stehen und ihrer Aufklärung dienen, unterbrochen. Erforderlich ist des Weiteren, dass die Verfahrenshandlung gerade gegenüber dem Tatverdächtigen vollzogen wird und der Feststellung seiner Verantwortlichkeit dient.[322] So kommt der Erhebung der öffentlichen Anklage (~ vádemelés) oder einer Wohnungsdurchsuchung (~ házkutatás) eine die Verfolgungsverjährung unterbrechende Wirkung zu, nicht jedoch dem Einstellungsbeschluss (~ az eljárást megszüntető végzés), da man diese nicht als explizite Verfahrenshandlung gegen den Täter wegen der begangenen Straftat ansieht. Die Verfolgungsverjährung kann nur durch solche substanzielle, behördliche Maßnahmen unterbrochen werden, die gerade gegen den Täter durchgeführt werden und der Feststellung seiner Verant-

---

319 Balogh, Ágnes / Köhalmi, László, in: Strafrecht I / AT, S. 146 f.

320 Kommentar zum ungarischen Strafgesetzbuch, Kommentar zum § 34 Btk., S. 93 im Ausdruck (CD-Rom). Balogh, Ágnes / Köhalmi, László, in: Strafrecht I / AT, S. 147.

321 Kommentar zum ungarischen Strafgesetzbuch, Kommentar zum § 35 Btk., S. 94 im Ausdruck (CD-Rom). Báldy, Péter / Csizner, Ildikó / Schuller, Krisztina / Czimbalmos, Csaba / Kerek, Imréné, in: Die Erklärung zum Strafgesetzbuch, Bd. 1, S. 143. Balogh, Ágnes / Köhalmi, László, in: Strafrecht I / AT, S. 147.

322 Báldy, Péter / Csizner, Ildikó / Schuller, Krisztina / Czimbalmos, Csaba / Kerek, Imréné, in: Die Erklärung zum Strafgesetzbuch, Bd. 1, S. 143 ff.

wortlichkeit sowie der Weiterführung des Verfahrens dienen.[323] Konsequenterweise unterbricht eine zeitliche Verzögerung in der Anklageerhebung den Lauf der Verfolgungsverjährung ebenfalls nicht, da sie das Verfahren in keiner Weise voranbringt und auch nicht gegen den Täter gerichtet ist.[324] Es reicht allein das Festsetzen des Verhandlungszeitpunktes aber nicht aus, um die Verjährung zu unterbrechen, wenn nicht umgehend danach die Ladungen und schriftlichen Benachrichtigungen an die Prozessbeteiligten herausgegeben werden, da nur in diesem Fall das Verfahren vorangebracht wird.[325] Dies bedeutet eine Verschärfung der Voraussetzungen, die an die Verjährungsunterbrechung gestellt werden, im Vergleich zu der Entscheidung BH 1996, S. 567 ff., wo bereits die Festsetzung des Verhandlungstermins für sich verjährungsunterbrechend war. Dies lässt sich dadurch erklären, dass die Festsetzung des Verhandlungstermins für sich genommen, ohne entsprechende Ladungen, eine Verfahrensmaßnahme oder gerichtsinterne Maßnahme darstellt, die wie übrigens jede andere interne Maßnahme oder Entscheidung, auch nicht den Neubeginn der Verjährungszeit zur Folge haben kann.[326]

Bei einem Ruhen der Verjährung (~ nyugvás) wird die Zeit während des Ruhens in die Verjährung nicht mit eingerechnet und das Verfahren läuft anschließend ebenso wie die Verjährung weiter, ohne dass eine neue Verjährung beginnt. Die Zeit vor dem Ruhen wird für die Verjährung einfach mit der Zeit nach dem Ruhen zusammengerechnet. Das Ruhen der Verjährung ist folglich ohne Bedeutung für den bereits abgelaufenen Teil der Frist, der absolute Verjährungszeitpunkt wird nur hinausgeschoben. Damit entspricht das Ruhen nach § 35 Abs. 2 bis 4 Btk. den Anforderungen, die an das Ruhen der Verjährung nach der deutschen Rechtsdogmatik gestellt werden.[327] Die Verjährung ruht während der Einstellung oder Suspendierung des Verfahrens; dies trifft allerdings dann nicht zu, wenn das Verfahren nur

---

323 Kommentar zum ungarischen Strafgesetzbuch, Kommentar zum § 35 Btk., S. 94 im Ausdruck (CD-Rom). BH 1998, S. 162 ff. Báldy, Péter / Csizner, Ildikó / Schuller, Krisztina / Czimbalmos, Csaba / Kerek, Imréné, in: Die Erklärung zum Strafgesetzbuch, Bd. 1, S. 143 ff.

324 Berkes, György / Katona, Sándor / Kiss, Zsigmond / Kónya, István, in: Strafrecht 1973-2000, Strafgerichtliche Entscheidungssammlung, Bd. I, S. 250. Berkes, György / Szabó, Gyözö, in: Grundlegende strafgerichtliche Entscheidungen 1973-1996, Bd. I-II, S. 65. BH 1996, S. 567 ff.

325 BH 2003, S. 99 ff.

326 Kommentar zum ungarischen Strafgesetzbuch, Kommentar zum § 35 Btk., S. 94 im Ausdruck (CD-Rom).

327 Belovics, Ervin / Békes, Imre / Busch, Béla / Molnár, Gábor / Sinku, Pál / Tóth, Mihály, in: Strafrecht / AT, S. 177. Báldy, Péter / Csizner, Ildikó / Schuller, Krisztina / Czimbalmos, Csaba / Kerek, Imréné, in: Die Erklärung zum Strafgesetzbuch, Bd. 1, S. 144.

deshalb eingestellt worden ist, weil der Täter sich an einem unbekannten Ort aufhält. Ebenso ruht die Verjährung für den Fall, dass das Strafverfahren nur deshalb nicht beginnen (bzw. fortgesetzt werden) konnte, weil der Entscheidungsberechtigte seine Einwilligung zur Aufhebung des Immunitätsrechts verweigert hat. Schließlich ruht die Verjährung auch während der Bewährungszeit.[328]

b. Die Vollstreckungsverjährung

Die in den §§ 66 ff. Btk. geregelte Vollstreckungsverjährung stellt ein Strafverfolgungshindernis dergestalt dar, dass nach Ablauf der vorgegebenen Zeit die verhängte Strafe nicht durchgesetzt werden kann.[329]

Die Vollstreckungsverjährung bewertet ebenso wie die Verfolgungsverjährung das Gewicht der verstrichenen Zeit und entspringt denselben Begründungsansätzen, wobei der wichtigste Erklärungsansatz für die Vollstreckungsverjährung derjenige ist, dass die eigentliche Zielsetzung der Strafe nach Ablauf einer bestimmten Zeit nicht mehr erreicht werden kann, zumal auch die Bedrohung der Rechtsgesellschaft durch den Täter zeitgleich abnimmt und einer Strafe immer mehr Repressionscharakter zukommt.[330]

Die Vollstreckungsverjährung unterscheidet sich aber von der Verfolgungsverjährung nicht nur durch das Erfordernis von in der Regel längeren Verjährungszeiten, sondern auch dadurch, dass die Grundlage der Verjährung die Höhe der tatsächlich erkannten Strafe bildet.[331] Interessanterweise hat der ungarische Gesetzgeber nur die Vollstreckungsverjährung der Haupt- und Geldnebenstrafen sowie der Ausweisung (~ föbüntetések, pénzmellékbüntetések, kiutasítás) geregelt, nicht aber die Vollstreckungsverjährung der sonstigen Nebenstrafen. Im Vergleich hierzu erstreckt sich die Vollstreckungsverjährung nach deutschem Recht auf alle Strafen und Maßnahmen.

Die Vollstreckung der sonstigen Nebenstrafen verjährt nach ungarischem Recht selbst dann nicht, wenn sie anstelle einer Hauptstrafe, selbständig verhängt werden.

---

328 Báldy, Péter / Csizner, Ildikó / Schuller, Krisztina / Czimbalmos, Csaba / Kerek, Imréné, in: Die Erklärung zum Strafgesetzbuch, Bd. 1, S. 143. Kommentar zum ungarischen Strafgesetzbuch, Kommentar zum § 35 Btk., S. 94 im Ausdruck (CD-Rom).

329 Balogh, Ágnes / Köhalmi, László, in: Strafrecht I / AT, S. 208. Báldy, Péter / Csizner, Ildikó / Schuller, Krisztina / Czimbalmos, Csaba / Kerek, Imréné, in: Die Erklärung zum Strafgesetzbuch, Bd. 1, S. 219.

330 Zu den sonstigen Begründungsansätzen vgl. auch die Ausführungen unter Zweiter Teil, III. 9. u. 9. a.

331 Im Gegensatz dazu ist bei der Verfolgungsverjährung Grundlage der Verjährung die Höhe der Regelstrafandrohung. Vgl. Földvári, József, in: Ungarisches Strafrecht / AT, S. 312.

Begründet wird dies nach ministerieller Stellungnahme damit, dass der Charakter der Nebenstrafen im Hinblick auf den Schutz der Gesellschaft eine Verjährung von sich aus verbiete, zum anderen kämen in diesem Bereich Verjährung begründende Umstände weniger in Betracht.[332]

Diese Begründung überzeugt angesichts der beeinträchtigenden Wirkung, die von bestimmten Nebenstrafen, wie z.B. dem Verbot, ein öffentliches Amt wahrzunehmen, ausgeht und welche unter Umständen den Täter stärker in seiner persönlichen Freiheit einschränkt als eine Hauptstrafe, nicht unbedingt. Es ist vor allem nicht einzusehen, warum der o.g. Begründungsansatz für die Vollstreckungsverjährung für bestimmte Strafen gelten soll und für andere nicht, obwohl Letztere für den Täter ähnliche Auswirkungen haben. Außerdem ist die Tatsache, dass in diesen Fällen die Straftäter über eventuell mehrere Jahre bis Jahrzehnte im Ungewissen darüber belassen werden, ob die verhängte Nebenstrafe auch durchgesetzt wird, zumindest als bedenklich anzusehen.

Den zeitlichen Rahmen für die Vollstreckungsverjährung der Hauptstrafen regelt § 67 Abs. 1 Btk., während § 67 Abs. 2 Btk. eine solche Regelung für die Ausweisungsstrafe und § 67 Abs. 3 Btk. für die Geldstrafe in Form der Nebenstrafe trifft.

Von der Vollstreckungsverjährung ausgeschlossen sind gem. § 67 Abs. 4 Btk. nur bestimmte Kriegsverbrechen, die mit einer Freiheitsstrafe von 15 Jahren oder mehr bedroht sind, sowie Verbrechen gegen die Menschlichkeit.[333]

Nach § 67 Abs. 1 Btk. verjährt die Vollstreckung von Hauptstrafen in Form von 15-jährigen Freiheitsstrafen (oder mehr) in 20 Jahren; bei (über) 10-jährigen Freiheitsstrafen tritt Vollstreckungsverjährung in 15 Jahren, bei (über) 5-jährigen Freiheitsstrafen in zehn Jahren, bei Freiheitsstrafen unter fünf Jahren in fünf Jahren ein; bei gemeinnütziger Arbeit oder Geldstrafe tritt Vollstreckungsverjährung in drei Jahren ein. Beim Steuer- oder Sozialversicherungsbetrug würde eine Vollstreckungsverjährung frühestens in fünf bzw. im Falle einer verhängten Geldstrafe oder bei gemeinnütziger Arbeit in drei Jahren eintreten.

§ 68 Btk. normiert in seinem Absatz 1 den Beginn der Vollstreckungsverjährung mit dem Tag der rechtskräftigen Entscheidung des Gerichts oder im Falle einer Strafaussetzung mit Ablauf der Probezeit;[334] flüchtet der Täter aber während des Strafvollzugs, beginnt die Verjährung mit dem Tag der Flucht von neuem zu lau-

---

332 Balogh, Ágnes / Kőhalmi, László, in: Strafrecht I / AT, S. 209.

333 Kommentar zum ungarischen Strafgesetzbuch, Kommentar zum § 67 Btk., S. 141 im Ausdruck (CD-Rom).

334 Belovics, Ervin / Békés, Imre / Busch, Béla / Molnár, Gábor / Sinku, Pál / Tóth, Mihály, in: Strafrecht / AT, S. 314.

fen. Es liegt insoweit eine Unterbrechung der Verjährung vor, da ansonsten der Straftäter für seine Flucht mit Verjährung belohnt würde.[335] Neben der bereits erwähnten Flucht des Täters sind weitere Unterbrechungstatbestände in Form von Vollstreckungshandlungen der zuständigen Behörden im § 68 Abs. 4 bzw. Abs. 5 Btk. geregelt. Vollstreckungshandlungen der Behörden können z.b. das Auffinden des Täters an einem unbekannten Ort oder der Erlass eines Haftbefehls sein. Allerdings stellen nur solche behördlichen Maßnahmen einen Unterbrechungsgrund dar, die von der zuständigen Behörde im Interesse der Strafvollstreckung vorgenommen werden; aus diesem Grund kommt einer reinen internen Geschäftsordnungsmaßnahme auch keine verjährungsunterbrechende Wirkung zu.[336]

Mit dem Tag der Unterbrechung beginnt die Vollsteckungsverjährung ebenso wie die Verfolgungsverjährung von neuem zu laufen.[337] Im Falle einer Geldnebenstrafe führen Vollstreckungshandlungen sowohl im Hinblick auf die Haupt- als auch im Hinblick auf die Nebenstrafe zu einer Unterbrechung der Verjährung gem. § 67 Abs. 5 Btk., was eine unterschiedliche Verjährung der Strafen verhindern soll.[338]

10. Die Konkurrenzen

Strafrechtliche Fragen der Konkurrenzen stellen sich beim Steuerbetrug häufig, da ein Verstoß gegen das Steuerrecht regelmäßig nicht nur hinsichtlich einer Steuerart, sondern hinsichtlich mehrerer Steuerarten vorliegt. Für die Konkurrenzen ist die Anzahl der Steuer- oder Abgabentatbestände entscheidend; es liegen so viele tatbestandsmäßige Handlungen vor, wie unterschiedliche Steuern betroffen sind oder anders ausgedrückt, man nimmt pro Steuer einen einzelnen Steuerbetrug an. Ist der Beschuldigte z.B. an mehreren Gesellschaften beteiligt und mindert er als Beteiligter an mehreren Gesellschaften die staatlichen Steuereinnahmen, so hat die Anzahl der Beteiligungen keinerlei Auswirkungen auf die Konkurrenzen; entscheidend ist

---

335 Belovics, Ervin / Békés, Imre / Busch, Béla / Molnár, Gábor / Sinku, Pál / Tóth, Mihály, in: Strafrecht / AT, S. 314. Báldy, Péter / Csizner, Ildikó / Schuller, Krisztina / Czimbalmos, Csaba / Kerek, Imréné, in: Die Erklärung zum Strafgesetzbuch, Bd. 1, S. 223.

336 Kommentar zum ungarischen Strafgesetzbuch, Kommentar zum § 67 Btk., S. 141 im Ausdruck (CD-Rom). BH 2000, S. 188 ff.

337 Zur Wirkung der Unterbrechung vgl. die Ausführungen unter Zweiter Teil, III. 9. a.

338 Kommentar zum ungarischen Strafgesetzbuch, Kommentar zum § 68 Btk., S. 142 im Ausdruck (CD-Rom). Báldy, Péter / Csizner, Ildikó / Schuller, Krisztina / Czimbalmos, Csaba / Kerek, Imréné, in: Die Erklärung zum Strafgesetzbuch, Bd. 1, S. 224.

viel mehr, von wie vielen Steuerarten eine Einnahmenminderung in Folge der täuschenden Handlung erreicht wurde.[339] Wenn der Täter z.B. durch sein Verhalten die Eintreibung von einer Steuerart, von zwei Arten von Abgaben und eines Beitrages verhindert, wird er für eine vierfache Tatbestandsverwirklichung zur Verantwortung gezogen.[340]

Das ungarische Strafgesetzbuch enthält Ausführungen zu den verschiedenen Konkurrenzarten an unterschiedlichen Stellen, so in § 12 Abs. 1 Btk.[341] für die sog. Verbrechensmehrheit, in § 12 Abs. 2 Btk. für die sog. Fortsetzungstat, in den §§ 85 ff. Btk.[342] für die sog. Gesamtstrafe und in den §§ 92 ff. Btk.[343] für die sog. nachträgliche Gesamtstrafe.[344] Dem ungarischen Strafgesetzbuch lässt sich direkt nur der Fall der Tatmehrheit oder Verbrechensmehrheit (~ halmazat, eigentlich „Anhäufung"), der natürlichen Handlungseinheit (~ természetes egység) und der Fortsetzungstat (~ folytatólagosság) ableiten; alle anderen Fälle der Konkurrenzen lassen sich auf die Lehre und richterliches Gewohnheitsrecht zurückführen. Es gibt zwei Fälle von Handlungseinheiten: Eine natürliche Handlungseinheit liegt vor, wenn bereits nach der natürlichen, alltäglichen Lebensauffassung die Handlung eine Einheit darstellt (z.B. der Täter gibt eine falsche Steuererklärung ab und mindert dadurch die staatlichen Steuereinnahmen hinsichtlich einer Steuerart). Gesetzliche Handlungseinheit liegt hingegen vor, wenn der Gesetzgeber bei einem Handlungsverlauf eine Einheit annimmt, wo ansonsten eine Tatmehrheit (Verbrechensmehrheit) vorliegen würde. Fälle der gesetzlichen Handlungseinheit sind zusammengesetzte Deliktstatbestände (~ delictum compositum) oder zusammengefasste Deliktstatbestände (~ delictum complexum) oder aber auch die in § 12 Abs. 2 Btk. geregelte Fortsetzungstat.

---

339   Kommentar zum ungarischen Strafgesetzbuch, Kommentar zum § 310 Btk., S. 599 im Ausdruck (CD-Rom). Kommentar zum ungarischen Strafgesetzbuch, Kommentar zum § 12 Btk., S. 17 im Ausdruck (CD-Rom). BH 2004, S. 270 ff.

340   Tóth, Mihály, in: Wirtschaftskriminalität und Wirtschaftsstraftaten, S. 397. Báldy, Péter / Csizner, Ildikó / Schuller, Krisztina / Czimbalmos, Csaba / Kerek, Imréne, in: Die Erklärung zum Strafgesetzbuch, Bd. 2, S. 1229. Erdősy, Emil / Földvári, József / Tóth, Mihály, in: Ungarisches Strafgesetz / BT, S. 474.

341   Eine Übersetzung des § 12 Btk. findet sich im Anhang, in der Anlage II. Nr. 1.

342   Eine Übersetzung der §§ 85 ff. Btk. findet sich im Anhang, in der Anlage II. Nr. 26 – 27.

343   Eine Übersetzung der §§ 92 ff. Btk. findet sich im Anhang, in der Anlage II. Nr. 29 – 33.

344   Zödi, Zsolt / Csizner, Ildikó / Lovász, Adrienn / Kerek, Imréné / Vigh, Ágnes, in: Das ungarische Strafgesetzbuch, Gesetzestext, S. 8, 34, 36 ff.

a. Fortgesetzte Handlung

Die Voraussetzungen der Fortsetzungstat (~ folytatólagosan elkövetett büncselekmény oder folytatólagosság) sind in § 12 Abs. 2 Btk. geregelt: Hier liegt eine fortgesetzte Tat nur dann vor, wenn dieselbe Straftat aufgrund einer Willensentscheidung oder eines Motivs in kurzer Zeit durch wiederholte Tatbegehung in demselben Opferkreis durchgeführt wird.[345] Eine wiederholte Tatbegehung ist nur dann zu bejahen, wenn dieselbe Straftat mindestens zweimal begangen oder zumindest versucht wird, wobei die Fortsetzungstat umso schwerer wiegt, je mehr Straftaten sie in sich vereint, oder wenn die Straftaten gewerbsmäßig ausgeführt werden.[346] Zwischen den einzelnen Straftaten können sogar einige Monate liegen, ein längerer Zeitraum schließt hingegen die Fortsetzungstat aus, weil sich die einzelnen Taten soweit voneinander entfernen, dass von einer einheitlichen Willensentscheidung nicht mehr gesprochen werden kann. Es gibt keine allgemeingültigen Vorgaben in Rechtsprechung und Literatur, was man unter einer kurzen Zeitspanne zu verstehen hat. Allgemein lässt sich nur festhalten, dass je mehr Zeit zwischen den Straftaten liegt, desto eher eine Fortsetzungstat abzulehnen ist, da in diesem Fall davon ausgegangen werden kann, dass der Täter die Taten nicht aufgrund einer Willensentscheidung begangen hat.[347] Für den Steuer- und Sozialversicherungsbetrug ist im Rahmen der Konkurrenzen von entscheidender Bedeutung, ob die Handlungen des Täters, wiederholte Tatbegehung vorausgesetzt, sich immer auf eine Steuerart beziehen oder auf mehrere Steuer- oder Abgabenarten: In dem Fall, dass die Tat verschiedene Steuer- oder Abgabenarten berührt, ist eine sog. Fortsetzungstat ausgeschlossen. Es kann aber dann eine sog. Fortsetzungstat vorliegen, wenn die Tat sich auf dieselbe Steuer- oder Abgabenart bezieht, so z.B. im Falle des wiederholten Umsatzsteuerbetrugs, was sogar ein Zusammenrechnen der, auf die verschiedenen Zeitpunkte entfallenden, Hinterziehungsbeiträge zur Folge hat. Im Falle einer über Jahre hinweg hinterzogenen Einkommensteuer wird ein betragliches Zusammen-

---

345 Báldy, Péter / Csizner, Ildikó / Schuller, Krisztina / Czimbalmos, Csaba / Kerek, Imréné, in: Die Erklärung zum Strafgesetzbuch, Bd. 1, S. 66 ff. Balogh, Ágnes / Köhalmi, László, in: Strafrecht I / AT, S. 42 f.

346 Báldy, Péter / Csizner, Ildikó / Schuller, Krisztina / Czimbalmos, Csaba / Kerek, Imréné, in: Die Erklärung zum Strafgesetzbuch, Bd. 1, S. 68.

347 Kommentar zum ungarischen Strafgesetzbuch, Kommentar zum § 12 Btk., S. 16 im Ausdruck (CD-Rom). Balogh, Ágnes / Köhalmi, László, in: Strafrecht I / AT, S. 44.

rechnen allerdings abgelehnt, so dass in diesem Fall eine Fortsetzungstat nicht angenommen wird.[348]

b. Echte Verbrechensmehrheit

Eine sog. Verbrechensmehrheit (~ halmazat) liegt nach § 12 Abs. 1 Btk. vor, wenn der Täter durch eine oder mehrere Handlungen mehrere Straftatbestände verwirklicht und diese in einem Verfahren abgehandelt werden. Das Gericht spricht den Täter wegen mehrerer Straftaten für schuldig, verhängt aber nur eine Strafe. Eine sog. Handlungseinheit liegt hingegen vor, wenn die strafrechtliche Verantwortlichkeit sich in einer einzigen Straftat z.b. erschöpft und deswegen eine einzige Strafe verhängt werden muss. Im Gegensatz dazu verwirklicht der Täter bei der Verbrechensmehrheit durch seine Handlung(en) den Tatbestand von einem oder mehreren Strafdelikten.[349]

In der ungarischen Literatur herrscht an dieser Stelle ein dogmatischer Streit, anhand welcher Voraussetzung sich eine Verbrechensmehrheit feststellen lässt, und zwar in Abgrenzung zur Handlungseinheit, die nicht nur dann vorliegen soll, wenn der Täter, als einfachsten denkbaren Fall, nur eine einzige Handlung vollzieht, sondern auch sein Tatverhalten wiederholenden oder dauerhaften Charakter hat oder wenn die einzelnen Handlungen des Täters durch den Erfolg vereint werden.[350]

Nach Ansicht von Békés Imre liegt Verbrechensmehrheit dann vor, wenn dem Täter mehrere Straftaten zur Last gelegt werden und er sich wegen diesen in einem Strafverfahren verantworten muss, während nach Földvári József Verbrechensmehrheit nur dann angenommen werden kann, wenn die Handlung(en) des Täters gleich in mehrfacher Hinsicht gefährlich für die Gesellschaft ist bzw. sind, mehrere gesetzliche Straftatbestände ausgefüllt werden und der Täter in jeder Hinsicht der Strafbarkeit unterfällt.

---

348 Belovics, Ervin / Molnár, Gábor / Sinku, Pál, in: Strafrecht / BT, 4. überarbeitete Aufl., S. 564. Báldy, Péter / Csizner, Ildikó / Schuller, Krisztina / Czimbalmos, Csaba / Kerek, Imréne, in: Die Erklärung zum Strafgesetzbuch, Bd. 2, S. 1229. Balogh, Ágnes, in: Strafrecht II / BT, S. 421. Horváth, Tibor / Kereszty, Béla / Maráz, Vilmosné / Nagy, Ferenc / Vida, Mihály, in: Das ungarische Strafgesetzbuch / BT, S. 693. Kommentar zum ungarischen Strafgesetzbuch, Kommentar zum § 310 Btk., S. 600 im Ausdruck (CD-Rom). BH 1981, S. 182 ff.

349 Kommentar zum ungarischen Strafgesetzbuch, Kommentar zum § 12 Btk., S. 15 im Ausdruck (CD-Rom). Zödi, Zsolt / Csizner, Ildikó / Lovász, Adrienn / Kerek, Imréné / Vigh, Ágnes, in: Das ungarische Strafgesetzbuch, Gesetzestext, S. 8.

350 Balogh, Ágnes / Köhalmi, László, in: Strafrecht I / AT, S. 41.

Nagy Ferenc und Tokaji Géza haben hingegen zutreffenderweise darauf hingewiesen, dass keine der vorstehenden Ansichten völlig alle Fälle der Verbrechensmehrheit zu erfassen vermag und in der gerichtlichen Praxis keine einheitliche Linie vertreten wird, sondern erst eine Zusammenschau der Theorien und aller gesetzlicher Tatbestände des Besonderen Teils zu einer angemessenen Lösung führt.[351]

Da der Täter im Falle des § 310 Btk. oft zur Täuschung der Steuerbehörden und sonstigen amtlichen Stellen gefälschte Dokumente vorlegen wird, kann regelmäßig eine sog. Verbrechensmehrheit zwischen dem Steuer- und Sozialversicherungsbetrug und der Urkundenfälschung hinsichtlich einer öffentlichen Urkunde gem. § 274 Btk. (~ közokirat-hamisítás) oder hinsichtlich jeder anderen Urkunde gem. § 276 Btk. (~ magánokirat-hamisítás) angenommen werden.[352] So kann z.B. die Steuererklärung oder eine ihrer Anlagen gefälscht sein, verfälschte Tatsachen enthalten oder dem Inhalt nach insgesamt falsch sein.[353] Im Falle des „Mehrwertsteuer-Karussel-Betrugs" werden beispielsweise Waren nur zum Schein exportiert, indem man gefälschte Exportpapiere vorlegt. Mit Hilfe der gefälschten Papiere wird die Mehrwertsteuer bei der Ausfuhr in ein anderes EU-Land zurückerstattet, die Waren werden aber sofort auf Schmuggelwegen ins Ursprungsland zurückgebracht.[354] Nicht ausgeschlossen werden kann des Weiteren eine Verbrechensmehrheit des Steuer- oder Sozialversicherungsbetruges mit den Wirtschaftsstraftaten nach § 292 ff. Btk., so insbesondere dem Inverkehrbringen von Waren geringer Qualität oder dem Fälschen von Produktkennzeichnungen.[355]

Gleichfalls völlig unstreitig im Bereich der Verbrechensmehrheit ist, dass es mehrere Arten dieser Konkurrenzform gibt: So kann zwischen formeller (~ alaki halmazat) und materieller (~ anyagi halmazat) Verbrechensmehrheit, zwischen homogener (~ homogén / egynemű halmazat) und heterogener (~ heterogén / többnemű halmazat) Verbrechensmehrheit und schließlich zwischen echter (~valóságos

---

351 Zusammenfassend zu allen vertretenen Ansichten vgl. Báldy, Péter / Csizner, Ildikó / Schuller, Krisztina / Czimbalmos, Csaba / Kerek, Imréné, in: Die Erklärung zum Strafgesetzbuch, Bd. 1, S. 68. Balogh, Ágnes / Köhalmi, László, in: Strafrecht I / AT, S. 48 f.

352 Belovics, Ervin / Molnár, Gábor / Sinku, Pál, in: Strafrecht / BT, 4. überarbeitete Aufl., S. 564. Báldy, Péter / Csizner, Ildikó / Schuller, Krisztina / Czimbalmos, Csaba / Kerek, Imréne, in: Die Erklärung zum Strafgesetzbuch, Bd. 2, S. 1229. Erdösy, Emil / Földvári, József / Tóth, Mihály, in: Ungarisches Strafgesetz / BT, S. 475.

353 Horváth, Tibor / Kereszty, Béla / Maráz, Vilmosné / Nagy, Ferenc / Vida, Mihály, in: Das ungarische Strafgesetzbuch / BT, S. 693. Belovics, Ervin / Molnár, Gábor / Sinku, Pál, in: Strafrecht / BT, 4. überarbeitete Aufl., S. 564.

354 Vgl. auch die Ausführungen zum „Karussel-Betrug" unter Erster Teil, II.3.

355 Erdösy, Emil / Földvári, József / Tóth, Mihály, in: Ungarisches Strafgesetz / BT, S. 475.

halmazat) und scheinbarer (~ látszólagos halmazat) Verbrechensmehrheit unterschieden werden.[356]

Formelle Verbrechensmehrheit liegt vor, wenn der Täter durch eine einzige Handlung mehrere Straftatbestände verwirklicht, materielle Verbrechensmehrheit hingegen, wenn er durch mehrere Handlungen die Voraussetzungen von mehreren Straftatbeständen erfüllt. Eine homogene Verbrechensmehrheit kann bejaht werden, wenn der Täter ein und denselben Strafbestand mehrmals verwirklicht, eine heterogene Verbrechensmehrheit, wenn das Verhalten des Täters gegen verschiedene Straftatbestände verstößt. Das deutsche Strafgesetz nimmt an dieser Stelle keine weitere Unterscheidung vor, sondern regelt sowohl den Fall, dass mehrere Strafgesetze als auch den Fall, dass ein Strafgesetz mehrmals verletzt wurde als Tateinheit gem. § 52 StGB, wie es auch zentral nur darauf abstellt, ob die Strafgesetze durch dieselbe Handlung oder durch verschiedene, voneinander unabhängige Handlungen verletzt werden. Im ersteren Fall liegt Tateinheit, im zweiten Fall Tatmehrheit vor. Im Gegensatz hierzu unterscheidet das ungarische Strafgesetz danach, ob eine oder mehrere Handlungen des Täters vorliegen (~ formelle oder materielle Verbrechensmehrheit), ob derselbe Straftatbestand oder verschiedene Straftatbestände verwirklicht werden (~ homogene oder heterogene Verbrechensmehrheit). Die formelle Verbrechensmehrheit entspricht im deutschen Recht der Idealkonkurrenz gem. § 52 StGB, bei der durch dieselbe Handlung mehrere Strafgesetze (~ formelle, heterogene Verbrechensmehrheit) oder das selbe Strafgesetz (formelle, homogene Verbrechensmehrheit) mehrmals verletzt werden, während die materielle Verbrechensmehrheit mit der Realkonkurrenz nach § 53 StGB verglichen werden kann, bei der ebenfalls mehrere begangene Straftaten in einem Verfahren abgeurteilt werden. Während das deutsche Strafrecht aber nur im Falle der Realkonkurrenz die Bildung einer Gesamtstrafe gem. § 54 StGB vorsieht und bei der Idealkonkurrenz die Strafe nach dem Gesetz bestimmt wird, das die schwerste Strafe androht, macht das ungarische Strafgesetz diesbezüglich keinen Unterschied und bildet für alle Fälle der Verbrechensmehrheit, außer für den der scheinbaren Verbrechensmehrheit, eine Gesamtstrafe gem. § 85 Btk.

Möglich ist aber auch nach ungarischem Strafrecht eine Kombination der Unterscheidungsmerkmale in der folgenden Weise:

Eine homogene formelle Verbrechensmehrheit (~ homogén alaki halmazat) kommt zustande, wenn eine Handlung zugleich denselben gesetzlichen Tatbestand mehrmals verwirklicht. Dies ist z.B. der Fall, wenn der Täter durch eine falsche

---

356 Eine sehr gute Zusammenstellung der Arten von Verbrechensmehrheit findet sich in Báldy, Péter / Csizner, Ildikó / Schuller, Krisztina / Czimbalmos, Csaba / Kerek, Imréné, in: Die Erklärung zum Strafgesetzbuch, Bd. 1, S. 69 ff. und in Balogh, Ágnes / Köhalmi, László, in: Strafrecht I / AT, S. 44 ff.

Steuererklärung die Minderung von zwei Steuerarten bewirkt. Es liegen zwei Steuer- und Sozialversicherungsbetrugstatbestände vor, begangen durch die einheitliche Handlung der falschen Steuererklärung.

Eine heterogene formelle Verbrechensmehrheit (~ heterogén alaki halmazat) ist anzunehmen, wenn eine Handlung zeitgleich mehrere Straftatbestände verwirklicht und sich diese nicht gegenseitig ausschließen. Dies ist z.b. anzunehmen, wenn der Täter eine unechte Rechnung der Steuerbehörde vorlegt. Der Täter hat sich bei einer Minderung der Steuereinnahmen nicht nur eines Steuer- und Sozialversicherungsbetrugs, sondern auch einer Urkundenfälschung gem. § 274 lit. b Btk. bzw. § 276 Btk. durch die Vorlage der unechten Rechnung strafbar gemacht.

Eine homogene materielle Verbrechensmehrheit (~ homogén anyagi halmazat) soll dann vorliegen, wenn mehrere Handlungen denselben Straftatbestand verwirklichen und die Voraussetzungen der Fortsetzungstat nicht gegeben sind, so z.B., wenn der Täter mehrfach bewusst falsche Angaben macht, welche eine Minderung der Einnahmen zweier Steuerarten zur Folge haben. Es liegen mehrere Handlungen des Täters vor, der Steuer- und Sozialversicherungsbetrug ist zweifach verwirklicht. Eine Fortsetzungstat scheidet mangels Nichtidentität der betroffenen Steuerarten aus.

Möglich ist schließlich auch der Fall einer heterogenen materiellen Verbrechensmehrheit (~ heterogén anyagi halmazat), wenn verschiedene Handlungen mehrere gesetzliche Tatbestände ausschöpfen, z.B. ein Steuer- und Sozialversicherungsbetrug durch eine Handlung und unabhängig davon eine Bestechung gem. § 250 Btk. durch eine andere Handlung begangen werden. Dies entspricht eigentlich dem typischen Fall der Tatmehrheit.

c. Unechte oder scheinbare Verbrechensmehrheit

Die eben genannten Beispiele betreffen alle den Fall der sog. echten Verbrechensmehrheit (~ valóságos halmazat); daneben gibt es eine scheinbare oder unechte Verbrechensmehrheit (~ látszólagos halmazat), welche nur dann gegeben ist, wenn die strafrechtliche Verantwortlichkeit nicht bezüglich aller Straftaten festgestellt werden kann. Es kann auch hier eine Unterscheidung in scheinbare formelle Verbrechensmehrheit (~ látszólagos alaki halmazat) und scheinbare materielle Verbrechensmehrheit (~ látszólagos anyagi halmazat) vorgenommen werden. Fälle der scheinbaren formellen Verbrechensmehrheit sind die Spezialität (~ specialitás), die Konsumtion (~ konszumpció), die Subsidiarität (~ szubszidiaritás) und die Alternativität (~ alternativitás).

Eine Spezialität ist anzunehmen, wenn die Tat gegen mehrere gesetzliche Tatbestände verstößt und diese zueinander in einem Verhältnis der Allgemeinheit und

Spezialität stehen und damit die „lex specialis derogat legi generali-Regel" zur Anwendung kommt, wie beim Betrug und Steuerbetrug.[357]

Eine Konsumtion liegt vor, wenn das schwerwiegendere Delikt das andere so umfasst, dass dieses völlig in dem schwerwiegenderen Delikt aufgeht, wie z.B. bei einer versuchten Qualifikation und einem vollendeten Grundtatbestand.

Die Subsidiarität greift nur ein, wenn die Geltung eines Straftatbestandes nur hilfsweise für den Fall vorgesehen ist, dass ein anderes schwerwiegenderes Delikt nicht in Betracht kommt, die Alternativität hingegen, wenn die Handlung des Täters gegen zwei Straftatbestände verstößt, deren gleichzeitige Anwendung der Gesetzgeber untersagt hat.

Fälle der scheinbaren materiellen Verbrechensmehrheit sind u.a. die straflose Vor- oder Nachtat (~ büntetlen cselekmény és utócselekmény), die unselbständige Teiltat (~ önállótlan részcselekmény) und die straflose Vorbereitungshandlung (~ büntetlen eszközcselekmény).

Eine straflose Vortat liegt z.B. dann vor, wenn der Täter durch Verschweigen von relevanten Daten den Tatbestand des § 310 Btk. versucht und dann durch die Abgabe einer falschen Erklärung denselben Straftatbestand verwirklicht; eine straflose Nachtat ist demgegenüber anzunehmen, wenn der Täter z.B. die für den Steuer- und Sozialversicherungsbetrug angefertigten Schriftstücke nachträglich vernichtet.

Im Falle der Vorbereitung und Vollendung eines Straftatbestandes greift die unselbständige Teiltat ein, während eine straflose Vorbereitungshandlung in der Herstellung falscher Belege zum Zwecke eines späteren Betrugs zu sehen ist.[358]

Im Falle der scheinbaren Verbrechensmehrheit ist im Gegensatz zu den anderen Fällen der Verbrechensmehrheit, keine Gesamtstrafe nach § 85 Btk. zu bilden.

d. Gesamtstrafe

Die sog. Gesamtstrafe (~ halmazati büntetés) wird in drei Stufen gebildet: Zuerst muss die höchstmögliche Strafe des schwersten, verwirklichten Delikts um die Hälfte angehoben werden; die so angehobene Strafe darf aber nicht die Summe der einzelnen Höchststrafen der verwirklichten Straftatbestände erreichen und schließlich darf nach § 40 Abs. 2 Btk. im Falle der Gesamtstrafe auch keine Freiheitsstrafe über 20 Jahre verhängt werden. Dieses Strafsystem nennt man ebenso wie in der

---

357 Zur Problematik der Abgrenzung Betrug / Steuerbetrug und zur Konkurrenzform der Spezialität vgl. auch die Ausführungen weiter unten.

358 Eine gute Übersicht aller denkbaren Möglichkeiten findet sich in Báldy, Péter / Csizner, Ildikó / Schuller, Krisztina / Czimbalmos, Csaba / Kerek, Imréné, in: Die Erklärung zum Strafgesetzbuch, Bd. 1, S. 69 ff.

deutschen Rechtsdogmatik das sog. Asperationsprinzip (~ászperáció). Dieses System ist eine Mischung aus dem Kumulationssystem (~ Zusammenzählen der Einzelstrafen) und dem Absorptionsprinzip (~ Begrenzung der Strafe durch den Strafrahmen des schwersten verwirklichten Delikts). Während das Kumulationsprinzip (~ kumuláció) in der Regel unangemessen hohe Strafen zur Folge hatte, begünstigte das Absorptionsprinzip (~ abszorpció) den Straftäter unangemessen, da die zu verhängende Strafe auch im Falle einer Verbrechensmehrheit durch die oberste Grenze des schwersten Delikts begrenzt war. Das geltende Asperationsprinzip hingegen garantiert dadurch eine tatangemessene Strafe, dass die Nachteile des Kumulationsprinzips verhindert werden, zugleich aber auch die Möglichkeit besteht, die oberste Strafgrenze des schwerwiegendsten Delikts bei der Gesamtstrafenbildung zu überschreiten. Wenn z.B. ein Strafrahmen, wie der nach § 310 Abs. 4 Btk., eine zwei- bis achtjährige Freiheitsstrafe und der andere Strafrahmen eine ein- bis fünfjährige Freiheitsstrafe vorsieht, dann ist das Maximum der zu verhängenden Strafe zwölf Jahre (acht plus vier Jahre, erster Schritt). Allerdings ergibt die Summe der einzelnen Höchststrafen dreizehn Jahre (acht plus fünf Jahre, zweiter Schritt), was auch unter 20 Jahren liegt (dritter Schritt), so dass eine Gesamtstrafe von 13 Jahren verhängt werden darf.[359]

Ebenso wie im deutschen Recht besteht auch im ungarischen Strafrecht die Möglichkeit der nachträglichen Gesamtstrafenbildung (~ összbüntetés); eine solche nachträgliche Gesamtstrafe wird vor allem dann gebildet, wenn eine gemeinsame Verhandlung aller Straftaten als unabdingbare Voraussetzung für die Gesamtstrafe nicht ermöglicht werden kann. Dies kann der Fall sein, wenn erst nach der Verhandlung und Verurteilung weitere Straftaten des Täters bekannt werden, oder wenn verschiedene Verfahren gegen den Täter, womöglich vor verschiedenen Gerichten, anhängig sind und die gemeinsame Verhandlung der Strafdelikte aus irgendeinem Grund nicht zweckdienlich ist. Es ist einleuchtend, dass z.B. Zweckdienlichkeitserwägungen nicht über die angemessene Strafe entscheiden können, so dass quasi alle in den Einzelverfahren verhängten Strafen zu einer sog. nachträglichen Gesamtstrafe zusammengezogen werden müssen, um die durch die getrennte Aburteilung entstandenen Vor- und Nachteile auszugleichen. Taten, die bei gemeinsamer Aburteilung nach § 85 Btk. behandelt worden wären, sind also auch bei getrennter Aburteilung durch Einbeziehung in das letzte Urteil noch nachträglich

---

[359] Földvári, József, in: Ungarisches Strafrecht / AT, S. 294. Kommentar zum ungarischen Strafgesetzbuch, Kommentar zum § 85 Btk., S. 179 im Ausdruck (CD-Rom). Bárd, Károly / Gellér, Balázs / Ligeti, Katalin / Margitán, Éva / Wiener, A. Imre, in: Strafrecht / AT, S. 223. Báldy, Péter / Csizner, Ildikó / Schuller, Krisztina / Czimbalmos, Csaba / Kerek, Imréné, in: Die Erklärung zum Strafgesetzbuch, Bd. 1, S. 261. Belovics, Ervin / Békes, Imre / Busch, Béla / Molnár, Gábor / Sinku, Pál / Tóth, Mihály, in: Strafrecht / AT, S. 349 f.

so zu behandeln, dass der Täter im Ergebnis weder schlechter noch besser gestellt wird.[360]

Für eine Einbeziehung der früheren, bereits abgeurteilten Taten in das letzte Urteil gem. § 92 Btk. müssen mehrere Voraussetzungen erfüllt sein: Voraussetzung für die nachträgliche Gesamtstrafenbildung ist gem. § 92 Abs. 3 Btk. zum einen eine frühere Verurteilung des Täters zu einer zeitigen Freiheitsstrafe, da die Geldstrafe oder die gemeinnützige Arbeit als weitere Hauptstrafen nicht gesamtstrafenfähig sind, ebenso wenig wie eine in Freiheitsstrafe umgewandelte Geldstrafe oder gemeinnützige Arbeit. Des Weiteren ist, ebenso wie nach deutschem Recht, erforderlich, dass die frühere Verurteilung bereits rechtskräftig ist, da nur in diesem Fall nicht mehr mit einer Abänderung der verhängten Strafe in zweiter Instanz gerechnet werden muss. Die in der früheren Verurteilung verhängte Strafe darf noch nicht vollständig vollstreckt sein, da sich ansonsten die frühere Strafe erledigt hätte. Schließlich ist für die nachträgliche Gesamtstrafenbildung kennzeichnend, dass die neue Tat vor Eintritt der Rechtskraft der früheren Verurteilung verwirklicht sein muss,[361] da nur in diesem Fall eine gemeinsame Aburteilung möglich gewesen wäre. Nach § 93 Btk. muss bei Vorliegen der entsprechenden Voraussetzungen die Höhe der nachträglichen Gesamtstrafe in derselben Weise wie auch die Gesamtstrafe nach § 85 Btk. gebildet werden: Die nachträgliche Gesamtstrafe muss dabei die Höhe der schwersten der zugemessenen Einzelstrafen erreichen, wobei das Höchstmaß der Gesamtstrafe wiederum dadurch begrenzt ist, dass sie die Summe der Einzelstrafen nicht erreichen darf. Außerdem ist es auch im Falle der nachträglichen Gesamtstrafe verboten, die Maximalgrenze von 20 Jahren nach § 40 Abs. 2 Btk. zu überschreiten. Die Grundsätze zur Bildung der nachträglichen Gesamtstrafe gelten übrigens, ebenso wie im deutschen Recht auch, wenn bereits in den früheren Verurteilungen auf eine Gesamtstrafe erkannt worden ist. Für diesen Fall ist die ursprüngliche Gesamtstrafe aufzulösen und eine erneute Gesamtstrafe aus den Einzeldelikten der früheren und letzten Verurteilung zu bilden, sofern für alle Einzelstrafen die Einbeziehungsvoraussetzungen vorliegen. Die Höhe der ursprünglichen

---

360 Belovics, Ervin / Békes, Imre / Busch, Béla / Molnár, Gábor / Sinku, Pál / Tóth, Mihály, in: Strafrecht / AT, S. 360 f. Báldy, Péter / Csizner, Ildikó / Schuller, Krisztina / Czimbalmos, Csaba / Kerek, Imréné, in: Die Erklärung zum Strafgesetzbuch, Bd. 1, S. 280. Bárd, Károly / Gellér, Balázs / Ligeti, Katalin / Margitán, Éva / Wiener, A. Imre, in: Strafrecht / AT, S. 224.

361 Bárd, Károly / Gellér, Balázs / Ligeti, Katalin / Margitán, Éva / Wiener, A. Imre, in: Strafrecht / AT, S. 224. Báldy, Péter / Csizner, Ildikó / Schuller, Krisztina / Czimbalmos, Csaba / Kerek, Imréné, in: Die Erklärung zum Strafgesetzbuch, Bd. 1, S. 284 ff. Kommentar zum ungarischen Strafgesetzbuch, Kommentar zum § 92 Btk., S. 196 im Ausdruck (CD-Rom).

Gesamtstrafe hat dabei keinerlei Bedeutung für die der neuen (nachträglichen) Gesamtstrafe.[362]

e. Abgrenzung Betrug – Steuerbetrug

Eine der wichtigsten Konkurrenzfragen, welche die ungarische Rechtsprechung und Literatur beschäftigt, ist die Abgrenzung zwischen Betrug und Steuerbetrug:[363] Der Steuerbetrug ist im Verhältnis zum allgemeinen Betrug der speziellere Straftatbestand, wenn man z.b. auf den eng begrenzten Täter-Opfer-Kreis oder auf die Handlungsalternativen des § 310 Btk. abstellt, nicht jedoch, wenn man berücksichtigt, dass der Straftatbestand des § 318 Btk. im Gegensatz zu § 310 Btk. Bereicherungsabsicht (~ célzatt) des Täters voraussetzt. Die Spezialität zeichnet sich ja gerade dadurch aus, dass ein Gesetz einen Sachverhalt, der bereits allgemein von einem anderen Gesetz erfasst wird, durch das Hinzutreten weiterer Merkmale besonders regelt und aus diesem Grund vorrangig vor dem anderen Gesetz Anwendung findet.[364] Demgegenüber enthält der als spezieller bezeichnete Tatbestand des § 310 Btk. im Grunde genommen nicht mehr, sondern sogar weniger Tatbestands-

---

362 Báldy, Péter / Csizner, Ildikó / Schuller, Krisztina / Czimbalmos, Csaba / Kerek, Imréné, in: Die Erklärung zum Strafgesetzbuch, Bd. 1, S. 286. Kommentar zum ungarischen Strafgesetzbuch, Kommentar zum § 93 Btk., S. 200 im Ausdruck (CD-Rom).

363 Rupa, Melinda, Der Umsatzsteuerbetrug sowie der Wirtschaftsbetrug und der durch Umsatzsteuer-Rückforderung begangene Betrug sowie die Unterscheidungsgesichtspunkte der einzelnen Vermögensstrafdelikte. In: Ungarisches Recht, 30. Jahrgang, Heft 6, 2003, S. 341. Szilovics, Csaba / Takács, István, Einige Überlegungen zum Steuerbetrug und zu den nationalen gesetzlichen Regelungen im Hinblick auf den Steuerbetrug. In: Schau für innere Angelegenheiten, 51. Jahrgang, Heft 9, 2003, S. 106. Jamrik, Krisztina, Die Straftaten im Zusammenhang mit der Besteuerung. In: Steuerverfahren und Buchführung, 3. Jahrgang, Heft 11, 1999, S. 24 f. Jávorszki, Tamás, Die Umsatzsteuerrückforderung als kriminologer Faktor zur Ermöglichung des Steuerbetrugs. In: Schau für innere Angelegenheiten, 50. Jahrgang, Heft 9, 2002, S. 53 ff. Erdősy, Emil / Földvári, József / Tóth, Mihály, in: Ungarisches Strafgesetz / BT, S. 474. Horváth, Tibor / Kereszty, Béla / Maráz, Vilmosné / Nagy, Ferenc / Vida, Mihály, in: Das ungarische Strafgesetzbuch / BT, S. 693. Báldy, Péter / Csizner, Ildikó / Schuller, Krisztina / Czimbalmos, Csaba / Kerek, Imréné, in: Die Erklärung zum Strafgesetzbuch, Bd. 2, S. 1229 f. Balogh, Ágnes, in: Strafrecht II / BT, S. 421. Belovics, Ervin / Molnár, Gábor / Sinku, Pál, in: Strafrecht / BT, 4. überarbeitete Aufl., S. 564 f. Krémer, László, Die Abgrenzung zwischen Betrug und Steuerbetrug im Zusammenhang mit dem allgemeinen Umsatzsteuerbetrug. In: Rechtsprechungsheft, 12. Jahrgang, Nr. 2, 2002, S. 34 ff.

364 Tóth, Mihály, in: Wirtschaftskriminalität und Wirtschaftsstraftaten, S. 398. Balogh, Ágnes, in: Strafrecht II / BT, S. 421. Báldy, Péter / Csizner, Ildikó / Schuller, Krisztina / Czimbalmos, Csaba / Kerek, Imréné, in: Die Erklärung zum Strafgesetzbuch, Bd. 1, S. 70.

merkmale als der Tatbestand des § 318 Btk., so dass eigentlich Spezialität abzulehnen wäre.

Eine Ansicht lehnt eine Spezialität des Steuerbetrugtatbestandes von vornherein mit der Begründung ab, dass angesichts der unterschiedlichen Erfolgskomponenten die beiden Strafdelikte nicht zeitgleich festgestellt werden können; während nämlich der allgemeine Betrugstatbestand einen Vermögensschaden oder eine Vermögenseinbuße zur Folge hat, liegt bei einem Steuerbetrug eine Steuereinnahmensenkung vor.[365] Diese Ansicht ist aber zu formal und übersieht, dass bestimmte Steuerbetrugsfälle durchaus alle Merkmale des allgemeinen Betrugstatbestandes erfüllen können und auch regelmäßig erfüllen, auch wenn sie nicht ausdrücklich im Straftatbestand des § 310 Btk. enthalten sind. Richtigerweise kann auch eine Spezialität im weiteren Sinn vorliegen in der Weise, dass die steuerstrafrechtliche Regelung des § 310 Btk., die als solche nicht die Erfüllung aller Betrugsmerkmale voraussetzt oder anstelle der allgemeinen Betrugselemente speziellere Tatbestandsmerkmale setzt, eine abschließende Regelung für den Bereich des Steuerstrafrechts beinhaltet. Außerdem übersieht diese Ansicht, dass ein Steuer- und Sozialversicherungsbetrug und ein allgemeiner Betrug auch nebeneinander vorliegen können, wenn z.B. eine Mindereinnahme hinsichtlich der Einkommensteuer und hinsichtlich einer örtlichen Steuer vorliegt, da letztere vom Straftatbestand des § 310 Btk. nicht erfasst wird. Schließlich setzt sich die letztgenannte Ansicht in Widerspruch zu sich selbst, wenn sie das gleichzeitige Vorliegen beider Straftatbestände verneint, unter Umständen aber dennoch eine formelle Verbrechensmehrheit annehmen will.[366]

Da sich das Verhältnis der beiden Strafvorschriften auch nicht im Wege der Subsidiarität oder Konsumtion bereinigen lässt, müssen andere Lösungswege gefunden werden: Zum einen könnte man, wie bereits oben erwähnt, den Spezialitätsbegriff ausdehnen und eine Spezialität im weiteren Sinne im Hinblick darauf annehmen, dass die steuerstrafrechtliche Regelung, die als solche nicht das Vorliegen sämtlicher Betrugsmerkmale fordert, als eine abschließende Regelung für den Bereich des Steuerstrafrechts konzipiert wurde. Hierfür spricht vor allem der Aufbau des ungarischen Strafgesetzbuchs, denn hätte der ungarische Gesetzgeber eine derartige Spezialität nicht gewollt, so hätte er den § 310 Btk. nicht in das Gesetz eingeführt, sondern den Steuerbetrug im Rahmen des § 318 Btk. mitgeregelt. Lehnt man diesen Lösungsansatz ab, weil man die Voraussetzungen einer Spezialität, entsprechend der herkömmlichen Definition, als nicht erfüllt ansieht, dann kann

---

365 Belovics, Ervin / Molnár, Gábor / Sinku, Pál, in: Strafrecht / BT, 4. überarbeitete Aufl., S. 565.

366 Belovics, Ervin / Molnár, Gábor / Sinku, Pál, in: Strafrecht / BT, 4. überarbeitete Aufl., S. 565.

man, entsprechend der eben dargestellten Mindermeinung, eine Art tatbestandliche Exklusivität annehmen. Im Ergebnis resultiert aus der vorherrschenden Ansicht,[367] welche eine Spezialität der beiden Straftatbestände für gegeben hält und der letztgenannten Ansicht kaum ein Unterschied, da beide Ansichten zu einer Sperrwirkung zwischen den beiden Delikten kommen, sei es bereits auf der Tatbestands- oder erst auf der Konkurrenzebene.

Das soeben Dargestellte gilt aber nur dann, wenn im konkreten Fall zugleich der Straftatbestand des Steuerbetrugs und des allgemeinen Betrugs vorliegen kann. Die Frage nach der Abgrenzung und damit nach der Spezialität stellt sich nämlich gar nicht, wenn von vornherein nur der eine oder der andere Straftatbestand verwirklicht ist. Da die Lösungsansätze zum Verhältnis des Steuerbetrugs zum allgemeinen Betrugstatbestand, wie bereits ausgeführt, letztendlich zu annähernd gleichen Ergebnissen führen, ist die Klärung im Vorfeld, wann welcher Straftatbestand eingreift bzw. ob Fälle denkbar sind, bei denen nur der eine Straftatbestand in Frage kommt und sich somit weitere Überlegungen im Zusammenhang mit den Konkurrenzen erübrigen, von weitaus größerem Interesse. Die Bedeutung dieser Fragestellung zeigen auch zahlreiche Stellungnahmen in der ungarischen Literatur und Entscheidungen, die hierzu in der Rechtspraxis ergangen sind:

Steuerbetrug soll nur dann vorliegen, wenn auf beiden Seiten Beteiligte des Steuerrechtsverhältnisses agieren, z.B. als Täter der Steuerpflichtige, als „Verletzter" die Steuerbehörde. Des Weiteren muss die Handlung des Täters die richtige Festsetzung der Steuer oder die Eintreibung der bereits festgesetzten Steuer unmittelbar beeinflussen. Nur wenn diese Voraussetzungen gegeben sind, soll Steuerbetrug vorliegen, ansonsten „nur" Betrug.[368] Wenn z.B. die Täuschung nicht mit dem Ziel einer (fälschlichen) Steuerfestsetzung oder der Nichtentrichtung der bereits festgesetzten Steuer vorgenommen wird, sondern wegen der Geltendmachung einer Steuerrückforderung, so stellt sich die Frage nach den Konkurrenzen nicht, da in diesen Fällen der gesetzliche Straftatbestand des Steuer- und Sozialversicherungsbetrugs nicht vorliegt. Der Täter handelt hier nämlich nicht mit Ziel, die Festsetzung oder die Bezahlung der Steuer zu verhindern, sondern nur um einer Rückzah-

---

367 Báldy, Péter / Csizner, Ildikó / Schuller, Krisztina / Czimbalmos, Csaba / Kerek, Imréne, in: Die Erklärung zum Strafgesetzbuch, Bd. 2, S. 1229. Balogh, Ágnes, in: Strafrecht II / BT, S. 421. Tóth, Mihály, in: Wirtschaftskriminalität und Wirtschaftsstraftaten, S. 398. Erdösy, Emil / Földvári, József / Tóth, Mihály, in: Ungarisches Strafgesetz / BT, S. 474.

368 Balogh, Ágnes, in: Strafrecht II / BT, S. 421. Erdösy, Emil / Földvári, József / Tóth, Mihály, in: Ungarisches Strafgesetz / BT, S. 474 f. Rupa, Melinda, Der Umsatzsteuerbetrug sowie der Wirtschaftsbetrug und der durch Umsatzsteuer-Rückforderung begangene Betrug sowie die Unterscheidungsgesichtspunkte der einzelnen Vermögensstrafdelikte. In: Ungarisches Recht, 30. Jahrgang, Heft 6, 2003, S. 341.

lung willen. Erst wenn der Täter die Täuschung als unabdingbares Element des Betrugstatbestandes dadurch begeht, dass er die zur Festsetzung der Steuer erforderlichen Daten verschweigt und dadurch eine Minderung der Steuereinnahmen bewirkt, liegt der spezielle Steuerbetrugstatbestand vor.[369]

So wurde bereits in der Entscheidung BH 1993, S. 218 ff.[370] verbindlich festgelegt, dass derjenige, der unter Zuhilfenahme von fiktiven Belegen bereits einbezahlte Umsatzsteuer unberechtigterweise zurückfordere, sich nicht wegen eines Steuerbetrugvergehens, sondern wegen des Verbrechens eines Betrugs und des Vergehens einer Urkundenfälschung verantworten müsse. Das Gericht stellt in seiner Entscheidung darauf ab, dass es um die unberechtigte Rückforderung einer bereits festgesetzten und bezahlten Steuer und nicht um den Regelfall des Steuerbetrugs, nämlich die fälschliche Festsetzung oder gar Nichtentrichtung der Steuer, geht.

Konsequenterweise würdigte das Gericht in seiner Entscheidung BH 1993, S. 271 ff.[371] den Fall, dass jemand mit Hilfe von fünf gefälschten Rechnungen Umsatzsteuerrückforderungen geltend gemacht hat, als Betrug und nicht als Steuerbetrug; der Täter habe nicht, wie für den Steuerbetrug erforderlich, falsche Tatsachen vorgetragen bzw. vorgelegt, um eine unrichtige Steuerfestsetzung zu erreichen, sondern den Steuerbehörden, der Wahrheit nicht entsprechende Tatsachen zur Verfügung gestellt, die den Anspruch auf eine Steuerrückforderung begründet haben.

Etwas anders gestaltete sich der Fall, welcher der Entscheidung BH 1993, S. 660 ff.[372] zugrunde lag: Die Täter hatten mit Hilfe von gefälschtem Datenmateri-

---

369 Erdösy, Emil / Földvári, József / Tóth, Mihály, in: Ungarisches Strafgesetz / BT, S. 474. Balogh, Ágnes, in: Strafrecht II / BT, S. 421. Krémer, László, in: Studien, Die Abgrenzung Betrug – Steuerbetrug bei der Umsatzsteuerhinterziehung, Festschrift zu Ehren des Professors Erdösy Emil, S. 148 ff.

370 Kommentar zum ungarischen Strafgesetzbuch, Kommentar zum § 310 Btk., S. 600 im Ausdruck (CD-Rom). Jávorszki, Tamás, Die Umsatzsteuerrückforderung als kriminologener Faktor zur Ermöglichung des Steuerbetrugs. In: Schau für innere Angelegenheiten, 50. Jahrgang, Heft 9, 2002, S. 53. Báldy, Péter / Csizner, Ildikó / Schuller, Krisztina / Czimbalmos, Csaba / Kerek, Imréne, in: Die Erklärung zum Strafgesetzbuch, Bd. 2, S. 1230.

371 Kommentar zum ungarischen Strafgesetzbuch, Kommentar zum § 310 Btk., S. 599 im Ausdruck (CD-Rom). Jávorszki, Tamás, Die Umsatzsteuerrückforderung als kriminologener Faktor zur Ermöglichung des Steuerbetrugs. In: Schau für innere Angelegenheiten, 50. Jahrgang, Heft 9, 2002, S. 53 f.

372 Jávorszki, Tamás, Die Umsatzsteuerrückforderung als kriminologener Faktor zur Ermöglichung des Steuerbetrugs. In: Schau für innere Angelegenheiten, 50. Jahrgang, Heft 9, 2002, S. 54. Báldy, Péter / Csizner, Ildikó / Schuller, Krisztina / Czimbalmos, Csaba / Kerek, Imréne, in: Die Erklärung zum Strafgesetzbuch, Bd. 2, S. 1229. Berkes, György / Szabó,

al, das sie den Steuerbehörden regelmäßig zur Verfügung gestellt hatten, den Eindruck erweckt, eine unternehmerische Tätigkeit auszuüben, die sie zu einer Umsatzsteuerrückforderung berechtigen würde. In Wirklichkeit übten die Beschuldigten aber eine entsprechende Tätigkeit nicht aus, so dass eine Grundlage für eine Umsatzsteuerrückforderung aufgrund der nur fiktiv getätigten Verkäufe nicht bestand. Das Gericht unterschied hier zutreffenderweise zwischen dem Fall, dass eine unternehmerische Tätigkeit tatsächlich ausgeübt wird und mit Hilfe von fiktiven Belegen eine Senkung der Umsatzsteuerzahlungsverpflichtung erreicht werden soll, vom Fall einer fiktiven, nicht umsatzsteuerpflichtigen, unternehmerischen Tätigkeit, die nur dem Ziel unberechtigter Rückforderungen dient. Nur im ersten Fall liegt nach Auffassung des Gerichts Steuerbetrug vor, im letzteren nur Betrug. Diese Entscheidung ist interessant, weil das Gericht zum ersten Mal ausgeführt hat, dass man für die Abgrenzung der beiden Strafdelikte nicht pauschal darauf abstellen darf, ob die Täuschung eine fälschliche Steuerfestsetzung oder Nichtentrichtung der Steuer oder aber eine Steuerrückforderung zum Ziel hat; entscheidend für die Annahme eines Steuerbetrugs sei auch, dass der Täter gerade in seiner Eigenschaft als Steuersubjekt die Steuerbehörden über eine für die Steuerfestsetzung wichtige Tatsache täusche.

Einen Fall des Steuerbetrugs im Hinblick auf die allgemeine Umsatz- und Verbrauchsteuer hat das Gericht in seiner Entscheidung BH 1998, S. 215 ff.[373] hingegen für den Fall angenommen, dass der Beschuldigte im Rahmen eines bestehenden Exportvertrages Weinbrand, der eigentlich für den Export bestimmt gewesen war, im Inland abgesetzt hat; der Beschuldigte handelte mit dem Ziel, die Umsatz- und Verbrauchsteuer nicht zu entrichten, so dass ein Steuerbetrug anzunehmen war.

Schließlich hat das Gericht in einer neueren Entscheidung BH 2005, S. 94 ff.[374] seine bisherige Rechtsprechung bestätigt, indem es für den Fall, dass jemand, ohne tatsächlich eine wirtschaftliche Betätigung auszuüben und auf der Grundlage gefälschter Belege und Rechnungen als Unternehmer, eine Umsatzsteuerrückforde-

---

Győző, in: Grundlegende strafgerichtliche Entscheidungen 1973-1996, Bd. I-II, S. 357. Berkes, György / Katona, Sándor / Kiss, Zsigmond / Kónya, István, in: Strafrecht 1973-2000, Strafgerichtliche Entscheidungssammlung, Bd. II, S. 581.

373 Kommentar zum ungarischen Strafgesetzbuch, Kommentar zum § 310 Btk., S. 599 im Ausdruck (CD-Rom). Berkes, György / Katona, Sándor / Kiss, Zsigmond / Kónya, István, in: Strafrecht 1973-2000, Strafgerichtliche Entscheidungssammlung, Bd. II, S. 581. Báldy, Péter / Csizner, Ildikó / Schuller, Krisztina / Czimbalmos, Csaba / Kerek, Imréne, in: Die Erklärung zum Strafgesetzbuch, Bd. 2, S. 1230.

374 Kommentar zum ungarischen Strafgesetzbuch, Kommentar zum § 310 Btk., S. 598 im Ausdruck (CD-Rom).

rung geltend macht, einen Betrug angenommen hat. Man kann somit inzwischen von einer gefestigten Rechtsprechung hinsichtlich der Abgrenzung Betrug – Steuerbetrug bei Steuerrückforderungen sprechen.

Es ergibt sich somit ein zweigeteilter Ansatz zur Lösung des Verhältnisses zwischen dem allgemeinen Betrugstatbestand und dem Steuerbetrug: Zuerst muss die Frage beantwortet werden, ob überhaupt der Tatbestand des § 310 Btk. vorliegen kann. Erst wenn das der Fall ist, kann der Anwendungskonflikt auf tatbestandlicher oder konkurrenzrechtlicher Ebene beseitigt werden.

11. Das Verhältnis der Strafrechtsnormen zu den Bestimmungen der ungarischen Abgabenordnung

Das Verhältnis des ungarischen Strafgesetzbuches zur ungarischen Abgabenordnung stellt zugleich eine Frage der wichtigen Abgrenzung des kriminalstrafrechtlichen Verfahrens zum steuerrechtlichen Verfahren, das sich ebenfalls mit der Thematik des Steuerbetrugs auseinandersetzt, dar. Nach dem bisher Erörterten steht jedenfalls fest, dass die Gerichte ihre Entscheidungen im Hinblick auf Steuerstraftaten völlig eigenständig, ohne Bindung an finanzverwaltungsgerichtliche Beschlüsse treffen; jedoch sind die Strafgerichte bei der Anwendung und Auslegung des § 310 Btk. auf die Aussagen der Abgabenordnung und auf die speziellen Steuergesetze angewiesen.[375] § 310 Btk. regelt nämlich als ein Art Rahmengesetz nur die strafrechtlich zu ahndenden Handlungen und die Rechtsfolgen. Den materiellen Hintergrund der Besteuerung (z.B. die Frage, wer Steuerpflichtiger und folglich möglicher Täter des § 310 Btk. ist) liefern die Steuergesetze. Daneben hatten die Organe der höchsten ungarischen Steuer- und Finanzbehörde APEH bis 2002 nicht nur die Aufgabe, die bereits festgesetzte Steuer einzutreiben, sondern waren auch im Rahmen ihrer Möglichkeiten neben den Strafverfolgungsbehörden zu eigenständigen Ermittlungen berechtigt, wenn sich ihnen der Verdacht einer Steuerstraftat aufdrängte.[376] Bereits im Jahre 1999 führte die für die Verfolgung von Wirtschaftsstraftaten damals noch zuständige Abteilung der APEH annähernd 1000

---

375 Báldy, Péter / Csizner, Ildikó / Schuller, Krisztina / Czimbalmos, Csaba / Kerek, Imréne, in: Die Erklärung zum Strafgesetzbuch, Bd. 2, S. 1230. Kommentar zum ungarischen Strafgesetzbuch, Kommentar zum § 310 Btk., S. 597 im Ausdruck (CD-Rom).

376 Bordács, Ágnes / Fekete, Jozsefné / Csillag, Dezsöné / Zsohár, Istvánné, in: APEH, Der auf eine Straftat hinweisende Sachverhalt im Rahmen der Steuerüberwachung, eine Veröffentlichung der APEH, überarbeitete Fassung, S. 12 ff. Nyiri, Sándor, in: Die geheime Datenbeschaffung, S. 14.

Ermittlungen mit einer 90-prozentigen Erfolgsquote durch, so dass kritische Stimmen, die eine nicht so effektive Strafverfolgung wie bei der Polizei und Staatsanwaltschaft als „konventionelle Strafverfolgungsbehörden" erwarteten, bald verstummten.[377] Dennoch hat man diese Ermittlungsbefugnisse der APEH mit Einführung des Gesetzes über die Aufgaben und Stellung der APEH aus dem Jahre 2002 abgeschafft, da man der Ansicht war, dass die Ermittlungsbefugnis der APEH, aufgrund ihres weitgehenden Informationsbeschaffungssystems gem. den §§ 52 ff. ungarische AO, zu Konfliktsituationen führen könne.[378]

Mit einer etwas anderen, interessanten Frage beschäftigte sich die Rechtsprechung in neuerer Zeit, nämlich inwieweit Daten und Informationen, welche die Steuerverwaltungsbehörden im Laufe ihrer Tätigkeit und ihrer Ermittlungen gesammelt haben, an die Strafverfolgungsbehörden weitergegeben werden können und ob der Hauptrevisor der APEH sich auf irgendein Verschwiegenheitsrecht berufen kann. Die Entscheidung BH 2001, S. 364 ff.[379] hat die Frage dahingehend beantwortet, dass die ungarische Abgabenordnung selbst in seinen §§ 47, 6 Abs. 3 Art. die Weitergabe von Informationsmaterial hinsichtlich des Steuerpflichtigen an eine andere Steuerbehörde oder an ein staatliches Organ bzw. eine öffentliche Körperschaft vorsieht, soweit dadurch öffentliche Aufgaben erfüllt werden können. Eine Verletzung der Verschwiegenheitspflicht ergibt sich aber nur dann, wenn Daten oder dem Steuergeheimnis unterliegende Tatsachen ohne einen wichtigen Grund an eine nicht berechtigte Person weitergeleitet und zur weiteren Verwendung zur Verfügung gestellt werden. Die Strafverfolgungsbehörden und die Strafgerichte stellen aber keine unberechtigten Stellen dar, so dass Tatsachen, die dem Revisor der APEH im Rahmen seiner Tätigkeit bekannt werden, insoweit dem Steuergeheimnis nicht unterfallen; da an der Aufklärung von Steuerstraftaten allgemein ein öffentliches Interesse besteht, wie auch die Vorschrift des § 54 Abs. 5 lit. b ungarische AO zeigt, liegt ein guter Grund zur Weiterleitung von Informationsmaterial an die Strafverfolgungsbehörden bzw. an das Gericht vor. Diese Entscheidung ist insofern von Bedeutung, als sie die Frage des Datenaustausches zwischen den Straf- und Verwaltungsbehörden, die sich im Rahmen der Kompetenzabgrenzung ergibt, beantwortet; der Datenaustausch zwischen den Behörden ist nämlich unabdingbare Voraussetzung für eine effiziente Verfolgung der Steuer- wie auch der Wirtschaftsstraftaten allgemeinhin. Nicht beantwortet ist damit aber

---

377 Tóth, Mihály, in: Wirtschaftskriminalität und Wirtschaftsstraftaten, S. 401.

378 Vgl. hierzu die Ausführungen unter Zweiter Teil, IV. 2. u. Dritter Teil, II. 2.

379 Tóth, Mihály, in: Wirtschaftskriminalität und Wirtschaftsstraftaten, S. 401.

die Frage, wie dieser weitgehende Informationsaustauch mit dem nemo-tenetur-Grundsatz und dem Steuergeheimnis vereinbart werden kann.[380]

Allein aufgrund dieser Aussagen kann aber noch keine Klärung des Verhältnisses der beiden Rechtskomplexe zueinander gefunden werden; es muss viel mehr untersucht werden, wann überhaupt eine Steuerstraftat i.S.d. ungarischen Strafgesetzbuches vorliegt, da nur für diesen Fall der Strafrahmen des § 310 Btk. zur Anwendung kommt.

Auszugehen ist hierbei von § 138 A Btk. (früher § 27 Btké.),[381] wonach bereits keine Straftat i.S.d. ungarischen Strafgesetzbuches vorliegt, wenn die Steuer- oder Abgabeneinnahmen um einen, die Summe von 50.000,- HUF (~ 208,- EUR) nicht überschreitenden, Betrag gemindert werden. Bei einer Einnahmenminderung unter 50.000,- HUF (~ 208,- EUR) ist der Anwendungsbereich des Btk. gar nicht eröffnet und es können die nach der ungarischen Abgabenordnung bestimmten Sanktionen, wie z.B. der Verspätungszuschlag, eine Geldbuße oder sonstige Verwaltungssanktionen erhoben bzw. verhängt werden; ebenso wenig können Strafen nach dem ungarischen Strafgesetzbuch für den Fall verhängt werden, dass der Steuerbetrug in fahrlässiger Weise begangen wird, da das ungarische Strafgesetzbuch den fahrlässigen Steuerbetrug nicht unter Strafe stellt, so dass auch hier die Tat mit verwaltungsrechtlichen Sanktionen geahndet werden kann.[382]

In allen anderen Fällen, in denen die Verhängung einer Kriminalstrafe nicht von vornherein ausgeschlossen ist, können Sanktionen nach der ungarischen Abgabenordnung zugleich mit Beginn des Strafverfahrens verhängt werden.[383]

Zusammenfassend lässt sich also festhalten, dass es keinen Automatismus dahingehend gibt, dass mit Einleitung des Strafverfahrens ab einer bestimmten Steuerminderungssumme finanzrechtliche Sanktionen nach der ungarischen Abgabenordnung nicht mehr verhängt werden dürfen. Vielmehr kommen ausschließlich finanzrechtliche Sanktionen in Betracht, wenn die Steuerminderungssumme 50.000,- HUF (~ 208,- EUR) nicht erreicht wird; über einen Betrag von 50.000,- HUF (~ 208,- EUR) gibt es aber keine Beschränkung dahingehend, dass

---

380 Vgl. hierzu die Ausführungen unter Zweiter Teil, IV. 7. b. und Dritter Teil, II. 2.

381 § 27 Btké. stellt einen Erlass des Obersten Ungarischen Stafgerichts mit Gesetzeswirkung dar. Daneben gibt es noch andere Entscheidungsmöglichkeiten in der ungarischen Rechtsprechung, die bereits unter Erster Teil, I. 3. näher erläutert worden sind.

382 Erdősy, Emil / Földvári, József / Tóth, Mihály, in: Ungarisches Strafgesetz / BT, S. 473. Horváth, Tibor / Kereszty, Béla / Maráz, Vilmosné / Nagy, Ferenc / Vida, Mihály, in: Das ungarische Strafgesetzbuch / BT, S. 693. Belovics, Ervin / Molnár, Gábor / Sinku, Pál, in: Strafrecht / BT, 4. überarbeitete Aufl., S. 563. Tóth, Mihály, in: Wirtschaftskriminalität und Wirtschaftsstraftaten, S. 401.

383 Tóth, Mihály, in: Wirtschaftskriminalität und Wirtschaftsstraftaten, S. 401.

nur eine Kriminalstrafe verhängt werden darf. Man kann insoweit, obwohl die APEH ihre strafprozessualen Ermittlungsbefugnisse weitgehend verloren hat, dennoch von einem gewissen Ineinandergreifen des steuerrechtlichen und des strafrechtlichen Verfahrens sprechen. Diese Schlussfolgerung wird z.b. darin sichtbar, dass zwischen den Steuer- und Strafverfolgungsbehörden ein Datenaustausch in dem rechtlich vorgegebenen Rahmen stattfindet. Des Weiteren kann sich die APEH am strafprozessualen Verfahren beteiligen und eventuell Schadensersatzansprüche im Wege des sog. Adhäsionsverfahrens durchsetzen.[384] Man kann somit, von den oben erwähnten Ausnahmefällen abgesehen, auch von einem „Nebeneinander" der strafrechtlichen Vorschriften und den Bestimmungen der ungarischen Abgabenordnung sprechen.

IV. Grundsätze des gerichtlichen Strafverfahrens

Das Strafverfahrens- oder Prozessrecht stellt neben dem materiellen Strafrecht des Btk. und dem im Gesetz von 1979 geregelten Strafvollzug[385] eine weitere Materie des Strafrechts dar.[386] Es besteht eine enge Verflechtung zwischen diesen Sondermaterien des Strafrechts dahingehend, dass das materielle Strafrecht einerseits seine Geltung im Verfahrensstrafrecht entfalten kann und andererseits die im strafrechtlichen Verfahren festgesetzten Strafen im Strafvollzug erst durchgesetzt werden können; das Strafverfahrensrecht regelt konkret, unter welchen Voraussetzungen der Strafprozess eingeleitet werden kann, welche Prozessabschnitte im Rahmen des Strafverfahrens zu beachten sind, welche Rechte und Pflichten sich für die einzelnen Prozessbeteiligten aus dem Verfahren ergeben, welche Entscheidungen durch das Gericht im Laufe eines Verfahrens getroffen werden können und welche

---

384 Vgl. hierzu auch die Ausführungen unter Zweiter Teil, IV. 6.

385 Das ungarische Strafvollzugsgesetz (~ törvény a büntetések és intézkedések végrehajtásáról, eigentlich Gesetz über den Vollzug von Strafen und Maßnahmen) trat 1979, nachdem das ungarische Strafgesetzbuch 1978 neu konzipiert wurde, in Kraft. Zum ersten Mal in der ungarischen Rechtsgeschichte entstanden zwei Gesetzeswerke, nämlich das ungarische Strafgesetzbuch und das ungarische Strafvollzugsgesetz auf derselben rechtlichen Grundlage zu einem annähernd gleichen Zeitpunkt. Vgl. Cser, Gyula / Horváth, Tibor / Lörincz, József / Magyar, Miklós / Nagy, Ferenc / Németh, Mihály, in: Strafvollzugsgesetz, S. 16.

386 Cséka, Ervin / Fantoly, Zsanett / Kovács, Judit / Lörinczy, György / Vida, Mihály, in: Die Grundlagen des Strafverfahrensrechts I, S. 21.

Rechtsbehelfe den Prozessbeteiligten dagegen zustehen.[387] Das Strafverfahrensrecht ist folglich Grundlage für die Aufklärung und Bestrafung der im ungarischen Strafgesetzbuch geregelten Straftaten. Aus diesem Grund und aus der Zielsetzung der Arbeit heraus, eine möglichst umfassende Darstellung des (Steuer-)Strafrechts zu geben, sollen im Folgenden die Grundzüge des ungarischen Strafverfahrensrechts näher beleuchtet werden.

1. Kurzer entwicklungsgeschichtlicher Hintergrund des ungarischen Strafverfahrensrechts

Bis im Jahre 1860 wurden in Ungarn alle Strafprozesse ausschließlich nach der österreichischen Strafverfahrensordnung geführt, erst in den nachfolgenden Jahren gab es erste Anzeichen für ein ungarisches Strafverfahrensrecht, welches vorzugsweise die Rechtsgleichheit aller Bürger in ein Gesetz umsetzen sollte und sowohl Fehler bei der Sachverhaltsfeststellung (~ error in facto) als auch bei der Anwendung des materiellen Rechts (~ error in jure) erfassen sollte.[388] Da im Jahre 1872 auch die neu organisierten Gerichte und Staatsanwaltschaften ihre volle Funktion aufnahmen, wurde der Ruf nach einer gesetzlichen Regelung des bis dahin unzureichend kodifizierten Strafverfahrensrechts lauter. Im Jahre 1896 wurde mit Hilfe von zahlreichen parlamentarischen Gesetzesvorschlägen und Entscheidungen, die anfängliche, rechtliche Unzulänglichkeiten beheben sollten, eine endgültige Fassung des Strafverfahrensrechts, der sog. Csemegi-Kodex beschlossen.[389]

Das Strafverfahrensrecht in seiner neueren Fassung trat nach zahlreichen Gesetzesänderungen erst 1998 als sog. Be. (~ Büntetöeljárás oder Strafverfahren) in Kraft und hat seitdem, auch im Hinblick auf die zunehmende Rechtsvereinheitlichung in Europa,[390] zahlreiche Novellen unter anderem im Jahre 1999, 2002 und

---

387 Cséka, Ervin / Fantoly, Zsanett / Kovács, Judit / Lörinczy, György / Vida, Mihály, in: Die Grundlagen des Strafverfahrensrechts I, S. 21.

388 Király, Tibor, in: Strafverfahrensrecht, S. 33 f., Rdnr. 24. Tremmel, Flórián, Die Rechtsbehelfsordnung im Strafverfahrensrecht de lege lata et lege ferenda, in: Tóth, Mihály, Entwürfe und Auszüge zum Studium des Strafverfahrensrechts II., S. 120 ff.

389 Király, Tibor, in: Strafverfahrensrecht, S. 48, Rdnr. 32. Tóth, Mihály, Csemegi Károly und die Entwicklung des ungarischen Strafverfahrensrechts, in: Tóth, Mihály, Lesebuch des Strafverfahrensrechts, S. 29 ff. Cser, Gyula / Horváth, Tibor / Lörincz, József / Magyar, Miklós / Nagy, Ferenc / Németh, Mihály, in: Strafvollzugsgesetz, S. 14. Kabódi, Csaba / Mezey, Barna, in: Die Grundbegriffe der Straffordnung, S. 216.

390 Man spricht in der einschlägigen Fachliteratur oft von einem „europäischen Strafrecht" und meint dabei nicht so sehr eine einzige europäische Strafrechtskodifikation (was aufgrund

zuletzt im Jahre 2003 erfahren.[391] Das Strafverfahrensgesetz (~ Be.) in seiner letzten Fassung enthält insgesamt 607 Paragraphen und ist in sechs große Teile mit 30 Kapiteln aufgeteilt:[392] Während der erste Teil (§§ 1 – 163 Be.) einen „Allgemeinen Teil" mit Vorschriften enthält, die gleichermaßen in jedem Zeitpunkt des Strafverfahrens zu beachten sind, regeln die restlichen Titel des Be. die Besonderheiten des Strafprozessverfahrens. Der zweite Teil des Be. (§§ 164 – 233) enthält Vorschriften zum Ermittlungsverfahren (~ birósági eljárás elökészítö szakasz) ein-

---

der unterschiedlichen kulturellen, moralischen und rechtlichen Anschauungen der einzelnen, souveränen Staaten sich auch schwierig gestalten dürfte), sondern viel mehr diejenigen Rechtssätze, die allen Staaten gemeinsam sind, weil sie auf der Grundlage von Rechtsstaatlichkeit, Rechtssicherheit und der Achtung von Menschenrechten gewachsen sind. Vgl. Holé, Katalin, Unser materielles Strafrecht und das Strafverfahrensrecht sowie die Anforderungen der europäischen Union, in: Lörincz, Lajos / Bocz, Endre / Kádár, Béla / Máthé, Gábor / Török, Gábor / Kapa, Mátyas, Theoretische und praktische Fragen zum Strafgesetzbuch und zur Modifikation des Strafverfahrensrechts, S. 72 f. Karsai, Krisztina, in: Die Grundfragen der Integration des europäischen Strafrechts, S. 28 ff.

391 Während im Jahre 1998 vor allem die Vorschriften zum Zeugenschutz und zu den verdeckten Ermittlern im Rahmen von organisierter Kriminalitätsbekämpfung aufgenommen wurden, hat das Rechtsbehelfsverfahren durch die Gesetzesnovelle (~ Ben. ~ Büntetö eljárási novellák oder Strafrechts-Novellen) im Jahre 1999 eine Neuregelung erfahren. Vgl. Fenyvesi, Csaba / Herke, Csongor / Tremmel, Flórián, in: Neues ungarisches Strafverfahrensrecht, S. 44. Pusztai, László, Die Entwicklung des modernen Strafverfahrensrechts in Ungarn, in: Tóth, Mihály, Lesebuch des Strafverfahrensrechts, S. 36 ff. Erdei, Árpád, Auffrischung oder Erneuerung, Die Wahlmöglichkeiten des Strafverfahrensrechts, in: Békés, Imre / Wiener, A. Imre / Erdei, Árpád / Máttyus, Ádám / Siegler, Konrád / Bándi, Gyula, West-europäische Einflüsse in der Entwicklung der ungarischen Rechtsordnung, S. 65. Bárd, Károly, Das ungarische Strafverfahrensrecht – europäische Anforderungen, in: Lévay, Miklos / Ferenczy, Lászlóné, Die Modernisierung des Strafverfahrensrechts, die europäische Rechtsharmonisierung und die wachsende Kriminalität in ihrer zweifachen Beengung, S. 48. Tremmel, Flórián / Herke, Csongor, Anmerkungen zur Kodifikation des materiellen Strafrechts und des Verfahrensrechts, in: Lörincz, Lajos / Bocz, Endre / Kádár, Béla / Máthé, Gábor / Török, Gábor / Kapa, Mátyás, Theoretische und praktische Fragen zum Strafgesetzbuch und zur Modifikation des Strafverfahrensrechts, S. 87. Bócz, Endre, Einzelne Fragen zur Kodifikation des Strafverfahrensrechts, in: Lörincz, Lajos / Bocz, Endre / Kádár, Béla / Máthé, Gábor / Török, Gábor / Kapa, Mátyás, Theoretische und praktische Fragen zum Strafgesetzbuch und zur Modifikation des Strafverfahrensrechts, S. 65.

392 Seit Mitte des letzten Jahrhunderts hat sich das Strafverfahrensrecht schrittweise vom materiellen Strafrecht gelöst. Dieser Ablösungsprozess wird vor allem dadurch deutlich, dass das Strafverfahrensrecht überwiegend sehr ausführlich geregelt wurde und annähernd doppelt so viele Paragraphen enthält wie das ungarische Strafgesetzbuch; während letzteres einen Umfang von „nur" 368 Paragraphen aufweist, besteht das jetzige ungarische Strafverfahrensrecht aus 607 Paragraphen. Vgl. Fenyvesi, Csaba / Herke, Csongor / Tremmel, Flórián, in: Neues ungarisches Strafverfahrensrecht, S. 43.

schließlich bis zur Anklageerhebung, der dritte Teil (§§ 234 – 391) regelt den Ablauf der Verhandlung vor dem erst- und zweitinstanzlichen Gericht, der vierte Teil (§§ 392 – 445) hingegen weist auf die verschiedenen Prozessrechtsbehelfsmöglichkeiten hin; der fünfte Teil (§§ 446 – 554) besteht aus Regelungen zu besonderen Verfahrensarten, wie z.B. das Verfahren gegen Jugendliche oder Soldaten oder auch das Privatklageverfahren (~ magánvádas eljárás), der sechste Teil des Be. (§§ 555 – 607) schließt mit zusammenfassenden Vorschriften zu den speziellen Verfahrensarten und enthält die Hauptregelungen für die Vollziehung der (gerichtlichen) Entscheidungen.[393]

2. Die Ermittlungsbehörden

Die Ermittlungsbehörden (~ nyomozó hatóságok) erledigen ihre vielfältigen Aufklärungsaufgaben auf Anweisung des Staatsanwaltes (~ ügyész) oder aus eigener Initiative heraus. Die Ermittlungsbehörden werden aus eigener Initiative tätig, wenn sie selbst in irgendeiner Weise Kenntnis von einer möglichen Straftat erhalten haben oder bei ihnen die Strafanzeige gestellt worden ist.[394] In Ungarn können sehr unterschiedliche Behörden und Stellen mit der Wahrnehmung von Ermittlungsaufgaben betraut sein, so dass grundsätzlich zwischen allgemeinen und speziellen Ermittlungsbehörden (~ általános és különös nyomozó hatóságok) unterschieden werden kann: Der gesamte Polizeiapparat mit seinen örtlichen (~ helyi), territorialen (~ területi) und zentralen (~ központi) Ermittlungsbehörden erfüllt die Aufgaben der allgemeinen Ermittlungsbehörde.[395]

Die speziellen ermittlungsbehördlichen Tätigkeiten werden hingegen von verschiedenen Behörden wahrgenommen, deren Zuständigkeiten in § 36 Be. erfasst sind, wie z.B. von den staatsanwaltlichen Ermittlungsbehörden, von den Zoll- und Finanzämtern (~ vám- és pénzügyörség) in dem vom Gesetz vorgesehenen Rahmen, den Befehlshabern der Streitkräfte sowie der Schiff- und Luftfahrt und dem

---

393 Fenyvesi, Csaba / Herke, Csongor / Tremmel, Flórián, in: Neues ungarisches Strafverfahrensrecht, S. 43.

394 Herke, Csongor, in: Die Grundkenntnisse des Strafverfahrensrechts, S. 29.

395 Bergman, Jan / Hedvig, Olga / Csizner, Ildikó / Ronga, Éva / Kerek, Imréné / Sándor, Józsefné, in: Das Strafverfahrensrecht, S. 34 f. Herke, Csongor, in: Strafverfahrensrecht, S. 31.

Grenzschutz;[396] von besonderem Interesse für die vorliegende Arbeit ist die Zuständigkeit der Zoll- und Finanzämter für die Fälle des Steuer- und Sozialversicherungsbetruges gem. § 36 Abs. 2 lit. c Be., soweit die Straftat in Bezug auf eine Steuerart begangen wurde, die dem Zuständigkeitsbereich der Zoll- und Finanzämter unterfällt. Bei den Zoll- und Finanzämtern handelt es sich um mit eigener Rechtspersönlichkeit ausgestattete und zur Aufrechterhaltung der öffentlichen Ordnung berufene Verwaltungsorgane, die dem Finanzministerium unterstellt sind; die Rechte und Pflichten der Zoll- und Finanzämter werden in einem eigenen Gesetz aus dem Jahr 2004 geregelt (~ 2004. évi XIX. törvény a vám-és pénzügyörségröl). Nach § 2 dieses Gesetzes haben die Zoll- und Finanzämter neben der Überwachung und Regelung des gesamten Zollverkehrs vor allem die Aufgabe, alle Zahlungsströme im Hinblick auf die Verbrauchsertragssteuer zu überwachen und bei Unstimmigkeiten, die auf einen Steuerbetrug hindeuten, zu ermitteln. In den übrigen Steuerverdachtsfällen werden die allgemeinen Ermittlungsbehörden tätig. Eine entsprechende Befugnis der höchsten Finanz- und Aufsichtsbehörde Ungarns, der APEH, als eine den Weisungen des Finanzministeriums unterstelltes und mit eigener Rechtspersönlichkeit ausgestattetes Verwaltungsorgan, das landesweit und selbstständig wirtschaftend tätig werden kann, besteht nach der neuen Fassung des Gesetzes über die Aufgaben und Stellung der APEH aus dem Jahr 2002 (~ 2002. évi LXV. törvény az adó-és pénzügyi ellenörzési hivatalról) nicht mehr. Bei eventuellen Kompetenzstreitigkeiten zwischen den Ermittlungsbehörden entscheidet die Staatsanwaltschaft.[397]

---

[396] Farkas, Ákos / Róth, Erika, in: Das Strafverfahrensrecht, S. 67 ff. Herke, Csongor, in: Die Grundkenntnisse des Strafverfahrensrechts, S. 31 ff. Király, Tibor, in: Strafverfahrensrecht, S. 158, Rdnr. 175 ff. Fenyvesi, Csaba / Herke, Csongor / Tremmel, Flórián, in: Neues ungarisches Strafverfahrensrecht, S. 140.

[397] Bordács Ágnes / Csillag, Dezsöné / Zsohár, Istvánné, in: APEH, Der auf eine Straftat hinweisende Sachverhalt im Rahmen der Steuerüberwachung, eine Veröffentlichung der APEH, überarbeitete Fassung, S. 12 ff. Nyiri, Sándor, in: Die geheime Datenbeschaffung, S. 14 ff. Tóth, Mihály, in: Wirtschaftskriminalität und Wirtschaftsstraftaten, S. 401 ff. Herke, Csongor, in: Die Grundkenntnisse des Strafverfahrensrechts, S. 31 f. Fenyvesi, Csaba / Herke, Csongor / Tremmel, Flórián, in: Neues ungarisches Strafverfahrensrecht, S. 140 f. Kommentar zum ungarischen Gesetz über die Zoll- und Finanzämter, Kommentar zum § 1 und § 2 des Gesetzes, S. 1 f. im Ausdruck (CD-Rom). Kommentar zum ungarischen Gesetz über die APEH, Kommentar zum § 1 und § 2 des Gesetzes, S. 1 f. im Ausdruck (CD-Rom). Király, Tibor, in: Strafverfahrensrecht, S. 158, Rdnr. 175. Farkas, Ákos / Róth, Erika, in: Das Strafverfahrensrecht, S. 68.

3. Die Staatsanwaltschaft und die Strafgerichte

Die Staatsanwaltschaft nimmt im Laufe des Strafprozesses drei wichtige Aufgaben wahr: Die Überwachung und Leitung der Tätigkeit der anderen Ermittlungsbehörden wie der Polizei, die Vertretung der Anklage in der Strafverhandlung und die Durchführung von eigener Ermittlungstätigkeit; die Staatsanwaltschaft wird, ebenso wie im deutschen Strafprozessrecht, als „Herrin des Ermittlungs- oder Vorverfahrens" (~ „ügy-ur") bezeichnet.[398] Die Staatsanwaltschaft ist, ebenso wie die Gerichtsbarkeit, vierstufig aufgebaut, nämlich in eine örtliche Staatsanwaltschaft (~ helyi ügyészet), eine Bezirksstaatsanwaltschaft (~ megyei ügyészet), eine territoriale (~ területi ügyészet) und schließlich in eine Landes-Staatsanwaltschaft (~ országos ügyészet). Diesem Aufbau entsprechend unterstehen die einzelnen Staatsanwälte der hauptstädtischen Staatsanwaltschaft der Stadt Budapest, den Oberstaatsanwaltschaften der einzelnen Bezirke, den Berufungsstaatsanwaltschaften und der Generalstaatsanwaltschaft (~ Városi Budapesti Kerületi ügyészet / megyei fövárosi föügyészet / fellebviteli föügyészet / legföbb ügyészet). Die Zuständigkeitsbereiche der Staatsanwaltschaft sind entsprechend den Zuständigkeiten der Gerichte gestaltet, allerdings kann z.B. der Generalstaatsanwalt oder der Oberstaatsanwalt auch in Sachangelegenheiten ermittelnd tätig werden, die nicht von vornherein seinem Zuständigkeitsbereich unterfallen. Bei Kompetenzstreitigkeiten entscheidet der übergeordnete Staatsanwalt.[399]

Die Strafgerichtsbarkeit ist in Ungarn ebenso wie die Staatsanwaltschaft vierstufig aufgebaut, in ein Oberstes Strafgericht (~ Legfelsöbb Biróság) in Tribunale oder Tafelgerichte (~ itélötáblák), in 20 Bezirks- oder Komitatsgerichte (~ megyei biróságok) bzw. in ein hauptstädtisches Gericht und schließlich in 111 städtische und territoriale Gerichte (~ városi és kerületi biróságok), die als örtliche Gerichte (~ helyi biróságok) zusammengefasst werden.[400] Aufgrund dieses Aufbaus richtet sich der Wirkungskreis und die Zuständigkeit der Staatsanwaltschaft auch nach der Zuständigkeit der Gerichte: Zuständig ist die Staatsanwaltschaft, die an demjenigen

---

398 Herke, Csongor, in: Die Grundkenntnisse des Strafverfahrensrechts, S. 32. Király, Tibor, in: Strafverfahrensrecht, S. 155 f., Rdnr. 170 f. Cséka, Ervin, Gedanken zur Staatsanwaltschaft (in Strafsachen), in: Tóth, Mihály, Lesebuch des Strafverfahrensrechts, S. 121 ff.

399 Zödi, Zsolt / Csizner, Ildikó / Schuller, Krisztina / Czimbalmos, Csaba / Kerek, Imréné, in: Die Erklärung des Strafverfahrensgesetzes, 1. Bd., S. 62. Herke, Csongor, in: Die Grundkenntnisse des Strafverfahrensrechts, S. 34.

400 Király, Tibor, in: Strafverfahrensrecht, S. 137, Rdnr. 140. Tóth, Mihály, in: Grundlagen des ungarischen Strafrechts und Strafprozessrechts (I) und die kurze Erläuterung der Wirtschaftsstraftaten (II), S. 95.

Gericht eingerichtet ist, dessen Wirkungsbereich gerade eröffnet ist. Die Gerichte unterstehen dem Obersten Gericht, an dem der sog. Generalstaatsanwalt seinen Sitz hat. Der Generalstaatsanwalt hat wiederum gegenüber den untergeordneten Rechtsmittel- und Bezirksstaatsanwaltschaften und gegenüber den städtischen oder Kreisstaatsanwaltschaften ein Weisungsrecht. Im Unterschied zum deutschen Strafverfahrensrecht, in dem beim Amtsgericht die staatsanwaltschaftlichen Aufgaben durch die Staatsanwaltschaft des übergeordneten Landgerichts wahrgenommen werden, verfügen alle ungarischen Gerichte über eine Anklagebehörde.[401]

Erstinstanzlich tätig werden in der Regel nach § 13 Abs. 1 Be. die sog. örtlichen Gerichte oder die Bezirksgerichte. Zweitinstanzlich werden nach § 13 Abs. 2 Be. die Bezirksgerichte für Entscheidungen der örtlichen Gerichte als erste Instanz oder die sog. Tafelgerichte für Entscheidungen der Bezirksgerichte als erste Instanz tätig; die Bezirksgerichte nehmen insoweit eine Doppelstellung ein, da sie sowohl erst- als auch zweitinstanzlich tätig werden können. Das Oberste Strafgericht ist zweitinstanzlich zuständig im Falle von Grundsatzentscheidungen oder rechtsvereinheitlichenden Entscheidungen oder als Rechtsmittelgericht gegen nicht abschließende Entscheidungen der Tafelgerichte als zweitinstanzliche Gerichte. Nach § 15 Be. wird das örtliche Gericht erstinstanzlich tätig, wenn nicht nach § 16 Be. die Zuständigkeit der Bezirksgerichte begründet ist. Dies ist vor allem bei Straftaten der Fall, die eine 15-jährige oder lebenslange Freiheitsstrafe vorsehen. Auch wenn der Täter die Straftat(en) in mehreren Gerichtsbezirken begangen hat, entscheiden die Bezirksgerichte. Die örtlichen Gerichte sind somit zuständig für weniger schwerwiegendere, aber dafür häufiger vorkommende Straftaten und erfüllen in etwa die gleichen Aufgaben wie die deutschen Amtsgerichte, während die Bezirksgerichte, ähnlich den Landgerichten, die schwerwiegenderen Straftaten zu beurteilen haben.[402] Im Falle von Kompetenzabgrenzungsproblemen entscheidet das jeweils nächst höhere Gericht, nachdem es die Stellungnahme der Staatsanwaltschaft eingefordert hat.[403]

Die Strafverhandlung wird in der Regel durch den Einzelrichter geleitet, nur im Falle einer drohenden Freiheitsstrafe von mindestens acht Jahren tritt der sog. „kleine Rat" (~ kis tanács) zusammen, bestehend aus einem Richter und drei

---

401 Farkas, Ákos / Róth, Erika, in: Das Strafverfahrensrecht, S. 72 f.

402 Király, Tibor, in: Strafverfahrensrecht, S. 138 ff., Rdnr. 143 ff. Farkas, Ákos / Róth, Erika, in: Das Strafverfahrensrecht, S. 74. Zödi, Zsolt / Csizner, Ildikó / Schuller, Krisztina / Czimbalmos, Csaba / Kerek, Imréné, in: Die Erklärung des Strafverfahrensgesetzes, 1. Bd., S. 38 ff.

403 So z.B. das zuständige Bezirksgericht bei Kompetenzstreitigkeiten von örtlichen Gerichten. Vgl. Herke, Csongor, in: Die Grundkenntnisse des Strafverfahrensrechts, S. 38.

Schöffen. Entscheidet in der ersten Instanz das Bezirksgericht, so besteht das Gericht aus einem Richter und zwei Schöffen; erfordert z.b. die Anzahl der Täter, die Schwere der Tat oder auch die Möglichkeit einer lebenslangen Freiheitsstrafe die Hinzuziehung weiterer Richter, so entscheidet das Bezirksgericht in der Zusammensetzung von zwei hauptberuflichen Richtern und drei Schöffen. Anstelle des Einzelrichters oder des Ratspräsidenten kann aber auch ein sog. Gerichtssekretär, den das Gesetz nach § 600 Be. für den Fall der Verfahrensvorbereitung oder der vorübergehenden Verfahrenseinstellung mit richterlichen Entscheidungsbefugnissen ausgestattet hat, tätig werden. Der Gesetzgeber hat hier die Mitwirkung eines Berufsrichters für nicht erforderlich gehalten und diese Möglichkeit, wohl auch zur Entlastung der Richter, ins Gesetz eingeführt. Das zweitinstanzliche Gericht (Bezirksgericht oder Tafelgericht oder das Oberste Strafgericht) setzt sich in der Regel aus drei Berufsrichtern zusammen. Auch im Rechtsmittelverfahren setzt sich der Rat aus drei Berufsrichtern zusammen, soweit aber ein Rechtsmittel gegen eine Entscheidung des Obersten Strafgerichts eingelegt worden ist, besteht das Rechtsmittelgericht aus fünf Berufsrichtern. Ebenfalls in der Zusammensetzung von fünf Berufsrichtern entscheidet das Gericht bei Rechtsbehelfen aus Gesetzmäßigkeitsgesichtspunkten und im Verfahren zur Rechtsvereinheitlichung. Die Zahl der Berufsrichter kann im Falle des Rechtsvereinheitlichungsverfahrens auf sieben aufgestockt werden, wenn zugleich mehrere Rechtsbereiche wie z.B. das Straf-, Zivil- und öffentliche Recht berührt werden; in diesem Fall ist der Ratspräsident zugleich der Präsident des Obersten Strafgerichts oder aber sein Stellvertreter.[404]

4. *Der Strafverteidiger*

Der Angeklagte kann im Strafprozess nur von einem zugelassenen Strafverteidiger (~ védö) vertreten werden.[405] Das ungarische Strafverfahrensrecht enthält in den §§ 44 bis 50 Be. Regelungen zum Strafverteidiger. Nach § 44 Abs. 1 Be. kann im Strafverfahren nur ein vom Angeklagten Beauftragter oder vom Gericht bestellter Strafverteidiger tätig werden, wobei die Beauftragung durch den Angeklagten oder ein Familienmitglied den gesetzlichen Regelfall nach § 47 Abs. 1 Be. darstellt. Die Erteilung der prozessualen Vollmacht muss, ebenso wie im deutschen Strafverfahren, dem Gericht bzw. der Staatsanwaltschaft oder der ermittelnden Behörde be-

---

404 Farkas, Ákos / Róth, Erika, in: Das Strafverfahrensrecht, S. 74 f.

405 Herke, Csongor, in: Die Grundkenntnisse des Strafverfahrensrechts, S. 43. Farkas, Ákos / Róth, Erika, in: Das Strafverfahrensrecht, S. 83.

kannt gegeben werden, die in dem laufenden Strafverfahren involviert ist.[406] Der Angeklagte kann nach § 47 Abs. 3 Be. dem Rechtsanwalt jederzeit das Mandat entziehen. Dies gilt auch für den Fall, dass der Strafverteidiger durch eine dritte Person, wie z.B. den Familienangehörigen des Angeklagten beauftragt worden ist.[407] Es kann dem Angeklagten aber, wie bereits erwähnt, auch durch das Gericht, die Staatsanwaltschaft oder die ermittelnde Behörde ein Strafverteidiger (~ Pflichtverteidiger oder kötelezö védö) bestellt werden: Dies ist gem. § 48 Abs. 1 Be. vor allem immer dann der Fall, wenn nach § 46 Be. die Verteidigung gesetzlich vorgeschrieben ist und der Angeklagte oder ein Angehöriger noch keinen Strafverteidiger mit der Wahrnehmung der Rechte beauftragt hat. Der Angeklagte ist von der Bestellung umgehend zu informieren. Das Gericht, die Staatsanwaltschaft oder die ermittelnden Behörden können nach § 48 Abs. 2 und 3 Be. ferner auch dann einen Strafverteidiger bestellen, wenn der Angeklagte aufgrund seiner finanziellen Lage nicht selbst einen Verteidiger beauftragen kann oder wenn das Interesse des Angeklagten eine Bestellung erfordert, was z.B. bei einer schwierigen Sach- oder Rechtslage der Fall sein kann. Gegen die Bestellung des Strafverteidigers stehen dem Angeklagten keine Rechtsbehelfe zu, er kann aber die Bestellung eines anderen Verteidigers verlangen; umgekehrt kann der bestellte Verteidiger um die Entbindung von seiner Pflicht bitten. In beiden Fällen entscheidet das Gericht (bzw. die Staatsanwaltschaft oder die ermittelnde Behörde), das (die) mit der Sache befasst ist.[408]

Die Pflichten des Strafverteidigers werden in § 50 Abs. 1 Be. näher geregelt. Der Strafverteidiger nimmt im Prozess zum einen die Stellung eines Rechtsbeistandes des Angeklagten, auf der anderen Seite aber auch die Position eines selbständigen Verfahrensbeteiligten ein, der auch unabhängig vom Willen des Angeklagten tätig werden kann,[409] wobei der Strafverteidiger seine weitgehend selbständige Stellung niemals zum Missbrauch von gesetzlichen Vorschriften oder zur Be-

---

406 Zödi, Zsolt / Csizner, Ildikó / Schuller, Krisztina / Czimbalmos, Csaba / Kerek, Imréné, in: Die Erklärung des Strafverfahrensgesetzes, 1. Bd., S. 84. Farkas, Ákos / Róth, Erika, in: Das Strafverfahrensrecht, S. 85. Herke, Csongor, in: Die Grundkenntnisse des Strafverfahrensrechts, S. 44.

407 Finkey, Ferenc, Der Begriff der Subjekte im Strafverfahrensrecht, in: Tóth, Mihály, Lesebuch des Strafverfahrensrechts, S. 149. Zödi, Zsolt / Csizner, Ildikó / Schuller, Krisztina / Czimbalmos, Csaba / Kerek, Imréné, in: Die Erklärung des Strafverfahrensgesetzes, 1. Bd., S. 85.

408 Zödi, Zsolt / Csizner, Ildikó / Schuller, Krisztina / Czimbalmos, Csaba / Kerek, Imréné, in: Die Erklärung des Strafverfahrensgesetzes, 1. Bd., S. 85.

409 Zödi, Zsolt / Csizner, Ildikó / Schuller, Krisztina / Czimbalmos, Csaba / Kerek, Imréné, in: Die Erklärung des Strafverfahrensgesetzes, 1. Bd., S. 88.

hinderung des Strafverfahrens ausnutzen darf.[410] Der Strafverteidiger muss vor allem unverzüglich den Kontakt zum Angeklagten aufnehmen, diesen über mögliche Verteidigungsstrategien und Rechte aufklären und alle zur Ermittlung des Sachverhalts und zur Entlastung des Angeklagten dienenden Umstände ermitteln. Begeht der Strafverteidiger während seiner Tätigkeit eine Straftat (z.B. Urkundenfälschung), dann kann er selbstverständlich strafrechtlich zur Verantwortung gezogen werden. Allerdings kann er wegen einer Stellungnahme oder Äußerung, die er während seiner Verteidigung abgegeben hat, gem. § 57 Abs. 3 Be. nicht bestraft werden. Diese Regelung dient dem Schutz einer effektiven Verteidigung, ebenso wie das Verbot, den Verteidiger gem. § 81 Abs. 1 Be. als Zeugen zu vernehmen und das Verbot der Beschlagnahme von Kanzleiakten und Verteidigeraufzeichnungen gem. § 152 Abs. 2 Be.[411]

Das Gesetz verzichtet auf eine explizite Regelung der Verteidigerrechte und billigt dem Verteidiger alle Rechte zu, die auch dem Angeklagten zustehen. Rechte, die den Strafverteidiger für eine effektive Sachverhaltsaufklärung zustehen, sind vor allem ein Benachrichtigungsrecht vom Zeitpunkt der Verhandlung, ein Anwesenheits- und Akteneinsichtsrecht, ein Aufklärungs- und Fragerecht (~ értésülési jog, jelenléti jog, iratbetekintési jog, felvilágosításkérési jog, kérdésfeltevési jog). Da der Strafverteidiger aber nicht nur die Rechte des Angeklagten wahrnehmen soll, sondern auch zur Beendigung des Verfahrens beizutragen hat, stehen ihm unter anderem auch ein umfassendes Vorbereitungsrecht, ein Initiativrecht sowie ein Anmerkungs- und Äußerungsrecht (~ felkészülési jog, indítványozási jog, észrevételezési jog, nyilatkozattételi jog), sowie das Recht auf die Einlegung eines Rechtsbehelfs (~ jogorvoslati jog), ein Informationsrecht (~ adatgyűtési jog) und das Recht auf ein abschließendes Plädoyer (~ felszólási jog) zu.[412] Zum Zwecke einer effektiven Verteidigung stehen dem Strafverteidiger des Weiteren ein Sachverhaltserforschungsrecht bzw. ein Datenerhebungsrecht in den Grenzen der geltenden Gesetze zu.

---

410 Fenyvesi, Csaba, Die verfahrensmäßigen und grundsätzlichen Beziehungen der Verteidigertätigkeit, in: Tóth, Mihály, Lesebuch des Strafverfahrensrechts, S. 165.

411 Király, Tibor, in: Strafverfahrensrecht, S. 173, Rdnr. 198. Fenyvesi, Csaba / Herke, Csongor / Tremmel, Flórián, in: Neues ungarisches Strafverfahrensrecht, S. 163. Zödi, Zsolt / Csizner, Ildikó / Schuller, Krisztina / Czimbalmos, Csaba / Kerek, Imréné, in: Die Erklärung des Strafverfahrensgesetzes, 1. Bd., S. 88.

412 Herke, Csongor, in: Die Grundkenntnisse des Strafverfahrensrechts, S. 46. Farkas, Ákos / Róth, Erika, in: Das Strafverfahrensrecht, S. 85. Fenyvesi, Csaba, Die verfahrensmäßigen und grundsätzlichen Beziehungen der Verteidigertätigkeit, in: Tóth, Mihály, Lesebuch des Strafverfahrensrechts, S. 166 ff., S. 177 ff.

5. Der Beschuldigte

Die zentrale Vorschrift, welche die Rechtsstellung des Beschuldigten(~ terhelt) im Strafprozess regelt, ist der § 43 Be.: Der Begriff des „Beschuldigten" ist ein Sammelbegriff und bezeichnet eine Person, gegen die ein Strafverfahren eingeleitet worden ist. Der Beschuldigte nimmt in den einzelnen Verfahrensabschnitten ganz unterschiedliche Stellungen ein, was sich auch in seiner Bezeichnung niederschlägt. Während des Ermittlungsverfahrens wird er als Verdächtiger (~ gyanusitott), während des gerichtlichen Verfahrens als Angeklagter (~ vádlott) und schließlich nach rechtskräftiger Verurteilung als Verurteilter (~ elítélt) bezeichnet. Auch im deutschen Strafprozess bezeichnet das Wort „Beschuldigter" als Oberbegriff jemanden, gegen den ein Strafverfahren betrieben wird. Erst mit Erhebung der öffentlichen Klage wandelt sich der Beschuldigte zum Angeschuldigten und mit der Eröffnung des Hauptverfahrens zum Angeklagten. Ebenso wie das ungarische Strafprozessrecht bezeichnet das deutsche Strafprozessrecht als Verurteilten denjenigen, der bereits rechtskräftig verurteilt worden ist.[413] Der Beschuldigte muss ebenso wie nach deutschem Strafverfahrensrecht mehrere Pflichten erfüllen: So ist er insbesondere verpflichtet, anwesend zu sein, Ladungen Folge zu leisten, vor Gericht zu erscheinen, eine Änderung der Wohnadresse innerhalb von drei Tagen den Strafverfolgungsbehörden mitzuteilen und über persönliche Verhältnisse Auskunft zu erteilen.[414] Der Beschuldigte ist zwar, aufgrund des im ungarischen Strafprozessrechts ebenfalls geltenden Verbots der Selbstbelastung,[415] nicht verpflichtet, aktiv an seiner eigenen Überführung mitzuwirken, er kann aber gezwungen werden, Beweissicherungsmaßnahmen wie eine Hausdurchsuchung zu dulden.[416] Bei den in § 43 Abs. 2 bzw. 3 Be. aufgezählten Rechten kann allgemein zwischen Rechten, die dem Beschuldigten zur Sachverhaltsaufklärung dienen und solchen Rechten, die das Voranbringen des Verfahrens bezwecken, unterschieden werden: Rechte, die zur Aufklärung des Sachverhalts beitragen sollen, sind die Kenntnisnahme vom genauen Anklageinhalt, ein Anwesenheitsrecht bei verfahrensrechtlichen Maßnahmen und ein Einsichtsrecht in die Unterlagen. Selbstverständlich kann der Beschuldigte nicht bei jeder verfahrensrechtlichen Ermittlungs-

---

413 Kleinknecht, Theodor / Meyer-Goßner, Lutz, in: Strafprozessordnung-Kommentar, Einleitung S. 76 ff., § 157, Rdnr. 1 ff. Zödi, Zsolt / Csizner, Ildikó / Schuller, Krisztina / Czimbalmos, Csaba / Kerek, Imréné, in: Die Erklärung des Strafverfahrensgesetzes, 1. Bd., S. 75 ff. Farkas, Ákos / Róth, Erika, in: Das Strafverfahrensrecht, S. 81.

414 Farkas, Ákos / Róth, Erika, in: Das Strafverfahrensrecht, S. 82.

415 Vgl. hierzu die Ausführungen weiter unten, unter Zweiter Teil, IV. 7. b.

416 Farkas, Ákos / Róth, Erika, in: Das Strafverfahrensrecht, S. 82.

maßnahme anwesend sein; es steht im z.B. kein Anwesenheitsrecht bei der Vernehmung von anderen Tatbeteiligten und von Zeugen zu, wohl aber bei der Anhörung von Sachverständigen. Auch das Rechts zur Einsichtnahme in die Akten ist bis zum Abschluss der Ermittlungen begrenzt. Der Beschuldigte kann nur in die Protokolle von Verfahrenshandlungen Einsicht nehmen, bei denen er anwesend war oder bei denen ihm zumindest ein Anwesenheitsrecht zugestanden hätte; in andere Unterlagen kann der Beschuldigte nur einsehen, wenn dadurch das Ermittlungsergebnis nicht gefährdet wird. Nach Beendigung der Ermittlungsarbeit übergibt der zuständige Staatsanwalt oder die Ermittlungsbehörde die Unterlagen dem Angeklagten, damit er sich mit dem Gegenstand der Anklage vertraut machen kann. Ab dem Beginn des gerichtlichen Verfahrens nimmt der Beschuldigte die Stellung eines Angeklagten ein und sein Akteneinsichtsrecht kann nicht mehr begrenzt werden. Die Rechte des Angeklagten unterscheiden sich somit wesentlich von denen des Tatverdächtigen; es stehen ihm nunmehr gleichwertige Rechte wie dem Anklagevertreter zu. Vorangebracht werden soll das Strafverfahren dadurch, dass der Beschuldigte bzw. sein Strafverteidiger jederzeit entlastende Gesichtspunkte vortragen, Anträge stellen oder Anmerkungen abgeben und Rechtsbehelfe ergreifen kann.[417] Darüber hinaus stehen dem inhaftierten Beschuldigten nach dem ungarischen Strafvollzugsgesetz aus dem Jahre 1979 (Bvtv. ~ Büntetés végrehajtási törvény) besondere Rechte zu. Die Aufzählung der Beschuldigtenrechte in § 43 Abs. 2 bzw. 3 Be. ist nicht abschließend; es werden darüber hinaus an unterschiedlichen Stellen des Be. weitere wichtige Rechte des Beschuldigten geregelt. So steht es dem Beschuldigten, wie bereits erwähnt, gem. § 47 Abs. 1 Be. frei, für seine Verteidigung einen beliebigen Strafverteidiger zu benennen oder durch das Gericht, die Staatsanwaltschaft oder den Ermittlungsbehörden gem. § 48 Abs. 1 und 2 Be. bestellen zu lassen.

6. Die unterschiedlichen Rollen des Verletzten im Verfahren

Nach § 51 Abs. 1 Be. ist der Verletzte (~ sértett) diejenige Person, deren Recht oder berechtigtes Interesse durch die Straftat verletzt oder gefährdet wurde.[418] Bereits die weite Fassung des Gesetzes gibt einen Hinweis zu den unterschiedlichen

---

417 Király, Tibor, in: Strafverfahrensrecht, S. 168, Rdnr. 190. Zödi, Zsolt / Csizner, Ildikó / Schuller, Krisztina / Czimbalmos, Csaba / Kerek, Imréné, in: Die Erklärung des Strafverfahrensgesetzes, 1. Bd., S. 77.

418 Zödi, Zsolt / Csizner, Ildikó / Schuller, Krisztina / Czimbalmos, Csaba / Kerek, Imréné, in: Die Erklärung des Strafverfahrensgesetzes, 1. Bd., S. 89. Király, Tibor, in: Strafverfahrensrecht, S. 176, Rdnr. 207.

Positionen, die der Verletzte in einem Strafprozess einnehmen kann: Die verletzte Person kann im Verfahren einfach als Verletzter (~ sértett), als Privatkläger (~ magánvádló), als Ersatzprivatkläger (~ potmagánvádló), als Nebenprivatkläger (~ mellékmagánvádló) oder als Verletzter im sog. Adhäsionsverfahren (~ magánfél) auftreten und als Zeuge am Verfahren teilnehmen.[419]

Für die vorliegende Arbeit ist nur das sog. Adhäsionsverfahren von Interesse: Der Täter begeht in vielen Fällen nicht nur eine Straftat, sondern verursacht auch noch einen materiellen Schaden, der eigentlich in einem nachfolgenden Zivilprozess durchgesetzt werden müsste (sog. sukzessive Rechtsdurchsetzung oder szukcessiv igényérvényesítés). Um einen beschleunigten Schadensausgleich herbeizuführen, steht es dem Verletzten frei, seine zivilrechtlichen Interessen bereits im Strafverfahren durchzusetzen (sog. Adhäsionsverfahren oder adhéziós eljárás). Dieses Verfahren ist explizit im § 54 Be. geregelt und ist denselben Regeln wie das nach deutschem Recht bekannte Adhäsionsverfahren gem. §§ 403 ff. StPO unterworfen. So kann der in Steuerbetrugsfällen entstehende materielle Schaden von der APEH im Adhäsionsverfahren durchgesetzt werden.[420] Dies ist insbesondere deshalb von Bedeutung, weil der Steuerbetrüger im strafgerichtlichen Urteil nicht zur Entrichtung der hinterzogenen Summe verurteilt werden kann und der Steuerbehörde dadurch quasi eine „Hintertür" offen steht, um die nicht abgeführte Steuersumme, welche als solche für die Behörde einen Vermögensschaden darstellt, doch noch auf dem beschleunigten strafprozessuelen Weg einzufordern.

Das ungarische Strafverfahrensrecht billigt in § 51 Abs. 2 Be. dem Verletzten weitgehende Anwesenheits-, Frage-, Initiativ- und Anmerkungsrechte, ein Aufklärungs- und Rechtsbehelfseinlegungsrecht zu.[421] Das Akteneinsichtsrecht des Verletzten hingegen ist beschränkt und bezieht sich zumindest vor Abschluss der Ermittlungen nur auf Aufzeichnungen von solchen Maßnahmen, bei denen der Verletzte auch anwesend war; außerdem kann das Akteneinsichtsrecht des Verletzten

---

419   Király, Tibor, in: Strafverfahrensrecht, S. 178, Rdnr. 211. Farkas, Ákos / Róth, Erika, in: Das Strafverfahrensrecht, S. 87. Kiss, Anna, Die Stärkung der verfahrensrechtlichen Stellung des Verletzten mit besonderer Berücksichtigung der Ersatzprivatklage, in: Tóth, Mihály, Lesebuch des Strafverfahrensrechts, S. 137 ff.

420   Herke, Csongor, in: Die Grundkenntnisse des Strafverfahrensrechts, S. 49. Zödi, Zsolt / Csizner, Ildikó / Schuller, Krisztina / Czimbalmos, Csaba / Kerek, Imréné, in: Die Erklärung des Strafverfahrensgesetzes, 1. Bd., S. 94. Fenyvesi, Csaba / Herke, Csongor / Tremmel, Flórián, in: Neues ungarisches Strafverfahrensrecht, S. 188.

421   Fenyvesi, Csaba / Herke, Csongor / Tremmel, Flórián, in: Neues ungarisches Strafverfahrensrecht, S. 171.

niemals weiterreichen als das des Anwalts oder des Täters.⁴²² Die am Anfang des Strafverfahrens relativ starken Rechte des Verletzten schwächen sich allerdings im Laufe des Strafverfahrens immer mehr ab: Während der Verletzte im Ermittlungsverfahren über die wichtigsten Entscheidungen benachrichtigt wird und dagegen Rechtsbehelfe ergreifen kann, steht dem Verletzten, sofern er keine Sonderstellung einnimmt, kein Rechtsmittel gegen die gerichtliche Entscheidung zu und er kann im Gegensatz zur Verteidigung einen nur äußerst eingeschränkten Vortrag halten.⁴²³ Die Pflichten des Verletzten sind nicht explizit im ungarischen Strafprozessrecht geregelt; zusammenfassend lässt sich hierzu ausführen, dass der Verletzte dieselben Pflichten wie der Zeuge hat, nämlich eine Pflicht vor den Strafverfolgungsbehörden zu erscheinen, eine Aussage- und Wahrheitspflicht.⁴²⁴

7. Die wichtigsten Verfahrensgrundsätze im ungarischen Strafprozess

Unter Verfahrensgrundsätzen versteht man in der ungarischen Rechtsdogmatik, ebenso wie in der deutschen, Normen solchen allgemeinen Inhalts, welche die strafrechtliche Verfahrensordnung, ihre Funktion, die wesentlichen Rechte und Pflichten der Verfahrensbeteiligten charakterisieren, definieren und zum Ziel haben, die Arbeit der Gerichtsbarkeit zu lenken, indem sie bei der Auslegung von Normen sowie bei der Neukonstituierung von Verfahrensgesetzen zu beachten sind.⁴²⁵ Die Verfahrensgrundsätze lassen sich nach verschiedenen Gesichtspunkten unterteilen: So kann zwischen allgemeinen Rechtsgrundsätzen, wie z.B. der Gesetzesgleichheit, die für jedes Rechtsverfahren gelten und speziellen strafverfahrensrechtlichen Grundsätzen unterschieden werden.⁴²⁶ Eine weitere Differenzierung lässt sich danach vornehmen, ob der Verfahrensgrundsatz einer verfassungsrechtli-

---

422 Fenyvesi, Csaba / Herke, Csongor / Tremmel, Flórián, in: Neues ungarisches Strafverfahrensrecht, S. 171 f. Herke, Csongor, in: Die Grundkenntnisse des Strafverfahrensrechts, S. 48.

423 Fenyvesi, Csaba / Herke, Csongor / Tremmel, Flórián, in: Neues ungarisches Strafverfahrensrecht, S. 172. Király, Tibor, in: Strafverfahrensrecht, S. 177, Rdnr. 209.

424 Fenyvesi, Csaba / Herke, Csongor / Tremmel, Flórián, in: Neues ungarisches Strafverfahrensrecht, S. 172. Herke, Csongor, in: Die Grundkenntnisse des Strafverfahrensrechts, S. 48.

425 Király, Tibor, in: Strafverfahrensrecht, S. 104, Rdnr. 81. Farkas, Ákos / Róth, Erika, in: Das Strafverfahrensrecht, S. 56. Herke, Csongor, in: Die Grundkenntnisse des Strafverfahrensrechts, S. 16.

426 Király, Tibor, in: Strafverfahrensrecht, S. 109 f., Rdnr. 92. Herke, Csongor, in: Die Grundkenntnisse des Strafverfahrensrechts, S. 16.

chen Norm entspringt oder nicht und schließlich, ob es sich um einen sog. organisatorischen (~ szervezeti) oder funktionellen (~ müködési) Verfahrensgrundsatz handelt. Organisatorische Verfahrensgrundsätze sind z.B. die richterliche Unabhängigkeit (~ bíró függetlensége) und die Kollektivgerichtsbarkeit (~ társas bíráskodás), während der Offizialgrundsatz (~ officialitás elv) und der Verteidigungsgrundsatz (~ védelem elv) funktionelle Verfahrensgrundsätze darstellen. Allerdings gibt es keine scharfe Abgrenzung und die Übergänge in der Zielsetzung der Verfahrensgrundsätze sind fließend.[427] Im Folgenden sollen deshalb die wichtigsten Verfahrensgrundsätze, die in der Europäischen Menschenrechtskonvention (MRK), in der ungarischen Verfassung und im ungarischen Strafverfahrensgesetz normiert sind, dargestellt werden. Die Europäische MRK vom 04. November 1950 (~ Emberi Jogok Európai Egyezménye), die der ungarische Staat in der Legislaturperiode des Jahres 1993 verkündet hat, enthält im 5. und 6. Artikel wichtige Verfahrensgrundsätze zur Gewährleistung der persönlichen Freiheit, zur richterlichen Unabhängigkeit, zur Unschuldsvermutung etc. Die zuletzt 1989 modifizierte ungarische Verfassung (~ Magyar Alkotmány) enthält mehrere strafverfahrensrechtliche Grundsätze, wie z.B. die richterliche Unabhängigkeit, den Anklage- und Verteidigungsgrundsatz, die Unschuldsvermutung, das Recht auf ein gerichtliches Verfahren und auf eine gerichtliche Anhörung.[428] Ebenfalls Vorschriften zu Verfahrensgrundsätzen enthält das ungarische Strafverfahrensgesetz in seinem 1. Kapitel mit dem Titel „Grundlegende Bestimmungen"; wie z.B. den Anklagegrundsatz, die Unschuldsvermutung, den Legalitäts- und Offizialgrundsatz, den Öffentlichkeits- und Mündlichkeitsgrundsatz, den Verteidigungsgrundsatz, sowie das Verbot der Selbstbelastung.[429]

---

427 Herke, Csongor, in: Die Grundkenntnisse des Strafverfahrensrechts, S. 16. Király, Tibor, in: Strafverfahrensrecht, S. 110, Rdnr. 92.

428 Tóth, Mihály, in: Das ungarische Strafverfahrensrecht im Spiegel der Verfassungsgerichtsbarkeit und der europäischen Menschenrechtsrechtsprechung, S. 112. Angyal, Pál, Der Grundsatz der Garantie der persönlichen Rechte, in: Tóth, Mihály, Lesebuch des Strafverfahrensrechts, S. 44. Farkas, Ákos / Róth, Erika, in: Das Strafverfahrensrecht, S. 46, 48 u. 50. Fenyvesi, Csaba / Herke, Csongor / Tremmel, Flórián, in: Neues ungarisches Strafverfahrensrecht, S. 89 ff. Király, Tibor, in: Strafverfahrensrecht, S. 110, Rdnr. 93. u. S. 119, Rdnr. 109 ff. Zödi, Zsolt / Csizner, Ildikó / Schuller, Krisztina / Czimbalmos, Csaba / Kerek, Imréné, in: Die Erklärung des Strafverfahrensgesetzes, 1. Bd., S. 23.

429 Farkas, Ákos / Róth, Erika, in: Das Strafverfahrensrecht, S. 57. Király, Tibor, in: Strafverfahrensrecht, S. 107, Rdnr. 86. Hacker, Ervin, Grundprinzipien, in: Tóth, Mihály, Lesebuch des Strafverfahrensrechts, S. 46 ff. Belováry, Ferenc, Zeitgemäße Fragen der Schaffung und Anwendung eines Strafvollzugsrechts im Spiegel internationaler Erwartungen, in: Lévay, Miklós / Ferenczy, Lászlóné, Die Modernisierung des Strafverfahrensrechts unter dem zweifachen Druck der europäischen Rechtsharmonisierung und der wachsenden Kri-

Der Unmittelbarkeitsgrundsatz, welcher die Heranziehung von sog. primären (~ elsödleges) oder originären (~ eredeti) Beweismitteln (~ bizonyítékok) nach Möglichkeit vorschreibt, ist im ungarischen Strafverfahrensgesetz nicht expressis verbis geregelt, lässt sich aber aus Vorschriften des ungarischen Strafverfahrensrechts ableiten.[430]

Von besonderer Bedeutung für die Rechtsstellung des Angeklagten ist die Unschuldsvermutung sowie das Verbot der Selbstbelastung. Außerdem bietet insbesondere das Verbot der Selbstbelastung interessante Ansatzpunkte für rechtsdogmatische Überlegungen. Aus diesem Grund sollen im Folgenden diese beiden wichtigen Grundsätze näher dargestellt werden.

a. Die Unschuldsvermutung

Der Unschuldsgrundsatz besteht genau genommen aus drei Elementen, nämlich aus der Unschuldsvermutung (~ az ártatlanság vélelme oder praesumptio boni viri) selbst, aus der Verteilung der Beweislast (~ a bizonyítási teher oder onus probandi) und die Entscheidung zugunsten des Angeklagten im Zweifelsfalle (~ a kétség esetén a terhelt javára való döntés oder in dubio pro reo).[431] Seine gesetzliche Grundlage findet der Grundsatz im Artikel 6 Abs. 2 MRK, wonach der einer Straftat Verdächtige solange als unschuldig zu gelten hat, bis seine Schuld gesetzlich nachgewiesen wird; das ungarische Strafverfahrensrecht enthält in seinen §§ 4, 7 Be. Regelungen zur Unschuldsvermutung.[432] Der § 4 Be. bürdet die Beweislast hinsicht-

---

minalität, S. 207. Zödi, Zsolt / Csizner, Ildikó / Schuller, Krisztina / Czimbalmos, Csaba / Kerek, Imréné, in: Die Erklärung des Strafverfahrensgesetzes, 1. Bd., S. 23. Cseka, Ervin / Hegedüs, István / Hofszang, József / Maráz, Vilmosné / Vida, Mihály, in: Skizze des Strafverfahrensrechts II., S. 103 ff. Bárandy, Péter, Die Anforderungen an eine wirksame Verteidigung und die Reform des Strafverfahrensrechts, in: Lévay, Miklás / Ferenczy, Lászláné, Die Modernisierung des Strafverfahrensrechts unter dem zweifachen der europäischen Rechtsharmonisierung und der wachsenden Kriminalität, S. 253.

430 Fenyvesi, Csaba / Herke, Csongor / Tremmel, Flórián, in: Neues ungarisches Strafverfahrensrecht, S. 99 f. Pusztai, László, in: Schau ins Strafverfahren, S. 249.

431 Herke, Csongor, in: Die Grundkenntnisse des Strafverfahrensrechts, S. 20. Soós, László, in: Der Strafverfahrensgrundsatz aus dem Jahre 1998 mit Erläuterung, S. 44 f. Fenyvesi, Csaba / Herke, Csongor / Tremmel, Flórián, in: Neues ungarisches Strafverfahrensrecht, S. 80 ff. Király, Tibor, in: Strafverfahrensrecht, S. 125 ff., Rdnr. 120 ff. Fenyvesi, Csaba, in: Der Strafverteidiger, S. 27 ff.

432 Zödi, Zsolt / Csizner, Ildikó / Schuller, Krisztina / Czimbalmos, Csaba / Kerek, Imréné, in: Die Erklärung des Strafverfahrensgesetzes, 1. Bd., S. 24 ff. u. 30 ff. Herke, Csongor, in: Die Grundkenntnisse des Strafverfahrensrechts, S. 20. Fenyvesi, Csaba / Herke, Csongor / Tremmel, Flórián, in: Neues ungarisches Strafverfahrensrecht, S. 77 f. u. 80 f.

lich des Anklageinhalts dem Ankläger auf und bestimmt, entsprechend dem dubio pro reo-Grundsatz, dass nicht bewiesene Tatsachen nicht zu Ungunsten des Täters verwertet werden dürfen. Die Beweislast trifft im Regelfall den Staatsanwalt als Vertreter der öffentlichen Anklage; ihm obliegt es alle Tatsachen, die zu Lasten oder zu Gunsten des Angeklagten sprechen, zu ermitteln. Davon gibt es aber zwei Ausnahmen: Zum einen obliegt es dem Angeklagten bei verleumderischen Behauptungen das Gericht vom Wahrheitsgehalt der Aussagen zu überzeugen; zum anderen muss nach § 394 Abs. 1 Be. im Falle einer Privatklage der Privatkläger den Nachweis über die Schuld des Angeklagten erbringen.[433] Im Zusammenhang mit den dubio pro reo-Grundsatz sind, ebenso wie im deutschen Recht, drei Einschränkungen vorzunehmen: Zum einen gilt der in dubio pro reo-Grundsatz nur für Beweis- nicht aber für Rechtsfragen (das Gericht ist z.B. bei auftretenden Zweifeln nicht verpflichtet eine Privilegierung anzunehmen); der in dubio pro reo-Grundsatz bezieht sich auch nur auf Entscheidungen, die der Rechtskraft fähig sind (er gilt z.B. nicht bei der gerichtlichen Anordnung der Untersuchungshaft). Der in dubio pro reo-Grundsatz kann auch nur nach Ausschöpfung aller gesetzlichen Beweismittel angewandt werden. Wenn sich dem Gericht dennoch Zweifel ergeben, wenn unzulängliche oder widersprüchliche Beweise vorliegen, dann muss das Gericht immer den Sachverhalt, der für den Angeklagten günstiger ist, feststellen. Eine strafrechtliche Verantwortlichkeit des Angeklagten kann nämlich nur dann in einer rechtskräftigen gerichtlichen Entscheidung bejaht werden, wenn ihm zuvor die Straftat ohne jeden Zweifel nachgewiesen werden konnte.[434] Diese Aussagen entspringen dem im § 7 Be. geregelten eigentlichen Kern der Unschuldsvermutung, wonach keiner für schuldig befunden werden darf, solange nicht seine Schuld unzweifelhaft in einer rechtskräftigen gerichtlichen Entscheidung festgestellt worden ist. In ähnlicher Weise regelt die ungarische Verfassung im § 52 Abs. 2, dass auf dem Staatsgebiet der ungarischen Republik niemand als schuldig anzusehen ist, solange seine strafrechtliche Verantwortlichkeit nicht in einer rechtskräftigen gerichtlichen Entscheidung festgestellt worden ist. Im Gegensatz zu den Vorschriften des ungarischen Strafverfahrensrechts und der ungarischen Verfassung enthält der Artikel 6 MRK keine Aussage dahingehend, dass die strafrechtliche Verantwort-

---

433 Zödi, Zsolt / Csizner, Ildikó / Schuller, Krisztina / Czimbalmos, Csaba / Kerek, Imréné, in: Die Erklärung des Strafverfahrensgesetzes, 1. Bd., S. 25. Zödi, Zsolt / Csizner, Ildikó / Schuller, Krisztina / Czimbalmos, Csaba / Kerek, Imréné, in: Die Erklärung des Strafverfahrensgesetzes, 2. Bd., S. 834.

434 Zödi, Zsolt / Csizner, Ildikó / Schuller, Krisztina / Czimbalmos, Csaba / Kerek, Imréné, in: Die Erklärung des Strafverfahrensgesetzes, 1. Bd., S. 25. Herke, Csongor, in: Die Grundkenntnisse des Strafverfahrensrechts, S. 21. Király, Tibor, in: Strafverfahrensrecht, S. 125, Rdnr. 120 f.

lichkeit des Angeklagten durch eine rechtskräftige gerichtliche Entscheidung festgestellt werden muss, sondern fordert „nur" einen gesetzlichen Nachweis der Schuld. Allerdings ist anerkannt, dass die Vermutung der Unschuld mit der Rechtskraft der Verurteilung endet, so dass mit „gesetzlichem Nachweis" die rechtskräftige gerichtliche Entscheidung gemeint ist; der Artikel 6 MRK verwendet als allgemeingültigen Rechtssatz nur eine weitere Fassung.[435] Die Unschuldsvermutung als verfahrensrechtlicher Grundsatz verpflichtet in erster Linie den Richter und die Staatsanwaltschaft; er fordert aber auch von den zuständigen Ermittlungsbehörden, dass sie in verschiedenen Richtungen ermittelnd tätig werden und alle erdenklichen Gesichtspunkte des Sachverhalts erforschen.[436]

b.   Das Verbot der Selbstbelastung

Nach § 18 ungarisches Strafverfahrensgesetz ist niemand verpflichtet, sich selbst zu belasten oder sich selbst einer Straftat zu überführen.[437] Das Verbot der Selbstbelastung oder der nemo-tenetur-Grundsatz (~ az önvádra kötelezés tilalma) gilt nicht nur für den Angeklagten selbst, sondern auch für andere Verfahrensbeteiligte, wie dem Zeugen und kann nicht durch eine erzwungene Aussage umgangen werden. So muss der Angeklagte gem. § 117 Abs. 2 Be. vor der Vernehmung darauf hingewiesen werden, dass es ihm freistehe auszusagen und seine Aussage zu widerrufen. Der Zeuge hingegen kann seine Aussage gem. § 82 Abs. 1 Be. verweigern, wenn er sich selbst oder einen Familienangehörigen damit belasten würde.[438] Die Ermittlungsbehörden sind allerdings nicht gehindert mit Hilfe von Maßnahmen, wie Hausdurchsuchungen oder körperlichen Durchsuchungen, auch gegen den Willen des Angeklagten, Belastungsmaterial zu sammeln.[439] Das Verbot der Selbstbelastung ergänzt zum einen die Unschuldsvermutung unter dem Gesichtspunkt, dass es allein dem Gericht obliegt, die Schuld des Täters zweifelsfrei festzustellen und

---

435   Király, Tibor, in: Strafverfahrensrecht, S. 124, Rdnr. 116. Zödi, Zsolt / Csizner, Ildikó / Schuller, Krisztina / Czimbalmos, Csaba / Kerek, Imréné, in: Die Erklärung des Strafverfahrensgesetzes, 1. Bd., S. 30. Bán, Tamás, Das faire Verfahren und einer seiner Züge: Die Unschuldsvermutung, in: Tóth, Mihály, Lesebuch des Strafverfahrensrechts, S. 61.

436   Király, Tibor, in: Strafverfahrensrecht, S. 126, Rdnr. 123.

437   Zödi, Zsolt / Csizner, Ildikó / Schuller, Krisztina / Czimbalmos, Csaba / Kerek, Imréné, in: Die Erklärung des Strafverfahrensgesetzes, 1. Bd., S. 31. Herke, Csongor, in: Die Grundkenntnisse des Strafverfahrensrechts, S. 22.

438   Herke, Csongor, in: Die Grundkenntnisse des Strafverfahrensrechts, S. 22.

439   Herke, Csongor, in: Die Grundkenntnisse des Strafverfahrensrechts, S. 22. Zödi, Zsolt / Csizner, Ildikó / Schuller, Krisztina / Czimbalmos, Csaba / Kerek, Imréné, in: Die Erklärung des Strafverfahrensgesetzes, 1. Bd., S. 32.

nicht dem Angeklagten, seine Unschuld nachzuweisen; zum anderen steht es in unmittelbarer Beziehung zur Regelung des § 4 Be., wonach die Beweislast regelmäßig den Ankläger trifft.[440]

Fraglich könnte aber sein, inwieweit dieser Schutz, welcher durch den nemo-tenetur-Grundsatz gewährleistet wird und dessen Inhalt einen Kernstück des von Art. 6 Abs. 1 MRK garantierten fairen Verfahrens bildet, im Besteuerungsverfahren in Konflikt mit steuerlichen Erklärungspflichten tritt. Die Frage, die sich in diesem Zusammenhang stellt, ist diejenige, ob der Steuerpflichtige trotz Geltung des nemo-tenetur-Grundsatzes zur Auskunftserteilung und Mitwirkung gegenüber den Finanzbehörden verpflichtet ist oder ob der neme-tenetur-Grundsatz auch in diesem Bereich dem Steuerpflichtigen Persönlichkeitsschutz garantieren kann. Der Steuerpflichtige ist nämlich nach Maßgabe der ungarischen Abgabenordnung gem. den §§ 31 ff. Art. zu umfassenden Erklärungen und Auskünften verpflichtet, deren Nichterfüllung gem. § 172 ungarische AO sanktioniert ist. Nach § 31 Abs. 1 ungarische AO umfasst die Steuererklärung alle Daten, welche zur Festsetzung der Steuergrundlage erforderlich sind, ohne danach zu differenzieren, ob diese ein strafloses oder strafbares Verhalten des Steuerpflichtigen offenbaren. Aufgrund dieser weitgehenden Erklärungspflicht ist der Steuerpflichtige gezwungen, den Steuerbehörden auch solche Daten zu offenbaren, welche ihn einer Straftat überführen könnten. Diese steuerrechtlich normierte Verpflichtung steht aber im offensichtlichen Konflikt zu dem anerkannten Grundsatz, dass niemand gezwungen werden soll, sich selbst zu belasten. Diese Garantie ist nämlich verletzt, wenn der Betroffene durch eine rechtlich vorgeschriebene und erzwingbare Erklärungs- und Auskunftspflicht dazu angehalten wird, sich selbst einer strafbaren Handlung zu bezichtigen. Des Weiteren wird die Konfliktlage noch dadurch verschärft, dass die Steuerbehörden nach § 54 Abs. 5 lit. b ungarische AO nach Genehmigung durch den zuständigen Staatsanwalt Tatsachen, welche ihnen im Laufe des Besteuerungsverfahrens bekannt werden und dem Steuergeheimnis unterliegen, den Strafverfolgungsbehörden mitteilen können, wenn dies für die Einleitung eines Strafverfahrens erforderlich ist. Die Folge ist, dass der Steuerpflichtige damit rechnen muss, dass die aus der Steuererklärung erlangten Erkenntnisse ungehindert an die Strafverfolgungsbehörde mitgeteilt werden können. Andererseits kann es im Hinblick auf die Steuergerechtigkeit und die Notwendigkeit eines gesicherten staatlichen Steueraufkommens gerechtfertigt sein, dass der Steuerpflichtige grundsätzlich zur Auskunft gegenüber den Steuerbehörden verpflichtet ist und zwar ohne Rücksicht darauf, ob dadurch Straftaten aufgedeckt werden und diese Erkenntnis an die Strafverfolgungsbehörden weitergeleitet wird. Aufgrund der geltenden Gesetzeslage scheint der Steuerpflichtige zumindest unter Strafandrohung verpflichtet zu sein,

---

440 Herke, Csongor, in: Die Grundkenntnisse des Strafverfahrensrechts, S. 22.

im Rahmen der Steuererklärung die Begehung einer Straftat mitzuteilen, soweit aus ihr ein Steueranspruch resultieren könnte, und sich damit selbst der Strafverfolgung auszuliefern.

Für den Steuerpflichtigen, der sich in der Zwangslage zwischen materiellem Steuerrecht und dem nemo-tenetur-Grundsatz befindet, bedeutet dies, dass er sich gezwungen sehe unter Strafandrohung eine wahrheitsgemäße Steuererklärung z.B. zu erzielten Bestechungseinnahmen abgeben zu müssen. Nach der geltenden Gesetzeslage bliebe ihm nur der Ausweg, die aus strafbarem Verhalten entspringenden Besteuerungsgrundlagen in seiner Steuererklärung gänzlich zu verschweigen oder insgesamt keine Steuererklärung abzugeben. Abgesehen von der Tatsache, dass eine Auseinandersetzung mit der Steuerbehörde um so wahrscheinlicher ist, je geringer die Konkretisierungsreife der Steuererklärung ist und die Steuerbehörde in diesem Fall regelmäßig eine weitere Konkretisierung der Besteuerungsgrundlagen vom Steuerpflichtigen verlangen wird, macht sich der Steuerpflichtige auch eines Steuerbetrugs durch Unterlassen strafbar, wenn er steuerrelevante Daten verschweigt bzw. gar keine Steuererklärung abgibt. Der nemo-tenetur-Grundsatz kann aber nicht dazu führen, dass der Steuerpflichtige dadurch das Recht erhält, neues Unrecht zu begehen, d.h. der Grundsatz des „nemo-tenetur" verleiht kein Recht auf Selbstschutz um den Preis neuen Unrechts. Aus diesem Grund könnte ein solches Recht zur Nichtabgabe bzw. zur Abgabe einer unvollständigen Steuererklärung, welches aber im Widerspruch zu den §§ 31 ff. ungarische AO stehen würde und bereits aus diesem Grund nur schwer anzuerkennen wäre, auch nur für den Besteuerungszeitraum gelten, für den ein steuerbehördliches Verfahren bereits eingeleitet worden ist, nicht aber für die Folgejahre. Schließlich kann dieser Lösungsweg nicht verhindern, dass die Steuerbehörde aufgrund anderer Umstände, wie z.B. eigenen Nachforschungen, den Verdacht einer Straftat hegen und aus diesem Grund gem. § 54 Abs. 5 lit. b ungarische AO ihre Erkenntnisse den Strafverfolgungsbehörden mitteilen wird. Die Möglichkeit, dass die Steuerbehörde misstrauisch wird und eigene Ermittlungen veranlasst, wird bei einer nicht konkreten Steuererklärung oder bei Nichtabgabe der Steuererklärung aber sehr wahrscheinlich.

Fraglich ist, ob sich eine andere Lösung anbietet, um den Konflikt zwischen strafbewährter Pflicht zur Erklärung nach der ungarischen Abgabenordnung und dem Schutz vor erzwungener Selbstbelastung zu beheben. Zu denken wäre an eine Suspendierung der umfassenden steuerlichen Erklärungspflicht, wenn und so weit die Gefahr besteht, dass der Steuerpflichtige sich dadurch einer Straftat bezichtigen könnte. Allerdings würde ein solcher Lösungsansatz die Bedeutung der steuerlichen Mitwirkungspflichten verkennen, zumal die Finanzbehörden in Ungarn aufgrund des weitgehend geltenden Grundsatzes der Selbstbesteuerung in erheblichem Maße auf die Mitwirkung des Steuerpflichtigen angewiesen sind, wie auch die Vorschriften der §§ 31 ff. und § 172 ungarische AO belegen. Außerdem zeigt gerade die Vorschrift des § 54 Abs. 5 lit. b ungarische AO wonach ein Mitteilungsrecht der Steuerbehörden an die Strafverfolgungsbehörden hinsichtlich strafrechtlich relevanter Sachverhalte besteht, dass eine Beschränkung des Steuergeheimnisses und zugleich eine Einschränkung des Schutzes vom Steuerpflichtigen aus einem übergeordneten Interesse heraus möglich ist.

Betrachtet man das Dilemma, in dem sich der Steuerpflichtige dadurch befindet, dass ihm einerseits durch die ungarische Abgabenordnung bestimmte Erklärungs- und Auskunftspflichten auferlegt werden, deren Nichterfüllung gem. § 172 ungarische AO sanktioniert werden, andererseits Informationen auch über eine Nicht-Steuerstraftat von den Finanzbehörden gem. § 54 Abs. 5 lit. b ungarische AO an die Strafverfolgungsbehörden weitergegeben werden können, so wird noch ein anderer Lösungsweg zu diskutieren sein. Die Lösung kann darin gesucht werden, dass ein Verwendungsverbot strafprozessualer Art für Informationen konstituiert wird, welche den Finanzbehören im Laufe des Besteuerungsverfahrens bekannt werden und eine Nicht-Steuerstraftat betreffen. Ebenso kann diese Lösung für solche Erklärungen angenommen werden, welche in einem anderen Besteuerungszeitraum als in dem, in welchem die Erklärungen abgegeben wurden, Gegenstand eines Steuerstrafverfahrens werden. Durch diesen Lösungsansatz kann verhindert werden, dass der Straftäter, der neben der allgemeinen Straftat noch eine Steuerstraftat verwirklicht hat, schlechter gestellt ist als derjenige, welcher „nur" eine allgemeine Straftat begangen hat. Umgekehrt darf der Steuerstraftäter aber auch nicht besser gestellt werden, so dass ein solches Verwendungsverbot auch wirklich nur für den Fall angenommen werden darf, dass der Täter sich tatsächlich in der oben beschriebenen Zwangslage befindet. Eine solche Zwangslage besteht aber von vornherein nicht, wenn der Täter z.B. im Wege der Selbstrevision die hinterzogene Steuer aufdeckt und entrichtet. Mit der Entrichtung der Steuer und des sog. Selbstrevisionszuschlags wird er gem. § 169 ungarische AO auch von der Verhängung weiterer Sanktionen befreit. Eine solche Selbstrevisionsmöglichkeit ist dem Steuerstraftäter aber gem. § 49 Abs. 2 ungarische AO verwehrt, sobald die steuerbehördliche Ermittlung begonnen hat, so dass ab diesem Zeitpunkt auch die Zwangslage zwischen steuerlichen Mitwirkungspflichten und Selbstbelastungsschutz wieder besteht.

Fraglich könnte in diesem Zusammenhang sein, ob eine solche Zwangslage für den Täter auch dann besteht, wenn er zwar eine Selbstrevisionsmöglichkeit hat, er aber aus finanziellen Gründen die Steuer und den Selbstrevisionszuschlag nicht entrichten kann. Man könnte argumentieren, dass für den Täter eine ebenso unzumutbare Situation aufgetreten ist, weil er dann ein steuerbehördliches Verfahren riskieren muss und sich dann wieder im Dilemma befindet, seinen steuerlichen Erklärungs- und Mitwirkungspflichten nachkommen und sich gleichzeitig selbst belasten zu müssen. Allerdings könnte man an dieser Stelle auf die Vorschrift des

§ 310 Abs. 6 Btk. verweisen, welche dem Steuerstraftäter nur dann Straflosigkeit garantiert, wenn er die vollständige Steuerhinterziehungssumme entrichtet. Würde man diesen Gedanken auch hier anwenden, dann müsste man eine entsprechende Zwangslage verneinen, da der Täter auch in diesem Fall die Möglichkeit zur Selbstrevision hat; die Tatsache, dass er die Steuer und den Selbstrevisionszuschlag nicht entrichten kann, entspringt seiner Sphäre, so dass er auch die Konsequenzen aus seinem finanziellen Unvermögen ziehen muss. Es erscheinen somit beide Lösungsansätze für vertretbar, eine endgültige Entscheidung muss dem ungarischen Gesetzgeber überlassen werden.

Um den nemo-tenetur-Grundsatz aufgrund der Parallelität von Steuer- und Strafverfahren nicht leerlaufen zu lassen, muss auf jeden Fall ein Verwendungsverbot[441] für die Fälle in Erwägung gezogen werden, in denen der Steuerpflichtige sich durch zutreffende Angaben in der Steuererklärung zu einem strafrechtlich relevanten Geständnis gezwungen sieht. Um die Grenzen des Verwendungsverbots nicht zu weit zu ziehen und dadurch den Informationsaustausch zwischen den Behörden auf ein Minimum zu reduzieren, könnte man auch in die Überlegungen mit einbeziehen, dass ein solches Verwendungsverbot nur für den Fall statuiert wird, dass bereits ein begründeter Anfangsverdacht einer weiteren Straftat besteht. Zugleich würde sich eine Änderung des § 172 Abs. 6 ungarische AO dahingehend anbieten, dass die Verhängung einer Versäumnisstrafe bei einer fehlerhaften Steuererklärung für den Fall nicht in Betracht kommt, dass der Steuerpflichtige sich durch die Erklärung einer weiteren Straftat überführen würde.

V. Zusammenfassung zum Zweiten Teil

Nach ungarischem Strafrecht begeht derjenige einen Steuer- und Sozialversicherungsbetrug, der eine zur Feststellung der Steuerschuld bedeutende Tatsache vor der Behörde unwahr wiedergibt oder verschweigt und dadurch oder durch eine andere täuschende Handlung die Steuereinnahmen mindert bzw. der die Steuerbehörde mit dem Ziel täuscht, die bereits festgestellte Steuer nicht entrichten zu müssen und dadurch die Steuereintreibung bedeutend verzögert oder gar verhindert. Entscheidend ist, dass der Straftatbestand des § 310 Btk. als eine Art strafrechtliche Rahmenvorschrift ausgestaltet ist, welche durch die steuerrechtlichen Spezialvorschriften und insbesondere durch die ungarische Abgabenordnung inhaltlich ausgefüllt wird. Der Steuer- und Sozialversicherungsbetrug kann sowohl durch aktives Handeln (Wiedergabe von unwahren Tatsachen oder Daten), aber auch durch pas-

---

441 Zu den Anforderungen, die an ein solches Verwendungsverbot gestellt werden, vgl. die Ausführungen unter Dritter Teil, II. 2.

sives Verhalten (Verschweigen von steuerrelevanten Tatsachen oder Daten) verwirklicht werden, wobei sich der Vorsatz des Täters sowohl auf die Minderung der Steuereinnahmen, auch durch die Inanspruchnahme von rechtswidrigen Steuervergünstigungen, als auch auf die gänzliche Nichtentrichtung oder verspätete Entrichtung der Steuer beziehen kann. Ein qualifizierter Fall des Steuer- und Sozialversicherungsbetrugs liegt vor, wenn die Steuereinnahmen in einem größeren, bedeutenden oder besonders großem Maße durch die Tat vermindert werden; es wird nur die effektive Einnahmensenkung berücksichtigt, welche unter Einbeziehung von Sachexperten ermittelt werden muss. In der Praxis ergeben sich größere Probleme in der Abgrenzung des Steuer- und Sozialversicherungsbetrugs vom einfachen Betrug.

Das gerichtliche Strafverfahren wird durch das Gesetz über das Strafverfahren aus dem Jahre 1998 geregelt; Sonderbestimmungen für Steuerstraftaten existieren nicht. Die wichtigsten Verfahrensbeteiligten sind die Ermittlungsbehörden, die Staatsanwaltschaft, das Gericht sowie der Angeklagte und sein Strafverteidiger; außerdem kann sich die APEH als Steuer- und Finanzaufsichtsbehörde im sog. Adhäsionsverfahren an der Verhandlung beteiligen. Das gerichtliche Strafverfahren wird geprägt durch zahlreiche Verfahrensgrundsätze; zu den wichtigsten zählen unter anderem die richterliche Unabhängigkeit, der Offizial- und Legalitätsgrundsatz, die Unschuldsvermutung, die Gewährleistung der persönlichen Freiheit, das Recht auf einen Verteidiger und das Recht auf Einlegung von Rechtsbehelfen, sowie die Grundsätze der Aufgabenteilung im Verfahren, die Grundsätze der Öffentlichkeit, Mündlichkeit und Unmittelbarkeit. Ein größeres Problem im gerichtlichen Strafverfahren ergibt sich in der Regel aus dem Erfordernis des Tatnachweises, da es in vielen Fällen für die Ermittlungsbehörden schwierig ist, zu beurteilen, ob die Tatverdächtigen noch auf legalem Weg die Festsetzung einer geringeren Steuerschuld erreichen wollen oder bereits die „Schwelle des Strafbaren" überschritten haben, zumal selbst die Gerichte in diesem Bereich Abgrenzungsschwierigkeiten haben, was vor allem aus der Rechtssprechungsentwicklung zur Abgrenzung des Steuerbetrugs vom allgemeinen Betrugstatbestand ersichtlich wird.

Insgesamt lassen sich vor allem im materiellen Strafrecht sehr große Übereinstimmungen zum deutschen Strafrecht feststellen, stellenweise gleichen sich die Vorschriften bis aufs Wort (vor allem im Bereich der Vorschriften zur Täterschaft und Teilnahme); dies lässt sich auf den Modifizierungs- und Anpassungsprozess zurückführen, der vor allem im Bereich des Strafrechts lange Zeit vor dem Beitritt Ungarns zur EU, nämlich ab 1989 einsetzte und in deren Verlauf insbesondere die Wirtschaftsdelikte größere Änderungen erfahren haben, im Hinblick auf die Ablösung der sozialistischen Planwirtschaft durch die moderne Marktwirtschaft.

Dritter Teil: Die Steuerstraftat aus verwaltungssteuerrechtlichen Gesichtspunkten

Im Gegensatz zum deutschen Steuerstrafrecht, welches die Steuerstraftaten in einem einzigen Gesetz, nämlich in der deutschen Abgabenordnung regelt, enthält das ungarische Rechtssystem Bestimmungen zu Vergehen im Zusammenhang mit Finanz- und Steuerangelegenheiten in unterschiedlichen Gesetzen, nämlich im ungarischen Strafgesetzbuch und in der ungarischen Abgabenordnung. Diese „zweidimensionale" Erfassung der Straftat hat einen fundamentalen Zusammenhang zwischen Straf- und Steuerrecht im Bereich der Finanz- und Steuerstraftaten zur Folge, da die Steuerrechtsordnung durch die strafrechtlichen Regelungen bewährt und gestärkt wird und sich die Verwaltungsbehörden und die Ermittlungsbehörden in der Verfolgung der Steuerstraftaten gegenseitig unterstützen. Entsprechend dieser engen Verflechtung der beiden Regelungskomplexe und entsprechend dem Selbstverständnis der vorliegenden Arbeit, eine möglichst umfassende Darstellung des ungarischen Steuerstrafrechtssystems zu erreichen, soll im Folgenden auf die verwaltungsanktionsrechtliche Sichtweise eingegangen werden.

I. Die ungarische Abgabenordnung oder törvény az adózás rendjéröl

In der ungarischen Abgabenordnung (~ adózás reindjéröl törvény XCI aus dem Jahr 1990, zuletzt geändert zum 01.01.2004, oder Art.), im Folgenden: ungarische AO, werden grundlegende Definitionen, Bestimmungen sowie Verhaltensregeln der Steuerverwaltung und des Steuerpflichtigen kodifiziert; ein Kapitel ist dem Verwaltungssanktionsrecht gewidmet.[442] Sinn und Zeck des Gesetzes XCI über die Abgabenordnung aus dem Jahr 1990 war vor allem eine einheitliche Regelung des Steuerverfahrens. Die ungarische Abgabenordnung wurde in Zusammenarbeit mit Beratern des Internationalen Währungsfonds (IWF), der Weltbank sowie internationaler Steuerberatungs- und Wirtschaftsprüfungsgesellschaften dahingehend ausgearbeitet, die aufgetretene Vielzahl von Steuerhinterziehungen einzuschränken und eine Harmonisierung der ungarischen Abgabenordnung mit den Einzelsteuer-

---

442 Djanani, Christiana / Brähler, Gernot / Ulbrich, Philipp, in: Investitionen und Steuern in Ungarn, S. 49. Láng, Csaba, Abgabenordnung. In: Ost-Spezial 1996, Heft 11, S. 5. Kátai, András / Vámosi-Nagy, Szabolcs / Szakács, László / Török, Júlia, in: Die Steuer, Steuergesetze 2004 / Kodex, Heft 7-8 / 2003, 12. Jahrgang, S. 264 ff.

gesetzen sowie eine effiziente Steuerverwaltung herbeizuführen.[443] Zwischenzeitlich wurde das Gesetz aus dem Jahre 1990 annähernd fünfzig Mal geändert und fand schließlich mit dem Gesetz XCII über die Abgabenordnung aus dem Jahr 2003 (sog. neue Abgabenordnung ~ „új törvény az adozás rendjéröl"), in Kraft getreten zum 01.01.2004, eine endgültige Fassung; diese neue Abgabenordnung zeichnet sich insbesondere durch einen logischen Aufbau und durch einen flüssigen Gesetzestext, ohne eine Fülle von Übergangsvorschriften, aus und erleichtert somit die Rechtsanwendung.[444]

Die ungarische Abgabenordnung enthält nunmehr neben formellen Vorschriften auch Bestimmungen materiellen Inhalts, die für jede Steuerart gleichermaßen gelten sollen, wie insbesondere die Verjährungsvorschriften und die Sanktionsregelungen. Das Gesetz besteht aus zehn Kapiteln und 182 Paragraphen. Das erste Kapitel der ungarischen Abgabenordnung enthält allgemeine Rechtsbestimmungen, das zweite Kapitel Bestimmungen über die Steuerpflichten und die Steuerbehörden, das dritte Kapitel führt die einzelnen Steuerverpflichtungen näher aus, das vierte Kapitel enthält Vorschriften zur Behandlung von Steuerdaten (unter anderem auch die Behandlung des Steuergeheimnisses). Das fünfte Kapitel beinhaltet Vorschriften zur Rechtsvereinheitlichung mit dem europäischen Recht, das sechste Kapitel zum Wirkungsbereich der Steuerbehörden, das siebte Kapitel hingegen zum Steuerverwaltungsverfahren (vor allem zur Steuerüberwachung). Von entscheidender Bedeutung ist das achte Kapitel über die verwaltungsstrafrechtlichen Folgen. Die zwei letzten Kapitel der ungarischen Abgabenordnung beschäftigen sich mit Spezialregelungen zu den einzelnen Steuerarten und Übergangsvorschriften.[445] Hervorzuheben sind unter anderem die Bestimmungen über die Steuerrechtssubjekte (Steuerpflichtige gem. §§ 6 ff. ungarische AO und Steuerbehörden gem. §§ 10 f. ungarische AO), über die einzelnen Steuerpflichten gem. §§ 14 f. ungarische AO, über die Selbstrevision gem. § 49 ungarische AO, über die Verjährung gem. § 164 ungarische AO und schließlich über die verwaltungsstrafrechtlichen Folgen gem. §§ 165 ff. ungarische AO. Ergänzt wird die ungarische Abgabenordnung vor allem im Bereich des gerichtlichen Verfahrens durch das IV. Verwaltungsverfahrensge-

---

443 Láng, Csaba, Abgabenordnung. In: Ost-Spezial 1996, Heft 11, S. 5. Djanani, Christiana / Brähler, Gernot / Ulbrich, Philipp, in: Investitionen und Steuern in Ungarn, S. 49.

444 Földes, Gábor / Hadi, László / Kurucz-Váradi, Károly / Pénzely, Márta / Pölöskei, Pálné / Szolnoki, Béla, in: Die Erläuterung des neuen Steuerrechts 2004, S. 1 f.

445 Kátai, András / Vámosi-Nagy, Szabolcs / Szakács, László / Török, Júlia, in: Die Steuer, Finanz- und steuerrechtliche Fachzeitschrift, Steuergesetze 2004 / Kodex, 12. Jahrgang, Heft 7-8, 2003, S. 234 ff. Földes, Gábor / Hadi, László / Kurucz-Váradi, Károly / Pénzely, Márta / Pölöskei, Pálné / Szolnoki, Béla, in: Die Erläuterung des neuen Steuerrechts 2004, S. 2.

setz aus dem Jahre 1957 (~ Áe ~ államigazgatási eljárás általános szabályairól szóló törvény), durch das Gesetz LIII. zum gerichtlichen Vollzugsverfahren aus dem Jahre 1994 (~ Vht. ~ a bírósági végrehajtásról szóló törvény) und durch das Staatshaushaltsgesetz aus dem Jahre 1992 (~ Áht. ~ az államháztartási törvény).[446] In erster Linie kommt immer die ungarische Abgabenordnung zur Anwendung und nur ergänzend, soweit sie keine eigenen speziellen Regelungen enthält, wird auf die Vorschriften der anderen Gesetze zurückgegriffen.[447]

II. Die Steuerpflichtigen und die Steuerbehörden nach der ungarischen Abgabenordnung

1. Der Steuerpflichtige

Das ungarische Steuerrecht verwendet für die Steuerrechtssubjekte verschiedene Fachbegriffe, die unterschieden werden müssen: Unter einem sog. Steuersubjekt (~ adóalany) versteht man allgemeinhin eine Person, welche in eigener Person den materiellen Steuertatbestand verwirklicht, an den die Steuerverpflichtung anknüpft und entsprechend auch Adressat einer solchen materiellen Steuernorm ist.[448] Der Kreis der sog. Steuerpflichtigen (~ adózók) hingegen ist weiter, da er jeden nach § 6 Abs. 1 ungarische AO erfasst, dessen Steuer- bzw. Steuerzahlungsverpflichtung durch ein Steuergesetz vorgeschrieben wird. Eine solche Verpflichtung kann auch durch die ungarische Abgabenordnung selbst vorgeschrieben sein und nicht nur durch die materiellen Steuergesetze, wie bei den Steuersubjekten. Steuerpflichtige können z.B. auch zur Informationsbeschaffung Verpflichtete oder der Arbeitgeber sein.[449]

---

446 Herich, György / Hadi, László / Horváth, Sándor / Magony, Krisztina / Molnár Gáspár, Endre / Szatmári, László, in: Steuerlehre I, Erklärungen, S. 6. Földes, Gábor / Hadi, László / Kékesi, László, in: Das Handbuch des Steuerverfahrens und –verwaltung, S. 10.

447 Földes, Gábor / Hadi, László / Kurucz-Váradi, Károly / Pénzely, Márta / Pölöskei, Pálné / Szolnoki, Béla, in: Die Erläuterung des neuen Steuerrechts 2004, S. 2 f.

448 Földes, Gábor / Hadi, László / Kékesi, László, in: Das Handbuch des Steuerverfahrens und -verwaltung, S. 27 ff.

449 Földes, Gábor / Hadi, László / Kékesi, László, in: Das Handbuch des Steuerverfahrens und -verwaltung, S. 27. Dáni, Sándor, in: Die wesentlichen theoretischen Fragen des Finanzrechts, S. 114 f. Gódor, Sándorné, in: Einkommensbesteuerung von Kleinunternehmern und damit zusammenhängende Informationsbeschaffung, S. 2 ff. Földes, Gábor, in: Steuerrecht, S. 167 ff.

Nicht als Steuerpflichtiger kann angesehen werden, wer nach § 35 Abs. 2 ungarische AO die Steuer anstelle des zur Zahlung Verpflichteten, subsidiär bei Nichterfüllung durch den Primärverpflichteten, entrichten muss (~ az adó megfizetésére kötelezettek). Bei diesem handelt es sich zwar um ein Steuerrechtssubjekt, nicht aber um einen Steuerpflichtigen im engeren Sinn (z.b. Erben des Steuerpflichtigen). Diese Personen können aber sehr wohl nach § 6 Abs. 2 S. 2 ungarische AO die Rechte, die dem Steuerpflichtigen im engeren Sinn zustehen, wahrnehmen, sind aber zur Erfüllung von sonstigen Steuernebenpflichten, wie z.B. der Informationsbeschaffung nicht durch das Gesetz angehalten.[450] Rechte, welche diesen Personen zustehen, sind insbesondere das Recht auf Steuervergünstigung, Zahlungsaufschub, Ratenzahlung oder sonstige Zahlungserleichterungen. Allerdings leben solche Rechte, die der Steuerpflichtige nicht in Anpsruch genommen oder bereits ausgeschöpft hat, in der Person des zur Zahlung Verpflichteten nicht wieder auf, d.h. auch er kann diese Rechte nicht mehr geltend machen. Ebenso können Rechtsbehelfe gegen behördliche oder gerichtliche Entscheidungen nur in der Frist eingelegt werden, in der auch der Steuerpflichtige sie hätte einlegen können, d.h. die Rechtsbehelfsfristen laufen beim Übergang der Steuerschuld auf den zur Zahlung Verpflichteten nicht von neuem an.[451] Sind mehrere Personen zur Zahlung anstelle des Steuerpflichtigen angehalten, dann kann derjenige, der die Steuersumme entrichtet hat, die seinen Beitrag übersteigende Summe von den anderen verlangen.[452] Die ungarische Abgabenordnung nimmt also keine abschließende Aufzählung der Steuerpflichtigen vor, sondern überlässt diese viel mehr den steuerrechtlichen Spezialgesetzen. Wer zur Zahlung der Einkommensteuer oder Umsatzsteuer verpflichtet ist, regeln die Spezialgesetze über die Einkommensteuer oder Umsatzsteuer; so muss Umsatzsteuer nur diejenige juristische Person oder Privatperson entrichten, die regelmäßig im eigenen Namen Waren absetzt, mit dem Ziel, daraus Einnahmen zu erzielen.[453] Die ungarische Abgabenordnung nennt pauschale, taxative Voraussetzungen, bei deren Vorliegen jemand Adressat einer Steuerverpflichtung werden

---

450 Földes, Gábor / Hadi, László / Kékesi, László, in: Das Handbuch des Steuerverfahrens und -verwaltung, S. 27 f. Bonácz, Zsolt / Orbán, Ildikó / Bakonyi, Béla / Szurovszki, Éva / Lakiné Szkiba, Judit, in: Steuerschonende Ratschläge, 2004, S. 253.

451 Földes, Gábor / Hadi, László / Kurucz-Váradi, Károly / Pénzely, Márta / Pölöskei, Pálné / Szolnoki, Wéla, in: Die Erläuterung des neuen Steuerrechts 2004, S. 31 f.

452 Földes, Gábor / Hadi, László / Kurucz-Váradi, Károly / Pénzely, Márta / Pölöskei, Pálné / Szolnoki, Wéla, in: Die Erläuterung des neuen Steuerrechts 2004, S. 31.

453 Staatlich technische Entwicklungskommission, in: Preis / Lohn / Steuer / Vergünstigung, S. 60. Lázár, Erzsébet / Pénzely, Márta, in: Umsatzsteuerkommentar, S. 33.

kann.[454] Sie zählt vier alternative Voraussetzungen hierzu auf: Im Falle einer juristischen Person, wenn diese auf ungarischem Staatsgebiet einen Sitz oder eine Niederlassung unterhält oder sich auf sonstige Weise wirtschaftlich (produzierend, dienstleistend, betrieblich oder geschäftlich) betätigt; im Falle einer Privatperson, wenn diese ihren Wohnsitz oder ständigen Aufenthalt auf ungarischem Staatsgebiet hat oder sich auf sonstiger Weise auf ungarischem Territorium aufhält. Von einem ständigen Aufenthalt kann bei Privatpersonen nur dann gesprochen werden, wenn sich diese mindestens 183 Tage in Ungarn pro Kalenderjahr aufhalten.[455] Gleichermaßen juristische Personen, als auch Privatpersonen und sonstige Vereinigungen erfüllen die Voraussetzungen der Steuerpflichtigkeit, wenn sie über Vermögen in Ungarn verfügen oder im ungarischen Staatsgebiet Einkommen oder Gewinne erzielen oder an einem Verwaltungs- oder Gerichtsverfahren teilnehmen. Steuerpflichtige i.S.d. ungarischen Steuerrechts können auch ausländische natürliche oder juristische Personen sein, wenn einer der eben genannten Voraussetzungen auf sie zutrifft. So ist z.B. eine natürliche Person nach § 3 Nr. 2 ungarisches EStG unbeschränkt steuerpflichtig, wenn sie ihren Wohnsitz in Ungarn hat oder sich an mindestens 183 Kalendertagen im Land aufhält. Wenn eine Person in mehreren Staaten einen Wohnsitz hat, gilt das Prinzip des Lebensmittelpunktes. Beschränkt einkommensteuerpflichtig ist eine natürliche Person, wenn sie weder ihren Wohnsitz noch ihren ständigen Aufenthalt in Ungarn hat. In diesem Fall unterliegen entsprechend dem Territorialitätsprinzip nur die ungarischen Einkommensteile der Steuerpflicht. Zweigniederlassungen eines ausländischen Unternehmens müssen eine Abgrenzung der Einnahmen des ungarischen Standortes vornehmen, weiterhin muss eine eigene Betriebsstättenbuchhaltung in ungarischer Währung vorgenommen werden. Soweit Ungarn mit dem Sitzstaat des ausländischen Unternehmens ein sog. Doppelbesteuerungsabkommen (DBA) abgeschlossen hat (wie im Falle Deutschland – Ungarn) gelten die Regelungen des Abkommens, ansonsten sind mindestens 12 Prozent der verbuchten Kosten und Aufwendungen als Besteuerungsgrundlage anzusehen.[456]

---

454 Földes, Gábor, in: Steuerrecht, S. 167. Rácz, Ildikó, in: Steuerkenntnisse, S. 12. Földes, Gábor / Hadi, László / Kurucz-Váradi, Károly / Pénzely, Márta / Pölöskei, Pálné / Szolnoki, Béla, in: Die Erläuterung des neuen Steuerrechts 2004, S. 21.

455 Földes, Gábor, in: Steuerrecht, S. 168.

456 Djanani, Christiana / Brähler, Gernot / Ulbrich, Philipp, in: Investitionen und Steuern in Ungarn, S. 54 u. 72. Bognár, Péter / Molnár, Csaba / Vörösné Forstner, Mária, in: Wegweiser für ausländische Organisationen und Privatpersonen, S. 27 ff. Károlyi, Géza, Der ausländische Unternehmer mit steuerrechtlichem Status. In: Wirtschaft und Recht, 12. Jahrgang, Nr. 9, September 2004, S. 21. Wirtschaftszeugnis, wöchentlich erscheinender Schnellbericht für Unternehmen, für Institutionsleiter, Rechtsvorschriften der Union und

2. Die Steuerbehörden

Die Steuerbehörden sind in der ungarischen Abgabenordnung in den §§ 10 f. Art.[457] geregelt. Hauptaufgabe der Behörden ist vor allem die Festsetzung der Steuerschuld, die Steuereintreibung, die Vollziehung von Sanktionen und die Steuerüberwachung im Allgemeinen; daneben nehmen die Steuerbehörden gegenüber dem Steuerpflichtigen aber auch Informations- und Dienstleistungspflichten wahr.[458]

Im ungarischen Steuerrechtssystem gibt es verschiedene Steuerbehörden mit unterschiedlichen Aufgabenbereichen: Zuständig für die Überwachung und Eintreibung der Steuerschulden ist in erster Linie die Steuer- und Finanzaufsichtsbehörde (~ APEH ~ Adó es Penzügyi Ellenörzési Hivatal) mit dem Hauptsitz in Budapest und ihren regionalen Unterbehörden. Bei der APEH handelt es sich um ein mit eigener Rechtspersönlichkeit ausgestattetes und selbständig wirtschaftendes Verwaltungsorgan, dessen Präsident auf unbegrenzte Zeit vom Finanzminister ernannt wird. Präsident der Steuer- und Finanzüberwachungsbehörde kann aber nur derjenige werden, der über die ungarische Staatsbürgerschaft, über herausragende fachliche Kenntnisse und über eine mindestens fünfjährige Berufserfahrung in der Verwaltung und im Führungsbereich verfügt. Die APEH ist den Weisungen und der Aufsicht des Finanzministeriums unterstellt. Die grundlegenden Bestimmungen zum Aufgabenbereich, zur Organisation und zur Arbeitsweise der APEH enthält seit dem 01. Januar 2003 das LXV. Gesetz über die Steuer- und Finanzaufsichtsbehörde (~ az 2002. évi LXV. törvény az adó-es pénzügyi ellenörzési hivatalról).[459] Die Zollbehörden (~ VPOP ~ a Vám-és Pénzügyörség Országos Parancsnoksága,

---

Überwachungen, 7. Jahrgang, Nr. 18, 2004., S. 4. Szakács, Imre, in: Die Besteuerung von Ausländern in Ungarn, S. 18 ff.

457 Eine Übersetzung des § 10 Art. findet sich im Anhang, in der Anlage III. Nr. 2.

458 Földes, Gábor, in: Steuerrecht, S. 174. Vigvári, András, in: Öffentliche Geldangelegenheiten, Selbstverwaltungsgeldangelegenheiten, S. 153. Kátai, András / Vámosi-Nagy, Szabolcs / Beszteri, Sára / Kiss, Sándor / Szakács, László / Török, Júlia, in: Die Steuer, Finanz- und steuerrechtliche Fachzeitschrift, Steuerführer, Informationsdienstleistung 2003, 3. Jahrgang, Heft 1, 2004, S. 45. Kátai, András / Vámosi-Nagy, Szabolcs / Mészáros, Gyuláné / Varga, Árpád / Zödi, Zsolt / Török, Júlia, in: Die Steuer, Finanz- und steuerrechtliche Fachzeitschrift, Steuerfragen und Antworten, Probeauflage, 2004, S. 7 ff. Takács, György, in: Finanzrecht, Bd. I, S. 222.

459 Kommentar zum ungarischen Gesetz über die APEH, Kommentar zum § 1 des Gesetzes, S. 1 im Ausdruck (CD-Rom). Földes, Gábor, in: Steuerrecht, S. 174. Szakács, Imre, in: Die Besteuerung von Ausländern in Ungarn, S. 150 f. Földes, Gábor / Hadi, László / Kurucz-Váradi, Károly / Pénzely, Márta / Pölöskei, Pálné / Szolnoki, Béla: Die Erläuterung des neuen Steuerrechts 2004, S. 38 f.

wörtlich übersetzt „Staatliche Kommandatur in Zoll- und Finanzüberwachungssachen") sind zuständig für den gesamten Zollverkehr,[460] während hingegen die örtlichen Steuerangelegenheiten in die Zuständigkeit der Selbstverwaltungsbehörden (~ önkormányzati jegyző) fallen.[461] Schließlich sind auch Gebührenämter eingerichtet (~ illetékhivatal), die mit der Festsetzung und Eintreibung von Gebühren beschäftigt sind.[462]

Der Kompetenzbereich (~ hatáskör) und die Zuständigkeitsverteilung innerhalb der Behörde (~ illetékesség) wird durch die Vorschriften der §§ 71 bis 83, im sechsten Kapitel der ungarischen Abgabenordnung bestimmt: Während also die Regelung des Kompetenzbereiches auf die Frage eine Antwort gibt, welche der vier Steuerbehörden in der Sache tätig werden kann, ergibt sich aus den Zuständigkeitsregelungen hingegen, welches Organ oder welche Unterbehörde desselben Kompetenzbereiches zu einer Entscheidung in der Sache berufen ist. Diese Unterscheidung erinnert an die bereits aus dem deutschen Verwaltungsrecht bekannte Gliederung der Befugnisse in Verbands- und Organkompetenz.[463]

Eine herausragende Stellung unter den vier Steuerbehörden nimmt die Steuer- und Finanzüberwachungsbehörde APEH ein, die allgemeinhin als „die staatliche Steuerbehörde" bezeichnet wird, da sie über einen sehr weiten Wirkungskreis (~ hatáskör) verfügt.[464] Die Kompetenz der APEH erstreckt sich unter anderem auf die Zuweisung und Rückforderung, Erstattung und Rückzahlung von Steuern, auf Überwachung, Festsetzung und Eintreibung von Mitgliedsbeiträgen an die private Rentenkasse, aber auch auf das Insolvenzverfahren. Daneben nimmt die Steuer- und Finanzaufsichtsbehörde die bereits eingangs zu diesem Punkt erwähnten Aufgaben wahr. So ist die APEH neben der Festsetzung und Eintreibung der Steuer

---

460   Vigvári, András, in: Öffentliche Geldangelegenheiten, Selbstverwaltungsgeldangelegenheiten, S. 153. Földes, Gábor, in: Steuerrecht, S. 175. Herich, György / Hadi, László / Horváth, Sándor / Magony, Krisztina / Molnár Gáspár, Endre / Szatmári, László, in: Steuerlehre I, Erklärungen, S. 35.

461   Vigvári, András, in: Öffentliche Geldangelegenheiten, Selbstverwaltungsgeldangelegenheiten, S. 153. Földes, Gábor, in: Steuerrecht, S. 177.

462   Földes, Gábor / Hadi, László / Kékesi, László, in: Das Handbuch des Steuerverfahrens und -verwaltung, S. 42.

463   Rácz, Ildikó, in: Steuerkenntnisse, S. 27. Földes, Gábor / Hadi, László / Kurucz-Váradi, Károly / Pénzely, Márta / Pölöskei, Pálné / Szolnoki, Béla, in: Die Erläuterung des neuen Steuerrechts 2004, S. 37.

464   Földes, Gábor / Hadi, László / Kurucz-Váradi, Károly / Pénzely, Márta / Pölöskei, Pálné / Szolnoki, Béla, in: Die Erläuterung des neuen Steuerrechts 2004, S. 38. Földes, Gábor, in: Steuerrecht, S. 174.

auch für die Beschaffung und Verarbeitung von Informationsmaterial über die Steuerzahler zuständig, die sie auch anderen Behörden zur Verfügung stellt. Obwohl sie über einen fast schon universellen Kompetenzbereich verfügt, gehört es dennoch nicht zu den Hauptaufgaben der APEH Ermittlungstätigkeiten im Zusammenhang mit Steuerstraftaten zu führen. Eine entsprechende Befugnis der APEH war einstmals in § 2 Abs. 1 a.f. des Gesetzes über die Steuer- und Finanzüberwachungsbehörde geregelt; zur Erfüllung dieser Aufgabe wurde eine spezielle Ermittlungsabteilung, die Direktion für Strafsachen, und auch bei den regionalen Behörden der APEH Ermittlungsabteilungen eingerichtet, die über entsprechende Befugnisse und Rechte wie die anderen Ermittlungsbehörden nach dem Strafverfahrensgesetz verfügten. Allerdings hat man dann früh erkannt, dass die ermittlerische Tätigkeit der APEH mit ihren sonstigen steuerverwaltungsrechtlichen Aufgaben, insbesondere mit der Beschaffung von Informationsmaterial, nicht zu vereinbaren war. So konnte die APEH als Ermittlungsbehörde jederzeit alle Daten und Informationen von allgemeinen Ermittlungsbehörden, wie z.B. den Polizeibehörden anfordern, obwohl nach § 52 Abs. 2 ungarische AO die Steuerbehörde solche Daten nur zur Identifizierung des Steuerpflichtigen, zur Festsetzung und Überwachung der Steuerschuld und zur Klärung eines steuerlichen Sachverhalts verwenden kann. Mit der Neufassung des Gesetzes über die Steuer- und Finanzüberwachungsbehörde zum 01.01.2003 wurde nunmehr der APEH diese Aufgabe wieder entzogen.[465]

---

465 Földes, Gábor, in: Steuerrecht, S. 175. Bordács Ágnes / Csillag, Dezsöné / Zsohár, Istvánné, in: APEH, Der auf eine Straftat hinweisende Sachverhalt im Rahmen der Steuerüberwachung, eine Veröffentlichung der APEH, überarbeitete Fassung, S. 11. Kommentar zum ungarischen Gesetz über die APEH, Kommentar zum § 2 des Gesetzes, S. 2 im Ausdruck (CD-Rom). Osváth, Sarolta, Die öffentliche Meinung verurteilt heute bereits die Steuerverheimlichung. In: Überwachungsbeobachter, Fachzeitschrift zur Überwachungstätigkeit der Steuerbehörden, Nr. 1, 2002, S. 26 ff. Seres, Attila, in: Steuerparadies, S. 56. Szerdahelyi, Szabolcs, in: Verfolgte der APEH vereinigt euch!, S. 23 ff. Wirtschaftszeugnis, wöchentlich erscheinender Schnellbericht für Unternehmen, für Institutionsleiter, Herausgehobene Überwachungen, 7. Jahrgang, Nr. 6, 2004, S. 4. Wirtschaftszeugnis, wöchentlich erscheinender Schnellbericht für Unternehmen, für Institutionsleiter, Die Übereinkunft der APEH mit dem Zoll- und Finanzamt, 7. Jahrgang, Nr. 19, 2004, S. 4. Wirtschaftszeugnis, wöchentlich erscheinender Schnellbericht für Unternehmen, für Institutionsleiter, Erfolgreich war die Eintreibung, 7. Jahrgang, Nr. 5, 2004, S. 4. Wirtschaftszeugnis, wöchentlich erscheinender Schnellbericht für Unternehmen, für Institutionsleiter, Annähernd 6000 Mrd. HUF Einnahmen im Jahr 2003, 7. Jahrgang, Nr. 4, 2004, S. 4. Wirtschaftszeugnis, wöchentlich erscheinender Schnellbericht für Unternehmen, für Institutionsleiter, Ab Januar wirksam werdende Veränderungen, 7. Jahrgang, Nr. 3, 2004, S. 4. Wirtschaftszeugnis, wöchentlich erscheinender Schnellbericht für Unternehmen, für Institutionsleiter, Die APEH hat ihren Einnahmeplan verwirklicht, 7. Jahrgang, Nr. 1 – 2, 2004,

Um ihren vielfältigen Aufgaben gerecht zu werden, verfügt die APEH über insgesamt 18 Bezirksbehörden (~ megyei igazgatóság), drei Behörden in der Hauptstadt Budapest und eine Behörde für den Bezirk und die Stadt Budapest; letztere wird aufgrund einer Ermächtigung des Finanzministeriums unter anderem dann tätig, wenn die steuerrechtliche Beurteilung des Falles eine besondere Sachkunde der Behörde erfordert. Die einzelnen Bezirke der Hauptstadt sind auf die Nord-, Süd- und Ost-Direktionen (~ Észak-Dél- és Kelet- budapesti Igazgatóság) verteilt. So ist die Nord-Direktion der APEH (~ Észak- budapesti Igazgatóság) für den I.-V. und den XIII. Bezirk zuständig, die Ost-Direktion (~ Kelet- budapesti Igazgatóság) für den VI.-VIII., X., XIV, XV., XVI, XVII. Bezirk und die Süd-Direktion (~ Dél- budapesti Igazgatóság) für den IX., XI., XII., XVIII.-XX, XXI-XXIII. Bezirk zuständig; die spezielle Direktion für den Bezirk Budapest und die Stadt Budapest (~ Fövárosi Pest- megyei igazgatóság) ist nur für die Erfassung herausragender Steuerrechtsfälle verantwortlich und verfügt somit im Bereich des Bezirks und der Stadt Budapest über einen speziellen Wirkungskreis.[466] Welche Stelle innerhalb dieses vielschichtigen behördlichen Aufbaus tätig wird, bestimmt sich gem. § 74 Art. bei Privatpersonen nach dem ständigen Wohnsitz oder, wenn ein solcher nicht besteht, nach dem zeitweiligen Wohnsitz oder ständigem Aufenthaltsort. Bei Unternehmen mit oder ohne eigene Rechtspersönlichkeit oder bei sonstigen Organisationen wird diejenige Behörde tätig, die sich am Hauptsitz oder am Sitz der Niederlassung, wo die unternehmerische Tätigkeit ausgeübt wird, befindet. Die Aufzählung von Hauptsitz, Niederlassung bzw. ständigem, zeitweiligen Wohnsitz oder Aufenthaltsort ist alternativ, d.h. die Behörde am Niederlassungsort wird nur dann zuständig, wenn das Unternehmen über keinen entsprechenden Hauptsitz in Ungarn verfügt. Dadurch soll eine Doppelerfassung vermieden werden. Im Falle des Steuerrechtsverhältnisses zwischen Arbeitgeber und Arbeitnehmer ist immer diejenige Steuerbehörde zuständig, die ansonsten auch für die Erledigung der Steuerangelegenheiten des Arbeitgebers zuständig wäre. Eine ausschließliche Zuständigkeit der Nord-Direktion besteht hingegen nach § 77 Art. für juristische und natürliche ausländische Personen, die in Ungarn weder über einen Stammsitz, eine

---

S. 4. Petrik, Ferenc / Lomnici, Zoltán, in: Verwaltungswirtschaftliche Entscheidungssammlung, Steuersachen, 13. Jahrgang, Heft 1, Nr. 1, 2004, S. 1 ff. Wirtschaftszeugnis, wöchentlich erscheinender Schnellbericht für Unternehmen, für Institutionsleiter, Die abrechenbaren Benzinpreise, 7. Jahrgang, Nr. 13, 2004, S. 4.

466 Földes, Gábor / Hadi, László / Kurucz-Váradi, Károly / Pénzely, Márta / Pölöskei, Pálné / Szolnoki, Béla, in: Die Erläuterung des neuen Steuerrechts 2004, S. 40 f. Földes, Gábor, in: Steuerrecht, S. 174.

Niederlassung, einen ständigen oder zeitweiligen Wohnsitz oder Aufenthaltsort verfügen.[467]

Die Aufsicht und Leitung der einzelnen Direktionen hat die sog. zentrale Behörde der APEH inne (~ központi hivatal); zugleich erfüllt die zentrale Behörde die Aufgaben einer zweiten Instanz. Geleitet wird die zentrale Behörde von dem Präsidenten der APEH.[468]

Eine effektive und zugleich zweckmäßige Erfüllung der verwaltungssteuerrechtlichen Aufgaben erfordert, dass steuerrechtliche Fragen, die sich im Zusammenhang mit einer Grenzüberschreitung ergeben, von derjenigen Behörde beantwortet werden, welche nach ihrer Zielsetzung und Organisation dies am ehesten vermag, nämlich die Zollbehörde (~ vámhatoság).[469] Kompetenzbereich und Zuständigkeitsabgrenzung innerhalb der Zollbehörde ist in den §§ 79, 80 Art. geregelt. In den Kompetenzbereich der Zollbehörde fällt demnach unter anderem die Bearbeitung von Fällen, die sich im Zusammenhang mit der Steuer für Kraftfahrzeuge mit ausländischen Kennzeichen ergeben oder aber auch mit der Steuer, die auf Importwaren erhoben wird.[470] Die Organisation der Zollbehörden ist mehrstufig geregelt: Es gibt Unter- und Mittelbehörden, die der staatlichen Kommandatur für Zoll- und Finanzüberwachungssachen (~ VPOP) unterstellt sind. Die Zoll- sowie auch die Finanzämter in ihrer Gesamtheit unterstehen der Weisungsbefugnis und Leitung des Finanzministers. Bei den Zoll- und Finanzämtern handelt es sich um mit eigener Rechtspersönlichkeit ausgestattete Verwaltungsorgane.[471] Welches spezielle Amt innerhalb der behördlichen Organisation des Zollwesens nun für die Bearbeitung eines Falles zuständig ist, richtet sich nach denselben Grundsätzen wie bei der APEH. Die Zuständigkeitsvereilung auf die einzelnen Ämter der Zollbehörde rich-

---

467 Rácz, Ildikó, in: Steuerkenntnisse, S. 27. Kátai, András / Vámosi-Nagy, Szabolcs / Szakács, László / Török, Júlia, in: Die Steuer, Finanz- und steuerrechtliche Fachzeitschrift, Steuergesetze 2004 / Kodex, 12. Jahrgang, Heft 7-8, 2003, S. 250 f. Földes, Gábor / Hadi, László / Kurucz-Váradi, Károly / Pénzely, Márta / Pölöskei, Pálné / Szolnoki, Béla, in: Die Erläuterung des neuen Steuerrechts 2004, S. 41 f.

468 Földes, Gábor / Hadi, László / Kurucz-Váradi, Károly / Pénzely, Márta / Pölöskei, Pálné / Szolnoki, Béla, in: Die Erläuterung des neuen Steuerrechts 2004, S. 44.

469 Földes, Gábor / Hadi, László / Kurucz-Váradi, Károly / Pénzely, Márta / Pölöskei, Pálné / Szolnoki, Béla, in: Die Erläuterung des neuen Steuerrechts 2004, S. 44.

470 Földes, Gábor, in: Steuerrecht, S. 175. Földes, Gábor / Hadi, László / Kurucz-Váradi, Károly / Pénzely, Márta / Pölöskei, Pálné / Szolnoki, Béla, in: Die Erläuterung des neuen Steuerrechts 2004, S. 44 f. Kátai, András / Vámosi-Nagy, Szabolcs / Szakács, László / Török, Júlia, in: Die Steuer, Finanz- und steuerrechtliche Fachzeitschrift, Steuergesetze 2004 / Kodex, 12. Jahrgang, Heft 7-8, 2003, S. 251.

471 Földes, Gábor, in: Steuerrecht, S. 175.

tet sich folglich danach, wo der Steuerpflichtige seinen Stammsitz bzw. seine Niederlassung oder, bei natürlichen Personen, seinen ständigen oder zeitweiligen Wohnsitz bzw. seinen ständigen Aufenthaltsort hat.

Ebenfalls die Funktion von Steuerbehörden nehmen die Selbstverwaltungsbehörden (~ önkormányzati jegyző) wahr, soweit sich ihr Wirkungskreis auf die örtlichen Steuern (~ helyi adók), auf die Steuer für Kraftfahrzeuge (~gépjárműadó) mit inländischem Kennzeichen, auf die Steuer für die Verpachtung für Ackerland (~ termöföld bérbadásából származó jövedelem adóztatása) bezieht.[472] Zuständig ist dabei nach § 82 Art. diejenige Selbstverwaltungsbehörde, welche die örtliche Steuer eingeführt hat, im Falle der Kraftfahrzeugsteuer diejenige Selbstverwaltungsbehörde, in deren Gebiet sich der Wohnsitz, der Stammsitz oder die Niederlassung des Fahrzeughalters befindet; entsprechend ist für die Abwicklung der Steuer, die für die Verpachtung von Ackerland erhoben wird, die geographische Lage des Ackerlandes für die Zuständigkeitsfrage entscheidend. In der Hauptstadt Budapest ist die Selbstverwaltungsbehörde des jeweiligen Bezirks zuständig.[473]

Für die Festsetzung und Eintreibung von Gebühren sind schließlich die sog. Gebührenämter (~ illetékhivatal) bzw. das Gebührenamt der Hauptstadt Budapest (~ Fővárosi Illetékhivatal) zuständig;[474] die Befugnisabgrenzung zwischen den einzelnen Gebührenämtern richtet sich gem. § 84 ungarische AO nach der Art der Gebühr, die erhoben werden soll: So ist z.B. für die Festsetzung einer Gebühr in einer Erbschaftsangelegenheit (~ öröklési illeték) dasjenige Gebührenamt befugt, in dessen Gebiet der mit der Abwicklung der Erbschaft betraute Notar seinen Kanzleisitz hat oder in Ermangelung einer solchen Beauftragung das Gebührenamt, in dessen Gebiet der Erblasser seinen letzten ständigen Wohnsitz hatte; verfügte der Erblasser über keinen entsprechenden Wohnsitz und hat er auch keinen Notar mit der Abwicklung der Erbsache betraut, dann entscheidet das Finanzministerium in wessen Zuständigkeit die Rechtssache fällt. Das Finanzministerium kann ferner auf

---

472 Kátai, András / Vámosi-Nagy, Szabolcs / Szakács, László / Török, Júlia, in: Die Steuer, Finanz- und steuerrechtliche Fachzeitschrift, Steuergesetze 2004 / Kodex, 12. Jahrgang, Heft 7-8, 2003, S. 251. Földes, Gábor, in: Steuerrecht, S. 177.

473 Földes, Gábor / Hadi, László / Kurucz-Váradi, Károly / Pénzely, Márta / Pölöskei, Pálné / Szolnoki, Béla, in: Die Erläuterung des neuen Steuerrechts 2004, S. 45. Kátai, András / Vámosi-Nagy, Szabolcs / Szakács, László / Török, Júlia, in: Die Steuer, Finanz- und steuerrechtliche Fachzeitschrift, Steuergesetze 2004 / Kodex, 12. Jahrgang, Heft 7-8, 2003, S. 251. Földes, Gábor, in: Steuerrecht, S. 177.

474 Földes, Gábor / Hadi, László / Kurucz-Váradi, Károly / Pénzely, Márta / Pölöskei, Pálné / Szolnoki, Béla, in: Die Erläuterung des neuen Steuerrechts 2004, S. 46 f. Földes, Gábor, in: Steuerrecht, S. 178.

begründeten Antrag hin gem. § 84 Abs. 6 ungarische AO die Zuständigkeit eines anderen Gebührenamtes bestimmen.[475]

Die Aufsicht über die vier, in § 10 Abs. 1 ungarische AO erwähnten Steuerbehörden übt nach § 11 ungarische AO der Finanzminister aus. Die Vorschrift des § 11 Art. wurde zum 01.01.2003 in die ungarische Abgabenordnung eingeführt, um die bis dahin in der gesamten Abgabenordnung verstreuten Rechte und Pflichten des Finanzministers in einer einzigen Vorschrift zu regeln. Der Finanzminister verfügt nunmehr über weitgehende Befugnisse: Er ist unter anderem zur Überwachung der Tätigkeit aller vier Steuerbehörden und der Vollziehung der Gesetze befugt und bestimmt die Entwicklungsrichtung der Steuerbehörden. Er unterbreitet der Regierung Gesetzesvorschläge im Hinblick auf die selbstverwaltungsrechtliche Organisation, koordiniert das Zusammenwirken der einzelnen Behörden und setzt die jährlichen Aufgaben der Steuerbehörden fest. Des Weiteren ist er aber auch befugt, von den Leitern der Steuerbehörden einen Rechenschaftsbericht über ihre Arbeit zu verlangen und über jeden zu bearbeitenden Rechtsfall Informationen einzuholen. Ausschließlich in die Zuständigkeit des Finanzministers fallen organisatorische Fragen im Hinblick auf die Gesamtheit der Steuerbehörden oder die Anregung von neuen Gesetzen zur Koordination der Steuerbehörden; diese Rechtsangelegenheiten können nicht auf den Beamtenapparat des Finanzministeriums zur Erledigung übertragen werden.[476]

Um einem unbefugten Datentransfer zwischen den Behörden entgegenzuwirken, zugleich aber die Effizienz der behördlichen Arbeit zu gewährleisten, bestimmt der § 10 Abs. 4 lit. a ungarische AO, dass der Austausch von Daten und Informationsmaterial nur in den vom Gesetz gestatteten Fällen (unter anderem §§ 52 ff. ungarische AO) zulässig sein soll und dass die Steuerbehörden zusammenwirken müssen, um sich in der Arbeit gegenseitig unterstützen zu können. Eine Verletzung des Steuergeheimnisses (~ adótitok) liegt nach § 53 Abs. 3 ungarische AO nur dann vor, wenn das Informationsmaterial ohne einen berechtigten Grund an eine unzuständige Stelle weitergegeben wurde. Ein solcher berechtigter Grund liegt aber

---

475 Kátai, András / Vámosi-Nagy, Szabolcs / Szakács, László / Török, Júlia, in: Die Steuer, Finanz- und steuerrechtliche Fachzeitschrift, Steuergesetze 2004 / Kodex, 12. Jahrgang, Heft 7-8, 2003, S. 251. Földes, Gábor, in: Steuerrecht, S. 178. Földes, Gábor / Hadi, László / Kurucz-Váradi, Károly / Pénzely, Márta / Pölöskei, Pálné / Szolnoki, Béla, in: Die Erläuterung des neuen Steuerrechts 2004, S. 46 f.

476 Földes, Gábor / Hadi, László / Kurucz-Váradi, Károly / Pénzely, Márta / Pölöskei, Pálné / Szolnoki, Béla, in: Die Erläuterung des neuen Steuerrechts 2004, S. 36 f. Kátai, András / Vámosi-Nagy, Szabolcs / Szakács, László / Török, Júlia, in: Die Steuer, Finanz- und steuerrechtliche Fachzeitschrift, Steuergesetze 2004 / Kodex, 12. Jahrgang, Heft 7-8, 2003, S. 236.

nach § 54 ungarische AO vor, wenn die Daten für statistische Zwecke benötig werden oder aber wenn dadurch erst ein Steuerdefizit aufgedeckt werden kann und die Steuereintreibung dadurch ermöglicht oder erleichtert wird. Ebenso ist eine Weiterleitung von Daten an die Gerichte oder auf Ersuchen des zuständigen Staatsanwalts an die Ermittlungsbehörden, wenn dies z.B. für die Einleitung des Strafverfahrens erforderlich ist, möglich. In diesen Fällen sind die Gerichte, Ermittlungs-, Steuer- und Zollbehörden keine unzuständigen Stellen.[477] Des Weiteren fordert der § 10 Abs. 4 lit. b ungarische AO die Zusammenarbeit der ungarischen Steuerbehörden mit den Steuerbehörden der einzelnen europäischen Mitgliedstaaten und mit der Hauptdirektion der Europäischen Kommission. Dies erfolgt i.S.d. europäischen Rechtsharmonisierung und verpflichtet die Mitgliedstaaten zum Aufbau eines weitreichenden Informationssystems mit einer Datenbasis, in der die steuerrelevanten Daten eines jeden Steuerpflichtigen erfasst werden, die von den Steuerbehörden eines jeden Mitgliedstaates jederzeit abgerufen werden können.[478]

Fraglich ist aber, ob der Steuerpflichtige angesichts der geltenden gesetzlichen Bestimmungen in ausreichendem Maße gegen eine unzulässige Weitergabe und Verwendung des von der Steuerbehörde ermittelten Informationsmaterials geschützt ist und so dem Steuergeheimnis im Interesse des Steuerpflichtigen ausreichend Beachtung geschenkt wird. Es besteht nämlich insbesondere die Gefahr, dass eine zu extensive Durchbrechung des Steuergeheimnisses in der Praxis in Form von innerbehördlichem Datentransfer, faktisch zu einer Umgehung des strafrechtlichen Selbstbelastungsverbotes führen könnte.[479] Je stärker die den Finanzbehörden zustehenden staatlichen Ermittlungsrechte und die damit korrespondierenden Offenlegungspflichten des Steuerpflichtigen ausgestaltet sind, desto mehr Bedeutung muss auch dem Steuergeheimnis zukommen. Der Steuerpflichtige unterliegt nach den §§ 31 ff. ungarische AO nahezu grenzenlosen Offenlegungs- und Erklärungspflichten und muss eine Reihe erheblicher staatlicher Eingriffe zur Ermittlung des steuerrelevanten Sachverhalts auf Kosten seiner Freiheitssphäre hinnehmen. Diese umfassenden Pflichten des Steuerpflichtigen, welche der ungarische Gesetzgeber vor dem Hintergrund einer weitgehenden Selbstbesteuerung des Steuerpflichtigen zur Sicherstellung einer gleichmäßigen und vollständigen Besteuerung eingeführt hat, ermöglichen den Finanzbehörden einen fast vollständigen Einblick

---

477 Kátai, András / Vámosi-Nagy, Szabolcs / Szakács, László / Török, Júlia, in: Die Steuer, Finanz- und steuerrechtliche Fachzeitschrift, Steuergesetze 2004 / Kodex, 12. Jahrgang, Heft 7-8, 2003, S. 236 u. 248.

478 Földes, Gábor, in: Steuerrecht, S. 179.

479 Vgl. zur Problematik des Selbstbelastungsverbots die Ausführungen unter Zweiter Teil, IV. 7. b.

in die geschäftlichen und sogar teilweise privaten Verhältnisse des Steuerpflichtigen. Solange diese weitgehenden Informationsrechte den Steuerbehörden zur Durchsetzung des gesetzlichen Steueranspruchs verhelfen, ist an dieser Verfahrenspraxis nichts auszusetzen und das Interesse des Steuerpflichtigen, sich nicht selbst einer Straftat bezichtigen zu müssen, ist gegenüber den Ermittlungspflichten der Finanzbehörde subsidiär. Erst wenn nach der Informationsdienstleistung des Steuerpflichtigen die Gefahr der Strafverfolgung droht, weil die Finanzbehörde aufgrund der steuerlichen Mitwirkungspflicht belastende Informationen in Erfahrung gebracht hat, welche sie gem. § 54 Abs. 5 lit. b ungarische AO an die Strafverfolgungsbehörde weitergeben kann, bestehen gegen die behördliche Verfahrensweise aus Sicht des Selbstbelastungsverbots Bedenken. Um den Gedanken des Selbstbelastungsverbots in dieser Situation aber nicht vollkommen steuerlichen Interessen zu opfern, muss dem Steuergeheimnis durch die Finanzbehörde Rechnung getragen werden. Es lässt sich nämlich aus dem bisher Erörtertem feststellen, dass je durchlässiger und unvollkommener das Steuergeheimnis ausgestaltet ist, desto größer auch die Gefahr für den Grundsatz des Selbstbelastungsverbots ist.

Das Steuergeheimnis in seiner derzeitigen gesetzlichen Normierung kann aber einen nur sehr unzureichenden Offenbarungsschutz bieten, denn die belastenden Aussagen können nicht nur sanktionsrechtlich erzwungen werden, sondern auch an die zuständige Strafverfolgungsbehörde weitergegeben werden. Eine solche Ausprägung des Steuergeheimnisses ist aber angesichts seiner Funktion, ein Gegengewicht zu den umfassenden Mitwirkungspflichten des Steuerpflichtigen zu bilden, sehr bedenklich. Aus diesem Grund muss erwogen werden, wie der unzureichende, „löchrige" Schutz durch das Steuergeheimnis in diesem Bereich verbessert werden kann. Zur Lösung des Problems bieten sich, wie bereits zur Problematik des Selbstbelastungsverbots erläutert,[480] insbesondere zwei Möglichkeiten an:

Zum einen könnte die Vorschrift des § 54 Abs. 5 lit. b ungarische AO dahingehend verschärft werden, dass eine Weitergabe von Informationsmaterial durch die Finanzbehörde an die Strafverfolgungsbehörde nur für den Fall erfolgen soll, dass sich der Steuerpflichtige dadurch nicht gleichzeitig einer Straftat bezichtigt. Dadurch kann sichergestellt werden, dass die Finanzbehörde alle Daten und Informationen, welche sie zur Besteuerung benötigt, auch erhält und der Steuerpflichtige aber nicht befürchten muss, dass infolge der behördlichen Vorgehensweise eine Umgehung seines gesetzlich garantierten Selbstbelastungsschutzes erfolgt.

Eine weitere Lösungsmöglichkeit könnte auch ein Verwendungsverbot steuer(straf-)rechtlicher Art sein. Um den Steuerpflichtigen nicht unbillig vor jeder Strafverfolgung zu schützen, zugleich dem nemo-tenetur-Grundsatz aber gebührend Rechnung zu tragen, sollte ein solches Verbot nicht generell für alle belasten-

---

480 Vgl. hierzu die Ausführungen unter Zweiter Teil, IV. 7. b.

den Informationen, sondern nur für selbstbezichtigende Auskünfte, die der Steuerpflichtige innerhalb des Besteuerungsverfahrens in Unkenntnis über das Verbot des Selbstbelastungszwangs hinsichtlich der Steuerstraftat gemacht hat, angenommen werden. Schließlich ist auch zu fordern, dass für den Steuerpflichtigen eine Pflicht zur Mitteilung der einzelnen Umstände bestanden hat, da ein solches Verwendungsverbot hinsichtlich freiwilliger Angaben des Steuerpflichtigen, welche nicht aufgrund einer bestehenden Zwangslage abgegeben wurden, nicht gerechtfertigt wäre. Dies trifft z.B. auf Angaben im Rahmen einer Selbstrevision gem. den §§ 49 ff. ungarische AO zu, auch wenn man die Meinung vertreten könnte, dass nur die Möglichkeit zur Selbstrevision auf freiwilliger Basis erfolgt und der Steuerpflichtige hinsichtlich seiner Auskünfte auch hier der Wahrheitspflicht unterliegt. Dennoch besteht meines Erachtens nach keine vergleichbare Zwangslage, wie wenn die Erklärung des Steuerpflichtigen nach Aufforderung durch die Steuerbehörde abgegeben wird; schließlich besteht nach geltendem Recht kein Zwang, die Möglichkeit der Selbstrevision zu wählen, so dass dem Steuerpflichtigen im Rahmen dieses freiwillig gewählten Verfahrens auch nicht der gleiche Schutz wie bei einem „staatlichen" Verfahren gebührt. Allerdings entfällt die Freiwilligkeit hinsichtlich abgegebener Erklärungen ab dem Zeitpunkt, wo eine Selbstrevision nicht mehr möglich ist; sobald die steuerbehördliche Ermittlung begonnen hat, ist ein Verwendungsverbot hinsichtlich der Erklärungen, welche der Steuerpflichtige ohne Kenntnis des Selbstbelastungsverbotes der Steuerbehörde offenbart hat, zu bejahen.

Fraglich könnte auch sein, wie weit die Wirkung des Verwendungsverbots zu ziehen ist. Es kann z.B. die Situation auftreten, dass der Steuerpflichtige im Anschluss an die dem Verwendungsverbot unterliegende Erklärung eine weitere Erklärung abgibt, ohne Kenntnis vom Verwendungsverbot zu haben. Fraglich ist nunmehr, ob auch die zweite Erklärung vom Verwendungsverbot umfasst wird. Dies wird man nach dem bisher Erläuterten zumindest für den Fall annehmen müssen, dass der Steuerpflichtige sich seiner Entscheidungsfreiheit bei seiner Aussage nicht bewusst gewesen ist, d.h. die Tatsache der Unverwertbarkeit seiner früheren Aussage ihm unbekannt war. In diesem Fall gibt der Steuerpflichtige nämlich eine Erklärung im Besteuerungsverfahren in Unkenntnis über das Verbot der Selbstbelastung ab, so dass auch hier der Schutz in Form eines Verwendungsverbots erforderlich wird; die Tatsache, dass es sich hierbei um eine zweite Erklärung des Steuerpflichtigen handelt, ist unerheblich. In diesem Zusammenhang stellt sich schließlich auch die Frage, ob die Strafverfolgungsorgane Beweismittel, welche sie mittelbar aus den Informationen der Finanzbehörde erhalten haben, verwerten dürfen, indem sie diese Beweismittel zum Anlass für weitere Ermittlungen nehmen. Zum einen könnte man eine solche weite Wirkung des Verwendungsverbotes im Interesse einer effektiven Strafverfolgung ablehnen, zumal die eine Nicht-Steuerstraftat betreffenden Beweismittel rechtskonform im Rahmen des Besteuerungsverfahrens gewonnen und weitergeleitet worden sind. Die Hauptproblematik dieser Lösung ist aber darin zu sehen, dass die Strafverfolgungsorgane über diesen Umweg zu eigentlich unerreichbaren Beweismitteln kommen könnten, welche sie dann gegen den Steuerpflichtigen verwenden können. Aus diesem Grund und um den nemo-tenetur-Grundsatz ausreichend Rechnung zu tragen, ist einer eher vermittelnden Lösung wohl der Vorzug zu geben, indem man eine weite Wirkung des Verwendungsverbotes im Interesse des gebotenen Individualschutzes bejaht, mit Ausnahme der Fälle, in denen eine nicht unerhebliche Gefahr von dem Täter für die Allgemeinheit oder für die staatlichen Interessen ausgeht, z.B. in den Fällen von Schwerstkriminalität oder wenn der Täter sich durch eine wiederholte Tatbegehung oder der Anwendung einer besonders hohen kriminellen Energie auszeichnet. Dies wird z.B. für den Fall anzunehmen sein, dass der Steuerpflichtige zur Begehung der Steuerhinterziehung wiederholt öffentliche Urkunden gem. § 274 Btk. gefälscht hat oder falsche Urkunden hergestellt hat.

III. Die einzelnen Steuerpflichten

Den Steuerpflichtigen treffen nach der ungarischen Abgabenordnung vielfältige Steuerpflichten, die in den §§ 14 f. Art.[481] geregelt sind und an deren Nichtbeachtung das Gesetz verwaltungsstrafrechtliche Folgen knüpfen kann.[482] Von herausragender Bedeutung für das Steuerverwaltungsverfahren ist vor allem die Steueranmeldung (~ bejelentés), denn nur der den Steuerbehörden bekannte Steuerpflichtige kann erfahrungsgemäß überwacht werden, aber auch das sog. Steuergeständnis oder die Steuererklärung (~ bevallás) und die Steuerzahlungspflicht (~ adófizetés). Die Steuererklärung ist vor allem bei der sog. Selbstbesteuerung (~ önadózás) von Bedeutung; diese Methode der Steuerfestsetzung ist eine Besonderheit des ungarischen Steuerrechtssystems und bedeutet, dass der Steuerpflichtige dort, wo es das Gesetz gem. § 26 ungarische AO[483] vorschreibt, die Steuerschuld selbständig feststellen, anmelden und bezahlen muss. Dies ist vor allem bei juristischen Personen und sonstigen Vereinigungen der Fall; natürliche Personen unterfallen der Selbstbesteuerung, wenn es sich um Privatunternehmer handelt oder wenn sie Umsatz-

---

481 Eine Übersetzung des § 14 Art. findet sich im Anhang, in der Anlage III. Nr. 3.

482 Kátai, András / Vámosi-Nagy, Szabolcs / Szakács, László / Török, Júlia, in: Die Steuer, Finanz- und steuerrechtliche Fachzeitschrift, Steuergesetze 2004 / Kodex, 12. Jahrgang, Heft 7-8, 2003, S. 236. Lomnici, Zoltán, in: Die Abgabenordnung, Das Taschenbuch der Gerichtspraxis, S. 30 ff.

483 Eine Übersetzung der §§ 25 und 26 Art. findet sich im Anhang, in der Anlage III. Nr. 4 – 5.

steuer abführen müssen.[484] Im Hinblick auf die Steuerzahlungspflicht besteht, genauso wie im deutschen Steuerrechtssystem, die Möglichkeit einer Steuerbefreiung oder Steuervergünstigung (~ adómentesség és adókedvezmény). Bei der Steuerbefreiung besteht überhaupt keine Zahlungspflicht mehr, bei der Steuervergünstigung besteht zwar eine Zahlungspflicht, aber in niedrigerer Höhe. Beide Möglichkeiten können in sachlicher oder persönlicher Form, bedingungslos oder an bestimmte Bedingungen geknüpft und zeitlich unbegrenzt oder begrenzt vorkommen.[485] Der Steuerpflichtige muss gem. § 37 ungarische AO seiner Zahlungsverpflichtung innerhalb eines Zeitraumes von 15 Tagen nach rechtskräftiger behördlicher Entscheidung nachkommen; es besteht allerdings die Möglichkeit bei der zuständigen Steuerbehörde eine Zahlungserleichterung in Form einer Ratenzahlung zu beantragen, wobei Privatunternehmern und natürlichen Personen in der Regel eher eine Zahlungserleichterung gewährt wird als z.B. juristischen Personen oder sonstigen Vereinigungen. So müssen juristische Personen oder sonstige Vereinigungen darlegen und begründen, warum ihnen eine Zahlungserleichterung gewährt werden muss; Privatunternehmern und natürlichen Personen steht hingegen ohne weiteres eine Zahlungserleichterung zu, sofern die vorübergehende Zahlungsschwierigkeit ihnen nicht vorgeworfen werden kann. Fälle unverschuldeter Illiquidität sind unter anderem säumige Schuldner oder die Verursachung eines Schadens durch einen Dritten ohne Ausgleich durch die Versicherung. Die Steuerbehörden standen bis-

---

484 Földes, Gábor, in: Steuerrecht, S. 185 u. 195. Bartos, Csaba / Cserteg, Rita / Csikós, István / Dodehné Varga, Ilona / Herich, György / Dobay, Peterné / Kiss, Attila / Kóbor, Joszefné / Laczi, Ferenc / Supala, Iván, in: Steuerüberwachung, S. 82. Elmont, Gizella, in: Handbuch der Steuerverwaltung, S. 142.

485 Fejes, Eszter / Lucz, Zoltánné / Dancs, Gábor, in: Die Änderungen der Steuergesetzte 2003, S. 59 ff. Madár, Mihály / Szabó, József / Sass, Mónika, in: Die Regelung des Verbrauchsertrages und seine Ausübung, S. 140. Fejes, Gábor, Allgemeine Steuervergünstigung oder staatliche Unterstützung? In: Europäisches Recht, 3. Jahrgang, Heft 5, September 2003, S. 28 ff. Wirtschaftszeugnis, wöchentlich erscheinender Schnellbericht für Unternehmen, für Institutionsleiter, Steuervergünstigung bei Bezahlung der Steuerschuld, 7. Jahrgang, Nr. 24, 2004, S. 4. Oszkó, Péter, Steuervergünstigung für die Unterstützung von gemeinnützigen Tätigkeiten. In: collega, 2. Jahrgang Nr. 10 – 3. Jahrgang Nr. 1, Dezember 1998, S. 65 ff. Rónaszéki, Bella, in: Die Einkommensbesteuerung des Unternehmers, S. 64. Szakács, Imre, in: Steuer-Fallllehren 1997, S. 26 ff. Dáni, Sándor, in: Die wesentlichen theoretischen Fragen des Finanzrechts, S. 120 f. Gódor, Sándorné, in: Einkommensbesteuerung von Kleinunternehmern und damit zusammenhängende Informationsbeschaffung, S. 35. Fazekas, Judit / Tóth, Ferenc / Türkösi, József / Balla, Katalin / Szilágyiné Velladics, Éva, in: Die GmbH, S. 115 f. Pénzely, Márta, in: Die allgemeine Umsatzsteuer, S. 165 f. Bácskai, Tamás, in: Finanz- und Handelsenzyklopädie, S. 18 ff. Wirtschaftszeugnis, wöchentlich erscheinender Schnellbericht für Unternehmen, für Institutionsleiter, Die abrechenbaren Benzinpreise, 7. Jahrgang, Nr. 13, 2004, S. 4.

lang in Fällen, in denen zum Zeitpunkt der Fälligkeit ausreichende Geldmittel zur Verfügung standen, diese aber unter Umständen für Repräsentationszwecke verwendet worden sind, ablehnend gegenüber. Eine Ratenzahlung kann maximal für 12 Monate beantragt werden. Durch die Möglichkeit der Zahlungserleichterung soll dem allgemeinen Grundsatz Rechnung getragen werden, dass nur derjenige seiner Zahlungsverpflichtung gegenüber dem Staat nachkommen kann, der über die erforderlichen Zahlungsmittel verfügt. Die Entscheidung der Behörde kann gerichtlich nicht nachgeprüft werden.[486] Weitere wichtige Pflichten sind das Ausstellen und Aufbewahren von Belegen (~ bizonylat kiállítása és megőrzése), die allgemeine Buchführungspflicht (~ könyvvezetés), des Weiteren die Pflicht auf Wunsch der Steuerbehörden Zeugnis abzulegen (~ tanúvallomás) und die zur Feststellung der Steuer erheblichen Daten zur Verfügung zu stellen (~ adatszolgáltatás).[487] Die Pflicht, den Steuerbehörden alle relevanten Daten zur Verfügung zu stellen und sie ausreichend mit Informationen zu versorgen, trifft insbesondere den Arbeitgeber, der die Steuer für seinen Arbeitnehmer an die Steuerbehörden abführen muss und insofern die Steuerbehörden über das bestehende Arbeitsverhältnis aufklären muss. Im ungarischen Steuerrecht existieren vier, gleichberechtigte Methoden zur Festsetzung der Steuer: Die Selbstbesteuerung (~ önadózás) stellt den Grundfall der Besteuerung dar und wird vor allem bei juristischen Personen, Vereinigungen, aber auch Privatunternehmern verwendet. Sie lässt dem Steuerzahler die größten Freiheiten, da er eigenverantwortlich die Steuer feststellen, erklären und bezahlen muss. Die Abzugsmethode (~ levonás) gilt im Arbeitgeber-Arbeitnehmer-Verhältnis und bedeutet, dass der Arbeitgeber den Einkommensteueranteil für seinen Arbeitnehmer an die Behörde abführt. Nach demselben Grundsatz wie der Steuerabzug funktioniert die sog. Steuereinziehung (~ adóbeszedés) bei bestimmten örtlichen Steuern, wie z.B. der Fremdenverkehrssteuer. Während der Arbeitgeber aber beim Steuerabzug einen Teil des Arbeitnehmergehalts einbehält und an die Steuer-

---

486 Wirtschaftszeugnis, wöchentlich erscheinender Schnellbericht für Unternehmen, für Institutionsleiter, Zahlungserleichterung beantragbar, 7. Jahrgang, Nr. 8, 2004, S. 4. Petrik, Ferenc / Lomnici, Zoltán, in: Verwaltungswirtschaftliche Entscheidungssammlung, Steuersachen, 13. Jahrgang, Heft 1, Nr. 2, 2004, S. 5. Ádám, György, Über das im Wege einer Straftat erlangte Vermögen. In: Ungarisches Recht, 37. Jahrgang, Heft 1, 1990, S. 556.

487 Szakács, Imre, in: Persönliche Einkommensteuer in der Praxis 1997, S. 206. Lepsényi, Mária / Györi, Éva / Csátaljay, Zsuzsanna: Die vereinfachte Unternehmensbesteuerung 2003, S. 24. Hadi, László / Földes, Gábor, in: Die Anwendung der Abgabenordnung bei den Selbstverwaltungssteuerbehörden, S. 123. Bártfai, Béla / Bogdán, Tibor / Elmont, Gizella / Pál, Lajos, in: Handbuch über die Einkommensteuer bei Privatpersonen und über die Besteuerung von Unternehmen, S. 153 f. Gódor, Sándorné, in: Einkommensbesteuerung von Kleinunternehmern und damit zusammenhängende Informationsbeschaffung, S. 2 f. Nagy, Tibor, in: Finanzrecht, S. 149.

behörden abführt, verlangt der zur Steuereinziehung Verpflichtete die Steuer vom Steuersubjekt. Alle anderen örtlichen Steuern werden durch Steuerauferlegung (~ kivetés), auf Grundlage der Steuererklärung, die Abgaben hingegen durch Steuerverhängung (~ kiszabás), auf Grundlage der Steueranmeldung festgesetzt. Seit Januar 2004 besteht des Weiteren die Möglichkeit, die persönliche Einkommensteuer durch die Steuerbehörde festsetzen zu lassen, wenn der Arbeitnehmer keinen Steuerabzug durch den Arbeitgeber oder die Methode der Selbstbesteuerung wünscht; gem. § 28 ungarische AO muss in diesem Fall bis zum 15. Januar des dem Steuerjahr nachfolgenden Jahres diese Methode der Steuerfestsetzung beantragt werden und der Steuerpflichtige muss zusammen mit der Steueranmeldung eine Erklärung über alle steuerrelevanten Tatsachen abgeben, auf deren Grundlage die Behörde die Steuer festsetzt und auch eventuell Steuerrückzahlungen oder Steuervergünstigungen ausweist. Die Festsetzung der Steuer erfolgt bis zum 15. Mai des dem Steuerjahr folgenden Jahres, der Steuerpflichtige muss seiner Zahlungsverpflichtung bis zum 15. Juni desselben Jahres nachkommen. Allerdings steht dem Steuerzahler die Möglichkeit zu, innerhalb einer Frist von acht Tagen ab Erhalt des Steuerbescheides Anmerkungen zur Änderung des Bescheides abzugeben, über welche die Steuerbehörde wiederum in einer Frist von 15 Tagen entscheiden muss.[488]

Die ungarische Abgabenordnung enthält neben den zahlreichen Verpflichtungen des Steuerzahlers auch einige Pflichten, welche die Steuerbehörden treffen, wie z.B. gem. § 52 ungarische AO die Aufbewahrung von Daten, die den Steuerbehörden übermittelt worden sind. Bei den, von den Steuerbehörden zu erfüllenden Pflichten, handelt es sich aber nicht um Steuerverpflichtungen in dem eben behandelten Sinn, sondern viel mehr um obligatorische gesetzliche Vorgaben zum Ablauf des behördlichen Verfahrens.[489]

---

[488] Földes, Gábor, in: Steuerrecht, S. 193 ff. Burgmann, György, in: Handbuch zur Anwendung der allgemeinen Umsatzsteuer aus dem Jahr 2003, S. 107 ff. u. 127 ff.

[489] Földes, Gábor / Hadi, László / Kékesi, László, in: Das Handbuch des Steuerverfahrens und –verwaltung, S. 70.

IV. Verwaltungsbehördlich zu ahndende Steuerrechtsverstöße

Die verwaltungsbehördlich zu ahndenden Steuerrechtsverstöße finden in erster Linie im Bereich der Einkommensteuer, der Umsatzsteuer sowie der Verbrauchs- und Körperschaftsteuer statt.[490] Es gibt grundsätzlich zwei Täterkreise bei den Steuerrechtsverstößen: Der eine Täterkreis besteht aus solchen Steuerpflichtigen, die ihren Verpflichtungen bei der Selbstbesteuerung in Form der Steuerfeststellung, der Steuererklärung und eigenverantwortlicher Bezahlung schuldhaft nicht nachkommen, der andere Täterkreis aus solchen Steuerpflichtigen, die den Steuerbehörden gänzlich unbekannt bleiben, weil sie schuldhaft Melde- und Erklärungspflichten nicht nachgekommen sind.[491] Verübt werden die ahndungswürdigen Steuerrechtsverstöße auf die ganz unterschiedlichste Weise: Zum einen kann es der Steuerpflichtige unterlassen seine persönlichen Daten oder die Firmendaten gem. § 16 Abs. 2 ungarische AO bei der Steuerbehörde anzugeben. Dies hat regelmäßig zur Folge, dass er auch keine Steuererklärung gem. § 31 Abs. 1 ungarische AO abgeben und dass er auch ansonsten keine Daten hinsichtlich des bestehenden Steuerverhältnisses gem. § 48 Abs. 1 ungarische AO an die Steuerbehörden übermitteln wird, weil er diesen aufgrund der fehlenden Anmeldung nicht bekannt geworden ist. Schließlich verstößt der Steuerpflichtige, da wegen den fehlenden Angaben eine Steuerfestsetzung nicht durchgeführt werden konnte, auch gegen seine Zahlungsverpflichtung gem. § 35 Abs. 1 ungarische AO. Dadurch wird deutlich, dass die versäumte Meldepflicht im Regelfall Verstöße gegen andere gesetzlich geregelte Steuerpflichten nach sich zieht, angefangen von der Erklärungs- und Datenübermittlungspflicht zur Festsetzung der zu zahlenden Steuer bis hin zur vorübergehenden oder endgültigen Zahlungsverweigerung.[492] Nicht selten erstrecken sich die Handlungen der Steuerpflichtigen auf das gesamte ungarische Staatsgebiet.

---

490   Lux, Gyula, Die Erfahrenswerte der Ermittlung bei Wirtschaftsstraftaten. In: Schau für innere Angelegenheiten, Zeitschrift des Innenministeriums, 33. Jahrgang, 13. Sonderausgabe, 1995, S. 56.

491   Lux, Gyula, Die Erfahrenswerte der Ermittlung bei Wirtschaftsstraftaten. In: Schau für innere Angelegenheiten, Zeitschrift des Innenministeriums, 33. Jahrgang, 13. Sonderausgabe, 1995, S. 56.

492   Lux, Gyula, Die Erfahrenswerte der Ermittlung bei Wirtschaftsstraftaten. In: Schau für innere Angelegenheiten, Zeitschrift des Innenministeriums, 33. Jahrgang, 13. Sonderausgabe, 1995, S. 56. Szakács, Imre, in: Persönliche Einkommensteuer in der Praxis 1997, S. 210. Nyikos, Eszter, Steuerminimierung und Straftat im Steuerrecht: Die Grenzgebiete der Steuerumgehung und Steuerumspielung. In: collega, 2. Jahrgang Nr. 10 – 3. Jahrgang Nr. 1, Dezember 1998, S. 60 ff. Wirtschaftszeugnis, wöchentlich erscheinender Schnellbericht für Unternehmen, für Institutionsleiter, APEH: Das Beglaubigungsverfahren, 7. Jahrgang, Nr. 12, 2004, S. 4.

Auffallend ist des Weiteren eine immer größer werdende Zahl von Steuerrechtsverstößen, die dadurch verwirklicht werden, dass sog. Scheinfirmen im In- und Ausland gegründet werden und fiktive Belege und Rechnungen vorgelegt werden oder für den Nachweis von steuerlich bedeutsamen Ausgaben gestohlene Rechnungsblöcke oder gefälschte Urkunden (bzw. mit gefälschten Stempeln versehene Urkunden) verwendet werden, so dass die Steuerbehörden bei ihren Ermittlungen vermehrt auf die Hilfe von Sachverständigen angewiesen sind, deren Aufgabe der Nachweis der Echtheit der Schriftstücke ist. Zur Gründung der Scheinfirmen werden oft gestohlene Ausweise vorgelegt oder die Firma wird unter dem Namen einer ausländischen Person gegründet und ein fiktiver Firmensitz angegeben. Um das ungarische Steuerrecht zu umgehen, werden aber auch real bestehende Firmen unter Zuhilfenahme von fiktiven Verkaufsverträgen an Personen aus dem Ausland übereignet.[493]

Die Zusammenarbeit der ungarischen Steuerbehörden mit den Steuerbehörden anderer europäischer Mitgliedstaaten erhält durch diese Entwicklung eine besondere Bedeutung. Gerade bei Tätigkeiten der Steuerpflichtigen, die sich auch auf das Ausland erstrecken, kam es in jüngster Vergangenheit erst nach ein bis zwei Jahren zur Aufdeckung des Steuerverstoßes, was die anschließenden Ermittlungen der Behörden und die Beweissicherung erheblich erschwerte. Dieser Entwicklung soll durch die Zusammenarbeit von in- und ausländischen Behörden entgegengesteuert werden.[494] Einer empirischen Untersuchung zu Folge sind Freiberufler und Unternehmer eher bereit, die legalen oder illegalen „Schlupflöcher", die das Steuerrecht unter Umständen bietet, auszunutzen als Arbeiter und Angestellte; außerdem nimmt der Untersuchung zu Folge die Bereitschaft, gegen seine Steuerpflichten zu verstoßen, mit steigendem Alter ab. Bei der empirischen Untersuchung wurden Privatunternehmer, Freiberufler sowie Arbeiter und Angestellte anhand eines Fragebogens auf ihre Bereitschaft, gegen steuerrechtliche Pflichten zu verstoßen, hin getestet. Während 80 Prozent der Privatunternehmer oder Freiberufler einer Senkung der Steuerschuld auch durch illegale Mittel positiv gegenüberstanden, billigten nur 40 Prozent der Arbeiter oder Angestellten eine solche Vorgehensweise. Diese Tatsache lässt sich sicherlich darauf zurückführen, dass für die Gruppe der Freiberufler und Privatunternehmer sich viel mehr Möglichkeiten für eine illegale

---

493 Kormos, Erzsébet, Was mir zum Steuerbetrug eingefallen ist... In: Fachzeitschrift für Staatsanwälte, Jahrgang 2001, S. 55 ff. Lux, Gyula, Die Erfahrenswerte der Ermittlung bei Wirtschaftsstraftaten. In: Schau für innere Angelegenheiten, Zeitschrift des Innenministeriums, 33. Jahrgang, 13. Sonderausgabe, 1995, S. 56.

494 Lux, Gyula, Die Erfahrenswerte der Ermittlung bei Wirtschaftsstraftaten. In: Schau für innere Angelegenheiten, Zeitschrift des Innenministeriums, 33. Jahrgang, 13. Sonderausgabe, 1995, S. 56.

Steuerverkürzung ergeben (z.B. durch Ausführen von Dienstleistungen, Arbeiten ohne Rechnungserstellung) als für die Gruppe der Arbeiter und Angestellten; so werden der Studie zu Folge wohl gerade diejenigen Personen einen entsprechenden Beruf ausüben, die sich daraus möglicherweise positive Anreize für illegale Steuermethoden versprechen.[495]

V. Das Sanktionensystem der ungarischen Abgabenordnung

Da der Staat die Steuern zur Erfüllung seiner öffentlichen Verpflichtungen verwendet und ausbleibende oder verspätete Steuerzahlungen schwerwiegende wirtschaftliche Folgen für den Staat bedeuten, bedarf der Staat eines effizienten Sanktionensystems, das einerseits sicherstellt, dass jedes für den Staat und für die Gesellschaft schädliche Verhalten ernsthafte Rechtsfolgen nach sich zieht, andererseits aber auch dogmatisch akzeptierbar ist.[496] Die Schwere der zu verhängenden Sanktion, die Höhe und das Maß richten sich nach der Schwere und Bedeutung der Rechtsverletzung und nach den Umständen der Tat. Die vorsätzliche Steuerverkürzung stellt ausnahmslos eine für die Interessen des Staates und der Allgemeinheit gefährliche Verhaltensweise dar, welche entsprechende rechtliche Konsequenzen, nicht nur kriminalstrafrechtlicher Art erfordert.[497] Die Steuerbehörde kann aber unter Umständen von der Verhängung einer Sanktion absehen, wenn der Betroffene unverschuldet die Steuer, z.B. zu spät abgeführt hat; dieses Vorgehen verbietet sich selbstverständlich bei demjenigen, der trotz seiner finanziellen Möglichkeiten und seines Umfelds, seiner Steuerverpflichtung nicht nachkommen will, sondern viel mehr in jeder Hinsicht „Schlupflöcher" sucht. Die Beweislast für die außergewöhnlichen Umstände, die eine Verhängung der Sanktion verbieten, liegt auf jeden Fall beim Steuerpflichtigen.[498] Die Sanktionen sind in den §§ 165 ff. ungarische AO[499] geregelt; von einigen in § 173 ungarische AO geregelten (Neben-)Maßnahmen abgesehen, handelt es sich durchwegs um finanzielle Sanktionen. Dies ist gerechtfertigt, da die Sanktion auch einen Teil des finanziellen Nachteils ausgleichen

---

495 Zur Studie: Papanek, Gábor, in: Rechtssicherheit in der ungarischen Wirtschaft, S. 213 f. u. 233 f.

496 Szentiványi, Iván, in: Finanzrechtliche Verantwortung in der Wirtschaft, S. 265. Nagy, Tibor / Tóth, János / Nagy, Árpád, in: Finanzrecht, S. 142.

497 Földes, Gábor / Hadi, László / Kékesi, László, in: Das Handbuch des Steuerverfahrens und -verwaltung, S. 281.

498 Nagy, Tibor / Tóth, János / Nagy, Árpád, in: Finanzrecht, S. 143.

499 Eine Übersetzung der §§ 165 ff. Art. findet sich im Anhang, in der Anlage III. Nr. 11 – 20.

soll, den der Staat dadurch erlitten hat, dass die Steuerschuld mit erheblicher Verspätung beglichen wurde.[500] Das Sanktionensystem der ungarischen Abgabenordnung richtet sich nach den Hauptmöglichkeiten für Steuerrechtsverletzungen: Bei verspäteter Steuerzahlung müssen Verspätungszuschläge oder Verzugszinsen (~ késedelmi pótlék) gem. § 165 ungarische AO bezahlt werden, darüber hinaus kann eine Geldbuße (~ adóbírság) gem. § 170 ungarische AO verhängt werden. Wenn der Steuerpflichtige im Rahmen der Selbstprüfung einen Fehler aufdeckt und berichtigt, muss er nur einen sog. Selbstprüfungszuschlag (~ önellenörzési pótlék) gem. § 168 ungarische AO zahlen; kommt der Steuerpflichtige seinen Erklärungs- oder Meldepflichten nicht nach, so wird ein Säumniszuschlag (~ mulasztási bírság) gem. § 172 ungarische AO festgesetzt.[501] Zu den einzelnen Sanktionsmöglichkeiten ist dabei Folgendes auszuführen:

1. Verzugszinsen

Verzugszinsen (~ késedelmi pótlék) müssen nach der ungarischen Abgabenordnung bei verspäteter Abgabenentrichtung ab dem Fälligkeitszeitpunkt in Höhe des doppelten Leitzinssatzes der Notenbank für jeden Tag der Säumnis bezahlt werden. Der Gesetzgeber hat sich bei den §§ 165 ff. ungarische AO von vielen Aspekten leiten lassen: Ziel war es zum einen, die Säumnis gegenüber dem Staat für den Steuerzahler teurer zu machen als die Säumnis im Privatrechtsverkehr, so dass Verzugszinsen eine entsprechende Höhe erreichen müssen. Insoweit handelt es sich bei den Verzugszinsen um eine echte Sanktion und nicht nur um den Gegenwert der Nutzung. Zum anderen sollen auch die wandelbaren Geldwertverhältnisse, auch infolge einer Inflation, im Gesetzestext Berücksichtigung finden, um einen ständigen Anpassungszwang des Gesetzes an die wirtschaftlichen Verhältnisse zu verhindern. Aus diesem Grund hat der Gesetzgeber auf eine Festsetzung der Zinsen in fixer Höhe bewusst verzichtet; durch den Bezug auf den Leitzinssatz der Notenbank wird eine dynamische Anpassung an die Wirtschaftsverhältnisse gewährleistet. Die durch die starke Inflation bedingten hohen Leitzinssätze der Vergangenheit

---

500 Nagy, Tibor / Tóth, János / Nagy, Árpád, in: Finanzrecht, S. 143. Földes, Gábor / Hadi, László / Kékesi, László, in: Das Handbuch des Steuerverfahrens und –verwaltung, S. 281.

501 Szakács, Imre, in: Die Besteuerung von Ausländern in Ungarn, S. 154 ff. Bártfai, Béla / Bogdán, Tibor / Elmont, Gizella / Pál, Lajos, in: Handbuch über die Einkommensteuer bei Privatpersonen und über die Besteuerung von Unternehmen, S. 164 f. Földes, Gábor / Hadi, László / Kurucz-Váradi, Károly / Pénzely, Márta / Pölöskei, Pálné / Szolnoki, Béla, in: Die Erläuterung des neuen Steuerrechts 2004, S. 241 ff. Gubacsy, Bernadett / Matlné Kisari, Erika / Katona, Anikó, in: Die Besteuerung von selbständiger Tätigkeit, S. 9.

(z.B. 20,5 Prozent am 01.01.1998) bewirkten hohe Verzugszinssätze von mehr als 40 Prozent, was das naturmäßig ohnehin angespannte Verhältnis zwischen Steuerzahler und Steuerbehörden nicht unbedingt verbesserte. Die relativ starke finanzielle Belastung des Steuerpflichtigen, welche durch die Entrichtung von Verwaltungssanktionen und Steuerschuld ohnehin besteht, könnte dadurch gemindert werden, dass man z.b. eine „Schonfrist" von drei Tagen einführen könnte, innerhalb welcher der Steuerschuldner den Steuerbetrag noch entrichten könnte, ohne mit Verzugszinsen belastet zu werden. Der Zinsverlust des Staates wäre dadurch aufgewogen, dass wohl auch notorische Steuerschuldner die Steuer innerhalb dieser Frist entrichten würden und dem Staat somit auch Vollstreckungen in größerer Zahl erspart blieben. Schließlich könnte man auch gewisse Freibeträge in die Regelung der §§ 165 ff. ungarische AO aufnehmen; zu denken ist dabei an die Festsetzung von Kleinstbeträgen, für welche Verzugszinsen außer Betracht bleiben müssten. Als Orientierung können hierfür die Betragsgrenzen des § 168 Abs. 3 ungarische AO für den Selbstrevisionszuschlag gelten (5.000,- HUF ~ 2.083,- EUR oder 1.000,- HUF ~ 4,17 EUR im Falle einer Privatperson). Die völlige Abschaffung von Verzugszinsen sowie möglicherweise aller Verwaltungssanktionen und dafür die Einführung einer automatischen Vollstreckung nach Mahnung und Fristablauf würde die Steuerschuldner zwar auch zur sofortigen Entrichtung der Steuerschuld anhalten, allerdings wäre wohl der Vollstreckungsbereich der Steuerbehörden mit entsprechenden Aufträgen überlastet, so dass man eine Arbeitserleichterung durch eine Arbeitsmehrung in einem anderen Geschäftsbereich der Steuerbehörden erkaufen würde. Außerdem sind die Leitsätze in den vergangenen Jahren deutlich zurückgegangen, da sich auch die Kaufkraftstabilität in Ungarn deutlich verbessert hat. Der Leitzinssatz betrug vom 17. Januar bis Juni 2003 6,5 Prozent und ab 28. November 2003 12,50 Prozent (das Doppelte!). Dies stellt auch den derzeit aktuellen Leitzinssatz dar.[502] Dabei muss für jeden Tag des Verzugszeitraumes derjenige Leitzinssatz der Notenbank zugrundegelegt werden, welcher an dem jeweiligen Tag gegolten hat. Dadurch sollen auch Zinssteigerungen oder -senkungen während der Säumniszeit Beachtung finden, um eine ungerechtfertigte Benachteiligung oder Bevorzugung der Steuerschuldner zu verhindern.[503] Nicht erlaubt ist nach § 165 Abs. 2 S. 2 ungarische AO eine Verzinsung der Verzugszinsen bei Nichtentrich-

---

502 Djanani, Christiana / Brähler, Gernot / Ulbrich, Philipp, in: Investitionen und Steuern in Ungarn, S. 52, FN 223. Földes, Gábor, in: Steuerrecht, S. 232. Földes, Gábor / Hadi, László / Kékesi, László, in: Das Handbuch des Steuerverfahrens und -verwaltung, S. 281 f. Petrik, Ferenc / Lomnici, Zoltán, in: Verwaltungswirtschaftliche Entscheidungssammlung, Steuersachen, 13. Jahrgang, Heft 5, Nr. 77, 2004, S. 11 ff.

503 Földes, Gábor / Hadi, László / Kékesi, László, in: Das Handbuch des Steuerverfahrens und -verwaltung, S. 282.

tung. Da das Gesetz eine Verzinsung der Verspätungszinsen ablehnt, behandelt es den Verspätungszuschlag gerade nicht als Steuerschuld, deren Nichtbezahlung durch den Steuerpflichtigen eine weitere Sanktion auslösen würde.[504] Die Höhe des Verspätungszuschlags kann nicht um den Betrag einer Zuvielzahlung an dieselbe Steuerbehörde gemindert werden. Diese Aussage findet aber nur ihre Berechtigung, soweit es um die Festsetzung des Verspätungszuschlags im Falle eines Steuerdefizits geht; die Höhe des Steuerdefizits kann nicht durch eine gleichzeitige Zuvielzahlung im Hinblick auf eine andere Steuerart ausgeglichen werden. Ansonsten, wenn also ein messbares Steuerdefizit noch nicht vorliegt, geht die Steuerbehörde folgendermaßen vor: Die Steuerbehörde lässt für jede Steuerart und für jede rückzahlbare Unterstützung eine gesonderte Berechnung im Hinblick auf den Verspätungszuschlag durchführen. Die Steuerbehörde fasst die Belege über alle geleisteten Zahlungen hinsichtlich sämtlicher fälliger Steuerforderungen zu einem einzigen Steuerkonto zusammen und setzt einen Verspätungszuschlag nur dann fest, wenn dieses zusammengefasste Konto einen defizitären Betrag ausweist. In diesem Fall mindern Zuvielzahlungen, auch im Hinblick auf eine andere Steuerart, die Steuerschuld als Grundlage des Verspätungszuschlags (Netto-Berechnung der Grundlage für den Verspätungszuschlag). Im Endergebnis wird die Steuerschuld der Höhe nach durch eine im Fälligkeitszeitpunkt feststellbare Zuvielzahlung an dieselbe Steuerbehörde, aber im Hinblick auf eine andere Steuerart nur dann gemindert, wenn noch kein messbares Steuerdefizit entstanden ist. Bei der Berechnung des Verspätungszuschlags bleibt auch diejenige Steuerverpflichtung, für die eine Zahlungserleichterung, z.B. in Form eines Zahlungsaufschubs, gewährt wurde, außer Betracht.[505]

Verzugszinsen müssen nur dann nicht entrichtet werden, wenn ein unausweichlicher, zwingender äußerer Grund für die verspätete Nichtentrichtung vorliegt. Es ist allgemein anerkannt, dass nicht eine Naturkatastrophe erforderlich ist, wie der Gesetzeswortlaut auf den ersten Blick vermuten lässt, um von der Auferlegung von Verzugszinsen verschont zu werden; einen solchen außerordentlichen Grund stellt

---

504 Bonácz, Zsolt / Orbán, Ildikó / Bakonyi, Béla / Szurovszki, Éva / Lakiné Szkiba, Judit, in: Steuerschonende Ratschläge, 2004, S. 275. Kátai, András / Vámosi-Nagy, Szabolcs / Szakács, László / Török, Júlia, in: Die Steuer, Finanz- und steuerrechtliche Fachzeitschrift, Steuergesetze 2004 / Kodex, 12. Jahrgang, Heft 7-8, 2003, S. 264.

505 Bonácz, Zsolt / Orbán, Ildikó / Bakonyi, Béla / Szurovszki, Éva / Lakiné Szkiba, Judit, in: Steuerschonende Ratschläge, 2004, S. 275. Földes, Gábor, in: Steuerrecht, S. 232. Kátai, András / Vámosi-Nagy, Szabolcs / Szakács, László / Török, Júlia, in: Die Steuer, Finanz- und steuerrechtliche Fachzeitschrift, Steuergesetze 2004 / Kodex, 12. Jahrgang, Heft 7-8, 2003, S. 265. Földes, Gábor / Hadi, László / Kurucz-Váradi, Károly / Pénzely, Márta / Pölöskei, Pálné / Szolnoki, Béla, in: Die Erläuterung des neuen Steuerrechts 2004, S. 243.

nämlich auch eine erwiesene Krankheit des Steuerzahlers oder ein Poststreik dar. Der Steuerschuldner muss nur darlegen können, dass er das ihm Mögliche auch unternommen hat, um eine Säumnis zu vermeiden. So muss er nur nachweisen, dass er der Bank zeitgemäß den Überweisungsauftrag erteilt hat; Verspätungen im weiteren Zahlungsverkehr werden der Bank zur Last gelegt.[506] Genauso gut kann aber auch der Beginn der Verpflichtung zur Zahlung von Verzugszinsen auf einen späteren Tag verlegt werden. Dies kann vor allem dann zutreffen, wenn der Zeitraum zwischen dem Entstehen der Steuermindereinnahmen und ihrer Feststellung relativ lang ist. Die Verschiebung des Fälligkeitszeitpunktes ist gesetzlich im § 165 Abs. 3 S. 1 ungarische AO bestimmt.[507] Diese Möglichkeit soll nach § 165 Abs. 4 ungarische AO allerdings dann nicht bestehen, wenn das Gesetz einer Mäßigung der Strafe von Amts wegen oder auf Antrag des Steuerpflichtigen ebenfalls ablehnend gegenübersteht. Dies ist aber nach § 171 Abs. 2 ungarische AO vor allem dann der Fall, wenn die Pflichtverletzung in unmittelbarem Zusammenhang mit einer Einkommensverschleierung, einer Verfälschung oder Vernichtung von Belegen, Büchern oder Quittungen steht.[508]

Verzugszinsen müssen maximal für einen Zeitraum von drei Jahren ab Fälligkeit bezahlt werden. Diese Regelung dient ebenso wie die Verschiebung des Fälligkeitszeitpunktes und die Mäßigung der Strafe dem Schutz des Steuerschuldners, der nicht vollkommen rechtlos gestellt werden soll. Da die Steuerbehörden befugt sind, Steuerdefizite, deren Verursachung bis zu fünf Jahren zurückliegen kann, im Wege der nachträglichen Steuerüberwachung aufzudecken, wurde zum Schutze des Schuldners eine zeitliche Schranke für die Verzinsung in § 165 Abs. 3 S. 2 ungarische AO gesetzt.[509] Die Korrektur eines zu Unrecht festgesetzten Verspätungszuschlags kann jederzeit von Amts wegen, nach Durchführung einer entsprechenden steuerbehördlichen Prüfung oder auf Antrag des Steuerzahlers vorgenommen werden. Selbstverständlich kann auch gegen den Bescheid, welcher das Steuerdefizit

---

506 Földes, Gábor / Hadi, László / Kékesi, László, in: Das Handbuch des Steuerverfahrens und -verwaltung, S. 284.

507 Kátai, András / Vámosi-Nagy, Szabolcs / Szakács, László / Török, Júlia, in: Die Steuer, Finanz- und steuerrechtliche Fachzeitschrift, Steuergesetze 2004 / Kodex, 12. Jahrgang, Heft 7-8, 2003, S. 264 f. Földes, Gábor, in: Steuerrecht, S. 232. Földes, Gábor / Hadi, László / Kékesi, László, in: Das Handbuch des Steuerverfahrens und -verwaltung, S. 282 f.

508 Földes, Gábor, in: Steuerrecht, S. 232. Földes, Gábor / Hadi, László / Kékesi, László, in: Das Handbuch des Steuerverfahrens und -verwaltung, S. 283. Földes, Gábor / Hadi, László / Kurucz-Váradi, Károly / Pénzely, Márta / Pölöskei, Pálné / Szolnoki, Béla, in: Die Erläuterung des neuen Steuerrechts 2004, S. 242.

509 Földes, Gábor / Hadi, László / Kékesi, László, in: Das Handbuch des Steuerverfahrens und -verwaltung, S. 282. Földes, Gábor, in: Steuerrecht, S. 232.

feststellt, direkt vorgegangen werden. Der Steuerzahler wird außerdem regelmäßig zum 31. Oktober (bzw. zum 31. August) über den Stand seiner Steuerschuld informiert. Die Benachrichtigung hat die Wirkung eines Steuerbescheides, gegen den Rechtsbehelfe eingelegt werden können.[510]

2. Selbstrevisionszuschlag

Berichtigt der Steuerpflichtige seinen Fehler im Rahmen der Selbstrevision (~ önellenörzés), so muss er gem. den §§ 168 f. ungarische AO einen sog. Selbstrevisionszuschlag (~ önellenörzési pótlék) zahlen.[511] Da der Staat ein Interesse daran hat, dass Fehler durch eine Selbstrevision behoben werden, muss der Selbstrevisionszuschlag in der Höhe deutlich unter den Sanktionen bleiben, welche die Steuerbehörde verhängt, wenn sie im Rahmen einer Selbstkontrolle Steuerunstimmigkeiten entdeckt. Der Selbstrevisionszuschlag beträgt folglich 50 Prozent, im Falle der wiederholten Berichtigung 75 Prozent der Summe der Verzugszinsen und richtet sich nach der Differenz zwischen der erklärten und der korrigierten Steuer.[512]

Die gesetzliche Regelung hat zur Folge, dass der Steuerpflichtige trotz Selbstrevision mit einem Zuschlag in nicht unerheblicher Höhe belastet wird. Die Verzugszinsen, welche auch für den Selbstrevisionszuschlag ausschlaggebend sind, werden nämlich, wie bereits weiter oben dargestellt, nach dem Leitzinssatz der ungarischen Notenbank ausgerichtet, welcher relativ hoch ist.[513] Hinter einem solchen hohen Zinsniveau könnte zum einen die Überlegung stehen, dass der Steuerschuldner aus der Zahlungsverzögerung oder -verweigerung keinen ungerechtfertigten Vorteil ziehen soll, indem er sich aufgrund seiner weitgehenden Selbständigkeit im Rahmen der Selbstbesteuerung keinen „billigen" Zahlungsaufschub verschafft. Außerdem soll durch die Tatsache, dass mit jedem Tag der Nichtentrichtung die Zinslast steigt, der Steuerschuldner zur zeitnahen Erfüllung der Steuerschuld angehalten werden; der Selbstrevisionszuschlag, wie auch die Verzugszinsen allgemeinhin

---

510 Bonácz, Zsolt / Orbán, Ildikó / Bakonyi, Béla / Szurovszki, Éva / Lakiné Szkiba, Judit, in: Steuerschonende Ratschläge, 2004, S. 275. Földes, Gábor / Hadi, László / Kékesi, László, in: Das Handbuch des Steuerverfahrens und -verwaltung, S. 285.

511 Kátai, András / Vámosi-Nagy, Szabolcs / Szakács, László / Török, Júlia, in: Die Steuer, Finanz- und steuerrechtliche Fachzeitschrift, Steuergesetze 2004 / Kodex, 12. Jahrgang, Heft 7-8, 2003, S. 265. Földes, Gábor, in: Steuerrecht, S. 233.

512 Földes, Gábor, in: Steuerrecht, S. 233. Finanzrecht-Steuer-Abgabe-Zoll- und Vermögensrecht, S. 50. Földes, Gábor / Hadi, László / Kékesi, László, in: Das Handbuch des Steuerverfahrens und -verwaltung, S. 286.

513 Vgl. hierzu die Ausführungen unter Dritter Teil, V. 1.

sind insoweit Druckmittel des Staates. Neben diesen eher präventiven Gesichtspunkten könnte das hohe Zinsniveau auch einen repressiven Gesichtspunkt dahingehend verfolgen, dass der ungarische Gesetzgeber den Verstoß des Steuerpflichtigen gegen seine in der ungarischen Abgabenordnung normierten Pflichten in besonderer Weise ahnden wollte. Hierfür spricht wohl auch der Umstand, dass gegen den Steuerpflichtigen trotz seiner Leistung im Rahmen der Selbstrevision ein Zuschlag verhängt wird. Die zuvor begangene Pflichtverletzung wird durch die Selbstrevision nicht vollkommen kompensiert, der Steuerpflichtige bleibt nicht straffrei, sondern es wird ein Selbstrevisionszuschlag erhoben. Die Höhe des Selbstrevisionszuschlags und die Tatsache seiner Erhebung sprechen aber für einen sanktionsrechtlichen Charakter der Vorschrift. Fraglich ist, ob der Selbstrevisionszuschlag entsprechend seinem sanktionsrechtlichen Charakter in einer angemessenen Weise geregelt ist. Der ungarische Gesetzgeber hat sich gegen eine starre, unflexible Verzinsung entschieden und die Höhe der Zinsen, welche wiederum Einfluss auf die Höhe des Selbstrevisionszuschlags haben, vom Leitzins der ungarischen Notenbank abhängig gemacht. Die Höhe der Verzinsung und somit mittelbar auch die Höhe des Selbstrevisionszuschlags hängen somit stark von der Zinsentwicklung bei der ungarischen Notenbank ab, welche in Zeiten der Inflation dieser Entwicklung durch entsprechend hohe Zinssätze entgegensteuern möchte. Die hohen Zinssätze werden dann im Rahmen des Verwaltungssanktionsrechts an die Steuerschuldner weitergegeben; außerdem bedingen die ständigen Zinsschwankungen auch eine gewisse Rechtsunsicherheit, was die Höhe der Verwaltungssanktionen betrifft. So schwankte der Leitzinssatz der ungarischen Notenbank zwischen 20,5 Prozent am 01.01.1998, 6,5 Prozent im Juni 2003 und 12,5 Prozent im November 2003; möglicherweise stehen in Ungarn weitere Zinserhöhungen an, da wegen der bevorstehenden Haushaltssanierung auch ein Anstieg der Inflation befürchtet wird. Die Zinsschwankungen bewirken zwar variable leitzinssatzorientierte Verzugszinsen und Selbstrevisionszuschläge, haben aber gleichzeitig zur Folge, dass Steuerschuldner, gegen die in einer Niedrigzinsphase Selbstrevisionszuschläge verhängt werden gegenüber denjenigen Steuerschuldnern, gegen die zufälligerweise in einer Hochzinsphase Selbstrevisionszuschläge verhängt werden, bevorzugt behandelt werden, obwohl sie gleichermaßen gegen ihre steuerrechtlichen Pflichten verstoßen haben. Zur Lösung dieses Problems würde sich anbieten, die Verzugszinsen der Höhe nach tatsächlich nur dann zu verändern, wenn sich der Leitzinssatz der ungarischen Notenbank um drei oder mehr Punkte nach oben oder unten verändert hat, wenn sich also eine merkliche Veränderung in der Leitzinsentwicklung ergibt. Dies hätte den Vorteil, dass eventuell über einen längeren Zeitraum konstante Zinssätze herrschen würden, so dass auch Ungleichbehandlungen der Steuerschuldner nicht in so evidentem Umfang auftreten würden, zugleich aber die Vorteile einer variablen, flexiblen und an den Bedürfnissen des Finanzmarkts orientierten Verzinsung erhalten blieben. Des Weiteren hätte eine solche Regelung auch den Vorteil, dass die Verzinsung in größerem Maße von monetären Zielen der ungarischen Notenbank frei wäre; nicht jede geldpolitisch bedingte Schwankung des Leitzinssatzes müsste sich auf die Verzugszinsen und dadurch bedingt auf den Selbstrevisionszuschlag auswirken. Umgekehrt könnte der Gesetzgeber eine Anpassung der Verzugszinsen an die Verhältnisse des Kreditmarktes in Erwägung ziehen, auch wenn die ungarische Notenbank noch keinen Grund für eine Veränderung ihres Leitzinssatzes sieht.

Zusammenfassend lässt sich ausführen, dass entweder ein am Leitzinssatz der ungarischen Notenbank zwar orientierter Zinssatz festgelegt wird, der aber nur unter bestimmten Prämissen und nicht bei jeder Schwankung des Leitzinssatzes eine Veränderung erfährt, oder ein pauschaler Zinssatz unabhängig von der Leitzinsentwicklung der ungarischen Notenbank in Erwägung gezogen wird, auch wenn man bei der letzten Lösung die Flexibilität der Verzinsung einer höheren Rechtssicherheit opfern würde. Außerdem müsste bei der letzten Lösung darauf geachtet werden, dass aufgrund einer Passivität des Gesetzgebers die Verzugszinsen sich nicht völlig losgelöst vom Geschehen am Kreditmarkt und vom Leitzinssatz der ungarischen Notenbank entwickeln. Die laufende Anpassung der Verzugszinsen an den Kreditmarkt wird aber wohl durch eine Koppelung der Verzugszinsen an den Leitzinssatz der ungarischen Notenbank eher zu erreichen sein als durch die starre Regelung eines Pauschalsatzes; nur eine am Kreditmarkt orientierte Verzugszinsregelung kann aber auf Dauer präventiv auf das Verhalten des Steuerschuldners einwirken.

Die Höhe des Selbstrevisionszuschlags kann auf Verlangen des Steuerpflichtigen gemindert werden, wenn Umstände vorliegen, die auf die nötige Umsicht und Sorgfalt des Steuerpflichtigen schließen lassen; der Steuerpflichtige muss nachweisen, dass er oder sein Stellvertreter, sein Beauftragter, sein Mitglied oder sein Angestellter im gegebenen Fall die größtmögliche Sorgfalt angewandt haben und dennoch einem Irrtum unterlegen sind, d.h. der Irrtum muss auch bei Anwendung der erforderlichen Sorgfalt unvermeidbar gewesen sein.[514] Dies ist aber unter anderem dann der Fall, wenn der Steuerpflichtige sich an die Steuerbehörde gewandt und dort eine missverständliche Auskunft erhalten hat und sich infolgedessen nur so verhalten hat, wie ihm dies von der Steuerbehörde angetragen worden ist.[515] Der Selbstrevisionszuschlag muss für einen Zeitraum, der mit demjenigen Tag beginnt,

---

514 Földes, Gábor, in: Steuerrecht, S. 233. Földes, Gábor / Hadi, László / Kékesi, László, in: Das Handbuch des Steuerverfahrens und -verwaltung, S. 289. Elmont, Gizella, in: Handbuch der Abgabenordnung, S. 204.

515 Földes, Gábor / Hadi, László / Kékesi, László, in: Das Handbuch des Steuerverfahrens und -verwaltung, S. 289.

welcher der Einreichung der fehlerhaften Steuererklärung folgt und mit der Einreichung einer Berichtigungserklärung bei der zuständigen Steuerbehörde endet, erhoben werden.[516] Mit der Erklärung der im Rahmen der Selbstrevision berichtigten Steuergrundlage, Steuer oder zu Unrecht in Anspruch genommenen Steuervergünstigung wird der Steuerpflichtige von der Zahlung einer Geldbuße nach den §§ 170 f. ungarische AO, sowie eines Säumniszuschlags gem. § 172 ungarische AO befreit; mit der Entrichtung der berichtigten und nicht abgeführten Steuer, der zu Unrecht in Anspruch genommenen Steuervergünstigung und des Selbstrevisionszuschlags wird der Steuerpflichtige von der Zahlung der bis dahin fällig gewordenen Verzugszinsen befreit.[517] Früher musste der Steuerpflichtige auch dann eine Geldbuße bezahlen, wenn er im Rahmen der Selbstrevision einen Steuerfehlbetrag aufdeckte und aufgrund finanzieller Probleme den Steuerfehlbetrag oder auch nur den Selbstrevisionszuschlag nicht bezahlen konnte; die Steuerbehörde verhängte dann für den im Rahmen der Selbstrevision aufgedeckten Fehlbetrag eine Geldbuße. Die Vorschrift wurde aber aus Gesichtspunkten der Verhältnismäßigkeit und der „fair-play-Regeln" soweit abgeändert, dass der Steuerpflichtige bereits mit der Erklärung des Steuerfehlbetrags im Rahmen der Selbstrevision von der Zahlung einer Geldbuße oder eines Säumniszuschlags befreit wird.[518] Gibt der Steuerpflichtige im Rahmen der Selbstrevision keine Berichtigungserklärung an die Steuerbehörde ab, dann steht dies der Nichtabgabe der Steuererklärung gleich und kann durch die Steuerbehörde, z.B. durch Verhängung eines Säumniszuschlags sanktioniert werden. Der Selbstrevisionszuschlag wird also wie eine eigene Steuerart behandelt, deren Nichterklärung an die Steuerbehörde entsprechende rechtliche Konsequenzen nach sich ziehen kann.[519] So können z.B. Verzugszinsen gem. § 165 ungarische AO für jeden Tag der versäumten Nichtabgabe der Erklärung von den Steuerbehörden verhängt werden. Außerdem kann dadurch, dass der Selbstrevisionszuschlag als eine Art Steuer behandelt wird, dieser auch Gegenstand eines Steuer- und Sozialversicherungsbetrugs gem. § 310 Btk. sein. Gegenstand eines Steuer- und Sozialversicherungsbetrugs können nämlich nicht nur Steuern und sonstige Abgaben

---

516 Kátai, András / Vámosi-Nagy, Szabolcs / Szakács, László / Török, Júlia, in: Die Steuer, Finanz- und steuerrechtliche Fachzeitschrift, Steuergesetze 2004 / Kodex, 12. Jahrgang, Heft 7-8, 2003, S. 265. Bonácz, Zsolt / Orbán, Ildikó / Bakonyi, Béla / Szurovszki, Éva / Lakiné Szkiba, Judit, in: Steuerschonende Ratschläge, 2004, S. 279.

517 Földes, Gábor, in: Steuerrecht, S. 233.

518 Földes, Gábor / Hadi, László / Kurucz-Váradi, Károly / Pénzely, Márta / Pölöskei, Pálné / Szolnoki, Béla, in: Die Erläuterung des neuen Steuerrechts 2004, S. 248.

519 Bonácz, Zsolt / Orbán, Ildikó / Bakonyi, Béla / Szurovszki, Éva / Lakiné Szkiba, Judit, in: Steuerschonende Ratschläge, 2004, S. 278.

sondern auch Zahlungsverpflichtungen sein, welche nach Art einer Steuer beigetrieben werden. Hierzu gehören aber auch die Selbstrevisionszuschläge.[520]

3. Geldbuße

Eine der Höhe nach schwerere Sanktion, welche nach der ungarischen Abgabenordnung verhängt werden kann, ist die Geldbuße (~ adóbírság). Sie wird gem. den §§ 170 f. ungarische AO dann verhängt, wenn die Steuerbehörde im Rahmen einer von ihr selbst durchgeführten Kontrolle eine Steuerunstimmigkeit feststellt.[521] Die Höhe der Geldbuße richtet sich nach dem, durch die Steuerbehörde festgestellten, Steuerfehlbetrag und beträgt 50 Prozent hiervon. Der Steuerfehlbetrag ist die Differenz zwischen der erklärten und der, von der Steuerbehörde nachträglich festgesetzten, zu zahlenden Steuer. Im Falle der Selbstbesteuerung kann eine Geldbuße nur dann verhängt werden, wenn der Fehlbetrag bis zum Fälligkeitszeitpunkt nicht entrichtet worden ist.[522] Die Steuerbehörde kann nicht nur für den Fall der verspäteten Abgabenentrichtung, sondern auch für den Fall, dass der Steuerpflichtige rechtsgrundlos eine Steuerrückzahlung oder eine Steuerunterstützung geltend macht, eine Geldbuße auferlegen; das Maß der Geldbuße richtet sich in diesem Fall nach der Höhe der ohne Rechtsgrund beanspruchten Summe.[523] Die Höhe der Geldbuße kann von Amts wegen oder auf Antrag herabgesetzt werden, oder es kann sogar von der Auferlegung einer Geldbuße gänzlich abgesehen werden, wenn der Steuerpflichtige, sein Stellvertreter, sein Angestellter, sein Mitglied oder sein Beauftragter unter den gegebenen Umständen mit der erforderlichen Umsicht gehandelt hat. Dabei müssen sämtliche Umstände des Falles berücksichtigt werden, vor allem die Höhe des Steuerfehlbetrages, sein Zustandekommen, das Maß des rechtsfeindlichen Täterverhaltens (die Folgen seines Tuns oder die wiederholte Tatbegehung)[524]. Eine betragliche Minderung der Geldbuße kommt weder von Amts wegen noch auf Antrag in Betracht, wenn der Steuerfehlbetrag mit der Verschleierung von

---

520 Báldy, Péter / Csizner, Ildikó / Schuller, Krisztina / Czimbalmos, Csaba / Kerek, Imréne, in: Die Erklärung zum Strafgesetzbuch, Bd. 2, S. 1220.

521 Földes, Gábor / Hadi, László / Kékesi, László, in: Das Handbuch des Steuerverfahrens und -verwaltung, S. 289.

522 Földes, Gábor, in: Steuerrecht, S. 234.

523 Nagy, Tibor, in: Finanzrecht, S. 154. Földes, Gábor, in: Steuerrecht, S. 234.

524 Lomnici, Zoltán, in: Finanzrechtsprechung, S. 145 f. Zödi, Zsolt / Vajda, Krisztina / Schuller, Krisztina / Szeredás, Dóra / Kerek, Imréne, in: Die Sammlung gerichtlicher verwaltungsrechtlicher Entscheidungen, S. 33 f.

Einkommen, mit der Verfälschung von Belegen, Büchern oder der Registratur oder ihrer Vernichtung zusammenhängt. Lehnt die Steuerbehörde den Antrag des Steuerpflichtigen auf Herabsetzung der Geldbuße ab, dann muss sie insbesondere darlegen, aufgrund welcher Erkenntnisse sie zu dem Schluss gelangt ist, dass die erforderliche Sorgfalt vom Steuerpflichtigen bzw. seinem Stellvertreter oder Angestellten nicht angewandt worden ist.[525] Besteht im Zeitpunkt der behördlichen Steuerüberprüfung eine Zuvielzahlung des Steuerpflichtigen hinsichtlich einer anderen als der überprüften Steuerart, so kann dies bei der Feststellung des Steuerfehlbetrages Berücksichtigung finden. Die Zuvielzahlung bei einer Steuerart mindert den Steuerfehlbetrag bei der geprüften Steuerart.[526] Die Festsetzung einer Geldbuße berührt nach § 171 Abs. 3 ungarische AO nicht die Verpflichtung zur Entrichtung von Verzugszinsen, d.h. die Geldbuße kann neben einem Verspätungszuschlag in Form von Verzugszinsen verhängt werden.[527] In diesem Fall können beide Sanktionen zusammen oder jede für sich in der Höhe gemindert werden.

Eine Geldbuße kann auch neben einer Kriminalstrafe verhängt werden, da weder das Strafrecht noch das Steuerrecht eine Rechtsvorschrift kennen, welche die parallele Verhängung von Verwaltungssanktionen und Kriminalstrafen verbietet. Das Strafrecht regelt lediglich im § 138 A Btk., dass eine Kriminalstrafe unter einem Steuerfehlbetrag von 50.000,- HUF (~ 208,- EUR) nicht verhängt werden soll, so dass nur für diesen Fall eine Sanktion alleine nach der ungarischen Abgabenordnung in Betracht kommt. Es ergeben sich aber weder aus dem Wortlaut noch aus der Entstehungsgeschichte der Norm Hinweise darauf, dass ab einem Betrag von 50.000,- HUF (208,- EUR) aufwärts lediglich die Verhängung einer Kriminalstrafe in Erwägung zu ziehen ist. Die Norm basiert vielmehr auf einem früheren gerichtlichen Erlass mit Gesetzeswirkung, wonach bei „Bagatellbeträgen" ein Strafverfahren wegen Steuer- und Sozialversicherungsbetrug und damit die Verhängung einer Kriminalstrafe nicht in Betracht kommt. Dadurch wollte man eine Überlastung der Strafgerichte mit Steuerbetrugsdelikten vermeiden, bei denen die Hinterziehungssumme und das verwirklichte Unrecht außer Verhältnis stehen zum Aufwand der Strafverfolgung. Außerdem gebietet es auch der Grundsatz der Verhältnismäßigkeit

---

525 Földes, Gábor / Hadi, László / Kékesi, László, in: Das Handbuch des Steuerverfahrens und -verwaltung, S. 293.

526 Földes, Gábor, in: Steuerrecht, S. 234.

527 Földes, Gábor / Hadi, László / Kékesi, László, in: Das Handbuch des Steuerverfahrens und -verwaltung, S. 294. Kátai, András / Vámosi-Nagy, Szabolcs / Szakács, László / Török, Júlia, in: Die Steuer, Finanz- und steuerrechtliche Fachzeitschrift, Steuergesetze 2004 / Kodex, 12. Jahrgang, Heft 7-8, 2003, S. 266. Petrik, Ferenc / Lomnici, Zoltán, in: Verwaltungswirtschaftliche Entscheidungssammlung, Steuersachen, 13. Jahrgang, Heft 3, Nr. 38, 2004, S. 5 ff.

für Steuerbetrüger, die „nur" Kleinbeträge hinterzogen haben, eine tatangemessene Strafe zu verhängen. Hierfür reichen nach Ansicht des Gesetzgebers die Sanktionsmöglichkeiten der ungarischen Abgabenordnung aber aus, die Verhängung einer Kriminalstrafe ist für einen solchen Fall der Unrechtsverwirklichung nicht erforderlich.[528]

4. Säumniszuschlag

Beim Säumniszuschlag (~ mulasztási bírság), geregelt in § 172 ungarische AO, handelt es sich um eine subjektiv-repressive Sanktion; der Säumniszuschlag wird in den unterschiedlichsten Fällen von Steuerrechtsverstößen verhängt. Darunter fallen vor allem Pflichtverstöße, die keine unmittelbare Steuerkürzung zur Folge haben, z.B. Verstöße gegen die Melde-, Datenübermittlungs- und Erklärungspflicht, wie die verspätete Abgabe von Erklärungen oder die Abgabe von fehlerhaften Erklärungen oder die mangelnde Führung der Bücher oder der Belege.[529] Die Höhe des Säumniszuschlags wird im Gesetz ganz unterschiedlich geregelt, je nachdem welcher Steuerrechtsverstoß vorliegt und von wem er begangen worden ist: So kann der Steuerpflichtige, wenn er eine Privatperson ist, z.B. bei unrichtiger oder verspäteter Steueranmeldung bzw. bei der Abgabe von unentschuldigt verspäteten Steuererklärungen, bei unvorschriftsmäßiger Buchführung oder Rechnungslegung mit Säumniszuschlägen in Höhe von bis zu 100.000,- HUF (~ 416,- EUR) und bis zu 200.000,- HUF (~ 833,- EUR) wenn er keine Privatperson ist, belegt werden. Das Gesetz differenziert bei der Höhe der Sanktion nach Art des Steuerrechtsverstoßes und nach der Person, die den Steuerrechtsverstoß begeht. Gegen Privatpersonen werden regelmäßig niedrigere Zuschläge verhängt, da man zum einen von Privatpersonen nicht die gleichen Steuerkenntnisse wie bei juristischen Personen oder sonstigen Vereinigungen erwarten kann und zum anderen bei Privatpersonen die Vermögensverhältnisse für die Bemessung der Strafe eine größere Rolle spielen.[530] Für den Fall der Abgabe einer unrichtigen, fehlerhaften Steuererklärung sieht das Gesetz gem. § 172 Abs. 6 ungarische AO einen Säumniszuschlag bis zur Höhe

---

528 Vgl. hierzu die Ausführungen unter Zweiter Teil, III. 11. und Kommentar zum ungarischen Strafgesetzbuch, Kommentar zum § 138 A Btk., S. 269 ff. im Ausdruck (CD-Rom).

529 Földes, Gábor, in: Steuerrecht, S. 235. Petrik, Ferenc / Lomnici, Zoltán, in: Verwaltungswirtschaftliche Entscheidungssammlung, Steuersachen, 13. Jahrgang, Heft 4, Nr. 57, 2004, S. 14.

530 Kátai, András / Vámosi-Nagy, Szabolcs / Szakács, László / Török, Júlia, in: Die Steuer, Finanz- und steuerrechtliche Fachzeitschrift, Steuergesetze 2004 / Kodex, 12. Jahrgang, Heft 7-8, 2003, S. 266. Földes, Gábor, in: Steuerrecht, S. 235.

von 10.000,- HUF (~ 41,67 EUR) vor, wobei dieser Strafrahmen nur für Privatpersonen gelten soll. Gibt ein Steuerpflichtiger, der keine Privatperson ist, eine entsprechend fehlerbehaftete Steuererklärung ab, dann kann ein Säumniszuschlag bis zur Höhe von 100.000,- HUF (416,- EUR) festgesetzt werden.[531]

Mit einem Säumniszuschlag können des Weiteren nicht nur Verstöße gegen steuerrechtliche Verpflichtungen, die sich im Hinblick auf die einzelnen Steuerarten ergeben, geahndet werden, sondern auch Pflichtverletzungen im Zusammenhang mit der Entrichtung von Gebühren: Kommt der Gebührenpflichtige einer Zahlungsaufforderung des Gebührenamtes nicht oder nur teilweise nach, dann kann gegen ihn ein Säumniszuschlag in Höhe von bis zu 100 Prozent der nicht entrichteten Gebühr, maximal aber bis 100.000,- HUF (~ 416,- EUR) verhängt werden. An dieser Stelle differenziert das Gesetz, was die Höhe der Sanktion angeht, nicht nach Privatpersonen und sonstigen Verpflichteten. Dies ist wohl darauf zurückzuführen, dass das Gebührenrecht im Gegensatz zum Steuerrecht, z.B. ebenfalls viel weniger entsprechende Differenzierungen vornimmt.[532]

Zur Zahlung eines Säumniszuschlages kann indessen nicht nur der Steuerpflichtige, sondern auch ein Dritter verpflichtet werden, sofern er mit der Erledigung von Steuerangelegenheiten betraut worden ist; Dritter in diesem Sinn kann gem. § 7 ungarische AO vor allem ein Rechtsanwalt bzw. eine Anwaltssozietät oder ein Steuerberater sein. Liegt eine entsprechende Ermächtigung des Dritten durch den Steuerpflichtigen vor und wird dies den Steuerbehörden angezeigt, so haftet ausschließlich der Dritte für einen Steuerrechtsverstoß, so dass auch nur ihn eine steuerrechtliche Sanktion in Form des Säumniszuschlags treffen kann. Mit der Beauftragung eines steuerkundigen Rechtsanwaltes oder eines Steuerbüros möchte der Steuerpflichtige eine bestmögliche Vertretung in allen Steuerangelegenheiten erreichen. Ab dem Zeitpunkt der Beauftragung muss der Dritte aber nicht nur für die Durchsetzung der Rechte seines Auftraggebers Sorge tragen, sondern gleichzeitig auch dessen steuerrechtliche Pflichten wahrnehmen bzw. seinen Auftraggeber zur Pflichterfüllung anhalten. Verstößt der Rechtsanwalt oder der Steuerberater in Erfüllung seines Auftrages gegen steuerrechtliche Verpflichtungen, dann ist es billig, ihn für sein eigenes Tun zur Verantwortung zu ziehen, zumal ihm aufgrund seines Kenntnisstandes und seiner Berufserfahrung erhöhte Sorgfaltspflichten treffen. Die

---

531 Kátai, András / Vámosi-Nagy, Szabolcs / Szakács, László / Török, Júlia, in: Die Steuer, Finanz- und steuerrechtliche Fachzeitschrift, Steuergesetze 2004 / Kodex, 12. Jahrgang, Heft 7-8, 2003, S. 266.

532 Kátai, András / Vámosi-Nagy, Szabolcs / Szakács, László / Török, Júlia, in: Die Steuer, Finanz- und steuerrechtliche Fachzeitschrift, Steuergesetze 2004 / Kodex, 12. Jahrgang, Heft 7-8, 2003, S. 266. Földes, Gábor / Hadi, László / Kékesi, László, in: Das Handbuch des Steuerverfahrens und –verwaltung, S. 296.

ungarische Abgabenordnung dehnt die Haftung für eine Pflichtverletzung auch an anderer Stelle aus: Gemäß § 31 Abs. 8 ungarische AO ist der Steuerberater, der eine fehlerhafte Steuererklärung gegenzeichnet, für diese verantwortlich und muss den von der Steuerbehörde hierfür verhängten Säumniszuschlag entrichten.[533] Kommt ein Arbeitgeber seiner Verpflichtung nicht nach, den Arbeitnehmeranteil der Steuer an die zuständige Finanzbehörde abzuführen, dann muss er gem. § 172 Abs. 10 ungarische AO neben Verzugszinsen auch einen Säumniszuschlag in Höhe von 50 Prozent der nicht abgeführten Steuer zahlen. Die gesetzliche Regelung trägt hier der Tatsache Rechnung, dass allein der Arbeitgeber für die ordnungsgemäße Abführung des Arbeitnehmeranteils der Steuer verantwortlich ist und den Arbeitnehmer auch keinerlei Verpflichtung zur Kontrolle trifft, zumal er in den seltensten Fällen nachprüfen kann, ob der Arbeitgeber tatsächlich die Steuer an die Behörde abgeführt hat.[534]

Bei der Verhängung des Säumniszuschlags berücksichtigt die Steuerbehörde alle Umstände des Falles gem. § 172 Abs. 12 ungarische AO, so insbesondere die Schwere des rechtswidrigen Täterverhaltens, seine Häufigkeit und vor allem das Maß der vom Steuerpflichtigen, seinem Stellvertreter, Angestellten, Mitglied oder Beauftragten angewandten Sorgfalt und Umsicht. Bei der Beantwortung der Frage, ob der Steuerpflichtige bzw. sein Stellvertreter mit der von ihm geforderten Sorgfalt und Umsicht vorgegangen ist, prüft die Steuerbehörde, ob der einzelne Steuerpflichtige denjenigen Anforderungen gerecht geworden ist, die an vergleichbare Steuerpflichtige in einer ähnlichen Situation gestellt werden. Die Steuerbehörde legt also keinen subjektiven Sorgfaltsmaßstab an und fragt, was von dem bestimmten, einzelnen Steuerzahler in der gegebenen Situation erwartet werden konnte, sondern bestimmt das Vorliegen der geforderten Sorgfalt anhand von objektiven Kriterien, ausgehend von einer Person, die derselben Gruppe von Steuerpflichtigen wie der säumige Steuerzahler angehört, in derselben Situation. Würde die Steuerbehörde nicht diesen objektiven Sorgfaltsmaßstab verwenden, so müsste sie immer die subjektiven Möglichkeiten, Fähigkeiten und Umweltfaktoren des einzelnen Steuerzahlers untersuchen und dann für jeden Fall gesondert die Frage beantworten, ob die Summe aller subjektiven und objektiven Umstände die Pflichterfüllung unmöglich gemacht hat. Eine solche Vorgehensweise wäre nicht nur sehr zeitinten-

---

533 Kátai, András / Vámosi-Nagy, Szabolcs / Szakács, László / Török, Júlia, in: Die Steuer, Finanz- und steuerrechtliche Fachzeitschrift, Steuergesetze 2004 / Kodex, 12. Jahrgang, Heft 7-8, 2003, S. 235 u. 242.

534 Kátai, András / Vámosi-Nagy, Szabolcs / Szakács, László / Török, Júlia, in: Die Steuer, Finanz- und steuerrechtliche Fachzeitschrift, Steuergesetze 2004 / Kodex, 12. Jahrgang, Heft 7-8, 2003, S. 266. Földes, Gábor / Hadi, László / Kékesi, László, in: Das Handbuch des Steuerverfahrens und -verwaltung, S. 297 f.

siv, sondern würde die Steuerbehörden auch in vielen Fällen vor große Schwierigkeiten stellen.[535] Hat der Steuerpflichtige sich so verhalten, wie es von jedem anderen Steuerpflichtigen in einem vergleichbaren Fall erwartet werden kann, so hat er mit der von ihm geforderten Sorgfalt gehandelt und es besteht die Möglichkeit zur Minderung des Säumniszuschlags bis hin zu seiner Nichtverhängung.[536] Allgemeinhin lässt sich feststellen, dass die Steuerbehörden in der Praxis einen umso höheren Maßstab anlegen, je komplizierter die Organisation eines Betriebs oder je vielschichtiger ein Unternehmen in seiner Art ist. Es liegt auf der Hand, dass an einen Kleinunternehmer, der in einem entlegeneren Gebiet des Landes ansässig ist, ein ganz anderer Sorgfaltsmaßstab anzulegen ist, wie an eine international agierende AG. Während beim ersteren eine verspätete Abgabe der Steuererklärung mit außergewöhnlichen Witterungsverhältnissen und dadurch bedingte Postlaufzeiten entschuldigt werden kann, wird diese Tatsache bei der AG eher nicht zum gewünschten Erfolg führen.[537]

Der Säumniszuschlag kann neben einer Geldbuße verhängt werden, weil die beiden Sanktionen ganz unterschiedliche Anknüpfungspunkte haben: Während die Geldbuße nach Feststellung eines Steuerfehlbetrags zur Anwendung kommt, sanktioniert der Säumniszuschlag die Nichterfüllung verschiedener Pflichten des Steuerzahlers, wie z.B. die Buchführungspflicht oder die Verpflichtung zur Aufbewahrung von Belegen.[538] Auch die Auferlegung von Verzugszinsen kommt neben einem Versäumniszuschlag in Betracht. Das sieht das Gesetz, wie bereits erwähnt, ausdrücklich im § 172 Abs. 10 ungarische AO für den Fall vor, dass der Arbeitgeber den Arbeitnehmeranteil an der Steuer nicht abführt.[539] Allerdings werden nach dem Wortlaut des Gesetzes Verzugszinsen nur für die verspätete Entrichtung der Steuer erhoben und nicht für die verspätete Abgabe einer Steuererklärung, so dass in diesem

---

535 Földes, Gábor / Hadi, László / Kékesi, László, in: Das Handbuch des Steuerverfahrens und -verwaltung, S. 305 f.

536 Földes, Gábor / Hadi, László / Kékesi, László, in: Das Handbuch des Steuerverfahrens und -verwaltung, S. 306.

537 Földes, Gábor / Hadi, László / Kékesi, László, in: Das Handbuch des Steuerverfahrens und -verwaltung, S. 305.

538 Lomnici, Zoltán, in: Die Abgabenordung, Das Taschenbuch der Gerichtspraxis, S. 133. Nagy, Tibor / Tóth, János / Nagy, Árpád, in: Finanzrecht, S. 145.

539 Kátai, András / Vámosi-Nagy, Szabolcs / Szakács, László / Török, Júlia, in: Die Steuer, Finanz- und steuerrechtliche Fachzeitschrift, Steuergesetze 2004 / Kodex, 12. Jahrgang, Heft 7-8, 2003, S. 266.

Fall nur ein Säumniszuschlag erhoben werden kann.[540] Verstößt der Steuerzahler gleich gegen mehrere Verpflichtungen auf einmal, wird der Säumniszuschlag aber nur einmal erhoben und zwar für den schwersten Pflichtenverstoß.[541]

5. Maßnahmen und Anordnungen

Die Steuerbehörden können des Weiteren bestimmte Maßnahmen ergreifen oder Anordnungen treffen (~ intézkedések), welche die präventive Wirkung der Sanktionen noch verstärken;[542] die ungarische Abgabenordnung regelt in den §§ 173 ff. Art. drei mögliche Arten von Maßnahmen:

a. Beschlagnahme und Verwertung des Warenbestandes

Unternehmerische Tätigkeiten ohne die dafür erforderliche Legitimation oder Tätigkeiten ohne Eintragung der Firma haben zur Folge, dass der Warenbestand bis zur Höhe des Säumniszuschlags beschlagnahmt werden kann und bei Nichtentrichtung der Geldstrafe innerhalb von 15 Tagen nach Fälligkeit, sofern ein Rechtsmittel nicht eingelegt worden ist, auch verwertet werden kann (~ árukészlet lefoglalása és értékesítése). Die Beschlagnahme des Warenbestandes stellt einen starken Eingriff in die Privatsphäre des Steuerpflichtigen dar und kann deshalb nur im Beisein von zwei Zeugen erfolgen. Es muss ein Protokoll geführt werden, in dem unter anderem die Anwesenheit der Zeugen dokumentiert und ein Verzeichnis der beschlagnahmten Waren nach Menge, Wert und sonstigen Gesichtspunkten geführt wird; des Weiteren muss das Protokoll auch Angaben zum Ort und zu der Zeit der Beschlagnahme enthalten. Die Waren werden in einen abschließbaren Raum verbracht oder auf Kosten des Steuerpflichtigen abtransportiert und verwahrt. Nach Verwertung der Ware wird der überschüssige Betrag an den Steuerpflichtigen ausbezahlt. Eine Verwertung findet frühestens 15 Tage nach Fälligkeit der Geldstrafe statt, wenn der Steuerpflichtige sich gegen die Auferlegung der Geldstrafe oder gegen die Maßnahme selbst nicht gewehrt hat, da ansonsten die Rechtsbehelfsentscheidung abgewartet werden muss und die beschlagnahmten Waren in diesem Fall frü-

---

540   Elmont, Gizella, in: Handbuch der Abgabenordnung, S. 209. Nagy, Tibor / Tóth, János / Nagy, Árpád, in: Finanzrecht, S. 145.

541   Nagy, Tibor / Tóth, János / Nagy, Árpád, in: Finanzrecht, S. 145.

542   Földes, Gábor, in: Steuerrecht, S. 235. Bonácz, Zsolt / Orbán, Ildikó / Bakonyi, Béla / Szurovszki, Éva / Lakiné Szkiba, Judit, in: Steuerschonende Ratschläge, 2004, S. 291. Földes, Gábor / Hadi, László / Kékesi, László, in: Das Handbuch des Steuerverfahrens und – verwaltung, S. 308 f.

hestens 15 Tage nach der Rechtsbehelfsentscheidung oder 30 Tage nach Fälligkeit der Geldstrafe verwertet werden dürfen.⁵⁴³ Von der Beschlagnahme gänzlich ausgeschlossen sind leicht verderbliche Waren und lebende Tiere.⁵⁴⁴

b. Geschäftsschließung und Einstellung der Tätigkeitsausübung

Schließlich kann neben der Verhängung des Säumniszuschlags eine Geschäftsschließung (~ üzletbezárás) oder die Einstellung jeglicher weiterer Tätigkeitsausübung (~ tevékenység gyakorlásának felfüggesztése) für einen Zeitraum von 12 Werktagen angeordnet werden, wenn der Steuerpflichtige unangemeldete Arbeitskräfte beschäftigt oder Waren ohne genauen Herkunftsnachweis absetzt oder innerhalb von einem Jahr bereits das zweite Mal gegen die Verpflichtung, eine Rechnung bzw. Quittung zu erstellen, verstößt. In der Praxis treten bei der Einstellung der beruflichen Tätigkeit erfahrungsgemäß in den Bereichen allergrößte Probleme auf, wo vermehrt Schwarzarbeiter beschäftigt werden, z.B. im Baugewerbe oder in der landwirtschaftlichen Saisonarbeit, da die behördliche Kontrolle über die Einstellung der weiteren Tätigkeitsausübung in diesem Bereich besonders schwierig ist.⁵⁴⁵ Bei einem wiederholten Pflichtverstoß beträgt der Zeitraum der Schließung bzw. Einstellung 30 Werktage, bei jedem weiteren Fall 60 Werktage. Dies gilt allerdings dann nicht, wenn zwischen zwei aufeinander folgenden Pflichtwidrigkeiten gleicher Art drei Jahre liegen. Ein wiederholter Pflichtenverstoß liegt auch dann vor, wenn innerhalb desselben Betriebes zwei verschiedene Angestellte denselben Pflichtenverstoß begehen. Dies gilt nicht für verschiedene Betriebe desselben Steuerpflichtigen, wenn also der Steuerpflichtige sowohl eine Reparaturwerkstätte als auch einen Laden unterhält und in beiden von Angestellten entsprechende Pflichtversäumnisse begangen werden.⁵⁴⁶ Die Steuerbehörde muss den ersten sowie den letzten Tag der Geschäftsschließung in einer sofort vollziehbaren Verfügung festsetzen. Ein gegen die steuerbehördliche Verfügung eingelegter Rechtsbehelf hat keine aufschiebende Wirkung, d.h. die Steuerbehörde wird da-

---

543 Földes, Gábor, in: Steuerrecht, S. 235. Nagy, Tibor, in: Finanzrecht, S. 154. Földes, Gábor / Hadi, László / Kékesi, László, in: Das Handbuch des Steuerverfahrens und -verwaltung, S. 309.

544 Kátai, András / Vámosi-Nagy, Szabolcs / Szakács, László / Török, Júlia, in: Die Steuer, Finanz- und steuerrechtliche Fachzeitschrift, Steuergesetze 2004 / Kodex, 12. Jahrgang, Heft 7-8, 2003, S. 266.

545 Földes, Gábor, in: Steuerrecht, S. 236.

546 Földes, Gábor / Hadi, László / Kékesi, László, in: Das Handbuch des Steuerverfahrens und -verwaltung, S. 310.

durch nicht gehindert, die Maßnahme zu vollziehen.[547] Dem Steuerpflichtigen muss aber vor der Vollziehung der Maßnahme genügend Zeit verbleiben, um leicht verderbliche Waren oder lebende Tiere wegzubringen und für eine ausreichend sichere Lagerung der anderen Waren zu sorgen.[548] Entsteht einem unbeteiligten Dritten unmittelbar durch die Geschäftsschließung ein Schaden, dann ist der Steuerpflichtige zum Ersatz dieses Schadens verpflichtet. Da der Steuerpflichtige selbst den Anlass für die Verhängung der Maßnahme hervorgerufen hat, ist es angemessen, ihn auch für die unmittelbaren Folgen der Maßnahme zur Verantwortung zu ziehen.[549] Die Geschäftsschließung erfolgt in der Weise, dass die Geschäftsräume versiegelt werden und für die Kundschaft gut sichtbar der Zeitraum der Schließung und die anordnende Behörde mitgeteilt werden. Dies kann einen nicht unerheblichen Reputationsschaden und den Verlust von Kunden zur Folge haben, weshalb diese Maßnahme unter den ungarischen Geschäftsleuten besonders gefürchtet wird. Der Mitteilung an die Kundschaft soll aber in erster Linie ein Informationscharakter zukommen: Der Kunde kann sich auf diese Weise über den Zeitraum der Schließung informieren und kann, wenn ihm durch die Schließung ein Schaden entstanden sein sollte, diesen beim Unternehmer geltend machen.[550] Da die Geschäftsschließung oder die Einstellung der weiteren Tätigkeitsausübung aber gravierende Eingriffe in den Wirkungsbereich eines Unternehmens darstellen, müssen den Steuerbehörden aus Verhältnismäßigkeitsgesichtspunkten für die Anwendung der Maßnahmen auch Schranken gesetzt werden:[551] Zum einen entspricht es auch im ungarischen Recht einem Grundsatz der Verhältnismäßigkeit, dass unbeteiligte Dritte vor Maßnahmen der Steuerbehörden verschont werden, d.h. die Maßnahme kann nur gegen denjenigen Steuerpflichtigen verhängt werden, der gegen steuerrechtliche Verpflichtungen wiederholt verstoßen hat; wird das Unternehmen von zwei Steuerpflichtigen betrieben und verstößt nur einer von den beiden gegen eine steuergesetzliche Verpflichtung, dann wird auch nur gegen ihn eine steuerstraf-

---

547 Bonácz, Zsolt / Orbán, Ildikó / Bakonyi, Béla / Szurovszki, Éva / Lakiné Szkiba, Judit, in: Steuerschonende Ratschläge, 2004, S. 292.

548 Bonácz, Zsolt / Orbán, Ildikó / Bakonyi, Béla / Szurovszki, Éva / Lakiné Szkiba, Judit, in: Steuerschonende Ratschläge, 2004, S. 292. Földes, Gábor / Hadi, László / Kékesi, László, in: Das Handbuch des Steuerverfahrens und –verwaltung, S. 311.

549 Földes, Gábor / Hadi, László / Kékesi, László, in: Das Handbuch des Steuerverfahrens und -verwaltung, S. 311.

550 Földes, Gábor / Hadi, László / Kékesi, László, in: Das Handbuch des Steuerverfahrens und -verwaltung, S. 311.

551 Földes, Gábor / Hadi, László / Kékesi, László, in: Das Handbuch des Steuerverfahrens und -verwaltung, S. 311.

rechtliche Maßnahme ausgesprochen, der andere Steuerpflichtige darf in der Fortführung seiner Geschäfte nicht behindert werden. Deshalb kann nur in einem sehr schwerwiegenden Fall das gesamte Unternehmen von der Geschäftsschließung betroffen sein; die Steuerbehörde muss dann aber in der Mitteilung an die Kundschaft kenntlich machen, welcher Teil des Unternehmens bzw. welcher Steuerzahler von der Maßnahme betroffen ist. Anderenfalls wird in der Regel das Unternehmen weitergeführt und nur demjenigen, der den Pflichtenverstoß begangen hat jede weitere Unternehmenstätigkeit versagt.[552] Des Weiteren kann sich die Befugnis der Steuerbehörde auch nicht auf die Wohnung des Steuerpflichtigen erstrecken, da deren Schutz auch verfassungsrechtlich garantiert ist. Bildet die Wohnung mit dem Betrieb technisch eine untrennbare Einheit, dann darf die Steuerbehörde eine Geschäftsschließung nicht vornehmen. Eine technische Einheit bildet der Betrieb mit der Wohnung des Steuerpflichtigen, wenn sich der Betrieb in der Wohnung befindet oder mit der Wohnung zumindest eng verbunden ist. Dies ist in der Regel dann der Fall, wenn eine Verbindungstür zwischen dem Betrieb und der Wohnung existiert. So wurde in einem Fall, in dem sich der Betrieb des Steuerpflichtigen in einer Garage befand, die von der Wohnung aus nicht unmittelbar zu erreichen war, eine technische Einheit abgelehnt und in einem anderen Fall, in dem die Garage durch eine Verbindungstür vom Haus aus zu erreichen war und nicht einmal ein Betreten des Hofs oder der Straße erforderlich war, aber bejaht.[553] Eine Geschäftsschließung kommt schließlich auch dann nicht in Frage, wenn dadurch die Grundversorgung der örtlichen Bevölkerung mit Waren des täglichen Bedarfs nicht mehr gewährleistet wäre. Dies ist z.B. der Fall, wenn in einem Ort nur ein Lebensmittelgeschäft existiert, welches von der Schließung bedroht ist und das nächste Geschäft relativ weit entfernt ist.[554] In einem solchen Fall muss die Steuerbehörde eine andere Sanktionsmöglichkeit wählen, um ein rechtmäßiges Verhalten des Steuerpflichtigen zu erzwingen.

---

552 Földes, Gábor / Hadi, László / Kékesi, László, in: Das Handbuch des Steuerverfahrens und -verwaltung, S. 311.

553 Földes, Gábor / Hadi, László / Kékesi, László, in: Das Handbuch des Steuerverfahrens und -verwaltung, S. 311.

554 Bonácz, Zsolt / Orbán, Ildikó / Bakonyi, Béla / Szurovszki, Éva / Lakiné Szkiba, Judit, in: Steuerschonende Ratschläge, 2004, S. 292. Földes, Gábor / Hadi, László / Kékesi, László, in: Das Handbuch des Steuerverfahrens und -verwaltung, S. 312.

c. Veröffentlichung von persönlichen Daten

Von Bedeutung ist daneben eine Maßnahme der Steuerbehörde, welche im § 55 Abs. 3 bzw. Abs. 4 ungarische AO geregelt ist: Die Steuerbehörde kann nach § 55 Abs. 3 ungarische AO jeweils vierteljährlich in einem Zeitraum von 30 Tagen die persönlichen Daten (Name, Firma, Wohnanschrift, Hauptsitz, Niederlassungsort) desjenigen Steuerpflichtigen bekannt geben, zu dessen Lasten im vergangenen Vierteljahr ein Steuerfehlbetrag von 10 Mio. HUF (~ 41.666,- EUR) bei Privatpersonen und mehr wie 100 Mio. HUF (~ 416.666,- EUR) bei den übrigen Steuerpflichtigen festgestellt worden ist. Die Steuerbehörde veröffentlicht die genaue Summe des Steuerfehlbetrags sowie die dafür verhängte Strafe.[555] Der Steuerfehlbetrag muss durch eine rechtskräftige, nicht mehr mit Rechtsbehelfen, wie dem Einspruch, angreifbare Entscheidung der zuständigen Steuerbehörde festgestellt worden sein. Neben dem Erfordernis eines Steuerfehlbetrags ist dies eine weitere Einschränkung für die Durchführung der Maßnahme und dient dem Schutz des Steuerpflichtigen.[556]

Außerdem veröffentlicht die Steuerbehörde gem. § 55 Abs. 4 ungarische AO die persönlichen Daten von denjenigen Steuerpflichtigen, die ihrer Steueranmeldungsverpflichtung nicht nachgekommen sind. Hierdurch wird nochmals deutlich gemacht, dass es sich bei der Steueranmeldungspflicht, neben der Steuererklärungs- und -zahlungspflicht um eines der wichtigsten Pflichten des Steuerzahlers überhaupt handelt, da die Steuerbehörden vor allem auf diese Weise vom steuerrelevanten Tatbestand Kenntnis erlangen können, um eine Steuerfestsetzung vorzunehmen.[557]

Diese Maßnahmen der Steuerbehörde dienen in erster Linie dem Schutz der Kunden vom Unternehmen und der Sicherheit des Geschäftsverkehrs allgemeinhin: Da bei hohen Steuerfehlbeträgen regelmäßig auch hohe Geldbußen und Verzugszinsen gegen den säumigen Steuerschuldner verhängt werden, können diese leicht

---

555 Kátai, András / Vámosi-Nagy, Szabolcs / Szakács, László / Török, Júlia, in: Die Steuer, Finanz- und steuerrechtliche Fachzeitschrift, Steuergesetze 2004 / Kodex, 12. Jahrgang, Heft 7-8, 2003, S. 248. Földes, Gábor / Hadi, László / Kékesi, László, in: Das Handbuch des Steuerverfahrens und -verwaltung, S. 180.

556 Földes, Gábor / Hadi, László / Kékesi, László, in: Das Handbuch des Steuerverfahrens und -verwaltung, S. 180. Kátai, András / Vámosi-Nagy, Szabolcs / Szakács, László / Török, Júlia, in: Die Steuer, Finanz- und steuerrechtliche Fachzeitschrift, Steuergesetze 2004 / Kodex, 12. Jahrgang, Heft 7-8, 2003, S. 248.

557 Kátai, András / Vámosi-Nagy, Szabolcs / Szakács, László / Török, Júlia, in: Die Steuer, Finanz- und steuerrechtliche Fachzeitschrift, Steuergesetze 2004 / Kodex, 12. Jahrgang, Heft 7-8, 2003, S. 248.

in Zahlungsschwierigkeiten geraten, so dass ihre Kunden bzw. Geschäftspartner besondere Sorgfalt im geschäftlichen Umgang mit entsprechenden Unternehmen oder Privatleuten anwenden und folglich rechtzeitig informiert sein müssen.[558] Die Regelung des § 55 Abs. 4 ungarische AO soll darüber hinaus den ungerechtfertigten Wettbewerbsvorteil aus der Nichtbesteuerung gegenüber anderen Steuerpflichtigen, die ihre Steuer ordnungsgemäß anmelden und abführen, ausgleichen.[559] Ihre Berechtigung findet die Veröffentlichung der persönlichen Daten des säumigen Steuerpflichtigen nicht in der Tatsache der nicht erfüllten Steuerschuld, sondern in der Rechtsverletzung und den Umständen, die zum Steuerfehlbetrag geführt haben; eine Veröffentlichung kommt nicht in Betracht, wenn die Steuerverpflichtung nicht unmittelbar auch mit einem Steuerfehlbetrag zusammenhängt. Dieser, in der Praxis wohl eher seltene Fall, kommt dann vor, wenn der Steuerfehlbetrag durch entsprechend hohe Zahlungen des Steuerpflichtigen hinsichtlich anderer Steuerarten ausgeglichen ist. Nur unter den engen Voraussetzungen des § 55 Abs. 3, Abs. 4 ungarische AO und unter dem Blickwinkel, dass es sich bei diesen Regelungen in erster Linie um Schutzvorschriften und darüber hinaus um steuerbehördliche Sanktionen handelt, lässt sich letztendlich die Durchbrechung des Steuergeheimnisses erklären.

VI. Die Selbstüberwachung (Selbstrevision) als Besonderheit der ungarischen Abgabenordnung

Die ungarische Abgabenordnung gibt dem Steuerpflichtigen die Möglichkeit, ähnlich der Selbstanzeige im deutschen Steuerrecht, vor Beginn der steuerbehördlichen Überprüfung, die mit Fehlern behaftete Steuererklärung im Rahmen der sog. Selbstrevision gem. den §§ 49 f. ungarische AO[560] zu berichtigen, um so der Auferlegung von Säumniszuschlägen oder einer Geldbuße zu entkommen. Ausweislich des Wortlautes von § 169 ungarische AO wird der Steuerpflichtige mit der Erklärung der berichtigten Steuer oder Steuergrundlage von der Entrichtung einer Geldbuße oder eines Säumniszuschlags frei; des Weiteren muss er mit der Zahlung des Selbstrevisionszuschlags und der nicht abgeführten Steuer ab dem Zeitpunkt der Selbstüberwachung auch keine Verzugszinsen zahlen. Fraglich ist, ob der Steuerpflichtige im Wege der Selbstrevision auch von der Auferlegung einer Strafe nach

---

558 Földes, Gábor / Hadi, László / Kékesi, László, in: Das Handbuch des Steuerverfahrens und -verwaltung, S. 180.

559 Földes, Gábor / Hadi, László / Kékesi, László, in: Das Handbuch des Steuerverfahrens und -verwaltung, S. 180.

560 Eine Übersetzung der §§ 49 f. Art. findet sich im Anhang, in der Anlage III. Nr. 6 – 8.

dem ungarischen Strafgesetzbuch Befreiung erlangt. Der Wortlaut des § 169 ungarische Abgabenordnung bezieht sich zunächst nur auf die Folge nach der Verhängung einer Sanktion gemäß der ungarischen Abgabenordnung. Der Steuerpflichtige kommt aber nur dann in den Genuss der vereinfachten Rechtsfolgen, wenn er zugleich mit dem Selbstrevisionszuschlag die nicht entrichtete Steuer bezahlt. Damit wird aber auch regelmäßig der Strafaufhebungsgrund des § 310 Abs. 6 Btk. eingreifen, wonach der Täter für sein Verhalten nicht strafbar ist, wenn er vor Einreichung der Klageschrift seine Steuer- oder Abgabenschuld begleicht. Mit der Entrichtung der hinterzogenen Steuer und der gleichzeitigen Entrichtung des Selbstrevisionszuschlags wird der Steuerstraftäter von der Auferlegung einer Strafe nach dem ungarischen Strafgesetzbuch sowie von der Auferlegung einer Verwaltungssanktion nach der ungarischen Abgabenordnung befreit. Für die Straflosigkeit nach dem ungarischen Strafgesetzbuch ist allerdings nur die Entrichtung der Steuer- und Abgabenschuld Bedingung.

Der Steuerpflichtige kann die Steuerbehörden über eine unrichtige Feststellung der Steuerbemessungsgrundlagen, über Rechenfehler oder über ein gesetzwidriges Ausfüllen der Steuererklärung aufklären und die Fehler im Rahmen der Selbstrevision berichtigen.[561] Wie bereits unter Dritter Teil, V. 2. dargestellt, muss der Steuerpflichtige in diesem Fall einen sog. Selbstrevisionszuschlag in Höhe von 50 Prozent bzw. bei wiederholter Begehung 75 Prozent der Verzugszinsen inklusive des im Rahmen der Selbstrevision festgestellten Steuerfehlbetrags entrichten. Darin unterscheidet sich die Selbstrevision vom Rücktritt gem. § 17 Abs. 3 Btk., bei dem der Täter völlige Straffreiheit erlangt. Allerdings ist die Selbstrevision auch bei einer vollendeten Tat möglich, während der Rücktritt nur bei der versuchten Tat in Betracht kommt. Andererseits drängt sich an dieser Stelle die Frage auf, ob das Instrumentarium der Selbstrevision ausreicht, um die Eigenleistung des Steuerpflichtigen gebührend zu berücksichtigen oder ob nicht die Einführung einer Selbstanzeige, ähnlich dem deutschen Rechtsmodell, in Erwägung zu ziehen wäre. Nach der geltenden gesetzlichen Regelung kann der Täter zwar im strafrechtlichen Sinne von der Tat zurücktreten oder gem. § 310 Abs. 6 Btk. nicht bestraft werden, wenn er seine Steuer- oder Abgabenschuld begleicht, er kann sich aber trotz Selbstrevision nicht der Auferlegung von Selbstrevisionszuschlägen entziehen. Der ungarische Gesetzgeber hat es bislang nicht für erforderlich gehalten, den Steuersünder, der im Rahmen der Selbstrevision seine steuerlichen Pflichten nunmehr erfüllt, mit völliger Straflosigkeit zu „belohnen". Dies könnte aber aus dem Grund bedenklich sein, weil die ungarische Finanzverwaltung und die Steuerbehörden angesichts der

---

561 Kátai, András / Vámosi-Nagy, Szabolcs / Szakács, László / Török, Júlia, in: Die Steuer, Finanz- und steuerrechtliche Fachzeitschrift, Steuergesetze 2004 / Kodex, 12. Jahrgang, Heft 7-8, 2003, S. 246.

weitgehenden Eigenverantwortlichkeit des Steuerpflichtigen bei der Festsetzung und Entrichtung der Steuer gerade auf die Mitwirkung des Steuerpflichtigen angewiesen sind. Die Steuerbehörden befinden sich quasi in dem Dilemma, dass sie die Informationen durch den Steuerpflichtigen benötigen, weil die gesetzlichen Kontrollmöglichkeiten begrenzt sind und die Überprüfung der Daten angesichts der Vielzahl der Besteuerungsfälle und der Kompliziertheit der gesetzlichen Regelungen erschwert ist. Folglich könnte man auch argumentieren, dass nur der Anreiz der obligatorischen Straffreiheit nach einer Selbstanzeige den Steuerpflichtigen verleiten könne, die erforderlichen Informationen den Steuerbehörden zu offenbaren. Will man das Instrumentarium der Selbstanzeige in das ungarische Recht etablieren, obwohl nach der gesetzlichen Regelung eine absolute Straffreiheit des Steuerpflichtigen, anders wie nach deutschem Recht nicht vorgesehen ist, so bedarf es um so mehr einer Überprüfung, ob die Einführung einer entsprechenden Regelung sinnvoll und gerechtfertigt erscheint. Die Vorteile, welche sich aus der Einführung einer entsprechenden Regelung ergeben würden, liegen auf der Hand: Dem Täter wird durch die Garantie der Straffreiheit in viel höherem Maße als bisher der Anreiz geboten durch Berichtigung seiner falschen Angaben und durch Entrichtung der verkürzten Beträge seiner ursprünglichen Steuerverpflichtung nachzukommen, wodurch gleichzeitig das fiskalische Interesse des Staates befriedigt wird. Die entscheidende Frage, die sich dann stellt, ist aber, ob zur Erreichung dieser Zielsetzung die Zusicherung absoluter Straffreiheit erforderlich ist oder ob die augenblickliche gesetzliche Regelung nicht als ausreichend angesehen werden kann. Um diese Frage beantworten zu können, müssen insbesondere die Nachteile und Probleme, welche sich aus einer obligatorischen Straffreiheit nach einer Selbstanzeige ergeben können, einer näheren Betrachtung zugeführt werden. Das Argument, dass die Steuerbehörden aufgrund ihres Informationsdefizits gerade eines solchen Instruments bedürfen, um einen Anreiz für den Steuerpflichtigen zur Berichtigung und Entrichtung der Steuer zu schaffen, kann damit abgelehnt werden, dass gerade das Wissen um die Möglichkeit einer Straffreiheit den Täter zur Tat reizen könnte und somit der Zweck der Selbstanzeige geradezu pervertiert wäre. Aus dieser Tatsache ergibt sich dann zwangsnotwendig ein weiteres Argument gegen die Einführung der Selbstanzeige: Wenn die Bevölkerung weiß, dass man trotz Vernachlässigung seiner steuerlichen Pflichten straffrei bleiben kann, dann verstärkt sich auch das allgemeine Bewusstsein, dass ein entsprechendes Verhalten als gar nicht so schlimm einzustufen ist und es sich bei der falschen Informationsdienstleistung um ein „Kavaliersdelikt" handelt. Des Weiteren könnte man gegen die Einführung der Selbstanzeige anführen, dass eine völlige Straflosigkeit des Steuerstraftäters diesen gegenüber allgemeinen Straftätern, welchen eine entsprechende Möglichkeit außer in den Fällen der tätigen Reue nicht zur Verfügung steht, unrechtmäßig begünstigen würde. Allerdings lässt sich an dieser Stelle auch argumentieren, dass der

Steuerstraftäter bereits nach dem § 310 Abs. 6 Btk. gegenüber Allgemeinstraftätern begünstigt ist, indem er nach Begleichgung der Steuer- und Abgabenschuld straflos bleiben kann. Man könnte sogar noch einen Schritt weitergehen und argumentieren, dass es nicht einsichtig ist, warum dem Täter nach dem ungarischen Strafgesetzbuch die Möglichkeit der Straffreiheit gewährt wird, während sie ihm nach der ungarischen Abgabenordnung verwehrt wird. Der entscheidende Gesichtspunkt gegen dieses Argument und zugleich gegen die Etablierung der Selbstanzeige in der ungarischen Abgabenordnung ist aber der, dass nach dem ungarischen Rechtssystem typischerweise Sanktionen nach dem ungarischen Strafgesetzbuch und der ungarischen Abgabenordnung nebeneinander verhängt werden können und dem Gesetzgeber ein Regelungsspielraum verbleibt, unter welchen Prämissen die Kriminal- und Verwaltungssanktionen in Betracht kommen. So kann die Wiedergutmachung und die Nachholung versäumter Pflichten nach dem strafrechtlichen Verständnis Straffreiheit bedingen, nicht jedoch nach dem Steuerrecht. Bedenkt man des Weiteren den Umstand, dass der Steuerpflichtige im Rahmen der Selbstrevision nicht mehr tut, als er ohnehin nach Maßgabe der Steuergesetze hätte tun müssen, dann erscheint es gerechtfertigt die bereits begangene Pflichtwidrigkeit in Form eines Selbstrevisionszuschlags zu ahnden, zumal auch schwerste Pflichtverstöße Gegenstand einer Selbstrevision sein können. Ganz anders ist hingegen die strafrechtliche Situation, in der eine völlige Schadenswiedergutmachung in Form der Entrichtung der Steuer- oder Abgabenschuld nicht dem ansonsten üblichen Täterverhalten entspricht und folglich durchaus mit Straffreiheit „honoriert" werden kann. Als Ergebnis ist somit festzuhalten, dass die geltende gesetzliche Regelung mit der eingeschränkten Straffreiheit beizubehalten ist, weil insbesondere der Strafzweck nach der ungarischen Abgabenordnung allein durch die nachträgliche Erfüllung steuerrechtlicher Pflichten nicht entfällt, so dass die Einführung einer absoluten Straflosigkeit nach erfolgter Selbstanzeige nur schwer zu rechtfertigen wäre.

Der Steuerzahler hat das Recht zur Selbstrevision, eine Verpflichtung hierzu besteht hingegen nicht und es drohen dem Steuerzahler keine Nachteile, wenn er die Möglichkeit der Selbstrevision nicht in Anspruch nimmt. Darin unterscheidet sich die Selbstrevision (~ önellenörzés) von der Selbstbesteuerung (~ önadózás), da letztere eine Verpflichtung des Steuerzahlers zur Feststellung, Erklärung und Zahlung der Steuer, ohne direkte Mitwirkung der Steuerbehörden beinhaltet. Während die Selbstrevision eine gesetzliche Möglichkeit für den Steuerzahler darstellt, den schwerwiegenderen Sanktionen der ungarischen Abgabenordnung zu entkommen, handelt es sich bei der Selbstbesteuerung hingegen um eine Methode der Steuerfestsetzung. Gemeinsame Grundlage ist das eigenverantwortliche Handeln des Steuerzahlers. Außerdem ist die Selbstrevision notwendige Folge der Selbstüberwachung, denn wenn der Steuerzahler weitgehend selbständig seine Steuer feststellen und abführen kann, dann besteht auch die Möglichkeit von Fehlern, die im Wege der Selbstrevision berichtigt werden müssen und an deren Berichtigung der Staat ein fiskalisches Interesse hat.[562] Die Möglichkeit der Selbstüberwachung oder Selbstrevision entspricht somit dem ungarischen Regelgrundsatz der Selbstbesteuerung, wonach der Steuerpflichtige, anders als im deutschen Steuerrecht, eigenverantwortlich seine Steuererklärungen abgeben muss und die Steuerbehörde nur ausnahmsweise, in den vom Gesetz vorgesehenen Fällen die zu zahlende Steuer selbst festsetzt. Dies kommt in der Regel nur bei der sog. Steuerauferlegung durch die Selbstverwaltungssteuerbehörden, bei den örtlichen Steuern (~ kivetés) und bei der sog. Steuerverhängung (~ kiszabás) durch die Gebührenämter sowie bei der sog. nachträglichen Steuerfestsetzung, wenn die Steuerbehörde im Rahmen der Steuerüberwachung nachträglich einen Steuerfehlbetrag feststellt (~ utólagos adómegállapítás), vor.[563]

Um in den Genuss der Selbstrevision zu kommen, müssen bestimmte grundlegende Voraussetzungen erfüllt sein: Mit Hilfe der Selbstrevision können fehlerhafte, d.h. nicht den geltenden Steuerrechtsvorschriften entsprechende, Handlungen des Steuerzahlers einer Korrektur zugeführt werden. Daraus folgt aber, dass eine solche Handlung, z.B. in Form einer fehlerhaften Steuererklärung überhaupt vorliegen muss; die Selbstrevisionsmöglichkeit kann dort nicht greifen, wo keine Steuererklärung abgegeben worden ist. In diesem Fall würde ein Verstoß gegen die Erklärungspflicht festgestellt werden müssen, der mit einem Säumniszuschlag sanktioniert werden muss. Reicht der Steuerzahler die Erklärung nicht in der dafür vorgeschriebenen Zeit ein und kann er sich für seine Säumnis auf einen berechtigten Grund berufen, dann kann er die Steuererklärung dennoch im Rahmen der Selbstrevision korrigieren, obwohl die Abgabefrist bereits verstrichen ist.[564]
Die Korrekturmöglichkeit der Selbstüberwachung kann ferner auch dann nicht in Anspruch genommen werden, wenn der Steuerzahler bei der Anfertigung seiner Steuererklärung nicht einem Irrtum unterliegt, sondern bewusst Tatsachen falsch gewichtet oder rechtliche Möglichkeiten nicht wahrgenommen hat, um eine eventuell noch günstigere Chance ergreifen zu können; in diesen Fällen kann nicht mehr von der Abgabe einer irrtümlichen Steuererklärung gesprochen werden, die im

---

562 Földes, Gábor, in: Steuerrecht, S. 201. Földes, Gábor / Hadi, László / Kékesi, László, in: Das Handbuch des Steuerverfahrens und -verwaltung, S. 165.

563 Földes, Gábor, in: Steuerrecht, S. 198 f. Kátai, András / Vámosi-Nagy, Szabolcs / Szakács, László / Török, Júlia, in: Die Steuer, Finanz- und steuerrechtliche Fachzeitschrift, Steuergesetze 2004 / Kodex, 12. Jahrgang, Heft 7-8, 2003, S. 240 u. 258.

564 Földes, Gábor, in: Steuerrecht, S. 202. Földes, Gábor / Hadi, László / Kékesi, László, in: Das Handbuch des Steuerverfahrens und -verwaltung, S. 166 f.

Wege der Selbstrevision berichtigt werden muss.[565] Die Selbstrevisionsmöglichkeit kommt in der Praxis häufig bei fehlerhaften Einkommensteuererklärungen zur Anwendung. Es kommt oft vor, dass der Steuerzahler nach Abgabe seiner Steuererklärung den Irrtum aufdeckt. In diesem Fall muss er nicht im Rahmen der Abgabefrist eine erneute Steuererklärung abgeben, sondern er kann seine erste Erklärung berichtigen. Für die Steuerbehörden hat dies den Vorteil einer größeren Rechtssicherheit, da widersprüchliche Steuererklärungen von vornherein verhindert werden.[566]

Es darf des Weiteren noch keine steuerbehördliche Prüfung eingeleitet worden sein, da es für die Selbstrevision erforderlich ist, dass der Steuerzahler aus eigener Initiative heraus, freiwillig den Fehler aufdeckt und einem behördlichen Vorgehen quasi zuvorkommt.[567] Die steuerbehördliche Prüfung beginnt mit dem Empfang der Benachrichtigung über den bevorstehenden Beginn der Prüfung; wird die steuerbehördliche Prüfung nicht in den Räumlichkeiten des Steuerpflichtigen, sondern in der Steuerbehörde selbst durchgeführt, so beginnt die Überprüfung bereits mit der Zusendung der Benachrichtigung. Verweigert der Steuerpflichtige die Entgegennahme der Benachrichtigung, dann beginnt die steuerbehördliche Überwachung gem. § 93 Abs. 2 ungarische AO nur im Beisein von zwei Zeugen, die der jeweiligen Steuerbehörde angehören und den Beginn der Überwachung durch die Anfertigung eines Protokolls mit ihren Unterschriften dokumentieren.[568] Sollte eine solche Benachrichtigung aus ermittlungstaktischen Gesichtspunkten nicht erforderlich sein, dann beginnt die steuerbehördliche Prüfung mit Übergabe der Auftragsurkunde an den Steuerpflichtigen.[569]

---

565 Földes, Gábor / Hadi, László / Kékesi, László, in: Das Handbuch des Steuerverfahrens und -verwaltung, S. 166.

566 Földes, Gábor / Hadi, László / Kékesi, László, in: Das Handbuch des Steuerverfahrens und -verwaltung, S. 166.

567 Földes, Gábor, in: Steuerrecht, S. 202. Földes, Gábor / Hadi, László / Kékesi, László, in: Das Handbuch des Steuerverfahrens und -verwaltung, S. 167. Nagy, Tibor, in: Finanzrecht, Die Grundlagen des internationalen Finanzrechts, S. 152. Hadi, László / Földes, Gábor, in: Die Anwendung der Abgabenordnung bei den Selbstverwaltungssteuerbehörden, S. 162 f.

568 Kátai, András / Vámosi-Nagy, Szabolcs / Szakács, László / Török, Júlia, in: Die Steuer, Finanz- und steuerrechtliche Fachzeitschrift, Steuergesetze 2004 / Kodex, 12. Jahrgang, Heft 7-8, 2003, S. 253. Nagy, Tibor, in: Finanzrecht, Die Grundlagen des internationalen Finanzrechts, S. 163.

569 Földes, Gábor, in: Steuerrecht, S. 202. Kátai, András / Vámosi-Nagy, Szabolcs / Szakács, László / Török, Júlia, in: Die Steuer, Finanz- und steuerrechtliche Fachzeitschrift, Steuergesetze 2004 / Kodex, 12. Jahrgang, Heft 7-8, 2003, S. 253.

Im Rahmen der sog. vereinfachten Steuerüberwachung (~ egyszerüsített ellenőrzés) beginnt hingegen die Überwachungstätigkeit der Steuerbehörden im Zeitpunkt ihrer tatsächlichen Durchführung. Die vereinfachte Überwachung ist im § 107 Abs. 1 ungarische AO geregelt und bedeutet, dass die Steuerbehörde zeitgleich zur Abgabe der Steuererklärung durch den Steuerpflichtigen die Steuerüberwachung beginnt. In diesem Fall benachrichtigt die Steuerbehörde den Steuerpflichtigen von der Überwachung und fängt zeitgleich mit dieser an.[570] Ab diesem, je nach Art der Steuerüberwachung oft unterschiedlichen, Zeitpunkt des Beginns der steuerbehördlichen Prüfung ist die Selbstrevision ausgeschlossen und lebt auch nicht nach Abschluss der Überprüfungsmaßnahmen wieder auf.[571] Der Ausschluss der Selbstrevision für den steuerbehördlich überprüften Zeitraum erstreckt sich außerdem auch auf solche Steuerangelegenheiten, welche mit den geprüften Tatsachen nicht in unmittelbarem Zusammenhang stehen. Der Ausschluss wirkt also sowohl zeitlich wie auch sachlich absolut und erfasst alle Steuerangelegenheiten, die in die überprüfte Zeitspanne fallen, unabhängig von einer tatsächlichen Überprüfung.[572] Ausgeschlossen ist jedenfalls die Selbstrevision, wenn die Steuerbehörde im Wege der nachträglichen Steuerüberwachung, z.B. bereits einen Rechtsverstoß mit all seinen rechtlichen Konsequenzen festgestellt hat, denn ein solcher lässt sich durch die Selbstrevision nicht einfach „wegkorrigieren". Bei der nachträglichen Steuerfestsetzung stellt die Steuerbehörde den Steuerfehlbetrag nach durchgeführter Steuerüberwachung fest und verpflichtet den Steuerzahler zur nachträglichen Entrichtung. Die nachträgliche Steuerfestsetzung stellt somit nur eine weitere Methode der Steuerfestsetzung dar.[573]

Schließlich muss der Fehler mit Hilfe von entsprechenden Vordrucken innerhalb von 15 Tagen ab Feststellung und Selbstkorrektur den zuständigen Steuerbehörden gem. § 50 Abs. 1 ungarische AO mitgeteilt werden. Die Mitteilung an die Steuer-

---

570 Kátai, András / Vámosi-Nagy, Szabolcs / Szakács, László / Török, Júlia, in: Die Steuer, Finanz- und steuerrechtliche Fachzeitschrift, Steuergesetze 2004 / Kodex, 12. Jahrgang, Heft 7-8, 2003, S. 253.

571 Nagy, Tibor, in: Finanzrecht, Die Grundlagen des internationalen Finanzrechts, S. 163. Földes, Gábor / Hadi, László / Kékesi, László, in: Das Handbuch des Steuerverfahrens und -verwaltung, S. 167.

572 Földes, Gábor / Hadi, László / Kékesi, László, in: Das Handbuch des Steuerverfahrens und -verwaltung, S. 167.

573 Kátai, András / Vámosi-Nagy, Szabolcs / Szakács, László / Török, Júlia, in: Die Steuer, Finanz- und steuerrechtliche Fachzeitschrift, Steuergesetze 2004 / Kodex, 12. Jahrgang, Heft 7-8, 2003, S. 258. Földes, Gábor, in: Steuerrecht, S. 202.

behörde ist von besonderer Bedeutung, da sie den Willen des Steuerzahlers dokumentiert, den aufgedeckten Fehler zu berichtigen.[574]

Zugleich muss innerhalb dieses Zeitraums die neu berechnete Steuer auch bezahlt werden; nach § 51 Abs. 1 ungarische AO wird zeitgleich auch der sog. Selbstrevisionszuschlag fällig. Die Selbstrevision erfolgt somit in mehreren Stufen, nämlich in der Aufdeckung und Registrierung des Fehlers, in der Mitteilung des Fehlers an die zuständige Steuerbehörde mit Hilfe eines entsprechenden Formulars, die Bezahlung der anhand der neuen Steuerbemessungsgrundlage errechneten Steuer und des Selbstrevisionszuschlags. Ein Selbstrevisionszuschlag ist nach § 51 Abs. 2 ungarische AO nur dann nicht zu entrichten, wenn der Fehler zugunsten des Steuerpflichtigen wirkt.[575]

Die Bedingung der Nachzahlung der nicht entrichteten Steuer und des sog. Selbstrevisionszuschlages könnte zwar gegen den Grundsatz der Gleichheit aller Steuerzahler verstoßen, da von der Möglichkeit der Selbstrevision wohl eher der Steuerschuldner Gebrauch machen wird, welcher zur Entrichtung der Steuer und des Selbstrevisionszuschlages imstande ist. Allerdings ist dieser Nachteil jedem Geldstrafensystem immanent[576] und dürfte angesichts der Vorteile, die sich aus der Selbstrevision sowohl auf Seiten des Staates als auch auf Seiten des Steuerschuldners ergeben, hinzunehmen sein.

Der Selbstrevisionszuschlag kann außerdem auch gem. § 168 Abs. 6 ungarische AO auf Antrag der Höhe nach gemindert werden, wenn der Irrtum des Steuerzahlers auf Umstände zurückzuführen ist, die auch eine Minderung der Geldstrafe bedingen würden. Dies ist nach § 171 Abs. 1 ungarische AO unter anderem dann der Fall, wenn der Steuerzahler die von ihm erwartete Sorgfalt und Umsicht angewandt hat. Eine Minderung der Höhe kommt weder beim Selbstrevisionszuschlag noch bei der Geldbuße in Betracht, wenn der Steuerfehlbetrag auf die Fälschung von Urkunden, Rechnungen, Büchern oder deren Vernichtung zurückzuführen ist.[577]

Eine betragsmäßige Eingrenzung der Selbstrevisionsmöglichkeit ergibt sich aus der Regelung des § 50 Abs. 3 ungarische AO, wonach eine Selbstkorrektur nur ab einem Betrag von 1.000,- HUF (~ 4,17 EUR) bzw. 100,- HUF (~ 0,42 EUR) bei den örtlichen Steuern und bei der Einkommensteuer in Betracht kommt; durch die-

---

574 Földes, Gábor, in: Steuerrecht, S. 202 f. Földes, Gábor / Hadi, László / Kékesi, László, in: Das Handbuch des Steuerverfahrens und -verwaltung, S. 168 f.

575 Kátai, András / Vámosi-Nagy, Szabolcs / Szakács, László / Török, Júlia, in: Die Steuer, Finanz- und steuerrechtliche Fachzeitschrift, Steuergesetze 2004 / Kodex, 12. Jahrgang, Heft 7-8, 2003, S. 247.

576 Vgl. auch die Ausführungen unter Zweiter Teil, III. 8. a.

577 Vgl. im Übrigen die Ausführungen unter Dritter Teil, V. 2. 3.

se Mindestgrenze soll verhindert werden, dass die Steuerbehörden mit der Korrektur von Kleinstbeträgen belastet werden. Die Mindestsumme gilt pro einzelne Steuer und Steuerjahr bzw. Zeitraum, in dem die jeweilige Steuer zu entrichten ist.[578]

Nur wenn alle, soeben dargestellten Voraussetzungen kumulativ erfüllt sind, kann der Steuerpflichtige die Vorteile der Selbstrevision in Anspruch nehmen. Nach dem neuen Steuerrecht besteht ein Vorteil der Selbstrevision nicht nur in dem Verhindern einer schwereren Sanktionsfolge, sondern darüber hinaus auch in Steuervergünstigungen, die im Rahmen der Selbstrevision in Anspruch genommen werden können. Dies wird unter anderem damit begründet, dass Steuervergünstigungen einen Teil des Steuertatbestandes darstellen, der im Rahmen der Selbstrevision einer Korrektur unterzogen wird, so dass auch die Steuervergünstigungen unter Beachtung der allgemeinen Verjährungsvorschriften Anwendung finden müssen.[579]

Die Erklärung der Selbstrevision hat die Wirkung einer Verjährungsunterbrechung[580] und zwar sowohl im Hinblick auf die Festsetzungsverjährung als auch auf die Zahlungsverjährung; unterbrochen wird die Verjährung nicht ab dem Tag der Korrektur, sondern ab dem Tag der Geltendmachung der Selbstrevision gegenüber den Steuerbehörden. Diese, aus der Sicht des Steuerpflichtigen, strenge Regelung soll Steuerverkürzungen verhindern.[581] Vollständigkeitshalber sei noch zu erwähnen, dass die Vorteile, die sich aus einer Inanspruchnahme der Selbstrevision ergeben, dem Arbeitgeber oder sonstigen, gesetzlich zur Steuereintreibung verpflichteten Personen zustehen können. Da diese Personen die Verpflichtung zur Einbehaltung und Einzahlung der Steuer trifft, soll ihnen ebenfalls die Möglichkeit offen stehen, eventuelle Fehler im Wege der Selbstrevision korrigieren zu können. Da der Arbeitgeber und die zur Steuereintreibung berechtigte Person in diesem Fall den gesamten Zahlungsvorgang für eine andere Person leiten, geht der Gesetzgeber davon aus, dass auch nur sie einem Irrtum unterliegen können, der dann korrigiert werden kann. Ausnahmsweise steht die Selbstrevisionsmöglichkeit, z.B. dem

---

578 Földes, Gábor / Hadi, László / Kékesi, László, in: Das Handbuch des Steuerverfahrens und -verwaltung, S. 171. Kátai, András / Vámosi-Nagy, Szabolcs / Szakács, László / Török, Júlia, in: Die Steuer, Finanz- und steuerrechtliche Fachzeitschrift, Steuergesetze 2004 / Kodex, 12. Jahrgang, Heft 7-8, 2003, S. 247.

579 Földes, Gábor, in: Steuerrecht, S. 202.

580 Zur Thematik der Verjährungsregelung in der ungarischen AO wird im nachfolgenden Kapitel ausführlich Stellung genommen werden.

581 Földes, Gábor, in: Steuerrecht, S. 203. Földes, Gábor / Hadi, László / Kékesi, László, in: Das Handbuch des Steuerverfahrens und -verwaltung, S. 172.

Arbeitnehmer zu, wenn er Steuervergünstigungen geltend macht, über welche der Arbeitgeber im Zeitpunkt der Abführung des Arbeitnehmeranteils an der Steuer gar keine Kenntnis haben konnte.[582]

VII. Die Verjährung in der ungarischen Abgabenordnung

Der Durchsetzung von Gesetzen sind in jedem Rechtsgebiet zeitliche Schranken gesetzt: Die ungarische AO kennt zwei Formen der Verjährung, nämlich die im § 164 Abs. 1 Art. geregelte Festsetzungsverjährung (~ az adó megállapításához valo jognak az elévülése) und die im § 164 Abs. 2 Art. geregelte Zahlungsverjährung (~ az adótartozás végrehajtásának az elévülése; eigentlich Vollziehungs- oder Steuereintreibungsverjährung).[583] Die Verjährung beendet in jeder Form die Möglichkeit der Steuerbehörden, den gesetzlichen Regelungen Geltung zu verschaffen. Die zeitliche Grenze der Verjährung bestimmt sich in der Praxis regelmäßig nach der Wichtigkeit der Rechtsangelegenheit, die durchgesetzt werden soll und nach der Verfügbarkeit von Beweismitteln für die (Steuer-)Behörden zur Erforschung des Sachverhalts.[584] Das Recht der Steuerbehörden zur Festsetzung der Steuer verjährt in fünf Jahren, beginnend mit dem letzten Tag desjenigen Jahres, in dem die Steueranzeige oder die Steuererklärung hätte abgegeben werden müssen bzw. mangels Steueranzeige oder Steuererklärung die Steuer hätte bezahlt werden müssen. Die Steuererklärung muss in der Regel 15 Tage nach Entstehung der Steuerverpflichtung bei den Steuerbehörden eingereicht werden und die Steuer innerhalb von 15 Tagen nach der Festsetzung auch bezahlt werden.[585] Liegt aber ein Steuer- oder Sozialversicherungsbetrug vor, der strafrechtlich zu ahnden ist, verjährt das Recht zur Steuerfestsetzung so lange nicht, bis die Straftat noch verfolgt werden kann, also die Verfolgungsverjährung noch läuft. Berücksichtigt man die Tatsache, dass die Verfolgungsverjährung sich an den obersten Strafbarkeitsgrenzen orien-

---

582 Földes, Gábor, in: Steuerrecht, S. 198. Földes, Gábor / Hadi, László / Kékesi, László, in: Das Handbuch des Steuerverfahrens und -verwaltung, S. 169.

583 Földes, Gábor, in: Steuerrecht, S. 230. Nagy, Tibor / Tóth, János / Nagy, Árpád, in: Finanzrecht, S. 141. Elmont, Gizella, in: Handbuch der Abgabenordnung, S. 255. Szakács, Imre, in: Die Besteuerung von Ausländern in Ungarn, S. 172.

584 Földes, Gábor / Hadi, László / Kékesi, László, in: Das Handbuch des Steuerverfahrens und -verwaltung, S. 275.

585 Földes, Gábor / Hadi, László / Kékesi, László, in: Das Handbuch des Steuerverfahrens und -verwaltung, S. 276. Kátai, András / Vámosi-Nagy, Szabolcs / Szakács, László / Török, Júlia, in: Die Steuer, Finanz- und steuerrechtliche Fachzeitschrift, Steuergesetze 2004 / Kodex, 12. Jahrgang, Heft 7-8, 2003, S. 242 f.

tiert und für eine diesen Grenzen entsprechende Zeit laufen soll (vgl. Zweiter Teil, III. 9), kann dies eine nicht unerhebliche Verlängerung der Verjährung bedeuten. Aus diesem Grund kann diese Regelung auch nur im Falle einer rechtskräftigen strafgerichtlichen Entscheidung Bedeutung erlangen.[586] Das Recht zur Festsetzung von Abgaben verjährt ebenfalls in fünf Jahren, allerdings gem. § 164 Abs. 4 ungarische AO mit dem letzten Jahr desjenigen Jahres beginnend, in dem die zuständigen Abgabenämter von der versäumten Erklärung Kenntnis erlangt haben.[587] Die Zahlungsverjährung (oder die Verjährung des steuerbehördlichen Rechts, die Steuerschuld durchzusetzen, bzw. einzutreiben) beginnt mit dem letzten Tag desjenigen Jahres, in das die Fälligkeit der Steuerschuld fällt und dauert fünf Jahre.[588]

Diese Regelung trifft allerdings nur für den Fall zu, dass überhaupt eine Steuererklärung abgegeben wurde, auf deren Grundlage die Steuerbehörde die Steuerschuld festsetzen konnte; hat der Steuerpflichtige aber gar keine Steuererklärung abgegeben, dann wird die Steuer erst nach Ablauf von 15 Tagen ab der rechtskräftigen Entscheidung der Steuerbehörde, in der sie z.B. auf Grundlage einer Schätzung, die Steuerschuld festsetzt, fällig.[589] Die Steuerschätzung ist ein probates Mittel für die Ermittlung der Steuergrundlage in einem Fall, in dem keine anderen Beweismittel der Steuerbehörde zur Verfügung stehen. Geregelt ist die Steuerschätzung in den §§ 108 f. ungarische AO. In der Praxis kommt die Steuerschätzung vor allem dann zur Anwendung, wenn der Steuerpflichtige unwahre Tatsachenbehauptungen abgegeben hat oder die Steuer nur unvollständig bzw. gar nicht erklärt hat. Die Steuerbehörde muss nachweisen, dass die Steuerschätzung für die Ermittlung der Steuergrundlage im konkreten Fall geeignet ist und ferner, dass die im Rahmen der Steuerschätzung verwendeten Daten und Informationen eine bestimmte Steuergrundlage wahrscheinlich machen.[590] In diesem Zusammenhang

---

586 Földes, Gábor, in: Steuerrecht, S. 230.

587 Földes, Gábor, in: Steuerrecht, S. 230. Kátai, András / Vámosi-Nagy, Szabolcs / Szakács, László / Török, Júlia, in: Die Steuer, Finanz- und steuerrechtliche Fachzeitschrift, Steuergesetze 2004 / Kodex, 12. Jahrgang, Heft 7-8, 2003, S. 264.

588 Nagy, Tibor, in: Finanzrecht, Die Grundlagen des internationalen Finanzrechts, S. 161. Elmont, Gizella, in: Handbuch der Abgabenordnung, S. 257. Nagy, Tibor / Tóth, János / Nagy, Árpád, in: Finanzrecht, S. 142. Szakács, Imre, in: Die Besteuerung von Ausländern in Ungarn, S. 172. Földes, Gábor / Hadi, László / Kékesi, László, in: Das Handbuch des Steuerverfahrens und -verwaltung, S. 277. Földes, Gábor, in: Steuerrecht, S. 230.

589 Földes, Gábor / Hadi, László / Kékesi, László, in: Das Handbuch des Steuerverfahrens und -verwaltung, S. 277.

590 Kátai, András / Vámosi-Nagy, Szabolcs / Szakács, László / Török, Júlia, in: Die Steuer, Finanz- und steuerrechtliche Fachzeitschrift, Steuergesetze 2004 / Kodex, 12. Jahrgang,

könnte die Frage aufgeworfen werden, inwieweit die Methode der Schätzung auch in einem strafrechtlichen Verfahren Anwendung finden kann. Diese Situation kann sich insbesondere dann ergeben, wenn nach Durchführung eines steuerbehördlichen Verfahrens wegen Verletzung der Mitwirkungspflichten der Verdacht einer Straftat sich ergibt und der Strafrichter nunmehr vor dem Problem steht, ob er die Ergebnisse einer steuerbehördlichen Schätzung seinem Urteil zugrunde legen darf. Die Frage der Anwendbarkeit der Schätzungsmethode bedürfte dann keiner näheren Untersuchung, wenn der Strafrichter an die Feststellungen der Steuerbehörden in irgendeiner Weise gebunden wäre. Der Strafrichter ist aber an die steuerbehördlichen Feststellungen zur Summe der hinterzogenen Steuer selbst dann nicht gebunden, wenn die behördliche Feststellung gem. § 339 Abs. 2 ungarische Zivilprozessordnung gerichtlich überprüft worden ist, so dass der Strafrichter die von den Finanzbehörden getroffenen Feststellungen ohne eigene Prüfung nicht einfach übernehmen und der strafgerichtlichen Entscheidung zugrunde legen kann.[591] In der Praxis kann sich für den Strafrichter neben der soeben beschriebenen Situation auch das Dilemma ergeben, dass die Höhe der Steuerverkürzung zwar für den Unrechts- und Schuldgehalt der Tat und damit für das richtige Strafmaß entscheidend ist, ihre entscheidungserheblichen Komponenten aber trotz Ausschöpfung aller zugänglichen und zumutbaren Ermittlungsmöglichkeiten nicht oder nur unvollständig aufgeklärt werden können und somit das Ausmaß der Steuerverkürzung nur durch eine Schätzung annähernd zu ermitteln ist. Für beide praxisrelevanten Fälle muss im Folgenden eine adäquate Lösung ermittelt werden. Problematisch ist dabei vor allem, dass den Steuerbehörden bereits nach dem Gesetz ein größerer Spielraum bei der Feststellung eines steuerlichen Sachverhalts als dem Strafrichter zusteht. Während die Steuerbehörden gemäß den §§ 108 ff. ungarische AO die Möglichkeit zur Schätzung der Steuergrundlagen haben und somit bei ihren Feststellungen auch die Regeln der Wahrscheinlichkeit zur Anwendung kommen können, ist der Strafrichter bei seinen Entscheidungen immer an strafprozessuale Grundsätze wie die freie richterliche Beweiswürdigung gebunden, wonach der Richter allein aufgrund seiner aus der Verhandlung geschöpften Überzeugung eine Entscheidung fällen kann.[592] Die Frage der Übertragbarkeit des Schätzungsverfahrens in das Strafrecht hängt nunmehr davon ab, inwieweit und unter welchen Umständen eine solche Vorgehensweise mit strafprozessualen Grundsätzen zu vereinbaren ist.

Heft 7-8, 2003, S. 256. Földes, Gábor / Hadi, László / Kékesi, László, in: Das Handbuch des Steuerverfahrens und -verwaltung, S. 198 ff.

591 Tóth, Mihály, in: Wirtschaftskriminalität und Wirtschaftsstraftaten, S. 397.

592 Vgl. hierzu die Ausführungen unter Zweiter Teil, IV. 7. und Farkas, Ákos / Róth, Erika, in: Das Strafverfahrensrecht, S. 62.

Man könnte in diesem Zusammenhang die Ansicht vertreten, dass eine Einschränkung der strafprozessualen Grundsätze für geboten erscheint, weil den Steuerpflichtigen zumindest ein Teilverschulden an den Beweisproblemen des Strafrichters trifft. Der Steuerpflichtige muss im Besteuerungsverfahren nämlich zahlreiche Informations- und Mitwirkungspflichten erfüllen, wie die Vorschriften der §§ 31 ff., 44 f. und 52 ff. ungarische AO beweisen. Verletzt der Steuerpflichtige diese ihm gesetzlich auferlegten Verpflichtungen, dann habe er demzufolge auch die Konsequenzen seines Handelns, die aufgetretenen Beweisschwierigkeiten zu tragen, d.h. der Steuerstraftäter könnte sich nicht auf die Nichtnachweisbarkeit einer Tatsache berufen, wenn er diesen Umstand selber herbeigeführt hat. Die Problematik, welche sich aus dieser Argumentation ergibt, ist aber diejenige, dass sie eine Übertragung der in der ungarischen Abgabenordnung normierten Pflichten in das Strafverfahren erfordert. Eine solche Pflichtentransformation würde aber dem strafprozessualen Grundsatz des „nemo-tenetur" widersprechen, wonach niemand verpflichtet ist, sich selbst zu belasten oder einer Straftat zu überführen.[593] Demnach besteht für den Steuerstraftäter keinerlei Pflicht zur Selbstbezichtigung, er ist im Strafverfahren im Gegensatz zum Steuerverfahren nicht zur aktiven Mitwirkung verpflichtet. Dies bedeutet aber, dass der Steuerstraftäter auch Informationen verschweigen, Unterlagen zurückhalten darf, ohne dass sich für ihn irgendwelche nachteilige Folgen daraus ergeben dürfen. Der nemo-tenetur-Grundsatz steht somit einer Einschränkung der strafprozessualen Grundsätze zugunsten einer Anwendbarkeit der Schätzungsmethode im Strafverfahren entgegen. Aus diesem Grund kann nur unter Beachtung der strafprozessualen Grundsätze untersucht werden, welche Voraussetzungen vorliegen müssen, damit das Ergebnis einer Schätzung auch im Strafverfahren verwertet werden darf. Zunächst ist hierbei auszuführen, dass der Strafrichter den Steuerstraftäter nur dann verurteilen darf, wenn er von seiner Schuld voll überzeugt ist. Auf welche Weise er zu dieser Überzeugung gelangt und unter welchen Voraussetzungen eine bestimmte Schlussfolgerung zu ziehen ist, wird nicht vorgeschrieben, so dass ihm nicht unter allen Umständen verwehrt ist, seine richterliche Überzeugung aus einer Schätzung zu ziehen. Dies ist vor allem dann der Fall, wenn der Steuerstraftäter, wie so oft in der Praxis, eine schlampige Buchführung aufweist, oder Unterlagen bewusst beiseite schafft. In den seltensten Fällen wird der Strafrichter seine Überzeugung auf das sichere Wissen vom Tathergang, außer bei denknotwendigen oder wissenschaftlich bestimmten Abläufen, gründen können. Es ist vielmehr wahrscheinlich, dass dem aufzuklärenden Sachverhalt Zweifel, die Möglichkeit eines Irrtums oder eines gegenteiligen Sachverhalts anhaftet. Aus diesem Grund kann auch kein sicheres Wissen vom Strafrichter gefordert werden, weil ansonsten die Anforderungen an den Grundsatz

---

593 Vgl. hierzu die Ausführungen unter Zweiter Teil, IV. 7. b.

der richterlichen Beweiswürdigung überdehnt werden würden; es reicht auch aus, dass für den Richter ein ausreichendes Maß an Sicherheit besteht.[594] Selbstverständlich darf der Strafrichter dabei nicht willkürlich handeln, sondern muss alle wesentlichen Gesichtspunkte, die geeignet sind, die Schuldfrage in irgendeiner Weise zu beeinflussen, berücksichtigen. Ergeben sich z.B. bei den Ermittlungen im Rahmen des Strafverfahrens oder während der Strafverhandlung aufgrund von substantiierten Einwendungen des Steuerstraftäters neue Gesichtspunkte, so muss der Strafrichter diesen nachgehen und sie der richterlichen Beweiswürdigung unterwerfen; er darf diese keinesfalls außer Acht lassen und einfach die Ergebnisse des steuerbehördlichen Schätzungsverfahrens übernehmen. Trotz dieser Einschränkungen ist es aber die alleinige Aufgabe des Strafrichters anhand einer Tatsachenwürdigung zu der Überzeugung von einem bestimmten Tatablauf zu gelangen, so dass es ihm auch freisteht, die Höhe der Steuerhinterziehung, wegen Fehlens anderer Beweismittel und unter Beachtung der Regeln zur richterlichen Überzeugungsbildung, zu schätzen und das Ergebnis in der Urteilsbegründung so darzustellen, dass eine Überprüfung der Schätzungsmethode und des Ergebnisses in einer höheren Instanz möglich ist. Eine bereits erfolgte steuerbehördliche Schätzung muss der Strafrichter bis in jede Einzelheit nachprüfen, insbesondere welcher Sachverhalt der Schätzung zugrundegelegt wurde und ob dieser Sachverhalt das Schätzungsergebnis unter Anwendung strafrechtlicher Beweisgrundsätze rechtfertigt. Problematisch könnte in diesem Zusammenhang nur sein, dass die Steuerbehörde nicht nur feststehende Umstände, sondern auch Wahrscheinlichkeiten im Hinblick auf das Schätzungsergebnis berücksichtigt hat. Fraglich könnte sein, inwiefern die Wahrscheinlichkeiten und ungenauen Umstände im Rahmen der Schätzung mit dem strafprozessualen Grundsatz „in dubio pro reo" kollidieren. Wenn man entsprechend dem Grundsatz vertritt, dass nur bewiesene Tatsachen und Erkenntnisse zur strafrechtlichen Überzeugungsbildung herangezogen werden dürfen, dann würde dies zwangsläufig zu einer eingeschränkten Verwendbarkeit vom Schätzungsergebnis oder von Teilen des Schätzungsergebnisses führen. Wie bereits weiter oben ausgeführt, ist aber für die richterliche Überzeugungsbildung nicht das sichere Wissen von einem bestimmten Tathergang erforderlich, es reicht auch ein geringerer Grad für den erforderlichen Schuldnachweis aus. Würde man den „in dubio pro reo-Grundsatz" streng auf alle richterlichen Folgerungen anwenden wollen, so könnte auch kein Indizienbeweis mehr Anwendung finden, da es gerade wesentlich für diese Art des Beweises ist, dass von einem Indiz mit einem gewissen Wahrscheinlichkeitsgrad auf die entscheidungserhebliche Tatsache geschlossen werden kann; entscheidend

---

594 Zödi, Zsolt / Csizner, Ildikó / Schuller, Krisztina / Czimbalmos, Csaba / Kerek, Imréné, in: Die Erklärung des Strafverfahrensgesetzes, 2. Bd., S. 610 f. Király, Tibor, in: Strafverfahrensrecht, S. 461, Rdnr. 695.

ist dabei nur der Überzeugungsgrad, welcher von einer Indiztatsache ausgeht, ohne dabei die Gesetze der Logik und der Wissenschaft zu verletzen. Die Verwertbarkeit eines steuerbehördlichen Schätzungsergebnisses scheitert somit auch nicht zwingend am Grundsatz des „in dubio pro reo".

Zusammenfassend lässt sich ausführen, dass eine Verwertung steuerbehördlicher Schätzungsergebnisse oder die Anwendung einer Schätzungsmethode nicht von vornherein als unzulässig anzusehen ist, soweit der Strafrichter mit dem erforderlichen Überzeugungsgrad vom Inhalt der Schätzung, wie z.B. der Höhe der Steuerhinterziehungssumme, Gewissheit erlangt hat und somit den dem Urteil zugrunde gelegten Sachverhalt für wahr halten kann.

Mit der Verjährung der Steuerschuld verjähren auch die Verzugszinsen für die verspätete Abgabenentrichtung. Verzugszinsen werden dem Staat bezahlt, weil die Hauptsteuerschuld nur verspätet beglichen wird und der Staat dem säumigen Steuerzahler auf diese Weise einen, wenn auch erzwungenen, Zahlungsaufschub gewährt. Es erscheint deshalb folgerichtig, auch die Verzugszinsen als verjährt anzusehen, wenn die Steuerschuld als deren Grundlage in Folge der Verjährung nicht durchsetzbar ist.[595] Die zeitlichen Grenzen der Verjährung können sich in den, vom Gesetz bestimmten Fällen verlängern oder die Verjährung kann sogar, bei Vorliegen eines Unterbrechungstatbestandes, von neuem beginnen.[596]

Die Festsetzungsverjährung ruht z.B. während der gerichtlichen Überprüfung der steuerbehördlichen Entscheidung und zwar bis zur rechtskräftigen Entscheidung des Gerichts; die Verjährung verlängert sich einfach um diesen Zeitraum. Diese Regelung dient dem Schutz des staatlichen Interesses an den Steuereinnahmen. Stellt die Steuerbehörde eine bestimmte Steuerschuld fest, die aber bald zu verjähren droht und strengt der Steuerschuldner ein gerichtliches Verfahren an, in dessen Verlauf die ursprüngliche steuerbehördliche Entscheidung aufgehoben wird, dann könnte die zwischenzeitlich eingetretene Verjährung ein weiteres gerichtliches Vorgehen der Steuerbehörde verhindern. Ruht die Verjährung während der gerichtlichen Überprüfung der oft komplizierten Steuersachverhalte, dann besteht die Gefahr der Verjährung und des Verlustes der Durchsetzbarkeit von staatlichen, fiskalischen Interessen nicht.[597] Die Zahlungsverjährung ruht hingegen während der

---

595 Kátai, András / Vámosi-Nagy, Szabolcs / Szakács, László / Török, Júlia, in: Die Steuer, Finanz- und steuerrechtliche Fachzeitschrift, Steuergesetze 2004 / Kodex, 12. Jahrgang, Heft 7-8, 2003, S. 264.

596 Földes, Gábor, in: Steuerrecht, S. 230.

597 Földes, Gábor / Hadi, László / Kékesi, László, in: Das Handbuch des Steuerverfahrens und -verwaltung, S. 278. Földes, Gábor, in: Steuerrecht, S. 230.

Aussetzung oder Unterbrechung der steuerbehördlichen Vollziehung oder der Verhängung einer strafrechtlichen Sperre über das Vermögen des Steuerpflichtigen und schließlich während laufenden Steuerbefreiungen und Steuervergünstigungen. Die Zahlungsverjährung ruht also in all denjenigen Fällen, in denen die Steuerbehörden durch das Gesetz an der Durchsetzung ihres Steueranspruchs gehindert sind, so z.B. bei der Gewährung eines Zahlungsaufschubs oder einer Ratenzahlung für den Steuerschuldner.[598] Eine Unterbrechung sowohl der Festsetzungs- als auch der Zahlungsverjährung tritt ein, wenn der Steuerbehörde im Rahmen der Selbstrevision Fakten bekannt gegeben werden, die zu einer Minderung der Steuerschuld bzw. einer Zunahme von Steuervergünstigungen führen. In diesem Fall beginnt die Verjährung von neuem zu laufen. Ziel dieser Regelung ist, dass eine nur wenige Tage vor Ablauf der Verjährung durchgeführte Selbstrevision dem Steuerpflichtigen keine weitere Möglichkeit auf die nachträgliche Inanspruchnahme nicht wieder zurückforderbarer, rechtswidriger Begünstigungen geben soll.[599] Des Weiteren verlängert sich die Verjährung um sechs Monate, wenn zum Zeitpunkt der verspäteten Steuererklärung ein Zeitraum, weniger wie sechs Monate bis zum Ablauf der Festsetzungsverjährung besteht. Auch hier soll der Steuerpflichtige keine, ihm nicht zustehenden Rechte geltend machen können, die der Staat wegen Ablauf der Verjährung nicht zurückbeanspruchen könnte, so dass die Zweckrichtung der Regelung dieselbe ist, wie die bereits dargestellte. Sobald die Steuerbehörden Vollstreckungsmaßnahmen einleiten, verlängert sich schließlich die Zahlungsverjährung um sechs Monate. Nach der früheren Regelung wurde die Zahlungsverjährung durch steuerbehördliche Vollstreckungsmaßnahmen unterbrochen, d.h. die Verjährung begann nach Abschluss der Maßnahmen von neuem zu laufen. Die neue Regelung gibt den Steuerbehörden mehr Anreize für eine effektive Vollstreckung der Steuerschuld. Der Zweck der neuen Regelung ist folgender: Konnte die Vollstreckung nur deshalb nicht fortgesetzt werden, weil der Steuerschuldner über keinerlei Vermögenswerte verfügt, die der Steuervollstreckung hätten unterworfen werden können und tritt eine bedeutende Veränderung in den Einkommens- und Vermögensverhältnissen des Schuldners ein, während indessen aber die Verjährung droht, dann können die Steuerbehörden durch entsprechende Vollstreckungsaktivitäten den Eintritt der Verjährung verhindern; der Steuerschuldner kann durch eine „geschickte Verzögerungstaktik" nicht den Erfolg der Steuervollstreckung vereiteln. Dabei wird die Regelung mittlerweile einheitlich dahingehend ausgelegt, dass

---

598 Földes, Gábor / Hadi, László / Kékesi, László, in: Das Handbuch des Steuerverfahrens und -verwaltung, S. 278.

599 Földes, Gábor, in: Steuerrecht, S. 231. Nagy, Tibor, in: Finanzrecht, Die Grundlagen des internationalen Finanzrechts, S. 161. Szakács, Imre, in: Die Besteuerung von Ausländern in Ungarn, S. 172.

nur eine einmalige Verlängerung des Verjährungszeitraums um sechs Monate eintritt und nicht jede einzelne Vollstreckungsmaßnahme eine entsprechende Verlängerungswirkung haben soll. Dafür spricht zum einen der genaue Gesetzeswortlaut, nachdem sich die Verjährung um sechs Monate verlängert, soweit die Steuerbehörde Vollstreckungsmaßnahmen eingeleitet hat (~ Ammenyiben az adóhatóság végrehajtási cselekményt foganatosított, az elévülés 6 honappal meghosszabbodik). Hätte der Gesetzgeber gewollt, dass jeder einzelnen Vollstreckungsmaßnahme eine solche Wirkung zukommen sollte, hätte er dies explizit geregelt. Außerdem sollte nicht durch jede, noch so geringfügige, Vollstreckungsmaßnahme der Steuerbehörden eine Verlängerung der Verjährung um sechs Monate eintreten, da dies sonst längerfristig den Eintritt der Verjährung verhindern könnte und dadurch eine, für den Steuerschuldner noch nachteiligere Situation wie bei der Unterbrechung eintreten könnte.[600]

VIII. Die Finanzgerichtsbarkeit in Ungarn

Die Finanzgerichtsbarkeit und die Rechtsprechung (~ a pénzügyi bíráskodás) nimmt im Wirtschaftsleben des Staates einen wichtigen Platz ein. Nicht selten werden in Prozessen, die sich mit steuerrechtlichen, zoll- und abgabenrechtlichen Fragestellungen beschäftigen, ein Gesamtheitswert von 40 Mrd. HUF (~ 166.666.666,- EUR) pro Verhandlungsjahr erreicht;[601] vor allem im Zuge des Regierungswechsels in Ungarn wurden zahlreiche Änderungen des Steuer- und Abgabenrechts beschlossen und die nunmehr oft sehr komplizierten Gesetzestatbestände machten eine effektive und gründliche Überprüfung der einzelnen Steuerrechtsfälle durch die Gerichte unumgänglich.[602] Augenblicklich fallen in Ungarn die Anforderungen, die allgemeinhin an eine gut funktionierende Finanzgerichtsbarkeit gestellt werden und die Gerichtspraxis auseinander: Größtes Problem hierbei ist, dass die Richter, die mit der Aburteilung entsprechender finanzrechtlicher Fälle betraut sind, in vielen Fällen nicht über das erforderliche Maß an Sachkunde verfügen. Mit ausschließlich finanzrechtlichen Fällen beschäftigen sich in Ungarn, Schätzungen zu Folge, nur annähernd 100 Berufsrichter.[603] Dieses Problem lässt sich darauf zurückführen, dass sich in Ungarn, im Gegensatz zu Deutschland, keine

---

600 Földes, Gábor / Hadi, László / Kékesi, László, in: Das Handbuch des Steuerverfahrens und -verwaltung, S. 278 f.

601 Lomnici, Zoltán, in: Finanzrechtsprechung, S. 14 f.

602 Lomnici, Zoltán, in: Finanzrechtsprechung, S. 15 ff.

603 Lomnici, Zoltán, in: Finanzrechtsprechung, S. 15.

eigenständige Finanzgerichtsbarkeit entwickeln konnte: Der ungarische Gesetzgeber hat es bislang versäumt, die besondere Sachkunde der zur Entscheidungsfindung in Finanzangelegenheiten berufenen Richter in diesem Bereich als unabdingbare Voraussetzung festzulegen. Stattdessen werden die Finanzrechtsfälle in den Gerichtsbezirken regelmäßig von Zivilrechtsrichtern abgeurteilt, die über keine finanzrechtliche Vorbildung verfügen. So kann es vorkommen, dass Finanzprozesse mit bedeutenden Sachwerten von mehreren Milliarden Forint vor einem Richterkollegium verhandelt werden, von denen lediglich ein Richter über eine spezielle finanzrechtliche Vorbildung verfügt. Nicht selten werden alle Finanzprozesse eines Gerichtsbezirks durch einen einzigen Richter verhandelt, der entsprechend überlastet ist und in der Regel nicht die erforderliche Zeit für die Entscheidung von schwierigen, rechtlichen Fragestellungen aufbringen kann.[604] Die mangelnde Fachkenntnis der Richter und die daraus im Regelfall resultierende Überforderung bedingt ein weiteres Problem, nämlich die zeitliche Verzögerung der finanzrechtlichen Prozesse. So können Rechtsstreitigkeiten in finanzrechtlichen Angelegenheiten mehrere Jahre in Anspruch nehmen. Im Falle von Umsatzsteuer- und Zollangelegenheiten kann dies oft nicht wiedergutzumachende Folgen haben, wenn z.B. Waren im Wert von mehreren Milliarden HUF wegen der langen Prozessdauer quasi vollkommen ihren Wert verlieren (z.B. Saisonware oder leicht verderbliche Ware).[605] Des Weiteren fehlt auch eine Zugangsbeschränkung für das weitere Verfahren vor dem allerhöchsten Gericht, so dass dieses mit der Nachprüfung von finanzrechtlichen Fällen vollkommen überlastet ist. Durchschnittlich entfallen hier auf einen Richter zwischen 800 bis 1000 finanzrechtliche Fälle und eine erneute Entscheidung ist in der Regel nicht vor Ablauf von zwei bis drei Jahren zu erwarten. Die überdurchschnittliche Belastung der Richter wurde bereits in den entsprechenden Fachgremien der Europäischen Union andiskutiert, so dass in diesem Bereich mit einer Wandlung in Form einer Gesetzesänderung, die den Zugang zum allerhöchsten Gericht erschwert, in nächster Zeit zu rechnen ist.[606] Die Weiterentwicklung der finanzrechtlichen Gerichtsbarkeit liegt im Interesse der gesamten Gesellschaft, da in keinem anderen Rechtsgebiet so bedeutende Entscheidungen für das wirtschaftliche Leben gefällt werden. Dies erfordert eine Spezialisierung der zur Entscheidung in Finanzangelegenheiten zuständigen Richter, sowie den Ausbau eines EDV-Netzwerks, der den jederzeitigen Einblick in die neueste finanzgerichtliche Rechtsprechung und zwar auch auf europarechtlicher Ebene gewährt und jedem Gericht zur Verfügung steht. Entscheidend ist der Ausbau der Gerichtsbar-

---

604 Lomnici, Zoltán, in: Finanzrechtsprechung, S. 15.
605 Lomnici, Zoltán, in: Finanzrechtsprechung, S. 17.
606 Lomnici, Zoltán, in: Finanzrechtsprechung, S. 17.

keit in verwaltungs- und finanzrechtlichen Angelegenheiten vor allem auf regionaler Ebene, da auf diese Weise der Austausch von Praxiserfahrungen und von Entscheidungsinhalten leichter bewerkstelligt werden kann. Die Verfügbarkeit von Entscheidungen des allerhöchsten Gerichts in einer computerunterstützten Weise kann diese Entwicklung allgemein nur beschleunigen; des Weiteren werden so Fehlentscheidungen, die vermehrt in der Finanzrechtsprechung zu finden sind, zukünftig vermieden oder zumindest die Wahrscheinlichkeit von solchen Fehlurteilen wird gesenkt werden, wenn Lehrmeinungen und neueste Entscheidungen sowie der aktuelle Gesetzestext „online" verfügbar sind.[607]

Die Finanzgerichtsbarkeit ist augenblicklich in drei Gesetzen geregelt und stellt deshalb eine komplizierte Rechtsmaterie dar: Die entscheidenden Regelungen zu der Finanzgerichtsbarkeit finden sich im § 3 Áe. als Verweisungsnorm, im § 143 ungarische AO und schließlich auch im 20. Kapitel der ungarischen Zivilprozessordnung (~ a Polgári perrendtartásról szóló törvény bzw. Pp.), nämlich die Regelungen der §§ 324 ff. Pp., die eine Anwendung der allgemeinen zivilprozessualen Vorschriften auf finanzgerichtliche Prozesse als notwendige Folge der Zuständigkeitsübertragung der Verfahren auf Zivilrichter vorsehen, soweit in den §§ 324 ff. Pp. nichts anderes bestimmt ist.[608] Nach § 3 des ungarischen Verwaltungsverfahrensgesetzes (~ az államigazgatási eljárás általános szabályairól szóló törvény bzw. Áe.) sind die Vorschriften des Verwaltungsverfahrensgesetzes dann und soweit anzuwenden, wie ein anderes Gesetz keine spezielleren Regelungen enthält: Während für das allgemeine Verwaltungsgerichtsverfahren die § 72 f. Áe. gelten, enthält die ungarische Abgabenordnung im § 143 eine für das Steuerverfahren geltende Sonderregelung. Nach § 143 ungarische AO kann das Gericht auf Antrag des Steuerpflichtigen und nach rechtskräftiger Einspruchsentscheidung der Steuerbehörden nach Abschluss des Einspruchsverfahrens gem. den §§ 136 ff. ungarische AO tätig werden. Des Weiteren muss es sich bei der Entscheidung der Steuerbehörde, welche auf gerichtlichem Weg nachgeprüft werden soll, um eine sog. substantielle Entscheidung (~ érdemi döntés) handeln. Substantielle Entscheidungen sind dabei alle Beschlüsse und Entscheidungen der Steuerbehörden, die Steuerverpflichtungen oder Rechte des Steuerpflichtigen oder einer zur Zahlung der Steuer verpflichteten Person in irgendeiner Weise berühren; keine substantiellen Ent-

---

607 Lomnici, Zoltán, in: Finanzrechtsprechung, 19 f.

608 Kátai, András / Vámosi-Nagy, Szabolcs / Szakács, László / Török, Júlia, in: Die Steuer, Finanz- und steuerrechtliche Fachzeitschrift, Steuergesetze 2004 / Kodex, 12. Jahrgang, Heft 7-8, 2003, S. 261. Lomnici, Zoltán, in: Finanzrechtsprechung, S. 16 u. 21. Lomnici, Zoltán, in: Das Buch der Steuerprozesse, S. 11. Kommentar zur ungarischen Zivilprozessordnung, Kommentar zum § 324 Pp., S. 549 ff. im Ausdruck (CD-Rom).

scheidungen stellen z.b. die (Nicht-)Bewilligung von Ratenzahlungen oder die Genehmigung der Stundung von Zahlungen dar, so dass in diesen Fällen eine gesetzliche Überprüfung der steuerbehördlichen Entscheidung nicht möglich ist.[609] Um die Überprüfung eines Säumniszuschlags der Höhe nach und zugleich um die Frage nach den Grenzen der gerichtlichen Überprüfungsbefugnis ging es in der Entscheidung Kfv. I. 28. 823 / 1997[610] des höchsten Gerichts. Der Beklagte, der Inhaber einer Bierkneipe, wurde mit einem Säumniszuschlag in Höhe von 300.000,- HUF (~ 1.250,- EUR) belegt, da sein Angestellter mehrfach gegen die Rechnungsausstellungspflicht verstoßen hatte. Der Beklagte begehrte in der letzten Instanz die Aufhebung der steuerbehördlichen Entscheidung bzw. die Herabsetzung der Säumnisstrafe der Höhe nach; er war unter anderem der Ansicht, dass ein mehrfacher Verstoß i.S.d. § 172 ungarische AO nicht vorliege, weil die festgestellten Verstöße sich nicht auf ein Jahr bezögen. Das höchste Gericht hat dem Begehren des Beklagten nicht entsprochen und die steuerbehördliche Entscheidung bestätigt. Das Gericht wies unter anderem darauf hin, dass die Umstände, die zur Festsetzung einer Sanktion in einer bestimmten Höhe durch die Steuerbehörde geführt haben, grundsätzlich einer gerichtlichen Nachprüfung nicht zur Verfügung stehen, da es im Ermessen der Steuerbehörde lag, wie sie die einzelnen Umstände gewichtet hat. Ausnahmen zu diesem Grundsatz bestehen nur dann, wenn der steuerbehördlich festgestellte Sachverhalt sich im offensichtlichen Widerspruch zum Inhalt von Belegen, Urkunden befindet oder wenn die Steuerbehörde bei der Gewichtung der Umstände einen offensichtlichen Fehler begangen oder eine den Gesetzen der Logik widersprechende Schlussfolgerung gezogen hat. Außerdem stellte das Gericht fest, dass der Wortlaut des Gesetzes keinen Anhaltspunkt dafür bietet, dass eine mehrfache Säumnis nur dann vorliegt, wenn die Säumnisvorfälle sich auf dasselbe Steuerjahr beziehen. Das oberste Gericht hat dann in einer späteren Entscheidung (Kfv. III. 27. 009 / 1998) und zuvor in Kfv. I. 27. 983 / 1995[611] festgestellt, dass die steuerbehördlichen Erwägungen vor allem dann einer gerichtlichen Überprüfung unterzogen werden müssen, wenn die Behörde die Beweisumstände offensichtlich vollkommen falsch gewichtet hat, wenn die behördliche Entscheidung der Denknotwendigkeit widerspricht oder als lebensfremd anmutet. Umgekehrt können behördliche Erwägungen dann nicht Gegenstand einer gerichtlichen Nachprüfung werden, wenn aus der Entscheidungsbegründung ersichtlich ist,

---

609	Lomnici, Zoltán, in: Finanzrechtsprechung, S. 21. Földes, Gábor, in: Steuerrecht, S. 226. Földes, Gábor / Hadi, László / Kurucz-Váradi, Károly / Pénzely, Márta / Pölöskei, Pálné / Szolnoki, Béla, in: Die Erläuterung des neuen Steuerrechts 2004, S. 212.
610	Lomnici, Zoltán, in: Finanzrechtsprechung, S. 150 ff.
611	Lomnici, Zoltán, in: Finanzrechtsprechung, S. 32 f. u. 171 ff.

dass die Behörde alle Umstände erfasst und richtig gewichtet hat und die Steuerbehörde die geltenden Verfahrensregelungen beachtet hat; insbesondere muss die steuerbehördliche Entscheidung einen Hinweis darüber enthalten, welche Umstände der Entscheidung zugrundegelegt und welche außer Acht gelassen wurden. Das Urteil verdeutlicht den allgemeinen Standpunkt des höchsten Gerichts, wonach die Gerichte lediglich eine Überprüfungsfunktion zu erfüllen haben, aber niemals die steuerbehördlichen Aufgaben wahrnehmen oder die behördlichen Erwägungen einfach durch eigene ersetzen können. Nur in den, in der Entscheidung genannten Fällen, soll Letzteres möglich sein. Das Urteil setzte zugleich einen Schlusspunkt für die lang anhaltende Diskussion um die Grenzen der gerichtlichen Entscheidungsbefugnisse.

Stellt das Gericht eine Rechtsverletzung fest, dann setzt es die Entscheidung der Steuerbehörde außer Kraft, entscheidet selbst in der Sache oder verweist den Rechtsfall zur erneuten Entscheidung an die Steuerbehörde zurück.[612] Nach § 143 Abs. 2 ungarische AO hat die Einleitung des gerichtlichen Verfahrens keinerlei Auswirkung im Hinblick auf die Vollziehbarkeit der steuerbehördlichen Entscheidung. Der Einreichung des Antrags auf Einleitung des gerichtlichen Verfahrens kommt also im Hinblick auf die Vollziehbarkeit der Entscheidung durch die Steuerbehörden keine aufschiebende Wirkung zu. Die allgemeine Regelung des § 72 Áe., die in diesem Bereich außer für den Fall, dass berechtigte Allgemeininteressen entgegenstehen würden, eine aufschiebende Wirkung anordnet, wird durch die spezielle Vorschrift des § 143 Abs. 2 ungarische AO ausgeschlossen.[613] Allerdings besteht für den Steuerpflichtigen die Möglichkeit im Zeitpunkt der Anrufung des Gerichts einen Antrag auf Aussetzung der Vollziehung der steuerbehördlichen Entscheidung zu stellen, über die das Gericht im Voraus entscheiden kann.[614]

Der Antrag des Steuerpflichtigen auf Einleitung der gerichtlichen Überprüfung muss innerhalb von 30 Tagen nach Mitteilung der rechtskräftigen Einspruchsentscheidung bei dem zuständigen Gericht oder bei der Steuerbehörde, welche die mit dem Einspruch angegriffene Entscheidung ursprünglich erlassen hat, eingelegt

---

612 Kátai, András / Vámosi-Nagy, Szabolcs / Szakács, László / Török, Júlia, in: Die Steuer, Finanz- und steuerrechtliche Fachzeitschrift, Steuergesetze 2004 / Kodex, 12. Jahrgang, Heft 7-8, 2003, S. 260.

613 Kátai, András / Vámosi-Nagy, Szabolcs / Szakács, László / Török, Júlia, in: Die Steuer, Finanz- und steuerrechtliche Fachzeitschrift, Steuergesetze 2004 / Kodex, 12. Jahrgang, Heft 7-8, 2003, S. 261. Lomnici, Zoltán, in: Finanzrechtsprechung, S. 23 f.

614 Lomnici, Zoltán, in: Finanzrechtsprechung, S. 24.

werden.[615] Wird der Antrag bei der „erstinstanzlichen" Steuerbehörde eingereicht, dann ist diese verpflichtet, innerhalb von acht Tagen diesen mitsamt allen Unterlagen an das zuständige Gericht weiterzuleiten. Hierzu ist die Steuerbehörde auch dann verpflichtet, wenn der Antrag des Steuerpflichtigen auf Einleitung des gerichtlichen Verfahrens erst nach Ablauf der 30-Tage-Frist und somit verspätet gestellt worden ist. Die Regelung, dass der Antrag sowohl bei der Steuerbehörde, welche die Entscheidung erlassen hat, als auch beim Gericht eingelegt werden kann, ist für den Steuerpflichtigen günstig, da er insofern nichts falsch machen kann und darüber hinaus auch zweckdienlich, da die Steuerbehörde vor der Entscheidung des Gerichts in der Regel eine Stellungnahme abgeben wird. Reicht der Steuerpflichtige seinen Antrag sogleich beim Gericht ein, dann muss er die zu überprüfende Entscheidung im Original oder als Kopie seinem Antrag beilegen.[616] Zuständig ist gem. § 326 Abs. 1 Pp. i.V.m. § 23 Abs. 1 Pp. das Gericht desjenigen Bezirks, in dem die Steuerbehörde, welche die zu überprüfende Entscheidung erlassen hatte, ihren Sitz hat. Der § 23 Abs. 1 Pp. bestimmt, dass für verwaltungs- wie auch finanzrechtliche Verfahren allgemein die Bezirksgerichte zuständig sind.[617] Der Steuerpflichtige muss sich in seinem Antrag auf Einleitung des gerichtlichen Verfahrens auf eine Rechtsverletzung der Steuerbehörde berufen, welche sowohl in der Nichtanwendung als auch in der fehlerhaften Anwendung einer gesetzlichen Regelung bestehen kann. Der Gesetzesverstoß kann dabei in der Verletzung einer verfahrensrechtlichen oder materiellrechtlichen Norm bestehen oder aber auch in der Verletzung des Zuständigkeitsbereichs einer anderen Behörde begründet sein.[618] Das Gericht ist, entsprechend dem allgemeinen Grundsatz des § 215 Pp., an die Anträge der Parteien gebunden, d.h. das Gericht kann das steuerbehördliche Vorgehen nur auf diejenigen Rechtsverletzungen untersuchen, die von einer der Parteien im Antrag geltend gemacht worden sind; stützt das Gericht sein Urteil auf eine andere als die geltend gemachte Rechtsverletzung, dann verstößt es gegen den Grundsatz der Bindung an die Parteianträge (~ a kereseti kérelemhez kötöttség elv).

---

615 Lomnici, Zoltán, in: Finanzrechtsprechung, S. 22. Elmont, Gizella, in: Handbuch der Abgabenordnung, S. 242. Földes, Gábor / Hadi, László / Kékesi, László, in: Das Handbuch des Steuerverfahrens und -verwaltung, S. 251.

616 Lomnici, Zoltán, in: Finanzrechtsprechung, S. 22. Földes, Gábor / Hadi, László / Kékesi, László, in: Das Handbuch des Steuerverfahrens und -verwaltung, S. 251.

617 Kommentar zur ungarischen Zivilprozessordnung, Kommentar zum § 326 Pp., S. 554 im Ausdruck (CD-Rom). Lomnici, Zoltán, in: Finanzrechtsprechung, S. 25.

618 Lomnici, Zoltán, in: Finanzrechtsprechung, S. 22.

Eine steuerbehördliche Entscheidung verstößt dann gegen das geltende Recht, wenn die einzelnen Tatbestandselemente einer gesetzlichen Vorschrift nicht auf ihr Vorhandensein überprüft bzw. offensichtlich fehlerhaft gewichtet wurden, wenn die Steuerbehörde den rechtlichen Rahmen der Norm in irgendeiner Weise überschritten hat, wenn die Entscheidung nicht begründet wurde oder sich auf Tatsachen stützt, die nicht der Wahrheit entsprechen, und wenn schließlich ein bedeutender verfahrensrechtlicher Fehler vorliegt, der sich auf den Entscheidungsinhalt auswirkt.[619] Das Gericht prüft des Weiteren von Amts wegen das Vorliegen von Voraussetzungen, die Grundlage für jeden (steuer-)rechtlichen Anspruch sind, wie z.B. ob der Anspruch der Steuerbehörde bzw. ihre in der Entscheidung vertretene Ansicht zu einer Rechtsfrage durch eine Rechtsnorm belegt werden kann und ob eine Verpflichtung dem richtigen Steuersubjekt auferlegt worden ist bzw. ob der steuerbehördliche Anspruch noch durchsetzbar ist und nicht bereits verjährt ist; das Gericht kann schließlich auch nachprüfen, ob der Anspruch in der richtigen Höhe festgesetzt wurde und ob der Tatbestand einer Steuervergünstigung oder -befreiung eingreift.[620] Ist der Sachverhalt nicht ausreichend aufgeklärt und liegt auch kein entsprechender Beweisantrag einer Prozesspartei vor, dann wird in der Gerichtspraxis die Entscheidung der Steuerbehörde außer Kraft gesetzt und die Behörde zur Durchführung eines erneuten Verfahrens angehalten. Diese Vorgehensweise der Gerichte überrascht angesichts der auch im ungarischen Recht geltenden und im § 164 Abs. 1 Pp. geregelten allgemeinen Beweislastregel, dass jeder die für ihn günstigen Umstände und Tatsachen vor Gericht beweisen muss. Konsequenterweise müsste der Steuerpflichtige, der sich auf die Rechtswidrigkeit der steuerbehördlichen Entscheidung beruft, dies in irgendeiner Weise vor Gericht beweisen; kann er den Beweis nicht durchführen, müsste die Klage abgewiesen werden. Kommt das Gericht im Rahmen der Beweisaufnahme hingegen zu der Überzeugung, dass die Entscheidung, gestützt auf andere als die angewandten Rechtsvorschriften, einer Überprüfung standhält, dann darf es die Klage jedenfalls nicht abweisen, sondern muss die Entscheidung außer Kraft setzen und die Behörde anweisen, das Verfahren erneut unter Beachtung der Rechtsansicht des Gerichts durchzuführen und den Steuerpflichtigen erneut zu verbescheiden. Steht der Steuerbehörde ein Entscheidungsspielraum zu, dann muss sie hingegen vor dem Gericht darlegen, warum sie bestimmte Tatsachen stärker gewichtet hat als andere und welche Um-

---

619 Lomnici, Zoltán, in: Finanzrechtsprechung, S. 22.

620 Földes, Gábor / Hadi, László / Kékesi, László, in: Das Handbuch des Steuerverfahrens und -verwaltung, S. 249 f.

stände für die Entscheidung ausschlaggebend waren.[621] Stellt das Gericht eine Rechtsverletzung fest, dann setzt es gem. § 339 Pp. die steuerbehördliche Entscheidung außer Kraft und ordnet bei Bedarf die Wiederholung des Verfahrens an.[622] Das Gericht kann die Behördenentscheidung nach § 339 Abs. 2 lit. g Pp. auch abändern. In diesem Fall entscheidet das Gericht gänzlich oder z.T. anstelle der Steuerbehörde.[623] Dabei kann die Entscheidungsbefugnis des Gerichts niemals so weit gehen, dass ein Teil des steuerbehördlichen Rechts- und Aufgabenkreises nunmehr vom Gericht wahrgenommen wird, mit der Konsequenz, dass in diesem Bereich dem Gericht die alleinige Verantwortung zukommt; denn die eigentliche Aufgabe des Gerichts ist die Überprüfung der steuerbehördlichen Entscheidung auf ihre Rechtmäßigkeit hin und nicht die Erfüllung von Pflichten, die normalerweise in den Zuständigkeitsbereich der Behörden fallen. Das Gericht kann also niemals die Aufgaben der Steuerbehörden wahrnehmen und umgekehrt. Die Behörde ist an die Entscheidung des Gerichts und ihre Begründung gebunden und muss das Gerichtsurteil bei jedem weiteren Vorgehen in der Sache zugrundelegen.[624] Gegen die Entscheidung des Gerichts kann gem. § 340 Abs. 1 Pp. das Rechtsmittel der Berufung nicht eingelegt werden.[625] Nach § 270 Abs. 1 Pp. hat aber jede Partei die Möglichkeit eine rechtliche Überprüfung der behördlichen Entscheidung beim höchsten Gericht zu beantragen.[626]

---

621 Kommentar zur ungarischen Zivilprozessordnung, Kommentar zum § 338 Pp., S. 565 f. im Ausdruck (CD-Rom).

622 Kommentar zur ungarischen Zivilprozessordnung, Kommentar zum § 339 Pp., S. 566 im Ausdruck (CD-Rom).

623 Lomnici, Zoltán, in: Finanzrechtsprechung, S. 32 f. Kommentar zur ungarischen Zivilprozessordnung, Kommentar zum § 339 Pp., S. 567 im Ausdruck (CD-Rom).

624 Kommentar zur ungarischen Zivilprozessordnung, Kommentar zum § 339 Pp., S. 567 im Ausdruck (CD-Rom).

625 Kommentar zur ungarischen Zivilprozessordnung, Kommentar zum § 340 Pp., S. 569 im Ausdruck (CD-Rom).

626 Kommentar zur ungarischen Zivilprozessordnung, Kommentar zum § 270 Pp., S. 484 im Ausdruck (CD-Rom).

IX. Zusammenfassung zum dritten Teil

Zusammenfassend kann festgestellt werden, dass das ungarische Rechtssystem auf die Zunahme von Wirtschaftsdelikten und insbesondere Steuerdelikten zweifach reagiert hat: Während die rechtliche Verfolgung von wirtschaftlich motivierten Straftaten, insbesondere vom Steuerbetrug, in den 90er Jahren noch rudimentären Charakter hatte, stehen dem Staat nunmehr gleich mehrere Möglichkeiten und Mittel „im Kampf gegen den Steuerbetrug" zur Verfügung. Dies hängt vor allem mit der Umstrukturierung der ungarischen Abgabenordnung zusammen, die entsprechend den Vorgaben der OECD und der EU als Grundziel die Beseitigung des Steuerbetrugs und der Steuerumgehung im Allgemeinen verfolgt, und zwar im Dienste der Errichtung eines stabilen Staatshaushalts, gestützt durch die öffentlichen Einnahmen. Auf der anderen Seite bemüht sich der Gesetzgeber um eine erschöpfende Behandlung der Wirtschaftsstraftaten durch das ungarische Strafgesetzbuch, um so eine effiziente strafrechtliche Verfolgung der Wirtschafts- und Steuerstraftaten zu gewährleisten. Diese Entwicklung geschah in dem Bewusstsein, dass allein mit Mitteln des Steuerstrafrechts nicht sicher gestellt werden kann, dass möglichst viele Steuerhinterziehungen entdeckt und verhindert werden. Die Strafbestimmungen werden vor allem durch die steuerverwaltungsrechtlichen Sanktionsvorschriften ergänzt, während die Steuerrechtsordnung durch das Steuerstrafrecht eine Unterstützung, Bewährung, aber auch Stärkung erfährt. Jedes Vorhaben, welches gegen steuerverwaltungsrechtliche und strafrechtliche Normen verstößt, ist nämlich mit dem Risiko einer Strafe verbunden; wie hoch dieses Risiko ist, hängt von der Kontrolleffizienz der Behörden und Strafverfolgungsorgane und somit von der Entdeckungswahrscheinlichkeit ab. Das Ausmaß des Steuerbetrugs wird also unmittelbar durch Risikofaktoren beeinflusst, welche durch ein Zusammenspiel von Steuerbehörden und Strafverfolgungsorganen und durch ein Ineinandergreifen von Steuerverwaltungsrecht und Kriminalstrafrecht positiv in ihrer Wirkung gesteigert werden können und für einen potentiellen Täter unkalkulierbar werden. Wesentlich zu dieser Entwicklung beigetragen hat die Schaffung einer einheitlichen Regelung des Steuerverfahrens in Form des Gesetzes XCI. über die Abgabenordnung im Jahre 1990; das Gesetz enthält unter anderem grundlegende Vorschriften zu den beteiligten Subjekten des Steuerverfahrens, zu den einzelnen Steuerverpflichtungen, zur Steuerfeststellung und -überwachung und insbesondere zu den steuerverwaltungsrechtlichen Sanktionen, denen ein eigenes Kapitel gewidmet ist. Das Gesetz spiegelt die Möglichkeiten staatlicher Einflussnahme und staatlicher Kontrolle im Hinblick auf die Wirtschaft, aber auch die fiskalische Entwicklung, sowie die Verwirklichung wirtschafts- und gesellschaftspolitischer Ziele wider und erfüllt neben den klassischen fiskal-administrativen auch sozial-politische Aufgaben, indem es eine Neuverteilung von Wirtschaftsgütern vornimmt. Leider konnte die gerichtliche und z.T. auch die behördliche Rechtspraxis mit der Entwicklung der Gesetzeskodifikationen nicht immer Schritt halten und viel zu oft scheitert die effiziente und schnelle Durchsetzung der neuen Rechtsvorschriften an objektiven und subjektiven Unzulänglichkeiten der Steuer- und Strafbehörden. Diese Unzulänglichkeiten ergeben sich in objektiver Hinsicht vor allem durch die unbefriedigende Situation der finanzverwaltungsrechtlichen Gerichtsbarkeit und Rechtsprechung. Wie bereits an anderer Stelle erörtert, werden steuerverwaltungsrechtliche Sachverhalte, wie auch Finanzrechtsfälle allgemeinhin, von Zivilrichtern abgeurteilt, die nicht über eine einschlägige Fachausbildung verfügen. Die Unzulänglichkeiten in subjektiver Hinsicht hingegen lassen sich auf Korruption und Schwarzwirtschaft, die auch in diesem Bereich vielfach verbreitet und nur schwer eindämmbar sind, zurückführen. Allerdings muss dabei erwähnt werden, dass die ungarische Abgabenordnung erste Regelungen getroffen hat, um die Entwicklung des Bestechungsstrafrechts kontrollierbar zu machen: So dürfen nach § 97 ungarische AO neuerdings Ermittlungsmaßnahmen, wie z.B. eine Betriebsstättendurchsuchung, nur durch zwei Beamte der Steuerbehörde durchgeführt werden und nur so weit wie z.B. der Durchsuchungsbefehl es anordnet. Ferner sind nach § 10 ungarische AO die einzelnen Steuerbehörden zu gegenseitiger Unterstützung und Zusammenarbeit verpflichtet, wodurch zugleich eine gegenseitige Kontrolle der Behörden erreicht wird, zumal eine Zusammenarbeit nicht nur auf nationaler, sondern auch auf europäischer Ebene angestrebt wird. Aus diesem Grund besteht, trotz der eben erwähnten Unzulänglichkeiten, die begründete Hoffnung, dass durch die Anwendung der neuen Rechtsvorschriften die ungarischen Steuer- und Strafbehörden, aber auch die Gerichtsbarkeit und die Anwaltschaft, sich erfolgreich den Rechtsordnungen der Europäischen Union anpassen werden.

Vierter Teil: Ein Beitrag zur Korruptionsproblematik in Ungarn und ihren Auswirkungen auf das Steuerverfahren

„Keine Festung ist so stark, dass Geld sie nicht einnehmen kann."
(Marcus Tullius Cicero, römischer Redner und Schriftsteller 106 – 43 v. Chr., gesammelte Briefe „Ad familiares").

Die Korruption stellt in fast jeder gesellschaftlichen und wirtschaftlichen Lebensform ein notwendiges Übel dar, wenn auch ihr Maß und ihre Erscheinungsformen unterschiedlich sein können.[627] Von entscheidender Bedeutung für die vorliegende Arbeit ist der Einfluss der Korruption auf das Steuer(straf-)verfahren bzw. der Zusammenhang zwischen Korruption und Steuerbetrug. Hierbei lassen sich vielfach Berührungspunkte zwischen der Korruptionskriminalität und der Besteuerung allgemeinhin feststellen: Zum einen können die Steuerbehörden im Rahmen der Steuerüberwachung mit Sachverhalten konfrontiert werden, die auf Korruption hindeuten, zum anderen kann die Steuerbehörde selbst in Korruptionsfälle involviert sein.[628] Außerdem geht die Korruptionskriminalität erfahrungsgemäß mit der Verwirklichung von anderen Wirtschaftsdelikten und insbesondere Steuerbetrugsdelikten einher; so wird der Steuerbetrug oft nur möglich, indem man z.B. steuerbehördliche Angestellte, welche für die Bearbeitung des steuerrechtlichen Tatbestandes verantwortlich sind, zu bestechen versucht.[629] Schließlich ergeben sich interessante steuerrechtliche Probleme aus der Frage, inwieweit Bestechungsgelder etc. über-

---

627 Szilovics, Csaba, in: Betrug und Rechtsverfolgung im Steuerrecht, S. 181. Kránitz, Mariann, Prolog oder einige Gedanken zur Korruption, in: Korruption in Ungarn I, Die vereinigte Sektion der TI Ungarn, 2000, S. 7 f. Kránitz, Mariann, Die Korruptionskriminalität, in: Korruption in Ungarn, Friedrich-Ebert Stiftung, 2001, S. 315. Németh, László, Das Dreieck der Korruption, der Macht und der Polizei, in: Korruption in Ungarn, Friedrich-Ebert Stiftung, 2001, S. 346. Budapester Rechtsanwaltskammer, in: Müssen wir uns mit der Korruption abfinden?, Ein Bericht über die Tagung vom 28. Oktober 1997 in Budapest und vom 30. Oktober 1997 in Pécs, S. 1 ff. Claussen, Hans Rudolf, in: Korruption im öffentlichen Dienst, Ein Überblick, S. 12 ff.

628 Varga, Árpád, Die Bemühungen der ungarischen Steuerbehörde zur Verengung der Korruptionsmöglichkeiten, in: Korruption in Ungarn I, Die vereinigte Sektion der TI Ungarn, 2000, S. 177. Varga, Árpád, Welche Rolle hat die APEH im Kampf gegen die Korruption, in: Korruption in Ungarn III, Die vereinigte Sektion der TI Ungarn, 2003, S. 30.

629 Jankovics, Kornélia, in: Wirtschaftsstraftaten und Korruption, S. 7.

haupt einer Besteuerung zugeführt werden können bzw. inwieweit es sich dabei um besteuerungsfähiges Einkommen i.S.d. Gesetzes handelt.[630] Wegen der Bedeutung der Korruptionskriminalität für das Steuer(straf-)verfahren sollen im Folgenden, ausgehend von einer Definition der Korruption ihre Erscheinungsformen bei den Steuerbehörden und ihre Ursachen sowie die Folgen auf das steuerbehördliche Verfahren einer näheren Analyse unterzogen werden. Schließlich sollen Ansätze zur Bekämpfung der Korruption, insbesondere bei der höchsten Steuer- und Finanzüberwachungsbehörde APEH, welche Modellcharakter haben, aufgezeigt werden.

I. Die Definition der Korruption als Versuch einer Eingrenzung

Die Korruption und damit verknüpft die Bestechlichkeit von Amtsträgern umfasst einen Zeitraum von Jahrtausenden. Die unerwünschte gesellschaftliche „Begleiterscheinung" der Korruption durchzieht die ganze Geschichte, von der Gründung eines Staates angefangen bis zur Neuzeit und ist in erster Linie wohl durch die Entwicklung des Bürgertums geprägt worden.[631]

Eine allgemeingültige Definition für die Korruption zu finden, welche alle ihre Facetten erfasst, stellt sich oft als schwierige, wenn nicht gar unmögliche Aufgabe dar. Dies hängt vor allem damit zusammen, dass die Korruption in vielfältigen Erscheinungsformen auftritt und den Diskussionsgegenstand mehrerer wissenschaftlicher Disziplinen, wie unter anderem der Sozial-, Politik-, Wirtschafts- und Rechtswissenschaft bildet; jede dieser Disziplinen beleuchtet die Korruption aus einem anderen Blickwinkel und liefert eigene Ansätze für eine Eingrenzung.[632] So

---

630 Herich, György / Hadi, László / Horváth, Sándor / Magony, Krisztina / Molnár Gáspár, Endre / Szatmári, László, in: Steuerlehre I, Erklärungen, S. 84. Ádám, György, Über das im Wege einer Straftat erlangte Vermögen. In: Ungarisches Recht, 37. Jahrgang, Heft 1, 1990, S. 556.

631 Claussen, Hans Rudolf, in: Korruption im öffentlichen Dienst, Ein Überblick, S. 3. Bócz, Endre, Die kriminalistische Korruption im ungarischen Strafrecht, in: Gombár, Csaba / Hankiss, Elemér / Lengyel, László / Volosin, Hédi, Schriften über die Korruption, S. 11. Nyiri, Sándor, Die Wirtschaft, die Korruption und die Ethik. In: Schau für innere Angelegenheiten, 33. Jahrgang, Heft 2, 1995, S. 3. Bódi, János, Der geschichtliche Überblick der Korruptionsregelung. In: Überwachungsschau, 30. Jahrgang, Heft 7, 1992, S. 35 f. Balogh, Ágnes, Einzelne rechtsgeschichtliche Beziehungen zur Beurteilung der Bestechung, in: Korruption in Ungarn, Friedrich-Ebert Stiftung, 2001, S. 303 f.

632 Noack, Paul, Die politische Dimension der Korruption, in: Korruption in Deutschland, Ursachen, Erscheinungsformen, Bekämpfungsstrategien, Friedrich-Ebert Stiftung, 1995, S. 24. Krug, Sabine, in: Korruption in verschiedenen Wirtschaftssystemen, Eine komparatorische Analyse, S. 2 f. Clemens, Michael, in: Amtsmissbrauch und Korruption, Politik-

stellt der ökonomische Ansatz das Ergebnis der Korruption, den sich ergebenden Nutzen für die Beteiligten als wirtschaftliche Komponente in den Vordergrund, während der juristische Ansatz vor allem auf die Vorwerfbarkeit der Handlung in Form einer Bestechung oder Vorteilsannahme eingeht und die Terminologie der Korruption nicht verwendet. Einigkeit besteht darüber, dass man unter Korruption (lat., von corrumpere ~ verderben) ein moralisch verwerfliches Handeln und Verhalten zu verstehen hat, bei denen bestimmte, allgemein anerkannte gesellschaftliche Normen oder moralische Grundsätze nicht mehr wirksam sind und dass diese Entwicklung, je nach Duldung und Verbreitung, zu einem moralischen Verfall führen kann.[633]

Die ungarische Rechtsdogmatik geht von ähnlichen Prämissen aus, wenn sie in den §§ 250 ff. Btk. solche Handlungsweisen sanktioniert, die eine positive Entscheidung oder die positive Behandlung einer Sachangelegenheit anstreben und aus dieser Zielsetzung heraus die Beeinflussung der entscheidungsbefugten Personen durch bestimmte Vorteile oder Geschenke, unabhängig von den moralischen und rechtlichen Vorgaben der Gesellschaft, zu erreichen versuchen;[634] da die Hingabe

---

wissenschaft, Bd. 69, S. 10. Gombár, Csaba, Die Korruption als öffentliches Übel, in: Gombár, Csaba / Hankiss, Elemér / Lengyel, László / Volosin, Hédi, Schriften über die Korruption, S. 47 f. Bódi, János, Die Korruption als gesellschaftliche und strafrechtliche Erscheinung. In: Überwachungsschau, 29. Jahrgang, Heft 1, 1991, S. 27. Kovács, Árpád / Lévai, János, Die Zurückdrängungsmöglichkeiten der Korruption im Scheinwerferlicht auf Grundlage der Erfahrungen der ÁSZ. In: Ungarische Verwaltung, XLIX. Jahrgang, Nr. 9, September 1999, S. 482. Kránitz, Mariann, Über die Korruption – nur ein bisschen anders... In: Wirklichkeit, XLI. Jahrgang, Nr. 5, Mai 1998, S. 8 f. Maczak, Antoni, Korruption in der modernen Zeit, Ein Überblick zum Problemkreis. In: Jahrhunderte, geschichtliche Fachzeitschrift, 122. Jahrgang, Nr. 5-6, 1988, S. 997 f. Bencze, József, Das Zoll- und Finanzamt im Kampf gegen die Korruption, in: Korruption in Ungarn III, Die vereinigte Sektion der TI Ungarn, 2003, S. 41. Brockhaus, Lexikon, Bd. 12, S. 386. Gatter, László, Gerichtsbarkeit und Korruption, in: Korruption in Ungarn I, Die vereinigte Sektion der TI Ungarn, 2000, S. 155.

633 Bencze, József, Das Zoll- und Finanzamt im Kampf gegen die Korruption, in: Korruption in Ungarn III, Die vereinigte Sektion der TI Ungarn, 2003, S. 41. Németh, László, Das Dreieck der Korruption, der Macht und der Polizei, in: Korruption in Ungarn, Friedrich-Ebert Stiftung, 2001, S. 346. Terták, Ádám, Korruption in der ungarischen Wirtschaft, in: Korruption in Ungarn I, Die vereinigte Sektion der TI Ungarn, 2000, S. 19. Bódi, János, Die Korruption als gesellschaftliche und strafrechtliche Erscheinung. In: Überwachungsschau, 29. Jahrgang, Heft 1, 1991, S. 27. Bócz, Endre, Die kriminalistische Korruption im ungarischen Strafrecht, in: Gombár, Csaba / Hankiss, Elemér / Lengyel, László / Volosin, Hédi, Schriften über die Korruption, S. 10.

634 Rubicsek, Sándor, Gedanken über die Korruption. In: Schau für innere Angelegenheiten, 50. Jahrgang, Heft 10, 1998, S. 68. Horváth, Tibor / Kereszty, Béla / Maráz, Vilmosné / Nagy, Ferenc / Vida, Mihály, in: Das ungarische Strafgesetzbuch / BT, S. 380.

des Vorteils ebenso wie ihre Annahme zumeist im Verborgenen erfolgen, spricht man an dieser Stelle häufig von der sog. „Schattenkriminalität" oder „verborgenen Kriminalität" (~ rejtett bünözés).[635]

Zusammenfassend lässt sich ausführen, dass gerade die Vielfältigkeit ihrer Erscheinungsformen und ihre Interdisziplinität die Korruption zu einem gesellschaftlichen Phänomen machen, das schwer zu erfassen und noch schwerer allgemeingültig zu definieren ist. Wesentliches Merkmal der Korruption ist dabei die Verletzung öffentlicher oder staatlicher Interessen durch private oder die Durchsetzung eigener Interessen auf Kosten der moralischen und rechtlichen Wertvorstellungen einer Gesellschaft.[636]

II. Die Erscheinungsformen der Korruption

Die Korruption tritt in Ungarn, wie in anderen Ländern auch, in den unterschiedlichsten Formen auf.[637] Man unterscheidet hauptsächlich zwischen den Formen der Korruption im Amt oder amtlicher Korruption (~ hivatali korrupció) und der Korruption in der Wirtschaft oder wirtschaftlicher Korruption (~ gazdasági korrupció).[638] Obgleich beide Arten der Korruption gefährlich sind und dem Staat und der Wirtschaft gleichermaßen großen Schaden zufügen können, eignet sich dennoch die amtliche Korruption in besonderem Maße dazu, das Vertrauen der Allgemein-

---

635   Korinek, László, in: Verborgene Kriminalität, S. 11 ff. Clemens, Michael, in: Amtsmissbrauch und Korruption, Politikwissenschaft, Bd. 69, S. 9.

636   Krug, Sabine, in: Korruption in verschiedenen Wirtschaftssystemen, Eine komparatorische Analyse, S. 2. Noack, Paul, Die politische Dimension der Korruption, in: Korruption in Deutschland, Ursachen, Erscheinungsformen, Bekämpfungsstrategien, Friedrich-Ebert Stiftung, 1995, S. 25.

637   Krözsel, Károly, Kampf gegen die Korruption. In: Schau für innere Angelegenheiten, 51. Jahrgang, Heft 9, 2003, S. 62.

638   Bezsenyi, Mihály, Die Lage der Korruption und ihre Charakterisierung in Ungarn. In: Überwachungsbeobachter, Nr. 1, 2002, S. 4. Kránitz, Mariann, Über die Korruption – nur ein bisschen anders... In: Wirklichkeit, XLI. Jahrgang, Nr. 5, Mai 1998, S. 4 f. Németh, László, Das Dreieck der Korruption, der Macht und der Polizei, in: Korruption in Ungarn, Friedrich-Ebert Stiftung, 2001, S. 348 f. Cserta, Zoltán, Verwaltung und Korruption, in: Korruption in Ungarn I, Die vereinigte Sektion der TI Ungarn, 2000, S. 81 ff. Tóth, Gábor, Handel und Korruption in Ungarn, in: Korruption in Ungarn I, Die vereinigte Sektion der TI Ungarn, 2000, S. 57 ff. Mihály, Péter, Die unterschiedlichen Erscheinungsformen der Korruption in der ungarischen Privatisierung, in: Korruption in Ungarn I, Die vereinigte Sektion der TI Ungarn, 2000, S. 27 ff.

heit in das behördliche Verfahren und somit in den Staat zu erschüttern.[639] Korruption in diesem Bereich kann, entsprechend der Vielschichtigkeit öffentlicher Aufgabenverteilung, unterschiedliche Dimensionen annehmen, je nach dem, ob sie bei den Behörden, die für die öffentlichen Einnahmen des Staates zuständig sind, wie insbesondere den Zoll- und Finanzämtern und den Steuerbehörden allgemeinhin oder bei den anderen Behörden auftritt.[640] Die Korruption im Amt, welche nur schwer einer Gefahrenanalyse zugänglich ist, soll nur soweit Gegenstand der vorliegenden Arbeit sein, inwieweit steuerbehördliche Arbeitsabläufe davon betroffen sind.

Den durchgeführten Untersuchungen zu Folge ist die Anzahl der Korruptionsfälle mit ca. fünf aufgedeckten Fällen pro Jahr verhältnismäßig gering und die potentielle Beteiligung der Steuerbehörden liegt eindeutig unter der von den Polizeibehörden oder von dem besonders gefährdeten bau- und gewerberechtlichen Sektor.[641] Angesichts der annähernd 13000 bis 14000 Mitarbeiter bei der APEH sind vier bis fünf Korruptionsfälle eine geringe Anzahl; nichtsdestotrotz reicht bereits ein Prozent Korruption bei den Steuerbehörden aus, um das Vertrauen der Bevölkerung in die Arbeit der Finanzbehörden, welchen die wichtige Aufgabe zukommt, die Einnahmen des Staates sicherzustellen, zu erschüttern.[642] Die geringe Anzahl der Korruptionsfälle bei den Steuerbehörden ist vor allem darauf zurückzuführen, dass die Steuerbehörde APEH schon sehr frühzeitig Abteilungen eingerichtet hat, die nur für die Überwachung der einzelnen Unterbehörden und für die Bekämpfung der

---

639 Németh, László, Das Dreieck der Korruption, der Macht und der Polizei, in: Korruption in Ungarn, Friedrich-Ebert Stiftung, 2001, S. 348. Bezsenyi, Mihály, Die Lage der Korruption und ihre Charakterisierung in Ungarn. In: Überwachungsbeobachter, Nr. 1, 2002, S. 4.

640 Szikinger, István, Polizei und Korruption, in: Korruption in Ungarn I, Die vereinigte Sektion der TI Ungarn, 2000, S. 125 ff. Sóvári, Mónika, Korruption im Gesundheitswesen, in: Korruption in Ungarn I, Die vereinigte Sektion der TI Ungarn, 2000, S. 97 ff. Dessewffy, Anna, Die Zusammenhänge zwischen dem Zentraleinkauf und der Korruption, in: Korruption in Ungarn I, Die vereinigte Sektion der TI Ungarn, 2000, S. 69 ff. Jármy, Tibor, Korruption in der öffentlichen Ordnung. In: Schau für innere Angelegenheiten, 51. Jahrgang, Heft 9, 2003, S. 137 ff.

641 Németh, László, Das Dreieck der Korruption, der Macht und der Polizei, in: Korruption in Ungarn, Friedrich-Ebert Stiftung, 2001, S. 348 f. Bezsenyi, Mihály, Die Lage der Korruption und ihre Charakterisierung in Ungarn. In: Überwachungsbeobachter, Nr. 1, 2002, S. 4 f.

642 Varga, Árpád, Welche Rolle hat die APEH im Kampf gegen die Korruption, in: Korruption in Ungarn III, Die vereinigte Sektion der TI Ungarn, 2003, S. 31 f.

Korruption zuständig sind;[643] des Weiteren stehen die Polizisten in einem öffentlich-rechtlichen Angestelltenverhältnis, während die Mitarbeiter der Steuerbehörden regelmäßig verbeamtet sind und somit über weitaus sicherere und besser bezahlte Arbeitsplätze verfügen und deshalb in geringerem Maße auf eine Vorteilsannahme angewiesen sind.[644]

Im Zusammenhang mit dem steuerbehördlichen Verfahren lassen sich grundsätzlich zwei Arten der Korruption unterscheiden: Zum einen die sog. bürokratische Korruption (~ bürokratikus korrupció), bei der die Mitarbeiter der Steuerbehörden aus persönlichen Gründen beim Steuerbetrug mitwirken.[645] Entscheidend beeinflusst werden die Mitarbeiter der Steuerbehörden hierbei vor allem durch die Höhe der Bestechungsgelder im Verhältnis zu der Höhe der eventuell zu erwartenden Strafe, einschließlich des Verdienstausfalls.[646] Des Weiteren tragen die zwar im nationalen Vergleich relativ hohen, aber im Vergleich zum europäischen Durchschnitt noch immer relativ niedrigen Gehälter der steuerbehördlichen Mitarbeiter zur Entwicklung der bürokratischen Korruption bei, da auf diese Weise die Vorteile infolge der Korruption die moralischen und materiellen Nachteile der Tat deutlich überwiegen. In diesem Zusammenhang wurden in früherer Zeit Fälle von Korruption aufgedeckt, in denen Steuerbeamte, insbesondere bei hohen Steuerhinterziehungssummen, den betroffenen Firmen bei der Verschleierung der Hinterziehungssumme behilflich waren. Dies geschah in der Regel dadurch, dass die Überprüfung der Bücher etc. zeitlich so lange hinausgezögert wurde, bis die Vermögens- und Steuerwerte erfolgreich verschleiert werden konnten. Im Gegenzug kassierten die Steuerrevisoren einen beträchtlichen Teil der ursprünglich aufgedeckten Steuerhinterziehungssumme. Für die betreffenden Firmen beinhaltete diese Methode den Vorteil, dass sie im Endeffekt mit einer wesentlich niedrigeren Geldbuße als sie eigentlich zu erwarten hatten, belegt wurden.[647] Der Gesetzgeber hat allerdings auf diese Missstände mit Neuregelungen dahingehend reagiert, dass nunmehr Untersuchungen nur von zwei Revisoren gemeinsam geleitet werden können, so dass sich diese Möglichkeit zur Begehung eines Korruptionsdeliktes in Zukunft

---

643 Auf die genannten Abteilungen wird noch i.R.d. Korruptionsbekämpfung ausführlich eingegangen.

644 Semjén, András / Szántó, Zoltán / Tóth, I. János, in: Steuerbetrug und Steuerverwaltung, S. 119 f.

645 Szilovics, Csaba, in: Betrug und Rechtsverfolgung im Steuerrecht, S. 181.

646 Szilovics, Csaba, in: Betrug und Rechtsverfolgung im Steuerrecht, S. 181 f.

647 Semjén, András / Szántó, Zoltán / Tóth, I. János, in: Steuerbetrug und Steuerverwaltung, S. 120.

wohl erledigt haben wird. So bestimmt z.B. der § 93 ungarische AO, dass die Steuerüberwachung von zwei Steuerbeamten gemeinsam durchzuführen ist.[648]

Die andere Erscheinungsform der Korruption im steuerlichen Bereich ist die sog. politische Korruption (~ politikai korrupció), bei der ein Kreis von Steuerpflichtigen mit politischer Hilfe ihre Steuerzahlungspflicht umgehen können und dadurch ihre Unternehmensgewinne steuern und entsprechende unternehmerische Vorteile realisieren können.[649] Diese Erscheinungsform der Korruption wird folglich nicht unmittelbar durch die Steuerbehörden, wohl aber mit ihrer Kenntnis begangen und erschwert ihre Arbeit in entscheidendem Maße, indem sie ihr ihre Legitimationsgrundlage entzieht. Wenn nämlich die Politiker auf die Entscheidungen der Steuerbehörden Einfluss nehmen können, schwindet das Vertrauen der Bevölkerung in den gesamten staatlichen Machtapparat und mit ihr die Bereitschaft steuergesetzliche Vorschriften als bindend anzuerkennen. Die politische Erscheinungsform der Korruption äußert sich in der Regel dadurch, dass Politiker aus persönlichen Vorteilen heraus, lobbyistische Interessen wahrnehmen und gesetzliche Vorgaben bewusst ungenau formulieren. Mit dieser Korruptionsmöglichkeit geht in der Regel auch die Beeinflussung der rechtsprechenden Gewalt einher, so dass diese Korruptionsform unter anderem entscheidend zur Ausbreitung des Steuerbetrugs beiträgt, da sie ihr „rechtliche Türen" zu öffnen vermag.[650]

Die wirtschaftliche Korruption hingegen ist so vielseitig und facettenreich, dass es nahezu unmöglich ist, sie in all ihren Erscheinungsformen darzustellen und ein solcher Versuch außerdem der Zielsetzung der Arbeit, einen Überblick über die Korruptionsproblematik in Ungarn zu geben, widersprechen würde. Die entscheidende Feststellung, die man in diesem Bereich machen kann ist, dass sowohl die amtliche, als auch die wirtschaftliche Korruption in gleichem Maße gefährlich sind und einen schnellen Vermögenszuwachs zum Ziel haben und dies mit Hilfe eines hohen Organisationsgrades, einer schnellen Anpassungsbereitschaft an die wirtschaftlichen bzw. politischen Verhältnisse und deren Ausnutzung, zu erreichen versuchen.[651] Besonders verbreitet in der Wirtschaft ist die passive Korruption, als

---

648 Kátai, András / Vámosi-Nagy, Szabolcs / Szakács, László / Török, Júlia, in: Die Steuer, Finanz- und steuerrechtliche Fachzeitschrift, Steuergesetze 2004 / Kodex, 12. Jahrgang, Heft 7-8, 2003, S. 253.

649 Szilovics, Csaba, in: Betrug und Rechtsverfolgung im Steuerrecht, S. 182. Lengyel, László, Aufsatz über die politische Korruption, in: Gombár, Csaba / Hankiss, Elemér / Lengyel, László / Volosin, Hédi, Schriften über die Korruption, S. 105 ff.

650 Szilovics, Csaba, in: Betrug und Rechtsverfolgung im Steuerrecht, S. 182.

651 Bezsenyi, Mihály, Die Lage der Korruption und ihre Charakterisierung in Ungarn. In: Überwachungsbeobachter, Nr. 1, 2002, S. 4.

die ungerechtfertigte Vorteilsannahme.⁶⁵² Dies erklärt sich dadurch, dass gerade die immer dichtere Vernetzung globaler Märkte und die freie Marktwirtschaft zu einem erhöhtem Wettbewerb geführt hat und gewinnbringende Aufträge im Vorfeld durch entsprechende Zuwendungen „erkauft" werden müssen. Wirtschaftswachstum, insbesondere in den osteuropäischen Ländern, die neu gewonnene unternehmerische Betätigungsfreiheit und Maximalprofite zwingen oft kleinere bis mittelständische Firmen das Auftragsvolumen durch Zuwendungen an ihre Großkunden zu erhöhen.

III. Der Versuch einer Ursachenanalyse der Korruption

Eine gut funktionierende Steuerverwaltung vermag es, die Steuereinnahmen des Staates ohne nennenswerte Steueranhebungen und trotz Fehler beim Zustandekommen der gesetzlichen Grundlagen, zu steigern. Um dies zu erreichen, ist eine effiziente Bekämpfung der Korruption innerhalb der Behörden von entscheidender Bedeutung. Will man die Korruption wirksam bekämpfen, muss man zunächst ihre Ursachen, die so vielfältig wie ihre Erscheinungsformen sind, analysieren. Die grundlegende Entwicklung von der Plan- zur Marktwirtschaft hatte auf die Dauer ein reines Wirtschaftlichkeitsdenken und das Konkurrenzprinzip als ideologischstrukturelles Fundament der Marktwirtschaft zur Folge.⁶⁵³ Um einen Maximalprofit aus den veränderten wirtschaftlichen und politischen Umständen ziehen zu können, ist aber Kapitalbildung erforderlich. Die Schwierigkeiten bei der Kapitalbeschaffung, zumal als Startkapital, sind bekanntlich sehr groß und können oft nur auf kriminellen Weg in Form von Bestechung und Bestechlichkeit überwunden wer-

---

652 Bezsenyi, Mihály, Die Lage der Korruption und ihre Charakterisierung in Ungarn. In: Überwachungsbeobachter, Nr. 1, 2002, S. 4.

653 Vásárhelyi, Mária, Das Verstecken, die Rechtfertigung und Schuldabweisung und das Aufeinanderzeigen, Die oberen Leiter öffentlicher Institute über die Korruption, in: Gombár, Csaba / Hankiss, Elemér / Lengyel, László / Volosin, Hédi, Schriften über die Korruption, S. 136 ff. Kovács, Árpád / Lévai, János, Die Zurückdrängungsmöglichkeiten der Korruption im Scheinwerferlicht auf Grundlage der Erfahrungen der ÁSZ. In: Ungarische Verwaltung, XLIX. Jahrgang, Nr. 9, September 1999, S. 483 f. Bezsenyi, Mihály, Die Lage der Korruption und ihre Charakterisierung in Ungarn. In: Überwachungsbeobachter, Nr. 1, 2002, S. 5 f. Galasi, Péter / Kertesi, Gábor, Über die Antwort auf die Anmerkungen des Válasz Csekö Imre. In: Wirtschaftsschau, 39. Jahrgang, Heft 4, 1992, S. 344 ff. Antal, László, Korruption und Schwarzwirtschaft. In: Bewegende Welt, 21. Jahrgang, Nr. 1, 1995, Rz. 26. Mihály, Péter, Die unterschiedlichen Erscheinungsformen der Korruption in der ungarischen Privatisierung, in: Korruption in Ungarn I, Die vereinigte Sektion der TI Ungarn, 2000, S. 27 ff.

den. Bei der Durchsetzung des eigenen Vorteils, sei es in Form des Erwerbs von Konsumgütern und Statuswerten beim Einzelnen, sei es in Form der Sicherung von Wettbewerbsvorteilen bei der Wirtschaft, wurde die Verletzung strafrechtlicher und steuerrechtlicher Vorschriften zum probaten Mittel, zumal Führungspersönlichkeiten aus Politik und Wirtschaft Pflichterfüllung vom Einzelnen fordern und selber in Korruptionsskandale verwickelt sind.[654] Diese Entwicklung kann auch durch folgende Zahlen belegt werden: Während 1990 die aufgedeckten Fälle von Korruption noch 335 an der Zahl betrugen (davon 152 amtliche Bestechungsfälle, 172 wirtschaftliche Bestechungsfälle und 11 Fälle von Spekulation mit Einflussnahme), stieg die Zahl der aufgedeckten Korruptionsfälle im Jahre 1994 sprunghaft auf 892 Fälle (davon 480 amtliche Bestechungsfälle, 143 wirtschaftliche Bestechungsfälle, 173 Fälle der Spekulation mit Einflussnahme) und im Jahre 1998 bereits auf 903 aufgedeckte Fälle (392 amtliche Bestechungsfälle, 272 wirtschaftliche Bestechungsfälle, 239 Fälle der Spekulation mit Einflussnahme) an.[655]

Eine bedeutende Ursache für die Korruption bei den Steuerbehörden ist die im Verhältnis zum EU-Durchschnitt vergleichsweise geringe Entlohnung der Beamten und steuerbehördlichen Mitarbeiter. Während die Bruttolöhne in der Privatwirtschaft in den letzten Jahren um 9,3 Prozent stiegen, legten die Gehälter im öffentlichen Dienst nur um 0,8 Prozent zu.[656] Das vergleichsweise niedrige Lohnniveau führte u.a. dazu, dass das Unrechtsbewusstsein der Amtsträger oft nur sehr gering ausgeprägt ist und Möglichkeiten für einen „Nebenverdienst" gerne in Anspruch

---

654 Kovács, Árpád / Lévai, János, Die Zurückdrängungsmöglichkeiten der Korruption im Scheinwerferlicht auf Grundlage der Erfahrungen der ÁSZ. In: Ungarische Verwaltung, XLIX. Jahrgang, Nr. 9, September 1999, S. 482 ff. Bezsenyi, Mihály, Die Lage der Korruption und ihre Charakterisierung in Ungarn. In: Überwachungsbeobachter, Nr. 1, 2002, S. 4 ff. Scheupensteiner, Wolfgang J., Korruption in Deutschland, in: Korruption in Deutschland, Ursachen, Erscheinungsformen, Bekämpfungsstrategien, Friedrich-Ebert Stiftung, 1995, S. 97.

655 Kovács, Árpád / Lévai, János, Die Zurückdrängungsmöglichkeiten der Korruption im Scheinwerferlicht auf Grundlage der Erfahrungen der ÁSZ. In: Ungarische Verwaltung, XLIX. Jahrgang, Nr. 9, September 1999, S. 483.

656 Szilovics, Csaba, in: Betrug und Rechtsverfolgung im Steuerrecht, S. 187 f. Djanani, Christiana / Brähler, Gernot / Ulbrich, Philipp, in: Investitionen und Steuern in Ungarn, S. 3. Bundesagentur für Außenwirtschaft, Ungarn – Lohn und Lohnnebenkosten, Entwicklung und Struktur der Löhne und Gehälter, 19.08.2005, S. 1 f., zu entnehmen unter www.bfai.com., Crosswater, Ungarn: Billiglöhne locken weiter, 19.01.2005, S. 1 f., zu entnehmen unter www.crosswater-systems.com., Außenwirtschaftsportal NRW, Gehälter und Löhne in Ungarn steigen voraussichtlich um 6,3 Prozent, 04.01.2005, S. 1, zu entnehmen unter www.nrw-export.de/export/2601.asp.

genommen werden,[657] wobei vielen Beamten und Angestellten das Bewusstsein fehlt, z.b. durch die Annahme von Geldzuwendungen oder Sachgeschenken überhaupt eine Amtspflichtsverletzung begangen zu haben. Untersuchungen zu Folge sieht jeder Dritte der bei den Steuer- und Finanzbehörden Beschäftigten nicht nur Nachteile, sondern auch Vorteile der Korruption für die Wirtschaft.[658] So lange in Ungarn keine, dem EU-Durchschnitt angepassten Löhne entrichtet werden, wird der finanzielle Anreiz der Korruption als willkommener Nebenverdienst allgegenwärtig sein. Der monatliche Mindestlohn beträgt derzeit 50.000,- HUF (~ 208,33 EUR).

Schließlich trägt auch die geltende ungarische Steuerrechtsordnung mit ihren vielfältigen Möglichkeiten der Steuerminderung und der Steuerbefreiung sowohl in der ungarischen Abgabenordnung (vor allem nach den §§ 133 ff. ungarische AO) als auch in den ungarischen Einzelsteuergesetzen entscheidend zur Zunahme der Korruptionsfälle bei.[659] Die Grundidee der sog. Steuergleichheit und -gerechtigkeit wird durch die zunehmende Anzahl von Steuervergünstigungen und -befreiungen, die der Staat oft nur einer bestimmten privilegierten Bevölkerungsschicht zur Verfügung stellt, untergraben. Beispiele hierfür sind vor allem in jüngster Zeit gewährte Umsatzsteuervergünstigungen für Großunternehmen wie z.B. einer Medienfirma oder aber die steuerbehördliche Praxis der kategorischen Pauschalbesteuerung, unabhängig von den Vermögensverhältnissen des Besteuerten.[660] Diese behördliche Vorgehensweise erweckt bei dem einzelnen Steuerpflichtigen den Eindruck, dass die Auferlegung von Steuern und öffentlichen Abgaben mehr oder weniger ungerecht und willkürlich erfolgt und die Höhe der Steuerlast davon abhängt, ob man in irgendeiner Weise (eventuell auch mit den Mitteln der Korruption) staatliche Steuerprivilegien in der genannten Art erreichen kann oder nicht.[661] Mit dem Verlust des Glaubens an die Steuergerechtigkeit schwindet aber auch die Steuermoral und die Rechtstreue der Bevölkerung, so dass der Korruption die Tür geöffnet wird.

---

657 Bíró, A. Zoltán, Unser täglicher Feind – die Ordnung, in: Gombár, Csaba / Hankiss, Elemér / Lengyel, László / Volosin, Hédi, Schriften über die Korruption, S. 209.

658 Vásárhelyi, Mária, Das Verstecken, die Rechtfertigung und Schuldabweisung und das Aufeinanderzeigen, Die oberen Leiter öffentlicher Institute über die Korruption, in: Gombár, Csaba / Hankiss, Elemér / Lengyel, László / Volosin, Hédi, Schriften über die Korruption, S. 208. Vgl. hierzu auch Anhang, Anlage I. Nr. 10 – 11.

659 Szilovics, Csaba, in: Betrug und Rechtsverfolgung im Steuerrecht, S. 188.

660 Szilovics, Csaba, in: Betrug und Rechtsverfolgung im Steuerrecht, S. 188.

661 Szilovics, Csaba, in: Betrug und Rechtsverfolgung im Steuerrecht, S. 188.

IV. Die Auswirkungen der Korruption, insbesondere auf das steuerbehördliche Verfahren

Korruption als flächendeckende Erscheinung kommt mittlerweile in nahezu allen Gesellschaften vor und ist zu einem „System" geworden, dessen schädliche Wirkungen sich auf vielfältige Weise offenbaren. Korruption als fester Bestandteil der Wirtschaftskriminalität schadet sowohl der Gesellschaft als auch dem Staat, indem sie das Vertrauen des Einzelnen in das geltende Recht und in die gesamte Rechtsordnung sowie in die Funktionalität der rechtsstaatlichen Institutionen erschüttert;[662] gleichzeitig stehen die beruflichen Verpflichtungen der Bestochenen in Politik und Wirtschaft zur Disposition, was wiederum zur fortschreitenden Verschlechterung des Arbeitsstils in Wirtschaft und öffentlicher Verwaltung führt. Ein Beispiel hierfür ist die Vergabe von Aufträgen im Rahmen von Ausschreibungen im öffentlichen Bausektor. In diesem Bereich kann es vorkommen, dass die Firma, welche den Auftrag erhalten will, Mitkonkurrenten bereits im Vorfeld besticht, ein weniger attraktives Angebot abzugeben oder versucht, auf den entscheidungsbefugten Amtsträger Einfluss zu nehmen.[663] Schädliche Auswirkungen dieser Korruptionsbeziehungen zeigen sich aber nicht nur auf nationaler Ebene, da die korrumpierenden Unternehmen oft die Regeln des europäischen Wettbewerbs zu kippen versuchen, um sich mit Hilfe von Zuwendungen, z.B. rechtswidrige Subventionen, Marktvorteile usw. zu sichern.[664] Zu bedenken ist auch, dass dieses wettbewerbsschädigende Verhalten nicht nur Interessen der europäischen Gemeinschaft schädigt, sondern zugleich dem Herkunftsland des einzelnen Unternehmens ein schlechtes „Image" auferlegt, worunter die wirtschaftlichen und politischen Beziehungen dieses Landes zum Ausland leiden.[665] Das Übel der Korruption vermag es also, jeden Teil der Ge-

---

662 Belegi, József, Die Angriffe gegen die Reinheit des öffentlichen Lebens im Lichte der Erfahrungen der Rechtsprechung, in: Korruption in Ungarn, Friedrich-Ebert Stiftung, 2001, S. 384. Rubicsek, Sándor, Gedanken über die Korruption. In: Schau für innere Angelegenheiten, 50. Jahrgang, Heft 10, 1998, S. 69 ff.

663 Németh, László, Das Dreieck der Korruption, der Macht und der Polizei, in: Korruption in Ungarn, Friedrich-Ebert Stiftung, 2001, S. 348 f. Bezsenyi, Mihály, Die Lage der Korruption und ihre Charakterisierung in Ungarn. In: Überwachungsbeobachter, Nr. 1, 2002, S. 4 f.

664 Farkas, Ákos, Der strafrechtliche Schutz von finanziellen Interessen der europäischen Gemeinschaft und die Korruption, in: Gombár, Csaba / Hankiss, Elemér / Lengyel, László / Volosin, Hédi, Schriften über die Korruption, S. 313 ff.

665 Rubicsek, Sándor, Gedanken über die Korruption. In: Schau für innere Angelegenheiten, 50. Jahrgang, Heft 10, 1998, S. 70. Belegi, József, Die Angriffe gegen die Reinheit des

sellschaft oder der Wirtschaft zu infizieren und Manipulationen auf nationaler und internationaler Ebene hervorzurufen.

Von besonderem Interesse für diese Arbeit ist indessen die Beeinflussung des Verwaltungsapparates und die Durchdringung der Steuerverwaltungsbehörden durch Korruptionsmechanismen, wobei diese Erscheinungsform der Korruption wohl eine sehr große Bedrohung auf nationaler Ebene darstellt. Zum einen ist aus Sicht des Steuerrechts unabdingbar, dass die Anwendung und der Vollzug von steuerrechtlichen Normen ohne korrupten Einfluss erfolgt.[666] Nur in diesem Fall kann nämlich Steuergerechtigkeit und folglich die Identifizierung der Steuerbürger und der steuerpflichtigen Unternehmen mit den Vorgaben der Steuerbehörden erreicht werden, die ein Absinken der Steuermoral und dadurch bedingt die Zunahme von Steuerstraftaten jeglicher Art verhindern kann. Es besteht folglich ein enger Zusammenhang zwischen Steuerbetrug sowie den Wirtschaftsstraftaten allgemeinhin und den Erscheinungsformen der Korruption.[667] Dies lässt sich damit erklären, dass die Korruption vielfach erst den Weg für die Begehung anderer Strafdelikte, in der Regel Wirtschaftsdelikte, bereitet. Entscheidend ist jedenfalls, dass die Korruption selbst das ausgeklügelste Steuerrechtssystem in seiner Funktion dauerhaft lähmen kann, indem es die Steuerzahler für ihre Zwecke instrumentalisiert. In der Praxis lassen sich die negativen Folgen der Korruption vor allem im Bereich der Steuervergünstigungen, namentlich bei den Steuerbefreiungen, und bei der Verhängung von verwaltungsstrafrechtlichen Sanktionen, z.B. Verzugszinsen und Geldbußen beobachten.[668] Viel schwerer zu erfassen und aus fiskalischer Sicht von größerer Bedeutung ist die Korruption im Zusammenhang von unberechtigter Umsatzsteuerrückforderung. Im Prinzip geht es bei der unberechtigten Umsatzsteuerrückforderung darum, dass ein bösgläubiger Steuerzahler sich auf einen (teilweise) fiktiven Sachverhalt stützt, der, wenn er vorliegen würde, zu einer Rückforderung der bereits bezahlten Umsatzsteuer berechtigen würde.[669] Die Aufdeckung und Überprüfung des Sachverhalts, der bei seinem Vorliegen zur Geltendmachung

---

öffentlichen Lebens im Lichte der Erfahrungen der Rechtsprechung, in: Korruption in Ungarn, Friedrich-Ebert Stiftung, 2001, S. 384.

666 Szilovics, Csaba, in: Betrug und Rechtsverfolgung im Steuerrecht, S. 181. Varga, Árpád, Welche Rolle hat die APEH im Kampf gegen die Korruption, in: Korruption in Ungarn III, Die vereinigte Sektion der TI Ungarn, 2003, S. 30 ff.

667 Jankovics, Kornélia, in: Wirtschaftsstraftaten und Korruption, S. 7 f.

668 Szilovics, Csaba, in: Betrug und Rechtsverfolgung im Steuerrecht, S. 184. Varga, Árpád, Welche Rolle hat die APEH im Kampf gegen die Korruption, in: Korruption in Ungarn III, Die vereinigte Sektion der TI Ungarn, 2003, S. 30 f. Semjén, András / Szántó, Zoltán / Tóth, I. János, in: Steuerbetrug und Steuerverwaltung, S. 120.

669 Szilovics, Csaba, in: Betrug und Rechtsverfolgung im Steuerrecht, S. 185.

einer entsprechenden Forderung berechtigen würde, auf seine inhaltliche Richtigkeit, erfordert in der Regel ein langwieriges Verfahren; des Weiteren fehlt es den zuständigen Sachbearbeitern angesichts der schwierigen und komplexen Rechtslage oft an der erforderlichen Sachkunde und an den Informationen, die für eine erschöpfende Sachverhaltsaufklärung benötigt werden. Erschwert wird die steuerbehördliche Überprüfung noch zusätzlich durch die steigende Anzahl der Umsatzsteuerrückforderungsanträge: Während die Höhe der Umsatzsteuerrückforderungen, welche durch die ungarischen Steuerbehörden im Jahre 1996 geleistet wurden 53 Mio. HUF (~ 220.833,- EUR) betrug, stieg sie im Jahre 1997 bereits auf 618 Mio. HUF (~ 2.575.000,- EUR) an. Diese Entwicklung ist auch in den folgenden Jahren nicht unterbrochen worden und erforderte in zunehmendem Maße ein formalisiertes Überwachungsverfahren. Auf Weisung des Finanzministeriums wurden schätzungsweise in den letzten Jahren nur 15 Prozent der Umsatzsteuerrückforderungen nachhaltig überprüft und dies auch nur nachträglich. Angesichts dieser erschwerenden Umstände erscheint es nur folgerichtig, dass gerade in diesem Bereich die negativen Folgen der Korruption am ehesten zu verzeichnen sind, da die prüfungsintensive Sach- und Rechtslage fundierten staatlichen bzw. behördlichen Überwachungsmöglichkeiten von vornherein im Wege steht.

Schließlich muss zum anderen im Rahmen der Auswirkungen der Korruption auf das Steuerverfahren auch die steuerliche Berücksichtigung von Schmiergeldzahlungen in Ungarn untersucht werden. Grundsätzlich können Schmiergeldzahlungen als Betriebsausgaben oder betriebsbedingte Aufwendungen, z.B. bei der Berechnung der persönlichen Einkommensteuer in Abzug gebracht werden, sofern das Gesetz die Abzugsfähigkeit nicht ausdrücklich untersagt. Für eine steuerliche Abzugsfähigkeit von Korruptionsausgaben könnte sprechen, dass diese die Voraussetzungen der Legaldefinition von betriebsbedingten Ausgaben gem. § 4 Abs. 3 Szja. tv. (~ személyi jövedelemadó törvény oder ungarisches EStG) erfüllen: Es handelt sich um Ausgaben, die mit der einkommenserzielenden Tätigkeit in unmittelbarem Zusammenhang stehen und ausschließlich der Einkommenserzielung und Unternehmensfortführung dienen, tatsächlich zur Auszahlung kommen und, wenn auch verschleiert, als betriebsbedingte Ausgaben bzw. Mehrkosten gebucht werden.[670] Als Schmiergelder können deshalb im Steuerrecht betrieblich veranlasste Zuwendungen in Geld oder Geldeswert angesehen werden, mit denen der Steuerpflichtige konkrete Gegenleistungen, Bevorzugungen oder Vorteile erreichen will. Eine Aufwendung verliert dabei den Charakter der Betriebsausgabe auch nicht

---

670 Kátai, András / Vámosi-Nagy, Szabolcs / Szakács, László / Török, Júlia, in: Die Steuer, Finanz- und steuerrechtliche Fachzeitschrift, Steuergesetze 2004 / Kodex, 12. Jahrgang, Heft 7-8, 2003, S. 13.

dadurch, dass sie vergeblich aufgewendet wurde, da nur zu fordern ist, dass die Ausgabe durch die betriebliche Tätigkeit ausgelöst wurde.

Fraglich könnte aber an dieser Stelle sein, ob der betriebliche Charakter von Bestechungsgeldern und ihre Qualifikation als Betriebsausgaben deshalb abzulehnen ist, weil die Gelder im Zusammenhang mit einer Straftat, nämlich einem Bestechungsdelikt zugewendet werden und deshalb immer mit einer persönlichen Schuldzuweisung an den Täter in Verbindung stehen, so dass eine betriebliche Veranlassung abzulehnen wäre. Allerdings können strafbare Handlungen nicht per se als Privathandlungen angesehen werden und damit dem privaten Bereich zugeordnet werden. Es ließe sich auch argumentieren, dass ein strafbares Verhalten erst dann der privaten Sphäre zugeordnet werden kann, wenn es um die Verletzung von Rechtsgütern geht, die dem persönlichen Lebensraum zuzuordnen sind, wie z.B. bei den Körperverletzungsdelikten. Geschütztes Rechtsgut der im 15. Kapitel, unter dem 7. Titel des ungarischen Strafgesetzbuchs,[671] in den §§ 250 ff., 256, 258 B ff. Btk. geregelten „Korruptionsdelikte" ist die gerechte, frei von Beeinflussung von außen erfolgende Behandlung und Entscheidung von Sachangelegenheiten durch alle drei staatlichen Gewalten und der Glaube des Einzelnen an ein ordnungsgemäßes Funktionieren aller staatlichen und sonstigen Einrichtungen.[672] Problematisch bei den Bestechungsdelikten ist dabei, dass sie nicht eindeutig einem beruflichen oder privaten Bereich zugeordnet werden können, da es entscheidend darauf ankommt, ob der Vorteil von einer Privatperson oder einem Berufsträger zugewandt worden ist. Ein entscheidendes Argument gegen die Zuordnung der Schmiergeldzahlungen zur privaten Lebenssphäre enthält aber das Gesetz selbst:

---

671 Eine Übersetzung der §§ 250 ff. Btk. findet sich im Anhang, in der Anlage II Nr. 35 – 48.

672 Horváth, Tibor / Kereszty, Béla / Maráz, Vilmosné / Nagy, Ferenc / Vida, Mihály, in: Das ungarische Strafgesetzbuch / BT, S. 380. Erdösy, Emil / Földvári, József / Tóth, Mihály, in: Ungarisches Strafgesetz / BT, S. 293. Bódi, János, Die Korruption als gesellschaftliche und strafrechtliche Erscheinung. In: Überwachungsschau, 29. Jahrgang, Heft 1, 1991, S. 27. Grecsó, Imre / Léhner, György, Amtliche Grenzüberwachung – sich ausdehnende Korruption? In: Schau für innere Angelegenheiten, 50. Jahrgang, Heft 10, 1998, S. 111 ff. Belegi, József, Die Angriffe gegen die Reinheit des öffentlichen Lebens im Lichte der Erfahrungen der Rechtsprechung, in: Korruption in Ungarn, Friedrich-Ebert Stiftung, 2001, S. 384 f. Kacziba, Antal, Die Wirtschaft, die Schwarzwirtschaft, die organisierte Wirtschaftskriminalität und die Korruption, in: Domokos, Andrea, Die Polizei und die öffentliche Meinung, die Wirtschaft, die Schwarzwirtschaft, die organisierte Wirtschaftskriminalität und die Korruption, Kodifikation-Beweisführung, der Zeugenschutz, Eine Herausgabe der ungarischkriminologischen Gesellschaft, Kriminologische Schriften Nr. 54, S. 57 f. Balogh, Ágnes, in: Strafrecht II / BT, S. 277. Báldy, Péter / Csizner, Ildikó / Schuller, Krisztina / Czimbalmos, Csaba / Kerek, Imréne, in: Die Erklärung zum Strafgesetzbuch, Bd. 2, S. 867. Belovics, Ervin / Molnár, Gábor / Sinku, Pál, in: Strafrecht / BT, 4. überarbeitete Aufl., S. 304.

Das Abzugsverbot nach § 8 Abs. 2 Satz 2 Szja. tv. wäre hinfällig, wenn der Gesetzgeber von vornherein davon ausgegangen wäre, dass Schmiergeldzahlungen nicht zu Betriebsausgaben führen. Außerdem sind vom Wortlaut des § 8 Abs. 2 Satz 2 Szja. tv. alle Straftatbestände der §§ 250 ff. Btk. erfasst, mithin auch Bestechungen, welche von einer Privatperson verwirklicht werden, so dass eine entsprechende Einschränkung abzulehnen ist.

Trotz der Qualifikation als Betriebsausgabe hat sich der Gesetzgeber somit gegen eine steuerliche Abzugsfähigkeit von Bestechungsgeldern ausgesprochen und im § 8 Abs. 2 S. 2 Szja. tv. geregelt, dass Ausgaben im Zusammenhang mit einem Sachverhalt, der nach dem Strafgesetzbuch als Bestechungsdelikt qualifiziert wird, nicht als betriebsbedingte Aufwendungen i.S.d. Gesetzes zu beurteilen sind und im § 7 Abs. 1 lit. f Szja. tv. Einkommen aus Strafdelikten dann aus der Besteuerung ausgenommen werden, wenn die Vermögenswerte aus einer rechtskräftig strafgerichtlich abgeurteilten Straftat herrühren und über diese der Verfall angeordnet worden ist.[673] Dadurch sollen Korruptionsanreize verhindert werden, die dadurch entstehen, dass Bestechungsgelder als betriebsbedingte Ausgaben von der Steuer absetzbar sind. Dahinter steht wohl der Gedanke, dass die Rechtsordnung eine Einheit bildet, im Sinne einer Forderung nach einem widerspruchsfreien System von Rechtssätzen, und deshalb mit Mitteln des Steuerrechts versucht werden muss, dass staatliche Sanktionen den Täter in voller Höhe treffen, da sie nur dann ihren Zweck, einen Verstoß gegen die Rechtsordnung zu ahnden und unlauteres Gewinnstreben zu bekämpfen, erfüllen können.

Eine Frage, die sich im Zusammenhang mit der Definition der betriebsbedingten Aufwendung ergibt, ist, ob auch immaterielle und nicht nur materielle Aufwendungen als Betriebsausgaben zu qualifizieren sind und im Zusammenhang mit einem Bestechungsdelikt entsprechend vom Betriebsausgabenabzug auszunehmen sind. Für eine Einordnung der immateriellen Aufwendungen als betriebsbedingte Ausgaben spricht aber, dass nicht zu erklären wäre, warum Aufwendungen im Zusammenhang mit materiellen Vorteilen vom Betriebsausgabenabzug ausgenommen sind, während sie im Zusammenhang mit der Zuwendung immaterieller Vorteile weiterhin zum Betriebsausgabenabzug zugelassen werden. Des Weiteren ist zu beachten, dass der § 8 Abs. 2 Satz 2 Szja. tv. ähnlich einem Blanketttatbestand durch das Strafrecht ausgefüllt wird. Unter einem Vorteil i.S.d. §§ 250 ff. Btk. versteht man aber jede Art von Vergünstigung, welche der Befriedigung eines persön-

---

673 Kátai, András / Vámosi-Nagy, Szabolcs / Szakács, László / Török, Júlia, in: Die Steuer, Finanz- und steuerrechtliche Fachzeitschrift, Steuergesetze 2004 / Kodex, 12. Jahrgang, Heft 7-8, 2003, S. 15. Herich, György / Horváth, Sándor / Luklíder, Gabriella, in: Steuerlehre I, S. 84. Ádám, György, Über das im Wege einer Straftat erlangte Vermögen. In: Ungarisches Recht, 37. Jahrgang, Heft 1, 1990, S. 556 f.

lichen Bedarfs oder der Durchsetzung eines Interesses dient und dem Empfänger von Rechts wegen nicht zusteht; es kann sich dabei um einen Vermögenswert oder einen sonstigen, persönlichen Vorteil handeln.[674] Unter einem vermögenswerten Vorteil versteht man z.b. die Zuwendung einer bestimmten Geldsumme oder einen anderen geldwerten Vorteil, wie den Erlass einer Geldschuld, während unter den Begriff des persönlichen Vorteils alles fällt, was für die Befriedigung von Bedürfnissen und Interessen einer Person von Bedeutung ist; dabei kann es sich z.b. um eine Verdienstmöglichkeit handeln.[675] Die Anlehnung an die Vorgaben des Strafrechts spricht folglich dafür, auch immaterielle Vorteile als betriebsbedingte Aufwendung zu qualifizieren, die, wenn sie im Zusammenhang mit einem Bestechungsdelikt zugewendet werden, gem. § 8 Abs. 2 Satz 2 Szja. tv. vom Betriebsausgabenabzug ausgenommen werden.

Die §§ 4 Abs. 3, 8 Abs. 2 Satz 2 Szja. tv. finden unmittelbar auf natürliche Personen als Steuersubjekte der Einkommensteuer Anwendung. Fraglich ist, wie entsprechende Schmiergeldzahlungen bei juristischen Personen und Personengesellschaften Berücksichtigung finden. Gemäß § 2 ungarisches KStG unterliegen alle Unternehmen und Formen von Wirtschaftsgesellschaften (AG, GmbH, OHG, KG) sowie Zweigniederlassungen und Betriebsstätten von ausländischen Unternehmen der ungarischen Körperschaftsteuer.[676] Bemessungsgrundlage der Körperschaftsteuer ist gem. § 6 Abs. 1 und Abs. 2 ungarisches KStG das anhand der Vorschriften des Rechnungslegungsgesetzes ermittelte Ergebnis der Gewinn- und Verlustrechnung bzw. der Einnahmen-Überschuss-Rechnung vor Steuern, wobei aber die Bestimmungen des ungarischen Einkommensteuergesetzes bei der Ermittlung der Bemessungsgrundlage keine Anwendung finden und die handelsrechtliche Bemessungsgrundlage durch Kürzungen gem. § 7 ungarisches KStG oder durch Hinzu-

---

674 Báldy, Péter / Csizner, Ildikó / Schuller, Krisztina / Czimbalmos, Csaba / Kerek, Imréne, in: Die Erklärung zum Strafgesetzbuch, Bd. 2, S. 867. Kommentar zum ungarischen Strafgesetzbuch, Kommentar zum § 250 Btk., S. 483 im Ausdruck (CD-Rom). Blaskó, Béla / Miklós, Irén / Pallagi, Anikó / Schubauer, Lászlo / Zentai, Agnés, in: Strafrecht BT I, S. 210. Balogh, Ágnes, in: Strafrecht II / BT, S. 277.

675 Báldy, Péter / Csizner, Ildikó / Schuller, Krisztina / Czimbalmos, Csaba / Kerek, Imréne, in: Die Erklärung zum Strafgesetzbuch, Bd. 2, S. 867. Bócz, Endre, Korruptionsstraftaten im ungarischen Strafrecht, in: Korruption in Ungarn I, Die vereinigte Sektion der TI Ungarn, 2000, S. 114 f.

676 Djanani, Christiana / Brähler, Gernot / Ulbrich, Philipp, in: Investitionen und Steuern in Ungarn, S. 62. Knaus, Michael / Wakounig, Marian-Raimund, in: Steuer- und Gesellschaftsrecht der EU-Beitrittskandidaten, S. 475.

rechnungen gem. § 8 ungarisches KStG zu korrigieren ist.[677] Demnach können gem. § 8 Abs. 1 lit. d ungarisches KStG Aufwendungen und Ausgaben der Gesellschaft, die mit der unternehmerischen Tätigkeit in keinem Zusammenhang stehen und in der 3. Anlage zum ungarischen Körperschaftsteuergesetz erläutert werden, die Bemessungsgrundlage, den Gewinn der Gesellschaft vor Steuern erhöhen. Nach der 3. Anlage (Nr. A 8.) handelt es sich um solche Aufwendungen, welche im Zusammenhang mit einem Bestechungsdelikt nach dem ungarischen Strafgesetzbuch von der Gesellschaft zugewendet werden.[678] Da das Einkommensteuergesetz auf Personengesellschaften und juristische Personen keine Anwendung findet, kann auch das Verbot des Betriebsausgabenabzugs von Schmiergeldzahlungen keine Geltung für diese beanspruchen. Allerdings enthält das ungarische Körperschaftsteuergesetz mit dem § 8 Abs. 1 lit. d i.V.m. dem 3. Anhang (Nr. A 8.) eine Regelung, dass solche Aufwendungen, entsprechend verdeckter Gewinnausschüttungen nach deutschem Recht, zum körperschaftsteuerrechtlichen Gewinn hinzuzurechnen sind. Nach § 8 Abs. 1 i.V.m. dem 3. Anhang (Nr. A 8.) sind nämlich vor allem diejenigen Ausgaben und Aufwendungen zum körperschaftsteuerrechtlichen Gewinn hinzuzurechnen, welche nicht durch den Unternehmensablauf sich ergeben und welche mit den Anforderungen einer ordentlichen und gewissenhaften Wirtschaftsführung nicht übereinstimmen. Gerade dies ist aber anzunehmen, wenn, wie bei den verdeckten Gewinnausschüttungen, Zuwendungen von der Gesellschaft an einen Gesellschafter oder Dritten gemacht werden, welche die Gesellschaft unter gleichen Umständen bei ordnungsgemäßer Geschäftsführung nicht gewährt hätte.

Der § 8 Abs. 2 Satz 2 Szja. tv. erfordert einen Tatbestand, der nach dem Strafgesetzbuch als Bestechung, Bestechlichkeit oder Spekulation mit Einflussnahme sowohl im nationalen als auch im internationalen Bereich zu qualifizieren ist.[679]
Die sog. Bestechungsdelikte und die Spekulation mit wirtschaftlicher oder amtlicher Einflussnahme sind im 15. Kapitel und im 7. Titel des Besonderen Teils des Strafgesetzbuchs, unter der Überschrift „Straftaten gegen die Reinheit des öffentlichen Lebens" (~ a közélet tisztasága elleni büncselekmények) in den §§ 250 ff.,

---

677 Djanani, Christiana / Brähler, Gernot / Ulbrich, Philipp, in: Investitionen und Steuern in Ungarn, S. 63 f.

678 Kátai, András / Vámosi-Nagy, Szabolcs / Szakács, László / Török, Júlia, in: Die Steuer, Finanz- und steuerrechtliche Fachzeitschrift, Steuergesetze 2004 / Kodex, 12. Jahrgang, Heft 7-8, 2003, S. 151 u. 172.

679 Kátai, András / Vámosi-Nagy, Szabolcs / Szakács, László / Török, Júlia, in: Die Steuer, Finanz- und steuerrechtliche Fachzeitschrift, Steuergesetze 2004 / Kodex, 12. Jahrgang, Heft 7-8, 2003, S. 15.

256 geregelt.[680] Darüber hinaus wird in den §§ 258 B ff. Btk. auch die Bestechung oder Vorteilsannahme bzw. die Spekulation mit Einflussnahme im internationalen Behördenverkehr unter Strafe gestellt, weil man erkannt hat, dass mit der zunehmenden Globalisierung der Märkte sich auch die Dimension der Korruption geändert hat und sich nicht nur auf die Leistungskraft und Stabilität eines einzigen Staates bezieht.[681] Im Gegensatz zu den §§ 250 ff. Btk. regeln die §§ 258 B ff. Btk. die passive, wirtschaftliche Bestechung und die Spekulation mit Einflussnahme im internationalen Wirtschaftsverkehr nicht. Bei dieser „Nachlässigkeit" handelt es sich keinesfalls um ein redaktionelles Versehen des Gesetzgebers, sondern die Strafbarkeit der internationalen Wirtschaftsorganisation wird den jeweiligen nationalen Strafrechtsvorschriften überlassen.[682] Der ungarische Gesetzgeber war insbesondere bestrebt, die Erfordernisse eines OECD-Abkommens zur Bekämpfung der Korruption im internationalen Behördenverkehr aus dem Jahre 2000 ins nationale Recht umzusetzen, da diese Art der Korruption schwerwiegende moralische und politische Folgen nach sich ziehen und die öffentlichen internationalen Beziehungen besonders gefährden kann.[683] Gleichwohl werden die Steuerpflichtigen, die im Zusammenhang mit einer Spekulation mit Einflussnahme im internationalen Wirtschaftsverkehr ein Bestechungsdelikt verwirklichen, privilegiert, weil sie vom Verweis des § 8 Abs. 2 Satz 2 Szja. tv. auf die im Strafgesetzbuch normierten Bestechungsdelikte ausgenommen sind.

---

680   Horváth, Tibor / Kereszty, Béla / Maráz, Vilmosné / Nagy, Ferenc / Vida, Mihály, in: Das ungarische Strafgesetzbuch / BT, S. 381. Báldy, Péter / Csizner, Ildikó / Schuller, Krisztina / Czimbalmos, Csaba / Kerek, Imréne, in: Die Erklärung zum Strafgesetzbuch, Bd. 2, S. 866 ff. Belovics, Ervin / Molnár, Gábor / Sinku, Pál, in: Strafrecht / BT, 4. überarbeitete Aufl., S. 304. Erdösy, Emil / Földvári, József / Tóth, Mihály, in: Ungarisches Strafgesetz / BT, S. 293. Blaskó, Béla / Miklós, Irén / Pallagi, Anikó / Schubauer, Laszlo / Zentai, Agnés, in: Strafrecht BT I, S. 207 ff. Görgényi, Ilona, Die Bestechung im ungarischen Strafrecht und der EU-Anschluss, in: Ádám, Antal / Boholy, Zoltán / Bragyova, András / Csák, Csilla / Dezsö, Márta / Erdös, Éva / Gáspárdy, László / Görgényi, Ilona / Hallók, Tamás / Kalas, Tibor / Kovács, Péter / Kukorelli, István / Lévay, Miklós, in: Festschrift zu Ehren des 60. Geburtstags von Prof. Holló András, S. 195 ff. Zödi, Zsolt / Csizner, Ildikó / Lovász, Adrienn / Kerek, Imréné / Vigh, Ágnes, in: Das ungarische Strafgesetzbuch, Gesetzestext, S. 87.

681   Báldy, Péter / Csizner, Ildikó / Schuller, Krisztina / Czimbalmos, Csaba / Kerek, Imréne, in: Die Erklärung zum Strafgesetzbuch, Bd. 2, S. 886 ff.

682   Horváth, Tibor / Kereszty, Béla / Maráz, Vilmosné / Nagy, Ferenc / Vida, Mihály, in: Das ungarische Strafgesetzbuch / BT, S. 413.

683   Báldy, Péter / Csizner, Ildikó / Schuller, Krisztina / Czimbalmos, Csaba / Kerek, Imréne, in: Die Erklärung zum Strafgesetzbuch, Bd. 2, S. 886.

Ob ein in den §§ 250 ff. Btk. umschriebener Sachverhalt gegeben ist, prüft die Steuerbehörde in eigener Verantwortlichkeit, so dass insoweit steuerverfahrensrechtliche Grundsätze auf strafrechtliche Sachverhalte angewendet werden. Die Feststellung einer Straftat durch die Steuerbehörde im Rahmen des Besteuerungsverfahrens stellt aber einen Art „Fremdkörper" im Steuerverfahren dar. Wird die Steuerbehörde nämlich in einem solchen Fall tätig, um das Vorliegen einer strafbaren Handlung zu überprüfen, so nimmt sie eben keinesfalls rein steuerliche Aufgaben wahr, sondern es handelt sich vielmehr um eine Maßnahme der Strafverfolgung. Dies stellt aber ein Problem dar, da Strafverfolgungsaufgaben nur durch die, im § 36 Be. aufgezählten Behörden wahrgenommen werden können. Die Vorschriften werfen, indem sie der Steuerbehörde die Feststellung des Vorliegens von strafrechtlichen Sachverhalten auferlegen, Fragen zur behördlichen Kompetenzverteilung auf, die bislang im Interesse der Korruptionsbekämpfung, zu Lasten der eindeutigen gesetzlichen Kompetenzregelung gelöst werden. Den praktischen Problemen, die diese Vorgehensweise mit sich bringt, muss unter Umständen durch eine entsprechende Ausbildung der zuständigen Beamten begegnet werden. Des Weiteren ist darauf hinzuweisen, dass das Abzugsverbot keine zusätzliche Strafe i.S.d. Strafrechts darstellt, sondern als eigenständige steuerrechtliche Entscheidung des Gesetzgebers mit einem nicht-strafrechtlichen Inhalt anzusehen ist.

Nach § 8 Abs. 3 Satz 2 ungarisches EStG kann nicht als Ausgabe angesehen werden, was zur Begehung einer Bestechungsstraftat, einer Spekulation mit Einflussnahme nach dem Strafgesetzbuch sowohl im nationalen als auch im internationalen Bereich aufgewendet wurde oder im Zusammenhang mit so einer Straftat sich ergibt. Fraglich ist zunächst, welcher Verdachtsgrad im Rahmen des § 8 Abs. 3 Satz 2 ungarisches EStG vorliegen muss, da nach dem Wortlaut eine tatsächliche Verurteilung durch das Gericht nicht erforderlich ist. Dies ergibt sich bereits daraus, dass der Gesetzgeber an anderer Stelle ausdrücklich geregelt hat, wenn er eine rechtskräftige gerichtliche Entscheidung für die Tatbestandsverwirklichung vorausgesetzt hat. So können Einnahmen bei der Berechnung der Einkünfte gem. § 7 Abs. 1 lit. f ungarisches EStG nicht berücksichtigt werden, wenn sie aus einer rechtskräftig verurteilen Straftat herrühren und der Entziehung unterlegen sind. Bei der Festsetzung des erforderlichen Verdachtsgrades müssen rechtsstaatliche Grundsätze gewahrt werden. In Betracht kommen zwei Maßstäbe, nämlich ein steuerrechtlicher oder ein strafrechtlicher Maßstab. Legt man einen steuerrechtlichen Maßstab an, dann müssten die Feststellungen mit an Sicherheit grenzender Wahrscheinlichkeit zur vollen Überzeugung des Finanzbeamten feststehen. Wendet man hingegen den strafrechtlichen Maßstab an, dann müsste zumindest ein hinreichender Tatverdacht zu bejahen sein. Allerdings ist eine Entscheidung hinfällig, wenn man sich vergegenwärtigt, dass der steuerrechtliche Maßstab regelmäßig auch strafrechtlichen Anforderungen genügen wird. Steht die Tatbestandserfüllung zur vollen Überzeugung des Finanzbeamten mit an Sicherheit grenzender Wahrscheinlichkeit fest, dann ist insoweit auch von einem Tatverdacht im strafrechtlichen Sinne auszugehen. Bestehen hingegen Zweifel aus strafrechtlichen Gesichtspunkten, dann ist in der Regel auch der steuerrechtliche Maßstab nicht erfüllt.

Wenn man die Anforderungen an eine Tatbestandsverwirklichung i.S.d. § 8 Abs. 3 Satz 2 ungarisches EStG untersucht, dann ergibt sich die weitere Frage, ob das Abzugsverbot erfordert, dass ausschließlich ein Bestechungsdelikt nach dem ungarischen Strafgesetzbuch verwirklicht worden ist. Es wird nämlich nicht wenige Korruptionsfälle geben, in denen neben einem Bestechungsdelikt auch ein Betrug, eine Urkundenfälschung etc. verwirklicht worden ist. Im Interesse einer effektiven Korruptionsbekämpfung muss für die Anwendbarkeit des § 8 Abs. 3 Satz 2 ungarisches EStG aber für ausreichend erachtet werden, dass eine Aufwendung auch im Zusammenhang mit einem Bestechungsdelikt nach dem ungarischen Strafgesetzbuch erfolgt.

Da man im Rahmen des § 8 Abs. 3 Satz 2 ungarisches EStG von einer „gelockerten Tatbestandsausrichtung an das Strafrecht" sprechen kann, wie die Tatsache, dass eine rechtskräftige, strafgerichtliche Verurteilung nicht erforderlich ist, beweist, müssen an die Tatbestandsverwirklichung auch keine strafrechtlichen Anforderungen gestellt werden, so dass Strafverfahrenshindernisse wie z.B. die Verjährung wohl auch ohne Einfluss auf das steuerrechtliche Abzugsverbot sind. Allerdings ist ein vorsätzliches Handeln erforderlich, da die meisten Bestechungsdelikte, mit Ausnahme des § 253 Abs. 4 Btk., ein vorsätzliches Handeln des Täters voraussetzen und folglich ein Bestechungsdelikt nach dem ungarischen Strafgesetzbuch, wie § 8 Abs. 3 Satz 2 ungarisches EStG es erfordert, bei fahrlässiger Verwirklichung gar nicht vorliegen würde.

Für die Tatbestandsverwirklichung i.S.d. § 8 Abs. 3 Satz 2 ungarisches EStG ist somit nur erforderlich, dass eine Korruptionstat nach dem ungarischen Strafgesetzbuch begangen worden ist, die dem Steuerschuldner zugerechnet werden kann, und dass in diesem Zusammenhang Betriebsausgaben angesetzt worden sind. Unmittelbare Rechtsfolge des § 8 Abs. 3 Satz 2 ungarisches EStG ist, dass die betreffenden Ausgaben zwingend gewinnmindernd nicht zum Abzug gebracht werden können. Von dem Abzugsverbot sind nicht nur die Schmiergeldzahlungen, sondern auch Zahlungen, die hiermit im Zusammenhang stehen, betroffen.

Eng mit dieser Problematik ist die Frage verknüpft, ob die Steuer- und Finanzbehörden, wenn sie schon strafrechtliche Ermittlungen betreiben dürfen, eine Pflicht zur Mitteilung an die Strafverfolgungsbehörden trifft, soweit sich ihnen im Rahmen ihrer Ermittlungen der Verdacht eines Bestechungsdeliktes stellt. Könnte man dies nämlich bejahen, dann würde dies zur Entschärfung des o.g. Problems beitragen, da durch den Austausch von Informationen zwischen den Behörden problematische Fälle effizienter behandelt werden könnten. Die konkrete Frage, welche sich daraus ergibt, ist diejenige, ob das Steuergeheimnis hinter der Bekämpfung der internationalen Korruption zurücktritt. Das Steuergeheimnis wird durch die Regelungen der §§ 53, 54 ungarische AO geschützt; gem. § 53 Abs. 3 ungarische AO liegt eine Verletzung des Steuergeheimnisses vor, wenn Daten- und Informationsmaterial, das den Steuerbehörden im Laufe des Steuerverfahrens bekannt geworden ist, ohne berechtigten Grund an eine unzuständige Stelle weitergegeben wird. Im Folgenden ist deshalb zu untersuchen, ob die Tatsachen, die auf eine allgemeine Straftat, wie z.B. einem Bestechungsdelikt, hindeuten, unberechtigterweise an die Strafverfolgungsbehörden weitergeleitet werden und ob es sich bei den Strafverfolgungsbehörden um unzuständige Stellen in diesem Sinn handelt. Die Lösung ergibt sich unmittelbar aus dem Gesetz: Nach § 54 Abs. 5 lit. b ungarische AO unterrichtet die Steuerbehörde auf Ersuchen und mit Billigung der Staatsanwaltschaft die Strafverfolgungsbehörden über alle Tatsachen, die ihr im Laufe des Steuerverfahrens bekannt geworden sind, soweit diese Tatsachen für den Beginn bzw. den Ablauf des Strafverfahrens von Bedeutung sind. Des Weiteren ist die Steuerbehörde nach § 54 Abs. 6 ungarische AO in „unaufschiebbaren, dringenden Fällen" sogar verpflichtet, Mitteilungen, auch ohne vorherige Bestätigung durch den zuständigen Staatsanwalt, an die Strafverfolgungsbehörde auf deren Ersuchen hin zu machen; es gibt insoweit keinen absoluten Schutz des Steuergeheimnisses.[684] Nach höchstrichterlicher Rechtsprechung ist in diesem Fall die Strafverfolgungsbehörde keine unzuständige Stelle und die Weiterleitung der Daten erfolgt aus einem wichtigen Grund, nämlich der Effektivität sowie Vereinfachung und Beschleunigung des Strafverfahrens und des verbesserten Informationsaustausches zwischen den Behörden.[685] Der ungarische Fiskus ist im Besteuerungsverfahren, aufgrund des im ungarischen Steuerrecht geltenden Grundsatzes der Selbstbesteuerung, weitgehend auf die Angaben des Steuerpflichtigen angewiesen, um eine gleichmäßige Besteuerung zu gewährleisten. Der Steuerpflichtige muss demnach alle steuerlich erheblichen Tatsachen, auch wenn sie unter Umständen strafbare Handlungen aufdecken, gegenüber den Finanzbehörden offenbaren. Das ist quasi der Preis dafür, dass ihm nach der ungarischen Abgabenordnung im Besteuerungsverfahren weitgehend Selbständigkeit zugebilligt wird. Aber auch auf internationaler Ebene können entsprechende Mitteilungspflichten, wie sie nach § 10 Abs. 4 lit. b ungarische AO zwischen den Steuerbehörden der Mitgliedstaaten vorgesehen sind, gerechtfertigt sein. Dies kann z.B. dann der Fall sein, wenn der Verdacht be-

---

684 Kátai, András / Vámosi-Nagy, Szabolcs / Szakács, László / Török, Júlia, in: Die Steuer, Finanz- und steuerrechtliche Fachzeitschrift, Steuergesetze 2004 / Kodex, 12. Jahrgang, Heft 7-8, 2003, S. 248. Tóth, Mihály, in: Wirtschaftskriminalität und Wirtschaftsstraftaten, S. 401.

685 BH 2001, S. 364 ff.

steht, dass Schmiergeldzahlungen über eine ungarische Domizil- oder Basisgesellschaft abgewickelt werden, welche nur dem Zweck dient, den Empfänger z.B. vor dem Zugriff des deutschen Fiskus abzuschirmen und somit ohne eigene wirtschaftliche Betätigung Durchlauffunktionen erfüllt. Eine denkbare Fallgestaltung wäre die, dass Schmiergeldzahlungen direkt an eine Basisgesellschaft gezahlt werden, an denen der Zuwendende beteiligt ist. Diese leitet dann die Schmiergeldzahlungen an den Empfänger, welcher regelmäßig ebenfalls im Land des Zuwendenden ansässig ist, weiter.

Für die Praxis wirft diese Vorgehensweise der Steuerbehörden, die ihre gesetzliche Regelung im § 54 Abs. 5 lit. b und Abs. 6 ungarische AO gefunden hat, ebenso wie bereits im Rahmen der Tatbestandsverwirklichung die Frage auf, welcher Verdachtsgrad für das Auslösen der Mitteilungspflicht erforderlich ist bzw. welche Anzeichen im Rahmen der Steuerprüfung nötig sind, um die Mitteilungspflicht in Gang zu setzen. Das Gesetz selbst bietet für die Beantwortung dieser Frage wenig Anhaltspunkte; erforderlich ist nach § 54 Abs. 5 lit. b ungarische AO nur, dass die Daten für das Einleiten bzw. für den Ablauf eines Strafverfahrens dienlich sind. Auch die Rechtsprechung und die Literatur lassen diese Fragestellung (noch) unbeantwortet. Aus diesem Grund ist der Wortlaut des § 54 Abs. 5 lit. b ungarische AO näher auszulegen. Es sollen nur solche Tatsachen für die Mitteilungspflicht ausschlaggebend sein, die für die Einleitung eines Strafverfahrens erforderlich sind (... ha a tájékoztatás a büntetöeljárás megindítása ... érdekében szükséges); es liegt folglich nahe, im Rahmen des § 54 Abs. 5 lit. b ungarische AO auf den strafprozessualen Verdachtsgrad zurückzugreifen, der für die Einleitung des Strafverfahrens bestehen soll. Ein Strafverfahren kann indessen gem. § 6 Abs. 2 Be. nur dann eingeleitet werden, wenn ein begründeter Verdacht (~ megalapozott gyanú) gegen jemanden besteht; ein begründeter Verdacht liegt aber vor allem dann vor, wenn zureichende tatsächliche Anhaltspunkte bestehen, dass eine Straftat oder Ordnungswidrigkeit vorliegt. Die Anhaltspunkte müssen nicht vollständig nachgewiesen sein, die Wahrscheinlichkeit für das Vorliegen einer Straftat muss aber größer sein, als die Wahrscheinlichkeit für ihr Nichtvorliegen.[686] Dies entspricht im Wesentlichen dem Anfangsverdacht i.S.d. § 152 StPO. Steht die Tatbestandserfüllung zur vollen Überzeugung der Finanzbehörde mit an Sicherheit grenzender Wahrscheinlichkeit fest, ist jedenfalls auch im Bereich der Mitteilungspflicht ein ausreichender Verdachtsgrad sowohl nach strafrechtlichem als auch nach steuerrechtlichem Maßstab anzunehmen; umgekehrt ist bei bloßen Zweifeln an der Tat-

---

686 Király, Tibor, in: Strafverfahrensrecht, S. 319 ff., Rdnr. 478 ff. Zödi, Zsolt / Csizner, Ildikó / Schuller, Krisztina / Czimbalmos, Csaba / Kerek, Imréné, in: Die Erklärung des Strafverfahrensgesetzes, 1. Bd., S. 28 f.

bestandserfüllung nach strafrechtlichem und auch steuerrechtlichem Maßstab ein hinreichender Verdachtsgrad nicht erfüllt. Bei einer Mitteilung von den Strafbehörden an die Finanzbehörden ist ein Anfangsverdacht ebenfalls als ausreichend anzusehen, da durch eine Mitteilung im Stadium des Anfangsverdachts die Finanzbehörde in die Lage versetzt wird, eigene, steuerrechtliche Ermittlungen durchzuführen; gleichzeitig wird aber die Weitergabe unbegründeter Verdachtsmomente auf diese Weise verhindert. Aspekte des Steuergeheimnisses sind hier nicht ausschlaggebend, weil es sich bei den Daten, welche von den Strafbehörden an die Finanzbehörden weitergegeben werden, nicht um Informationsmaterial handelt, welches im Rahmen des Steuerverfahrens bekannt geworden ist.

Möglicherweise ergibt sich aber aus dem strafrechtlichen Grundsatz des nemotenetur eine Einschränkung der Mitteilungsmöglichkeit. Nimmt man den Grundsatz, dass niemand gezwungen werden darf, sich selbst zu belasten, ernst, dann ist zumindest zu fordern, dass der Steuerpflichtige über die Mitteilungsmöglichkeit und über seine fehlende Mitwirkungspflicht aufgeklärt wird. Unterlassen die Finanzbehörden z.B. eine solche Aufklärung, dann dürfen die Angaben des Steuerpflichtigen im strafrechtlichen Verfahren nicht verwertet werden, wohl aber im Besteuerungsverfahren. Nichts desto trotz lassen sich negative Folgen der Mitteilung auch bei entsprechender Aufklärung des Steuerpflichtigen durch die Finanzbehörden nicht gänzlich ausschließen. So ist die „Denunzierungsmöglichkeit" durch die Finanzbehörden für die Zusammenarbeit zwischen diesen und dem Steuerpflichtigen nicht förderlich, zumal die ungarischen Behörden aufgrund der weitgehenden Möglichkeit zur Selbstbesteuerung durch den Steuerpflichtigen, in noch viel höherem Maße auf Informationen von Seiten des Steuerpflichtigen angewiesen sind, wie z.B. nach deutschem Recht. Es lässt sich auch nicht vermeiden, dass die Möglichkeit zur Mitteilung an die Strafverfolgungsbehörden von eifrigen Finanzbeamten als Druckmittel im Besteuerungsverfahren missbraucht wird. Schließlich lässt sich auch nicht verhindern, dass möglicherweise Daten und Informationen von Steuerpflichtigen, die sich letztlich doch nicht strafbar verhalten haben, von den Finanzbehörden weitergeleitet werden. Angesichts dieser gravierender Nachteile, die auch „unschuldige" Steuerpflichtige treffen können, lässt sich eine solche behördliche Vorgehensweise wohl nur unter bestimmten strengen Voraussetzungen rechtfertigen.

Die Mitteilungspflicht der Steuer- und Finanzbehörden stellt eine Durchbrechung des Steuergeheimnisses dar; es muss deshalb sichergestellt werden, dass das Recht des Steuerpflichtigen auf Geheimhaltung bestimmter Informationen und Daten nicht schrankenlos geopfert wird, indem das Steuerrecht nur als weitere „Waffe" im Kampf gegen die Korruption missbraucht wird. Eine erste Schranke wird dadurch gesetzt, dass die Mitteilungspflicht erst auf Grundlage eines begründeten Tatverdachts bestehen soll; so soll die Tatsache allein, dass der Steuerzahler, z.B. in einer korruptionsgefährdeten Branche wie der Baubranche tätig ist oder in einem „korruptionsverdächtigen" Staat Geschäfte getätigt hat, nicht bereits die Mitteilungspflicht der Steuer- und Finanzbehörden an die Strafverfolgungsbehörden auslösen. Die Erforderlichkeit eines Anfangsverdachts in Form von zureichenden tatsächlichen Anhaltspunkten für die Begehung der Tat, ist für die Mitteilungspflicht der Finanzbehörden an die Strafbehörden ausreichend, da es nicht Sinn und Zweck des § 8 Abs. 3 Satz 2 ungarisches EStG ist, den Strafbehörden einen vollständig ermittelten Sachverhalt zu transferieren und die Finanzbehörden zum „verlängerten Arm" der Staatsanwaltschaft zu machen. Gleichzeitig verhindert das Erfordernis des Anfangsverdachts, dass bloße Verdachtsmomente, welche sich für die Finanzbehörden in Folge der umfassenden Mitwirkungs- und Offenbarungspflichten des Steuerschuldners nach der ungarischen Abgabenordnung ergeben, die Mitteilungspflicht auslösen.

Zum anderen müsste der ungarische Gesetzgeber aber meines Erachtens eine weitere Schranke in Form von besonderen Anforderungen an die Deliktsschwere setzen: Ein zwingendes öffentliches Interesse an einer Offenbarungspflicht steht nämlich nur dann im Verhältnis zu den, vom Bürger hinzunehmenden, Einbußen an Rechtssicherheit, wenn dadurch Wirtschaftsstraftaten verfolgt werden, die nach der Begehungsweise oder wegen des Umfangs des durch sie verursachten Schadens geeignet sind, die wirtschaftliche Ordnung erheblich zu stören oder das Vertrauen der Allgemeinheit auf die Redlichkeit des geschäftlichen Verkehrs oder auf das ordnungsgemäße Funktionieren der Behörden und öffentlichen Einrichtungen erheblich zu erschüttern. Es müsste folglich eine Regelung in dem § 54 Abs. 5 lit. b ungarische AO dahingehend aufgenommen werden, dass die Steuer- und Finanzbehörden zur Offenbarung nur in bestimmten, als besonders schädlich eingestuften, Fällen von (Wirtschafts-)Kriminalität ermächtigt werden; in diesen Fällen würde nämlich das Interesse der Allgemeinheit an der Strafverfolgung und Kriminalitätsbekämpfung das Interesse des Steuerpflichtigen an der Wahrung des Steuergeheimnisses überwiegen und dadurch die Offenbarung rechtfertigen. Gleichzeitig könnte durch das Erfordernis einer bestimmten Deliktsschwere der Eingriff in das allgemeine Persönlichkeitsrecht des Steuerpflichtigen minimiert werden, welches durch das Steuergeheimnis, quasi als Gegengewicht zu den umfassenden Offenbarungs- und Mitwirkungspflichten des Steuerpflichtigen, geschützt wird.

Fraglich ist schließlich, ob eine Mitteilungspflicht der Behörden auch dann besteht, wenn die Verdachtsmomente beim Zuwendungsempfänger des Bestechungstatbestands aufgedeckt werden. Hierfür könnte zum einen sprechen, dass bei einem Verdacht der Vorteilsannahme regelmäßig auch der Verdacht einer Zuwendung von Vorteilen i.S.d. § 8 Abs. 3 Satz 2 ungarisches EStG bestehen wird. Außerdem könnten z.B. Erkenntnisse der Steuerbehörden im Rahmen der Steuerprüfung auf diese Weise umfassend zur Korruptionsbekämpfung genutzt werden. Dagegen spricht aber eindeutig der Wortlaut des § 8 Abs. 3 Satz 2 ungarisches EStG, der von einem Abzugsverbot von Aufwendungen im Rahmen von Bestechungsdelikten spricht.

Die Durchbrechung des Steuergeheimnisses soll aber grundsätzlich nicht nur für den Fall gerechtfertigt sein, dass versucht wird, solche Aufwendungen als Betriebsausgaben geltend zu machen. Nach § 54 Abs. 5 lit. b ungarische AO kann die Steuerbehörde auf Ersuchen und mit Billigung der Staatsanwaltschaft die Strafverfolgungsbehörden über alle Tatsachen, die ihr im Laufe des Steuerverfahrens bekannt geworden sind, unterrichten, soweit diese Tatsachen für den Beginn des Strafverfahrens von Bedeutung sind. Aufgrund dieser umfassenden Datentransfermöglichkeit zwischen den Finanz- und Strafverfolgungsbehörden können wohl auch Tatsachen, die den Finanzbehörden quasi zufällig im Rahmen des Steuerverfahrens bekannt werden und die den Verdacht einer Korruptionsstraftat begründen, weitergegeben werden, obwohl diese eventuell nicht im Zusammenhang mit der Geltendmachung von Betriebsausgaben stehen. Allerdings ist auch an dieser Stelle ein Anfangsverdacht im strafrechtlichen Sinne erforderlich, um den Schutz des Steuergeheimnisses nicht auszuhöhlen.

V. Möglichkeiten für eine effektive Bekämpfung der Korruption in Ungarn

Angesichts einer möglichen Verflechtung der Steuerstraftaten mit der Korruption und der daraus resultierenden Gefährdung höchster staatlicher Rechtsgüter, erscheinen Maßnahmen zu einer effektiven Bekämpfung der Korruption unerlässlich. Es muss in diesem Zusammenhang darauf hingewiesen werden, dass Korruptionsdelinquenz sich nicht mit einem einzigen Kraftakt beseitigen lassen wird; eine perfekte Methode für die Bekämpfung gibt es im Hinblick auf die vielfältigen Erscheinungsformen und Ursachen der Korruption nicht. Gefordert sind die Justiz und insbesondere die öffentliche Verwaltung, aber auch die politisch und wirtschaftlich Verantwortlichen und der Gesetzgeber gleichermaßen.[687] Eine erfolgrei-

---

687 Varga, Árpád, Die Bemühungen der ungarischen Steuerbehörde zur Verengung der Korruptionsmöglichkeiten, in: Korruption in Ungarn I, Die vereinigte Sektion der TI Ungarn, 2000, S. 177 ff. Kovács, Árpád, Einige Gedanken zu den Zurückdrängungsmöglichkeiten der Korruption, in: Korruption in Ungarn I, Die vereinigte Sektion der TI Ungarn, 2000, S. 209 ff. Cserei, Gyula, Staatsanwaltschaftliche Feststellungen zu der Ermittlungserfahrung bei den Korruptionsdelikten, in: Korruption in Ungarn I, Die vereinigte Sektion der TI Ungarn, 2000, S. 133 ff. Gatter, László, Gerichtsbarkeit und Korruption, in: Korruption in Ungarn I, Die vereinigte Sektion der TI Ungarn, 2000, S. 153 ff. Cserta, Zoltán, Verwal-

che Bekämpfung der Korruption ist insbesondere nicht durch eine Verschärfung repressiver, strafrechtlicher Methoden zu erreichen, auch der Analyse von präventiven Maßnahmen kommt ein ausschlaggebendes Gewicht zu, um mögliche Täter bereits im Vorfeld durch ein verstärktes Entdeckungsrisiko abzuschrecken.[688] Neben dieser Mehrspurigkeit der Korruptionsbekämpfung ist aber erforderlich, die zuständigen Stellen für die Probleme der Korruptionsverfolgung zu sensibilisieren; die Bekämpfung der Korruptionsdelinquenz wird nämlich durch zwei Tatsachen, die charakteristisch für die Erscheinung der Korruption sind, nicht unerheblich erschwert: Zum einen darf bei der Bekämpfung der Korruption nicht übersehen werden, dass dieser Deliktsbereich noch immer größtenteils „im Verborgenen blüht", latent vorhanden ist und somit von einem erheblichen Dunkelfeld auszugehen ist.[689] Kriminalpolitische Erkenntnisse zeigen, dass die Tatbeteiligten ein hohes

---

tung und Korruption, in: Korruption in Ungarn I, Die vereinigte Sektion der TI Ungarn, 2000, S. 81 ff. Szikinger, István, Polizei und Korruption, in: Korruption in Ungarn I, Die vereinigte Sektion der TI Ungarn, 2000, S. 125 ff. Tóth, Gábor, Handel und Korruption in Ungarn, in: Korruption in Ungarn I, Die vereinigte Sektion der TI Ungarn, 2000, S. 57 ff. Arnold, Mihály, Die Rolle der staatlichen Kommandatur für Zoll- und Finanzämter. In: Schau für innere Angelegenheiten, 51. Jahrgang, Heft 9, 2003, S. 26 ff. Sinku, Pál, Die Rolle der Vereinigung der Staatsanwälte im Kampf gegen die Korruption. In: Schau für innere Angelegenheiten, 51. Jahrgang, Heft 9, 2003, S. 58 ff. Krémer, Ferenc, Was können wir gegen die Korruption unternehmen? In: Schau für innere Angelegenheiten, 51. Jahrgang, Heft 9, 2003, S. 75 ff. Varga, Árpád, Welche Rolle hat die APEH im Kampf gegen die Korruption, in: Korruption in Ungarn III, Die vereinigte Sektion der TI Ungarn, 2003, S. 30 ff. Bencze, József, Das Zoll- und Finanzamt im Kampf gegen die Korruption, in: Korruption in Ungarn III, Die vereinigte Sektion der TI Ungarn, 2003, S 41 ff.

688 Lux, Gyula, Die Aufgaben und Möglichkeiten der Zoll- und Finanzämter zur Zurückdrängung der Schwarzwirtschaft, der organisierten Wirtschaftskriminalität und der Korruption, in: Domokos, Andrea, Die Polizei und die öffentliche Meinung, die Wirtschaft, die Schwarzwirtschaft, die organisierte Wirtschaftskriminalität und die Korruption, Kodifikation-Beweisführung, der Zeugenschutz, Eine Herausgabe der ungarisch-kriminologischen Gesellschaft, Kriminologische Schriften Nr. 54, S. 72 ff. Nyiri, Sándor, Die Wirtschaft, die Korruption und die Ethik. In: Schau für innere Angelegenheiten, 33. Jahrgang, Heft 2, 1995, S. 3 ff.

689 Kránitz, Mariann, Die Korruptionskriminalität, in: Korruption in Ungarn, Friedrich-Ebert Stiftung, 2001, S. 318 ff. Jankovics, Kornélia, in: Wirtschaftsstraftaten und Korruption, S. 7. Tóth, Mihály, Kann man noch etwas Neues über die kriminelle Korruption sagen?, in: Tóth, Mihály / Herke, Csongor, Festschrift zum 75. Geburtstag des Prof. Dr. Földvári, József, S. 160 ff. Kende, Péter, Die Chancen der persönlichen Integrität zwischen den Korruptionsbeziehungen, in: Gombár, Csaba / Hankiss, Elemér / Lengyel, László / Volosin, Hédi, Schriften über die Korruption, S. 88. Turi, András, Das Gerücht, dass die Zahl der Korruptionsstraftaten abnimmt, behandle ich immer sehr vorsichtig... In: Schau für innere Angelegenheiten, 51. Jahrgang, Heft 9, 2003, S. 165.

Maß an Konspiration an den Tag legen, was zu einem vergleichsweise geringen Aufdeckungsrisiko führt; außerdem kommt noch hinzu, dass Behörden oft dazu neigen, Verfehlungen ihrer Bediensteten nicht an die Öffentlichkeit gelangen zu lassen, um dem Ansehen der Behörde bzw. des öffentlichen Dienstes nicht zu schaden.[690] Dieses Verhalten wirkt aber regelrecht kontraproduktiv, denn mangelhafte Aufdeckung und geringe Überführungswahrscheinlichkeit sind geradezu ein Anreiz zur Begehung neuer Korruptionsdelikte, wodurch das Misstrauen in der Bevölkerung verstärkt wird. Hinweise für das Dunkelfeld liefert vor allem die polizeiliche bzw. staatsanwaltschaftliche Kriminalstatistik, die in Ungarn ab 1965 geführt wird und alle Straftaten, die in einem Jahr begangen werden, erfasst: Auffallend ist dabei, dass der prozentuale Anteil der Korruptionsdelikte nur annähernd ein Prozent der übrigen Straftaten ausmacht, von den durchschnittlich 80000 verurteilten Straftätern jährlich, hat nur jeder 350. Täter ein Strafdelikt mit Korruptionscharakter verwirklicht.[691] Während die Zahl der übrigen Straftaten merklich, vor allem in den 90er Jahren zunahm, stagnierte hingegen die Zahl der verübten Korruptionsdelikte. So betrug die Zahl der jährlich begangenen Straftaten mehr wie 120000 und erreichte sogar die Grenze von 500000. Es wurden an die 130000 Täter verurteilt. Die Zahl der Korruptionsdelikte betrug hingegen fast gleichbleibend 1000 aufgedeckte Fälle, nur einige hundert von den Tätern wurden wegen der Begehung eines Korruptionsdelikts rechtskräftig verurteilt.[692] Diese Entwicklung verwundert umso mehr, wenn man bedenkt, dass gerade in den frühen 90er Jahren eine Welle der Privatisierung in Ungarn erfolgte, die Zahl der wirtschaftlich motivierten Korruptionsdelikte aber sogar geringfügig noch abnahm.[693] Vor diesem Hintergrund ist es offensichtlich, dass in den 90er Jahren nicht die Zahl der Korruptionsdelikte tatsächlich zurückgegangen ist, wie die Zahlen auf den ersten Blick vermuten lassen, sondern das Dunkelfeld der Korruptionsdelinquenz gewachsen ist. Unter diesen Umständen sind aber bereits wenige, bekannt gewordene Fälle ein Anlass zur Beunruhigung, da sie nach Ansichten von Experten nur die „Spitze des Eisbergs" (~ „a jéghegy csúcsa") darstellen, wenn nicht gar nur die „Spitze der

---

690 Semjén, András / Szántó, Zoltán / Tóth, I. János, in: Steuerbetrug und Steuerverwaltung, S. 119 f. Jankovics, Kornélia, in: Wirtschaftsstraftaten und Korruption, S. 6.

691 Kránitz, Mariann, Prolog oder einige Gedanken zur Korruption, in: Korruption in Ungarn I, Die vereinigte Sektion der TI Ungarn, 2000, S. 11.

692 Kránitz, Mariann, Prolog oder einige Gedanken zur Korruption, in: Korruption in Ungarn I, Die vereinigte Sektion der TI Ungarn, 2000, S. 11.

693 Kránitz, Mariann, Prolog oder einige Gedanken zur Korruption, in: Korruption in Ungarn I, Die vereinigte Sektion der TI Ungarn, 2000, S. 11.

Spitze" (~ „a jéghegy csúcsának a csúcsa").[694] Das Dunkelfeld im Bereich der Korruptionsdelikte ist im Gegensatz zu anderen Kriminalitätsbereichen sehr hoch und nur sehr schwer einzuschätzen. Dies hängt zum einen mit dem konspirativen Charakter der Korruption an sich zusammen, der die justizielle Aufdeckung von verborgenen Korruptionsmechanismen systematisch erschwert.[695] Hinzu kommt noch ein typisches Phänomen bei allen Bestechungsdelikten, das zugleich das zweite Hindernis im Kampf gegen die Korruption darstellt: Es gibt nur Täter, keine Opfer. Wer das Schweigen bricht, setzt sich und andere, von denen er in irgendeiner Weise mittlerweile abhängig ist, der Strafverfolgung aus.[696] Für die Ermittlungs- und den Strafverfolgungsbehörden ergeben sich hieraus nicht zu unterschätzende Schwierigkeiten: Sie sind regelmäßig von einer „Mauer des Schweigens" umgeben, da keine der Beteiligten ein Interesse daran hat, seine Geheimhaltung aufzugeben. Selbst wenn sich für die Polizei, Staatsanwaltschaft und das Gericht begründete Verdachtsmomente ergeben, scheitern viele Verfahren an Beweisproblemen und enden mit einem Freispruch aus Mangel an Beweisen.[697] Es gibt nämlich in der Regel keine Zeugen, keinen direkt Geschädigten, außer dem Staat, und entweder Täter oder „Nichteingeweihte"; auch in den Behörden- oder Geschäftsunterlagen finden sich in den seltensten Fällen Hinweise für einen Korruptionsvorfall.[698] Angesichts dieser Umstände ist es nahezu unmöglich, einen Anfangsverdacht auszumachen, zumal die bloße Vermutung einer Straftat nach dem ungarischen Strafverfahrensgesetz (§ 6 Abs. 2 BE) nicht die Aufnahme von Ermittlungen rechtfertigt.[699] Im Bereich der Bestechungsdelikte muss also zunächst den erwähnten Schwierigkeiten Beachtung geschenkt werden, bevor mit der eigentlichen Bekämpfung der Korrup-

---

694 Kránitz, Mariann, Die Korruptionskriminalität, in: Korruption in Ungarn, Friedrich-Ebert Stiftung, 2001, S. 318.

695 Jankovics, Kornélia, in: Wirtschaftsstraftaten und Korruption, S. 5 f.

696 Jankovics, Kornélia, in: Wirtschaftsstraftaten und Korruption, S. 6. Kránitz, Mariann, Die Korruptionskriminalität, in: Korruption in Ungarn, Friedrich-Ebert Stiftung, 2001, S. 318 f. Rubicsek, Sándor, Gedanken über die Korruption. In: Schau für innere Angelegenheiten, 50. Jahrgang, Heft 10, 1998, S. 70 ff.

697 Rubicsek, Sándor, Gedanken über die Korruption. In: Schau für innere Angelegenheiten, 50. Jahrgang, Heft 10, 1998, S. 71. Kránitz, Mariann, Die Korruptionskriminalität, in: Korruption in Ungarn, Friedrich-Ebert Stiftung, 2001, S. 319.

698 Kránitz, Mariann, Die Korruptionskriminalität, in: Korruption in Ungarn, Friedrich-Ebert Stiftung, 2001, S. 319.

699 Tremmel, Flórián, Die Bewertung des differenzierten Auftretens des Tatverdächtigen im Strafverfahren, in: Tóth, Mihály, Lesebuch des Strafverfahrensrechts, S. 307 ff. Zödi, Zsolt / Csizner, Ildikó / Schuller, Krisztina / Czimbalmos, Csaba / Kerek, Imréné, in: Die Erklärung des Strafverfahrensgesetzes, 1. Bd., S. 28.

tion begonnen werden kann, wobei immer die grundlegende Frage beantwortet werden muss, ob eine bloße Vermutung oder bereits ein konkreter Anfangsverdacht Auslöser der Bekämpfungsmaßnahmen ist.

1. Zur strafrechtlichen Ahndung der Korruption, die Bestechungsdelikte

Jede Korruptionsstraftat gefährdet, wie bereits ausführlich dargestellt, im Zusammenhang mit der Erledigung öffentlicher und privater Aufgaben die „Reinheit des öffentlichen Lebens" und das unerlässliche Vertrauen des Einzelnen an gerechte, den Rechtsnormen entsprechende, Entscheidungen der zuständigen Stellen.

Die Korruptionsdelikte in Form von Bestechungsdelikten gem. den §§ 250 ff. Btk.[700] und der Spekulation mit wirtschaftlicher oder amtlicher Einflussnahme gem. § 256 Btk.[701] kommen sowohl in der Form der amtlichen Bestechung oder Spekulation mit amtlicher Einflussnahme, als auch in der Form der sog. wirtschaftlichen Bestechung oder Spekulation mit wirtschaftlicher Einflussnahme vor. Die Unterscheidung richtet sich danach, ob eine amtliche Person oder eine andere berufstätige Person das Strafdelikt begangen hat, bzw. ob das Delikt im Zusammenhang steht zu der Tätigkeit einer amtlichen Person oder einer sonstigen berufstätigen Person.[702] Nur wenn der Täter des Delikts eine amtliche Person i.S.d. § 137 Nr. 1 lit. a-k Btk. ist, bzw. das Delikt im Zusammenhang mit der Amtstätigkeit einer Person steht, kann von einem amtlichen Bestechungsdelikt oder von einer Spekulation mit amtlicher Einflussnahme gesprochen werden.[703] Es handelt sich insofern um ein sog. Sonderdelikt (~ különös büncselekmény), da der Täter nicht jede beliebige Person sein kann, sondern nur die, welche die amtliche Eigenschaft aufweist.[704] Die

---

700 Eine Übersetzung der §§ 250 Btk. findet sich im Anhang, in der Anlage II. Nr. 35 – 43.

701 Eine Übersetzung des § 256 Btk. findet sich im Anhang, in der Anlage II. Nr. 43.

702 Erdösy, Emil / Földvári, József / Tóth, Mihály, in: Ungarisches Strafgesetz / BT, S. 293. Belovics, Ervin / Molnár, Gábor / Sinku, Pál, in: Strafrecht / BT, 4. überarbeitete Aufl., S. 304.

703 Belovics, Ervin / Molnár, Gábor / Sinku, Pál, in: Strafrecht / BT, 4. überarbeitete Aufl., S. 304.

704 Kommentar zum ungarischen Strafgesetzbuch, Kommentar zum § 250 Btk., S. 483 im Ausdruck (CD-Rom). Horváth, Tibor / Kereszty, Béla / Maráz, Vilmosné / Nagy, Ferenc / Vida, Mihály, in: Das ungarische Strafgesetzbuch / BT, S. 385. Báldy, Péter / Csizner, Ildikó / Schuller, Krisztina / Czimbalmos, Csaba / Kerek, Imréne, in: Die Erklärung zum Strafgesetzbuch, Bd. 2, S. 868. Belovics, Ervin / Molnár, Gábor / Sinku, Pál, in: Strafrecht / BT, 4. überarbeitete Aufl., S. 306. Balogh, Ágnes, in: Strafrecht II / BT, S. 278. Erdösy, Emil / Földvári, József / Tóth, Mihály, in: Ungarisches Strafgesetz / BT, S. 294. Blaskó,

Amtseigenschaft des Täters wird nach der öffentlichen Funktion bestimmt; er ist amtliche Person, wenn und soweit er eine öffentliche Aufgabe wahrnimmt bzw. aufgrund einer Wahl oder besonderen Bevollmächtigung in öffentlichen Angelegenheiten tätig wird.[705]

Bei den Bestechungsdelikten lässt sich des Weiteren eine Unterscheidung nach passiver oder aktiver Bestechung vornehmen: Täter des passiven Bestechungsdelikts ist derjenige, der im Wege der Korruption die Vorteile der Tat genießt (vor allem dadurch, dass er den Vorteil verlangt oder annimmt). Täter des aktiven Bestechungsdelikts ist hingegen derjenige, der den Vorteil einem anderen zukommen lässt oder einen entsprechenden Vorteil verspricht.[706] Aus diesem Grund gibt es bei den Bestechungsdelikten, anders als bei den übrigen Straftaten, kein unmittelbares Opfer, da sich beide Parteien auf der „Seite des Unrechts" wiederfinden, sei es als Täter der aktiven oder der passiven Bestechung.[707] Die aktive und die passive Bestechungsform hängen zwar zusammen, da jede eine Seite der Bestechung repräsentiert, können aber auch jede für sich verwirklicht sein.[708]

Das ungarische Strafgesetzbuch regelt die passive, amtliche Bestechung im § 250 Btk., die passive, wirtschaftliche Bestechung im § 251 Btk. und im § 252 Btk.; Regelungen zur aktiven, amtlichen Bestechung finden sich im § 253 Btk. und im § 254 Btk. zur aktiven wirtschaftlichen Bestechung. Im § 255 Btk. regelt das ungarische Strafgesetzbuch die Sonderform der Bestechung im Rahmen eines gerichtlichen Verfahrens, der § 255 A Btk. enthält eigene Strafaufhebungsgründe für die Bestechungsdelikte, der § 255 B Btk. stellt schließlich die Nichtanzeige einer Bestechung unter Strafe. Die Spekulation mit wirtschaftlicher oder amtlicher Ein-

---

Béla / Miklós, Irén / Pallagi, Anikó / Schubauer, László / Zentai, Ágnés, in: Strafrecht BT I, S. 211. Görgényi, Ilona, Die Bestechung im ungarischen Strafrecht und der EU-Anschluss, in: Ádám, Antal / Boholy, Zoltán / Bragyova, András / Csák, Csilla / Dezsö, Márta / Erdös, Éva / Gáspárdy, László / Görgényi, Ilona / Hallók, Tamás / Kalas, Tibor / Kovács, Péter / Kukorelli, István / Lévay, Miklós, in: Festschrift zu Ehren des 60. Geburtstags von Prof. Holló András, S. 204 f.

705 Kommentar zum ungarischen Strafgesetzbuch, Kommentar zum § 250 Btk., S. 483 im Ausdruck (CD-Rom). Kommentar zum ungarischen Strafgesetzbuch, Kommentar zum § 137 Btk., S. 254 im Ausdruck (CD-Rom).

706 Horváth, Tibor / Kereszty, Béla / Maráz, Vilmosné / Nagy, Ferenc / Vida, Mihály, in: Das ungarische Strafgesetzbuch / BT, S. 381. Balogh, Ágnes, in: Strafrecht II / BT, S. 277 ff. Belovics, Ervin / Molnár, Gábor / Sinku, Pál, in: Strafrecht / BT, 4. überarbeitete Aufl., S. 304.

707 Belovics, Ervin / Molnár, Gábor / Sinku, Pál, in: Strafrecht / BT, 4. überarbeitete Aufl., S. 304.

708 Horváth, Tibor / Kereszty, Béla / Maráz, Vilmosné / Nagy, Ferenc / Vida, Mihály, in: Das ungarische Strafgesetzbuch / BT, S. 381.

flussnahme wird hingegen durch den § 256 Btk. unter Strafe gestellt.[709] Die Bestechung oder Vorteilsannahme bzw. die Spekulation mit Einflussnahme im internationalen Behördenverkehr wird gem. den §§ 258 B ff. Btk. strafrechtlich verfolgt. Da die europa- bzw. weltweite Verbreitung der Korruption rechtliche Instrumentarien für eine effektive Verbrechensbekämpfung über die Grenzen hinaus erfordert, hat der ungarische Gesetzgeber reagiert und mit den §§ 258 B bis 258 D Btk. die Bestechungstaten und mit § 258 E Btk. die Spekulation mit Einflussnahme im internationalen Behörden- und Wirtschaftsverkehr unter Strafe gestellt. Dabei unterscheiden sich die Strafvorschriften von denen der §§ 250 ff. Btk. nur dadurch, dass ausländische Amtsträger und ausländische Wirtschaftsorganisationen an den Straftaten beteiligt sind.[710] Unter ausländischen Amtspersonen sind nach der Legaldefinition des § 137 Nr. 3 Btk. all diejenigen Amtsträger zu verstehen, welche nach dem jeweiligen Recht ihres Landes Gesetzgebungs-, Rechtsprechungs-, Verwaltungs- und Strafverfolgungsaufgaben wahrnehmen, welche einer internationalen Organisation angehören oder Mitglieder eines internationalen Gerichts sind, welche auf dem Gebiet der ungarischen Republik mit Rechtsmacht ausgestattet sind.[711] Damit transformiert das ungarische Strafgesetz weitgehend den Begriff des Amtsträgers, den auch das OECD-Übereinkommen vom 17.12.1997 „über die Bekämpfung der Bestechung ausländischer Amtsträger im internationalen Geschäftsverkehr" zugrundelegt. Unter einer international tätigen Wirtschaftsorganisation ist hingegen eine solche, entsprechend der erläuternden Vorschrift des § 258 F Nr. 2 Btk., zu verstehen, die mit einer eigenen Rechtspersönlichkeit ausgestattet ist und aufgrund ihrer Organisationsform zur wirtschaftlichen Tätigkeit berufen ist.[712] Im Übrigen entspricht der Aufbau der §§ 258 B – E Btk.[713] dem der §§ 250 ff. Btk.: Der § 258 B Abs. 1 Btk. stellt die aktive, amtliche Bestechung im internationalen Bereich unter Strafe; der § 258 B Abs. 2 Btk. enthält eine Qualifikation für den Fall einer Pflichtverletzung, einer Überschreitung des Wirkungsbereichs oder sonstigen Amtsmissbrauchs durch die international tätige Amtsperson. Der § 258 B Abs. 3 Btk. bestraft

---

709 Erdösy, Emil / Földvári, József / Tóth, Mihály, in: Ungarisches Strafgesetz / BT, S. 293 ff. Báldy, Péter / Csizner, Ildikó / Schuller, Krisztina / Czimbalmos, Csaba / Kerek, Imréne, in: Die Erklärung zum Strafgesetzbuch, Bd. 2, S. 866 ff.

710 Balogh, Ágnes, in: Strafrecht II / BT, S. 291.

711 Kommentar zum ungarischen Strafgesetzbuch, Kommentar zum § 137 Btk., S. 253 u. 256 im Ausdruck (CD-Rom).

712 Kommentar zum ungarischen Strafgesetzbuch, Kommentar zum § 258 F, S. 496 im Ausdruck (CD-Rom).

713 Eine Übersetzung der §§ 258 B ff. Btk. findet sich im Anhang, in der Anlage II. Nr. 44 – 48.

den Leiter oder den mit Überwachungsaufgaben betrauten Mitarbeiter einer internationalen Wirtschaftsorganisation, wenn durch die Verletzung der Aufsichtspflicht die Straftat nach Absatz 1 bzw. Absatz 2 im Interesse der Wirtschaftsorganisation erst ermöglicht worden ist; der § 258 B Abs. 4 Btk. stellt hingegen die fahrlässige Aufsichtspflichtverletzung unter Strafe. Die Vorschrift des § 258 C Btk. entspricht der Regelung des § 254 Btk. und regelt die aktive, wirtschaftliche Bestechung im internationalen Bereich. Die Vorschrift des § 258 D Btk. entspricht dem § 250 Btk. und stellt die passive, amtliche Bestechung im internationalen Bereich unter Strafe. Die Spekulation mit Einflussnahme auf eine international tätige Amtsperson wird gem. § 258 E Btk. unter Strafe gestellt.[714] Die passive wirtschaftliche Bestechung und die Spekulation mit Einflussnahme im internationalen Wirtschaftsverkehr werden der Regelung durch den nationalen Gesetzgeber überlassen, obwohl Bestechung gerade im internationalen Wirtschaftsverkehr ein weit verbreitetes Phänomen ist, welches die internationalen Wettbewerbsbedingungen verzerrt.[715]

2. Zu den sonstigen Bekämpfungsmöglichkeiten der Korruption

Neben den Mitteln des Strafrechts gibt es noch vielfältige Möglichkeiten, die Erscheinung der Korruption mit all ihren negativen Auswirkungen zu bekämpfen. Die strafrechtlichen Ansätze zur Bekämpfung der Korruption können nicht als Allheilmittel betrachtet werden und reichen bei weitem für eine effektive Korruptionsbekämpfung nicht aus. Es besteht kein Zweifel daran, dass dem Ausbau präventiver Instrumentarien verstärkt Beachtung geschenkt werden muss. Hierzu gehört insbesondere auch die Anpassung der Einkommen der im öffentlichen Dienst Beschäftigten, aber auch der Gehälter im Allgemeinen an das durchschnittliche EU-Einkommen, da man dadurch den Anreiz zum Nebenerwerb im Wege der Korruption deutlich senken und als positiven Nebeneffekt das Abwandern von qualifizierten Arbeitskräften unterbinden könnte. Selbstverständlich lässt sich die Korruption dadurch nicht gänzlich beseitigen, da sie ein Phänomen darstellt, das auch in sog. „Hochlohnländern" anzutreffen ist. Zu beachten ist allerdings, dass die Spannbreite der Gehälter in Ungarn außerordentlich groß ist: So liegen die Jahresgesamtbezüge

---

714 Kommentar zum ungarischen Strafgesetzbuch, Kommentar zu §§ 258 B – 258 E Btk., S. 494 – 496 im Ausdruck (CD-Rom). Zödi, Zsolt / Csizner, Ildikó / Lovász, Adrienn / Kerek, Imréné / Vigh, Ágnes, in: Das ungarische Strafgesetzbuch, Gesetzestext, S. 88 f. Báldy, Péter / Csizner, Ildikó / Schuller, Krisztina / Czimbalmos, Csaba / Kerek, Imréne, in: Die Erklärung zum Strafgesetzbuch, Bd. 2, S. 886 ff.

715 Vgl. hierzu auch die Ausführungen unter Vierter Teil, IV.

eines Geschäftsführers in einem Unternehmen mit deutscher Beteiligung im Durchschnitt bei 70.000,- EUR (in Deutschland bei 240.000,- EUR), der Verdienst von Facharbeitern bei 8.100,- EUR. Die durchschnittlichen Bruttolöhne stiegen in der Privatwirtschaft um 9,3 Prozent, während sie im öffentlichen Sektor lediglich um 0,8 Prozent zulegten.[716] Diese Zahlen sind Ergebnisse der Vergütungsstudie „Unternehmen mit deutscher Beteiligung in Ungarn. Mitarbeiter & leitende Angestellte", die von der Managementberatung Kienbaum in Kooperation mit der deutsch-ungarischen Industrie- und Handelskammer im Jahre 2005 durchgeführt worden ist. Insgesamt bleiben die Löhne in Ungarn deutlich unter westeuropäischem Niveau, wobei das Entlohnungsniveau auf dem Land, bei rein ungarischen, mittelständischen Betrieben niedriger ist als in der Landeshauptstadt und bei Unternehmen mit deutscher bzw. ausländischer Beteiligung. Entscheidend ist jedenfalls, dass konkrete Maßnahmen zur Änderung der Gehaltsstruktur nur einen von vielen Komponenten im Kampf gegen die Korruption darstellen können, da Korruption als flächendeckende Erscheinung nicht ausschließlich von finanziellen Verhältnissen abhängig ist. Entscheidend ist daneben auch eine Bewusstseinsschärfung in der Gesellschaft, in der Wirtschaft und bei den Behörden hinsichtlich der Korruptionsproblematik: Für die Mitarbeiter der Behörden und der Wirtschaftsorganisationen bedeutet dies vor allem Beaufsichtigung und Fortbildung der Mitarbeiter, die mit der Vergabe von Aufträgen befasst sind. Mit verwaltungs- bzw. betriebsinternen Regelungen muss sichergestellt werden, dass Verstöße offen oder anonym angezeigt werden und straf-, arbeits- und disziplinarrechtlich geahndet werden können. In besonders gefährdeten Bereichen, wie z.B. bei den Baubehörden, sollten möglichst zentrale Abteilungen eingerichtet werden, die einerseits Korruptionsbekämpfungsmechanismen entwickeln können, andererseits für die Aufdeckung von Korruptionsfällen zuständig wären.[717] Ein gut funktionierendes Beispiel für solch ein Fachgremium innerhalb der Behörde stellen die drei Spezialeinheiten der höchsten

---

716 Szilovics, Csaba, in: Betrug und Rechtsverfolgung im Steuerrecht, S. 187. Cserta, Zoltán, Verwaltung und Korruption, in: Korruption in Ungarn I, Die vereinigte Sektion der TI Ungarn, 2000, S. 93. Sik, Endre, Überwachungskorruption, 1998. In: Schau für Soziologie, Heft 4, 1999, S. 88. Crosswater, Ungarn: Billiglöhne locken weiter, 19.01.2005, S. 1 – 2, zu entnehmen unter www.crosswater-systems.com. Bundesagentur für Außenwirtschaft, Ungarn – Lohn und Lohnnebenkosten, Entwicklung und Struktur der Löhne und Gehälter, 19.08.2005, S. 1, zu entnehmen unter www.bfai.com. Außenwirtschaftsportal NRW, Gehälter und Löhne in Ungarn steigen voraussichtlich um 6,3 Prozent, 04.01.2005, S. 1, zu entnehmen unter www.nrw-export.de/export/2601.asp.

717 Arnold, Mihály, Die Rolle der staatlichen Kommandatur für Zoll- und Finanzämter. In: Schau für innere Angelegenheiten, 51. Jahrgang, Heft 9, 2003, S. 28. Varga, Árpád, Welche Rolle hat die APEH im Kampf gegen die Korruption, in: Korruption in Ungarn III, Die vereinigte Sektion der TI Ungarn, 2003, S. 38 f.

ungarischen Steuer- und Finanzüberwachungsbehörde dar. Die Hauptabteilung für Überwachung (~ felülellenörzési föosztály) prüft nach, ob die Steuerbeamten sich gesetzmäßig verhalten haben und über ihre Tätigkeiten ordnungsgemäß Aufzeichnungen führen; ergibt sich hierbei der Verdacht eines Korruptionsdelikts, dann wird die Hauptabteilung für außerordentliche Sachangelegenheiten (~ különleges ügyek föostálya) eingeschaltet, die den Fall weiter zu untersuchen hat und Beweismaterial sicherstellen oder beschaffen muss. Daneben kann auch die Hauptabteilung für Sicherheit (~ biztonsági föosztály), welche für Personalfragen und Datenschutz zuständig ist, Korruptionsfälle aufdecken und diese der Hauptabteilung für besondere Sachangelegenheiten melden.[718] Die Funktion und Zusammenarbeit der drei Sonderabteilungen in der Steuerbehörde gilt als vorbildlich und hat möglicherweise Modellcharakter für andere Behörden. So wurde unter anderem beim Staatsinnenministerium ein Aufsichts- und Überwachungsgremium eingerichtet, welches sich mit Korruptionsverdachtsfällen innerhalb der Polizeibehörden auseinandersetzt und es ist zu erwarten, dass auch andere Behörden und auch große Wirtschaftsorganisationen diesem Beispiel folgen werden.[719] Das Kontrollinstrumentarium wird aber dadurch noch vielfältiger und effektiver, dass sich Koalitionen auf nationaler und internationaler Ebene gebildet haben und die nationalen Stellen in ihrer Arbeit unterstützen. So sind als Beispiele für professionelle Koalitionen auf nationaler und internationaler Ebene vor allem die ungarische Organisation des sog. Gallup-Instituts, eines der größten Unternehmen für Beratung, Marktforschung, Mitarbeiterauswahl und -schulung, oder auch die ungarische Behörde von Transparency International, welche einen Korruptionsbericht über Ungarn herausgegeben hat, das z.T. auch dieser Arbeit zugrunde lag, zu nennen. Zusätzlich untersucht die ungarische Behörde der Organisation für die Vereinten Nationen (~ a magyar ENSZ társaság) mit Sitz in Budapest regelmäßig die Korruptionsentwicklung in Ungarn und veröffentlicht hierzu Stellungnahmen.[720] Für den Bereich

---

718 Varga, Árpád, Welche Rolle hat die APEH im Kampf gegen die Korruption, in: Korruption in Ungarn III, Die vereinigte Sektion der TI Ungarn, 2003, S. 38 f.

719 Szikinger, István, Polizei und Korruption, in: Korruption in Ungarn I, Die vereinigte Sektion der TI Ungarn, 2000, S. 125 ff.

720 Wintermantel, István, Gallup-Untersuchungen über die Korruption. In: Schau für innere Angelegenheiten, 51. Jahrgang, Heft 9, 2003, S. 31 ff. Langseth, Petter, Was kann die ENSZ im Kapf gegen die Korruption für die einzelnen Staaten beitragen? In: Schau für innere Angelegenheiten, 51. Jahrgang, Heft 9, 2003, S. 41 ff. Kránitz, Mariann / Mihály, Péter, Epilog oder wo stehen wir bei der Aufdeckung und Bewertung der Korruption in Ungarn, im 20. Jahrhundert? In: Korruption in Ungarn I, Die vereinigte Sektion der TI Ungarn, 2000, S. 230 ff. Papanek, Gábor, Die Probleme der Durchleuchtung von internationalen Transaktionen. In: Schau für innere Angelegenheiten, 51. Jahrgang, Heft 9, 2003,

der Handels-, Wirtschafts- und Entwicklungspolitik, insbesondere für die zwischenstaatliche Zusammenarbeit, unterstützt die 1961 gegründete Organisation für wirtschaftliche Zusammenarbeit und Entwicklung (~ OECD) die Mitgliedstaaten durch die Abgabe von Empfehlungen für Maßnahmeprogramme im Kampf gegen die Korruption; Ungarn ist seit dem 07. Mai 1996 Mitglied der OECD.[721]

Die Maßnahmen und Bemühungen der Behörden, Wirtschaftsorganisationen und nationalen bzw. internationalen Organisationen können nur einen Beitrag zur Bekämpfung der Korruptionsdelinquenz leisten, sie können aber nicht einen Mangel an Moral in der Gesellschaft ausgleichen. Für eine Stärkung der Moral sind gesamtgesellschaftliche Strategien für die Vermittlung von Normen und Werten in der Gesellschaft erforderlich. Korruption darf nicht länger als probates Mittel zur Durchsetzung privater wie öffentlicher Interessen dienen oder als „wirtschaftliches Kavaliersdelikt" angesehen werden.[722] Hierzu bedarf es aber unter anderem entsprechender gesetzlicher Regelungen, die mit der Korruptionsentwicklung Schritt halten können und Ansätze für „rechtliche Schlupflöcher" nicht bieten, sowie eine konsequente Verfolgung der Korruptionsdelikte garantieren können: Bereits gute Ansätze weist das ungarische Strafgesetzbuch in der Verfolgung und Ahndung von Bestechungsdelikten mit den Regelungen im 15. Kapitel und 7. bzw. 8. Titel auf. Eine Modifikation der geltenden Bestimmungen könnte die Normierung einer weiteren Qualifikation jeweils im Bereich der aktiven oder passiven, amtlichen oder wirtschaftlichen Bestechung für den Fall sein, dass der Vorteilsgeber bzw. der Vor-

---

S. 52 ff. Hegedüs, András, Verbrechensverhinderung und -bekämpfung gegen Korruption. In: Schau für innere Angelegenheiten, 51. Jahrgang, Heft 9, 2003, S. 20. Pintér, István, Die Verhinderung und frühe Aufdeckung von Korruption in der Justiz. In: Schau für innere Angelegenheiten, 50. Jahrgang, Heft 10, 1998, S. 73.

721 Kránitz, Mariann / Mihály, Péter, Epilog oder wo stehen wir bei der Aufdeckung und Bewertung der Korruption in Ungarn, im 20. Jahrhundert? In: Korruption in Ungarn I, Die vereinigte Sektion der TI Ungarn, 2000, S. 230 f. Mátyás, Péter, Der Kampf gegen die Korruption. In: collega, 2. Jahrgang Nr. 8, Oktober 1998, S. 11 f. Bedö, Csaba, Die Aufgaben gegen Korruption und organisierter Kriminalität im Zuge des EU-Beitritts. In: Schau für innere Angelegenheiten, 50. Jahrgang, Heft 10, 1998, S. 101 ff. Hankó Faragó, Miklós, Gesetzgebung gegen Korruption – im Einklang mit der EU. In: Schau für innere Angelegenheiten, 51. Jahrgang, Heft 9, 2003, S. 14 ff. Costa, Antonio Maria, Die globale Dynamität der Korruption. In: Schau für innere Angelegenheiten, 51. Jahrgang, Heft 9, 2003, S. 7 f. Korbuly, Andrea, Der Kampf gegen die Korruption in der Europäischen Union, in: Korruption in Ungarn II, Die vereinigte Sektion der TI Ungarn, 2003, S. 61. Farkas, Ákos, Strafrechtliche Zusammenarbeit in der Europäischen Union, S. 84 ff.

722 Dékány, Tamás, Das Erfordernis eines ethischen Kodexes im Kampf gegen die Korruption. In: Schau für innere Angelegenheiten, 51. Jahrgang, Heft 9, 2003, S. 47 ff. Kovács, Árpád, Gedanken zum Steuerbetrug und ihren Zurückdrängungsmöglichkeiten. In: Schau für Finanzangelegenheiten, 35. Jahrgang, Heft Nr. 8, 2000, S. 671 ff.

teilsempfänger einen Vorteil von besonders außergewöhnlichem Wert hingibt bzw. annimmt. Dagegen spricht zwar die Tatsache, dass das geschützte Rechtsgut der §§ 250 ff. Btk. die Reinheit des öffentlichen Lebens ist und diese keinen Geldwert aufweist. Allerdings geht es bei den §§ 250 ff. Btk. um die Sanktionierung der Hingabe oder Annahme eines rechtwidrigen Vorteils. Begeht der Inhaber einer großen Baufirma, der für die Vergabe eines Auftrags bereit ist, oft mehrere Millionen Forint zu zahlen, nicht ein größeres Unrecht, als ein „Normalbürger", der für die beschleunigte Bearbeitung seines Antrags ein paar Tausend Forint Schmiergeld zahlt? Außerdem würde sich dadurch, dass man für die Bestechungsdelikte dieselben Wertmaßstäbe, wie z.B. für Steuerbetrug und andere Wirtschaftsdelikte verwenden würde, eine Vereinheitlichung und Transparenz in den Regelungen und damit eine höhere Rechtsakzeptanz in der Bevölkerung ergeben.

Im Bereich des Strafverfahrensrechts muss auf das Problem des konspirativen Charakters von Korruption mit erweiterten Ermittlungsbefugnissen der Verfolgungsbehörden geantwortet werden; der Einsatz technischer Überwachungsmöglichkeiten im Korruptionsbereich, der bis jetzt in polizeilichen und behördlichen Spezialgesetzen geregelt ist, muss einheitlich im Strafverfahrensrecht geregelt werden.[723]

Anreize für die Begehung von Korruptionsdelikten bieten aus steuerpolitischer Sicht schließlich auch die vielfältigen Steuerbefreiungs- und -vergünstigungsmöglichkeiten in den speziellen Steuergesetzen: So enthält z.B. das Gesetz CXVII. über die persönliche Einkommensteuer im § 7 Abs. 1 lit. a Szja. tv. eine Liste von Einnahmen, die sämtlich der Besteuerung nicht unterfallen und regelt die Steuervergünstigungen in einem eigenen Kapitel, in den §§ 37 – 45 Szja. tv.[724] Eine maßvolle Reduzierung in diesem Bereich würde nicht nur weniger Korruptionsanreize schaffen, sondern auch vielfach das Gesetzesverständnis erleichtern.

VI. Zusammenfassung zum Vierten Teil

Bestechung ist eine weit verbreitete Erscheinung im nationalen und internationalen Geschäftsverkehr einschließlich der Bereiche Handel und Investitionen, die in moralischer sowie in politischer Hinsicht zu ernster Besorgnis Anlass gibt und selbst eine gute Regierungsführung sowie jedwede wirtschaftliche Entwicklung

---

723 Lörinczy, György, Gedanken zum Erfordernis einer Reformierung der Korruptionsdelikte. In: Ungarisches Recht, 41. Jahrgang, Heft 11, 1994, S. 678 f.

724 Kátai, András / Vámosi-Nagy, Szabolcs / Szakács, László / Török, Júlia, in: Die Steuer, Finanz- und steuerrechtliche Fachzeitschrift, Steuergesetze 2004 / Kodex, 12. Jahrgang, Heft 7-8, 2003, S. 14 f. u. 26 ff.

untergräbt und internationale Wettbewerbsbedingungen verzerrt. Die zahlreichen Facetten von Korruption im Kontext mit dem Wirtschafts- und Gesellschaftssystem des jeweiligen Landes machen eine allgemeingültige Definition der Korruption sehr schwierig. Der konspirative Charakter der Korruption, das Verheimlichen korruptiver Machenschaften als systemimmanente Eigenschaft, erschwert zudem weitere Untersuchungen. Die Korruption stellt auch in Ungarn nach wie vor ein ernstzunehmendes Problem dar. Soweit man Korruptionsstatistiken Glauben schenken darf, steht Deutschland im Vergleich zu Ungarn noch einigermaßen vorteilhaft dar. Dies ergibt sich aus dem bekannten Korruptionsindex von Transparency International aus dem Jahre 2006. Im globalen Reputations-Ranking der Staaten bewegt sich Deutschland im Bereich der am wenigsten von Korruption heimgesuchten Staaten (Platz 16, Punktewert 8.0), während Ungarn der Ländergruppe mit höchster Korruptionsbelastung zuzurechnen ist (Platz 41, Punktewert 5.2). [725] Trotz dieser ernüchternden Zahlen sind erhebliche Fortschritte bei der Bekämpfung der Korruption zu verzeichnen, wenn es sich auch um „kleinere Schritte auf einem langen Weg" handelt. Die ungarische Regierung hat eine sog. Antikorruptionsstrategie in Verantwortung des Innen- und Justizministeriums beschlossen; durch die Umsetzung einer Reihe von legislativer und praktischer Maßnahmen soll Abhilfe gegen die immer noch beunruhigenden Ausmaße der Korruption geschaffen werden: So sind hochrangige Beamte seit Ende Oktober 2001 beamtenrechtlich verpflichtet, ihre Vermögensverhältnisse, wie z.B. Immobilienbesitz, Spargutthaben, Wertpapiere und Beteiligungen an Unternehmen sowie die Vermögensverhältnisse der mit ihnen im selben Haushalt lebenden Angehörigen offenzulegen. Im Dezember 2001 wurde diese Verpflichtung unter anderem auf den Staatspräsidenten, die Richter, den Präsidenten und den Vizepräsidenten sowie die Rechnungsführer des staatlichen Rechnungshofes, den Präsidenten und Vizepräsidenten sowie die Bediensteten der Nationalbank, die öffentlichen Notare, die Bürgermeister und Mitglieder der Kommunalverwaltungen sowie auf alle Personen, die zur Verwaltung öffentlichen Eigentums ermächtigt sind, ausgedehnt. Die Erklärungen werden von hierfür eingerichteten Kontrollstellen überprüft und die Abgabe der Erklärungen überwacht. Darüber hinaus müssen seit 2001 auch Parlamentsabgeordnete Vermögenserklärungen abgeben, die regelmäßig im ungarischen Amtsblatt veröffentlich werden. Zudem sollen konkrete Maßnahmen zur Änderung der Gehaltsstruktur, vor allem im öffentlichen Dienst, sich positiv auf die Korruptionsbekämpfung in diesem Bereich auswirken. Das öffentliche Vergabewesen soll einer strengeren Aufsicht unterliegen; unter anderem müssen nunmehr Daten über die Vergabe von Verträgen, die nach dem öffentlichen Vergabeverfahren geschlossen werden, dem

---

725 Der Korruptionsindex von 2006 sowie von 2004 und 2002 findet sich im Anhang, in der Anlage I. Nr. 7 – 9.

Dienstvorgesetzten vorgelegt werden. Im strafrechtlichen Bereich wurden die Bestechungsdelikte unter strengere Strafen gestellt. Ebenso wurden die Regelungen zur Konfiszierung von Sachwerten, die durch korrupte Kontakte erworben wurden, verschärft. Um wirksamer gegen bestechliche Personen vorgehen zu können, wird Vorteilsgebern Straffreiheit zugesichert, wenn sie den Behörden Hinweise liefern und zur Ermittlung des Vorteilsempfängers beitragen. Dasselbe gilt auch für Vorteilsempfänger, soweit sie sich aktiv an der Aufklärung des Bestechungsfalles beteiligen und den empfangenen Vorteil an die Ermittlungsbehörden abführen. Beamte können jetzt bestraft werden, wenn sie ihrer Anzeigepflicht nicht nachkommen. Im Bereich der Strafverfolgung wurde ein zentrales Ermittlungsbüro bei der Budapester Staatsanwaltschaft, das für landesweite Ermittlungen in Wirtschafts-, insbesondere Korruptionsfällen von nationaler Bedeutung zuständig ist, eingerichtet und zugleich der Personalstand bei den Ermittlungsbehörden erhöht.

Da durch die internationale Dimension von Korruption die nationalen Bestimmungen aber oft nicht ausreichen, kommt der Bekämpfung der Korruption auf internationaler Ebene immer größere Bedeutung zu, was auch die ungarische Regierung erkannt hat. Ungarn ist z.B. Vertragspartei des Übereinkommens des Europarats über Geldwäsche sowie Ermittlungen, Beschlagnahme und Einziehung von Erträgen aus Straftaten sowie des Strafrechtsübereinkommens des Europarats über Korruption, das im Juli 2002 in Kraft trat und des OECD-Übereinkommens über die Bekämpfung der Bestechung ausländischer Amtsträger im internationalen Geschäftsverkehr (im Zuge dieses Übereinkommens wurden auch die §§ 258 B – 258 D in das Strafgesetzbuch eingeführt). Darüber hinaus wurden mit 45 Ländern bilaterale Abkommen unterzeichnet, die für die Korruptionsbekämpfung von Bedeutung sind, weitere 17 bilaterale Abkommen werden vorbereitet. Ungarn beteiligt sich im Rahmen der Arbeitsgruppe der OECD für Bestechungsfragen im internationalen Geschäftsverkehr an der Beobachtung von Korruptionsbekämpfungsmaßnahmen und gehört der GRECO an, der Gruppe der Staaten gegen Korruption, die in ihrem Statut eine regelmäßige Beurteilung ihrer Mitgliedstaaten vorschreibt.

Interessanterweise werden trotz all dieser Maßnahmen die Bemühungen zur Korruptionsbekämpfung in der Öffentlichkeit nicht stärker wahrgenommen als früher und viele Bereiche des öffentlichen Sektors haben diesbezüglich noch immer einen schlechten Ruf.[726]

---

726 Kommissionsbericht zum Beitritt Ungarns, zu entnehmen unter
www.fifoost.org/ungarn/EU, 2002, S. 5 ff. Ligeti, Katalin, Europäisches Strafrecht, S. 86 ff.

Fünfter Teil: Zusammenfassung – Der Versuch eines aktuellen Lageberichts und zugleich ein Ausblick auf Harmonisierungsmöglichkeiten zur europaweiten Bekämpfung der Steuerhinterziehung

Die Entwicklung der Wirtschaftskriminalität beschäftigte die Öffentlichkeit in Ungarn seit den Anfängen des Systemwechsels; die neuen in- und ausländischen Beziehungen sowie die politischen und wirtschaftlichen Zusammenhänge rückten in den Brennpunkt der Aufmerksamkeit und mit ihnen zwangsläufig auch die negativen Folgen der veränderten gesellschaftlichen, politischen und wirtschaftlichen Strukturen, so z.B. alle Formen der Wirtschaftskriminalität, wie Steuerbetrug und Bestechungsdelikte. Allerdings wäre es eine Unterstellung zu behaupten, das öffentliche Interesse am Steuerbetrug und am Phänomen der Korruption sei erst schlagartig mit dem Systemwechsel erwacht. Bereits das sozialistische Regime setzte sich mit der Thematik auseinander, wenn auch unter einem anderen Blickwinkel: Große Steuerbetrugsfälle, wettbewerbsverzerrende Bestechungen bei internationalen, westlichen Großunternehmen dienten den sozialistischen Machthabern in der Regel nur als Anschauungsmaterial für die Unvollkommenheit des kapitalistischen Systems. Die quantitativ ebenso bedeutsamen Missstände im eigenen Land, die korrupten und betrügerischen Praktiken wurden regelmäßig unter dem Etikett des Staatsinteresses der öffentlichen Kritik entzogen, da die Medien als weitere Kontrollinstanz neben den Gerichten weitgehend staatlicher Aufsicht unterlagen. Die enge Vernetzung von Politik und Justiz bewirkte außerdem eine Schonung von Parteifunktionären, die zu einer unterschiedlichen strafrechtlichen Behandlung von Korruption und Steuerbetrug in der Bevölkerung führte. Aus diesem Grund würde eine komparatorische Analyse von Steuerbetrug und Korruption vor und nach dem Systemwechsel schnell an ihre Grenzen stoßen und kann auch nicht Gegenstand der vorliegenden Untersuchung sein, welche eine Darstellung des rechtlichen Ist-Zustandes erreichen will. Wie gestaltet sich denn nun aber der rechtliche Ist-Zustand in Bezug auf Steuerbetrug und Korruption in Ungarn? Die Beantwortung dieser Frage soll zum Inhalt der nachfolgenden Überlegungen in Form einer Bestandsaufnahme werden:

Im Bereich des Steuerbetrugs stellt der Tatbestand des § 310 Btk. die zentrale Rechtsvorschrift im ungarischen Strafgesetzbuch dar. Dieser Paragraph, der erst 1978 Eingang in das ungarische Strafgesetzbuch gefunden hat, stellt eine bereits klare gesetzliche Antwort auf den Steuerbetrug dar. So erstreckt sich der Anwendungsbereich des § 310 Btk. nicht nur auf den Steuerbetrug, sondern auch auf Täuschungen im Bereich der Sozialversicherungsabgabe, da zuvor Versuche, diese zwangsweise einzutreiben, in der Regel erfolglos blieben und somit der Einsatz strafrechtlicher Maßnahmen im Interesse der Sozialversicherung erforderlich wurde. Der Strafrahmen des § 310 Btk. reicht immerhin von Freiheitsstrafe bis zu zwei Jahren, gemeinnütziger Arbeit oder Geldstrafe bis Freiheitsstrafe von acht Jahren, wobei das abgestufte Rechtsfolgensystem des § 310 Btk. sich an der Höhe der nicht abgeführten Steuer, Abgaben oder Mitgliedsbeiträgen orientiert und somit die Verhängung einer tat- und schuldangemessenen Strafe garantiert. Mag man auch über die Notwendigkeit der Verschärfung der Sanktionen, die der § 310 Btk. vorsieht, angesichts der Dimensionen, die der Steuerbetrug oft bei Großkonzernen und Wirtschaftsunternehmen angenommen hat, diskutieren, so vermag der § 310 Btk. dennoch deutliche Signale gegen den Steuerbetrug zu setzen, zumal der Täter bis zur Einreichung der Anklageschrift die Möglichkeit hat durch Nachentrichtung des geschuldeten Betrags Straffreiheit zu erlangen.

Insgesamt lässt sich die Situation der Strafrechtsgesetzgeber im heutigen Osteuropa wohl am ehesten mit der Zeit der strafrechtlichen Umwandlung und Reformen des 19. Jahrhunderts vergleichen. Ihre Aufgabe besteht dabei vor allem darin, einer neu entstehenden Gesellschaft beim Umbau ihres Strafrechts zu helfen und dabei auch Grundlagen des geltenden Rechts zu überdenken, um dadurch den Ansprüchen einer sich neu formierenden Gesellschaft gerecht zu werden. Ziel der Reformbestrebungen in Ungarn ist es, ein modernes Strafrecht zu schaffen, welches den aktuellen Erscheinungsformen der Kriminalität und internationalen Anforderungen gewachsen ist. Die besondere Schwierigkeit in Ungarn, wie auch in Osteuropa allgemeinhin, besteht darin, dass bestimmte Änderungen des geltenden Strafrechts aus dem europäischen Rechtsharmonisierungsgedanken heraus unverzüglich durchgeführt werden mussten und müssen, während andere wegen der Neuartigkeit des Problemkreises einer gründlichen Vorbereitung bedürfen (z.B. der Wirtschaftsstrafrechtsbereich). Die unterschiedliche Ausgangslage wird die Gesetzgebung auch in den nächsten Jahren prägen.

Parallel zur Reformierung des materiellen Strafrechts wurde im Jahre 2001 das System der Strafverfolgung einer umfassenden Strukturreform unterzogen, um die Bekämpfung neuer, zuweilen sehr komplizierter Formen der Kriminalität, insbesondere von Wirtschaftsverbrechen und Korruption zu fördern. Kernpunkte der Reform waren die Errichtung eines zentralen Ermittlungsbüros bei der Budapester Staatsanwaltschaft, welches für landesweite Erhebungen in Fällen von nationaler Bedeutung zuständig ist, sowie die Erhöhung des Personalstandes bei den Gerichten und Ermittlungsbehörden und die Fortentwicklung und Verbesserung des Gerichtsinformationssystems, welches die Zusammenarbeit der Strafverfolgungsbehörden durch einen schnellen Informationsaustausch effektiver gestalten soll.

Der Straftatbestand des § 310 Btk. wird durch die steuerverwaltungsrechtlichen Bestimmungen der §§ 165 ff. ungarische AO ergänzt, welche die Sanktionen für die Nichterfüllung bestimmter steuerrechtlichen Vorschriften regeln. Von Bedeutung ist hierbei, dass neben den klassischen Sanktionen wie Geldbuße oder Säumniszuschläge auch Waren, auf die z.b. unrechtmäßigerweise keine Steuern abgeführt worden sind, beschlagnahmt werden können oder in diesem Fall die Betriebsfortführung für einen bestimmten Zeitraum untersagt werden kann. Außerdem wird eine Liste derjenigen Steuerschuldner veröffentlicht, deren bestandskräftig festgestellte Steuerschuld bei Einzelpersonen 10 Mio. HUF (~ 41.666,- EUR) und bei sonstigen Steuerschuldnern 100 Mio. HUF (~ 416.666,- EUR) übersteigt. Eine weitere Liste betrifft Personen, die ihre einzelunternehmerische Tätigkeit den Steuerbehörden nicht angezeigt haben. Das ungarische Steuerrecht kann auch den Kreis von Personen, die für eine Steuerschuld haften, ausdehnen, sofern das Steuersubjekt seiner Zahlungsverpflichtung nicht nachkommt, so vor allem auf den unbeschränkt haftenden Gesellschafter, auf Personen und Organe, welche für die Verbindlichkeiten der Gesellschaft haften. Darüber hinaus kann auch immer der Steuerberater mit einer Sanktion belegt werden, wenn er eine fehlerhafte Steuererklärung gegengezeichnet hat. Die ungarische Abgabenordnung verfügt zwischenzeitlich über wichtige gesetzliche Regelungen, die zu einer effektiven Finanzkontrolle beitragen können. Fortschritte im Bereich der externen Kontrolle können aber nur mit entsprechend leistungsfähigen Behörden erreicht werden. Aus diesem Grund bemüht man sich um Schulungsprogramme für den Bereich des Steuer- und Finanzwesens, die z.T. auf Grundlage von EG-Mitteln durchgeführt werden, um eine effektive Finanzverwaltung zu garantieren. Dies kann nur dadurch erreicht werden, dass die Behörden zum einen personell nicht unterbesetzt und auch ausreichend auf ihre vielfältigen und oftmals komplizierten Aufgaben vorbereitet sind. Ferner haben Anstrengungen im IT-Bereich zum Ergebnis geführt, dass immer mehr Behörden und ihre Zweigstellen über das Netz verbunden sind und damit der Datenaustausch zwischen den Behörden schneller erfolgt.

Zusammenfassend lässt sich sagen, dass im Bereich der Steuerbetrugsproblematik Ungarn in Bezug auf Strafverfolgungs- und Bekämpfungsmaßnahmen einen weitgehend EU-konformen Standard erreicht hat, indem die für die strafrechtliche und finanzverwaltungsrechtliche Kontrolle erforderlichen gesetzgeberischen Schritte unternommen und die entsprechenden Kontrollinstanzen geschaffen wurden.

Im Bereich der Korruptionsproblematik enthält das ungarische Strafgesetzbuch in den §§ 250 ff. Btk. Regelungen, die aktive und passive Bestechung im Amt und in der Wirtschaft sowie Spekulationsgeschäfte mit amtlicher oder wirtschaftlicher Einflussnahme unter Strafe stellen. Der Strafrahmen erstreckt sich dabei auf Freiheitsstrafe von einem bis immerhin acht Jahren und hat neben seiner abschreckenden Wirkung auch die Funktion, dem Täter bewusst zu machen, dass das Strafgesetz korrupte Aktivitäten in der Öffentlichkeit keineswegs als Kavaliersdelikte ansieht, sondern diese vielmehr dem Bereich schwererer Kriminalität zugeordnet werden. Auf die Ermittlungstätigkeit der Strafverfolgungsbehörden hat sich die Einführung des § 255 A Btk. positiv ausgewirkt, der sowohl dem Empfänger als auch dem Vorteilsgeber Straffreiheit für die Mithilfe bei der Tataufdeckung zusichert. Nach den neuen, auf Grundlage eines Europarats-Abkommens über die Bekämpfung der Korruption, geschaffenen Bestimmungen der §§ 258 B ff. Btk. macht sich ein Firmenleiter, der einen ausländischen Amtsträger besticht, ebenfalls strafbar. Aktive und passive Bestechung ausländischer Amtsträger, aktive Bestechung von Mitarbeitern ausländischer Wirtschaftsorganisationen sowie Spekulationsgeschäfte mit der Einflussnahme von ausländischen Amtspersonen sind nunmehr, genauso wie entsprechende nationale Korruptionsvorgänge, unter Strafe gestellt.

Neben den Möglichkeiten, die das Strafrecht bietet, haben sich auch weitere Anstrengungen auf nationaler und internationaler Ebene im Kampf gegen die Korruption bezahlt gemacht: Diese spiegeln sich vor allem in den Bemühungen der ungarischen Regierung wider, das Lohnniveau, insbesondere im öffentlichen Bereich, schrittweise anzuheben, um so Korruptionsanreize zu senken und in den Maßnahmen einiger ungarischer Behörden, die Korruption „in den eigenen Reihen" zu reduzieren. Besonders zu erwähnen sind die Antikorruptionsmaßnahmen von einigen ungarischen Behörden und öffentlichen Einrichtungen, die durch bestimmte organisatorische Kontrolleinheiten die Arbeitsabläufe stärker überprüfen möchten. So ist vor allem die Steuer- und Finanzüberwachungsbehörde APEH zu erwähnen, die über drei Sonderabteilungen verfügt, welche bei den geringsten Verdachtsfällen tätig werden können und insoweit ermittlerische Funktionen wahrnehmen, indem sie z.B. Beweismaterial sichern oder den verdächtigen Beamten anhören. Darüber hinaus wurde auch ein neues Arbeitsprogramm zur Prävention der Korruption innerhalb des Personals der Strafverfolgungsorgane und der für die öffentliche Sicherheit zuständigen Dienste verabschiedet. Innerhalb der Polizei wurde eine spezialisierte Mobileinheit zur Aufdeckung von Korruptionsfällen auf den Straßen eingerichtet. Diese Spezialeinheit hat zur Aufgabe, Fälle aufzuklären, in denen Polizeibeamte sich von Bürgern bestechen lassen, darüber Meldung zu erstatten sowie Disziplinarmaßnahmen einzuleiten. Allein im Jahre 2000 wurden 800 solcher Fälle von Beamtenbestechung festgestellt, 200 davon durch diese Spezialeinheit. Entsprechende Schulungsmaßnahmen werden weiter fortgesetzt; außerdem wurde diese polizeiliche Sondereinheit mit zusätzlichem Personal ausgestattet.

Schließlich ist Ungarn Vertragspartei in fast allen internationalen Übereinkommen zum Thema Korruptionsbekämpfung, wenn auch noch nicht alle Inhalte und Generalstrategien effektiv umgesetzt worden sind.

Zusammenfassend kann man sagen, dass Ungarn bereits die entscheidenden gesetzgeberischen Schritte unternommen hat und vor allem in jüngster Zeit wichtige Kampagnen gegen die Korruption gestartet hat. Fraglich ist allerdings, ob derartige Maßnahmen noch erfolgreich sein können, wenn sich Korruption, wie in Ungarn, sehr weitgehend ausgebreitet hat. Angesichts der Vielzahl und Unterschiedlichkeit der Korruptionsformen und -märkte ist die Auswahl des jeweils richtigen Instruments nicht einfach. Korruption ist jedenfalls ein sehr innovativer Bereich, so dass es nicht nur um die Bekämpfung bestehender Korruption, sondern auch um die Verhinderung neuer Korruptionsmechanismen gehen muss. Problematisch ist ferner auch, dass zwar eine Verstärkung der Kontrolle immer möglich ist, allerdings mit der Zeit auch die Kontrolleure wirksam kontrolliert werden müssen. Auch eine Anhebung der Löhne ist innenpolitisch nicht unumstritten, da mit steigenden Löhnen auch eine Anpassung der Ansprüche einhergehen kann, welche wiederum einen Verzicht auf einen „Zusatzverdienst" erschweren kann. Außerdem müssen die höheren Gehälter auch an die nicht korrupten Beamten bezahlt werden. Diese Mehrkosten sind vom Staat letztendlich nicht zu finanzieren und müssten über eine Steuererhöhung abgefangen werden. Insgesamt können somit nationale Bekämpfungsstrategien und internationale Antikorruptionskampagnen durchaus an ihre Grenzen stoßen und folglich zur Erkenntnis führen, dass es eine „Patentlösung" nicht gibt. Langfristige Erfolge kann nur eine starke Bekämpfungswilligkeit auf nationaler und internationaler Ebene bringen.

Nachdem versucht worden ist, einen Ist-Zustand der Entwicklung im Bereich der Steuerbetrugsbekämpfung und der Verfolgung der Korruption aufzuzeigen, soll nun, in einem zweiten Teil der Zusammenfassung, die Frage in Form eines Ausblicks beantwortet werden, inwieweit eine Harmonisierung der Steuerstrafverfolgung für eine effektive Bekämpfung des Steuerbetrugs erreicht werden kann. Dabei soll der Ausblick keine einzelne, generelle Lösung der Problematik anbieten; seine Zielsetzung besteht vielmehr darin, eine Reihe von realistischen und pragmatischen Maßnahmen darzustellen, die kurz- und mittelfristig umgesetzt werden können und die geeignet sind, Schlüsselelemente im Kampf gegen den Steuerbetrug darzustellen. Entwicklungen in der Weltwirtschaft, die durch den Begriff „Globalisierung" zusammengefasst werden, wie zunehmende Arbeitsteilung, Wachstum der Auslandsinvestitionen, sowie der Aufbau von grenzüberschreitenden Produktionsnetzwerken, stellen nämlich immer neue Anforderungen an die Steuerverwaltungen der Mitgliedstaaten. Es geht zum einen darum, die Steuererhebung zu verbessern, um die staatlichen Einnahmen zu erhöhen bzw. zu sichern, zum anderen müssen die Steuerpolitiken der Mitgliedstaaten in zunehmendem Maße harmonisiert werden, um dadurch eine verbesserte europaweite Bekämpfung der Steuerhinterziehung zu ermöglichen. So haben insbesondere die osteuropäischen Länder zwar Fortschritte bei der Registrierung und Erfassung von Steuerpflichtigen, bei der Bereitschaft zur Einführung von neuen Arbeitstechniken und Bekämpfungsstrategien im Hinblick auf Steuerhinterziehung gemacht, dennoch sind weitere Schritte erforderlich, um die Arbeit der Steuerverwaltungen in Bezug zur Steuerbetrugsbekämpfung den Erfordernissen der Gemeinschaft anzupassen. Das Know-how und die Erfahrungen der Finanzverwaltungen anderer Mitgliedstaaten sind dabei wertvolle Mittel, welche z.B. im Wege der innerbehördlichen Zusammenarbeit und des Erfahrungsaustausches zwischen den Mitgliedstaaten für eine effizientere Bekämpfung der Steuerhinterziehung nutzbar gemacht werden können. Eine solche Möglichkeit sieht mittlerweile § 10 Abs. 4 lit. b ungarische AO vor, welcher die Zusammenarbeit der ungarischen Steuerbehörden mit den Steuerbehörden der Mitgliedstaaten regelt. Es bleibt dabei Aufgabe des nationalen Gesetzgebers sicherzustellen, dass die erteilte Auskunft lediglich für die angefragten Zwecke verwendet wird und, dass das Recht des Steuerzahlers auf Vertraulichkeit seiner Steuerangelegenheit in ausreichendem Maße gewahrt wird.

Ein Bereich, in dem der administrativen Zusammenarbeit eine immer größere Bedeutung zukommt, ist der der Mehrwertsteuer-Hinterziehung. Die Mitgliedstaaten stoßen immer mehr auf Konstruktionen, deren einziger Zweck darin besteht, oft im Wege einer Umsatzsteuerkette, Mehrwertsteuer-Vorteile in Form einer niedrigeren Mehrwertsteuer-Endbelastung oder einer höheren Mehrwertsteuer-Erstattung zu erlangen. Dies geschieht in der Regel dadurch, dass ein im Inland gelegenes Unternehmen Ware aus dem Ausland erwirbt und darüber eine Rechnung ohne ausgewiesene Umsatzsteuer erhält; die Ware wird mit einem Gewinnaufschlag an einen inländischen Abnehmer weiterverkauft, wobei Umsatzsteuer anfällt und diese in einer ordnungsgemäßen Rechnung ausgewiesen wird. Der Empfänger der Ware verkauft diese ins EU-Ausland und zwar ohne Umsatzsteuer, kann aber die in Rechnung gestellte Vorsteuer abziehen. Dann taucht regelmäßig der erste inländische Empfänger der Ware ab oder meldet Insolvenz an, wodurch dem Fiskus Umsatzsteuer verloren geht, während der Leistungsempfänger die Vorsteuer aber schon ausgezahlt bekommen hat. Kennzeichnend für diese Karussell-Geschäfte war bislang, dass einem sehr großen Steuerschaden eine extrem niedrige Beitreibungsquote entgegensteht, was insbesondere auf organisatorische Probleme seitens der Steuerbehörden zurückzuführen ist, weil Landesgrenzen überschritten werden müssen. Die Aufdeckung und Verfolgung der Fälle wird zusätzlich durch den Wegfall der Grenzkontrollen bei der Einrichtung des EG-Binnenmarktes zum 01.01.1993 erschwert. Der akute Handlungsbedarf, insbesondere im Hinblick auf eine grenzüberschreitende behördliche Zusammenarbeit, wurde erkannt. So wurde der Dienstweg bei spontanen Auskünften verkürzt (z.B. von Finanzamt zu Finanzamt) und auch in Ungarn wurde entsprechend geschultes Personal im Bereich der Umsatzsteuer-Prüfung eingestellt. Des Weiteren werden zwei Modelle diskutiert, welche beitragen sollen, dass solche Umsatzsteuer-Karusselle von vornherein verhindert werden können: Zum einen wird erwogen, eine Steuerfreistellung aller Leistungs- und Lieferstufen einzuführen; dieses System berücksichtigt, dass das verbleibende Steueraufkommen ohnehin erst auf der Endverbraucherstufe anfällt und es deshalb sinnvoll ist, die Steuer auch nur dort zu berechnen. Damit würde ein nutzloser, geldintensiver Zahlungsverkehr unterbleiben und zugleich eine beachtliche Steuervereinfachung erreicht werden, wodurch wiederum das Hinterziehungspotential erheblich verringert wäre. Ein zweiter Lösungsansatz, das sog. „Reverse-Charge-Verfahren", lässt die Steuerschuld des leistenden Unternehmers auf den Leistungsempfänger übergehen. Damit wird die Auszahlung von Vorsteuern unterbunden, die an anderer Stelle nicht vereinnahmt werden, weil Umsatzsteuer-Schuld und Vorsteuerabzug bei demselben Steuerpflichtigen vereint sind. Jedes der beiden Systeme kann natürlich keinen 100-prozentigen Schutz vor Steuerhinterziehung bieten, ein jedes kann aber dazu beitragen, Schwachstellen des Besteuerungsverfahrens auszuschalten, wobei die Situation durch die grenzüberschreitende behördliche Zusammenarbeit noch weiter entschärft werden kann.

Des Weiteren könnte in diesem Zusammenhang die Einführung einer sog. „Schwarzen Liste" angedacht werden, auf welche diejenigen Länder aufgenommen werden müssten, deren Steuerbehörden die grenzüberschreitende Zusammenarbeit in der Praxis nicht in ausreichendem Maße umgesetzt haben. Als Maßstab für eine entsprechende Regelung könnten z.B. die Vorgaben, welche für die Mitgliedstaaten bei der Umsetzung von Richtlinien gelten, herangezogen werden. Verstößt die steuerverwaltung eines Mitgliedstaates innerhalb eines bestimmten Zeitraumes mehrmals gegen ihre Verpflichtung zur behördlichen Zusammenarbeit, dann könnte es mit einer europarechtlichen Sanktion belegt werden. Dadurch könnte die Effizienz der steuerbehördlichen, grenzüberschreitenden Zusammenarbeit erheblich gesteigert werden, ohne die Mitgliedstaaten in ihrer Autorität zu sehr einzuschränken.

Eine andere Maßnahme, welche hilfreich im Kampf gegen Steuerhinterziehung sein könnte, ist eine erhöhte Transparenz im Steuerstrafrecht. Dies kann wiederum durch eine Angleichung der Steuersätze oder durch eine Vereinfachung des materiellen Steuerrechts erreicht werden.

Die neuen osteuropäischen Mitgliedstaaten haben sich bereits vor ihrem EU-Beitritt freiwillig selbst verpflichtet, ihre Steuersysteme an europarechtliche Vorgaben anzupassen; so sind insbesondere die indirekten Steuern auf europäischer Ebene weitgehend harmonisiert, wobei Übergangsbestimmungen mit fast allen neuen Migliedstaaten abgeschlossen worden sind. So gibt es in Ungarn ab September 2006 nur noch zwei Mehrwertsteuersätze, nämlich den Normalsatz von 20 Prozent und einen ermäßigten Satz von fünf Prozent; der Ermäßigungssatz von 15 Prozent, der u.a. für Lebensmittel und Brennstoffe galt, wurde auf 20 Prozent angehoben. Zudem wurden die Abgaben auf Zigaretten, Pkws und alkoholische Getränke angehoben. Bezüglich der Mindestbesteuerung von Tabakerzeugnissen wurde eine Übergangsfrist bis Ende 2008 vereinbart. In der Einkommensteuer wurde zum Anfang des Jahres 2007 eine dritte Stufe von 40 Prozent, neben den bisherigen Steuersätzen von 18 Prozent und 36 Prozent, eingeführt. Außerdem werden Personen mit einem höheren Einkommen mit einer Solidaritätssteuer von vier Prozent belegt. Durch die Steuerreform nähert sich Ungarn nach und nach an die „üblichen" Steuersätze, welche in den Mitgliedstaaten der EU gelten, an; zugleich entfernt sich das Land immer mehr von dem Anspruch, ein europäisches Steuerparadies zu sein. Im Gegensatz zu den indirekten Steuern ist die Harmonisierung bei den direkten Steuern auf europäischer Ebene noch nicht so weit fortgeschritten. Zwar wurde relativ frühzeitig erkannt, dass auch im Bereich der direkten Steuern, insbesondere bei der Unternehmensbesteuerung, Harmonisierungsbedarf besteht und entsprechend mit dem sog. Richtlinienpaket, bestehend aus der Mutter-Tochter-Richtlinie, der Fusions-Richtlinie und der Schiedverfahrenskonvention auf die Problematik reagiert. Dennoch betrug z.B. der Körperschaftsteuersatz in Ungarn sehr lange nur 16 Prozent, was im europäischen Vergleich einen niedrigen Steuersatz darstellt. Daneben hat es in Ungarn erhebliche steuerliche Begünstigungen für sog. „Offshore Companies" gegeben, also für Gesellschaften, welche sich vollständig in ausländischem Besitz befunden haben und die in Ungarn in der Rechtsform einer AG (~ Rt.) oder GmbH (~ Kft.) gegründet worden sind. Diese Begünstigung wurde zum 01.01.2006 allerdings abgeschafft. Des Weiteren gilt ab Anfang 2007 in Ungarn ein höherer Körperschaftsteuersatz von 20 Prozent, zusätzlich zu einer vierprozentigen Solidaritätsabgabe. Die vierprozentige Solidaritätsabgabe wird dabei auch von denjenigen Auslandsinvestoren erhoben, welche sich noch in der Anfangsphase ihres Ungarn-Engagements mit grundsätzlicher Steuerbefreiung befinden.[727] Langfristig wurde ein Mindeststeuersatz von 30 Prozent bei der Körperschaftsteuer angedacht.

Fraglich ist in diesem Zusammenhang aber, ob eine Angleichung der Steuersätze europaweit als Endergebnis zu einer Einführung einer europäischen Einkommensteuer, Körperschaftsteuer etc. im Sinne von vollkommen harmonisierten Steuersätzen, führen soll. Eine gewagte Lösung wäre z.B. die Abführung von einheitlichen Steuersätzen an eine zentrale „Europäische Finanzbehörde", welche dann die Steuereinnahmen an die Mitgliedstaaten weiterleiten würde. Abgesehen von der Tatsache, dass eine solche „Europäische Finanzbehörde" eine erhebliche personelle und finanzielle Ausstattung benötigen würde, gäbe es höchstwahrscheinlich Prob-

---

727 Djanani, Christiana / Brähler, Gernot / Ulbrich, Philipp, in: Investitionen und Steuern in Ungarn, S. 73. Bundesagentur für Außenwirtschaft, Ungarn erhöht Steuern stärker als erwartet, 15.06.2006, S. 1, zu entnehmen unter www.bfai.de.

leme bei der Umsetzung eines so weitgehenden gemeinschaftlichen Steuerkodexes. Es würde zum einen schon im Vorfeld zu politischen Spannungen zwischen der EU und den Mitgliedstaaten kommen, wenn zwischen der Besteuerung gemäß einzelstaatlichen Vorschriften, wobei die Steuereinnahmen der nationalen Regierung zugute kommen würden, und der Besteuerung gemäß dem gemeinschaftlichen Steuerkodex, wobei die Einnahmen in diesem Fall direkt an die „Europäische Finanzbehörde" fließen würden, entschieden werden müsste. Die Mitgliedstaaten wären weitgehend ihrer steuerlichen Souveränität beraubt, so dass diese Vorgehensweise sowohl mit dem Gedanken der Demokratie als auch mit dem Gedanken der Subsidiarität, wonach die Gemeinschaft in Bereichen, welche nicht in ihre ausschließliche Zuständigkeit fallen, nur tätig werden soll, sofern und soweit die Ziele auf Ebene der Mitgliedstaaten nicht ausreichend ergänzt werden können, nicht in Einklang stehen würde. Zum anderen sind niedrigere Steuersätze wohl auch eine Möglichkeit kleinerer und wirtschaftlich schwächerer Staaten, ausländische Investoren anzulocken, um im wirtschaftlichen Wettbewerb mit großen, wirtschaftlich starken Staaten bestehen zu können. Würde man die Einführung einheitlicher Steuersätze, welche an eine zentrale Zahlstelle der EU abzuführen wären, in Erwägung ziehen, dann wären diese ohnehin wirtschaftlich schwächeren Länder benachteiligt, weil ihnen dadurch Investitionsanreize gegenüber ausländischen Unternehmen verloren gehen würden. Des Weiteren ist auch das Verhältnis zwischen Steueraufkommen und öffentlichen Ausgaben vermutlich nicht in allen Staaten gleich, so dass eine Festlegung der Steuersätze im Allgemeinen der nationalen Souveränität überlassen werden sollten.

Als Mittelweg könnte aber angedacht werden, ein Einschreiten der Gemeinschaft für erforderlich zu erachten, wenn erhebliche Unterschiede zwischen den Steuersätzen der Mitgliedstaaten bestehen, die geeignet sind, z.B. eine Steuerflucht in Länder mit niedrigeren Steuersätzen oder eine Verzerrung des Kaufverhaltens von Verbrauchern hervorzurufen. Erfahrungsgemäß haben gemeinschaftliche Maßnahmen nämlich größere Aussichten auf Erfolg, wenn sie auf dem Wege der Zusammenarbeit und der Kooperation durchgeführt werden (z.B. durch die Einführung von Mindestbesteuerungssätzen), als wenn durch Rechtsvorschriften eine formelle Harmonisierung in Form einer Zentralisierung angestrebt wird. Schließlich erschweren unterschiedliche Berechnungsmethoden in den einzelnen Mitgliedstaaten die Vergleichbarkeit der Steuersätze. Die Einführung gemeinschaftlicher Berechnungsmethoden würde den Vergleich der Steuersätze ermöglichen, ohne zu weit in die steuerliche Souveränität der einzelnen Mitgliedstaaten einzugreifen.

Vorschläge für eine gemeinschaftliche Berechnungsmethode werden derzeit von einer EU-Arbeitsgruppe ausgearbeitet.[728]

Andererseits wird man selbstverständlich in bestimmten Bereichen um gemeinschaftliche Vorgaben nicht herumkommen. So hat sich mittlerweile die Erkenntnis durchgesetzt, dass die Komplexität der Steuersysteme, die immer schwerer durchschaubare Gestaltung der steuerrechtlichen Regelungen die Steuerhinterziehung begünstige. Aus diesem Grund war auch Ungarn ab dem EU-Beitritt kontinuierlich um eine Vereinfachung der komplizierten Gesetzestexte und um eine Reduzierung der Ausnahmevorschriften, der Steuerbegünstigungen etc. bemüht. Trotz dieser Bestrebungen der Mitgliedstaaten um Vereinfachung der geltenden gesetzlichen Bestimmungen, lassen sich dennoch Unterschiede in den materiellen Rechtsvorschriften der Länder, insbesondere was die Ahndung von Steuerbetrug angeht, nicht verbergen. Die Unterschiede lassen sich bereits in der Tatsache feststellen, dass die Verfolgung und Bestrafung von Steuerbetrug zum Teil nur in einem einzigen Gesetz, zum Teil in mehreren Gesetzen geregelt sind. Als Beispiel kann hierfür der Ländervergleich Deutschland-Ungarn dienen: Während in Deutschland Steuerhinterziehung in § 370 AO sanktioniert wird, wurde in Ungarn im Strafgesetzbuch eigens ein Straftatbestand für Steuer- und Sozialversicherungsbetrug in § 310 Btk. aufgenommen und zugleich die Möglichkeit von Verwaltungssanktionen nach den §§ 165 ff. ungarische AO vorgesehen. Allein in diesem Bereich zeigt sich die Ungleichheit in der Bekämpfung und Sanktionierung von Steuerhinterziehung, so dass sich folgerichtig die Frage stellt, inwieweit die Einführung eines „europäischen Steuerbetrugtatbestandes" in Erwägung zu ziehen ist. Dabei kann an dieser Stelle wohl auf die Ausführungen im Zusammenhang mit einheitlichen Steuersätzen, als Ansatz zu einer formellen Harmonisierung, verwiesen werden. Ein gemeinschaftlicher Steuerbetrugtatbestand müsste demnach in der Weise ausgestaltet sein, dass es durch die Schaffung von Grundstrukturen, welche in jedem Mitgliedstaat Geltung beanspruchen, zur effektiven Eindämmung von Steuerhinterziehung beitragen kann, zugleich die Steuerhoheit der einzelnen Mitgliedstaaten weitgehend respektiert. Dies könnte, ähnlich wie bei der Harmonisierung der Steuersätze, nur dadurch erreicht werden, dass von der Gemeinschaft nur bestimmte Mindeststandards vorgegeben werden würden, welche bei der Ausgestaltung des materiellen Tatbestandes zu beachten sind, und dass darüber hinausgehende Regelungen der nationalen Gesetzgebungsautonomie überlassen werden würden. So könnte eine Mitgliedstaat die Steuerhinterziehung nur in einem Gesetz unter Strafe stellen, er könnte aber eine Sanktionierung auch im Rahmen von verschiedenen Gesetzen vorsehen, so dass von der Gemeinschaft quasi nur der rechtliche Rahmen

---

728 Republik Österreich/Parlament, Kovacs und Grasser wollen Steuerberechnung in EU harmonisieren, 29.05.2006, S. 1, zu entnehmen unter www.parlinkom.gv.at

für die Harmonisierung, entsprechend dem Subsidiaritätsgrundsatz, vorgegeben wäre und die Ausfüllung dieses Rahmens der Autorität der Mitgliedstaaten unterfallen würde. Zu klären wäre dabei nur die Frage, welche Tatbestandselemente zwingend einer Harmonisierung durch gemeinschaftliche Vorgaben zuzuführen sind, wobei im Folgenden der bereits erreichte Harmonisierungsstand in Ungarn aufgezeigt werden soll.

Eine der Kernfragen, die zwingend gemeinschaftlich geregelt werden muss, ist die nach dem geschützten Rechtsgut, weil die Bestimmung des Rechtsguts von unmittelbarer Auswirkung auf die anderen Tatbestandselemente ist. In diesem Zusammenhang ist insbesondere der Frage nachzugehen, inwieweit eine Erweiterung des jeweils geltenden nationalen Rechtsgutbegriffs vorzunehmen ist. In Ungarn wird derzeit ein relativ weitgehender Rechtsgutbegriff im Rahmen des § 310 Btk. vertreten, so dass eine Ausdehnung des Begriffs über den Aspekt der Funktionserhaltung des staatlichen Finanz- und Wirtschaftskreislaufs hinaus wohl nicht erforderlich ist.[729]

Des Weiteren müsste auch unbedingt festgelegt werden, welches strafrechtlich relevante Verhalten als Steuerhinterziehung angesehen werden kann. Dabei ist insbesondere zu beachten, dass Gesetze von Land zu Land unterschiedlich ausgestaltet sind und, dass unter Umständen ein Steuervergehen in einem Land nicht unbedingt auch in einem anderen Land gegen das Gesetz verstoßen muss. Schließlich muss auch eine Unterscheidung zwischen Steuerhinterziehung, d.h. der illegalen Nichtzahlung geschuldeter Steuern, und der Steuervermeidung, d.h. der legalen Minderung der Steuerschuld durch eine entsprechende Gestaltung, vorgenommen werden. Eine vorzugswürdige Lösung wäre auch in diesem Bereich die, dass man einen Vergleich dahingehend durchführt, welche Verhaltensweisen in allen Mitgliedstaaten als Steuerhinterziehung angesehen werden (z.B. die Abgabe unrichtiger Steuererklärungen) und diese als Grundlage für das strafbare Verhalten im Rahmen eines harmonisierten Steuertatbestandes nimmt. Der Straftatbestand des § 310 Btk. umfasst sowohl die Hinterziehung der noch festzusetzenden als auch die Hinterziehung der bereits festgesetzten Steuer, jeweils durch die Abgabe falscher Erklärungen oder durch ein sonstiges täuschendes Verhalten, so dass auch bei der Tatbestandsverwirklichung eine weitergehende Harmonisierung nicht erforderlich erscheint.

Eine weitere Frage hinsichtlich der Harmonisierung des in Frage kommenden Täterkreises wurde in Ungarn bereits in Form eines neuen Gesetzes umgesetzt: So ermöglicht das „Gesetz CIV aus dem Jahre 2001 zur Anwendung von strafrechtlichen Maßnahmen auf juristische Personen" die Sanktionierung von juristischen Personen. Zwar kommt die Verhängung einer Freiheitsstrafe gegen juristische Per-

---

729 Vgl. hierzu auch die Ausführungen unter Zweiter Teil, III. 1.

sonen nicht in Betracht, es wurden aber auf die juristische Personen zugeschnittene Sanktionsmöglichkeiten, wie z.B. die Auflösung oder Beschränkung der Tätigkeit oder die Verhängung einer Geldstrafe, geregelt.[730]

Schließlich bietet die abgestufte Regelung des Strafmaßes anhand der Steuerkürzungssumme im Rahmen des § 310 Btk. auch einen geeigneten Ansatz, um eine gewisse Einheitlichkeit bei der Sanktionierung zu gewährleisten. Die Regelung, dass nur ab einem bestimmten Steuerfehlbetrag überhaupt eine Sanktionierung nach dem ungarischen Strafgesetzbuch in Frage kommt und unterhalb dieser Schwelle nur Sanktionen nach der ungarischen Abgabenordnung zu verhängen sind, steht einem harmonisierten Steuerstraftatbestand ebenfalls nicht im Wege. Es könnte nämlich die Aufnahme einer entsprechenden Strafbarkeitsschwelle allgemein in Erwägung gezogen werden; unter der Strafbarkeitsschwelle könnten dann Sanktionen, ähnlich der, welche in der ungarischen Abgabenordnung geregelt sind, gegen den Steuerdelinquenten verhängt werden. Ob diese dann im Rahmen des Steuerbetrugstatbestandes geregelt sind oder, wie in Ungarn, in zwei Gesetzen, ist dem nationalen Gesetzgeber überlassen.

Zusammenfassend lässt sich somit ausführen, dass eine Harmonisierung des Steuerbetrugstatbestandes erstrebenswert ist, wobei der Straftatbestand des § 310 Btk., wie beispielhaft aufgezeigt, bereits gute Ansätze hierfür liefert. Gleichwohl bedeutet eine Harmonisierung bei den materiellen Regelungen, ebenso wie bei der Harmonisierung der Steuersätze, eine Koordination des Rechts durch die Vorgabe gemeinschaftsweit gültiger Mindeststandards zum Aufbau eines vergleichbaren Schutzanspruchs in den einzelnen Mitgliedstaaten, niemals aber eine Zentralisation von ureigensten Aufgaben der Länder. Der Aufbau eines solchen gemeinschaftlichen Kontrollsystems in Form von harmonisierten Gesetzesregelungen und eines harmonisierten Besteuerungsverfahrens kann nämlich nur durch Integration in die bereits bestehenden nationalen Regelungen, flankiert von einer umfangreichen Zusammenarbeit zwischen den einzelnen Mitgliedstaaten, erfolgreich durchgesetzt werden.

---

730 Vgl. hierzu die Ausführungen unter Zweiter Teil, III. 3. b.

Literaturverzeichnis:

Bücher / Berichte:

Angyal, Pál, Az egyéni jogok biztosításának elve, in: Tóth, Mihály, Büntetö eljárásjogi olvasókönyv, Osiris Verlag, Budapest, 2003. Zit.: Angyal, Pál, Der Grundsatz der Garantie der persönlichen Rechte, in: Tóth, Mihály, Lesebuch des Strafverfahrensrechts.

APEH-Évkönyv, Az APEH villága 2002, Tények, információk, im Eigenverlag der APEH, Budapest, 2002. Zit.: APEH-Jahrbuch, Die Welt der APEH 2002, Fakten, Informationen.

APEH-Évkönyv, Az APEH villága 2003, Tények, információk, im Eigenverlag der APEH, Budapest, 2003. Zit.: APEH-Jahrbuch, Die Welt der APEH 2003, Fakten, Informationen.

APEH-Bulletin 2003, Tájékoztató az APEH 2003. évi tevékenységéröl, im Eigenverlag der APEH, Budapest, 2003. Zit.: APEH-Bulletin 2003, Informationen zur Arbeit der APEH im Jahre 2003.

Ax, Rolf / Große, Thomas / Melchior, Jürgen, in: Abgabenordnung und Finanzgerichtsordnung, 18. Aufl., Schäfer-Poeschel Verlag, Stuttgart, 2003. Zit.: Ax, Rolf / Große, Thomas / Melchior, Jürgen, in: Abgabenordnung und Finanzgerichtsordnung, 18. Aufl.

Balogh, Ágnes / Köhalmi, László, Büntetöjog I, Általános rész, Dialóg Campus Verlag, Budapest / Pécs, 2003. Zit.: Balogh, Ágnes / Köhalmi, László, in: Strafrecht I / AT.

Balogh, Ágnes, Büntetöjog II, Különös rész, Dialóg Campus Verlag, Budapest / Pécs, 2005. Zit.: Balogh, Ágnes, in: Strafrecht II / BT.

Balogh, Ágnes, A vesztegetés megítélésének egyes jogtörténeti vonatkozásai, in: Korrupció Magyarországon, Friedrich-Ebert-Stiftung, verantwortlicher Herausgeber: Csefkó, Ferenc / Horváth, Csaba, im Eigenverlag, Kodex Druckerei, Pécs, 2001. Zit.: Balogh, Ágnes, Einzelne rechtsgeschichtliche Beziehungen zur Beurteilung der Bestechung, in: Korruption in Ungarn, Friedrich-Ebert Stiftung, 2001.

Bárandy, Péter, A hatékony védelem követelménye és a büntetö eljárásjog reformja, in: Lévay, Miklós, Dr. / Ferenczy, Lászlóné, Dr., A büntetöeljárás modernizációja az európai jogharmonizáció és a növekvö bünözés kettös szorításában, Sonderausgabe der staatlichen Kriminologiekonferenz am 04. – 05. Oktober 1996 in Szekszárd, Budapest, 1998. Zit.: Bárandy, Péter, Die Anforderungen an eine wirksame Verteidigung und die Reform des Strafverfahrensrechts, in: Lévay, Miklós / Ferenczy, Lászlóné, Die Modernisierung des Strafverfahrensrechts unter dem zweifachen Druck der europäischen Rechtsharmonisierung und der wachsenden Kriminalität.

Bárd, Károly / Gellér, Balázs / Ligeti, Katalin / Margitán, Éva / Wiener, A. Imre, Büntetöjog, Általános Rész, KJK Kerszöv Verlag, Budapest, 2004. Zit.: Bárd, Károly / Gellér, Balázs / Ligeti, Katalin / Margitán, Éva / Wiener, A. Imre, in: Strafrecht / AT.

Bárd, Károly, A magyar büntető eljárási jog – európai követelmények, in: Lévay, Miklos, Dr. / Ferenczy, Lászlóné, Dr., A büntetőeljárás modernizációja az európai jogharmonizáció és a növekvő bűnözés kettős szorításában, Sonderausgabe der staatlichen Kriminilogiekonferenz am 04. – 05. Oktober 1996 in Szekszárd, Budapest, 1998. Zit.: Bárd, Károly, Das ungarische Strafverfahrensrecht – europäische Anforderungen, in: Lévay, Miklos / Ferenczy, Lászlóné, Die Modernisierung des Strafverfahrensrechts, die europäische Rechtsharmonisierung und die wachsende Kriminalität in ihrer zweifachen Beengung.

Barta, Tamás / Tóth, Tinamér, Vállalkozástan, Grafél Verlag, Budapest, 1998. Zit.: Barta, Tamás / Tóth, Tinamér, in: Unternehmenslehre.

Bártfai, Béla, Dr. / Bogdán, Tibor, Dr. / Elmont, Gizella, Dr. / Pál, Lajos, Dr., Kézikönyv a magánszemélyek jövedelemadójáról és a vállalkozási adóról, Közgazdasági és jogi könyvkiado (Wirtschaftswissenschaftlicher und juristischer Verlag), Budapest, 1988. Zit.: Bártfai, Béla / Bogdán, Tibor / Elmont, Gizella / Pál, Lajos, in: Handbuch über die Einkommensteuer bei Privatpersonen und über die Besteuerung von Unternehmen.

Bartos, Csaba / Cserteg, Rita, Dr. / Csikós, István, Dr. / Dodehné Varga, Ilona / Herich, György, Dr. / Dobay, Peterné / Kiss, Attila / Kóbor, Joszefné, Dr. / Laczi, Ferenc / Supala, Iván, Dr., Adóellenőrzés, hrsg. v. Penta Unió Lehr- und Prüfungszentrum, Pécs, 2004. Zit.: Bartos, Csaba / Cserteg, Rita / Csikós, István / Dodehné Varga, Ilona / Herich, György / Dobay, Peterné / Kiss, Attila / Kóbor, Joszefné / Laczi, Ferenc / Supala, Iván, in: Steuerüberwachung.

Beccaria, Cesáre, A bünökröl és a büntetésekről, übersetzt ins Ungarische von Madarász, Imre, im Eigenverlag der juristischen Universität ELTE, Buch- und Heftherausgabe, Letter-Print Buchbinderei, Budapest, 1998. Zit.: Beccaria, Cesáre, in: Über die Straftaten und die Strafen.

Bán, Tamás, A tisztességes eljárás és annak egyik fontos vonása az ártatlanság vélelme, in: Tóth, Mihály, Büntető eljárásjogi olvasókönyv, Osiris Verlag, Budapest, 2003. Zit.: Bán, Tamás, Das faire Verfahren und einer seiner Züge: Die Unschuldsvermutung, in: Tóth, Mihály, Lesebuch des Strafverfahrensrechts.

Belegi, József, A közélet tisztasága elleni támadások az itélkezési tapasztalatok fényében, in: Korrupció Magyarországon, Friedrich-Ebert-Stiftung, verantwortlicher Herausgeber: Csefkó, Ferenc / Horváth, Csaba, im Eigenverlag, Kodex Druckerei, Pécs, 2001. Zit.: Belegi, József, Die Angriffe gegen die Reinheit des öffentlichen Lebens im Lichte der Erfahrungen der Rechtsprechung, in: Korruption in Ungarn, Friedrich-Ebert Stiftung, 2001.

Belováry, Ferenc, A büntetésvégrehajtási jog alkotásának, alkalmazásának időszerű kérdései a nemzetközi elvárások tükrében, in: Lévay, Miklos, Dr. / Ferenczy, Lászlóné, Dr., A büntetőeljárás modernizációja az európai jogharmonizáció és a növekvő bűnözés kettős szorításában, Sonderausgabe der staatlichen Kriminilogiekonferenz am 04. – 05. Oktober 1996 in Szekszárd, Budapest, 1998. Zit.: Belováry, Ferenc, Zeitgemäße Fragen der Schaffung und Anwendung eines Strafvollzugsrechts im Spiegel internationaler Erwartungen, in: Lévay, Miklós / Ferenczy, Lászlóné, Die Modernisierung des Strafverfahrensrechts unter dem zweifachen Druck der europäischen Rechtsharmonisierung und der wachsenden Kriminalität.

Belovics, Ervin, Dr. / Békés, Imre, Dr. / Busch, Béla, Dr. / Molnár, Gábor, Dr. / Sinku, Pál, Dr. / Tóth, Mihály, Dr., Büntetöjog, Általános Rész, 2. überarbeitete Aufl., HVG-ORAC Heft- und Buchverlag, Budapest, 2003. Zit.: Belovics, Ervin / Békés, Imre / Busch, Béla / Molnár, Gábor / Sinku, Pál / Tóth, Mihály, in: Strafrecht / AT.

Belovics, Ervin, Dr. / Molnár, Gábor, Dr. / Sinku, Pál, Dr., Büntetöjog, Különös Rész, 4. überarbeitete Aufl., HVG-ORAC Heft- und Buchverlag, Budapest, 2004. Zit.: Belovics, Ervin / Molnár, Gábor / Sinku, Pál, in: Strafrecht / BT, 4. überarbeitete Aufl.

Bencze, József, A Vám- és pénzügyörség a korrupció elleni harcban, in: Korrupció Magyarországon III, TI Magyarországi Tagozata Egyesület, East-West Management Institute, Pan Press, Budapest, 2003. Zit.: Bencze, József, Das Zoll- und Finanzamt im Kampf gegen die Korruption, in: Korruption in Ungarn III, Die vereinigte Sektion der TI Ungarn, 2003.

Bergman, Jan / Hedvig, Olga / Csizner, Ildikó, Dr. / Ronga, Éva / Kerek, Imréné / Sándór, Józsefné, A büntetöeljárás, KJK Kerszöv Verlag, Budapest, 2000. Zit.: Bergman, Jan / Hedvig, Olga / Csizner, Ildikó / Ronga, Éva / Kerek, Imréné / Sándór, Józsefné, in: Das Strafverfahrensrecht.

Bíró, A. Zoltán, Mindennapi ellenfelünk a rend, in: Gombár, Csaba / Hankiss, Elemér / Lengyel, László / Volosin, Hédi, Írások a korrupcióról, Helikon Verlag, Gyomai Kner Druckerei, Budapest, 1998. Zit.: Bíró, A. Zoltán, Unser täglicher Feind – die Ordnung, in: Gombár, Csaba / Hankiss, Elemér / Lengyel, László / Volosin, Hédi, Schriften über die Korruption.

Blaskó, Béla / Miklós, Irén / Pallagi, Anikó / Schubauer, Lászlo / Zentai, Agnés, Büntetöjog I, Különös Rész, Rejtjel Verlag, Budapest, 2004. Zit.: Blaskó, Béla / Miklós, Irén / Pallagi, Anikó / Schubauer, Lászlo / Zentai, Agnés, in: Strafrecht BT I.

Blaskó, Béla / Miklós, Irén / Schubauer, Lászlo, Büntetöjog II, Különös Rész, Rejtjel Verlag, Budapest, 2000. Zit.: Blaskó, Béla / Miklós, Irén / Schubauer, Lászlo, in: Strafrecht, BT II.

Bócz, Endre, A büntetö eljárásjogi kodifikáció egyes kérdései, in: Lörincz, Lajos, Dr. / Bocz, Endre, Dr. / Kádár, Béla, Dr. / Máthé, Gábor, Dr. / Török, Gábor, Dr. / Kapa, Mátyás, A büntetö törvénykönyv és a büntetö eljárási törvény modositásának elméleti és gyakorlati kérdései, Unió Heft- und Buchverlag, Budapest, 2003. Zit.: Bócz, Endre, Einzelne Fragen zur Kodifikation des Strafverfahrensrechts, in: Lörincz, Lajos / Bocz, Endre / Kádár, Béla / Máthé, Gábor / Török, Gábor / Kapa, Mátyás, Theoretische und praktische Fragen zum Strafgesetzbuch und zur Modifikation des Strafverfahrensrechts.

Bócz, Endre, A kriminális korrupció a magyar büntetöjogban, in: Gombár, Csaba / Hankiss, Elemér / Lengyel, László / Volosin, Hédi, Írások a korrupcióról, Helikon Verlag, Gyomai Kner Druckerei, Budapest, 1998. Zit.: Bócz, Endre, Die kriminalistische Korruption im ungarischen Strafrecht, in: Gombár, Csaba / Hankiss, Elemér / Lengyel, László / Volosin, Hédi, Schriften über die Korruption.

Bócz, Endre, Dr., Korrupciós büncselekmények a magyar büntetöjogban, in: Korrupció Magyarországon I, TI Magyarországi Tagozata Egyesület, East-West Management Institute, On Time Service Druck, Budapest, 2000. Zit.: Bócz, Endre, Korruptionsstraftaten im ungarischen Strafrecht, in: Korruption in Ungarn I, Die vereinigte Sektion der TI Ungarn, 2000.

Bognár, Péter, Dr. / Molnár, Csaba / Vörösné Forstner, Mária, Útmutató a külföldi szervezetek és magánszemélyek részére, eine Herausgabe der Steuer- und Finanzüberwachungsbehörde APEH, Kompkonzult Verlag, Manila Druck, Budapest, 1997. Zit.: Bognár, Péter / Molnár, Csaba / Vörösné Forstner, Mária, in: Wegweiser für ausländische Organisationen und Privatpersonen.

Bonácz, Zsolt / Orbán, Ildikó, Dr. / Bakonyi, Béla, Dr. / Szurovszki, Éva / Lakiné Szkiba, Judit, Adókímélő tanácsok, Verzál Verlag, Budapest, 2004. Zit.: Bonácz, Zsolt / Orbán, Ildikó / Bakonyi, Béla / Szurovszki, Éva / Lakiné Szkiba, Judit, in: Steuerschonende Ratschläge, 2004.

Bordács, Ágnes, Dr. / Fekete, Jozsefné, Dr. / Csillag, Dezsöné, Dr. / Zsohár, Istvánné, Dr., Büncselekményre utaló tényállás az adóellenörzési eljárás során, Inter Print Verlag, Budapest, 2001. Zit.: Bordács, Ágnes / Fekete, Jozsefné / Csillag, Dezsöné / Zsohár, Istvánné, in: APEH, Der auf eine Straftat hinweisende Sachverhalt im Rahmen der Steuerüberwachung, eine Veröffentlichung der APEH, überarbeitete Fassung.

Budapesti ügyvédi kamra, Korrupció, Bele kell-e törödnünk? Im Eigenverlag, Budapest, 1997. Zit.: Budapester Rechtsanwaltskammer, in: Müssen wir uns mit der Korruption abfinden?, Ein Bericht über die Tagung vom 28. Oktober 1997 in Budapest und vom 30. Oktober 1997 in Pécs.

Burgmann, György, Kézikönyv a 2003. évi általános forgalmi adó alkalmazásához, Verzál Verlag, Budapest, 2003. Zit.: Burgmann, György, in: Handbuch zur Anwendung der allgemeinen Umsatzsteuer aus dem Jahr 2003.

Claussen, Hans Rudolf, in: Korruption im öffentlichen Dienst, Ein Überblick, Carl Heymanns Verlag, Köln unter anderem, 1995. Zit.: Claussen, Hans Rudolf, in: Korruption im öffentlichen Dienst, Ein Überblick.

Clemens, Michael, in: Amtsmissbrauch und Korruption, Politikwissenschaft, Bd. 69. LIT Verlag, Münster unter anderem, 2000. Zit.: Clemens, Michael, in: Amtsmissbrauch und Korruption, Politikwissenschaft, Bd. 69.

Cséka, Ervin / Fantoly, Zsanett / Kovács, Judit / Lörinczy, György / Vida, Mihály, A büntetöeljárási jog alapvonalai I, Bába Verlag, Szeged, 2004. Zit.: Cséka, Ervin / Fantoly, Zsanett / Kovács, Judit / Lörinczy, György / Vida, Mihály, in: Die Grundlagen des Strafverfahrensrechts I.

Cséka, Ervin / Hegedüs, István / Hofszang, József / Maráz, Vilmosné / Vida, Mihály, A büntetö eljárási jog vázlata II, JATEPress Verlag und Druckerei, Szeged, 1998. Zit.: Cseka, Ervin / Hegedüs, István / Hofszang, József / Maráz, Vilmosné / Vida, Mihály, in: Skizze des Strafverfahrensrechts II.

Cséka, Ervin, Gondolatok az ügyészségröl (büntetöügyekben), in: Tóth, Mihály, Büntetö eljárásjogi olvasókönyv, Osiris Verlag, Budapest, 2003. Zit.: Cséka, Ervin, Gedanken zur Staatsanwaltschaft (in Strafsachen), in: Tóth, Mihály, Lesebuch des Strafverfahrensrechts.

Csemáné Váradi, Erika / Görgényi, Ilona / Gula, József / Lévay, Miklós / Sántha, Ferenc, Magyar Büntetöjog, Különös Rész II, Bíbor Verlag, Miskolc, 2002. Zit.: Csemáné Váradi, Erika / Görgényi, Ilona / Gula, József / Lévay, Miklós / Sántha, Ferenc, in: Ungarisches Strafrecht / BT II.

Cser, Gyula / Horváth, Tibor / Lőrincz, József / Magyar, Miklós / Nagy, Ferenc / Németh, Mihály, Büntetés végrehajtási jog, Rendőrtiszti Főiskola (Polizeiliche Fachoffiziersschule), Rejtjel Verlag, Budapest, 1999. Zit.: Cser, Gyula / Horváth, Tibor / Lőrincz, József / Magyar, Miklós / Nagy, Ferenc / Németh, Mihály, in: Strafvollzugsgesetz.

Cserei, Gyula, Dr., Ügyészségi megállapítások a korrupciós bűncselekmények nyomozási tapasztalataiból, in: Korrupció Magyarországon I, TI Magyarországi Tagozata Egyesület, East-West Management Institute, On Time Service Druck, Budapest, 2000. Zit.: Cserei, Gyula, Staatsanwaltschaftliche Feststellungen zu der Ermittlungserfahrung bei den Korruptionsdelikten, in: Korruption in Ungarn I, Die vereinigte Sektion der TI Ungarn, 2000.

Cserta, Zoltán, Dr., Közigazgatás és korrupció, in: Korrupció Magyarországon I, TI Magyarországi Tagozata Egyesület, East-West Management Institute, On Time Service Druck, Budapest, 2000. Zit.: Cserta, Zoltán, Verwaltung und Korruption, in: Korruption in Ungarn I, Die vereinigte Sektion der TI Ungarn, 2000.

Dáni, Sándor, A pénzügyi jog elméleti kérdései, JATEPress Verlag, Szeged, 1989. Zit.: Dáni, Sándor, in: Die wesentlichen theoretischen Fragen des Finanzrechts.

Dessewffy, Anna, Dr., A közbeszerzés és a korrupció összefüggései, in: Korrupció Magyarországon I, TI Magyarországi Tagozata Egyesület, East-West Management Institute, On Time Service Druck, Budapest, 2000. Zit.: Dessewffy, Anna, Die Zusammenhänge zwischen dem Zentraleinkauf und der Korruption, in: Korruption in Ungarn I, Die vereinigte Sektion der TI Ungarn, 2000.

Djanani, Christiana / Brähler, Gernot / Ulbrich, Philipp, in: Investitionen und Steuern in Ungarn, Doing Business in Hungary, Verlag Neue Wirtschaftsbriefe / Herne, Berlin, 2003. Zit.: Djanani, Christiana / Brähler, Gernot / Ulbrich, Philipp, in: Investitionen und Steuern in Ungarn.

Ehlers, Hans / Lohmeyer, Heinz, in: Steuerstraf- und Steuerordnungswidrigkeitenrecht einschließlich Verfahrensrecht, 5. Aufl., Fachverlag für Wirtschafts- und Steuerrecht, Schäfer GmbH & CoKG, Stuttgart, 1982. Zit.: Ehlers, Hans / Lohmeyer, Heinz, in: Steuerstraf- und Steuerordnungswidrigkeitenrecht einschließlich Verfahrensrecht, 5. Aufl.

Elmont, Gizella, Dr., Az adóigazgatás kézikönyve, Consultatio Verlag, Füti Druckerei, Budapest, 1990. Zit.: Elmont, Gizella, in: Handbuch der Steuerverwaltung.

Elmont, Gizella, Dr., Kézikönyv az adózás rendjéről, Consultatio Verlag, Füti Druckerei, Budapest, 1992. Zit.: Elmont, Gizella, in: Handbuch der Abgabenordnung.

Erdei, Árpád, Felújítás vagy megújítás, A büntető eljárási jog választási lehetőségei, in: Nyugat-európai hatások a magyar jog rendszer fejlödésében, Studien der Staats- und rechtswissenschaftlichen Fakultät der Universität ELTE, hrsg. v. Regál Grafik Studio, Stádium Druckerei, Budapest, 1994. Zit.: Erdei, Árpád, Auffrischung oder Erneuerung, Die Wahlmöglichkeiten des Strafverfahrensrechts, in: Békés, Imre / Wiener, A. Imre / Erdei, Árpád / Máttyus, Ádám / Siegler, Konrád / Bándi, Gyula, West-europäische Einflüsse in der Entwicklung der ungarischen Rechtsordnung.

Erdősy, Emil / Földvári, József / Tóth, Mihály, Magyar Büntetőjog / Különös Rész, Osiris Verlag, Budapest, 2004. Zit.: Erdősy, Emil / Földvári, József / Tóth, Mihály, in: Ungarisches Strafgesetz / BT.

Farkas, Ákos, Büntetőjogi együttműködés az Európai Unióban, Osiris Verlag, Budapest, 2002. Zit.: Farkas, Ákos, Strafrechtliche Zusammenarbeit in der Europäischen Union.

Farkas, Ákos, Az európai közösségek pénzügyi érdekeinek büntetőjogi védelme és a korrupció, in: Gombár, Csaba / Hankiss, Elemér / Lengyel, László / Volosin, Hédi, Írások a korrupcióról, Helikon Verlag, Gyomai Kner Druckerei, Budapest, 1998. Zit.: Farkas, Ákos, Der strafrechtliche Schutz von finanziellen Interessen der europäischen Gemeinschaft und die Korruption, in: Gombár, Csaba / Hankiss, Elemér / Lengyel, László / Volosin, Hédi, Schriften über die Korruption.

Farkas, Ákos / Róth, Erika, A Büntetőeljárás, KJK Kerszöv Verlag, Budapest, 2004. Zit.: Farkas, Ákos / Róth, Erika, in: Das Strafverfahrensrecht.

Fazekas, Judit, Dr. / Tóth, Ferenc / Türkösi, József / Balla, Katalin / Szilágyiné Velladics, Éva, KFT 2001, Unió Heft- und Buchverlag, Budapest, 2001. Zit.: Fazekas, Judit / Tóth, Ferenc / Türkösi, József / Balla, Katalin / Szilágyiné Velladics, Éva, in: Die GmbH.

Fejes, Eszter, Dr. / Lucz, Zoltánné / Dancs, Gábor, Dr., Adótörvények változásai 2003, Saldo Verlag, Budapest, 2003. Zit.: Fejes, Eszter / Lucz, Zoltánné / Dancs, Gábor, in: Die Änderungen der Steuergesetzte 2003.

Felkai, Roland, in: Die Reform des ungarischen Steuersystems, Ausgestaltung der Besteuerung bei Einführung der Marktwirtschaft, mit einem Geleitwort von Prof. Dr. Jan S. Kowalski, Gabler Edition Wissenschaft, Deutscher Universitätsverlag, Wiesbaden, 1996. Zit.: Felkai, Roland, in: Die Reform des ungarischen Steuersystems.

Fenyvesi, Csaba / Herke, Csongor / Tremmel, Flórián, Új magyar büntetőeljárás, Dialóg Campus Verlag, Budapest / Pécs, 2004. Zit.: Fenyvesi, Csaba / Herke, Csongor / Tremmel, Flórián, in: Neues ungarisches Strafverfahrensrecht.

Fenyvesi, Csaba, A védői tevékenység alkotmányos és alapelvi vonatkozásai, in: Tóth, Mihály, Büntető eljárásjogi olvasókönyv, Osiris Verlag, Budapest, 2003. Zit.: Fenyvesi, Csaba, Die verfahrensmäßigen und grundsätzlichen Beziehungen der Verteidigertätigkeit, in: Tóth, Mihály, Lesebuch des Strafverfahrensrechts.

Fenyvesi, Csaba, A védőügyvéd, A védő büntetőeljárási szerepéröl és jogállásáról (Zur Rolle und Rechtsstellung des Verteidigers im Strafverfahren), Dialóg Campus Verlag, Budapest / Pécs, 2002. Zit.: Fenyvesi, Csaba, in: Der Strafverteidiger.

Finkey, Ferenc, A felek fogalma a büntetőperben, in: Tóth, Mihály, Büntető eljárásjogi olvasókönyv, Osiris Verlag, Budapest, 2003. Zit.: Finkey, Ferenc, Der Begriff der Subjekte im Strafverfahrensrecht, in: Tóth, Mihály, Lesebuch des Strafverfahrensrechts.

Földes, Gábor, Dr. / Hadi, László, Dr. / Kurucz-Váradi, Károly, Dr. / Pénzely, Márta / Pölöskei, Pálné / Szolnoki, Béla, Dr., Az új adójog magyarázata 2004, HVG-ORAC Heft- und Buchverlag, Budapest, 2004. Zit.: Földes, Gábor / Hadi, László / Kurucz-Váradi, Károly / Pénzely, Márta / Pölöskei, Pálné / Szolnoki, Béla, in: Die Erläuterung des neuen Steuerrechts 2004.

Földes, Gábor / Hadi, László / Kékesi, László, Az adóeljárás és adóigazgatás kézikönyve, Kompkonzult Verlag, Budapest, 1996. Zit.: Földes, Gábor / Hadi, László / Kékesi, László, in: Das Handbuch des Steuerverfahrens und –verwaltung.

Földes, Gábor, Pénzügyi Jog, überarbeitete Aufl. der Ausgabe aus dem Jahr 2001, Osiris Verlag, Budapest, 2003. Zit.: Földes, Gábor, in: Finanzrecht.

Földes, Gábor, Adójog, 2. überarbeitete Aufl., Osiris Verlag, Budapest, 2004. Zit.: Földes, Gábor, in: Steuerrecht.

Földvári, József, Magyar Büntetőjog / Általános Rész, 7. überarbeitete Aufl., Osiris Verlag, Budapest, 2003. Zit.: Földvári, József, in: Ungarisches Strafrecht / AT.

Friemel, Rainer / Schiml, Kurt, in: Lehrbuch der Abgabenordnung, 14. Aufl., Verlag Neue Wirtschaftsbriefe / Herne, Berlin, 2001. Zit.: Friemel, Rainer / Schiml, Kurt, in: Lehrbuch der Abgabenordnung.

Gál, István, Tanulmányok, Erdösy Emil professzor tiszteletére, A Gazdasági bűncselekmények és az elméleti közgazdaságtan kapcsolatának néhány kérdésköre, Festschrift zu Ehren des Professors Erdösy Emil, PTE ÁJK Verlag, Pécs, 2002. Zit.: Gál, István, in: Studien; Einige Fragen der Verbindung der wirtschaftlichen Delikte und der theoretischen Wirtschaftslehre.

Gatter, László, Dr., Bíróság és korrupció, in: Korrupció Magyarországon I, TI Magyarországi Tagozata Egyesület, East-West Management Institute, On Time Service Druck, Budapest, 2000. Zit.: Gatter, László, Gerichtsbarkeit und Korruption, in: Korruption in Ungarn I, Die vereinigte Sektion der TI Ungarn, 2000.

Garami, Lajos, A büntetés hatása, Büntetőjogi Tanulmányok, hrsg. v. Regionalkommittee der ungarischen wissenschaftlichen Akademie Veszprém, vom Wirtschafts-Rechts- und Gesellschaftswissenschaftlichen Fachkommittee, von dem strafrechtlichen Arbeitskommittee, Veszprém, 1999. Zit.: Garami, Lajos, in: Die Wirkung der Strafe, Strafrechtsstudien.

Gódor, Sándorné, Kisvallalkozások jövedelemadózása és az ezekkel kapcsolatos adatszolgáltatás, im Eigenverlag der juristischen Universität ELTE, Buch- und Heftherausgabe, Budapest, 1990. Zit.: Gódor, Sándorné, in: Einkommensbesteuerung von Kleinunternehmern und damit zusammenhängende Informationsbeschaffung.

Gombár, Csaba, A korrupció mint közrossz, in: Gombár, Csaba / Hankiss, Elemér / Lengyel, László / Volosin, Hédi, Írások a korrupcióról, Helikon Verlag, Gyomai Kner Druckerei, Budapest, 1998. Zit.: Gombár, Csaba, Die Korruption als öffentliches Übel, in: Gombár, Csaba / Hankiss, Elemér / Lengyel, László / Volosin, Hédi, Schriften über die Korruption.

Görgényi, Ilona, A vesztegetés a magyar büntetőjogban és az EU-csatlakozás, Ünnepi tanulmányok, Holló András hatvanadik születésnapjára, Bibor Verlag, Miskolc, 2003. Zit.: Görgényi, Ilona, Die Bestechung im ungarischen Strafrecht und der EU-Anschluss, in: Ádám, Antal / Boholy, Zoltán / Bragyova, András / Csák, Csilla / Dezsö, Márta / Erdös, Éva / Gáspárdy, László / Görgényi, Ilona / Hallók, Tamás / Kalas, Tibor / Kovács, Péter / Kukorelli, István / Lévay, Miklós, in: Festschrift zu Ehren des 60. Geburtstags von Prof. Holló András.

Gubacsy, Bernadett, Dr. / Matlné Kisari, Erika / Katona, Anikó, Önálló tevékenység adózása, MediaTeam Verlag, Megapress Druckerei, Budapest, 2004. Zit.: Gubacsy, Bernadett / Matlné Kisari, Erika / Katona, Anikó, in: Die Besteuerung von selbständiger Tätigkeit.

Hacker, Ervin, Alapelvek, in: Tóth, Mihály, Büntető eljárásjogi olvasókönyv, Osiris Verlag, Budapest, 2003. Zit.: Hacker, Ervin, Grundprinzipien, in: Tóth, Mihály, Lesebuch des Strafverfahrensrechts.

Hadi, László, Dr. / Földes, Gábor, Dr., Az adózás rendjének alkalmazása az önkormányzati adóhatóságoknál, KJK Kerszöv Verlag, Budapest, 2004. Zit.: Hadi, László / Földes, Gábor, in: Die Anwendung der Abgabenordnung bei den Selbstverwaltungssteuerbehörden.

Haft, Fritjof, Prof., in: Strafrecht, Allgemeiner Teil, 9. Aufl., C.H. Beck Verlag, München 2004. Zit.: Haft, Fritjof, in: Strafrecht, AT, 9. Aufl.

Hedvig, Olga / Csizner, Ildikó / Lovász, Adrienn / Kerek, Imréné / Agoston, Katalin, A büntető törvénykönyv, KJK Kerszöv Verlag, Akademische Druckerei, Budapest, 2001. Zit.: Hedvig, Olga / Csizner, Ildikó / Lovász, Adrienn / Kerek, Imréné / Agoston, Katalin, in: Das Strafgesetzbuch.

Herich, György, Dr. / Hadi, László, Dr. / Horváth, Sándor / Magony, Krisztina / Molnár Gáspár, Endre / Szatmári, László, Adótan I / magyarázatok, Reproflex Verlag und Druckerei, Pécs, 2004. Zit.: Herich, György / Hadi, László / Horváth, Sándor / Magony, Krisztina / Molnár Gáspár, Endre / Szatmári, László, in: Steuerlehre I, Erklärungen.

Herich, György Dr. / Horváth, Sándor Dr. / Luklíder, Gabriella, Adótan I, Reproflex Verlag und Druckerei, Pécs, 2004. Zit.: Herich, György / Horváth, Sándor / Luklíder, Gabriella, in: Steuerlehre I.

Herke, Csongor, Büntető eljárásjogi alapismeretek, Kodex Druckerei, verantwortlicher Herausgeber: Lengyel, Miklós, Dr., Pécs, 1998. Zit.: Herke, Csongor, in: Die Grundkenntnisse des Strafverfahrensrechts.

Herke, Csongor, Büntető eljárásjog, Dialóg Campus Verlag, Budapest / Pécs, 2004. Zit.: Herke, Csongor, in: Strafverfahrensrecht.

Holé, Katalin, Büntető anyagi és eljárási jogunk, valamint az Európai Unió kívánalmai, in: Lörincz, Lajos, Dr. / Bocz, Endre, Dr. / Kádár, Béla, Dr. / Máthé, Gábor, Dr. / Török, Gábor, Dr. / Kapa, Mátyas, A büntető törvénykönyv és a büntető eljárási törvény modositásának elméleti és gyakorlati kérdései, Unió Heft- und Buchverlag, Budapest, 2003. Zit.: Holé, Katalin, Unser materielles Strafrecht und das Strafverfahrensrecht sowie die Anforderungen der europäischen Union, in: Lörincz, Lajos / Bocz, Endre / Kádár, Béla / Máthé, Gábor / Török, Gábor / Kapa, Mátyas, Theoretische und praktische Fragen zum Strafgesetzbuch und zur Modikifation des Strafverfahrensrechts.

Horváth, Béla / Debreczeni, Ágnes / Harkai, Éva / Bors, Krisztina, Büntető Törvénykönyv / Büntetőeljárás, Unió Heft- und Buchverlag, Budapest, 1995. Zit.: Horváth, Béla / Debreczeni, Ágnes / Harkai, Éva / Bors, Krisztina, in: Strafgesetzbuch / Strafverfahren.

Horváth, Tibor / Kereszty, Béla / Maráz, Vilmosné / Nagy, Ferenc / Vida, Mihály, A Magyar Büntetöjog / Különös Része, Korona Verlag, Budapest, 1999. Zit.: Horváth, Tibor / Kereszty, Béla / Maráz, Vilmosné / Nagy, Ferenc / Vida, Mihály, in: Das ungarische Strafgesetzbuch / BT.

Hugó, Hajnal, Dr., Csemegi Károly – Élete és Müködése, A Magyar Büntetö Törvénykönyv és A Bírói Szervezetröl Szóló Törvény Megalkotójának (Zu Ehren des Begründers des ungarischen Strafgesetzbuchs und Gerichtsverfassungsgesetzes), Gondolat Verlag, Books in Print / Lloyd Druckerei Vereinigung, Budapest, 2003. Zit.: Hugó, Hajnal, in: Csemegi Károly – Leben und Wirken.

Jakobs, Günther, in: Strafrecht, Allgemeiner Teil, Lehrbuch, Die Grundlagen und die Zurechenbarkeitslehre, Walter de Gruyter Verlag, Berlin unter anderem, 1983. Zit.: Jakobs, Günther, in: Strafrecht, AT.

Jankovics, Kornélia, in: Gazdasági büncselekmények és korrupció, verantwortlicher Herausgeber: Blaskó, Béla, Dr., im Eigenverlag der polizeilichen Offizierschule Budapest, Budapest, 2003. Zit.: Jankovics, Kornélia, in: Wirtschaftsstraftaten und Korruption.

Jeschek, Hans-Heinrich, Prof. / Weigend, Thomas, Prof. in: Lehrbuch des Strafrechts, Allgemeiner Teil, 5. Aufl., Duncker u. Humblot Verlag, Berlin, 1996. Zit.: Jeschek, Hans-Heinrich / Weigend, Thomas, in: Lehrbuch des Strafrechts, AT, 5. Aufl.

Kabódi, Csaba / Mezey, Barna, in: A büntetö rendszer allapfogalmai, im Eigenverlag der juristischen Universität ELTE, Buch- und Heftherausgabe, Budapest, 1997. Zit.: Kabódi, Csaba / Mezey, Barna, in: Die Grundbegriffe der Strafordnung.

Kacziba, Antal, Dr., A gazdaság, a fekete gazdaság, a gazdasági szervezett bünözés és a korrupció, in: Domokos, Andrea, A rendörség és a közvélemény, a gazdaság, fekete gazdaság, a gazdasági szervezett bünözés és a korrupció, kodifikáció – bizonyítás, a tanúvédelem, eine Herausgabe der ungarisch-kriminologischen Gesellschaft, Kriminologische Schriften Nr. 54, Budapest, 1996. Zit.: Kacziba, Antal, Die Wirtschaft, die Schwarzwirtschaft, die organisierte Wirtschaftskriminalität und die Korruption, in: Domokos, Andrea, Die Polizei und die öffentliche Meinung, die Wirtschaft, die Schwarzwirtschaft, die organisierte Wirtschaftskriminalität und die Korruption, Kodifikation-Beweisführung, der Zeugenschutz, Eine Herausgabe der ungarisch-kriminologischen Gesellschaft, Kriminologische Schriften Nr. 54, 1996.

Karsai, Krisztina, in: Az európai büntetöjogi integráció alapkérdései, KJK Kerszöv Verlag, Budapest, 2004. Zit.: Karsai, Krisztina, in: Die Grundfragen der Integration des europäischen Strafrechts.

Kékesi, László, Dr. / Csúcs, László, Dr. / Sugár, Dezsö, Dr., in: Kézikönyv a helyi adókhoz, Exprint Verlag, Budapest, 1991. Zit.: Kékesi, László / Csúcs, László / Sugár, Dezsö, in: Handbuch der örtlichen Steuern.

Kende, Péter, A személyes integritás esélyei korrupciós viszonyok között, in: Gombár, Csaba / Hankiss, Elemér / Lengyel, László / Volosin, Hédi, Írások a korrupcióról, Helikon Verlag, Gyomai Kner Druckerei, Budapest, 1998. Zit.: Kende, Péter, Die Chancen der persönlichen Integrität zwischen den Korruptionsbeziehungen, in: Gombár, Csaba / Hankiss, Elemér / Lengyel, László / Volosin, Hédi, Schriften über die Korruption.

Kerezsi, Klara, in: A büntetés hatásának elemei, Büntetöjogi Tanulmányok, hrsg. v. Regionalkommittee der ungarischen wissenschaftlichen Akademie Veszprém, vom Wirtschafts-Rechts- und Gesellschaftswissenschaftlichen Fachkommittee, von dem strafrechtlichen Arbeitskommittee, Veszprém, 1999. Zit.: Kerezsi, Klara, in: Die Wirkungsbestandteile der Strafe, Strafrechtsstudien.

Kindhäuser, Urs, Prof., in: Strafrecht, Allgemeiner Teil, Nomos Lehrbuch, Nomos Verlag, Baden-Baden, 2005. Zit.: Kindhäuser, Urs, in: Strafrecht, AT.

Király, Tibor, in: Büntető – Eljárási Jog, 3. überarbeitete Aufl., Osiris Verlag, Budapest, 2003. Zit.: Király, Tibor, in: Strafverfahrensrecht.

Kis, Norbert / Papp, László, in: A büntetőjog alapjai, 2. überarbeitete Aufl., Unió Heft- und Buchverlag, Budapest, 2001. Zit.: Kis, Norbert / Papp, László, in: Die Grundlagen des Strafrechts.

Kiss, Anna, A sértett eljárásjogi helyzetének erősítése, különös tekintettel a pótmagánvád intézményére, in: Tóth, Mihály, Büntető eljárásjogi olvasókönyv, Osiris Verlag, Budapest, 2003. Zit.: Kiss, Anna, Die Stärkung der verfahrensrechtlichen Stellung des Verletzten mit besonderer Berücksichtigung der Ersatzprivatklage, in: Tóth, Mihály, Lesebuch des Strafverfahrensrechts.

Knaus, Michael, Dr. / Wakounig, Marian-Raimund, DDr., in: Steuer- und Gesellschaftsrecht der EU-Beitrittskandidaten, Fachbuch Recht, Linde Verlag, Wien, 2003. Zit.: Knaus, Michael / Wakounig, Marian-Raimund, in: Steuer- und Gesellschaftsrecht der EU-Beitrittskandidaten.

Koczka, Éva, in: Büntető jogszabályok, Wirtschafts- und juristischer Verlag, G und G Druckerei, Budapest, 1996. Zit.: Koczka, Éva, in: Strafrechtsvorschriften.

Korbuly, Andrea, A korrupció elleni küzdelem az Európai Unióban, in: Korrupció Magyarországon II, TI Magyarországi Tagozata Egyesület, East-West Management Institute, Pan Press, Budapest, 2003. Zit.: Korbuly, Andrea, Der Kampf gegen die Korruption in der Europäischen Union, in: Korruption in Ungarn II, Die vereinigte Sektion der TI Ungarn, 2003.

Korinek, László, in: Rejtett bűnözés, Wirtschaftlicher und juristischer Verlag, Budapest, 1988. Zit.: Korinek, László, in: Verborgene Kriminalität.

Kostyál, Rezső / Kosztolányi, Lászlóné / Pintér, János, in: Agrárpénzügyek kézikönyve, KJK Kerszöv Verlag, Budapest, 2000. Zit.: Kostyál, Rezső / Kosztolányi, Lászlóné / Pintér, János, in: Das Handbuch der Agrarfinanzrechtsfälle.

Kovács, Árpád, Dr., Néhány gondolat a korrupcióról és visszaszorításának lehetőségeiről, in: Korrupció Magyarországon I, TI Magyarországi Tagozata Egyesület, East-West Management Institute, On Time Service Druck, Budapest, 2000. Zit.: Kovács, Árpád, Einige Gedanken zu den Zurückdrängungsmöglichkeiten der Korruption, in: Korruption in Ungarn I, Die vereinigte Sektion der TI Ungarn, 2000.

Közösségi Pénzügyek, Elmélet és gyakorlat a közép – európai átmenetben, Aula Verlag, Budapest, 2000. Zit.: Gemeinschaftliche Finanzsachen, Theorie und Praxis im mitteleuropäischen Übergang.

Kránitz, Mariann, Dr., Prológus avagy néhány gondolat a korrupcióról, in: Korrupció Magyarországon I, TI Magyarországi Tagozata Egyesület, East-West Management Institute, On Time Service Druck, Budapest, 2000. Zit.: Kránitz, Mariann, Prolog oder einige Gedanken zur Korruption, in: Korruption in Ungarn I, Die vereinigte Sektion der TI Ungarn, 2000.

Kránitz, Mariann, A Korrupciós Bűnözés, in: Korrupció Magyarországon, Friedrich-Ebert-Stiftung, verantwortlicher Herausgeber: Csefkó, Ferenc / Horváth, Csaba, im Eigenverlag, Kodex Druckerei, Pécs, 2001. Zit.: Kránitz, Mariann, Die Korruptionskriminalität, in: Korruption in Ungarn, Friedrich-Ebert Stiftung, 2001.

Kránitz, Mariann / Mihály, Péter, Epilógus avagy hol tartunk a korrupció felmérésében és értékelésében Magyarországon, a 2000. esztendőben? In: Korrupció Magyarországon I, TI Magyarországi Tagozata Egyesület, East-West Management Institute, On Time Service Druck, Budapest, 2000. Zit.: Kránitz, Mariann / Mihály, Péter, Epilog oder wo stehen wir bei der Aufdeckung und Bewertung der Korruption in Ungarn, im 20. Jahrhundert? In: Korruption in Ungarn I, Die vereinigte Sektion der TI Ungarn, 2000.

Krémer, László, Az altalános forgalmi adó vonatkozásában elkövetett csalás és adócsalás elhatárolása, in: Tanulmámyok, Festschrift zu Ehren des Professors Dr. Erdősy Emil, hrsg. v. PTE ÁJK Verlag, Pécs, 2002. .Zit.: Krémer, László, in: Studien, Die Abgrenzung Betrug – Steuerbetrug bei der Umsatzsteuerhinterziehung, Festschrift zu Ehren des Professors Erdősy Emil.

Krey, Volker, Prof., in: Deutsches Strafrecht, Allgemeiner Teil, Studienbuch in systematisch-induktiver Darstellung,, Bd. 2, 2. Aufl., W. Kohlhammer Verlag, Stuttgart unter anderem, 2005. Zit.: Krey, Volker, in: Deutsches Strafrecht, AT, Studienbuch, Bd. 2, 2. Aufl.

Krug, Sabine, in: Korruption in verschiedenen Wirtschaftssystemen, Eine komparatorische Analyse, DeutscherUniversitätsVerlag, Wiesbaden, 1997. Zit.: Krug, Sabine, in: Korruption in verschiedenen Wirtschaftssystemen, Eine komparatorische Analyse.

Kühl, Kristian, Prof., in: Strafrecht, Allgemeiner Teil, 4. Aufl., Franz Vahlen Verlag, München, 2002. Zit.: Kühl, Kristian, in: Strafrecht, AT, 4. Aufl.

Kurtán, Lajos, in: Közgazdaságtan, im Eigenverlag der juristischen Universitat ELTE, Buch- und Heftherausgabe, Budapest, 2003. Zit.: Kurtán, Lajos, in: Wirtschaftswissenschaftslehre.

Kurucz-Váradi, Károly, Dr. / Csákiné Fodor, Anna / Szikszainé Bérces, Anna, Dr. / Kovácsné Homoródy, Beáta / Hórváth, Hedvig, Dr. / Radics, Zsuzsanna, Dr., in: Adótanácsadó, eine Herausgabe der ungarischen Industrie- und Handelskammer, Budapest, 2003. Zit.: Kurucz-Váradi, Károly / Csákiné Fodor, Anna / Szikszainé Bérces, Anna / Kovácsné Homoródy, Beáta / Hórváth, Hedvig / Radics, Zsuzsanna, in: Steuerratgeber.

Lammerding, Jo, Prof. / Hackenbroch, Rüdiger, Prof. / Sudau, Alfred, Leitender Regierungsdirektor a.D., in: Steuerstrafrecht einschließlich Steuerordnungswidrigkeitenrecht und Verfahrensrecht, 6. Aufl., hrsg. v. der Deutschen Steuer-Gewerkschaft, Erich Fleischer Verlag, Achim bei Bremen, 1993. Zit.: Lammerding, Jo / Hackenbroch, Rüdiger / Sudau, Alfred, in: Steuerstrafrecht einschließlich Steuerordnungswidrigkeitenrecht und Verfahrensrecht, 6. Aufl..

Lengyel, László, Esszé a politikai korrupciórol, in: Gombár, Csaba / Hankiss, Elemér / Lengyel, László / Volosin, Hédi, Írások a korrupciórol, Helikon Verlag, Gyomai Kner Druckerei, Budapest, 1998. Zit.: Lengyel, László, Aufsatz über die politische Korruption, in: Gombár, Csaba / Hankiss, Elemér / Lengyel, László / Volosin, Hédi, Schriften über die Korruption.

Lepsényi, Mária / Györi, Éva / Csátaljay, Zsuzsanna, in: Az egyszerűsített vállalkozói adó, Jász Verlag und Druckerei, Budapest, 2003. Zit.: Lepsényi, Mária / Györi, Éva / Csátaljay, Zsuzsanna, in: Die vereinfachte Unternehmensbesteuerung 2003.

Ligeti, Katalin, in: Europäisches Strafrecht, MTA Rechtsiwssenschaftlicher Verlag, Kolor Optika Druckerei, Budapest, 2000. Zit.: Ligeti, Katalin, Europäisches Strafrecht.

Lomnici, Zoltán, in: Pénzügyi Ítélkezés, HVG-ORAC Heft- und Buchverlag, Budapest, 2001. Zit.: Lomnici, Zoltán, in: Finanzrechtsprechung.

Lomnici, Zoltán, in: Az adóperek könyve, HVG-ORAC Heft- und Buchverlag, Budapest, 1999. Zit.: Lomnici, Zoltán, in: Das Buch der Steuerprozesse.

Lukáts, Ákosné / Jáger, István, in: A Büntetés hatása a pártfogó szemível, Büntetöjogi Tanulmányok, hrsg. v. Regionalkommittee der ungarischen wissenschaftlichen Akademie Veszprém, vom Wirtschafts-Rechts- und Gesellschaftswissenschaftlichen Fachkommittee, von dem strafrechtlichen Arbeitskommittee, Veszprém, 1999. Zit.: Lukáts, Ákosné / Jáger, István, in: Die Wirkung der Strafe aus dem Blickwinkel des Bewährungshelfers, Strafrechtsstudien.

Lux, Gyula, Dr., A vám- és pénzügyörség feladatai és lehetöségei a feketegazdaság, a gazdasági szervezett bünözés és a korrupció visszaszorításában, in: Domokos, Andrea, A rendörség és a közvélemény a gazdaság, fekete gazdaság, a gazdasági szervezett bünözés és a korrupció, kodifikáció – bizónyítás, a tanúvédelem, eine Herausgabe der ungarisch-kriminologischen Gesellschaft, Kriminologische Schriften Nr. 54, Budapest, 1996. Zit.: Lux, Gyula, Die Aufgaben und Möglichkeiten der Zoll- und Finanzämter zur Zurückdrängung der Schwarzwirtschaft, der organisierten Wirtschaftskriminalität und der Korruption, in: Domokos, Andrea, Die Polizei und die öffentliche Meinung, die Wirtschaft, die Schwarzwirtschaft, die organisierte Wirtschaftskriminalität und die Korruption, Kodifikation-Beweisführung, der Zeugenschutz, Eine Herausgabe der ungarisch-kriminologischen Gesellschaft, Kriminologische Schriften Nr. 54, 1996.

Madár, Mihály / Szabó, József / Sass, Mónika, in: A jövedéki szabályozás és gyakorlata, Papirusz Book Verlag, Budapest 2001. Zit.: Madár, Mihály / Szabó, József / Sass, Mónika, in: Die Regelung des Verbrauchsertrages und seine Ausübung.

Maurach, Reinhart, Prof. / Gössel, Karl Heinz, Prof. / Zipf, Hans, Prof., in: Strafrecht, Allgemeiner Teil, Teilbd. 2, 6. Aufl., Ein Lehrbuch, Erscheinungsformen des Verbrechens und Rechtsfolgen der Tat, C.F. Müller Juristischer Verlag, Heidelberg, 1984. Zit.: Maurach, Reinhart / Gössel, Karl Heinz / Zipf, Hans, in: Strafrecht, AT, Teilbd. 2, 6. Aufl.

Mihály, Péter, Dr., A korrupció különféle megjelenései formái a magyarországi privatizációban, in: Korrupció Magyarországon I, TI Magyarországi Tagozata Egyesület, East-West Management Institute, On Time Service Druck, Budapest, 2000. Zit.: Mihály, Péter, Die unterschiedlichen Erscheinungsformen der Korruption in der ungarischen Privatisierung, in: Korruption in Ungarn I, Die vereinigte Sektion der TI Ungarn, 2000.

Nagy, Ferenc, in: A Magyar Büntetöjog, Általános Része, überarbeitete erweiterte Ausgabe, Korona Verlag, Tordas és Társa Druckerei, Budapest, 2004. Zit.: Nagy, Ferenc, in: Der Allgemeine Teil des ungarischen Strafgesetzes.

Nagy, Ferenc, in: Intézkedések a büntetőjog sankciórendszerében, Wirtschaftlicher und juristischer Verlag, Budapest, 1986. Zit.: Nagy, Ferenc, in: Anordnungen im Sanktionensystems des Strafrechts

Nagy, Ferenc / Fantoly, Zsanett / Karsai, Krisztina / Kovács, Judit / Szomora, Zsolt, in: Feladatok és jogesetek a magyar büntetőjog altalános részéhez, Rejtjel Verlag, Budapest, 2005. Zit.: Nagy, Ferenc / Fantoly, Zsanett / Karsai, Krisztina / Kovács, Judit / Szomora, Zsolt, in: Aufgaben und Strafrechtsfälle zum Allgemeinen Teil des ungarischen Strafrechts.

Nagy, Tibor, in: Pénzügyi Jog, Reprográf Verlag, Budapest, 2004. Zit.: Nagy, Tibor, in: Finanzrecht.

Nagy, Tibor, in: Pénzügyi Jog, A Nemzetközi Pénzügyi Jog Alapjai, überarbeitete Aufl., Reprográf Verlag, Budapest, 2001. Zit.: Nagy, Tibor, in: Finanzrecht, Die Grundlagen des internationalen Finanzrechts.

Nagy, Tibor / Tóth, János / Nagy, Árpád, in: Pénzügyi Jog, staatlicher Lehrbuchverlag, Budapest, 1995. Zit.: Nagy, Tibor / Tóth, János / Nagy, Árpád, in: Finanzrecht.

Nagy, Zoltán, in: Sankciórendszer és büntetés kiszabás, Kriminálpolitikai válaszok a bűnözés kihívásaira, különös tekintettel a szervezett bűnözésre és a büntetőjogi sankciórendszere, Kriminológiai közlemények (Kriminologische Publikationen), Különkiadás (Sonderausgabe), Bíbor Verlag, Budapest, 2001. Zit.: Nagy, Zoltán, in: Sanktionensystem und Strafverhängung, Kriminalpolitische Antworten auf die Herausforderungen der Kriminalität mit besonderer Berücksichtigung der organisierten Kriminalität und des strafrechtlichen Sanktionensystems.

Németh, László, A Korrupció, a hatalom és a rendőrség háromszöge, in: Korrupció Magyarországon, Friedrich-Ebert-Stiftung, verantwortlicher Herausgeber: Csefkó, Ferenc / Horváth, Csaba, im Eigenverlag, Kodex Druckerei, Pécs, 2001. Zit.: Németh, László, Das Dreieck der Korruption, der Macht und der Polizei, in: Korruption in Ungarn, Friedrich-Ebert Stiftung, 2001.

Noack, Paul, Prof., Die politische Dimension der Korruption, in: Korruption in Deutschland, Ursachen, Erscheinungsformen, Bekämpfungsstrategien, Friedrich-Ebert Stiftung, Büro Berlin, Satz + druck Druckerei, Düsseldorf unter anderem, 1995. Zit.: Noack, Paul, Die politische Dimension der Korruption, in: Korruption in Deutschland, Ursachen, Erscheinungsformen, Bekämpfungsstrategien, Friedrich-Ebert Stiftung, 1995.

Nyiri, Sándor, Dr., in: A titkos adatszerzés, BM Duna Palota Verlag, Budapest, 2000. Zit.: Nyiri, Sándor, in: Die geheime Datenbeschaffung.

Országos Műszaki Fejlesztési Bizottság, in: ár, bér, adók, kedvezmények, Staatlich technisches Infozentrum und Bibliothek, Eigenverlag, Budapest, 1987. Zit.: Staatlich technische Entwicklungskommission, in: Preis / Lohn / Steuer / Vergünstigung.

Papanek, Gábor, Dr., in: Jogbiztonság a magyar gazdaságban, Filum Verlag, Budapest, 1999. Zit.: Papanek, Gábor, in: Rechtssicherheit in der ungarischen Wirtschaft.

Papp, László, A Btk. kodifikációja és a szabálysértési jog, in: Lörincz, Lajos, Dr. / Bocz, Endre, Dr. / Kádár, Béla, Dr. / Máthé, Gábor, Dr. / Török, Gábor, Dr. / Kapa, Mátyás, A büntető törvénykönyv és a büntető eljárási törvény modositásának elméleti és gyakorlati kérdései, Unió Heft- und Buchverlag, Budapest, 2003. Zit.: Papp, László, Die Kodifikation des Btk. und des Ordnungswidrigkeitenrechts. In: Lörincz, Lajos / Bocz, Endre / Kádár, Béla / Máthé, Gábor / Török, Gábor / Kapa, Mátyás, Theoretische und praktische Fragen im Hinblick auf das Strafgesetzbuch und die Modifikation des Strafprozessrechts.

Pénzely, Márta, in: Az általános forgalmi adó, Az új adójog magyarázata 2004 (Die Erklärung des neuen Steuerrechts 2004), HVG-ORAC Heft- und Buchverlag, Budapest, 2004. Zit.: Pénzely, Márta, in: Die allgemeine Umsatzsteuer.

Pénzes, Károly / Vigh, András, in: Büntető Törvénykönyv, Büntetőeljárás, Büntetés-Végrehajtás 2004, Unió Heft- und Buchverlag, Pévé Print Druckerei, Budapest, 2004. Zit.: Pénzes, Károly / Vigh, András, in: Strafgesetzbuch, Strafverfahren, Strafvollzug 2004.

Pénzügyi jog, Adó – Illeték-Vám és Jövedéki jog, Juristischer Verlag, Miskolc, 2001. Zit.: Finanzrecht-Steuer-Abgabe-Zoll- und Vermögensrecht.

Pusztai, László, A modern büntetőeljárási jog kialakulása Magyarországon, in: Tóth, Mihály, Büntető eljárásjogi olvasókönyv, Osiris Verlag, Budapest, 2003. Zit.: Pusztai, László, Die Entwicklung des modernen Strafverfahrensrechts in Ungarn, in: Tóth, Mihály, Lesebuch des Strafverfahrensrechts.

Pusztai, László, Dr., in: Szemle a büntető eljárásban, Wirtschaftlicher und juristischer Verlag, Universitätsdruckerei, Budapest, 1977. Zit.: Pusztai, László, in: Schau ins Strafverfahren.

Rácz, Ildikó, Dr., in: Adóismeretek, Perfect Wirtschaftsratgeber Verlag, Budapest, 2003. Zit.: Rácz, Ildikó, in: Steuerkenntnisse.

Rendeki, Sándor, Dr., in: A büntetés kiszabása, Enyhitö és sulyosító körülmények, Wirtschaftlicher und juristischer Verlag, Budapest, 1976. Zit.: Rendeki, Sándor, in: DieVerhängung der Strafe, Mildernde und erschwerende Umstände.

Rónaszéki, Bella, in: A vállalati jövedelemadózásról, Kossúth Buchverlag, Budapest, 1988. Zit.: Rónaszéki, Bella, in: Die Einkommensbesteuerung des Unternehmers.

Roxin, Claus, Prof., in: Strafrecht, Allgemeiner Teil, Bd. II, Besondere Erscheinungsformen der Straftat, C.H. Beck Verlag, München, 2003. Zit.: Roxin, Claus, in: Strafrecht, AT, Bd. II.

Scheupensteiner, Wolfgang J., Korruption in Deutschland, in: Korruption in Deutschland, Ursachen, Erscheinungsformen, Bekämpfungsstrategien, Friedrich-Ebert Stiftung, Büro Berlin, Satz + druck Druckerei, Düsseldorf unter anderem, 1995. Zit.: Scheupensteiner, Wolfgang J., Korruption in Deutschland, in: Korruption in Deutschland, Ursachen, Erscheinungsformen, Bekämpfungsstrategien, Friedrich-Ebert Stiftung, 1995.

Schmitz, Herbert / Tillmann, Georg, in: Das Steuerstrafverfahren, Ein Leitfaden für die Praxis, 2. aktualisierte Aufl., Forkel Verlag, Wiesbaden, 1989. Zit.: Schmitz, Herbert / Tillmann, Georg, in: Das Steuerstrafverfahren, ein Leitfaden für die Praxis, 2. Aufl..

Schultze-Willebrand, Bernd, in: Das Strafrecht der europäischen sozialistischen Staaten, Gemeinsamkeiten und Unterschiede, Studien des Instituts für Ostrecht München, Bd. 29, Horst Erdmann Verlag, Tübingen, 1980. Zit.: Schultze-Willebrand, Bernd, in: Das Strafrecht der europäischen sozialistischen Staaten.

Semjén, András / Szántó, Zoltán / Tóth, I. János, in: Adócsalás és adóigazgatás, Elemzések a rejtett gazdaság magyarországi szerepéről, 3. tanulmány (Analysen über die Rolle der verborgenen Wirtschaft in Ungarn, 3. Abhandlung), MTA wirtschaftswissenschaftliches Institut, Budapest, Kopint-Datorg Druckerei, Budapest, 2001. Zit.: Semjén, András / Szántó, Zoltán / Tóth, I. János, in: Steuerbetrug und Steuerverwaltung.

Seres, Attila, in: adó-paradicsom, Contractor Verlag, Sylvester Print Druckerei, Budapest, 1993. Zit.: Seres, Attila, in: Steuerparadies.

Sikorski, Ralf / Wüstenhöfer, Ulrich, in: Abgabenordnung, 6. völlig überarbeitete Aufl., C.H. Beck Verlag, München, 2003. Zit.: Sikorski, Ralf / Wüstenhöfer, Ulrich, in: Abgabenordnung, 6. Aufl.

Soós, László, Dr., in: A büntetőeljárásról szóló 1998. évi XIX. törvény (indokolással), Bíbor Verlag, Miskolc, 2003. Zit.: Soós, László, in: Der Strafverfahrensgrundsatz aus dem Jahre 1998 mit Erläuterung.

Sóvári, Mónika, Korrupció az egészégügyben, in: Korrupció Magyarországon I, TI Magyarországi Tagozata Egyesület, East-West Management Institute, On Time Service Druck, Budapest, 2000. Zit.: Sóvári, Mónika, Korruption im Gesundheitswesen, in: Korruption in Ungarn I, Die vereinigte Sektion der TI Ungarn, 2000.

Spicer, W. Michael, Az adócsalás kívánatosságáról a hagyományos, illetve az alkotmányogi gazdaságtan nézöpontjából, in: Semjén, András, Adózás, adórendszerek, adóreformok, Elvek, elméletek, tapasztalatok (Grundsätze, Theorien, Erfahrungen), hrsg. v. MTA wirtschaftswissenschaftliches Institut, Budapest, 1993. Zit.: Spicer, W. Michael, Die Erwünschtheit des Steuerbetrugs aus der Sichtweise der herkömmlichen bzw. verfassungsrechtlichen Wirtschaftslehre, in: Semjén, András, Besteuerung, Steuerordnungen, Steuerreformen.

Stieglitz, Joseph, E., in: A kormányzati széktor gazdaságtana, KJK Kerszöv Verlag, Budapest, 2000. Zit.: Stieglitz, Joseph, E., in: Die Wirtschaftslehre des regierenden Sektors.

Stratenwerth, Günter, Prof., / Kuhlen, Lothar, Prof., in: Strafrecht, Allgemeiner Teil I, Die Straftat, 5. neu bearbeitete Aufl., Carl Heymanns Verlag, Köln unter anderem, 2004. Zit.: Stratenwerth, Günter / Kuhlen, Lothar, in: Strafrecht, AT I, 5. Aufl..

Szakács, Imre, in: Külföldiek adózása Magyarországon, Wirtschaftlicher und juristischer Verlag, Budapest, 1996. Zit.: Szakács, Imre, in: Die Besteuerung von Ausländern in Ungarn.

Szakács, Imre, in: Adózási Esettanulmányok 1997, Wirtschaftlicher und juristischer Verlag, Budapest, 1997. Zit.: Szakács, Imre, in: Steuer-Falllehren 1997.

Szakács, Imre, Dr., in: Személyi jövedelemadózás a gyakorlatban 1997, Unió Heft- und Buchverlag, Budapest, 1997. Zit.:Szakács, Imre, in: Persönliche Einkommensteuer in der Praxis 1997.

Szentiványi, Iván, in: Finanzrechtliche Verantwortung in der Wirtschaft, Akademischer Verlag, Budapest, 1987. Zit.: Szentiványi, Iván, in: Finanzrechtliche Verantwortung in der Wirtschaft.

Szerdahelyi, Szabolcs, in: APEH üldözöttei egyesüljetek!, Szerdi Verlag, Alföldi Druckerei, Debrecen, 1995. Zit.: Szerdahelyi, Szabolcs, in: Verfolgte der APEH vereinigt euch!

Szikinger, István, Dr., Rendörség és korrupció, in: Korrupció Magyarországon I, TI Magyarországi Tagozata Egyesület, East-West Management Institute, On Time Service Druck, Budapest, 2000. Zit.: Szikinger, István, Polizei und Korruption, in: Korruption in Ungarn I, Die vereinigte Sektion der TI Ungarn, 2000.

Szilovics, Csaba, in: Csalás és jogkövetés az adójogban, Books in Print Verlag, Budapest, 2003. Zit.: Szilovics, Csaba, in: Betrug und Rechtsverfolgung im Steuerrecht.

Takács, György, in: Pénzügyi Jog, Bd. I, Hernádi Árpád Verlag, Budapest, 1948. Zit.: Takács, György, in: Finanzrecht, Bd. I.

Terták, Ádám, Korrupció a magyar gazdaságban, in: Korrupció Magyarországon I, TI Magyarországi Tagozata Egyesület, East-West Management Institute, On Time Service Druck, Budapest, 2000. Zit.: Terták, Ádám, Korruption in der ungarischen Wirtschaft, in: Korruption in Ungarn I, Die vereinigte Sektion der TI Ungarn, 2000.

Tipke, Klaus, Prof., in: Die Steuerrechtsordnung, Bd. III., Dr. Otto Schmidt Verlag, Köln, 1993. Zit.: Tipke, Klaus, in: Die Steuerrechtsordnung, Bd. III.

Tokaji, Géza, in: A büncselekménytan alapjai a magyar büntetöjogban, Wirtschaftlicher und juristischer Verlag, Budapest, 1984. Zit.: Tokaji, Géza, in: Die Grundlagen der Straftatenlehre im ungarischen Strafrecht.

Tóth, Gábor, Kereskedelem és korrupció Magyarországon, in: Korrupció Magyarországon I, TI Magyarországi Tagozata Egyesület, East-West Management Institute, On Time Service Druck, Budapest, 2000. Zit.: Tóth, Gábor, Handel und Korruption in Ungarn, in: Korruption in Ungarn I, Die vereinigte Sektion der TI Ungarn, 2000.

Tóth, Mihály, in: Gazdasági bünözés és büncselekmények, KJK Kerszöv Verlag, Budapest, 2002. Zit.: Tóth, Mihály, in: Wirtschaftskriminalität und Wirtschaftsstraftaten.

Tóth, Mihály, Dr., in: Gazdasági büncselekmények az alakuló joggyakorlatban, im Eigenverlag der juristischen Universität ELTE, Buch- und Heftherausgabe, Budapest, 1996. Zit.: Tóth, Mihály, in: Wirtschaftsstraftaten in der entstehenden Rechtspraxis.

Tóth, Mihály, in: I. A Magyar Büntetöjog és Büntetöeljárásjog Alapjai, II. A Gazdasági Büncselekmények Rövid Magyarázata, im Eigenverlag der juristischen Universität ELTE, Buchund Heftherausgabe, Budapest, 2000. Zit.: Tóth, Mihály, in: Grundlagen des ungarischen Strafrechts und Strafprozessrechts (I) und die kurze Erläuterung der Wirtschaftsstraftaten (II).

Tóth, Mihály, in: A Büntetöjog és a büntetö eljárásjog alapjai különös figyelemmel a gazdasági büncselekmények szabályozására, im Eigenverlag der juristischen Universität ELTE, Buchund Heftherausgabe, Budapest, 1992. Zit.: Tóth, Mihály, in: Die Grundlagen des ungarischen Strafrechts und Strafprozessrechts mit besonderer Beachtung der Regelungen zu den Wirtschaftsstraftaten.

Tóth, Mihály, Csemegi Károly és a magyar büntető eljárásjog fejlödése, in: Tóth, Mihály, Büntető eljárásjogi olvasókönyv, Osiris Verlag, Budapest, 2003. Zit.: Tóth, Mihály, Csemegi Károly und die Entwicklung des ungarischen Strafverfahrensrechts, in: Tóth, Mihály, Lesebuch des Strafverfahrensrechts.

Tóth, Mihály, in: A magyar büntetőeljárás az Alkotmánybíróság és az európai emberi jogi ítélkezés tükrében, KJK Kerszöv Verlag, Budapest, 2001. Zit.: Tóth, Mihály, in: Das ungarische Strafverfahrensrecht im Spiegel der Verfassungsgerichtsbarkeit und der europäischen Menschenrechtsrechtsprechung.

Tóth, Mihály, Lehet-e még újat mondani a kriminális korrupcióról?, in: Tóth, Mihály / Herke, Csongor, Tanulmányok dr. Földvári, József professzor 75. születésnapja tiszteletére, hrsg. v. Staats- und Rechtswissenschaftlichen Lehrstuhl der Universität Pécs, herausgebender Verantwortlicher: Ivancsics, Imre, Dékán, Pécs, 2001. Zit.: Tóth, Mihály, Kann man noch etwas Neues über die kriminelle Korruption sagen?, in: Tóth, Mihály / Herke, Csongor, Festschrift zum 75. Geburtstag des Prof. Dr. Földvári, József.

Tremmel, Flórián / Herke, Csongor, Mgjegyzések a büntető anyagi és eljárási kodifikációhoz, in: Lörincz, Lajos, Dr. / Bocz, Endre, Dr. / Kádár, Béla, Dr. / Máthé, Gábor, Dr. / Török, Gábor, Dr. / Kapa, Mátyás, A büntető törvénykönyv és a büntető eljárási törvény modositásának elméleti és gyakorlati kérdései, Unió Heft- und Buchverlag, Budapest, 2003. Zit.: Tremmel, Flórián / Herke, Csongor, Anmerkungen zur Kodifikation des materiellen Strafrechts und des Verfahrensrechts, in: Lörincz, Lajos / Bocz, Endre / Kádár, Béla / Máthé, Gábor / Török, Gábor / Kapa, Mátyás, Theoretische und praktische Fragen zum Strafgesetzbuch und zur Modifikation des Strafverfahrensrechts.

Tremmel, Flórián, A büntetőeljárási törvény jogorvoslati rendszere de lege lata et lege ferenda, in: Tóth, Mihály, Vázlatok és személvények a büntető eljárásjog tanulmányozásához II., Osiris Verlag, Budapest, 2000. Zit.: Tremmel, Flórián, Die Rechtsbehelfsordnung im Strafverfahrensrecht de lege lata et lege ferenda, in: Tóth, Mihály, Entwürfe und Auszüge zum Studium des Strafverfahrensrechts II.

Tremmel, Flórián, A gyanú differenciált felmerülésének értékelése a büntetőeljárásban, in: Tóth, Mihály, Büntető eljárásjogi olvasókönyv, Osiris Verlag, Budapest, 2003. Zit.: Tremmel, Flórián, Die Bewertung des differenzierten Auftretens des Tatverdächtigen im Strafverfahren, in: Tóth, Mihály, Lesebuch des Strafverfahrensrechts.

Varga, Árpád, A magyar állami adóhatóság törekvései a korrupciós lehetőségek szükítésére, in: Korrupció Magyarországon I, TI Magyarországi Tagozata Egyesület, East-West Management Institute, On Time Service Druck, Budapest, 2000. Zit.: Varga, Árpád, Die Bemühungen der ungarischen Steuerbehörde zur Verengung der Korruptionsmöglichkeiten, in: Korruption in Ungarn I, Die vereinigte Sektion der TI Ungarn, 2000.

Varga, Árpád, Mi a szerepe az APAH – nek a korrupció elleni harcban? in: Korrupció Magyarországon III, TI Magyarországi Tagozata Egyesület, East-West Management Institute, Pan Press, Budapest, 2003. Zit.: Varga, Árpád, Welche Rolle hat die APEH im Kampf gegen die Korruption, in: Korruption in Ungarn III, Die vereinigte Sektion der TI Ungarn, 2003.

Várszegi, Asztrik, in: Gondolatok a büntetésröl, Büntetöjogi Tanulmányok, hrsg. v. Regionalkommittee der ungarischen wissenschaftlichen Akademie Veszprém, vom Wirtschafts-Rechts- und Gesellschaftswissenschaftlichen Fachkommittee, von dem strafrechtlichen Arbeitskommittee, Veszprém, 1999. Zit.: Várszegi, Asztrik, in: Gedanken über die Strafe, Strafrechtstudien.

Vásárhelyi, Mária, Rejtözködés, önigazolás, hárítás és egymásra mutogatás, Közintézmények felsö vezetöi a korrupcióról (Die oberen Leiter öffentlicher Institute über die Korruption), in: Gombár, Csaba / Hankiss, Elemér / Lengyel, László / Volosin, Hédi, Írások a korrupcióról, Helikon Verlag, Gyomai Kner Druckerei, Budapest, 1998. Zit.: Vásárhelyi, Mária, Das Verstecken, die Rechtfertigung und Schuldabweisung und das Aufeinanderzeigen, Die oberen Leiter öffentlicher Institute über die Korruption, in: Gombár, Csaba / Hankiss, Elemér / Lengyel, László / Volosin, Hédi, Schriften über die Korruption.

Vigvári, András, Közpénzügyek, önkormányzati pénzügyek, KJK Kerszöv Verlag, Budapest, 2002. Zit.: Vigvári, András, in: Öffentliche Geldangelegenheiten, Selbstverwaltungsgeldangelegenheiten.

Weber, Ulrich, Dr., in: Baumann, Jürgen Dr., / Weber, Ulrich Dr., / Mitsch, Wolfgang, Dr., Strafrecht, Allgemeiner Teil, Lehrbuch, 11. neu bearbeitete Aufl., Ernst und Werner Gieseking Verlag, Bielefeld, 2003. Zit.: Weber, Ulrich, in: Baumann, Jürgen / Weber, Ulrich / Mitsch, Wolfgang, Strafrecht, AT, 11. Aufl.

Wessels, Johannes, Prof., / Beulke, Werner, Prof., in: Strafrecht, Allgemeiner Teil, Die Straftat und ihr Aufbau, 34. neu bearbeitete Aufl., C.F. Müller Verlag, Heidelberg, 2004. Zit.: Wessels, Johannes / Beulke, Werner, in: Strafrecht, AT, 34. Aufl.

Wiener, A. Imre, Büntetendöség / Büntethetöség, überarbeitete Aufl., KJK Kerszöv Verlag, Budapest, 2000. Zit.: Wiener, A. Imre, in: Straffälligkeit / Strafbarkeit.

Wiener, A. Imre, Gazdaságigazgatás – Büntetöpolitika, Akademischer Verlag und Druckerei, Budapest, 1985. Zit.: Wiener, A. Imre, in: Wirtschaftsverwaltung – Strafpolitik.

Wiener, A. Imre, Gazdasági büncselekmények, Wirtschaftlicher und juristischer Verlag, Budapest, 1986. Zit.: Wiener, A. Imre, in: Wirtschaftsstraftaten.

Wiener, A. Imre, Elméleti alapok, A büntetötörvény általános része kodifikálásához, eine Herausgabe des rechtswissenschaftlichen Instituts MTA, Kolor Optika Buchbinderei, Budapest, 2000. Zit.: Wiener, A. Imre, in: Theoretische Grundlagen zur Kodifikation des Allgemeinen Teils des Strafrechts.

Zödi, Zsolt, Dr. / Csizner, Ildikó, Dr. / Lovász, Adrienn / Kerek, Imréné / Vigh, Ágnes, in: A Büntetö Törvényköny, Jogszabályok, KJK Kerszöv Verlag, Akaprint Druckerei, Budapest, 2003. Zit.: Zödi, Zsolt / Csizner, Ildikó / Lovász, Adrienn / Kerek, Imréné / Vigh, Ágnes, in: Das ungarische Strafgesetzbuch, Gesetzestext.

Zeitschriften:

Ádám, György, A büncselekmény útján szerzett jövedelemről. In: Magyar Jog, 37. Jahrgang, Heft 1, 1990, Unió Heft- und Buchverlag, Budapest, S. 556 – 557. Zit.: Ádám, György, Über das im Wege einer Straftat erlangte Vermögen. In: Ungarisches Recht, 37. Jahrgang, Heft 1, 1990.

Andrási, Gábor, Dr., A forgalmi adózás főbb közösségi jogi szabályai (1). In: Cég És Jog, Heft 11, 2003, Tägliche Wirtschaft Verlag, ALPO Druckerei, Budapest, S. 39 – 41. Zit.: Andrási, Gábor, Die Hauptgruppen der rechtlichen Vorschriften zur Umsatzsteuer (1). In: Firma und Recht, Heft 11, 2003.

Andrási, Gábor, Dr., A forgalmi adózás főbb közösségi jogi szabályai (2). In: Cég És Jog, Heft 12, 2003, Tägliche Wirtschaft Verlag, ALPO Druckerei, Budapest, S. 40 – 46. Zit.: Andrási, Gábor, Die Hauptgruppen der rechtlichen Vorschriften zur Umsatzsteuer (2). In: Firma und Recht, Heft 12, 2003.

Antal, László, Korrupció és rejtett gazdaság. In: Mozgó Világ, 21. Jahrgang, Nr. 1, 1995, Comp-Press Verlag, Zrínyi Druckerei, Budapest, Rz. 25 – 28. Zit.: Antal, László, Korruption und Schwarzwirtschaft. In: Bewegende Welt, 21. Jahrgang, Nr. 1, 1995.

Arnold, Mihály, A Vám – és Pénzügyörség Országós Parancsnokságának szerepe a korrupció elleni harcban. In: Belügyi Szemle, 51. Jahrgang, Heft 9, 2003, BM Verlag + Druck, Budapest, S. 26 – 30. Zit.: Arnold, Mihály, Die Rolle der staatlichen Kommandatur für Zoll- und Finanzämter. In: Schau für innere Angelegenheiten, 51. Jahrgang, Heft 9, 2003.

Bedö, Csaba, A korrupció és a szervezett, bűnözés elleni feladatok az EU – csatlakozás jegyében. In: Belügyi Szemle, 50. Jahrgang, Heft 10, 1998, BM Verlag + Druck, Budapest, S. 101 – 110. Zit.: Bedö, Csaba, Die Aufgaben gegen Korruption und organisierter Kriminalität im Zuge des EU-Beitritts. In: Schau für innere Angelegenheiten, 50. Jahrgang, Heft 10, 1998.

Bezsenyi, Mihály, A korrupció helyzete és magyarországi természetrajza. In: Ellenőrzési Figyelő, Nr. 1, 2002, Ungarischer Amtlicher Anzeigerverlag, Budapest, S. 4 – 8. Zit.: Bezsenyi, Mihály, Die Lage der Korruption und ihre Charakterisierung in Ungarn. In: Überwachungsbeobachter, Nr. 1, 2002.

Bobály, Erzsébet, Adózás az idegenforgalomban. In: Adó Per Számvitel, 3. Jahrgang, Heft 11, 1999, Verzál Konzult Press Verlag, Budapest, S. 26 – 30. Zit.: Bobály, Erzsébet, Besteuerung im Fremdenverkehr. In: Steuerverfahren und Buchführung, 3. Jahrgang, Heft 11, 1999.

Bódi, János, Dr., A korrupció mint társadalmi és büntetőjogi jelenség. In: Rendészeti Szemle, 29. Jahrgang, Heft 1, 1991, BM Verlag + Druck, Budapest, S. 27 – 30. Zit.: Bódi, János, Die Korruption als gesellschaftliche und strafrechtliche Erscheinung. In: Überwachungsschau, 29. Jahrgang, Heft 1, 1991.

Bódi, János, Dr., A korrupciós büncselekmények szabályozásának történeti áttekintése. In: Rendészeti Szemle, 30. Jahrgang, Heft 7, 1992, BM Verlag + Druck, Budapest, S. 35 – 41. Zit.: Bódi, János, Der geschichtliche Überblick der Korruptionsregelung. In: Überwachungsschau, 30. Jahrgang, Heft 7, 1992.

Costa, Antonio Maria, A korrupció globális dinamizmusa. In: Belügyi Szemle, 51. Jahrgang, Heft 9, 2003, BM Verlag + Druck, Budapest, S. 5 – 9. Zit.: Costa, Antonio Maria, Die globale Dynamität der Korruption. In: Schau für innere Angelegenheiten, 51. Jahrgang, Heft 9, 2003.

Dékány, Tamás, Az etikai kódex fontossága a korrupcióellenes harcban. In: Belügyi Szemle, 51. Jahrgang, Heft 9, 2003, BM Verlag + Druck, Budapest, S. 47 – 51. Zit.: Dékány, Tamás, Das Erfordernis eines ethischen Kodexes im Kampf gegen die Korruption. In: Schau für innere Angelegenheiten, 51. Jahrgang, Heft 9, 2003.

Fazekas, Géza, A gazdasági büncselekmények, mint a bírói mérlegelés kitaposott ösvényei. In: collega, 2. Jahrgang Nr. 10 – 3. Jahrgang Nr. 1, Dezember 1998, Accursius Juristischer Verbandsverlag, Mondat Druckerei, Budapest, S. 23 – 25. Zit.: Fazekas, Géza, Die Wirtschaftsstraftatbestände sowie die ausgetretenen Pfade der gerichtlichen Erwägungen. In: collega, 2. Jahrgang Nr. 10 – 3. Jahrgang Nr. 1, Dezember 1998.

Fejes, Gábor, Általános, adókedvezmény vagy állami támogatás? In: Európai Jog, 3. Jahrgang, Heft 5, September 2003, HVG-ORAC Heft- und Buchverlag, Budapest, S. 28 – 32. Zit.: Fejes, Gábor, Allgemeine Steuervergünstigung oder staatliche Unterstützung? In: Europäisches Recht, 3. Jahrgang, Heft 5, September 2003.

Galasi, Péter / Kertesi, Gábor, Válasz Csekö Imre megjegyzéseire. In: Közgazdasági Szemle, 39. Jahrgang, Heft 4, 1992, Akademischer Verlag + Druck, Budapest, S. 337 – 348. Zit.: Galasi, Péter / Kertesi, Gábor, Über die Antwort auf die Anmerkungen des Válasz Csekö Imre. In: Wirtschaftsschau, 39. Jahrgang, Heft 4, 1992.

Gazdasági Értesítö, Heti összegzö gyorsjelentés cégek, intézmények vezetöinek, Teljesítette bevételi tervét az APEH, 7. Jahrgang, Nr. 1 – 2, 2004, Zeugnis- und Anzeigerverlag, Mega Druck, Budapest, S. 4. Zit.: Wirtschaftszeugnis, wöchentlich erscheinender Schnellbericht für Unternehmen, für Institutionsleiter, Die APEH hat ihren Einnahmeplan verwirklicht, 7. Jahrgang, Nr. 1 – 2, 2004.

Gazdasági Értesítö, Heti összegzö gyorsjelentés cégek, intézmények vezetöinek, Januártól hatályos változások, 7. Jahrgang, Nr. 3, 2004, Zeugnis- und Anzeigerverlag, Mega Druck, Budapest, S. 4 – 5. Zit.: Wirtschaftszeugnis, wöchentlich erscheinender Schnellbericht für Unternehmen, für Institutionsleiter, Ab Januar wirksam werdende Veränderungen, 7. Jahrgang, Nr. 3, 2004.

Gazdasági Értesítö, Heti összegzö gyorsjelentés cégek, intézmények vezetöinek, Csaknem 6000 milliárd forint bevétel 2003 – ban, 7. Jahrgang, Nr. 4, 2004, Zeugnis- und Anzeigerverlag, Mega Druck, Budapest, S. 4. Zit.: Wirtschaftszeugnis, wöchentlich erscheinender Schnellbericht für Unternehmen, für Institutionsleiter, Annähernd 6000 Mrd. HUF Einnahmen im Jahr 2003, 7. Jahrgang, Nr. 4, 2004.

Gazdasági Értesítö, Heti összegzö gyorsjelentés cégek, intézmények vezetöinek, Eredményes volt a behajtás, 7. Jahrgang, Nr. 5, 2004, Zeugnis- und Anzeigerverlag, Mega Druck, Budapest, S. 4. Zit.: Wirtschaftszeugnis, wöchentlich erscheinender Schnellbericht für Unternehmen, für Institutionsleiter, Erfolgreich war die Eintreibung, 7. Jahrgang, Nr. 5, 2004.

Gazdasági Értesítö, Heti összegzö gyorsjelentés cégek, intézmények vezetöinek, Kiemelt ellenörzések, 7. Jahrgang, Nr. 6, 2004, Zeugnis- und Anzeigerverlag, Mega Druck, Budapest, S. 4 – 5. Zit.: Wirtschaftszeugnis, wöchentlich erscheinender Schnellbericht für Unternehmen, für Institutionsleiter, Herausgehobene Überwachungen, 7. Jahrgang, Nr. 6, 2004.

Gazdasági Értesítö, Heti összegzö gyorsjelentés cégek, intézmények vezetöinek, Könnyítés kérhetö, 7. Jahrgang, Nr. 8, 2004, Zeugnis- und Anzeigerverlag, Mega Druck, Budapest, S. 4. Zit.: Wirtschaftszeugnis, wöchentlich erscheinender Schnellbericht für Unternehmen, für Institutionsleiter, Zahlungserleichterung beantragbar, 7. Jahrgang, Nr. 8, 2004.

Gazdasági Értesítö, Heti összegzö gyorsjelentés cégek, intézmények vezetöinek, Kiváltható lesz az iparüzési?, 7. Jahrgang, Nr. 9, 2004, Zeugnis- und Anzeigerverlag, Mega Druck, Budapest, S. 4. Zit.: Wirtschaftszeugnis, wöchentlich erscheinender Schnellbericht für Unternehmen, für Institutionsleiter, Wird die Gewerbesteuer auslösbar?, 7. Jahrgang, Nr. 9, 2004.

Gazdasági Értesítö, Heti összegzö gyorsjelentés cégek, intézmények vezetöinek, A gyakoribb áfa- elszámolás szabályai, 7. Jahrgang, Nr. 10, 2004, Zeugnis- und Anzeigerverlag, Mega Druck, Budapest, S. 4. Zit.: Wirtschaftszeugnis, wöchentlich erscheinender Schnellbericht für Unternehmen, für Institutionsleiter, Die häufigsten Regeln der Umsatzsteuerberechnung, 7. Jahrgang, Nr. 10, 2004.

Gazdasági Értesítö, Heti összegzö gyorsjelentés cégek, intézmények vezetöinek, APEH: hitelelsítési eljárás, 7. Jahrgang, Nr. 12, 2004, Zeugnis- und Anzeigerverlag, Mega Druck, Budapest, S. 4. Zit.: Wirtschaftszeugnis, wöchentlich erscheinender Schnellbericht für Unternehmen, für Institutionsleiter, APEH: Das Beglaubigungsverfahren, 7. Jahrgang, Nr. 12, 2004.

Gazdasági Értesítö, Heti összegzö gyorsjelentés cégek, intézmények vezetöinek, Az elszámolható üzemanyagárak, 7. Jahrgang, Nr. 13, 2004, Zeugnis- und Anzeigerverlag, Mega Druck, Budapest, S. 4. Zit.: Wirtschaftszeugnis, wöchentlich erscheinender Schnellbericht für Unternehmen, für Institutionsleiter, Die abrechenbaren Benzinpreise, 7. Jahrgang, Nr. 13, 2004.

Gazdasági Értesítö, Heti összegzö gyorsjelentés cégek, intézmények vezetöinek, Csökkenö kulcsok, 7. Jahrgang, Nr. 14, 2004, Zeugnis- und Anzeigerverlag, Mega Druck, Budapest, S. 4. Zit.: Wirtschaftszeugnis, wöchentlich erscheinender Schnellbericht für Unternehmen, für Institutionsleiter, Sinkende Steuerschlüssel, 7. Jahrgang, Nr. 14, 2004.

Gazdasági Értesítö, Heti összegzö gyorsjelentés cégek, intézmények vezetöinek, Uniós jogszabályok és ellenörzések, 7. Jahrgang, Nr. 18, 2004, Zeugnis- und Anzeigerverlag, Mega Druck, Budapest, S. 4. Zit.: Wirtschaftszeugnis, wöchentlich erscheinender Schnellbericht für Unternehmen, für Institutionsleiter, Rechtsvorschriften der Union und Überwachungen, 7. Jahrgang, Nr. 18, 2004.

Gazdasági Értesítö, Heti összegzö gyorsjelentés cégek, intézmények vezetöinek, APEH – VP megállapodás, 7. Jahrgang, Nr. 19, 2004, Zeugnis- und Anzeigerverlag, Mega Druck, Budapest, S. 4. Zit.: Wirtschaftszeugnis, wöchentlich erscheinender Schnellbericht für Unternehmen, für Institutionsleiter, Die Übereinkunft der APEH mit dem Zoll- und Finanzamt, 7. Jahrgang, Nr. 19, 2004.

Gazdasági Értesítő, Heti összegző gyorsjelentés cégek, intézmények vezetőinek, Eltitkolt jövedelmek, 7. Jahrgang, Nr. 23, 2004, Zeugnis- und Anzeigerverlag, Mega Druck, Budapest, S. 4. Zit.: Wirtschaftszeugnis, wöchentlich erscheinender Schnellbericht für Unternehmen, für Institutionsleiter, Verschwiegene Einkommen, 7. Jahrgang, Nr. 23, 2004.

Gazdasági Értesítő, Heti összegző gyorsjelentés cégek, intézmények vezetőinek, Kedvezmény a hátralék befizetésére, 7. Jahrgang, Nr. 24, 2004, Zeugnis- und Anzeigerverlag, Mega Druck, Budapest, S. 4. Zit.: Wirtschaftszeugnis, wöchentlich erscheinender Schnellbericht für Unternehmen, für Institutionsleiter, Steuervergünstigung bei Bezahlung der Steuerschuld, 7. Jahrgang, Nr. 24, 2004.

Girnt, József, Új online adójogi tanácsadó weboldal. In: Napi jogász, 2. Jahrgang, Nr. 1, 2002, Tägliche Wirtschaft Verlag, Donauneustädter Druckerei, Budapest, S. 46 – 47. Zit.: Girnt, József, Der neue online Steuerratgeber und Webseite. In: Täglicher Jurist, 2. Jahrgang, Nr. 1, 2002.

Grecsó, Imre, Dr. / Léhner, György, Dr., Hivatásos határőrizet – terjedő korrupció? In: Belügyi Szemle, 50. Jahrgang, Heft 10, 1998, BM Verlag + Druck, Budapest, S. 111 – 125. Zit.: Grecsó, Imre / Léhner, György, Amtliche Grenzüberwachung – sich ausdehnende Korruption? In: Schau für innere Angelegenheiten, 50. Jahrgang, Heft 10, 1998.

Hankó Faragó, Miklós, Törvényhozás a korrupció ellen – összhangban az Európai Unióval. In: Belügyi Szemle, 51. Jahrgang, Heft 9, 2003, BM Verlag + Druck, Budapest, S. 14 – 18. Zit.: Hankó Faragó, Miklós, Gesetzgebung gegen Korruption – im Einklang mit der EU. In: Schau für innere Angelegenheiten, 51. Jahrgang, Heft 9, 2003.

Hegedűs, András, Bűnmegelőzés és bűnüldözés a korrupció ellen. In: Belügyi Szemle, 51. Jahrgang, Heft 9, 2003, BM Verlag + Druck, Budapest, S. 19 – 25. Zit.: Hegedűs, András, Verbrechensverhinderung und –bekämpfung gegen Korruption. In: Schau für innere Angelegenheiten, 51. Jahrgang, Heft 9, 2003.

Jamrik, Krisztina, Dr., Az adócsalás. In: Adó Per Számvitel, 2. Jahrgang, Heft 9, 1998, Verzál Konzult Press Verlag, Budapest, S. 24. Zit.: Jamrik, Krisztina, Der Steuerbetrug. In: Steuerverfahren und Buchführung, 2. Jahrgang, Heft 9, 1998.

Jamrik, Krisztina, Dr., Adózással kapcsolatos büncselekmények. In: Adó Per Számvitel, 3. Jahrgang, Heft 11, 1999, Verzál Konzult Press Verlag, Budapest, S. 24 – 25. Zit.: Jamrik, Krisztina, Die Straftaten im Zusammenhang mit der Besteuerung. In: Steuerverfahren und Buchführung, 3. Jahrgang, Heft 11, 1999.

Jármy, Tibor, Korrupció a rendészetben. In: Belügyi Szemle, 51. Jahrgang, Heft 9, 2003, BM Verlag + Druck, Budapest, S. 137 – 147. Zit.: Jármy, Tibor, Korruption in der öffentlichen Ordnung. In: Schau für innere Angelegenheiten, 51. Jahrgang, Heft 9, 2003.

Jávorszki, Tamás, Az áfa – visszaigénylés mint az áfacsalásokat lehetővé tevő kriminogén tényező. In: Belügyi Szemle, 50. Jahrgang, Heft 9, 2002, BM Verlag + Druck, Budapest, S. 51 – 59. Zit.: Jávorszki, Tamás, Die Umsatzsteuerrückforderung als kriminologener Faktor zur Ermöglichung des Steuerbetrugs. In: Schau für innere Angelegenheiten, 50. Jahrgang, Heft 9, 2002.

Károlyi, Géza, Az adójogi státuszú külföldi vállalkozó. In: Gazdaság és jog, 12. Jahrgang, Nr. 9, September 2004, HVG-ORAC Heft- und Buchverlag, Budapest, S. 20 – 22. Zit.: Károlyi, Géza, Der ausländische Unternehmer mit steuerrechtlichem Status. In: Wirtschaft und Recht, 12. Jahrgang, Nr. 9, September 2004.

Kátai, András, Dr., / Vámosi-Nagy, Szabolcs, Dr., / Szakács, László, Dr., / Török, Júlia, in: adó, Pénzügyi – és adóirányítási szaklap, Adótörvények 2004 / Kódex, 12. Jahrgang, Heft 7-8, 2003, KJK Kerszöv Verlag, Budapest, S. 1 – 320. Zit.: Kátai, András / Vámosi-Nagy, Szabolcs / Szakács, László / Török, Júlia, in: Die Steuer, Finanz- und steuerrechtliche Fachzeitschrift, Steuergesetze 2004 / Kodex, 12. Jahrgang, Heft 7-8, 2003.

Kátai, András, Dr., / Vámosi-Nagy, Szabolcs, Dr., / Szakács, László, Dr., / Török, Júlia, in: adó, Pénzügyi – és adóirányítási szaklap, Adótörvények 2004 II / Kódex, 13. Jahrgang, Heft 1, 2004, KJK Kerszöv Verlag, Budapest, S. 1 – 120. Zit.: Kátai, András / Vámosi-Nagy, Szabolcs / Szakács, László / Török, Júlia, in: Die Steuer, Finanz- und steuerrechtliche Fachzeitschrift, Die Steuergesetze 2004 II / Kodex, 13. Jahrgang, Heft 1, 2004.

Kátai, András, Dr., / Vámosi-Nagy, Szabolcs, Dr., / Zödi, Zsolt, Dr., / Török, Júlia, in: adó, Pénzügyi – és adóirányítási szaklap, Adótörvények / Kódex, 13. Jahrgang, Heft 4, 2004, KJK Kerszöv Verlag, Budapest, S. 1 – 160. Zit.: Kátai, András / Vámosi-Nagy, Szabolcs / Zödi, Zsolt / Török, Júlia, in: Die Steuer, Finanz- und steuerrechtliche Fachzeitschrift, Steuergesetze / Kodex, 13. Jahrgang, Heft 4, 2004.

Kátai, András, Dr., / Vámosi-Nagy, Szabolcs, Dr., / Szakács, László, Dr., / Török, Júlia, in: adó – levelek, Pénzügyi – és adóirányítási szaklap, 8. Jahrgang, Nr. 1, 2004, KJK Kerszöv Verlag, Budapest, S. 1 – 48. Zit.: Kátai, András / Vámosi-Nagy, Szabolcs / Szakács, László / Török, Júlia, in: Steuerbriefe, Finanz- und steuerrechtliche Fachzeitschrift, 8. Jahrgang, Nr. 1, 2004.

Kátai, András, Dr., / Vámosi-Nagy, Szabolcs, Dr., / Zödi, Zsolt, Dr., / Török, Júlia, in: adó – levelek, Pénzügyi – és adóirányítási szaklap, 8. Jahrgang, Nr. 2, 2004, KJK Kerszöv Verlag, Budapest, S. 1 – 48. Zit.: Kátai, András / Vámosi-Nagy, Szabolcs / Zödi, Zsolt / Török, Júlia, in: Steuerbriefe, Finanz- und steuerrechtliche Fachzeitschrift, 8. Jahrgang, Nr. 2, 2004.

Kátai, András, Dr., / Vámosi-Nagy, Szabolcs, Dr., / Beszteri, Sára / Kiss, Sándor / Szakács, László, Dr., / Török, Júlia, in: adó, Pénzügyi – és adóirányítási szaklap, kalauz, adatszolgáltatás 2003, 3. Jahrgang, Heft 1, 2004, KJK Kerszöv Verlag, Budapest, S. 1 – 56. Zit.: Kátai, András / Vámosi-Nagy, Szabolcs / Beszteri, Sára / Kiss, Sándor / Szakács, László / Török, Júlia, in: Die Steuer, Finanz- und steuerrechtliche Fachzeitschrift, Steuerführer, Informationsdienstleistung 2003, 3. Jahrgang, Heft 1, 2004.

Kátai, András, Dr., / Vámosi-Nagy, Szabolcs, Dr., / Mészáros, Gyuláné, Dr. / Varga, Árpád, Dr. / Zödi, Zsolt, Dr., / Török, Júlia, in: adó, Pénzügyi – és adóirányítási szaklap, kérdések és válaszok, mutatványszám, 2004, KJK Kerszöv Verlag, Budapest, S. 1 – 12. Zit.: Kátai, András / Vámosi-Nagy, Szabolcs / Mészáros, Gyuláné / Varga, Árpád / Zödi, Zsolt / Török, Júlia, in: Die Steuer, Finanz- und steuerrechtliche Fachzeitschrift, Steuerfragen und Antworten, Probeauflage, 2004.

Kiss, Sándor, Dr., Gondolatok az adócsalásról. In: Belügyi Szemle, A Belügyminisztérium folyóirata, 33. Jahrgang, 13. Különszám (Sonderausgabe), 1995, BM Verlag, Egri Druckerei, Budapest, S. 58 – 62. Zit.: Kiss, Sándor, Gedanken zum Steuerbetrug. In: Schau für innere Angelegenheiten, Zeitschrift des Innenministeriums, 33. Jahrgang, 13. Sonderausgabe, 1995.

Kormos, Erzsébet, Dr., Ami az adócsalásról eszembe jutott... In: Ügyészek Lapja, Jahrgang 2001, hrsg. v. der Staatlichen Organisation der Staatsanwälte, S. 55 – 64. Zit.: Kormos, Erzsébet, Was mir zum Steuerbetrug eingefallen ist... In: Fachzeitschrift für Staatsanwälte, Jahrgang 2001.

Kovács, Árpád, Dr., Gondolatok a korrupcióról és visszaszorításának lehetőségeiről. In: Pénzügyi Szemle, 35. Jahrgang, Heft Nr. 8, 2000, Ungarischer Amtlicher Anzeigerverlag, Budapest, S. 671 – 684. Zit.: Kovács, Árpád, Gedanken zum Steuerbetrug und ihren Zurückdrängungsmöglichkeiten. In: Schau für Finanzangelegenheiten, 35. Jahrgang, Heft Nr. 8, 2000.

Kovács, Árpád Dr., / Lévai, János, Dr., Reflektorfényben a korrupció visszaszorításának lehetőségei az ÁSZ tapasztalatai alapján. In: Magyar Közigazgatás, XLIX. Jahrgang, Nr. 9, September 1999, Ungarischer Amtlicher Anzeigerverlag, Budapest, S. 482 – 490. Zit.: Kovács, Árpád / Lévai, János, Die Zurückdrängungsmöglichkeiten der Korruption im Scheinwerferlicht auf Grundlage der Erfahrungen der ÁSZ. In: Ungarische Verwaltung, XLIX. Jahrgang, Nr. 9, September 1999.

Kránitz, Mariann, A korrupcióról – csak egy kicsit másként... In: valóság, XLI. Jahrgang, Nr. 5, Mai 1998, Ungarischer Amtlicher Anzeigerverlag, Budapest, S. 1 – 13. Zit.: Kránitz, Mariann, Über die Korruption – nur ein bisschen anders... In: Wirklichkeit, XLI. Jahrgang, Nr. 5, Mai 1998.

Krémer, Ferenc, Mit tehetünk a korrupció ellen? In: Belügyi Szemle, 51. Jahrgang, Heft 9, 2003, BM Verlag + Druck, Budapest, S. 75 – 92. Zit.: Krémer, Ferenc, Was können wir gegen die Korruption unternehmen? In: Schau für innere Angelegenheiten, 51. Jahrgang, Heft 9, 2003.

Krémer, László, Dr., Az általános forgalmi adó vonatkozásában elkövetett csalás és adócsalás elhatárolása. In: Bírák Lapja, 12. Jahrgang, Nr. 2, 2002, hrsg. v. Präsidenten des Ungarischen Richterverbandes, Fischerman Druckerei, Budapest, S. 34 – 38. Zit.: Krémer, László, Die Abgrenzung zwischen Betrug und Steuerbetrug im Zusammenhang mit dem allgemeinen Umsatzsteuerbetrug. In: Rechtsprechungsheft, 12. Jahrgang, Nr. 2, 2002.

Krözsel, Károly, Korrupcióellenes küzdelem. In: Belügyi Szemle, 51. Jahrgang, Heft 9, 2003, BM Verlag + Druck, Budapest, S. 62 – 67. Zit.: Krözsel, Károly, Kampf gegen die Korruption. In: Schau für innere Angelegenheiten, 51. Jahrgang, Heft 9, 2003.

Láng, Csaba, Dr., Abgabenordnung. In: Ost-Spezial 1996, Heft 11, Neue Wirtschaftsbriefe Verlag, Herne / Berlin, 1996, S. 5 – 8. Zit.: Láng, Csaba, Abgabenordnung. In: Ost-Spezial 1996, Heft 11.

Langseth, Petter, Miként segíthet az ENSZ az egyes országoknak a korrupcióellenes harcban? In: Belügyi Szemle, 51. Jahrgang, Heft 9, 2003, BM Verlag + Druck, Budapest, S. 41 – 46. Zit.: Langseth, Petter, Was kann die ENSZ im Kapf gegen die Korruption für die einzelnen Staaten beitragen? In: Schau für innere Angelegenheiten, 51. Jahrgang, Heft 9, 2003.

Lörinczy, György, Dr., Gondolatok a korrupciós bűncselekmények reformjának szükségességéről. In: Magyar Jog, 41. Jahrgang, Heft 11, 1994, Unió Heft- und Buchverlag, Budapest, S. 671 – 681. Zit.: Lörinczy, György, Gedanken zum Erfordernis einer Reformierung der Korruptionsdelikte. In: Ungarisches Recht, 41. Jahrgang, Heft 11, 1994.

Lux, Gyula, Dr., A gazdasági bűncselekmémyek nyomozásának tapasztalatai. In: Belügyi Szemle, A Belügyminisztérium folyóirata, 33. Jahrgang, 13. Különszám (Sonderausgabe), 1995, BM Verlag, Egri Druckerei, Budapest, S. 47 – 57. Zit.: Lux, Gyula, Die Erfahrenswerte der Ermittlung bei Wirtschaftsstraftaten. In: Schau für innere Angelegenheiten, Zeitschrift des Innenministeriums, 33. Jahrgang, 13. Sonderausgabe, 1995.

Maczak, Antoni, Korrupció a modern korban, A problémakör attekintése. In: századok, Történelmi folyóirat, 122. Jahrgang, Nr. 5-6, 1988, Akademischer Verlag, NEOTYP Druckerei, Budapest, S. 996 – 1020. Zit.: Maczak, Antoni, Korruption in der modernen Zeit, Ein Überblick zum Problemkreis. In: Jahrhunderte, geschichtliche Zeitschrift, 122. Jahrgang, Nr. 5-6, 1988.

Magyar, Szilvia, Adó – és társadalombiztosítási csalás. In: Adó Per Számvitel, 4. Jahrgang, Heft 14, 2000, Verzál Konzult Press Verlag, Budapest, S. 19 – 22. Zit.: Magyar, Szilvia, Der Steuer- und Sozialversicherungsbetrug. In: Steuerverfahren und Buchführung, 4. Jahrgang, Heft 14, 2000, S. 19 – 22.

Mátyás, Péter, A korrupció elleni küzdelem. In: collega, 2. Jahrgang Nr. 8, Oktober 1998, Accursius Juristischer Verbandsverlag, Mondat Druckerei, Budapest, S. 10 – 14. Zit.: Mátyás, Péter, Der Kampf gegen die Korruption. In: collega, 2. Jahrgang Nr. 8, Oktober 1998.

Nagy, Imre Zoltán, Dr., A láthatatlan jövedelmek feltárásának tapasztalatai a fejlett országokban. In: Pénzügyi Szemle, 35. Jahrgang, Heft Nr. 8-9, 1991, Sorger Kolon Heft- und Buchverlag, Budapest, S. 664 – 672. Zit.: Nagy, Imre Zoltán, Die Erfahrungen zur Aufdeckung verdeckter Einkommen in entwickelten Ländern. In: Schau für Finanzangelegenheiten, 35. Jahrgang, Heft Nr. 8-9, 1991.

Newsweek, Az adócsalás paradicsomai. In: Jogi Tudósító, 33. Jahrgang, Nr. 5, Mai 2002, Kódexpress Verlag, G & G Druckerei, Budapest, S. 14. Zit.: Newsweek, Die Paradiese des Steuerbetrugs. In: Rechtskorrespondent, 33. Jahrgang, Nr. 5, Mai 2002.

Nyikos, Eszter, Adóminimálizálás és bűncselekmény az adójogban: az adókikerülés és az adókijátszás határterületei. In: collega, 2. Jahrgang Nr. 10 – 3. Jahrgang Nr. 1, Dezember 1998,
Accursius Juristischer Verbandsverlag, Mondat Druckerei, Budapest, S. 60 – 65. Zit.: Nyikos, Eszter, Steuerminimierung und Straftat im Steuerrecht: Die Grenzgebiete der Steuerumgehung und Steuerumspielung. In: collega, 2. Jahrgang Nr. 10 – 3. Jahrgang Nr. 1, Dezember 1998.

Nyiri, Sándor, Dr., A gazdaság, a korrupció és az etika. In: Belügyi Szemle, A Belügyminisztérium folyóirata, 33. Jahrgang, Heft 2, 1995, BM Verlag, Egri Druckerei, Budapest, S. 3 – 9. Zit.: Nyiri, Sándor, Die Wirtschaft, die Korruption und die Ethik. In: Schau für innere Angelegenheiten, 33. Jahrgang, Heft 2, 1995.

Oszkó, Péter, Közhasznú tevékenységek támogatása után járó adókedvezmények. In: collega, 2. Jahrgang, Nr. 10 – 3. Jahrgang, Nr. 1, Dezember 1998, Accursius Juristischer Verbandsverlag, Mondat Druckerei, Budapest, S. 65 ff. Zit.: Oszkó, Péter, Steuervergünstigung für die Unterstützung von gemeinnützigen Tätigkeiten. In: collega, 2. Jahrgang, Nr. 10 – 3. Jahrgang, Nr. 1, Dezember 1998.

Osváth, Sarolta, A közvélemény ma már elítéli az adó eltitkolását. In: Ellenörzési Figyelö, Nr. 1, 2002, Ungarischer Amtlicher Anzeigerverlag, Budapest, S. 26 – 33. Zit.: Osváth, Sarolta, Die öffentliche Meinung verurteilt heute bereits die Steuerverheimlichung. In: Überwachungsbeobachter, Fachzeitschrift zur Überwachungstätigkeit der Steuerbehörden, Nr. 1, 2002.

Papanek, Gábor, Nemzetközi tranzakciók monitoringjának problémája. In: Belügyi Szemle, 51. Jahrgang, Heft 9, 2003, BM Verlag + Druck, Budapest, S. 52 – 57. Zit.: Papanek, Gábor, Die Probleme der Durchleuchtung von internationalen Transaktionen. In: Schau für innere Angelegenheiten, 51. Jahrgang, Heft 9, 2003.

Petrik, Ferenc, Dr. / Lomnici, Zoltán, Dr., in: Közigazgatási – Gazdasági Döntvénytár, Adóügyek, 13. Jahrgang, Heft 1, Nr. 1, 2004, Unió Heft- und Buchverlag, Budapest, S. 1 – 4. Zit.: Petrik, Ferenc / Lomnici, Zoltán, in: Verwaltungswirtschaftliche Entscheidungssammlung, Steuersachen, 13. Jahrgang, Heft 1, Nr. 1, 2004.

Petrik, Ferenc, Dr. / Lomnici, Zoltán, Dr., in: Közigazgatási – Gazdasági Döntvénytár, Adóügyek, 13. Jahrgang, Heft 1, Nr. 2, 2004, Unió Heft- und Buchverlag, Budapest, S. 5 – 6. Zit.: Petrik, Ferenc / Lomnici, Zoltán, in: Verwaltungswirtschaftliche Entscheidungssammlung, Steuersachen, 13. Jahrgang, Heft 1, Nr. 2, 2004.

Petrik, Ferenc, Dr. / Lomnici, Zoltán, Dr., in: Közigazgatási – Gazdasági Döntvénytár, Adóügyek, 13. Jahrgang, Heft 1, Nr. 4, 2004, Unió Heft- und Buchverlag, Budapest, S. 9 – 14. Zit.: Petrik, Ferenc / Lomnici, Zoltán, in: Verwaltungswirtschaftliche Entscheidungssammlung, Steuersachen, 13. Jahrgang, Heft 1, Nr. 4, 2004.

Petrik, Ferenc, Dr. / Lomnici, Zoltán, Dr., in: Közigazgatási – Gazdasági Döntvénytár, Adóügyek, 13. Jahrgang, Heft 3, Nr. 36, 2004, Unió Heft- und Buchverlag, Budapest, S. 1 – 3. Zit.: Petrik, Ferenc / Lomnici, Zoltán, in: Verwaltungswirtschaftliche Entscheidungssammlung, Steuersachen, 13. Jahrgang, Heft 3, Nr. 36, 2004.

Petrik, Ferenc, Dr. / Lomnici, Zoltán, Dr., in: Közigazgatási – Gazdasági Döntvénytár, Adóügyek, 13. Jahrgang, Heft 3, Nr. 38, 2004, Unió Heft- und Buchverlag, Budapest, S. 5 – 7. Zit.: Petrik, Ferenc / Lomnici, Zoltán, in: Verwaltungswirtschaftliche Entscheidungssammlung, Steuersachen, 13. Jahrgang, Heft 3, Nr. 38, 2004.

Petrik, Ferenc, Dr. / Lomnici, Zoltán, Dr., in: Közigazgatási – Gazdasági Döntvénytár, Adóügyek, 13. Jahrgang, Heft 4, Nr. 54, 2004, Unió Heft- und Buchverlag, Budapest, S. 1 – 6. Zit.: Petrik, Ferenc / Lomnici, Zoltán, in: Verwaltungswirtschaftliche Entscheidungssammlung, Steuersachen, 13. Jahrgang, Heft 4, Nr. 54, 2004.

Petrik, Ferenc, Dr. / Lomnici, Zoltán, Dr., in: Közigazgatási – Gazdasági Döntvénytár, Adóügyek, 13. Jahrgang, Heft 4, Nr. 57, 2004, Unió Heft- und Buchverlag, Budapest, S. 13 – 14. Zit.: Petrik, Ferenc / Lomnici, Zoltán, in: Verwaltungswirtschaftliche Entscheidungssammlung, Steuersachen, 13. Jahrgang, Heft 4, Nr. 57, 2004.

Petrik, Ferenc, Dr. / Lomnici, Zoltán, Dr., in: Közigazgatási – Gazdasági Döntvénytár, Adóügyek, 13. Jahrgang, Heft 5, Nr. 77, 2004, Unió Heft- und Buchverlag, Budapest, S. 11 – 14. Zit.: Petrik, Ferenc / Lomnici, Zoltán, in: Verwaltungswirtschaftliche Entscheidungssammlung, Steuersachen, 13. Jahrgang, Heft 5, Nr. 77, 2004.

Petrik, Ferenc, Dr. / Lomnici, Zoltán, Dr., in: Közigazgatási – Gazdasági Döntvénytár, Adóügyek, 13. Jahrgang, Heft 5, Nr. 80, 2004, Unió Heft- und Buchverlag, Budapest, S. 22 – 24. Zit.: Petrik, Ferenc / Lomnici, Zoltán, in: Verwaltungswirtschaftliche Entscheidungssammlung, Steuersachen, 13. Jahrgang, Heft 5, Nr. 80, 2004.

Petrik, Ferenc, Dr. / Lomnici, Zoltán, Dr., in: Közigazgatási – Gazdasági Döntvénytár, Adóügyek, 13. Jahrgang, Heft 7, Nr. 121, 2004, Unió Heft- und Buchverlag, Budapest, S. 13 – 16. Zit.: Petrik, Ferenc / Lomnici, Zoltán, in: Verwaltungswirtschaftliche Entscheidungssammlung, Steuersachen, 13. Jahrgang, Heft 7, Nr. 121, 2004.

Petrik, Ferenc, Dr. / Lomnici, Zoltán, Dr., in: Közigazgatási – Gazdasági Döntvénytár, Adóügyek, 13. Jahrgang, Heft 7, Nr. 122, 2004, Unió Heft- und Buchverlag, Budapest, S. 17 – 20. Zit.: Petrik, Ferenc / Lomnici, Zoltán, in: Verwaltungswirtschaftliche Entscheidungssammlung, Steuersachen, 13. Jahrgang, Heft 7, Nr. 122, 2004.

Pintér, István, Dr., A korrupció megelözése és korai felismerése az igazságszolgáltatásban. In: Belügyi Szemle, 50. Jahrgang, Heft 10, 1998, BM Verlag + Druck, Budapest, S. 73 – 89. Zit.: Pintér, István, Die Verhinderung und frühe Aufdeckung von Korruption in der Justiz. In: Schau für innere Angelegenheiten, 50. Jahrgang, Heft 10, 1998.

Pitti, Zoltán, A helyi adók az adórendszerben és az önkormányzati gazdálkodásban. In: Pénzügyi Szemle, 35. Jahrgang, Heft Nr. 9, 1992, Ungarischer Amtlicher Anzeigerverlag, Budapest, S. 688 – 699. Zit.: Pitti, Zoltán, Die örtlichen Steuern in der Steuerordnung und in der Wirtschaftsführung der Selbstverwaltung. In: Schau für Finanzangelegenheiten, 35. Jahrgang, Heft Nr. 9, 1992.

Pollák, Vanda, A büncselekmények áldozatainak állam általi kárenyhítése. In: collega, 2. Jahrgang, Nr. 7, September 1998, Accursius Juristischer Verbandsverlag, Mondat Druckerei, Budapest, S. 33 – 38. Zit.: Pollák, Vanda, Staatliche Schadensmilderung für die Opfer von Straftaten. In: collega, 2. Jahrgang, Nr. 7, September 1998.

Pomázi, István, Dr. / Zsikla, György, Az adórendszer és a kornyezetvédelem Magyarországon. In: Pénzügyi Szemle, 36. Jahrgang, Heft Nr. 10-11, 1992, Ungarischer Amtlicher Anzeigerverlag, Budapest, S. 773 – 782. Zit.: Pomázi, István / Zsikla, György, Die Steuerordnung und der Umweltschutz in Ungarn. In: Schau für Finanzangelegenheiten, 36. Jahrgang, Heft Nr. 10-11, 1992.

Rubicsek, Sándor, Gondolatok a korrupcióról. In: Belügyi Szemle, 50. Jahrgang, Heft 10, 1998, BM Verlag + Druck, Budapest, S. 68 – 72. Zit.: Rubicsek, Sándor, Gedanken über die Korruption. In: Schau für innere Angelegenheiten, 50. Jahrgang, Heft 10, 1998.

Rupa, Melinda, Dr., Az áfa adónemre elkövetett adócsalás mint gazdasági és az áfa- visszaigénylésre elkövetett csalás mint vagyon elleni bűncselekmény elhatárolási szempontjai. In: Magyar Jog, 30. Jahrgang, Heft 6, 2003, Unió Heft- und Buchverlag, Budapest, S. 340 – 343. Zit.: Rupa, Melinda, Der Umsatzsteuerbetrug sowie der Wirtschaftsbetrug und der durch Umsatzsteuer-Rückforderung begangene Betrug sowie die Unterscheidungsgesichtspunkte der einzelnen Vermögensstrafdelikte. In: Ungarisches Recht, 30. Jahrgang, Heft 6, 2003.

RZECZPOSPOLITA, Az adót meg kell fizetni. In: Jogi Tudósító, 33. Jahrgang, Nr. 1, Januar 2002, Kódexpress Verlag, G & G Druckerei, Budapest, S. 19. Zit.: RZECZPOSPOLITA, Die Steuer muss bezahlt werden. In: Rechtskorrespondent, 33. Jahrgang, Nr. 1, Januar 2002.

Sik, Endre, Ellenöri korrupció, 1998. In: Szociológiai Szemle, Heft 4, 1999, BeJuT Verlag, Budapest, S. 85 – 99. Zit.: Sik, Endre, Überwachungskorruption, 1998. In: Schau für Soziologie, Heft 4, 1999.

Sinku, Pál, Az ügyészi szervezett tevékenysége a korrupcióellenes küzdelemben. In: Belügyi Szemle, 51. Jahrgang, Heft 9, 2003, BM Verlag + Druck, Budapest, S. 58 – 61. Zit.: Sinku, Pál, Die Rolle der Vereinigung der Staatsanwälte im Kampf gegen die Korruption. In: Schau für innere Angelegenheiten, 51. Jahrgang, Heft 9, 2003.

Szilovics, Csaba / Takács, István, Néhany gondolat az adócsalásról és az adócsalás hazai szabályozásáról. In: Belügyi Szemle, 51. Jahrgang, Heft 9, 2003, BM Verlag + Druck, Budapest, S. 99 – 113. Zit.: Szilovics, Csaba / Takács, István, Einige Überlegungen zum Steuerbetrug und zu den nationalen gesetzlichen Regelungen im Hinblick auf den Steuerbetrug. In: Schau für innere Angelegenheiten, 51. Jahrgang, Heft 9, 2003.

THE ECONOMIST, Adómentes Dohányárusítás. In: Jogi Tudósító, 33. Jahrgang, Nr. 9, September 2002, Kódexpress Verlag, G & G Druckerei, Budapest, S. 19. Zit.: THE ECONOMIST, Steuerfreier Tabakverkauf, in: Rechtskorrespondent, 33. Jahrgang, Nr. 9, September 2002.

Time, Támadás az adómenedékek ellen? In: Jogi Tudósító, 35. Jahrgang, Nr. 5, Mai 2004, Kódexpress Verlag, G & G Druckerei, Budapest, S. 29. Zit.: Time, Kampf gegen Steuerfluchten? In: Rechtskorrespondent, 35. Jahrgang, Nr. 5, Mai 2004.

Tóth, Mihály, Büntetöjogi felelősség és büntetöjogon kívüli felelötlenség. In: Napi jogász, 2. Jahrgang, Nr. 1, 2002, Tägliche Wirtschaft Verlag, Donauneustädter Druckerei, Budapest, S. 12 – 14. Zit.: Tóth, Mihály, Strafrechtliche Verantwortlichkeit und Unverantwortlichkeit außerhalb des Strafrechts. In: Täglicher Jurist, 2. Jahrgang, Nr. 1, 2002.

Tóth, Mihály, Néhány szempont a gazdasági büncselekmények új szabályozásához. In: Büntetöjogi Kodifikáció, 4. Jahrgang, Nr. 3, 2004, HVG-ORAC Heft- und Buchverlag, Budapest, S. 20 – 32. Zit.: Tóth, Mihály, Einige Gesichtspunkte zur Neuregelung der Wirtschaftsstraftaten. In: Strafrechtliche Kodifikation, 4. Jahrgang, Nr. 3, 2004.

Tóth, Mihály, Néhány szempont a gazdasági büncselekmények új szabályozásához, II Rész. In: Büntetöjogi Kodifikáció, 4. Jahrgang, Nr. 4, 2004, HVG-ORAC Heft- und Buchverlag, Budapest, S. 3 – 16. Zit.: Tóth, Mihály, Einige Gesichtspunkte zur Neuregelung der Wirtschaftsstraftaten, II. Teil, in: Strafrechtliche Kodifikation, 4. Jahrgang, Nr. 4, 2004.

Turi, András, Azt a hírt, hogy a korrupciós bűncselekmények száma csökken, én mindig óvatosan kezelem... In: Belügyi Szemle, 51. Jahrgang, Heft 9, 2003, BM Verlag + Druck, Budapest, S. 162 – 172. Zit.: Turi, András, Das Gerücht, dass die Zahl der Korruptionsstraftaten abnimmt, behandle ich immer sehr vorsichtig... In: Schau für innere Angelegenheiten, 51. Jahrgang, Heft 9, 2003.

Wintermantel, István, Gallup-kutatások a korrupcióról. In: Belügyi Szemle, 51. Jahrgang, Heft 9, 2003, BM Verlag + Druck, Budapest, S. 31 – 40. Zit.: Wintermantel, István, Gallup-Untersuchungen über die Korruption. In: Schau für innere Angelegenheiten, 51. Jahrgang, Heft 9, 2003.

Lexikon:

Bácskai, Tamás, Pénzügyi és Kereskedelmi Enziklopédia, Universitärer Verlag, Budapest, 1988. Zit.: Bácskai, Tamás, in: Finanz- und Handelsenzyklopädie.

Brockhaus Lexikon, Bd. 12, Brockhaus Verlag, Mannheim, 1990, 19. Aufl. Zit.: Brockhaus, Lexikon, Bd. 12.

Kommentare:

Báldy, Péter, Dr., / Csizner, Ildikó, Dr., / Schuller, Krisztina / Czimbalmos, Csaba, Dr., / Kerek, Imréné, in: A Büntető Törvénykönyv Magyarázata 1, KJK Kerszöv Verlag, Akademische Druckerei, Budapest, 2004. Zit.: Báldy, Péter / Csizner, Ildikó / Schuller, Krisztina / Czimbalmos, Csaba / Kerek, Imréné, in: Die Erklärung zum Strafgesetzbuch, Bd. 1.

Báldy, Péter, Dr., / Csizner, Ildikó, Dr., / Schuller, Krisztina / Czimbalmos, Csaba, Dr., / Kerek, Imréné, in: A Büntető Törvénykönyv Magyarázata 2, KJK Kerszöv Verlag, Akademische Druckerei, Budapest, 2004. Zit.: Báldy, Péter / Csizner, Ildikó / Schuller, Krisztina / Czimbalmos, Csaba / Kerek, Imréne, in: Die Erklärung zum Strafgesetzbuch, Bd. 2.

Joecks, Wolfgang, Prof., in: Strafgesetzbuch / Studienkommentar, 5. Aufl., C.H. Beck Verlag, München, 2004. Zit.: Joecks, Wolfgang, in: Strafgesetzbuch / Studienkommentar, 5. Aufl., §.

Kindhäuser, Urs, Prof., in: Strafgesetzbuch, Lern- und Praxiskommentar, 2. Aufl., Nomos Verlag, Baden-Baden, 2005. Zit.: Kindhäuser, Urs, in: Strafgesetzbuch, LPK, 2. Aufl., §.

Klein, Franz, Prof., in: Abgabenordnung einschließlich Steuerstrafrecht, Kommentar, Bearbeiter: Gast-de Haan, 7. völligneu bearbeitete Aufl., C.H. Beck Verlag, München, 2000. Zit.: Klein, Franz, in: Abgabenordnung einschließlich Steuerstrafrecht, Kommentar, Bearbeiter, 7. Aufl., §.

Kleinknecht, Theodor / Meyer-Goßner, Lutz, in: Strafprozessordnung-Kommentar, 46. neu bearbeitete Aufl., C.H. Beck Verlag, München, 2003. Zit.: Kleinknecht, Theodor / Meyer-Goßner, Lutz, in: Strafprozessordnung-Kommentar.

Koch, Karl, Dr., / Scholz, Rolf-Detlev, Dr., in: Abgabenordnung-Kommentar, Bearbeiter: Scheurmann-Kettner, Peter, 5. völlig überarbeitete und erweiterte Aufl., Carl Heymanns Verlag, Köln unter anderem, 1996. Zit.: Koch, Karl / Scholz, Rolf-Detlev, in: AO-Kommentar, Bearbeiter, 5. Aufl., §.

Kohlmann, Günter, Prof., in: Steuerstrafrecht mit Ordnungswidrigkeitenrecht und Verfahrensrecht, Kommentar zu den §§ 369 – 412 AO 1977, unter Mitarbeit v. Dr. Hilgers-Klautzsch, Brigitte, Dr. Otto Schmidt Verlag, Köln, 2002. Zit.: Kohlmann, Günter, in: Steuerstrafrecht mit Ordnungswidrigkeitenrecht und Verfahrensrecht, Kommentar zu den §§ 369 – 412 AO 1977, §.

Kühl, Kristian, Prof., in: Strafgesetzbuch Kommentar, 25. neu bearbeitete Aufl., C.H. Beck Verlag, München, 2004. Zit.: Kühl, Kristian, in: Strafgesetzbuch Kommentar, 25. Aufl., §.

Kühn, Rolf, Dr., in: Abgabenordnung / Finanzgerichtsordnung, unter Mitarbeit v. Regierungsrätin Hofmann, Gerda, 17. völlig neubearbeitete Aufl., Schäfer-Poeschel Verlag, Stuttgart, 1995. Zit.: Kühn, Rolf, in: Abgabenordnung / Finanzgerichtsordnung, 17. Aufl., §.

Lázár, Erzsébet / Pénzely, Márta, in: ÁFA, Kommentár állásfoglalásokkal és gyakorlati példákkal (mit Stellungsnahmen und praktischen Beispielen), KJK Kerszöv Verlag, Budapest, 2000. Zit.: Lázár, Erzsébet / Pénzely, Márta, in: Umsatzsteuerkommentar.

Leipziger Kommentar, Großkommentar, Bd. 1, Einleitung: §§ 1 – 31 StGB, Bearbeiter: Roxin, Claus, hrsg. v. Burkhard Jähnke / Heinrich Wilhelm Laufhütte / Walter Odersky, 11. Aufl., De Gruyter Verlag, Berlin, 2003. Zit.: LK, Bd. 1, Einleitung: §§ 1 – 31 StGB, Bearbeiter, 11. Aufl.

Lomnici, Zoltán, Dr., in: Az adózás rendje, A Bírói gyakorlat zsebkönyve, HVG-ORAC Heft- und Buchverlag, Budapest, 1995. Zit.: Lomnici, Zoltán, in: Die Abgabenordung, Das Taschenbuch der Gerichtspraxis.

Münchner Kommentar, Bd. 1, §§ 1 – 51 StGB, Bearbeiter: Joecks, Bandredakteur: Prof. Bernd v. Heintschel-Heinegg, C.H. Beck Verlag, München, 2003. Zit.; MK, Bd. 1, §§ 1 – 51 StGB, Bearbeiter, §.

Nomos-Kommentar zum Strafgesetzbuch, Bearbeiter: Schild, Nomos Verlag, Baden-Baden, 2003. Zit.: NK-StGB-Schild.

Schönke, Adolf, Prof. / Schröder, Horst, Prof., in: Strafgesetzbuch Kommentar, Bearbeiter: Cramer / Heine, 26. neu bearbeitete Aufl., C.H. Beck Verlag, München, 2001. Zit.: Schönke, Adolf / Schröder, Horst, Strafgesetzbuch Kommentar, Bearbeiter, 26. Aufl., §.

Suhr, Gerhard / Naumann, Axel / Bilsdorfer, Peter, in: Steuerstrafrecht-Kommentar zu §§ 369 – 412 AO, 4. überarbeitete Aufl., Verlag Neue Wirtschafts-Briefe, Herne / Berlin, 1986. Zit.: Suhr, Gerhard / Naumann, Axel / Bilsdorfer, Peter, in: Steuerstrafrecht-Kommentar zu §§ 369 – 412 AO, 4. Aufl.

Systematischer Kommentar zum Strafgesetzbuch, Allgemeiner Teil, §§ 1 – 79 b StGB, Bearbeiter: Hoyer, Gesamtredaktion: Hans-Joachim Rudolphi, 8. Aufl., Luchterhand Verlag, Neuwied unter anderem, 2004. Zit.: SK, StGB, Bearbeiter, 8. Aufl., §.

Tröndle, Herbert, Prof. / Fischer, Thomas, Prof., in: Strafgesetzbuchkommentar, 50 Aufl., C.H. Beck Verlag, München, 2001. Zit.: Tröndle, Herbert / Fischer, Thomas, in: Strafgesetzbuchkommentar.

Zödi, Zsolt, Dr. / Csizner, Ildikó, Dr. / Schuller, Krisztina / Czimbalmos, Csaba, Dr. / Kerek, Imréné, in: A Büntetöeljárási törvény magyarázata, 1. Bd., KJK Kerszöv Verlag, Budapest, 2003. Zit.: Zödi, Zsolt / Csizner, Ildikó / Schuller, Krisztina / Czimbalmos, Csaba / Kerek, Imréné, in: Die Erklärung des Strafverfahrensgesetzes, 1. Bd.

Zödi, Zsolt, Dr. / Csizner, Ildikó, Dr. / Schuller, Krisztina / Czimbalmos, Csaba, Dr. / Kerek, Imréné, in: A Büntetöeljárási törvény magyarázata, 2. Bd., KJK Kerszöv Verlag, Budapest, 2003. Zit.: Zödi, Zsolt / Csizner, Ildikó / Schuller, Krisztina / Czimbalmos, Csaba / Kerek, Imréné, in: Die Erklärung des Strafverfahrensgesetzes, 2. Bd.

Entscheidungssammlungen:

Berkes, György, Dr., in: Legfelsöbb Bíróság büntetöjogi és büntetö eljárásjogi testületi állásfoglalásai, HVG-ORAC Heft- und Buchverlag, Budapest, 1996. Zit.: Berkes, György, in: Die kollegialen Stellungnahmen des höchsten Gerichts zum Strafrecht und Strafprozessrecht.

Berkes, György, Dr. / Szabó, Gyözö, Dr., in: Büntetö elvi határozatok 1973-1996, I-II. kötet, HVG-ORAC Heft- und Buchverlag, Boncza Druckerei, Budapest, 1997. Zit.: Berkes, György / Szabó, Gyözö, in: Grundlegende strafgerichtliche Entscheidungen 1973-1996, Bd. I-II.

Berkes, György, Dr. / Katona, Sándor, Dr. / Kiss, Zsigmond, Dr. / Kónya, István, Dr., in: Büntetöjog 1973-2000, Büntetöjogi Döntvénytár I. kötet, HVG-ORAC Heft- und Buchverlag, Budapest, 2001. Zit.: Berkes, György / Katona, Sándor / Kiss, Zsigmond / Kónya, István, in: Strafrecht 1973-2000, Strafgerichtliche Entscheidungssammlung, Bd. I.

Berkes, György, Dr. / Katona, Sándor, Dr. / Kiss, Zsigmond, Dr. / Kónya, István, Dr., in: Büntetöjog 1973-2000, Büntetöjogi Döntvénytár II. kötet, HVG-ORAC Heft- und Buchverlag, Budapest, 2001. Zit.: Berkes, György / Katona, Sándor / Kiss, Zsigmond / Kónya, István, in: Strafrecht 1973-2000, Strafgerichtliche Entscheidungssammlung, Bd. II.

Lomnici, Zoltán, Dr. / Bauer, Jánosné, Dr. / Erményi, Lajos, Dr. / Kónya, István, Dr. / Murányi, Katalin, Dr. / Wellmann, György, Dr., in: A Legfelsöbb Bíróság határozatainak hivatalos gyüjteménye 2003/2, HVG-ORAC Heft- und Buchverlag, Budapest, 2003. Zit.: Lomnici, Zoltán / Bauer, Jánosné / Erményi, Lajos / Kónya, István / Murányi, Katalin / Wellmann, György, in: Öffentliche Entscheidungssammlung der Obersten Gerichtsbarkeit 2003/2.

Zödi, Zsolt, Dr. / Vajda, Krisztina, Dr. / Schuller, Krisztina / Szeredás, Dóra / Kerek, Imréné, in: Közigazgatási bírósági döntések gyüjteménye, KJK Kerszöv Verlag, Budapest, 2003. Zit.: Zödi, Zsolt / Vajda, Krisztina / Schuller, Krisztina / Szeredás, Dóra / Kerek, Imréné, in: Die Sammlung gerichtlicher verwaltungsrechtlicher Entscheidungen.

Sonstige verwendete Materialien:

CD-Rom Complex CD-Jogtár, Das geltende ungarische und europäische Recht, Die im Parlament verwendete Rechtsvorschriften-Registratur, auf 2 CDs (2 lemezen), Gesetzessammlung der parlamentarischen Gesetze, verwendet unter anderem im Parlament und in den Gerichten sowie in der ungarischen Staatsanwaltschaft, hrsg. v. KJK-Kerszöv, Budapest, 2005. Zit.:

- Kommentar zum ungarischen Strafgesetzbuch, Kommentar zum § Btk., S. im Ausdruck (CD-Rom).
- Kommentar zur ungarischen Zivilprozessordnung, Kommentar zum § Pp., S. im Ausdruck (CD-Rom).
- Kommentar zum ungarischen Gesetz über die APEH, Kommentar zum § des Gesetzes, S. im Ausdruck (CD-Rom).
- Kommentar zum ungarischen Gesetz über die Zoll- und Finanzämter, Kommentar zum § des Gesetzes, S. im Ausdruck (CD-Rom).

APEH, Das Steuersystem in Ungarn, 12.01.2006, S. 1 – 3, zu entnehmen unter www.apeh.hu/deutsch/adorsz_de.htm.

Außenwirtschaftsportal NRW, Gehälter und Löhne in Ungarn steigen voraussichtlich um 6,3 Prozent, 04.01.2005, S. 1, zu entnehmen unter www.nrw-export.de/export/2601.asp.

Bank Austria, Investitionsleitfaden Ungarn, Ein Überblick über Land, Förderungen, Finanzierungen und rechtliche Grundlagen, Juli 2004, S. 1 – 74, zu entnehmen unter www.ba-ca.com.

Bundesagentur für Außenwirtschaft, Ungarn – Lohn und Lohnnebenkosten, Entwicklung und Struktur der Löhne und Gehälter, 19.08.2005, S. 1 – 2, zu entnehmen unter www.bfai.com.

Bundesagentur für Außenwirtschaft, Ungarn erhöht Steuern stärker als erwartet, 15.06.2006, S. 1 – 2, zu entnehmen unter www.bfai.de.

Coface Austria / Coface Central Europe, Country Report für Investoren und Exporteure, Ungarn, Mai 2006, S. 1- 22, zu entnehmen unter www.myksv.at/ksv_edit/KSV/download_de/947-Leitfaden Ungarn.pdf.

Crosswater, Ungarn: Billiglöhne locken weiter, 19.01.2005, S. 1 – 2, zu entnehmen unter www.crosswater-systems.com.

Der Standard, Steuerbetrug in der EU: 250 Milliarden pro Jahr, 31.05.2006, S. 1 – 2, zu entnehmen unter: http://derstandard.at/druck.

Europäisches Informationszentrum Niedersachsen, USt-Betrug stärker bekämpfen, Juni 2006, S. 1 – 3, zu entnehmen unter: http://www.eiz-niedersachsen.de/851.98html

Felkai, Roland, Steuer- und Wirtschaftsreform in Ungarn, Rödl & Partner, Auslandsbrief, Oktober 2006, S. 1 – 5, zu entnehmen unter www.rödl.de.

Kommissionsbericht zum Beitritt Ungarns, 2002, S. 1 – 7, zu entnehmen unter www.fifoost.org/ungarn/EU.

Republik Österreich/Parlament, Kovacs und Grasser wollen Steuerberechnung in EU harmonisieren, 29.05.2006, S. 1 – 2, zu entnehmen unter www.parlinkom.gv.at.

Zitierte ungarische Entscheidungen:

BH 1979, S. 348 ff.
BH 1980, S. 69 ff.
BH 1980, S. 200 ff.
BH 1980, S. 230 ff.
BH 1980, S. 315 ff.
BH 1981, S. 8 ff.
BH 1981, S. 43 ff.
BH 1981, S. 182 ff.
BH 1982, S. 317 ff.
BH 1983, S. 345 ff.
BH 1984, S. 136 ff
BH 1987, S. 67 ff.
BH 1993, S. 132 ff.
BH 1993, S. 218 ff.
BH 1993, S. 271 ff.
BH 1993, S. 408 ff.
BH 1993, S. 660 ff.
BH 1994, S. 168 ff.
BH 1994, S. 471 ff.
BH 1996, S. 567 ff.
BH 1996, S. 628 ff.
BH 1997, S. 566 ff.
BH 1998, S. 162 ff.
BH 1998, S. 215 ff.
BH 1998, S. 417 ff.

BH 1998, S. 660 ff.
BH 1999, S. 492 ff.
BH 2000, S. 188 ff.
BH 2000, S. 478 ff.
BH 2001, S. 255 ff.
BH 2001, S. 364 ff.
BH 2001, S. 506 ff.
BH 2001, S. 513 ff.
BH 2003, S. 99 ff.
BH 2003, S. 139 ff.
BH 2003, S. 270 ff.
BH 2003, S. 397 ff.
BH 2004, S. 99 ff.
BH 2004, S. 270 ff.
BH 2004, S. 311 ff.
BH 2004, S. 351 ff
BH 2004, S. 398 ff.
BH 2005, S. 3 ff.
BH 2005, S. 94 ff.

EBH 1999, S. 81 ff.
EBH 1999, S. 84 ff.
EBH 2001, S. 400 ff.
EBH 2003, S. 931 ff.

Zitierte deutsche Entscheidungen:

BGHSt 3, S. 44 ff.
BGHSt 6, S. 251 ff.

BHGSt 19, S. 325 ff.
BGHSt 30, S. 30 ff.

Anlage I. – III.

Anlage I.: Schaubilder, Diagramme
(Seite 306 – 319)

Anlage II.: Gesetzestext ungarisches Strafgesetzbuch
(Seite 320 – 353)

Anlage III.: Gesetzestext ungarische Abgabenordnung
(Seite 354 – 376)

Anlage I. Nr. 1.

Központi adók és adójellegű bevételek a maygar adórendszerben

Közvetlen ádok	Közvetett adók	Adójellegű bevételek
Társasági adó*	Általános forgalmi adó*	Munkaadói járulék*
	Fogyasztási adó*	Munkavállalói járulék*
Személyi jövedelemadó*	Jövedéki adó**	Társadalombiztosítási járulék*
Gépjárműadó***	Importforgalmi adó* vám**	Egészségügyi hozzájárulás*

*   Adóhatóság: APEH
**   Adóhatóság: VPOP
***   Adóhatóság: önkormányzat

Zentrale Steuern und steuerähnliche Abgaben im ungarischen Steuersystem

Unmittelbare Steuern	Mittelbare Steuern	Steuerähnliche Abgaben
Körperschaftsteuer*	Allgemeine Umsatzsteuer*	Arbeitgeberabgabe*
	Verbrauchssteuer*	Arbeitnehmerabgabe*
Einkommensteuer*	Verbrauchsertragssteuer**	Sozialversicherungsabgabe*
Kraftfahrzeugsteuer***	Importsteuer* Zoll**	Gesundheitsbeitrag*

*   Steuerbehörde: APEH
**   Steuerbehörde: VPOP
***   Steuerbehörde: Selbstverwaltung

Quelle: Vigvári, András, in: Öffentliche Geldangelegenheiten, Selbstverwaltungsgeldangelegenheiten, S. 154.

Anlage I. Nr. 2.

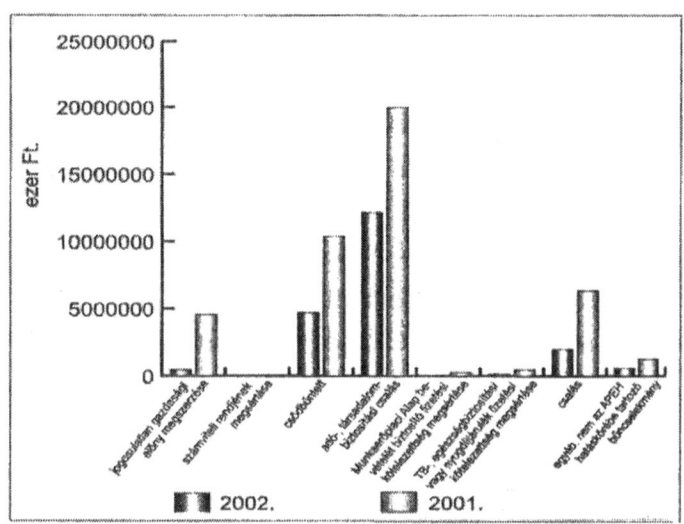

Az eredményesen lezárt bűnügyekben megállapított
bűncselekmények elkövetési értéke jogsértés-
típusonként a 2001-2002. években

Die in erfolgreich abgeschlossenen Strafsachen festgestellten Strafdelikte und deren Verwirkli-
chungswert nach Rechtsverletzungen für die Jahre 2001-2002.

Übersetzung der Legende von links nach rechts:
Erlangung eines ungerechtfertigten wirtschaftlichen Vorteils
Verletzung der Rechnungsführungspflicht
Insolvenzdelikte
Steuer- und Sozialversicherungsbetrug
Verletzung der den Arbeitsmarkt sichernden Einnahmen
Verletzung der Verpflichtung zur Entrichtung einer Sozial- und Gesundheitsversicherungsabgabe
oder Rentenversicherungsabgabe
Betrug
Sonstige, nicht in den Wirkungskreis der APEH gehörende Straftaten

Quelle: APEH-Jahrbuch, Die Welt der APEH 2002, Fakten, Informationen, S. 64

Anlage I. Nr. 3.

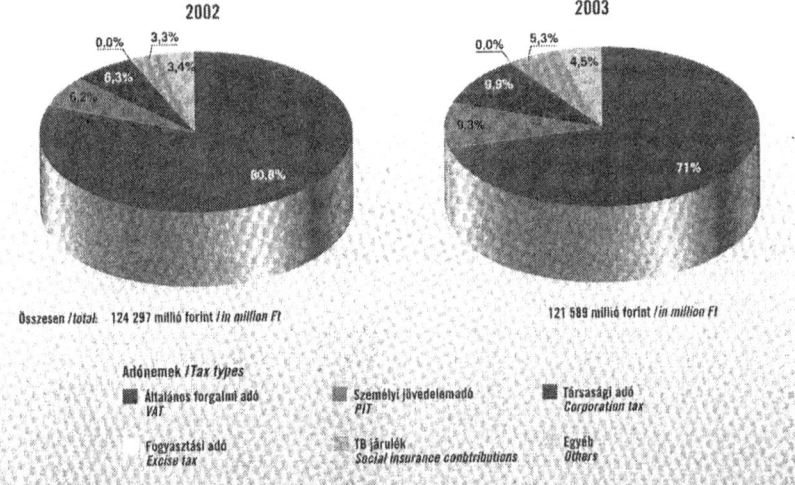

Die Verteilung des aufgedeckten Nettosteuerfehlbetrags auf die einzelnen Hauptsteuerarten

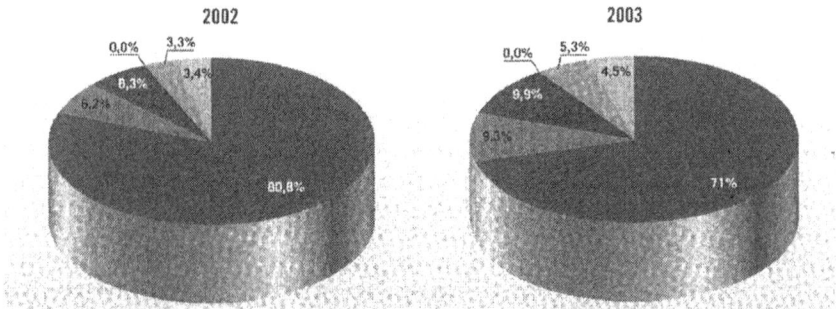

Insgesamt/total: 124 297 Millionen Forint   121 589 Millionen Forint
/ in million Ft   / in million Ft

Steuerarten/Tax types

Allgemeine Umsatzsteuer / VAT (2002: 80,8% / 2003: 71%) ■

Persönliche Einkommensteuer / PIT (2002: 6,2% / 2003: 9,3%) ▨

Körperschaftsteuer / Corporation tax (2002: 6,3% / 2003: 9,9%) ■

Verbrauchssteuer / Excise tax (2002: 0,0% / 2003: 0,0%) ☐

Sozialversicherungsbeitrag / Social insurance contributions
(2002: 3,3% / 2003: 5,3%) ▨
Sonstige / Others (2002: 3,4% / 2003: 4,5%) ☐

Quelle: APEH-Bulletin 2003, Informationen zur Arbeit der APEH im Jahre 2003, S. 21

Anlage I. Nr. 4.

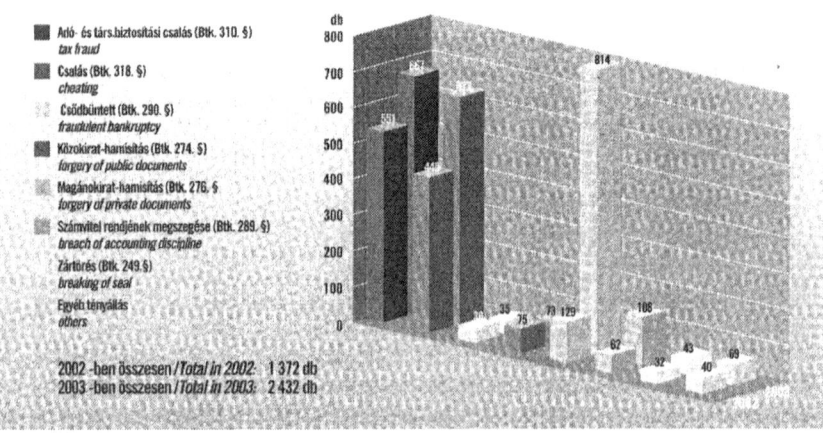

Aufgedeckte Straftaten nach den Hauptstraftatbeständen

Legende von oben nach unten:
Steuer- und Sozialversicherungsbetrug (Btk. 310. §)
tax fraud

Betrug (Btk. 318. §)
cheating

Insolvenzdelikte (Btk. 290. §)
fraudulent bankruptcy

Öffentliche Urkundenfälschung (Btk. 274. §)
forgery of public documents

Private Urkundenfälschung
(Btk. 289. §)
breach of accounting discipline

Verstrickungs/Siegelbruch (Btk. 249. §)
breaking of seal

Sonstige Straftatbestände
others

Quelle: APEH-Bulletin 2003, Informationen zur Arbeit der APEH im Jahre 2003, S. 40.

Anlage I. Nr. 5.

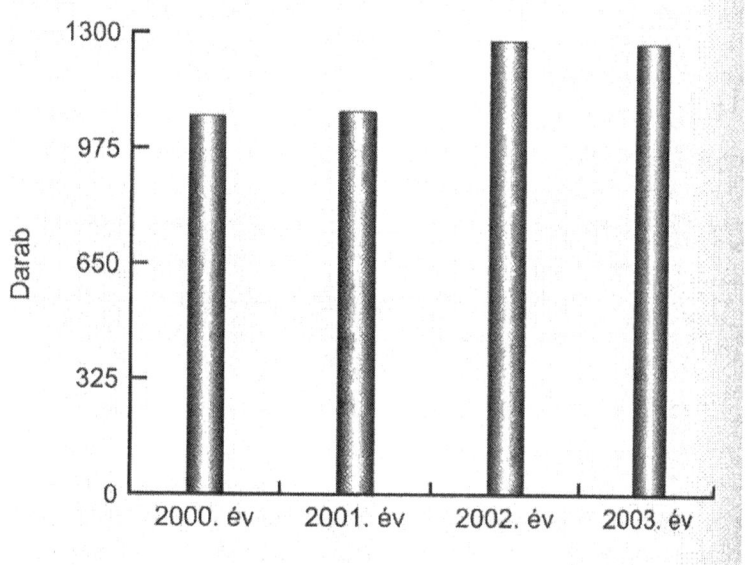

A büntető feljelentések számának alakulása
2000-2003. évek között

Die Entwicklung der Strafanzeigen
zwischen den Jahren 2000-2003

Darab = Anzahl; év = Jahr

Quelle: APEH-Jahrbuch, Die Welt der APEH 2003, Fakten, Informationen, S. 64

Anlage I. Nr. 6.

adó- társadalombiztosítási csalás (Btk. 310. §) esetén a mérték

Alaptényállás eleme	Nagyobb	Különösen nagy	Különösen nagy és afölött
50.001-től 200.000-ig	200.001-2.000000	2.000001-50.000000	50000001-től

Die Wertgrenzen im Falle des Steuer- und Sozialversicherungsbetrugs (Btk. 310. §)

Grundtatbestand	Größer	Besonders groß	Besonders groß und darüber
50.001-200.000	200.001-2.000000	2.000001-50.000000	50000001

Anlage I. Nr. 7.

Transparency International Corruption Perceptions Index 2006

Rang	Land	2006 CPI Punktwert	Verwendete Untersuchungen	Vertrauensintervall
1	Finnland	9.6	7	9.4 – 9.7
	Island	9.6	6	9.5 – 9.7
	Neuseeland	9.6	7	9.4 – 9.6
4	Dänemark	9.5	7	9.4 – 9.6
5	Singapur	9.4	9	9.2 – 9.5
6	Schweden	9.2	7	9.0 – 9.3
7	Schweiz	9.1	7	8.9 – 9.2
8	Norwegen	8.8	7	8.4 – 9.1
9	Australien	8.7	8	8.3 – 9.0
	Niederlande	8.7	7	8.3 – 9.0
11	Österreich	8.6	7	8.2 – 8.9
	Luxemburg	8.6	6	8.1 – 9.0
	Großbritannien	8.6	7	8.2 – 8.9
14	Kanada	8.5	7	8.0 – 8.9
15	Hongkong	8.3	9	7.7 – 8.8
16	**Deutschland**	**8.0**	**7**	**7.8 – 8.4**
17	Japan	7.6	9	7.0 – 8.1
18	Frankreich	7.4	7	6.7 – 7.8
	Irland	7.4	7	6.7 – 7.9
20	Belgien	7.3	7	6.6 – 7.9
	Chile	7.3	7	6.6 – 7.6
	USA	7.3	8	6.6 – 7.8
23	Spanien	6.8	7	6.3 – 7.2
24	Barbados	6.7	4	6.0 – 7.2
	Estland	6.7	8	6.1 – 7.4
26	Macao	6.6	3	5.4 – 7.1
	Portugal	6.6	7	5.9 – 7.3
28	Malta	6.4	4	5.4 – 7.3
	Slowenien	6.4	8	5.7 – 7.0
	Uruguay	6.4	5	5.9 – 7.0
31	Vereinigte Arabische Emirate	6,2	5	5.6 – 6.9
32	Bhutan	6.0	3	4.1 – 7.3
	Katar	6.0	5	5.6 – 6.5
34	Israel	5.9	7	5.2 – 6.5
	Taiwan	5.9	9	5.6 – 6.2
36	Bahrain	5.7	5	5.3 – 6.2

37	Botswana	5.6	6	4.8 – 6.6
	Zypern	5.6	4	5.2 – 5.9
39	Oman	5.4	3	4.1 – 6.2
40	Jordanien	5.3	7	4.5 – 5.7
41	**Ungarn**	**5.2**	**8**	**5.0 – 5.4**
42	Mauritius	5.1	5	4.1 – 6.3
	Südkorea	5.1	9	4.7 – 5.5
44	Malaysia	5.0	9	4.5 – 5.5
45	Italien	4.9	7	4.4 – 5.4
46	Tschechische Republik	4.8	8	4.4 – 5.2
	Kuwait	4.8	5	4.0 – 5.4
	Litauen	4.8	6	4.2 – 5.6
49	Lettland	4.7	6	4.0 – 5.5
	Slowakei	4.7	8	4.3 – 5.2
51	Südafrika	4.6	8	4.1 – 5.1
	Tunesien	4.6	5	3.9 – 5.6
53	Dominica	4.5	3	3.5 – 5.3
54	Griechenland	4.4	7	3.9 – 5.0
55	Costa Rica	4.1	5	3.3 – 4.8
	Namibia	4.1	6	3.6 – 4.9
57	Bulgarien	4.0	7	3.4 – 4.8
	El Salvador	4.0	5	3.2 – 4.8
59	Kolumbien	3.9	7	3.5 – 4.7
60	Türkei	3.8	7	3.3 – 4.2
61	Jamaika	3.7	5	3.4 – 4.0
	Polen	3.7	8	3.2 – 4.4
63	Libanon	3.6	3	3.2 – 3.8
	Seychellen	3.6	3	3.2 – 3.8
	Thailand	3.6	9	3.2 – 3.9
66	Belize	3.5	3	2.3 – 4.0
	Kuba	3.5	3	1.8 – 4.7
	Grenada	3.5	3	2.3 – 4.1
69	Kroatien	3.4	7	3.1 – 3.7
70	Brasilien	3.3	7	3.1 – 3.6
	China	3.3	9	3.0 – 3.6
	Ägypten	3.3	6	3.0 – 3.7
	Ghana	3.3	6	3.0 – 3.6
	Indien	3.3	10	3.1 – 3.6
	Mexiko	3.3	7	3.1 – 3.4
	Peru	3.3	5	2.8 – 3.8
	Saudi-Arabien	3.3	3	2.2 – 3.7
	Senegal	3.3	5	2.8 – 3.7
79	Burkina Faso	3.2	5	2.8 – 3.6
	Lesotho	3.2	5	2.9 – 3.6

	Land	CPI	Untersuchungen	Vertrauensintervall
	Moldawien	3.2	7	2.7 – 3.8
	Marokko	3.2	6	2.8 – 3.5
	Trinidad and Tobago	3.2	5	2.8 – 3.6
84	Algerien	3.1	5	2.7 – 3.6
	Madagaskar	3.1	5	2.3 – 3.7
	Mauretanien	3.1	4	2.1 – 3.7
	Panama	3.1	5	2.8 – 3.3
	Rumänien	3.1	8	3.0 – 3.2
	Sri Lanka	3.1	6	2.7 – 3.5

Hinweise:

*CPI Punktwert bezieht sich auf das von Geschäftsleuten und Länderanalysten wahrgenommene Ausmaß der Korruption und reicht von 10 (als frei von Korruption wahrgenommen) bis 0 (als extrem von Korruption befallen wahrgenommen).

**Verwendete Untersuchungen bezieht sich auf die Anzahl der Umfragen, die das Abschneiden eines Landes bewerten. 12 Umfragen und Expertenbefragungen wurden verwendet. Um in den CPI aufgenommen zu werden, musste jedes Land in mindestens drei Quellen vorkommen.

***Vertrauensintervall gibt eine Spannweite von möglichen CPI Punktwerten an. Dies zeigt, wie die Punktwerte in den einzelnen Ländern, entsprechend der Messgenauigkeit, abweichen können. Normalerweise liegt der Wert mit 5%iger Wahrscheinlichkeit über dem Intervall und mit weiterer 5%iger Wahrscheinlichkeit unterhalb diesem. Insbesondere dann, wenn nur wenige Quellen zur Verfügung stehen, ist eine erwartungstreue Schätzung des Mittelwertes nur noch mit weniger als 90%iger Sicherheit möglich.

Quelle: Transparency International, Korruptionsindex 2006, zu entnehmen unter www.transparency.org, S. 5 und 6 von 15.

Anlage I. Nr. 8.

Transparency International Korruptionsindex 2004

Rang 2004	Rang 2003	Land	CPI 2004	CPI 2003
1	1	Finnland	9,7	9,7
15	**16**	**Deutschland**	**8,2**	**7,7**
31	33	Estland	6,0	5,5
31	29	Slowenien	6,0	5,9
42	**40**	**Ungarn**	**4,8**	**4,8**
44	41	Litauen	4,6	4,7
51	54	Tschechische Republik	4,2	3,9
54	54	Bulgarien	4,1	3,9
57	57	Lettland	4,0	3,8
57	59	Slowakei	4,0	3,7
67	59	Kroatien	3,5	3,7
67	64	Polen	3,5	3,6
74	53	Weißrussland	3,3	4,2
87	83	Rumänien	2,9	2,8
90	86	Russland	2,8	2,7
97	106	Serbien und Montenegro	2,7	2,3
122	100	Kasachstan	2,2	2,4
122	106	Ukraine	2,2	2,3

Skala von 0 = Korruption wird als weit verbreitet eingeschätzt bis 10 = geringste Wahrnehmung von Korruption

Quelle: Transparency International, Investitionsführer Ungarn, Rödl & Partner, S. 53.

Anlage I. Nr. 9.

Korruptionsindex 2002

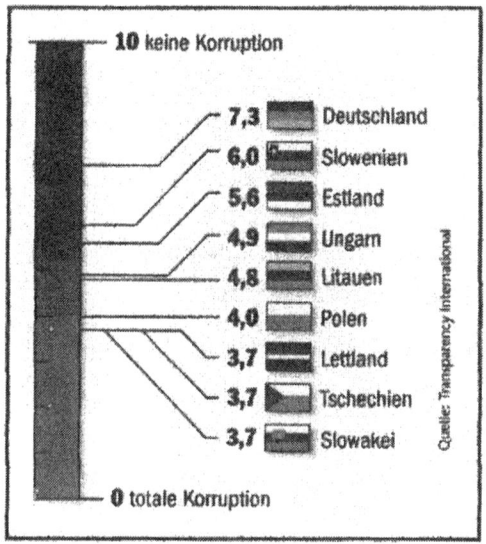

Quelle: Manz Ulrich L. / Musielak Andreas, Fachhochschule Darmstadt, gegenwärtiger Stand und Entwicklung des osteuropäischen Wirtschaftsraums unter Berücksichtigung des automotiven Sektors, S. 15.

Anlage I. Nr. 10.

Kérdés: Korrupciónak tartja-e ön általában a borravalót, hálapénzt, az ügyintézőknek adott apró ajándékokat, a protekciót; ha valakinek az érdekében szólnak egy-két jó szót, azt, ha valaki saját családtagját segíti elönyhöz?

Korrupciónak tekinti a ...	Minisztériumok	Igazságszolgáltatás	APEH	Vám- és Pénzügyörség	Rendőrség	Önkormányzatok
			vezétö beosztású dolgozói			
... borravalót	5	14	4	21	13	15
... protekciót	52	59	32	43	58	40
... ajándékokat	55	82	30	53	67	55
... nepotizmust	65	68	52	68	58	62

Halten Sie im Allgemeinen ein Trinkgeld, ein Gefälligkeitsgeld, kleine Geschenke für den Sachbearbeiter die Protektion für Korruption; halten Sie es im Allgemeinen für Korruption, wenn zugunsten von jemanden ein paar gute Worte eingelegt werden, wenn jemand seine eigene Familie zu einem Vorteil verhilft?

Als Korruption werden angesehen ...	Ministerien	Gesundheitswesen	APEH	Zoll- und Finanzamt	Polizei	Selbstverwaltungsbehörden
			Leitende Angestellte			
... Trinkgeld	5	14	4	21	13	15
... Protektion	52	59	32	43	58	40
... Geschenke	55	82	30	53	67	55
... Nepotismus	65	68	52	68	58	62

Quelle: Vásárhelyi, Mária, Das Verstecken, die Rechtfertigung und Schuldabweisung und das Aufeinanderzeigen, Die oberen Leiter öffentlicher Institute über die Korruption, in: Gombár, Csaba / Hankiss, Elemér / Lengyel, László / Volosin, Hédi, Schriften über die Korruption, S 144.

Anlage I. Nr. 11.

Kérdés: Ön szerint a korrupciónak csak negatív hatása van a gazdasági életre, vagy van pozitív hatása is?

A korrupció hatása a gazdasági életre	Minisztériumok	Igazságszolgáltatás	APEH, Vám- és Pénzügyörség	Rendörség	Önkormányzatok
			vezétö beosztású dolgozói		
csak negatív	69	80	75	69	65
van pozitív is	30	19	25	30	32
nem tudja	1	1	-	1	3
összesen	100	100	100	100	100

Sind Sie der Meinung, dass Korruption nur einen negativen Einfluss auf das Wirtschaftsleben hat, oder auch eine positive Wirkung?

Die Wirkung der Korruption auf das Wirtschaftsleben	Ministerien	Gesundheitswesen	APEH, Zoll- und Finanzamt	Polizei	Selbstverwaltungsbehörden
			Leitende Angestellte		
nur negativ	69	80	75	69	65
auch positiv	30	19	25	30	32
weiß nicht	1	1	-	1	3
insgesamt	100	100	100	100	100

Quelle: Vásárhelyi, Mária, Das Verstecken, die Rechtfertigung und Schuldabweisung und das Aufeinanderzeigen, Die oberen Leiter öffentlicher Institute über die Korruption, in: Gombár, Csaba / Hankiss, Elemér / Lengyel, László / Volosin, Hédi, Schriften über die Korruption, S 208.

Anlage II.
Hatályos – 1978. évi IV. törvény – a Büntető Törvénykönyvről
IV. Gesetz aus dem Jahre 1978 über das Ungarische Strafgesetzbuch

Anlage II. Nr. 1.
Halmazat
12. § (1) Bűnhalmazat az, ha az elkövető egy vagy több cselekménye több bűncselekményt valósít meg, és azokat egy eljárásban bírálják el.
(2) Nem bünhalmazat, hanem folytatólagosan elkövetett bűncselekmény az, ha az elkövető ugyanolyan bűncselekményt, egységes elhatározással, azonos sértett sérelmére, rövid időközökben többször követ el.

Die Mehrheit
12. § (1) Verbrechensmehrheit liegt vor, wenn der Täter durch eine oder mehrere Handlung(en) eine oder mehrere Straftat(en) verwirklicht und diese gemeinsam in einem Verfahren abgeurteilt werden.
(2) Keine Verbrechensmehrheit, sondern eine fortgesetzte Straftat ist anzunehmen, wenn der Täter dieselbe Straftat, im Rahmen einer Tatentscheidung, gegenüber demselben Opfer innerhalb kurzer Zeit mehrmals verwirklicht.

Anlage II. Nr. 2. – 4.

Szándékosság és gondatlanság

13. § Szándékosan követi el a bűncselekményt, aki magatartásának következményeit kívánja, vagy e következményekbe belenyugszik.

14. § Gondatlanságból követi el a bűncselekményt, aki előre látja magatartásának lehetséges következményeit, de könnyelműen bízik azok elmaradásában; úgyszintén az is, aki e következmények lehetőségét azért nem látja előre, mert a tőle elvárható figyelmet vagy körültekintést elmulasztja.

15. § Az eredményhez mint a bűncselekmény minősítő körülményéhez fűzött súlyosabb jogkövetkezmények akkor alkalmazhatók, ha az elkövetőt az eredmény tekintetében legalább gondatlanság terheli.

Vorsatz und Fahrlässigkeit

13. § Vorsätzlich begeht derjenige eine Straftat, der die Folgen seines Tuns wünscht oder sich mit diesen abfindet.

14. § Fahrlässig verwirklicht derjenige eine Straftat, der die möglichen Folgen seines Tuns vorhersieht, aber leichtfertig auf ihr Ausbleiben vertraut; ebenso handelt derjenige fahrlässig, der die möglichen Folgen seines Tuns deswegen nicht vorhersieht, weil er die von ihm erwartete Sorgfalt oder Umsicht außer Acht lässt.

15. § Die an den Erfolg, als einen die Straftat qualifizierenden Umstand, geknüpften schweren Rechtsfolgen sind nur dann anzuwenden, wenn dem Täter hinsichtlich des Erfolgs mindestens Fahrlässigkeit zur Last gelegt werden kann.

Anlage II. Nr. 5. – 7.
Kísérlet és előkészület

16. § Kísérlet miatt büntetendő, aki a szándékos bűncselekmény elkövetését megkezdi, de nem fejezi be.

17. § (1) A kísérletre a befejezett bűncselekmény büntetési tételét kell alkalmazni.
(2) A büntetést korlátlanul enyhíteni vagy mellőzni is lehet, ha a kísérletet alkalmatlan tárgyon vagy alkalmatlan eszközzel követik el.
(3) Nem büntethető kísérlet miatt, akinek önkéntes elállása folytán marad el a bűncselekmény befejezése, továbbá az sem, aki az eredmény bekövetkezését önként elhárítja.
(4) Ha a (2)-(3) bekezdés esetén a kísérlet már önmagában is megvalósít más bűncselekményt, az elkövető e bűncselekmény miatt büntetendő.

18. § (1) Ha a törvény külön elrendeli, előkészület miatt büntetendő, aki a bűncselekmény elkövetése céljából az ehhez szükséges vagy ezt könnyítő feltételeket biztosítja, az elkövetésre felhív, ajánlkozik, vállalkozik, vagy a közös elkövetésben megállapodik.
(2) Nem büntethető előkészület miatt
a) akinek önkéntes elállása folytán marad el a bűncselekmény elkövetésének a megkezdése;
b) aki az elkövetés elhárítása céljából felhívását, ajánlkozását, vállalkozását visszavonja, vagy arra törekszik, hogy a többi közreműködő az elkövetéstől elálljon, feltéve, hogy a bűncselekmény elkövetésének megkezdése bármely okból elmarad;
c) aki az előkészületet a hatóságnál feljelenti.
(3) A (2) bekezdés eseteiben, ha az előkészület már önmagában is más bűncselekmény, az elkövető e bűncselekmény miatt büntetendő.

Versuch und Vorbereitung

16. § Wegen Versuchs wird derjenige bestraft, der die Ausführung der vorsätzlichen Straftat beginnt, aber nicht zu Ende führt.

17. § (1) Auf den Versuch sind die Strafvoraussetzungen des vollendeten Strafdelikt anzuwenden.
(2) Die Strafe kann grenzenlos gemindert oder gänzlich erlassen werden, wenn der Versuch an einem untauglichen Objekt oder mit einem untauglichen Werkzeug durchgeführt worden ist.
(3) Es kann derjenige nicht wegen Versuchs bestraft werden, durch dessen freiwilligen Rücktritt die Vollendung der Tat verhindert wird, und auch derjenige nicht, der den Eintritt des Erfolgs freiwillig verhindert.
(4) Wenn im Falle der Absätze (2)-(3) der Versuch selbst bereits den gesetzlichen Tatbestand eines anderen Strafdelikts verwirklicht, dann ist der Täter wegen diesem Strafdelikt zu bestrafen.

18. § (1) Wenn das Gesetz es ausdrücklich bestimmt, dann ist wegen Vorbereitung zu einer Straftat zu bestrafen, der zur Begehung einer Straftat die hierfür erforderlichen oder taterleichternden Umstände sichert, zur Begehung der Straftat aufruft, sich anbietet, sich bereit erklärt oder sich zur gemeinsamen Tatbegehung verabredet.
(2) Wegen Vorbereitung kann derjenige nicht bestraft werden,
a) dessen freiwilliger Rücktritt den Beginn der Tatausführung verhindert;
b) der zur Verhinderung der Tatausführung seinen Aufruf, sein Erbieten oder sein Einverständnis zur Tat zurückzieht oder sich darum bemüht, dass die anderen Mitwirkenden von der Tatausführung Abstand nehmen, vorausgesetzt, dass der Beginn der Tatausführung aus irgendeinem Grund unterbleibt;
c) der die Vorbereitung der Tat bei den Behörden anzeigt.
(3) Stellt die Vorbereitungshandlung in den Fällen des Absatzes (2) bereits eine andere Straftat dar, dann ist der Täter wegen dieser Straftat zu bestrafen.

Anlage II. Nr. 8. – 10.

Az elkövetők

19. § Elkövetők a tettes és a társtettes (tettesek), valamint a felbujtó és a bűnsegéd (részesek).

20. § (1) Tettes az, aki a bűncselekmény törvényi tényállását megvalósítja.

(2) Társtettesek azok, akik a szándékos bűncselekmény törvényi tényállását, egymás tevékenységéről tudva, közösen valósítják meg.

21. § (1) Felbujtó az, aki mást bűncselekmény elkövetésére szándékosan rábír.

(2) Bűnsegéd az, aki bűncselekmény elkövetéséhez szándékosan segítséget nyújt.

(3) A részesekre is a tettesekre megállapított büntetési tételt kell alkalmazni.

Die Täter

19. § Täter ist der Einzeltäter und der Mittäter (Täter), sowie der Anstifter und der Gehilfe (Teilnehmer).

20. § (1) Täter ist derjenige, der den gesetzlichen Tatbestand verwirklicht.

(2) Mittäter sind diejenigen, die den gesetzlichen Tatbestand des vorsätzlichen Strafdelikts, im Bewusstsein der Tathandlung des jeweils anderen, zusammen verwirklichen.

21. § (1) Anstifter ist derjenige, der einen anderen zur Begehung einer Straftat vorsätzlich bewegt.

(2) Gehilfe ist derjenige, der einem anderen bei der Begehung einer Straftat vorsätzlich Hilfe leistet.

(3) Die Teilnehmer sind gleich den Tätern zu bestrafen.

Anlage II. Nr. 11.
A büntetőjogi felelősségre vonás akadályai
A büntethetőséget kizáró okok
22. § A büntethetőséget kizárja:
a) a gyermekkor,
b) a kóros elmeállapot,
c) a kényszer és a fenyegetés,
d) a tévedés,
e) a cselekmény társadalomra veszélyességének csekély foka,
f) a jogos védelem,
g) a végszükség,
h) a magánindítvány hiánya,
i) a törvényben meghatározott egyéb ok.

Die Strafbarkeitshindernisse
Die Strafausschließungsgründe
22. § Die Strafbarkeit wird ausgeschlossen durch:
a) das Kindesalter,
b) den pathologischen Geisteszustand,
c) Zwang und Drohung,
d) Irrtum,
e) den geringen Grad an Gefährlichkeit der Tat auf die Gesellschaft,
f) berechtigte Verteidigung,
g) äußerste Not,
f) mangelnde Eigenveranlassung,
i) aus einem sonstigen, im Gesetz bestimmten Grund.

Anlage II. Nr. 12.

A tévedés

27. § (1) Nem büntethető az elkövető olyan tény miatt, amelyről az elkövetéskor nem tudott.

(2) Nem büntethető, aki a cselekményt abban a téves feltevésben követi el, hogy az a társadalomra nem veszélyes, és erre a feltevésre alapos oka van.

(3) A tévedés nem zárja ki a büntethetőséget, ha gondatlanság okozza, és a törvény a gondatlanságból eredő elkövetést is bünteti.

Der Irrtum

27. § (1) Der Täter kann wegen eines solchen Umstandes nicht bestraft werden, von welchem er zum Zeitpunkt der Tatbegehung nicht gewusst hat.

(2) Es kann derjenige nicht bestraft werden, der die Tat in der irrigen Annahme begeht, sie sei für die Gesellschaft nicht gefährlich und es für diese Annahme einen berechtigten Grund gibt.

(3) Ein Irrtum schließt die Strafbarkeit nicht aus, wenn er auf Fahrlässigkeit zurückzuführen ist und das Gesetz die fahrlässige Tatbegehung ebenfalls unter Strafe stellt.

Anlage II. Nr. 13.
A büntethetőséget megszüntető okok
32. § A büntethetőséget megszünteti
a) az elkövető halála,
b) az elévülés,
c) a kegyelem,
d) a cselekmény társadalomra veszélyességének megszűnése vagy csekéllyé válása,
e) a törvényben meghatározott egyéb ok.

Die Strafaufhebungsgründe
32. § Die Strafbarkeit wird beendet
a) durch den Tod des Täters,
b) durch Verjährung,
c) durch Begnadigung,
d) durch die beendete Gefährdung der Gesellschaft durch die Straftat oder durch die geringe Gefährlichkeit,
e) aus einem, vom Gesetz bestimmten, sonstigen Grund.

Anlage II. Nr. 14. – 16.
A büntethetőség elévülése

33. § (1) A büntethetőség elévül
a) olyan bűntett esetén, amely életfogytig tartó szabadságvesztéssel is büntethető, húsz év;
b) egyéb bűncselekmény esetén a büntetési tétel felső határának megfelelő idő, de legalább három év elteltével.
(2) Nem évül el
a) az 1945.évi VII. törvénnyel törvényerőre emelt és az 1440/1945. (V.1.) ME rendelettel módosított és kiegészített 81/1945. (II.5.) ME rendelet 11. és 13. §-ában meghatározott háborús bűntettek;
b) az emberiség elleni egyéb bűncselekmények (XI. fejezet);
c) az emberölés súlyosabban minősülő esetei [166. § (2) bekezdés a)-h) pontjai];
d) az emberrablás és az elöljáró vagy szolgálati közeg elleni erőszak súlyosabban minősülő esetei [175/A. § (4) bekezdés, 355. § (5) bekezdés *a)* pont];
e) a terrorcselekmény, a légi jármű, vasúti, vízi, közúti tömegközlekedési vagy tömeges áruszállításra alkalmas jármű hatalomba kerítése és a zendülés súlyosabban minősülő esetei, ha a halált szándékosan okozva követik el [261. § (2) bekezdés *a)* pont, 262. § (2) bekezdés, 352. § (3) bekezdés b) pont]
büntethetősége.

34. § Az elévülés határidejének kezdő napja
a) befejezett bűncselekmény esetén az a nap, amikor a törvényi tényállás megvalósul,
b) kísérlet és előkészület esetén az a nap, amikor az ezeket megvalósító cselekmény véget ér,
c) olyan bűncselekmény esetén, amely kizárólag kötelesség teljesítésének elmulasztásával valósul meg, az a nap, amikor
az elkövető még a büntető törvényben megállapított következmény nélkül eleget tehetne kötelességének,
d) olyan bűncselekmény esetén, amely jogellenes állapot fenntartásában áll, az a nap, amikor ez az állapot megszűnik.

35. § (1) Az elévülést félbeszakítja a büntető ügyekben eljáró hatóságoknak az elkövető ellen a bűncselekmény miatt foganatosított büntetőeljárási cselekménye. A félbeszakítás napján az elévülés határideje ismét elkezdődik.
(2) Ha a büntetőeljárást felfüggesztik, a felfüggesztés tartama az elévülés határidejébe nem számít be. Ez a rendelkezés nem alkalmazható, ha a büntetőeljárást azért függesztik fel, mert az elkövető kiléte a nyomozásban nem volt megállapítható, ismeretlen helyen tartózkodik vagy elmebeteg lett.
(3) Az elévülés határidejébe nem számít be az a tartam sem, amely alatt személyes mentesség folytán a büntetőeljárás azért nem volt megindítható vagy folytatható, mert a törvényben biztosított mentelmi jogot a döntésre jogosult nem függesztette fel, illetőleg az eljárás megindításához vagy folytatásához a hozzájárulását nem adta meg. Ez a rendelkezés nem alkalmazható olyan magánindítványra büntethető bűncselekmény esetén, amely miatt a vádat a magánvádló képviseli.
(4) Próbára bocsátás (72. §) esetén a próbaidő tartama az elévülés határidejébe nem számít be.

Die Verjährung der Strafbarkeit
33. § (1) Die Strafbarkeit verjährt
a) bei solchen Verbrechen, die mit einer lebenslangen Freiheitsstrafe geahndet werden können in zwanzig Jahren,
b) bei den sonstigen Straftaten in einer der obersten Strafbarkeitsgrenze entsprechenden Zeit, aber mindestens nach Ablauf von drei Jahren.
(2) Es verjährt nicht die Strafbarkeit der
a) die in den §§ 11 und 13 des Erlasses 81/1945 (II.5.), welches mit dem Gesetz aus dem Jahre 1945 Gesetzeskraft erlangte und durch den Erlass 1440/1945 (V.1.) modifiziert und ergänzt worden ist, bestimmten Kriegsverbrechen;
b) Straftaten gegen die Menschlichkeit (XI. Kapitel);
c) schwerwiegenden Fälle des Totschlags [§ 166 (2) a)-h)];
d) schwerwiegenden Fälle von Menschenraub und von Gewaltdelikten gegen das vorgesetzte Dienstorgan [§ 175 A (4), § 355 (5) a)];
e) Terrorstraftat, Bemächtigung von öffentlichen Verkehrsmitteln zu Luft, auf den Schienen, zu Wasser, zu Land oder von Verkehrsmitteln, die zur öffentlichen Beförderung von Waren dienen und die schwerwiegenden Fälle von Meuterei, wenn ein Todesfall vorsätzlich verursacht worden ist [§ 261 (2) a), § 262 (2), § 352 (3)].

34. § Der erste Tag für die Verjährungsfrist ist
a) im Falle des vollendeten Strafdelikts derjenige Tag, an dem der strafgesetzliche Tatbestand verwirklicht wird,
b) im Falle des Versuchs und der Vorbereitung derjenige Tag, an dem die Versuchs- oder Vorbereitungshandlung beendet wird,
c) im Falle von Straftaten, die ausschließlich durch die Vernachlässigung einer Pflicht verwirklicht werden können, derjenige Tag, an dem die Pflicht durch den Täter ohne die im Gesetz umschriebene rechtliche Folge hätte erfüllt werden können,
d) im Falle von Strafdelikten, die in der Herbeiführung eines gesetzeswidrigen Zustandes bestehen, derjenige Tag, an dem dieser Zustand sein Ende findet.

35. § (1) Die Verjährung wird unterbrochen durch gegen den Täter gerichtete Maßnahmen der in der Sache verfahrenden Strafverfolgungsbehörden. Am Tag der Verjährungsunterbrechung beginnt die Verjährungsfrist von Neuem zu laufen.
(2) Wird die Strafverfolgung ausgesetzt, dann wird die Dauer der Aussetzung in die Verjährungsfrist nicht mit eingerechnet. Dies trifft allerdings für den Fall nicht zu, dass die Strafverfolgung deshalb ausgesetzt wird, weil die Identität des Täters im Laufe der Ermittlungen nicht aufgeklärt werden konnte, der Täter sich an einem unbekannten Ort aufhält oder geisteskrank geworden ist.
(3) In die Verjährungsfrist wird auch die Zeitdauer nicht mit eingerechnet, in der die Strafverfolgung wegen persönlicher Immunität nicht eingeleitet oder fortgesetzt werden konnte, weil der Entscheidungsberechtigte die im Gesetz garantierte Immunität nicht aufgehoben hat bzw. für den Beginn oder für die Fortsetzung der Strafverfolgung erforderliche Zustimmung nicht erteilt hat. Diese Regelung kann nicht für Straftaten angewandt werden, die auf Strafantrag verfolgt werden, bei denen der Privatkläger die Anklage repräsentiert.
(4) Die Zeit der Bewährung (§ 72) wird in die Verjährungsfrist nicht mit eingerechnet.

Anlage II. Nr. 17.
A büntetési nemek
38. § (1) Főbüntetések
1. a szabadságvesztés,
2. a közérdekű munka,
3. a pénzbüntetés.
(2) Mellékbüntetések
1. a közügyektől eltiltás,
2. a foglalkozástól eltiltás,
3. a járművezetéstől eltiltás,
4. a kitiltás,
5. a kiutasítás,
6. -
7. a pénzmellékbüntetés.
(3) A (2) bekezdés 2-5. pontjában felsorolt mellékbüntetések önállóan, főbüntetés kiszabása helyett (88. §) is alkalmazhatók, ha az alkalmazásuk egyéb törvényi feltételei fennállnak.

Die Strafarten
38. § (1) Hauptstrafen sind
1. die Freiheitsstrafe,
2. die gemeinnützige Arbeit,
3. die Geldstrafe.
(2) Nebenstrafen sind
1. das Verbot öffentliche Aufgaben wahrzunehmen,
2. das Berufsverbot,
3. das Fahrverbot,
4. die Ausweisung,
5. die Landesverweisung,
6. –
7. die Geldnebenstrafe.
(3) Die im Absatz (2) Nummer 2-5 aufgezählten Nebenstrafen können auch selbständig, anstelle einer Hauptstrafe (§ 88), verhängt werden, wenn die übrigen Voraussetzungen der Verhängung vorliegen.

Anlage II. Nr. 18.
A szabadságvesztés
40. § (1) A szabadságvesztés életfogytig vagy határozott ideig tart.

(2) A határozott ideig tartó szabadságvesztés legrövidebb tartama két hónap, leghosszabb tartama tizenöt év; halmazati vagy összbüntetés, illetőleg bűnszervezetben történő elkövetés esetén húsz év.

(3) Életfogytig tartó szabadságvesztés azzal szemben szabható ki, aki a bűncselekmény elkövetésekor a huszadik életévét betöltötte.

Die Freiheitsstrafe
40. § (1) Die Freiheitsstrafe dauert lebenslang oder für eine bestimmte Zeit.

(2) Die Freiheitsstrafe über eine bestimmte Zeitdauer beträgt mindestens zwei Monate, längstens fünfzehn Jahre; im Falle einer Verbrechensmehrheit oder einer Gesamtstrafe bzw. wenn die Straftat in einer Verbrecherbande begangen worden ist, zwanzig Jahre.

(3) Eine lebenslange Freiheitsstrafe kann nur gegenüber demjenigen verhängt werden, der zum Zeitpunkt der Tatbegehung das zwanzigste Lebensjahr vollendet hatte.

Anlage II. Nr. 19. – 20.
A közérdekű munka
49. § (1) A közérdekű munkára ítélt köteles a részére – a bíróság ítéletében – meghatározott munkát végezni. Az elítélt személyi szabadsága egyébként nem korlátozható.
(2) Közérdekű munkaként olyan munka végzése határozható meg, amelyet az elítélt – figyelemmel egészségi állapotára és képzettségére – előreláthatóan képes elvégezni.
(3) A közérdekű munkát az elítélt – ha jogszabály másként nem rendelkezik – hetenként legalább egy napon, a heti pihenőnapon vagy a szabadidejében díjazás nélkül végzi.
(4) A közérdekű munka legrövidebb tartama egy nap, leghosszabb tartama ötven nap. Egy napi közérdekű munkának hat óra munkavégzés felel meg.

50. § (1) Ha az elítélt a munkakötelezettségének önként nem tesz eleget, a közérdekű munka, illetőleg ennek hátralévő része helyébe szabadságvesztés lép. Ezt a szabadságvesztést fogházban kell végrehajtani.
(2) A közérdekű munka, illetőleg ennek hátralévő része helyébe lépő szabadságvesztést úgy kell megállapítani, hogy egynapi közérdekű munkának egynapi szabadságvesztés felel meg. Ilyenkor a szabadságvesztés két hónapnál rövidebb is lehet.

Die gemeinnützige Arbeit
49. § (1) Der zur gemeinnützigen Arbeit Verurteilte ist verpflichtet, die im Urteil festgesetzte Arbeit zu verrichten.
(2) Als gemeinnützige Arbeit kann nur eine solche verhängt werden, die der Verurteilte, in Berücksichtigung seines Gesundheitszustandes und seiner Fähigkeit, voraussichtlich verrichten kann.
(3) Die gemeinnützige Arbeit wird vom Verurteilten, soweit das Gesetz nichts anderes bestimmt, wöchentlich mindestens an einem Tag, an freien Tagen und in der Freizeit ohne Entgelt verrichtet.
(4) Die gemeinnützige Arbeit erstreckt sich auf mindestens einen Tag, maximal auf fünfzig Tage. Ein Tag gemeinnützige Arbeit entspricht einer sechsstündigen Arbeitsverrichtung.

50. § (1) Kommt der Verurteilte seiner Arbeitsverpflichtung nicht nach, dann tritt an die Stelle der gemeinnützigen Arbeit bzw. des Strafrestes die Freiheitsstrafe. Diese Freiheitsstrafe ist im Gefängnis zu vollziehen.
(2) Die an die Stelle der gemeinnützigen Arbeit bzw. des Strafrestes tretende Freiheitsstrafe muss in der Weise verhängt werden, das ein Tag gemeinnützige Arbeit einem Tag Freiheitsstrafe entspricht. In diesem Fall kann auch eine Freiheitsstrafe von weniger als zwei Monaten verhängt werden.

Anlage II. Nr. 21. – 22.

A pénzbüntetés

51. § (1) A pénzbüntetést úgy kell kiszabni, hogy – figyelemmel a cselekménnyel elért vagy elérni kívánt anyagi előnyre is – meg kell állapítani a pénzbüntetés napi tételeinek számát és – az elkövető vagyoni, jövedelmi, személyi viszonyaihoz és életviteléhez mérten – az egynapi tételnek megfelelő összeget.
(2) A pénzbüntetés legkisebb mértéke harminc, legnagyobb mértéke ötszáznegyven napi tétel. Egynapi tétel összegét legalább száz, de legfeljebb húszezer forintban kell meghatározni.

52. § A pénzbüntetést, meg nem fizetése esetén, fogházban végrehajtandó szabadságvesztésre kell átváltoztatni. Egynapi tétel összegének a helyébe egynapi szabadságvesztés lép. Ilyenkor a szabadságvesztés két hónapnál rövidebb is lehet.

Die Geldstrafe

51. § (1) Die Geldstrafe muss in der Weise verhängt werden, dass in Berücksichtigung des erlangten oder des zu erlangen versuchten Vorteils die Zahl der Tagessätze und in Berücksichtigung der Vermögens- und Einkommenssituation sowie der Lebensführung des Täters die Summe des einzelnen Tagessatzes festzusetzen ist.
(2) Die Höhe der Geldstrafe beträgt mindestens dreißig, höchstens fünfhundertvierzig Tagessätze. Der einzelne Tagessatz ist auf mindestens hundert, höchstens auf zwanzigtausend Forint festzusetzen.

52. § Im Falle der Nichtentrichtung der Geldstrafe, muss diese in Freiheitsstrafe, die in einem Gefängnis zu vollziehen ist, umgewandelt werden. Anstelle eines Tagessatzes tritt ein Tag Freiheitsstrafe. In diesem Fall kann eine Freiheitsstrafe unter zwei Monaten verhängt werden.

Anlage II. Nr. 23.
A büntetés végrehajtását kizáró okok
66. § A büntetés végrehajtását kizárja
a) az elítélt halála,
b) az elévülés,
c) a kegyelem,
d) a törvényben meghatározott egyéb ok.

Die Ausschlussgründe für die Vollziehung der Strafe
66. § Die Vollziehung der Strafe ist ausgeschlossen
a) beim Tod des Verurteilten,
b) bei Verjährung,
c) bei Begnadigung,
d) in dem vom Gesetz bestimmten sonstigen Grund.

Anlage II. Nr. 24. – 25.
A büntetés elévülése
67. § (1) A főbüntetés elévül:
a) tizenöt évi szabadságvesztés, valamint ennél súlyosabb büntetés esetén húsz év,
b) tízévi vagy ezt meghaladó szabadságvesztés esetén tizenöt év,
c) ötévi vagy ezt meghaladó szabadságvesztés esetén tíz év,
d) öt évet el nem érő szabadságvesztés esetén öt év,
e) közérdekű munka vagy pénzbüntetés esetén három év elteltével.
(2) A kiutasítás végrehajthatósága elévül:
a) ötévi vagy ezt meghaladó tartam esetén tíz év,
b) öt évet el nem érő tartam esetén öt év
elteltével.
(3) A pénzmellékbüntetés három év elteltével évül el.
(4) Nem évül el az 1945.évi VII. törvennyel I törvényerőre emelt és az 1440/1945. (V.1.) ME rendelettel módosított és kiegészített 81/1945. (II.5.) ME rendelet 11. és 13. §-ában meghatározott háborús bűntettek miatt kiszabott tizenöt évi szabadságvesztés vagy ennél súlyosabb büntetés, valamint az emberiség elleni egyéb bűncselekmény (XI. fejezet) miatt kiszabott büntetés.

68. § (1) A főbüntetés elévülésének határideje a büntetést kiszabó határozat jogerőre emelkedésének napján, ha pedig a büntetés végrehajtását felfüggesztik, a próbaidő leteltének napján kezdődik. Ha az elítélt a szabadságvesztés végrehajtása alatt megszökik, az elévülés határideje a szökés napjával ismét elkezdődik.
(2) A kiutasítás elévülésének határideje, ha főbüntetés mellett alkalmazzák, a főbüntetés végrehajtása befejezésének, illetőleg a végrehajthatósága megszűnésének napján, egyéb esetben a határozat jogerőre emelkedésének napján kezdődik.
(3) A pénzmellékbüntetés elévülésének határideje a főbüntetés végrehajtása befejezésének, illetőleg végrehajthatósága megszűnésének napján, ha pedig a szabadságvesztés végrehajtását felfüggesztik, a próbaidő leteltének napján kezdődik.
(4) Az elévülést félbeszakítja az elítélt ellen a büntetés végrehajtása végett tett intézkedés. A félbeszakítás napjával az elévülés határideje ismét elkezdődik.
(5) A pénzmellékbüntetés alkalmazása esetén akár a főbüntetés, akár a mellékbüntetés végrehajtása iránt tett intézkedés mindkét büntetés elévülését félbeszakítja.

Die Verjährung der Strafe
67. § (1) Die Hauptstrafe verjährt:
a) im Falle einer fünfzehnjährigen Freiheitsstrafe oder mehr in zwanzig Jahren,
b) im Falle einer zehnjährigen Freiheitsstrafe oder mehr in fünfzehn Jahren,
c) im Falle einer fünfjährigen Freiheitsstrafe oder mehr in zehn Jahren,
d) im Falle einer Freiheitsstrafe unter fünf Jahren in fünf Jahren,
e) im Falle von gemeinnütziger Arbeit oder einer Geldstrafe mit Ablauf von drei Jahren.
(2) Die Vollziehung der Ausweisung verjährt:
a) im Falle einer fünfjährigen oder noch längeren Ausweisung in zehn Jahren,
b) im Falle einer Ausweisung unter fünf Jahren in fünf Jahren.
(3) Die Geldnebenstrafe verjährt mit Ablauf von drei Jahren.
(4) Es verjähren nicht die wegen bestimmten, in der Verordnung 1440/1945, modifiziert durch die Verordnung 81/1945, in den §§ 11 und 13 enthaltenen Kriegsverbrechen, verhängte fünfzehnjährige oder mehrjährige Freiheitsstrafe oder die wegen Verbrechen gegen die Menschlichkeit (XI. Kapitel) verhängte Strafe.

68. § (1) Die Verjährungsfrist für die Verjährung der Hauptstrafen beginnt mit dem Tag der Rechtskraft des Urteils, wenn die Strafe zur Bewährung ausgesetzt wird, mit dem Tag des Ablaufs der Bewährungszeit. Flüchtet der Täter während des Strafvollzugs, beginnt die Verjährungsfrist mit dem Tag der Flucht von Neuem zu laufen.
(2) Die Verjährungsfrist für die Ausweisung beginnt mit der Vollstreckung der Hauptstrafe, wenn die Ausweisung neben einer Hauptstrafe verhängt wird, bzw. mit dem Ende der Vollstreckbarkeit der Hauptstrafe, in sonstigen Fällen mit der Rechtskraft des Urteils.
(3) Die Verjährungsfrist für die Geldnebenstrafe beginnt mit dem Tag des Vollstreckungsendes bzw. mit dem Tag der Vollstreckbarkeit der Hauptstrafe, wenn die Vollstreckung der Freiheitsstrafe zur Bewährung ausgesetzt wird, mit dem Tag des Bewährungsendes.
(4) Die Verjährung wird durch Vollstreckungsmaßnahmen gegen den Verurteilten unterbrochen. Mit dem Tag der Verjährungsunterbrechung beginnt die Verjährung von Neuem zu laufen.
(5) Im Falle einer Geldnebenstrafe wird die Verjährung sowohl der Haupt- als auch der Nebenstrafe durch Vollstreckungsmaßnahmen hinsichtlich der Haupt- als auch hinsichtlich der Nebenstrafe unterbrochen.

Anlage II. Nr. 26. – 27.

A halmazati büntetés

85. § (1) Bűnhalmazat (12. §) esetén egy büntetést kell kiszabni.

(2) A főbüntetést a bűnhalmazatban lévő bűncselekmények büntetési tételei közül a legsúlyosabbnak az alapulvételével kell kiszabni.

(3) Ha a törvény a bünhalmazatban levő bűncselekmények közül legalább kettőre határozott ideig tartó szabadságvesztést rendel, a (2) bekezdés szerinti büntetési tétel felső határa a felével emelkedik, de az nem érheti el az egyes bűncselekményekre megállapított büntetési tételek felső határának együttes tartamát.

86. § (1) Bűnhalmazat esetén a bűnhalmazatban levő bármelyik bűncselekmény miatt alkalmazható mellékbüntetést ki lehet szabni.

(2) A mellékbüntetés halmazati büntetés esetében sem haladhatja meg a törvényben meghatározott legmagasabb mértéket, illetve tartamot.

Die Gesamtstrafe

85. § (1) Im Falle von Verbrechensmehrheit (§ 12) ist eine Strafe zu verhängen.

(2) Die Hauptstrafe ist nach dem Strafrahmen des schwerwiegendsten Tatbestandes unter den in Verbrechensmehrheit sich befindenden Straftaten zu bestimmen.

(3) Sieht das Gesetz für zumindest zwei der sich Verbrechensmehrheit befindenden Straftaten eine zeitige Freiheitsstrafe vor, dann erhöht sich die obere Grenze der nach (2) gebildeten Strafe um die Hälfte, darf aber nicht die Summe der Obergrenzen der einzelnen Strafen erreichen.

86. § (1) Im Falle einer Verbrechensmehrheit kann wegen einer sich in der Verbrechensmehrheit befindenden Straftat eine Nebenstrafe verhängt werden.

(2) Die Nebenstrafe darf auch im Falle der Verbrechensmehrheit nicht den im Gesetz angeordneten Höchststrafrahmen bzw. die Zeitdauer überschreiten.

Anlage II. Nr. 28.
A büntetés enyhítése
87. § (1) A büntetési tételnél enyhébb főbüntetés szabható ki, ha annak legkisebb mértéke a 83. § rendelkezéseire figyelemmel túl szigorú.
(2) Az (1) bekezdés alapján, ha a büntetési tétel legkisebb mértéke
a) tízévi szabadságvesztés, ehelyett legkevesebb ötévi szabadságvesztést;
b) ötévi szabadságvesztés, ehelyett legkevesebb kétévi szabadságvesztést;
c) kétévi szabadságvesztés, ehelyett legkevesebb egyévi szabadságvesztést;
d) egyévi szabadságvesztés, ehelyett rövidebb tartamú szabadságvesztést, közérdekű munkát, vagy ha – az elkövető különös méltánylást érdemlő személyi körülményeire figyelemmel – ez is túl szigorú, pénzbüntetést;
e) egy évnél rövidebb tartamú szabadságvesztés, ehelyett közérdekű munkát vagy pénzbüntetést lehet kiszabni.
(3) Kísérlet és bűnsegély esetében, ha a (2) bekezdés a)-d) pontjai alapján kiszabható büntetés is túl szigorú, a büntetést a (2) bekezdés soron következő pontja alapján kell kiszabni.
(4) Ha a törvény korlátlan enyhítést enged, bármely büntetési nem legkisebb mértéke is kiszabható.
(5) -

Die Milderung der Strafe
87. § (1) Es kann eine mildere als im Strafrahmen vorgesehene Strafe verhängt werden, wenn dessen geringstes Maß nach der Anordnung des § 83 als zu streng anzusehen ist.
(2) Nach (1) kann, wenn das geringste Maß der Strafe
a) eine zehnjährige Freiheitsstrafe ist, stattdessen eine mindestens fünfjährige Freiheitsstrafe,
b) eine fünfjährige Freiheitsstrafe ist, stattdessen eine mindestens zweijährige Freiheitsstrafe,
c) eine zweijährige Freiheitsstrafe ist, stattdessen eine mindestens einjährige Freiheitsstrafe,
d) eine einjährige Freiheitsstrafe ist, stattdessen eine geringere Freiheitsstrafe, gemeinnützige Arbeit oder wenn in der Person des Täters besonders mildernde zu berücksichtigende Umstände vorliegen und die Strafe zu streng ist, eine Geldstrafe e) eine Freiheitsstrafe unter einem Jahr ist, stattdessen gemeinnützige Arbeit oder Geldstrafe
verhängt werden.
(3) Im Falle des Versuchs und der Beihilfe kann die Strafe nochmals im Rahmen des (2) gemildert werden, wenn die nach (2) a)-d) gemilderte Strafe noch immer zu streng ist.
(4) Sieht das Gesetz eine unbegrenzte Milderungsmöglichkeit vor kann, irgendeine Strafe, soweit sie nicht Geringstmaß aufweist, verhängt werden.
(5) -

Anlage II. Nr. 29. – 33.

Az összbüntetés

92. § (1) Ha az elkövetőt több, határozott ideig tartó szabadságvesztésre ítélik, és az elkövető valamennyi bűncselekményt a legkorábban hozott ítélet jogerőre emelkedését megelőzően követte el, a jogerősen kiszabott büntetéseket összbüntetésbe kell foglalni.

(2) -

(3) A pénzbüntetés és a közérdekű munka helyébe lépő szabadságvesztés (50. §, 52. §) összbüntetésbe nem foglalható.

93. § Az összbüntetés tartamát úgy kell meghatározni, mintha halmazati büntetést szabnának ki. Az összbüntetés tartamának azonban el kell érnie a legsúlyosabb büntetést, de nem érheti el a büntetések együttes tartamát.

94. § (1) Különböző fokozatban végrehajtandó szabadságvesztések összbüntetésbe foglalása esetén az összbüntetést abban a fokozatban kell végrehajtani, amelyik közülük a legszigorúbb. Ha azonban az összbüntetés mértéke három év vagy azt meghaladó tartamú, illetőleg többszörös visszaesőnél két év vagy ezt meghaladó tartamú, az összbüntetés végrehajtási fokozatát ennek figyelembevételével kell meghatározni.

(2) Ha az (1) bekezdés alkalmazásával megállapítandó végrehajtási fokozat az elítélt számára méltánytalan hátrányt jelentene, egyel enyhébb fokozat állapítható meg.

95. § Hatályon kívül helyezte az 1993.évi XVII. törvény 103. § (1) bekezdése. Hatálytalan 1993. május 15-től.

96. § (1) Mellékbüntetések nem foglalhatók összbüntetésbe, úgyszintén a pénzmellékbüntetés helyébe lépő szabadságvesztés sem.

(2) Azonos tartamú mellékbüntetések közül – a pénzmellékbüntetés kivételével – azt kell végrehajtani, amelyik az elítéltre hátrányosabb. Ez irányadó a főbűntetés helyett alkalmazott mellékbüntetésekre is.

Die nachträgliche Gesamtstrafe
92. § (1) Wird der Täter zu mehreren, zeitigen Freiheitsstrafen verurteilt und verwirklichte der Täter die Straftaten vor Eintritt der Rechtskraft des frühesten Urteils, dann müssen die rechtskräftig verhängten Strafen zu einer nachträglichen Gesamtstrafe zusammengefasst werden.
(2) –
(3) Die Freiheitsstrafe, die anstelle von Geldstrafe und gemeinnütziger Arbeit (§ 50, § 52) tritt, kann nicht zu einer nachträglichen Gesamtstrafe zusammengefasst werden.

93. § Der Inhalt der nachträglichen Gesamtstrafe ist so zu bestimmen, wie wenn eine Gesamtstrafe gebildet werden würde. Die nachträgliche Gesamtstrafe muss die Höhe der schwersten Strafe erreichen, darf aber der Höhe nach nicht die Summe aller Strafen erreichen.

94. § (1) Strafen verschiedener Vollstreckungsstufen sind in der nachträglichen Gesamtstrafe so zusammenzufassen, dass die nachträgliche Gesamtstrafe in der strengsten Vollstreckungsstufe zu vollziehen ist. Beträgt die Höhe der nachträglichen Gesamtstrafe drei Jahre oder mehr bzw., im Falle eines Wiederholungstäters zwei Jahre oder mehr, dann muss dies bei der Festsetzung der Vollstreckungsstufe berücksichtigt werden.
(2) Wenn die nach (1) festzustellende Vollstreckungsstufe für den Verurteilten einen unverhältnismäßigen Nachteil darstellt, dann muss eine niedrigere Vollstreckungsstufe festgesetzt werden.

95. § Außer Kraft gesetzt durch § 103 (1) des XVII. Gesetzes aus dem Jahre 1993. Außer Kraft gesetzt seit 15. Mai 1993.

96. § Nebenstrafen können ebensowenig wie eine Freiheitsstrafe, die anstelle einer Geldnebenstrafe tritt, zur nachträglichen Gesamtstrafe zusammengefasst werden.
(2) Im Falle von Nebenstrafen gleicher Dauer muss, mit Ausnahme der Geldnebenstrafe, diejenige vollzogen werden, welche für den Verurteilten von größerem Nachteil ist. Dies trifft auch für den Fall zu, dass Nebenstrafen an die Stelle einer Hauptstrafe treten.

Anlage II. Nr. 34.
Értelmező rendelkezések

138/A. § E törvény alkalmazásában az érték, a kár, a vagyoni hátrány, a mérték összege, illetőleg az adó-, a járulék, a magánnyugdíjpénztári tagdíj bevétel csökkenésének összege
a) kisebb, ha tízezer forintot meghalad, de kétszázezer forintot nem halad meg,
b) nagyobb, ha kétszázezer forintot meghalad, de kétmillió forintot nem halad meg,
c) jelentős, ha kétmillió forintot meghalad, de ötvenmillió forintot nem halad meg,
d) különösen nagy, ha ötvenmillió forintot meghalad, de ötszázmillió forintot nem halad meg,
e) különösen jelentős, ha ötszázmillió forintot meghalad.

Erläuternde Vorschriften

138/A. § Im Rahmen dieses Gesetzes ist der Wert, der Schaden, der Vermögensnachteil, das Maß bzw. die Summe der Steuer-, Abgabeneinnahmen, die Summe der privaten Rentenversicherungsmitgliedsbeiträge
a) kleiner, wenn sie zehntausend HUF überschreitet, aber zweihunderttausend HUF nicht überschreitet,
b) größer, wenn sie zweihunderttausend HUF überschreitet, aber zwei Millionen HUF nicht überschreitet,
c) bedeutend, wenn sie zwei Millionen HUF überschreitet, aber fünfzig Millionen HUF nicht überschreitet,
d) besonders groß, wenn sie fünfzig Millionen HUF überschreitet, aber fünfhundert Millionen HUF nicht überschreitet,
e) besonders bedeutend, wenn sie fünfhundert Millionen HUF überschreitet.

Anlage II. Nr. 35. – 43.
A közélet tisztasága elleni büncselekmények

Vesztegetés

250. § (1) Az a hivatalos személy, aki müködésével kapcsolatban jogtalan elönyt kér, avagy a jogtalan elönyt vagy ennek igéretét elfogadja, illetöleg a jogtalan elöny kéröjével vagy elfogadójával egyetért, büntettet követ el, és egy évtöl öt évig terjedö szabadságvesztéssel büntetendö.
(2) A büntetés két évtöl nyolc évig terjedö szabadságvesztés, ha a büncselekményt
a) vezetö beosztású vagy fontosabb ügyekben intézkedésre hivatott hivatalos személy,
b) más hivatalos személy fontosabb ügyben követi el.
(3) Az (1) és a (2) bekezdésben foglalt megkülönböztetés szerint két évtöl nyolc évig, illetöleg öt évtöl tíz évig terjedö szabadságvesztéssel büntetendö az elkövetö, ha a jogtalan elönyért hivatali kötelességét megszegi, hatáskörét túllépi, vagy hivatali helyzetével egyébként visszaél, illetöleg ha a cselekményt bünszövetségben vagy üzletszerüen követi el.

251. § (1) A költségvetési szervnek, gazdálkodó szervezetnek vagy a társadalmi szervezetnek az a dolgozója, illetöleg tagja, aki a müködésével kapcsolatban jogtalan elönyt kér, vagy a kötelességének megszegését az ilyen elönyt, illetve annak igéretét elfogadja, vagy a jogtalan elöny kéröjével vagy elfogadójával egyetért, vétséget követ el, és két évig terjedö szabadságvesztéssel büntetendö.
(2) Ha az elkövetö a jogtalan elönyért a kötelességét megszegi, büntettet követ el, és egy évtöl öt évig, fontosabb ügyben történt kötelességszegés esetén, illetöleg ha a cselekményt bünszövetségben vagy üzletszerüen követi el, két évtöl nyolc évig terjedö szabadságvesztéssel büntetendö.

252. § (1) A költségvetési szervnek, gazdálkodó szervezetnek vagy a társadalmi szervezetnek az az önálló intézkedésre jogosult dolgozója, illetve tagja, aki a müködésével kapcsolatban jogtalan elönyt kér avagy az ilyen elönyt vagy ennek ígéretét elfogadja, illetve a jogtalan elöny kéröjével vagy elfogadójával egyetért, büntettet követ el, és egy évtöl öt évig terjedö szabadságvesztéssel büntetendö.
(2) A büntetés két évtöl nyolc évig terjedö szabadságvesztés , ha az elkövetö az elönyért a kötelességét megszegi.
(3) A büntetés öt évtöl tíz évig terjedö szabadságvesztés, ha az elkövetö
a) a kötelességét fontosabb ügyben szegi meg,
b) a büncselekményt bünszövetségben vagy üzletszerüen követi el.

253. § (1) Aki hivatalos személy müködésével kapcsolatban, neki vagy reá tekintettel másnak jogtalan elönyt ad vagy ígér, büntettet követ el, és három, évig terjedö szabadságvesztéssel büntetendö.
(2) Büntett miatt egy évtöl öt évig terjedö szabadságvesztéssel büntetendö a vesztegetö, ha az elönyt azért adja vagy ígéri, hogy a hivatalos személy hivatali kötelességét megszegje, a hatáskörét túllépje vagy a hivatali helyzetével egyébként visszaéljen.
(3) Az (1) bekezdés szerint büntetendö a gazdálkodó szervezet vezetöje, illetöleg ellenörzésre vagy felügyeletre feljogosított tagja vagy dolgozója, ha az (1)-(2) bekezdésben írt büncselekményt a gazdálkodó szervezet tagja vagy dolgozója a gazdálkodó szervezet érdekében követi el, és a felügyeleti vagy az ellenörzési kötelezettségének teljesítése a büncselekmény elkövetését megakadályozhatta volna.

(4) Vétség miatt két évig terjedő szabadságvesztéssel, pénzbüntetéssel vagy közérdekű munkával büntetendő a gazdálkodó szervezet vezetője, ellenőrzésre vagy felügyeletre feljogosított tagja vagy dolgozója, ha a (3) bekezdésben meghatározott bűncselekményt gondatlanságból követi el.

254. § (1) Aki költségvetési szerv, gazdálkodó szervezet vagy társadalmi szervezet dolgozójának, illetve tagjának, vagy reá tekintettel másnak azért ad, vagy ígér jogtalan előnyt, hogy a kötelességét megszegje, vétséget követ el, és két évig terjedő szabadságvesztéssel büntetendő.
(2) A büntetés bűntett miatt három évig terjedő szabadságvesztés, ha a jogtalan előnyt költségvetési szerv, gazdálkodó szervezet vagy társadalmi szervezet önálló intézkedésre jogosult dolgozójának, illetve tagjának adják vagy ígérik.

255. § (1) Aki azért hogy más a bírósági vagy más hatósági eljárásban a törvényes jogait ne gyakorolja, vagy a kötelezettségeit ne teljesítse, neki vagy reá tekintettel másnak jogtalan előnyt ad, bűntettet követ el, és három évig terjedő szabadságvesztéssel büntetendő.
(2) Az (1) bekezdés szerint büntetendő, aki azért, hogy a bírósági vagy más hatósági eljárásban a törvényes jogait ne gyakorolja, vagy a kötelezettségeit ne teljesítse, jogtalan előnyt fogad el.

255/A. § (1) Nem büntethető a 250. § (1)-(2) bekezdésében, a 251. § (1) bekezdésében, a 252. § (1) bekezdésében és a 255. § (2) bekezdésében meghatározott bűncselekmény elkövetője, ha a cselekményt, mielőtt az a hatóság tudomására jutott volna, a hatóságnak bejelenti, a kapott jogtalan vagyoni előnyt *vagy* annak ellenértékét a hatóságnak átadja, és az elkövetés körülményeit feltárja.
(2) Nem büntethető a 253. §-ban, 254. §-ban és 255. § (1) bekezdésében meghatározott bűncselekmény elkövetője, ha a cselekményt, mielőtt az a hatóság tudomására jutott volna, a hatóságnak bejelenti, és az elkövetés körülményeit feltárja.

255/B. § (1) Az a hivatalos személy, aki e minőségében hitelt érdemlő tudomást szerez arról, hogy még le nem leplezett vesztegetést (Btk. 250-255. §) követtek el, és erről a hatóságnak, mihelyt teheti, nem tesz feljelentést, vétséget követ el, és két évig terjedő szabadságvesztéssel, közérdekű munkával vagy pénzbüntetéssel büntetendő.
(2) Az (1) bekezdés alapján az elkövető hozzátartozója nem büntethető.

256. § (1) Aki arra hivatkozással, hogy hivatalos személyt befolyásol, a maga vagy más részére jogtalan előnyt kér vagy elfogad, bűntettet követ el és egy évtől öt évig terjedő szabadságvesztéssel büntetendő.
(2) A büntetés két évtől nyolc évig terjedő szabadságvesztés, ha az elkövető
a) azt állítja, vagy azt a látszatot kelti, hogy hivatalos személyt megveszteget,
b) hivatalos személynek adja ki magát,
c) a bűncselekményt üzletszerűen követi el.
(3) Aki az (1) bekezdésben meghatározott bűncselekményt,
a) gazdálkodó szervezet vagy társadalmi szervezet dolgozójával, illetve tagjával kapcsolatban követi el, vétség miatt két évig terjedő szabadságvesztéssel,
b) gazdálkodó szervezet vagy társadalmi szervezet önálló intézkedésre jogosult dolgozójával, illetve tagjával kapcsolatban követi el, bűntett miatt három évig terjedő szabadságvesztéssel büntetendő.
(4) Aki a (3) bekezdésben meghatározott bűncselekményt üzletszerűen követi el, bűntett miatt, az ott tett megkülönböztetéshez képest három évig, illetőleg egy évtől öt évig terjedő szabadságvesztéssel büntetendő.

Die Straftaten gegen die Reinheit des öffentlichen Lebens
Bestechung
250. § (1) Diejenige amtliche Person, die im Zusammenhang mit ihrer Tätigkeit einen widerrechtlichen Vorteil verlangt oder den widerrechtlichen Vorteil oder dessen Versprechen annimmt bzw. mit demjenigen, der den widerrechtlichen Vorteil verlangt oder annimmt, übereinstimmt, begeht ein Verbrechen und wird mit Freiheitsstrafe von einem Jahr bis fünf Jahren bestraft.
(2) Die Strafe stellt eine Freiheitsstrafe von zwei bis acht Jahren dar, wenn die Straftat
a) durch eine leitende oder zur Erledigung von wichtigeren Angelegenheiten berufene Amtsperson
b) durch eine andere Amtsperson in einer wichtigeren Angelegenheit
verübt wird.
(3) In den von den (1) und (2) unterschiedenen Fällen wird der Täter mit einer Freiheitsstrafe von zwei bis acht Jahren bzw. von fünf bis zehn Jahren bestraft, wenn er wegen dem widerrechtlichen Vorteil eine Amtspflichtverletzung begeht, seinen Wirkungsbereich überschreitet oder seine amtliche Stellung in sonstiger Weise missbraucht bzw., wenn er die Straftat als Mitglied eines Verbrechensbündnisses oder gewerbsmäßig begeht.

251. § (1) Wer als Mitarbeiter oder als Mitglied eines Haushaltsorgans, einer Wirtschaftsorganisation oder einer gesellschaftlichen Organisation im Zusammenhang mit seiner Tätigkeit einen widerrechtlichen Vorteil verlangt oder wegen einer Pflichtverletzung einen solchen Vorteil bzw. dessen Versprechen annimmt oder mit demjenigen, der den widerrechtlichen Vorteil verlangt oder annimmt übereinstimmt, begeht ein Vergehen und wird mit bis zu zweijähriger Freiheitsstrafe bestraft.
(2) Wenn der Täter wegen dem widerrechtlichen Vorteil eine Pflichtverletzung begeht, begeht er ein Verbrechen und wird mit Freiheitsstrafe von einem Jahr bis zu fünf Jahren, wenn er in einer wichtigeren Angelegenheit die Pflichtverletzung begeht bzw. wenn er die Straftat als Mitglied eines Verbrechensbündnisses oder gewerbsmäßig begeht mit einer Freiheitsstrafe von zwei Jahren bis acht Jahren bestraft.

252. § (1) Wer als Mitarbeiter oder Mitglied eines Haushaltsorgans, einer Wirtschaftsorganisation oder einer gesellschaftlichen Organisation zur selbständigen Arbeitsverrichtung berufen ist und im Zusammenhang mit seiner Tätigkeit einen widerrechtlichen Vorteil verlangt oder den Vorteil oder dessen Versprechen annimmt bzw. mit demjenigen, der den widerrechtlichen Vorteil verlangt oder annimmt übereinstimmt, begeht ein Verbrechen und wird mit Freiheitsstrafe von einem Jahr bis zu fünf Jahren bestraft.
(2) Die Strafe stellt eine Freiheitsstrafe von zwei bis acht Jahren dar, wenn der Täter wegen dem Vorteil eine Pflichtverletzung begeht.
(3) Die Strafe stellt eine Freiheitsstrafe von fünf bis zehn Jahren dar, wenn der Täter
a) die Pflichtverletzung in einer wichtigeren Angelegenheit begeht
b) die Straftat als Mitglied einer Verbrecherbande oder gewerbsmäßig begeht.

253. § (1) Wer im Zusammenhang mit der Tätigkeit einer Amtsperson, der Amtsperson oder mit Rücksicht auf diese einer anderen Person einen rechtswidrigen Vorteil zukommen lässt oder verspricht, begeht ein Verbrechen und wird mit Freiheitsstrafe bis zu drei Jahren bestraft.
(2) Wegen eines Verbrechens wird der Täter mit einer Freiheitsstrafe von ein bis fünf Jahren bestraft, wenn er den Vorteil deswegen zukommen lässt oder verspricht, damit die Amtsperson eine Pflichtverletzung begeht, ihren Wirkungsbereich überschreitet oder ihre amtliche Stellung in sonstiger Weise missbraucht.

(3) Nach (1) wird der Leiter einer Wirtschaftsorganisation bzw. das mit der Überwachung oder Aufsicht betreute Mitglied oder der mit diesen Aufgaben betreute Mitarbeiter bestraft, wenn die in den (1) und (2) beschriebene Straftat von einem Mitglied oder Mitarbeiter der Wirtschaftsorganisation zugunsten der Organisation begangen wird und die ordnungsgemäße Ausübung der Aufsichts- und Überwachungspflicht die Ausführung der Straftat verhindert hätte.
(4) Wegen eines Vergehens wird der Leiter einer Wirtschaftsorganisation, das mit der Überwachung oder Aufsicht betraute Mitglied oder der mit diesen Aufgaben betraute Mitarbeiter mit bis zu zweijähriger Freiheitsstrafe, gemeinnütziger Arbeit oder Geldstrafe bestraft, wenn er die im (3) beschriebene Straftat in fahrlässiger Weise begeht.

254. § (1) Wer dem Mitarbeiter bzw. dem Mitglied eines Haushaltsorgans, einer wirtschaftlichen oder gesellschaftlichen Organisation oder mit Rücksicht auf diesen einer anderen Person einen rechtswidrigen Vorteil deswegen zukommen lässt oder verspricht, damit dieser eine Pflichtverletzung begeht, begeht ein Vergehen und ist mit Freiheitsstrafe bis zu zwei Jahren zu bestrafen.
(2) Wegen Verbrechens mit bis zu dreijähriger Freiheitsstrafe wird bestraft, wer dem selbständig handelnden Mitarbeiter oder Mitglied eines Haushaltsorgans, einer wirtschaftlichen oder gesellschaftlichen Organisation einen Vorteil zukommen lässt oder verspricht.

255. § (1) Wer einem anderen oder einer mit ihm in Beziehung stehenden dritten Person einen widerrechtlichen Vorteil gewährt, damit er in einem gerichtlichen oder behördlichen Verfahren seine Rechte nicht ausübt oder seine Verpflichtungen nicht erfüllt, begeht ein Verbrechen und wird mit einer Freiheitsstrafe bis zu drei Jahren bestraft.
(2) Ebenfalls nach Absatz 1 wird bestraft, wer wegen der Nichtausübung seiner Rechte oder der Nichterfüllung seiner Pflichten in einem gerichtlichen oder behördlichen Verfahren einen rechtswidrigen Vorteil annimmt.

255/A. § (1) Nicht bestraft werden kann der Täter der im § 250 (1)-(2), im § 251 (1), im § 252 (1), im § 255 (2) Btk. beschriebenen Straftat, wenn er die Tat, bevor sie den Behörden zur Kenntnis gelangt ist, den Behörden meldet, den empfangenen widerrechtlichen Vermögensvorteil oder dessen Gegenwert den Behörden übergibt und die Umstände der Tat aufdeckt.
(2) Nicht bestraft werden kann der Täter der im § 253, im § 254 und § 255 (1) Btk. beschriebenen Straftat, wenn er die Tat, bevor sie den Behörden zur Kenntnis gelangt ist, den Behörden meldet und die Umstände der Tat aufdeckt.

255/B. § (1) Diejenige amtliche Person, die in ihrer amtlichen Funktion in glaubwürdiger Weise Kenntnis darüber erhält, dass eine noch nicht verschleierte Bestechungsstraftat (§§ 250-255 Btk.) begangen wurde und dies den Behörden, obwohl er die Möglichkeit dazu hätte, nicht anzeigt, begeht ein Vergehen und wird mit Freiheitsstrafe bis zu zwei Jahren, gemeinnütziger Arbeit oder Geldstrafe bestraft.
(2) Nicht nach (1) kann der Angehörige des Täters bestraft werden.
256. § (1) Wer unter Berufung darauf, dass er eine amtliche Person beeinflussen könne, zu seinem Gunsten oder zu Gunsten einer anderen Person einen widerrechtlichen Vorteil verlangt oder annimmt, begeht ein Verbrechen und wird mit Freiheitsstrafe von einem Jahr bis zu fünf Jahren bestraft.
(2) Die Strafe stellt eine zwei- bis achtjährige Freiheitsstrafe dar, wenn der Täter
a) unbegründeterweise behauptet oder den Anschein erweckt, eine amtliche Person zu bestechen

b) sich als eine amtliche Person ausgibt
c) die Straftat gewerbsmäßig begeht.

(3) Wer die im (1) beschriebene Tat

a) in Bezug auf den Mitarbeiter oder das Mitglied einer wirtschaftlichen oder gesellschaftlichen Organisation begeht, macht sich eines Vergehens schuldig und wird mit bis zu zweijähriger Freiheitsstrafe bestraft.

b) in Bezug auf einen zum selbständigen Handeln berufenen Mitarbeiter oder ein entsprechendes Mitglied einer wirtschaftlichen oder gesellschaftlichen Organisation begeht, macht sich eines Verbrechens schuldig und wird mit bis zu dreijähriger Freiheitsstrafe bestraft.

(4) Wer die im (3) beschriebene Straftat gewerbsmäßig begeht, macht sich eines Verbrechens schuldig und wird entsprechend der vorgegebenen Unterscheidung des (3) mit Freiheitsstrafe bis zu drei Jahren bzw. von einem Jahr bis zu fünf Jahren bestraft.

Anlage II. Nr. 44. – 47.
A nemzetközi közélet tisztasága elleni bűncselekmények
Vesztegetés nemzetközi kapcsolatban
258/B. § (1) Aki külföldi hivatalos személy működésével kapcsolatban, neki vagy reá tekintettel másnak jogtalan előnyt ad vagy ígér, bűntettet követ el, és három évig terjedő szabadságvesztéssel büntetendő.

(2) Egy évtől öt évig terjedő szabadságvesztéssel büntetendő a vesztegető, ha a jogtalan előnyt azért adja vagy ígéri, hogy a külföldi hivatalos személy a hivatali kötelességét megszegje, a hatáskörét túllépje vagy a hivatali helyzetével egyébként visszaéljen.

(3) Az (1) bekezdés szerint büntetendő a gazdálkodó szervezet vezetője, ellenőrzésre vagy felügyeletre feljogosított tagja vagy dolgozója, ha az (1)-(2) bekezdésben írt bűncselekményt a gazdálkodó szervezet tagja vagy dolgozója a gazdálkodó szervezet érdekében követi el, és a felügyeleti vagy az ellenőrzési kötelezettségének teljesítése a bűncselekmény elkövetését megakadályozhatta volna.

(4) Vétség miatt két évig terjedő szabadságvesztéssel, pénzbüntetéssel vagy közérdekű munkával büntetendő a gazdálkodó szervezet vezetője, ellenőrzésre vagy felügyeletre feljogosított tagja vagy dolgozója, ha a (3) bekezdésben meghatározott bűncselekményt gondatlanságból követi el.

258/C. § (1) Aki külföldi gazdálkodó szervezet dolgozójának, illetve tagjának, vagy reá tekintettei másnak azért ad vagy ígér jogtalan előnyt, hogy a kötelességét megszegje, vétséget követ el, és két évig terjedő szabadságvesztéssel büntetendő.

(2) A büntetés bűntett miatt három évig terjedő szabadságvesztés, ha a jogtalan előnyt külföldi gazdálkodó szervezet önálló intézkedésre jogosult dolgozójának, illetve tagjának adják vagy ígérik.

258/D. § (1) *Az* a külföldi hivatalos személy, aki a működésével kapcsolatban jogtalan előnyt kér, avagy az ilyen előnyt vagy ennek ígéretét elfogadja, illetőleg a jogtalan előny kérőjével vagy elfogadójával egyetért, bűntettet követ el, és egy évtől öt évig terjedő szabadságvesztéssel büntetendő.

(2) Két évtől nyolc évig terjedő szabadságvesztéssel büntetendő az elkövető, ha az előnyért a hivatali kötelességét megszegi, a hatáskörét túllépi, vagy a hivatali helyzetével egyébként visszaél, illetőleg ha a cselekményt bűnszövetségben vagy üzletszerűen követi el.

258/E. § Aki arra hivatkozással, hogy külföldi hivatalos személyt befolyásol, a maga vagy más részére jogtalan előnyt kér vagy elfogad, bűntettet követ el, és öt évig terjedő szabadságvesztéssel büntetendő.

Die Straftaten gegen die Reinheit des internationalen öffentlichen Lebens
Bestechung in internationaler Beziehung
258/B. § (1) Derjenige, der in Zusammenhang mit der Arbeit einer ausländischen Amtsperson, dieser oder einer dritten Person, welche der Amtsperson nahe steht, einen rechtswidrigen Vorteil zukommen lässt oder verspricht, begeht ein Verbrechen und wird mit Freiheitsstrafe bis zu drei Jahren bestraft.
(2) Mit Freiheitsstrafe von ein bis fünf Jahren wird derjenige bestraft, der den rechtswidrigen Vorteil deswegen zukommen lässt oder verspricht, damit die ausländische Amtsperson eine Amtspflichtverletzung begeht, ihren Wirkungskreis überschreitet oder ihre amtliche Stellung in sonstiger Weise missbraucht.
(3) Nach (1) wird der Leiter einer Wirtschaftsorganisation, ein ihr zur Überwachung und Aufsicht bestelltes Mitglied oder ein entsprechender Mitarbeiter bestraft, wenn die in (1) und (2) beschriebene Straftat vom Mitglied oder dem Mitarbeiter im Interesse der Organisation begangen wird und die Erfüllung der Überwachungs- und Aufsichtspflicht die Begehung der Straftat verhindert hätte.
(4) Der Leiter der Wirtschaftsorganisation, ein mit Überwachungs- und Aufsichtsaufgaben betrautes Mitglied oder ein entsprechender Mitarbeiter wird wegen eines Vergehens mit bis zu zweijähriger Freiheitsstrafe, Geldstrafe oder gemeinnütziger Arbeit bestraft, wenn die in (3) umschriebene Straftat aus Fahrlässigkeit begangen wird.

258/C. § (1) Derjenige, der dem Mitglied oder dem Mitarbeiter einer ausländischen Wirtschaftsorganisation oder einer diesen Personen nahestehenden dritten Person einen rechtswidrigen Vorteil zukommen lässt oder verspricht, um diese Person zu einer Pflichtverletzung zu veranlassen, begeht ein Vergehen und wird mit Freiheitsstrafe bis zu zwei Jahren bestraft.
(2) Wegen einem Verbrechen wird mit einer bis zu dreijährigen Freiheitsstrafe derjenige bestraft, der diesen rechtswidrigen Vorteil dem Mitglied einer ausländischen Wirtschaftsorganisation, der zur selbständigen Erledigung von Aufgaben berechtigt ist, bzw. einem entsprechenden Mitarbeiter zukommen lässt oder verspricht.

258/D. § (1) Diejenige ausländische Amtsperson, die im Zusammenhang mit ihrer Tätigkeit einen rechtswidrigen Vorteil verlangt bzw. einen solchen Vorteil oder das Versprechen eines solchen Vorteils annimmt bzw. mit demjenigen, der den rechtswidrigen Vorteil verlangt oder annimmt, übereinstimmt, begeht ein Verbrechen und wird mit Freiheitsstrafe von einem Jahr bis fünf Jahren bestraft.
(2) Die Freiheitsstrafe erstreckt sich von zwei bis acht Jahren, wenn der Täter wegen dem Vorteil seine Amtspflicht verletzt, seinen Wirkungskreis überschreitet, seinen Amtseinfluss auf sonstige Weise missbraucht bzw. wenn die Straftat im Rahmen eines Verbrechensbündnisses oder gewerbsmäßig begangen wird.

258/E. § Derjenige, der sich daraufs beruft, eine ausländische Amtsperson zu beeinflussen und deswegen für sich oder einen Dritten einen rechtswidrigen Vorteil verlangt oder annimmt, begeht ein Verbrechen und wird mit Freiheitsstrafe bis zu fünf Jahren bestraft.

Anlage II. Nr. 48.
Értelmező rendelkezés
258/F.§ E cím alkalmazásában
1. –
2. külföldi gazdálkodó szervezet az a szervezet, amely a személyes joga szerint jogi személyiséggel rendelkezik, és az adott szervezeti formában gazdasági tevékenység végzésére jogosult.

Erläuternde Vorschrift
258/F. § Innerhalb dieses Kapitels
1. –
2. handelt es sich bei einer ausländischen Wirtschaftsorganisation um eine Organisation, die nach eigenem Recht über die Rechtsstellung einer juristischen Person verfügt und in der gegebenen Organisationsform zu wirtschaftlicher Tätigkeit berechtigt ist.

Anlage II. Nr. 49. – 51.
A pénzügyi bűncselekmények
Adó-, társadalombiztosítási csalás

310. § (1) Aki az adókötelezettség, társadalombiztosítási járulék, a baleseti járulék, egészségbiztosítási járulék, nyugdíjjárulék, illetve magán-nyugdíjpénztári tagdíj megállapítása szempontjából jelentős tényt (adatot) a hatóság, illetve a magán-nyugdíjpénztári tagdíj vonatkozásában a magán-nyugdíjpénztár előtt valótlanul ad elő vagy elhallgat, és ezzel vagy más megtévesztő magatartásával az adóbevételt, a társadalombiztosítási járulék, a baleseti járulék, az egészségbiztosítási járulék, a nyugdíjjárulék, illetve a magán-nyugdíjpénztári tagdíj bevételének összegét csökkenti, vétséget követ el, és két évig terjedő szabadságvesztéssel, közérdekü munkával vagy pénzbüntetéssel büntetendő.
(2) A büntetés büntett miatt három évig terjedő szabadságvesztés, ha a bűncselekmény folytán az adóbevétel, a társadalombiztosítási járulék, a baleseti járulék, az egészségbiztosítási járulék, a nyugdíjjárulék, illetve a magán-nyugdíjpénztári tagdíj bevételének összege nagyobb mértékben csökken.
(3) A büntetés egy évtől öt évig terjedő szabadságvesztés, ha a bűncselekmény folytán az adóbevétel, a társadalombiztosítási járulék, a baleseti járulék, az egészségbiztosítási járulék, a nyugdíjjárulék, illetve a magán-nyugdíjpénztári tagdíj bevételének összege jelentős mértékben csökken.
(4) A büntetés két évtől nyolc évig terjedő szabadságvesztés, ha
a) a bűncselekmény folytán az adóbevétel, a társadalombiztosítási járulék, a baleseti járulék, az egészségbiztosítási járulék, a nyugdíjjárulék, illetve a magán-nyugdíjpénztári tagdíj bevételének összege különösen nagy, vagy ezt meghaladó mértékben csökken,
b) [hatályon kívül helyezve].
(5) Az (1)-(4) bekezdés szerint büntetendő, aki a megállapított adó, társadalombiztosítási járulék, baleseti járulék, egészségbiztosítási járulék, a nyugdíjjárulék, a magán-nyugdíjpénztári tagdíj meg nem fizetése céljából téveszti meg a hatóságot, ha ezzel az adó, a társadalombiztosítási járulék, a baleseti járulék, egészségbiztosítási járulék, a nyugdíjjárulék, illetve a magán-nyugdíjpénztári tagdíj behajtását jelentősen késlelteti vagy megakadályozza.
(6) Az (1) bekezdésben meghatározott bűncselekmény elkövetője nem büntethető, ha a vádirat benyújtásáig az adótartozását, társadalombiztosítási járulék tartozását, baleseti járulék tartozását, egészségbiztosítási járulék tartozását, nyugdíjjárulék-tartozását, illetve a magán-nyugdíjpénztári tagdíját kiegyenlíti.

Die Finanzstraftaten
Steuer- und Sozialversicherungsbetrug
310. § (1): Wer eine zur Feststellung der Steuerverpflichtung, der Sozialversicherungsabgabe, der Unfallversicherungsabgabe, der Krankenversicherungsabgabe, der Rentenversicherungsabgabe oder des privaten Krankenversicherungsbeitrages bedeutende Tatsache gegenüber der Behörde oder im Falle des privaten Krankenversicherungsbeitrages gegenüber der privaten Rentenversicherungsanstalt unrichtig angibt oder verschweigt und durch dieses oder ein anderes täuschendes Verhalten den Betrag der Steuereinnahmen, der Sozialversicherungsabgaben, der Unfallversicherungsabgaben, der Krankenversicherungsabgaben, der Rentenversicherungsabgaben oder der Beiträge zur privaten Krankenversicherung mindert, begeht ein Vergehen und wird mit bis zu zweijähriger Freiheitsstrafe, gemeinnütziger Arbeit oder mit Geldstrafe bestraft.

(2) Mit bis zu drei Jahren Freiheitsstrafe wird bestraft, wer die Minderung von Steuerzahlungen, von Sozialversicherungsabgaben, von Unfallversicherungsabgaben, Kranken- und Rentenversicherungsabgaben oder von Beitragszahlungen zur privaten Krankenversicherung in größerem Umfang zu vertreten hat.

(3) Die Strafe erstreckt sich auf Freiheitsstrafe von einem bis zu fünf Jahren, wenn infolge der Straftat die Einnahmen durch Steuerzahlungen, von Sozialversicherungsabgaben, Unfallversicherungsabgaben, Kranken- und Rentenversicherungsabgaben oder Beiträgen zur privaten Krankenversicherung in bedeutendem Maße abnehmen.

(4) Die Strafe erstreckt sich auf Freiheitsstrafe von zwei bis acht Jahren, wenn
a) infolge der Straftat die Einnahmen durch Steuerzahlungen, Sozialversicherungsabgaben, Unfallversicherungsabgaben, Kranken- und Rentenversicherungsabgaben oder Beiträgen zur privaten Krankenversicherung in einem besonders großem oder dies noch übersteigendem Maße verringert werden.
b) Außer Kraft gesetzt.

(5) Ebenfalls nach den (1)-(4) wird bestraft, wer in der Absicht die bereits festgestellte Steuer, die Sozialversicherungsabgabe, die Unfallversicherungsabgabe, die Kranken- und Rentenversicherungsabgabe oder den Beitrag zur privaten Krankenversicherung nicht zu entrichten, die Behörden täuscht, wenn dadurch die Eintreibung der Steuer, der Sozialversicherungsabgabe, der Unfallversicherungsabgabe, der Kranken- und Rentenversicherungsabgabe oder des Beitrages zur privaten Krankenversicherung bedeutend verzögert oder verhindert wird.

(6) Der Täter der im Absatz 1 beschriebenen Straftat kann nicht bestraft werden, wenn er bis zur Einreichung der Anklage, die Steuerverpflichtung, die Sozialversicherungsabgabe, die Unfallversicherungsabgabe, die Gesundheits- und Rentenversicherungsabgabe oder den Mitgliedsbeitrag zur privaten Krankenversicherung entrichtet.

A Munkaerőpiaci Alap bevételét biztosítófizetési kötelezettség megsértése [1]
310/A. § (1) Aki a Munkaerőpiaci Alapba fizetendő munkaadói vagy munkavállalói járulék, valamint a rehabilitációs vagy szakképzési hozzájárulás megállapítása szempontjából jelentős tényt (adatot) a hatóság előtt valótlanul ad elő vagy elhallgat, és ezzel vagy más megtévesztő magatartással a munkaadói vagy a munkavállalói járulék, illetőleg a rehabilitációs vagy szakképzési hozzájárulás bevételének összegét csökkenti, vétséget követ el, és egy évig terjedő szabadságvesztéssel, közérdekű munkával vagy pénzbüntetéssel büntetendő.
(2) A büntetés bűntett miatt három évig terjedő szabadságvesztés, ha a bűncselekmény folytán a munkaadói vagy a munkavállalói járulék, illetőleg a rehabilitációs vagy szakképzési hozzájárulás bevételének összege jelentős mértékben csökken.
(3) A büntetés öt évig terjedő szabadságvesztés, ha a bűncselekmény folytán a munkaadói vagy a munkavállalói járulék, illetőleg a rehabilitációs vagy szakképzési hozzájárulás bevételének összege különösen nagy, vagy ezt meghaladó mértékben csökken.
(4) Az (1)-(3) bekezdés szerint büntetendő, aki a megállapított munkaadói vagy munkavállalói járulék, illetőleg a rehabilitációs vagy szakképzési hozzájárulás meg nem fizetése céljából téveszti meg a hatóságot, ha ezzel a munkaadói vagy a munkavállalói járulék behajtását jelentősen késlelteti vagy megakadályozza.
(5) Az (1) bekezdésben meghatározott bűncselekmény elkövetője nem büntethető, ha a vádirat benyújtásáig a munkaadói vagy munkavállalói járulék tartozását, illetve a rehabilitációs vagy szakképzési hozzájárulás tartozását kiegyenlíti.

Die Verletzung einer Zahlungsverpflichtung zur Sicherung der Einnahmen für den Arbeitsmarkt
310/A. § (1) Derjenige, der eine zur Festsetzung der Arbeitgeber- oder Arbeitnehmerabgabe, welche auf Grundlage des Arbeitsmarktes erhoben wird, oder eine zur Festsetzung des Rehabilitations- oder Berufsbildungsbeitrags bedeutende Tatsache vor der Behörde unwahr wiedergibt oder verschweigt und dadurch oder durch ein anderes täuschendes Verhalten die Einnahmesumme der Arbeitgeber- oder Arbeitnehmerabgabe bzw. des Rehabilitations- oder Berufsbildungsbeitrags mindert, begeht ein Vergehen und wird mit Freiheitsstrafe bis zu einem Jahr, gemeinnütziger Arbeit oder Geldstrafe bestraft.
(2) Wegen eines Verbrechens wird eine Freiheitsstrafe bis zu drei Jahren verhängt, wenn durch die Straftat die Einnahmesumme der Arbeitgeber- oder Arbeitnehmerabgabe bzw. des Rehabilitations- oder Berufsbildungsbeitrags in bedeutendem Maße gemindert wird.
(3) Die Strafe erstreckt sich auf Freiheitsstrafe bis zu fünf Jahren, wenn durch die Straftat die Einnahmesumme der Arbeitgeber- oder Arbeitnehmerabgabe bzw. des Rehabilitations- oder Berufsbildungsbeitrags im besonders großen Maße oder in einem diese Summe noch übersteigenden Maße gemindert wird.
(4) Nach (1)-(3) wird bestraft, der die Behörde täuscht, weil er die bereits festgesetzte Arbeitgeber- oder Arbeitnehmerabgabe bzw. den bereits festgesetzten Rehabilitations- oder Berufsbildungsbeitrag nicht entrichten will, wenn dadurch die Beitreibung der Abgabe bedeutend verzögert oder verhindert wird.
(5) Der Täter der in (1) umschriebenen Straftat kann nicht bestraft werden, wenn er bis zur Einreichung der Anklageschrift die geschuldete Arbeitgeber- oder Arbeitnehmerabgabe bzw. den geschuldeten Rehabilitations- oder Berufsbildungsbeitrag entrichtet.

Társadalombiztosítási, egészségbiztosítási vagy nyugdíjjárulék fizetési kötelezettség megsértése
Btk. 310/B.

§ (1) Az a foglalkoztató, aki a biztosított részére járó személyi jellegű juttatásból levont egészségbiztosítási járulék, nyugdíjjárulék, illetve magán-nyugdíjpénztári tagdíj befizetését önhibájából elmulasztja, vétséget követ el, és egy évig terjedő szabadságvesztéssel, közérdekű munkával vagy pénzbüntetéssel büntetendő.

(2) Az (1) bekezdés szerint büntetendő az a foglalkoztató, illetve egyéb szerv, egyéni vállalkozó, társas vállalkozás vagy társas vállalkozó, aki a társadalombiztosításijárulék, a baleseti járulék, egészségbiztosítási járulék vagy nyugdíjjárulék befizetését önhibájából elmulasztja.

(3) A büntetés bűntett miatt három évig terjedő szabadságvesztés, ha a be nem fizetett társadalombiztosításijárulék, a baleseti járulék, egészségbiztosítási járulék, nyugdíjjárulék, illetve magán-nyugdíjpénztári tagdíj összege jelentős mértékű, öt évig terjedő szabadságvesztés, ha a be nem fizetett társadalombiztosítási járulék, a baleseti járulék, egészségbiztosítási járulék, nyugdíjjárulék, illetve magán-nyugdíjpénztári tagdíj összege különösen nagy, *vagy* ezt meghaladó mértékű.

(4) Az elkövető nem büntethető, ha a társadalombiztosítási járulékot, a baleseti járulékot, egészségbiztosítási járulékot, nyugdíjjárulékot, illetve magán-nyugdíjpénztári tagdíjat a vádirat benyújtásáig kiegyenlíti.

(5) Ha a fzetésre kötelezett nem természetes személy, az (1)-(3) bekezdésben meghatározott bűncselekményt tettesként a járulékfizetés teljesítéséről rendelkezni jogosult személy követheti el.

Verpflichtung zur Entrichtung des Sozialversicherungs-, Gesundheitsversicherungs- oder Rentenversicherungsbeitrags
310/B. § (1) Derjenige Arbeitgeber, der den Eigenanteil an der Gesundheitsversicherungsabgabe, am Rentenversicherungsbeitrag bzw. am Beitrag zur privaten Rentenversicherung, welcher aus der persönlichen Zuwendung an den Versicherten abzuziehen ist, schuldhaft nicht abführt, begeht ein Vergehen und wird mit Freiheitsstrafe bis zu einem Jahr, gemeinnütziger Arbeit oder Geldstrafe bestraft.

(2) Nach (1) wird derjenige Arbeitgeber bzw. das sonstige Organ, der Privatunternehmer, das Gemeinschaftsunternehmen oder der Gemeinschaftsunternehmer bestraft, der bzw. das die Entrichtung des Sozialversicherungsbeitrags, der Unfallversicherungsabgabe, des Gesundheitsversicherungsbeitrags oder des Rentenversicherungsbeitrags schuldhaft versäumt.

(3) Die Strafe erstreckt sich auf Freiheitsstrafe bis zu drei Jahren, wenn der nicht entrichtete Sozialversicherungsbeitrag, Unfallversicherungsbeitrag, Gesundheitsversicherungsbeitrag, Rentenversicherungsbeitrag bzw. Beitrag zur privaten Rentenversicherung eine bedeutende Summe erreicht und auf Freiheitsstrafe bis zu fünf Jahren, wenn der nicht entrichtete Sozialversicherungsbeitrag, Unfallversicherungsbeitrag und Gesundheitsversicherungsbeitrag, Rentenversicherungsbeitrag bzw. Beitrag zur privaten Rentenversicherung eine besonders große Summe oder einen noch höheren Betrag erreicht.

(4) Der Täter kann nicht bestraft werden, wenn er den Sozialversicherungsbeitrag, den Unfallversicherungsbeitrag, den Gesundheitsversicherungsbeitrag, den Rentenversicherungsbeitrag bzw. den Beitrag zur privaten Rentenversicherung bis zur Einreichung der Anklageschrift begleicht.

(5) Wenn der zur Zahlung Verpflichtete keine natürliche Person ist, dann kann die in (1)-(3) umschriebene Straftat von der Person verwirklicht werden, die zur Entrichung der Abgaben bestimmt ist.

Anlage III.
Hatályos –1990. évi XCI. törvény – az adózás rendjéről
XCI. Gesetz aus dem Jahre 1990 über die Ungarische Abgabenordnung

Anlage III. Nr. 1. – 2.

Az adózó és az adóhatóságok
Az adózó
6. § (1) Adózó az a személy, akinek adókötelezettségét, adófizetési kötelezettségét, adót, költségvetési támogatást megállapító törvény vagy e törvény írja elő.
(2) Nem minősül adózónak a kizárólag az adó megfizetésére kötelezett személy [35. § (2) bek.]. A kizárólag az adó megfizetésére kötelezett személy is gyakorolhatja a törvény szerint az adózót megillető jogokat.
(3) Törvény eltérő rendelkezése hiányában átalakulás esetén a jogutód adózót megilletik mindazon jogok, amelyek a jogelődöt megillették, továbbá teljesíti a jogelőd által nem teljesített kötelezettségeket. Több jogutód esetén a jogelőd kötelezettségeit a jogutódok vagyonarányosan teljesítik, teljesítés hiányában pedig a jogelőd tartozásáért egyetemlegesen felelnek, a költségvetési támogatásra – eltérő megállapodás hiányában – vagyonarányosan jogosultak.

Az adóhatóságok
10. § (1) Adóhatóságok:
a) az Adó- és Pénzügyi Ellenőrzési Hivatal (APEH) Központi Hivatala és területi szervei (a továbbiakban: állami adóhatóság),
b) a Vám- és Pénzügyőrség Országos Parancsnoksága és szervei (a továbbiakban: vámhatóság),
c) az önkormányzatjegyzője (a továbbiakban: önkormányzati adóhatóság),
d) az Illetékhivatal.
(2) Az adóhatóság feladatkörében nyilvántartja az adózókat és azokat az adózónak nem minősülő személyeket, akiknek, amelyeknek jogát, kötelezettségét e törvény vagy adót, költségvetési támogatást megállapító törvény írja elő, az adót, a költségvetési támogatást, adó-visszatérítést, adó-visszaigénylést – ha törvény előírja – megállapítja, az adót, az adók módjára behajtandó köztartozást beszedi, végrehajtja, az adókötelezettségek teljesítését ellenőrzi, a költségvetési támogatást, az adó-visszaigénylést, az adó-visszatérítést kiutalja, és vezeti az adózók adószámláját.
(3) Az adóhatóság a feladatkörébe tartozó adókötelezettségek érvényesítése és az ezekkel kapcsolatos adózói jogok érvényre juttatása érdekében kezdeményezi a befizetések és kiutalások teljesítéséhez szükséges számlák megnyitását, közzéteszi azok számát, rendszeresíti a kötelezettségek teljesítéséhez szükséges nyomtatványokat és biztosítja az adóztatás feltételeit.
(4) Az adóhatóságok
a) a törvényben meghatározott feltételek szerint adatok, tények átadásával segítik egymás eredményes működését, az adózók és más, törvényben meghatározott szervezetek kötelezettségeinek teljesítését,
b) együttműködnek az Európai Közösség tagállamainak adóhatóságaival, az Európai Bizottság illetékes főigazgatóságával, az Európai Közösség adózásra vonatkozó szabályainak érvényesítése érdekében.

Der Steuerpflichtige und die Steuerbehörden
Der Steuerpflichtige
6. § (1) Steuerpflichtig ist diejenige Person, deren Steuer-, Steuerzahlungsverpflichtung durch ein die Steuer, die Steuervergünstigung festsetzendes Gesetz oder durch ein anderes Gesetz vorgeschrieben wird.
(2) Bei der ausschließlich zur Steuerzahlung verpflichteten Person [35. § (2) Einl.] handelt es sich nicht um eine steuerpflichtige Person. Die ausschließlich zur Steuerzahlung verpflichtete Person kann ebenfalls die nach dem Gesetz für den Steuerpflichtigen bestimmten Rechte ausüben.
(3) In Ermangelung einer anderweitigen gesetzlichen Bestimmung stehen im Falle einer Umwandlung dem steuerpflichtigen Rechtsnachfolger all diejenigen Rechte zu, die dem Rechtsvorgänger zugestanden haben; des Weiteren erfüllt er die vom Rechtsvorgänger nicht erfüllten Pflichten. Im Falle von mehreren Rechtsnachfolgern haben diese die Pflichten des Rechtsvorgängers vermögensanteilig zu erfüllen und haften bei Nichterfüllung der Steuerschuld des Rechtsvorgängers gesamtschuldnerisch, Steuerunterstüzungen stehen ihnen – mangels ander-weitiger Regelung – vermögensanteilig zu.

Die Steuerbehörden
10. § (1) Steuerbehörden sind:
a) die Steuer- und Finanzüberwachungsbehörde (APEH), ihre zentrale Behörde und regionale Behörden (im Weiteren: Staatliche Steuerbehörde),
b) die Zoll- und Finanzämter, die staatliche Kommandatur der Zoll- und Finanzämter und ihre Organe (im Weiteren: Zollbehörde),
c) das Selbstverwaltungsnotariat (im Weiteren: Selbstverwaltungssteuerbehörde),
d) das Abgabenamt.
(2) Die Steuerbehörde führt ein Verzeichnis aller Steuerpflichtigen und derjenigen Personen, die nicht als Steuerpflichtige gelten, deren Rechte und Pflichten dieses Gesetz oder ein anderes die Steuer oder Steuervergünstigung festsetzendes Gesetz bestimmt und stellt die Steuer, die Steuervergünstigung, die Steuerrückzahlung oder -forderung, wenn das Gesetz dies vorschreibt, fest, treibt die Steuer, alle anderen nach Art einer Steuer zu entrichtenden Abgaben ein und vollzieht die Steuereintreibung, überwacht die Erfüllung der Steuerverpflichtung, überweist die Steuervergünstigung, Steuerrückzahlung oder -forderung und führt die Steuerkonten der Steuerpflichtigen.
(3) Die Steuerbehörde veranlasst zur Erfüllung der in ihrem Wirkungskreis gehörenden Steuerverpflichtungen und im Interesse der Realisierung der damit zusammenhängenden Rechte der Steuerpflichtigen die Einrichtung der für Ein- und Auszahlungen erforderlichen Konten, macht deren Anzahl bekannt, führt die zur Erfüllung der Steuerverpflichtung erforderlichen Vordrucke ein und sichert die Voraussetzungen der Besteuerung.
(4) Die Steuerbehörden
a) unterstützen sich gegenseitig in der effektiven Arbeit durch die erforderliche Weitergabe von Daten und Tatsachen in dem gesetzlich vorgesehenen Umfang und in der Erfüllung der Steuerverpflichtung der Steuerpflichtigen und der in anderen Gesetzen bestimmten Organen,
b) arbeiten mit den Steuerbehörden anderer Mitgliedstaaten der Europäischen Union und mit der Generaldirektion der Europäischen Kommission zusammen, um die Vorgaben der Europäischen Gemeinschaft zur Besteuerung zu verwirklichen.

Anlage III. Nr. 3.
Az adókötelezettség

14. § (1) Az adózó az adó és a költségvetési támogatás megállapítása, megfizetése (kiutalása) érdekében köteles törvényben vagy e törvényben előírt:

a) bejelentésre, nyilatkozattételre,

b) adómegállapításra (önadózás, a munkáltató, a kifizető adómegállapítása),

c) bevallásra,

d) adófizetésre és adóelőleg fizetésére,

e) bizonylat kiállítására és megőrzésére,

f) nyilvántartás vezetésére (könyvvezetésre),

g) adatszolgáltatásra,

h) adólevonásra, adóbeszedésre

(az a)-h) pontban foglaltak együtt: adókötelezettség).

(2) Az (1) bekezdés g) és h) pontjában megjelált kötelezettség nem terjed ki a magánszemély adózóra akkor, ha nem vállalkozó, munkáltató, kifizető vagy adóbeszedésre kötelezett. ...

Die Steuerpflicht

14. § (1) Der Steuerpflichtige ist im Interesse einer Festsetzung der Steuer, der Steuervergünstigung, der Zahlung (Ausweisung) nach diesem oder nach einem anderen Gesetz verpflichtet:

a) zur Steueranmeldung, zur Deklaration,

b) zur Steuerfestsetzung (Selbstbesteuerung, Festsetzung durch Arbeitgeber, Festsetzung durch Auszahler),

c) zur Steuererklärung,

d) zur Entrichtung der Steuer oder Vorsteuer,

e) zur Ausstellung und Aufbewahrung von Belegen,

f) zur Führung eines Registers (Buchführung),

g) zur Informationsleistung,

h) zum Steuerabzug, zur Steuereinziehung

(die in den Punkten a) – h) erfassten: Steuerverpflichtungen).

(2) Die in (1) g) und h) erwähnten Pflichten treffen nicht die Steuerzahler als Privatpersonen, wenn sie nicht Unternehmer, Arbeitgeber oder zur Steuereinziehung Verpflichtete sind. ...

Anlage III. Nr. 4.
Adómegállapítás
25. § (1) Az adót, a költségvetési támogatást
a) az adózó: önadózással,
b) a kifizető és a munkáltató: adólevonással, az adóbeszedésre kötelezett: adóbeszedéssel,
c) az adóhatóság: bevallás alapján kivetéssel, kiszabással, adatszolgáltatás alapján adóhatósági adómegállapítás útján, illetőleg utólagos adómegállapítás keretében
állapítja meg.
(2) Az adókat adónként, a költségvetési támogatást támogatásonként az adó-, illetve a költségvetési támogatás alapjának meghatározására előírt időszakonként kell megállapítani.

Steuerfestsetzung
25. § (1) Die Steuer, die Steuervergünstigung
a) stellt der Steuerpflichtige im Wege der Selbstbesteuerung,
b) der Arbeitgeber im Wege des Steuerabzugs, der zur Steuereinziehung Verpflichtete im Wege der Steuereinziehung,
c) die Steuerbehörde auf Grundlage der Steuererklärung im Wege der Steuerauferlegung, Steuerverhängung, auf Grundlage der Informationsdienstleistung im Wege der steuerbehördlichen Festsetzung bzw. im Wege der nachträglichen Steuerfestsetzung
fest.
(2) Die Steuer, die Steuervergünstigung muss einzeln und für den im Gesetz vorgeschriebenen Zeitraum festgestellt werden.

Anlage III. Nr. 5.
Önadózás
26. § (1) Az adót, a költségvetési támogatást – ha törvény előírja – az adózó köteles megállapítani, bevallani és megfizetni (önadózás).

(2) A jogi személy és egyéb szervezet az adót és a költségvetési támogatást – az építményadó, a telekadó, a gépjárműadó, a vagyonszerzési illeték és a kiszabással megállapított eljárási illeték kivételével – önadózással állapítja meg.

(3) A magánszemély az adóját akkor állapítja meg önadózással, ha
a) vállalkozó, az építményadó, a telekadó, a gépjárműadó, a vagyonszerzési illeték és a kiszabással megállapított eljárási illeték kivételével,
b) az általános forgalmi adó vagy a fogyasztási adó alanya,
c) a személyi jövedelemadóját nem a munkáltatója (kifizető), illetőleg az adóhatóság (a továbbiakban: adóhatósági adómegállapítás) állapítja meg.

Selbstbesteuerung
26. § (1) Die Steuer, die Steuervergünstigung muss der Steuerpflichtige – wenn das Gesetz dies vorschreibt – feststellen, erklären und bezahlen (Selbstbesteuerung).

(2) Die juristische Person und sonstige Vereinigung stellt die Steuer und die Steuervergünstigung – mit Ausnahme der Gebäude- und Grundstückssteuer, der Kraftfahrzeugsteuer, der Abgaben für Vermögenserwerb und der Abgaben, die im Zusammenhang mit der Steuerverhängung anfallen – im Wege der Selbstbesteuerung fest.

(3) Die Privatperson stellt ihre Steuer im Wege der Selbstbesteuerung fest, wenn
a) sie Unternehmer ist, mit Ausnahme der Gebäude- und Grundstückssteuer, der Kraftfahrzeugsteuer, der Abgaben für Vermögenserwerb und der Abgaben, die im Zusammenhang mit der Steuerverhängung anfallen,
b) sie Steuersubjekt der allgemeinen Umsatzsteuer oder Verbrauchssteuer ist,
c) die persönliche Einkommensteuer nicht durch den Arbeitgeber bzw. die Steuerbehörde (im Weiteren: steuerbehördliche Steuerfestsetzung) festgestellt wird.

Anlage III. Nr. 6.
Önellenőrzés
49. § (1) Az önadózás útján megállapított vagy megállapítani elmulasztott adót, adóalapot – az illeték kivételével – és a költségvetési támogatást az adózó helyesbítheti. Ha az adózó az adóhatóság ellenőrzésének megkezdését megelőzően feltárja, hogy az adóalapját, az adót, a költségvetési támogatást nem a jogszabálynak megfelelően állapította meg, vagy bevallása számítási hiba vagy más elírás miatt az adó, költségvetési támogatás alapja, összege tekintetében hibás, bevallását önellenőrzéssel módosíthatja. Nem minősül önellenőrzésnek, ha az adózó bevallását késedelmesen nyújtja be, és késedelmét nem igazolja, vagy igazolási kérelmét az adóhatóság elutasítja. Nincs helye önellenőrzésnek, ha az adózó a tőrvényben megengedett választási lehetőséggel jogszerűen élt, és ezt az önellenőrzéssel változtatná meg. Az adózó az adókedvezményt utólag önellenőrzéssel érvényesítheti, illetőleg veheti igénybe.

(2) Az ellenőrzés megkezdésétől a vizsgálat alá vont adó és költségvetési támogatás – a vizsgált időszak tekintetében – önellenőrzéssel nem helyesbíthető. Az adóhatóság által utólag megállapított adót, költségvetési támogatást az adózó nem helyesbítheti.

(3) Önellenőrzéssel az adóalapot, az adót, a költségvetési támogatást a kőtelezettség eredeti időpontjában hatályos szabályok szerint, a helyesbítendő adóra előírt bevallási időszakra, az adómegállapításhoz való jog elévülési idején belül lehet helyesbíteni. Az önellenőrzés az adóalap, a feltárt adó, költségvetési támogatás és – ha tőrvény előírja – az önellenőrzési pótlék megállapítása, a helyesbített adóalap, a helyesbített adó, költségvetési támogatás, valamint a pótlék bevallása és egyidejű megfizetése, illetőleg az adó, költségvetési támogatás igénylése. ...

(4) Az önellenőrzéssel feltárt adót és költségvetési támogatást – a magánszemély jövedelemadója kivételével – a feltárás időpontjában nyilvántartásba kell venni. A nyilvántartásból ki kell tűnnie az eredeti bevallási kőtelezettség és a helyesbítés időpontjának, a helyesbített adó, költségvetési támogatás alapjának és összegének. A nyilvántartáshoz mellékelni kell a helyesbítés szöveges indokolását, valamint az önellenőrzési pótlék számítását. A nyilvántartást és a helyesbítés bizonylatait az elévülési időn belül meg kell őrizni.

(5) A kifizető, a munkáltató az (1)-(4) bekezdés szerint helyesbíti az általa levont jövedelemadóelőleget és adót. Az adóbeszedésre kötelezett az általa beszedett adóról adott adóbevallását helyesbíti.

(6) Az (5) bekezdéstől eltérően, a munkáltató által megállapított jövedelemadót a magánszemélynek kell önellenőrzéssel helyesbítenie, ha a munkáltatóhoz adómegállapításra jogosító nyilatkozatot jogszerűen nem tehetett volna, vagy adókedvezményét az igazolás késedelmes benyújtása vagy annak elmaradása miatt a munkáltató nem vette figyelembe.

Selbstüberwachung (Selbstrevision)
49. § (1) Die im Wege der Selbstbesteuerung festgestellte oder festzustellen versäumte Steuer, Steuergrundlage oder Steuervergünstigung kann – mit Ausnahme der Abgaben – berichtigt werden. Wenn der Steuerpflichtige vor Beginn der steuerbehördlichen Überprüfung der Steuerbehörde anzeigt, dass er die Steuergrundlage, die Steuer, die Steuervergünstigung nicht den Gesetzen entsprechend festgestellt hat, oder die Steuererklärung aufgrund eines Rechenfehlers oder sonstigen Fehlers im Hinblick auf die Steuer, die Steuervergünstigung bezüglich der Grundlage bzw. der Summe fehlerhaft ist, dann kann die Steuererklärung im Wege der Selbstüberwachung berichtigt werden. Es stellt keine Selbstüberwachung dar, wenn der Steuerpflichtige die Steuererklärung verspätet einreicht und die Verspätung nicht entschuldigt oder die Entschuldigung von der Steuerbehörde abgewiesen wird. Die Selbstüberwachung kann nicht in Anspruch genommen werden, wenn der Steuerpflichtige eine vom Gesetz vorgesehene Wahlmöglichkeit beansprucht hat und dies im Wege der Selbstüberwachung ändern möchte. Der Steuerpflichtige kann eine Steuervergünstigung nachträglich im Wege der Selbstüberwachung geltend machen bzw. in Anspruch nehmen.
(2) Ab Beginn der steuerbehördlichen Überwachung kann die überprüfte Steuer, die Steuervergünstigung für den Zeitraum der Überprüfung im Wege der Selbstüberwachung nicht berichtigt werden. Der Steuerpflichtige kann die im Wege der nachträglichen steuerbehördlichen Feststellung festgesetzte Steuer, Steuervergünstigung nicht berichtigen.
(3) Im Wege der Selbstüberwachung kann die Steuergrundlage, die Steuer, die Steuervergünstigung nach den im Zeitpunkt der Verpflichtung bestehenden gesetzlichen Bestimmungen für den vorgeschriebenen Erklärungszeitraum im Rahmen der Festsetzungsverjährung berichtigt werden. Die Selbstüberwachung umfasst die Festsetzung der Steuergrundlage, der aufgedeckten Steuer, der Steuervergünstigung und, wenn es das Gesetz vorschreibt, die Festsetzung des Selbstrevisionszuschlages, die Erklärung der berichtigten Steuergrundlage, der berichtigten Steuer, der Steuervergünstigung, des Zuschlages und die gleichzeitige Entrichtung bzw. die Geltendmachung einer Steuervergünstigung. ...
(4) Über die berichtigte Steuer bzw. Steuervergünstigung muss – mit Ausnahme der persönliche Einkommensteuer – ab dem Zeitpunkt der Aufdeckung Buch geführt werden. Aus der Buchführung muss der Zeitpunkt der ursprünglichen Verpflichtung und der Zeitpunkt der Berichtigung, die Grundlage und die Summe der berichtigten Steuer, der Steuervergünstigung hervorgehen. Der Buchführung muss der Grund der Berichtigung in Worten und die Berechnung des Selbstrevisionszuschlages beigefügt werden. Die Buchführungsunterlagen und Berichtigungsunterlagen müssen bis zum Eintritt der Verjährung aufbewahrt werden.
(5) Der Arbeitgeber kann nach den (1)-(4) den Einkommensteueranteil und die Steuer berichtigen. Der zur Steuereinziehung Verpflichtete kann die über die eingezogene Steuer angefertigte Steuererklärung berichtigen.
(6) Abweichend von (5) muss die vom Arbeitgeber festgestellte Einkommensteuer von der Privatperson in Form der Selbstüberwachung berichtigt werden, wenn diese gegenüber dem Arbeitgeber keine Ermächtigung zur Steuerfestsetzung rechtmäßigerweise hätte abgeben können oder wenn der Arbeitgeber ihre Steuervergünstigung wegen verspäteten Einreichens eines Nachweises oder wegen einem unterbliebenen Nachweis nicht berücksichtigt hat.

Anlage III Nr. 7. – 8.
Az önellenőrzés bevallása és a megfizetés

50. § (1) A helyesbített adóalapot, adót és költségvetési támogatást a helyesbítéstől számított 15 napon belül az erre a célra szolgáló nyomtatványon (önellenőrzési lap) kell bevallani. A magánszemély a jövedelemadójának önellenőrzését a helyesbítést tartalmazó önellenőrzési lap benyújtásával teljesíti.

(2) Az (1) bekezdésben említett időpontban kell bevallani és befizetni, illetőleg visszaigényelni egyéb befizetés, illetve egyéb támogatás jogcímén azt az adót, illetve költségvetési támogatást, amelyet rendező jogszabály az önellenőrzés időpontjában már nincs hatályban.

(3) Önellenőrzéssel csak azt az adót, költségvetési támogatást lehet helyesbíteni, amely helyesbítésének összege az 1000 forintot, a helyi adó, a magánszemélyek jövedelemadója és egészségügyi hozzájárulása esetében a 100 forintot meghaladja.

(4) Ha az adóhatóság az adatszolgáltatás alapján történő adóhatósági adómegállapítás keretében megállapított adót a magánszemély késedelmesen előterjesztett észrevétele alapján módosítja az adózó terhére, az adóhatóság a korábban megállapított és az adózó észrevétele alapján módosított összeg különbözete után önellenőrzési pótlékot számít fel, melynek összegét az adómegállapítás módosításáról szóló értesítésben közli az adózóval.

(5) A (4) bekezdésben meghatározott esetben a különbözetet és az önellenőrzési pótlékot az adózó az adómegállapítás módosításáról szóló értesítés kézhezvételétől számított 15 napon belül fizeti meg, illetőleg az adóhatóság a különbözetet ugyanezen határidőn belül utalja ki.

51. § (1) A helyesbített adó, a költségvetési támogatás és a megállapított önellenőrzési pótlék a helyesbített összeg és a pótlék bevallásával egyidejűleg esedékes.

(2) Az adózó javára mutatkozó helyesbítés esetén önellenőrzési pótlékot sem felszámítani, sem megfizetni nem kell.

(3) A magánszemély személyi jövedelemadó bevallását önellenőrzéssel csak az adóbevallás benyújtására előírt határidőt követően helyesbítheti.

Die Erklärung der Selbstrevision und die Bezahlung

50. § (1) Die berichtigte Steuergrundlage, die Steuer und Steuervergünstigung muss innerhalb von 15 Tagen auf einen eigens hierfür vorgesehenen Vordruck (Selbstüberwachungsbogen) erklärt werden. Die Privatperson erfüllt die Selbstüberwachungsverpflichtung mit Einreichung des entsprechenden Vordruckes.
(2) Es muss in dem, in (1) beschriebenen Zeitpunkt auch die Steuer, die Steuervergünstigung, welche auf Grundlage eines Gesetzes besteht, welches im Zeitpunkt der Selbstüberwachung nicht mehr in Kraft ist, erklärt und bezahlt bzw. geltend gemacht werden.
(3) Im Wege der Selbstüberwachung kann nur die Steuer, die Steuervergünstigung berichtigt werden, deren Berichtigungssumme 1000 Forint, im Falle der örtlichen Steuer, der persönlichen Einkommensteuer und Gesundheitsabgabe 100 Forint übersteigt.
(4) Berichtigt die Steuerbehörde die Steuer im Rahmen einer, auf Grundlage der Informationsdienstleistung erfolgenden, Steuerfestsetzung zu Lasten des Steuerpflichtigen, nach einer verspäteten Erklärung der Privatperson, dann werden auf den Differenzbetrag zwischen dem zuvor festgestellten Steuerbetrag und dem, auf Grundlage der Erklärung des Steuerpflichtigen modifizierten, Betrag Verzugszinsen erhoben, deren Höhe dem Steuerpflichtigen in der Benachrichtigung über den modifizierten, Steuerbetrag mitgeteilt werden.
(5) Der Steuerpflichtige muss in dem von (4) umschriebenen Fall den Steuerdifferenzbetrag und die Verzugszinsen innerhalb von 15 Tagen nach Erhalt der Benachrichtigung über die Modifikation des Steuerbetrags entrichten bzw. die Steuerbehörde den Steuerfehlbetrag innerhalb desselben Zeitraumes ausweisen.

51. § (1) Die berichtigte Steuer, die Steuervergünstigung und der festgestellte Selbstrevisionszuschlag sind mit der Erklärung der berichtigten Summe und des Zuschlags gleichzeitig fällig.
(2) Ergibt sich eine Berichtigung zugunsten des Steuerpflichtigen, dann muss ein Selbstrevisionszuschlag weder berechnet noch bezahlt werden.
(3) Eine Privatperson kann ihre Einkommensteuererklärung nur innerhalb der gesetzlich bestimmten Einreichungsfrist berichtigen.

Anlage III. Nr. 9. – 10.
Nyilvántartás, adatszolgáltatás, adótitok
Adatnyilvántartás, adatszolgáltatás
52. § (1) Az adóhatóság a tudomására jutott adatokat nyilvántartja és megőrzi. A magánszemély adózó azonosításával, adókötelezettségének keletkezésével és teljesítésének ellenőrzésével öszefüggésben személyes adatokat tart nyilván és ellenőrizhet.
(2) Más hatóság, közfeladatot ellátó adatkezelő szerv nyilvántartásában szereplő adatot az adóhatóság csak az adózó és az adó megfizetésére kőtelezett személy azonosításához, az adókötelezettség, a költségvetési támogatáshoz való jogosultság megállapításához, ellenőrzéséhez, az adózó kérelmére indult adóigazgatási eljárásban a tényállás tisztázásához használhatja fel. Amennyiben tőrvény megengedi, az adóhatóságok kőzött az adat átadását, illetve a hatósági nyilvántartásokból az adat átvételét az érintett szervezetek megállapodása alapján, az abban foglalt módon, elektronikus úton is lehet teljesíteni.
(3) A (2) bekezdés alkalmazásában felhasználható nyilvántartások:
a) a személyek azonosítására a személyi adat- és lakcímnyilvántartás és a cégnyilvántartás;
b) az adóalap megállapítására és ellenőrzésére, valamint a tényállás tisztázására az ingatlannyilvántartás és a gépjármű-nyilvántartás.
Az adóhatóság a személyi adat- és lakcímnyilvántartásból adatot természetes azonosító adattal, illetőleg kapcsolati kódon igényelhet. ...

Registratur, Datendienstleistung, Steuergeheimnis
Datenregistratur, Datendienstleistung
52. § (1) Die Steuerbehörde registriert die ihr bekanntgewordenen Daten und sichert sie. Mit der Indentifikation der steuerpflichtigen Privatperson, mit dem Entstehen und dem Begleichen der Steuerschuld, kann die Steuerbehörde die ihr im Wege der Steuerüberwachung bekanntgewordenen persönlichen Daten registrieren und sichern.
(2) Andere Daten, welche von einer anderen Behörde oder einer Behörde, die allgemeine öffentliche Aufgaben erfüllt, registriert worden sind, kann die Steuerbehörde nur zur Identifikation des Steuerpflichtigen oder der zur Entrichtung der Steuer verpflichteten Person, zur Festsetzung der Steuerschuld, der Steuervergünstigung, zur Überwachung der Steuerschuld, der Steuervergünstigung oder im steuerbehördlichen Verfahren, welches auf Antrag des Steuerpflichtigen in Gang gesetzt worden ist, zur Klärung des Sachverhalts verwenden. Soweit das Gesetz dies zulässt, kann der zwischenbehördliche Datenaustausch bzw. die Übertragung von registrierten Daten, auf Grundlage einer Vereinbarung der beteiligten Behörden und soweit dies in der Vereinbarung geregelt ist, auch auf elektonischem Weg erfolgen.
(3) Die nach (2) verwendbaren Daten sind:
a) die zur Identitätsfeststellung der Person erforderlichen persönlichen Daten, Angaben zur Wohnadresse und Firmendaten;
b) zur Festsetzung und Überwachung und zur Klärung des Sachverhalts, die Daten von registrierten Immobilien und die registrierten Kraftfahrzeugdaten.
Die Steuerbehörde kann die persönlichen Daten oder die Wohnadresse im Wege einer Identifikationsdatei oder einer Identifikationsnummer beanspruchen. ...

54. § (5) Az adóhatóság megkeresésre tájékoztatja az adótitokról
a) a bíróságot;
b) az ügyész által jóváhagyott megkeresésre a nyomozó hatóságot, ha a tájékoztatás a büntetőeljárás megindítása vagy lefolytatása érdekében szükséges; ...

54. § (5) Die Steuerbehörde unterrichtet auf Anfrage über die dem Steuergeheimnis unterfallenden Tatsachen
a) die Gerichtsbarkeit;
b) nach Zustimmung der Staatsanwaltschaft die Ermittlungsbehörde, wenn die Unterrichtung für den Beginn oder den Ablauf des Strafverfahrens erforderlich ist; ...

Anlage III. Nr. 11. – 20.
Jogkövetkezmények
Késedelmi pótlék
165. § (1) Az adó késedelmes megfizetése esetén az esedékesség napjától, a költségvetési támogatásnak az esedékesség előtt történő igénybevétele esetén pedig az esedékesség napjáig késedelmi pótlékot kell fizetni.
(2) A késedelmi pótlék mértéke minden naptári nap után a felszámítás időpontjában érvényes jegybanki alapkamat kétszeresének 365-öd része. A késedelmi pótlék után késedelmi pótlékot felszámítani nem lehet.
(3) Kivételes méltánylást érdemlő körülmény esetén az adóhiányt megállapító határozatban – hivatalból vagy kérelemre – az adó esedékességének, illetve a költségvetési támogatás igénybevételének napjánál az adóhatóság vezetője későbbi időpontot is megállapíthat a pótlékfizetés kezdő napjaként. Utólagos adóellenőrzés során megállapított adóhiány késedelmi pótléka az eredeti esedékességtől az ellenőrzésről felvett jegyzőkönyv keltéig, de legfeljebb 3 évre számítható fel. Az adóhiány után felszámított késedelmi pótlék alapja nem csökkenthető az ugyanazon adóhatóságnál nyilvántartott, az esedékesség időpontjában más adóval kapcsolatban fennálló túlfizetés összegével.
(4) A (3) bekezdés nem alkalmazható olyan adóhiány esetén, amikor a bírság mérséklésének sincs helye.

166. § Nem kell késedelmi pótlékot fizetni arra az időszakra, amelyre az adózó a késedelmét igazolta. Igazolásnak csak akkor van helye, ha a késedelmet elháríthatatlan külső ok idézte elő.

167. § (1) A késedelmi pótlék felszámítása során a pótlék alapját adónként és költségvetési támogatásonként külön-külön kell figyelembe venni, kivéve, ha azokat egy számlán tartják nyilván. A késedelmi pótlék alapját csökkenteni kell az ugyanazon adóhatóságnál nyilvántartott, az esedékesség időpontjában más adóval kapcsolatban fennálló túlfizetés összegével (nettó pótlékszámítás). A nettó pótlékszámításnál figyelmen kívül kell hagyni azt a tartozást, amelyre fizetési könnyítést engedélyeztek.
(2) Az adóhatóság összehasonlítja az adózó bevallását, igénylését, illetve a határozattal előírt kötelezettségét a befizetett, a visszaigényelt adóval, adóelőleggel, a kiutalt költségvetési támogatással, és ennek alapján a késedelmi pótlékot megállapítja. Az adózó a késedelmi pótlékot saját számítása szerint, az értesítéstől függetlenül is megfizetheti.
(3) Az adóhatóság hivatalból vagy kérelemre törli a tévesen felszámított késedelmi pótlékot. Ha az adózó a pótlék összegét továbbra is vitatja, a felettes adóhatóság dönt.

Önellenőrzési pótlék
168. § (1) Ha az adózó az adót, a költségvetési támogatást az önellenőrzésre vonatkozó rendelkezések szerint helyesbíti, önellenőrzési pótlékot fizet.
(2) Az önellenőrzési pótlékot adónként, illetve költségvetési támogatásonként a bevallott és a helyesbített adó, illetve költségvetési támogatás összegének különbözete után az adózó átlapítja meg, és a bevallással egyidejűleg fizeti meg.
(3) Az önellenőrzési pótlékot a késedelmi pótlék 50%-ának, ugyanazon bevallásnak ismételt önellenőrzése esetén 75%-ának megfelelő mértékben kell felszámítani a bevallás benyújtására előírt határidő letöltét követő első naptól a helyesbítés nyilvántartásba történő feljegyzésének, illetve a magánszemély jövedelemadója esetén az önellenőrzési lap benyújtásának napjáig. Az adatszolgáltatás alapján történő adóhatósági adómegállapítás esetén az önellenőrzési pótlékot az

észrevétel megtételére nyitva álló határidő leteltét kővető naptól az észrevétel adóhatósághoz történő beérkezésének napjáig számítja fel az adóhatóság. Ha az önellenőrzés pótlólagos adófizetési kötelezettséget nem eredményezett, mert az adózó adóját az eredeti esedékességkor vagy korábbi önellenőrzése során hiánytalanul megfizette, a fizetendő pótlék összegét az általános szabályok szerinti mértékkel kell meghatározni, de az 5000 forintot, magánszemély esetében az 1000 forintot meghaladó összeget nem kell bevallani és megfizetni. Ha az önellenőrzés pótlólagos adófizetési kötelezettséget azért nem eredményez, mert a bevallani és megfizetni elmulasztott adó a következő elszámolási időszakban levonható adónak minősült volna, az önellenőrzési pótlék összege nem haladhatja meg a két bevallás közötti időre felszámítható késedelmi pótlék összegét. Ugyanilyen szabályok alapján kell megállapítani az önellenőrzési pótlékot akkor is, ha a termékimportot terhelő általános forgalmi adót az adózó az adólevonási jog keletkezését követően, de az előző adómegállapítási időszakra vonatkozó adóbevallásban szerepeltette előzetesen felszámított levonható adóként.

(4) Kérelemre az állami adóhatóság mérsékli az önellenőrzési pótlék alapját, ha több egymást követő elszámolási időszak általános forgalmi adó bevallását azért kellett önellenőrizni, mert az előző vagy korábbi elszámolási időszak téves bevallása miatt a göngyölített levonható, de vissza nem igényelhető adó összegét az adózó helyesbítette. Az önellenőrzési pótlék alapja ez esetben az első téves adóbevallásban feltárt különbözet. Az ezzel összefüggésben felszámított önellenőrzési pótlék megfizetésére a kérelemnek halasztó hatálya van.

(5) Nem kell pótlékot felszámítani, ha a munkáltató vagy kifizető késedelmes vagy hibás igazolása miatt az adózó bevallását önellenőrzéssel helyesbíti.

(6) Az önellenőrzési pótlék kérelemre akkor mérsékelhető, ha az adózó tévedését olyan körülmények bizonyításával menti ki, amelyek egyébként megalapoznák a bírságmérséklést is.

169. § Az adózó az önellenőrzéssel megállapított helyesbített adóalap, adó, illetve költségvetési támogatás bevallásával mentesül az adóbírság, mulasztási bírság alól, a helyesbített meg nem fizetett adó, jogosulatlanul igénybe vett költségvetési támogatás, továbbá az önellenőrzési pótlék megfizetésével az önellenőrzés időpontjáig esedékes késedelmi pótlék alól.

Adóbírság
170. § (1) Adóhiány esetén adóbírságot kell fizetni. Az adóbírság mértéke – ha e törvény másként nem rendelkezik – az adóhiány 50%-a. Adóbírságot állapít meg az adóhatóság akkor is, ha az adózó jogosulatlanul nyújtotta be támogatási, adó-visszaigénylési, adó-visszatérítési kérelmét, vagy igénylésre, támogatásra, visszatérítésre vonatkozó bevallását, és a jogosultság hiányát az adóhatóság a kiutalás előtt megállapította. A bírság alapja ilyen esetben a jogosulatlanul igényelt összeg.

(2) Adóhiánynak minősül az adózó terhére megállapított adókülönbözet, önadózás esetén csak akkor, ha az adókülönbözetet az esedékesség időpontjáig nem fizették meg, illetve a költségvetési támogatást igénybe vették. Az eredeti esedékesség napján fennálló túlfizetést az adófizetési kötelezettség teljesítéseként csak akkor lehet figyelembe venni, ha a túlfizetés az ellenőrzés megkezdésének napján is fennáll.

(3) A (2) bekezdésben foglaltaktól eltérően nem minősül adóhiánynak a vagyonszerzési illeték alapjának utólagos adómegállapítással történő módosítása, feltéve, hogy az adózó a vagyonszerzési illeték alá eső vagyontárgyakat hiánytalanul bejelentette.

(4) Amennyiben az adóhatóság utólagos adóellenőrzés során megállapítja, hogy a termékimportot terhelő általános forgalmi adót az adózó az adólevonási jog keletkezését követően, de az előző

adómegállapítási időszakra vonatkozó adóbevallásban szerepeltette előzetesen felszámított adóként, az adóbírság alapja az ellenőrzési időszak egészére megállapított általános forgalmiadó-hiány.

(5) Nem állapítható meg adóbírság az adóhiánynak olyan része után, amely a munkáltató vagy a kifizető valótlan adóigazolása miatt keletkezett, továbbá az olyan adózó terhére, aki az adó megfizetésére örökösként, megajándékozottként köteles.

(6) Ha az adót a munkáltató állapította meg, az adóhatóság az adóhiány után az adóbírságot, a késedelmi pótlékot a munkáltató terhére, a rá vonatkozó szabályok szerint állapítja meg, kivéve, ha az adóhiány az adózó jogszerűtlen nyilatkozatának következménye.

171. § (1) Az adóbírság mértéke kivételes méltánylást érdemlő körülmény esetén hivatalból vagy kérelemre mérsékelhető, illetőleg kiszabása mellőzhető, ha a körülményekből megállapítható, hogy az adózó, illetve intézkedő képviselője, alkalmazottja, tagja vagy megbízottja az adott helyzetben a tőle elvárható körültekintéssel járt el. Az adóbírság mérséklésénél az eset összes körülményét mérlegelni kell, különösen az adóhiány nagyságát, keletkezésének körülményeit, az adózó jogellenes magatartásának (tevékenységének vagy mulasztásának) súlyát, gyakoriságát.

(2) Nincs helye az adóbírság mérséklésének, sem hivatalból, sem kérelemre, ha az adóhiány a bevétel eltitkolásával, a bizonylatok, könyvek, nyilvántartások meghamisításával, megsemmisítésével függ össze.

(3) Az adóbírság megállapítása nem érinti a késedelmi pótlék fizetési kötelezettséget.

Mulasztási bírság

172. § (1) A magánszemély adózó 100 ezer forintig, más adózó 200 ezer forintig terjedő mulasztási bírsággal sújtható, ha

a) a bejelentési (bejelentkezési, változásbejelentési), adatszolgáltatási kötelezettségét késedelmesen, hibásan, valótlan adattartalommal vagy hiányosan teljesíti,

b) a bevallási, vagyonszerzési illetékkel kapcsolatos bejelentési (a továbbiakban együtt: bevallási) kötelezettségét a bevallás határidejét követően, de az adóhatóság felszólítását, ellenőrzését megelőzően késedelmesen teljesíti és késedelmét nem menti ki (bevallási késedelem),

c) bejelentési (bejelentkezési, változásbejelentési), adatszolgáltatási, bankszámlanyitási kötelezettségét, továbbá bevallási kötelezettségét nem teljesíti,

d) vállalkozói igazolványhoz, illetőleg cégbejegyzéshez kötött tevékenységet vagy adóköteles tevékenységet adószám hiányában folytat,

e) a számla, egyszerűsített számla, számlát helyettesítő okmány, nyugtakibocsátási kötelezettségét elmulasztja, vagy a számlát, egyszerűsített számlát, számlát helyettesítő okmányt, nyugtát nem a tényleges ellenértékről bocsátja ki,

f) a jogszabályokban előírt bizonylatok kiállítását, illetve könyvek, nyilvántartások vezetését elmulasztja, vagy a bizonylatokat az előírásoktól eltérően állítja ki, a könyveket, nyilvántartásokat hiányosan vagy az előírásoktól eltérően vezeti,

g) be nem jelentett alkalmazottat foglalkoztat, vagy igazolatlan eredetű árut forgalmaz,

h) iratmegőrzési kötelezettségének nem tesz eleget,

i) a nyilatkozattételt elmulasztja, a tanúvallomást jogosulatlanul megtagadja,

j) a költségvetési támogatás (adó-visszaigénylés, adó-visszatérítés) igénylésénél a fennálló köztartozásáról valótlan tartalmú nyilatkozatot tesz,

k) a járulékfizetési kötelezettség felső határának eléréséről valótlan tartalmú nyilatkozatot tesz,

l) az ellenőrzést vagy a végrehajtási eljárást a megjelenési kötelezettség elmulasztásával, az együttműködési kötelezettség megsértésével vagy más módon akadályozza.

(2) Az (1) bekezdés a)-b) pontja szerinti késedelem esetén nincs helye mulasztási bírság megállapításának, ha az adózó késedelmét annak igazolásával menti ki, hogy úgy járt el, ahogy az az adott helyzetben általában elvárható.

(3) A bejelentkezési, bejelentési, változásbejelentési, adatszolgáltatási, továbbá bevallási kötelezettség elmulasztása esetén a mulasztási bírság megállapításával egyidejűleg az adóhatóság az adózót – határidő tűzésével – teljesítésre hívja fel. A kiszabott bírság kétszeresét kell újabb határidő tűzésével megállapítani, ha a teljesítésre kötelező, előző határozatban előírt határidőt az adózó elmulasztotta. A kötelezettség teljesítése esetén az e bekezdés alapján kiszabott bírság korlátlanul mérsékelhető.

(4) Az (1) bekezdés d) pontja alapján kiszabott bírság esetén az adóhatóság a bírságot kiszabó, valamint az árukészlet lefoglalása tárgyában hozott határozatát az adózóval kihirdetés útján közli, és a határozat a közlés időpontjától kezdve a fellebbezésre tekintet nélkül végrehajtható.

(5) Az ellenőrzés, illetve a végrehajtási eljárás akadályozásáért az (1) bekezdés l) pontja alapján adózónak nem minősülő magánszemély is szankcionálható.

(6) Hibásan benyújtott bevallás esetén a magánszemély 10 ezer forintig, más adózó 100 ezer forintig terjedő mulasztási bírsággal sújtható. Ha a késedelmesen benyújtott bevallás hibás, az adózó csak a késedelemért szankcionálható.

(7) Ha az eljárás kezdeményezésekor fennálló eljárási illetékfizetési kötelezettségét a kötelezett felhívás ellenére egyáltalán nem vagy nem teljes mértékben vagy nem a megszabott határidőben teljesítette, a meg nem fizetett illeték 100%-áig terjedő, de legfeljebb 100 ezer forint mulasztási bírság szabható ki.

(8) Ha az adózó esedékességig az adóévi várható adó összegét – figyelemmel az adóév során megfizetett előleg összegére is – nem fizette meg legalább 90%-os mértékben, a befizetett előleg és az adó 90%-ának különbözete után 20%-ig terjedő mulasztási bírságot fizet.

(9) Az adózó 20%-ig terjedő mértékű bírságot fizet, ha az előző időszak adatai alapján előírt adóelőlegét mérsékelték, és ezért kevesebb adóelőleget fizetett, mint amennyit tényleges eredménye alapján kellett volna. A bírság alapja a mérsékelt adóelőleg és a tényleges kötelezettség alapján fizetendő adó különbözete.

(10) Ha a kifizető adólevonási, vagy az adóbeszedésre kötelezett adóbeszedési kötelezettségét részben vagy egészben elmulasztotta, vagy a beszedett, illetve megállapított és levont adót nem fizette meg, késedelmi pótlék mellett 50%-ig terjedő mulasztási bírságot fizet. A bírság alapja a beszedni, levonni, illetőleg megfizetni elmulasztott adó összege.

(11) Az adóhatóság az e törvényben, adótörvényben, illetőleg e törvények felhatalmazásán alapuló más jogszabályban megállapított kötelezettségnek az e paragrafusban nem szabályozott megszegése miatt a magánszemély adózót 50 ezer, más adózót 100 ezer forintig terjedő mulasztási bírsággal sújthatja.

(12) A mulasztási bírság kiszabásánál az adóhatóság mérlegeli az eset összes körülményét, az adózó jogellenes magatartásának (tevékenységének vagy mulasztásának) súlyát, gyakoriságát, továbbá azt, hogy az adózó, illetve intézkedő képviselője, alkalmazottja, tagja vagy megbízottja az adott helyzetben a tőle elvárható körültekintéssel járt-e el. A körülmények mérlegelése alapján az adóhatóság a mulasztás súlyához igazodó bírságot szab ki, vagy a bírság kiszabását mellőzi.

(13) Az adatszolgáltatással kapcsolatban kiszabható mulasztási bírság felső határa az adatszolgáltatással érintett magánszemélyek számának és a bírság adózóra egyébként vonatkozó, törvényben rögzített legmagasabb értékének szorzata.

(14) Az adózó a szokásos piaci ár meghatározásával összefüggő nyilvántartási kötelezettségének az (1) bekezdés j) pontja szerinti megsértése, illetve e nyilvántartással összefüggő iratmegőrzési kötelezettségének megsértése esetén 2 millió forintig terjedő mulasztási bírsággal sújtható.

Intézkedések

173. § (1) Az adóhatóság, ha a magánszemély, illetőleg más adózó terhére vállalkozói igazolványhoz, cégbejegyzéshez kötött tevékenység vagy adóköteles tevékenység adószám hiányában történő végzése miatt mulasztási bírságot szab ki, a vállalkozói igazolvány, illetőleg cégbejegyzés nélkül folytatott tevékenység eszközét, termék-előállítás esetén annak eredményét, az árukészletet – a romlandó áruk és az élő állatok kivételével – a kiszabott bírság összegének mértékéig, annak biztosítékaként lefoglalhatja, és erről a bírságot kiszabó határozatban rendelkezik. A lefoglalásról az adóhatóság két hatósági tanú jelenlétében jegyzőkönyvet vesz fel, a lefoglalt ingóságot zár alá veszi vagy az adózó költségére elszállíttatja és megőrzi.

(2) Az adóhatóság a biztosítékként lefoglalt ingóságokat a végrehajtásra vonatkozó szabályok szerint értékesíti, ha az adózó a bírságot az esedékességtől számított 15 napon belül nem fizette meg.

(3) Az áru értékesítéséből származó összegnek a bírságot, pótlékot és költségeket meghaladó részét az adóhatóság az adózónak visszatéríti.

174. § (1) Az adóhatóság mulasztási bírság kiszabása mellett az adóköteles tevékenység célját szolgáló helyiséget 12 nyitvatartási napra lezárja, illetőleg az adózó tevékenységének jellege szerint az adóköteles tevékenység gyakorlását ugyanezen időtartamra felfüggeszti, ha az adózó
a) be nem jelentett alkalmazottat foglalkoztat,
b) igazolatlan eredetű árut forgalmaz,
c) az adóköteles tevékenység célját szolgáló ugyanazon helyiségében (műhely, üzlet, telep stb.) az első ellenőrzéstől számított egy éven belül második alkalommal mulasztotta el számla- vagy nyugtaadási kötelezettségét.

(2) Az (1) bekezdésben meghatározott mulasztás ismételt előfordulása esetén a lezárás vagy a felfüggesztés időtartama 30, majd minden további esetben 60 nyitvatartási nap. Az ismétlődésre vonatkozó szabályok nem alkalmazhatóak, ha két egymást követő ugyanolyan mulasztás között 3 év eltelt.

(3) A kiszabott bírságról és a lezárásról, illetőleg a tevékenység gyakorlásának felfüggesztéséről az adóhatóság fellebbezésre tekintet nélkül végrehajtható határozatot hoz. A határozatban rendelkezni kell a lezárás, illetőleg a felfüggesztés első és utolsó napjáról. A lezárás időpontjának meghatározásánál az adózó részére kellő időt kell biztosítani a romlandó áruk, élő állatok elszállítására, illetve az egyéb árukészlet tárolásának, megőrzésének biztosítására. Az intézkedésből harmadik személyeket ért kárért az adózó köteles helytállni.

(4) A helyiséget az adóhatóság pecséttel zárja le, jól láthatóan feltünteti a lezárás időtartamát és azt, hogy az üzletet az adóhatóság zárta le. A lezárás akadályozása esetén az adóhatóság a rendőrség közreműködését veheti igénybe.

(5) Ha az adózó tevékenységét más adózóval közös helyiségben folytatja, a (4) bekezdésben foglaltakat a helyiségnek a kötelezettségét elmulasztó adózó által használt részére (részeire) vagy a tevékenység gyakorlásához használt tárgyaira kell alkalmazni.

(6) A lezárás nem alkalmazható, ha a helyiség az adózó lakásában, vagy lakástól műszakilag el nem különített helyiségcsoporton belül található, továbbá akkor sem, ha a lezárás a településen a lezárandó üzlet üzletkörébe eső helyi szükségletek kielégítését megakadályozza.

Rechtsfolgen
Verzugszinsen
165. § (1) Der Steuerpflichtige muss im Falle der verspäteten Steuerentrichtung oder im Falle einer verspäteten Geltendmachung einer Steuervergünstigung ab dem Fälligkeitszeitpunkt einen Verspätungszugschlag (Verzugszinsen) entrichten.
(2) Die Höhe des Verspätungszuschlages beträgt für jeden Tag des Verzugs den 365-Teil des Zweifachen vom Grundzinssatz der Notenbank. Für den Verspätungszuschlag sind Verzugszinsen nicht zu entrichten.
(3) Im Falle des Vorliegens eines außerordentlichen, zu würdigenden Umstandes kann der Leiter der Steuerbehörde im Beschluss zur Festsetzung der Steuerdifferenz – von Amts wegen oder auf Antrag – einen späteren Fälligkeitszeitpunkt für den Beginn des Verspätungszuschlages festlegen. Im Falle der nachträglichen Steuerüberwachung muss ein Verspätungszuschlag ab dem Zeitpunkt der ursprünglichen Fälligkeit bis zur Anfertigung des Protokolls über die Steuerüberwachung, aber allerhöchstens für 3 Jahre berechnet werden. Die Bemessungsgrundlage für den wegen der Steuerdifferenz zu entrichtenden Verspätungszuschlag kann nicht um die Summe einer, bei der gleichen Steuerbehörde im Zusammenhang mit einer anderen Steuer geleisteten und im Zeitpunkt der Fälligkeit bestehenden, Steuerzuvielzahlung verrechnet werden.
(4) Der (3) ist nicht anwendbar für den Fall, dass auch eine Mäßigung der Strafe nicht zu erwägen ist.

166. § Verzugszinsen sind für den Zeitraum nicht zu entrichten, für den der Steuerzahler die Verspätung entschuldigen kann. Ein Entschuldigungsgrund besteht nur dann, wenn die Verzögerung durch einen unausweichlichen, äußeren Grund verursacht worden ist.

167. § (1) Die Bemessungsgrundlage für die Verzugszinsen muss einzeln nach jeder Steuer und Vergünstigung berechnet werden, mit Ausnahme der Steuern, die auf derselben Rechnung geführt werden. Die Bemessungsgrundlage für den Verspätungszuschlag muss um die, im Zeitpunkt der Fälligkeit bei derselben Steuerbehörde im Hinblick auf eine andere Steuer bestehende, Zuvielzahlung verringert werden (Netto-Zinsberechnung). Bei der Netto-Zinsberechnung muss die Steuerschuld außer Acht gelassen werden, für die eine Zahlungserleichterung bewilligt worden ist.
(2) Die Steuerbehörde vergleicht die Steuererklärung des Steuerpflichtigen, die Geltendmachung einer Steuervergünstigung bzw. die Steuerverpflichtung mit der eingezahlten, rückgezahlten Steuer, der Vorsteuer, der ausgewiesenen Steuervergünstigung und setzt auf dieser Grundlage den Verspätungszuschlag fest. Der Steuerpflichtige kann den Verspätungszuschlag auch auf eigener Berechnungsgrundlage unabhängig von einer Benachrichtigung entrichten.
(3) Die Steuerbehörde löscht von Amts wegen oder auf Antrag einen zu Unrecht festgesetzten Verspätungszuschlag. Bestreitet der Steuerpflichtige weiterhin die Summe des Verspätungszuschlags, dann entscheidet die übergeordnete Steuerbehörde.

Selbstrevisionszuschlag
168. § (1) Berichtigt der Steuerpflichtige die Steuer, die Steuervergünstigung auf Grundlage der Selbstüberwachung, dann muss er einen Selbstrevisionszuschlag entrichten.
(2) Der Selbstrevisionszuschlag muss für jede Steuer, bzw. Steuervergünstigung einzeln entrichtet werden und richtet sich nach der Differenz der Summe der erklärten und der berichtigten Steuer bzw. nach der Differenzsumme der Steuervergünstigungen, der Steuerpflichtige muss den Zuschlag feststellen und zugleich mit der Erklärung begleichen.

(3) Der Selbstrevisionszuschlag ist in Höhe von 50 % der Verzugszinsen, im Falle der wiederholten Berichtigung derselben Erklärung in Höhe von 75 % der Verzugszinsen zu berechnen, angefangen mit dem Tag, der dem Ablauf der Entrichtungsfrist folgt bis zum Tag der Aufzeichnung der Berichtigung, bzw. im Falle der persönlichen Einkommensteuer, bis zur Einreichung des Selbstrevisionsvordruckes. Im Falle der, auf Grundlage einer Informationsdienstleistung erfolgenden, steuerbehördlichen Festsetzung berechnet die Steuerbehörde den Zuschlag ab dem Tag, welcher dem Fristablauf für die Anzeige folgt, und zwar bis zur Einreichung der Anzeige bei der Steuerbehörde. Ergab sich im Falle der Selbstüberwachung keine zusätzliche Steuerzahlungsverpflichtung, weil der Steuerpflichtige die Steuer in einem früheren Fälligkeitszeitpunkt oder im Wege einer früheren Selbstüberwachung vollständig entrichtet hat, dann muss der Selbstüberwachungszuschlag nach den allgemeinen Bestimmungen festgesetzt werden, eine 5000 Forint übersteigende Summe, im Falle einer Privatperson eine 1000 Forint übersteigende Summe muss nicht erklärt und nicht bezahlt werden. Wenn die Selbstrevision keine zusätzliche Steuerzahlungsverpflichtung ergibt, weil die nicht erklärte und nicht entrichtete Steuer im nachfolgenden Besteuerungszeitraum als abzugsfähige Steuer gegolten hätte, dann kann die Summe des Selbstrevisionszuschlages die Summe desjenigen Zuschlages, welcher für den Zeitraum zwischen den beiden Steuererklärungen anzurechnen ist, nicht übersteigen. Ebenso ist der Selbstrevisionszuschlag für den Fall festzustellen, dass der Steuerpflichtige die auf Importwaren anfallende allgemeine Umsatzsteuer entsprechend dem Abzugsrecht, aber in der Steuererklärung, welche sich auf den vorhergehenden Besteuerungszeitraum bezieht, zuvor als abzugsfähige Steuer angegeben hat.

(4) Auf Antrag kann die Steuerbehörde die Bemessungsgrundlage für den Selbstrevisionszuschlag mindern, wenn in mehreren aufeinanderfolgenden Abrechnungszeiträumen die Erklärung der allgemeinen Umsatzsteuer selbst überwacht werden musste, da wegen einem Fehler in der Erklärung eines vorhergehenden Besteuerungszeitraums der Steuerpflichtige die insgesamt zwar abgezogene, aber nicht wieder rückforderbare Steuer berichtigt hat. Die Bemessungsgrundlage für den Selbstrevisionszuschlag richtet sich in diesem Fall nach der, in der ersten fehlerhaften Steuererklärung aufgedeckten, Steuerdifferenz. Dem Antrag, der im Zusammenhang mit der Entrichtung des diesbezüglichen Selbstrevisionszuschlages gestellt wird, kommt aufschiebende Wirkung zu.

(5) Ein Selbstrevisionszuschlag ist nicht zu berechnen, wenn wegen der verspäteten oder fehlerhaften Bescheinigung des Arbeitgebers der Steuerpflichtige seine Steuererklärung im Wege der Selbstüberwachung berichtigt.

(6) Der Selbstrevisionszuschlag ist auf Antrag dann zu mindern, wenn der Steuerpflichtige seinen Irrtum mit solchen Tatsachen entschuldigt, die auch zur Minderung der Geldstrafe berechtigen würden.

169. § Der Steuerpflichtige entgeht mit der Erklärung der im Wege der Selbstüberwachung festgestellten und berichtigten Steuergrundlage, Steuer bzw. Steuervergünstigung der Verhängung einer Geldbuße, eines Säumniszuschlags und mit der Entrichtung der berichtigten, nicht bezahlten Steuer, der zu Unrecht in Anspruch genommenen Steuervergünstigung und mit der Entrichtung des Selbstrevisionszuschlages der bis zum Zeitpunkt der Selbstüberwachung fällig gewordenen Verzugszinsen.

Geldbuße
170. § (1) Im Falle eines Steuerdefizits muss eine Geldbuße entrichtet werden. Die Höhe der Geldbuße beträgt – soweit das Gesetz nichts anderes vorschreibt – 50 % des Steuerfehlbetrags. Eine Geldbuße muss auch für den Fall verhängt werden, dass der Steuerpflichtige zu Unrecht einen Antrag auf Steuerrückzahlung, Steuererstattung oder eine entsprechende Erklärung eingereicht hat und die Steuerbehörde die Rechtswidrigkeit des Anspruchs vor der Rückerstattung festgestellt hat. Die Grundlage der Geldbuße bildet in diesem Fall die zu Unrecht beanspruchte Summe.

(2) Es kann nur dann im Falle der Selbstbesteuerung ein Steuerfehlbetrag zu Lasten des Steuerpflichtigen festgestellt werden, wenn der Steuerdifferenzbetrag bis zum Fälligkeitszeitpunkt nicht entrichtet worden ist, bzw. die Steuervergünstigung in Anspruch genommen worden ist. Eine im Zeitpunkt der Fälligkeit bestehende Zuvielzahlung kann nur dann als Erfüllung der Steuerzahlungsverpflichtung angesehen werden, wenn die Zuvielzahlung bereits zu Beginn der Steuerüberwachung vorlag.

(3) Abweichend von (2) stellt die nachträgliche Änderung der Grundlage für die Vermögenserwerbsabgabe keinen Steuerfehlbetrag dar, soweit die von der Abgabe erfassten Vermögensgegenstände allesamt gemeldet wurden.

(4) Soweit die Steuerbehörde im Wege der nachträglichen Steuerüberprüfung feststellt, dass die allgemeine Umsatzsteuer, welche auf Importwaren erhoben wird, vom Steuerpflichtigen entsprechend dem Abzugsrecht, aber in der Steuererklärung, welche sich auf den vorhergehenden Besteuerungszeitraum bezieht, zuvor als angerechnete Steuer deklariert worden ist, dann bildet die Grundlage für die Geldbuße der Umsatzsteuerfehlbetrag, der für den gesamten Zeitraum festgestellt worden ist.

(5) Es kann keine Geldbuße für den Teil des Steuerfehlbetrags festgesetzt werden, der aufgrund unwahrer Angaben des Arbeitgebers entstanden ist, im Weiteren zu Lasten eines solchen Steuerpflichtigen, der zur Zahlung der Steuer als Erbe oder Beschenkter verpflichtet ist.

(6) Wurde die Steuer durch den Arbeitgeber festgestellt, dann setzt die Steuerbehörde nach dem Steuerfehlbetrag die Geldbuße, die Verzugszinsen zu Lasten des Arbeitgebers nach den für ihn geltenden Bestimmungen fest, mit Ausnahme des Falles, dass der Steuerfehlbetrag auf unrechtmäßige Angaben des Steuerpflichtigen beruht.

171. § (1) Das Maß der Geldbuße kann im Falle eines außergewöhnlichen, zu berücksichtigenden Umstandes von Amts wegen oder auf Antrag gemindert werden, wenn aus den Umständen ersichtlich ist, dass der Steuerpflichtige bzw. sein Geschäftsführer, sein Angestellter, sein Mitglied oder Beauftragter in der gegebenen Situation mit der von ihm zu erwartenden Umsicht gehandelt hat. Bei der Minderung der Geldbuße müssen alle Umstände des Einzelfalls gewogen werden, insbesondere die Höhe des Steuerfehlbetrags, die Umstände seines Zustandekommens, die Schwere und Häufigkeit des rechtsfeindlichen Täterverhaltens (Handlung oder Unterlassen) beachtet werden.

(2) Die Geldbuße kann weder von Amts wegen noch auf Antrag gemindert werden, wenn der Steuerfehlbetrag auf eine Fälschung von Belegen, Büchern oder Bescheinigungen oder ihrer Vernichtung zurückzuführen ist.

(3) Die Festsetzung einer Geldbuße berührt nicht die Verpflichtung zur Entrichtung der Verzugszinsen.

Säumniszuschlag
172. § (1) Die Privatperson als Steuerpflichtiger kann mit einem Säumniszuschlag bis 100 Tausend Forint, jede andere steuerpflichtige Person mit einem Säumniszuschlag bis 200 Tausend Forint belegt werden, wenn sie
a) ihrer Anmeldungspflicht (Anmeldung, Veränderungsanzeige), ihrer Informationspflicht verspätet, fehlerhaft oder mit unrichtigen oder unvollständigen Inhalt nachkommt,
b) ihrer Erklärungspflicht, ihrer Anmeldungspflicht hinsichtlich der Vermögensbildungsabgabe (im Folgenden: Erklärungspflicht) nach Ablauf der Erklärungsfrist, aber vor Aufforderung bzw. Aufruf durch die Steuerbehörde verspätet nachkommt und die Verspätung nicht in ausreichender Weise entschuldigt (verspätete Erklärung),
c) ihrer Anmeldungspflicht (Anmeldung, Veränderungsanzeige), ihrer Informationspflicht, ihrer Kontoeröffnungspflicht bzw. ihrer Erklärungspflicht nicht nachkommt,
d) eine Tätigkeit, die an den Nachweis der Unternehmerschaft, der Firmeneintragung gebunden ist oder eine steuerpflichtige Tätigkeit ohne Steuernummer ausübt,
e) der Pflicht eine Rechnung, eine einfache Rechnung, einen die Rechnung ersetzenden Beleg oder eine Quittung auszustellen, nicht nachkommt oder eine Rechnung, eine einfache Rechnung, einen die Rechnung ersetzenden Beleg oder eine Quittung über eine unwahrheitsgemäße Summe ausstellt,
f) die in den Gesetzen vorgeschriebene Pflicht, Belege auszustellen bzw. Bücher oder eine Registratur zu führen, versäumt, oder die Belege nicht den gesetzlichen Vorgaben entsprechend ausstellt oder die Bücher bzw. Registratur fehlerhaft oder nicht den gesetzlichen Vorschriften entsprechend führt,
g) nicht angemeldete Angestellte beschäftigt oder Ware unbekannter Herkunft in den Umlauf bringt,
h) der Aktenaufbewahrungspflicht nicht nachkommt,
i) die Äußerungspflicht versäumt, die Zeugnispflicht unrechtmäßig verweigert,
j) im Zusammenhang mit einer Steuervergünstigung (Steuerrückforderung, Steuerrückzahlung) unrichtige Erklärungen bezüglich des bestehenden Steueranspruchs abgibt,
k) unwahre Erklärungen zur Erreichung der Minimalgrenze für die Abgabenentrichtungspflicht macht,
l) das Überwachungs- oder Vollstreckungsverfahren mit der Versäumnis der Anwesenheitspflicht, mit der Verletzung der Mitwirkungspflicht oder auf andere Weise behindert.
(2) Für die Säumnis der in (1) a)-b) eingangs erwähnten Pflichten kann ein Säumniszuschlag nicht festgesetzt werden, wenn der Steuerpflichtige seine Säumnis damit entschuldigt, dass er sich so verhalten habe, wie es von ihm in der gegebenen Situation zu erwarten war.
(3) Mit der Festsetzung eines Säumniszuschlags für die Versäumung der Steueranmeldung, der Meldepflicht, der Veränderungsanzeige, der Informationspflicht, weiterhin für die Versäumung der Steuererklärung wird der Steuerpflichtige zugleich von der Steuerbehörde zur Erfüllung seiner Pflicht aufgefordert. Kommt der Steuerpflichtige seiner Pflicht innerhalb einer von der Steuerbehörde festgesetzten Frist erneut nicht nach, dann muss das Zweifache des Säumniszuschlags mit der Festsetzung einer erneuten Frist verhängt werden. Im Falle der Pflichterfüllung kann der so verhängte Säumniszuschlag unbegrenzt gemindert werden.
(4) Für den im Falle des (1) d) verhängten Säumniszuschlages teilt die Steuerbehörde den die Verhängung bzw. die Beschlagnahme des Warenbestandes anordnenden Beschluss dem Steuerpflichtigen im Wege der Bekanntmachung mit und der Beschluss ist ab diesem Zeitpunkt sofort vollziehbar.

(5) Wegen der Behinderung des Überwachungs- bzw. Vollstreckungsverfahrens kann die in (1) l) eingangs beschriebene Sanktion auch gegen eine nicht als steuerpflichtig geltende Privatperson verhängt werden.

(6) Im Falle einer fehlerhaften Steuererklärung kann die Privatperson mit einem Säumniszuschlag bis 10 Tausend Forint, jeder andere Steuerpflichtige mit einem Säumniszuschlag bis 100 Tausend Forint belegt werden. Wird die Steuererklärung verspätet und fehlerhaft eingereicht, dann kann der Steuerpflichtige nur wegen der Säumnis mit einer Strafe belegt werden.

(7) Kam der zur Entrichtung von Abgaben Verpflichtete bei Veranlassung des steuerbehördlichen Verfahrens trotz Aufforderung seiner Verpflichtung zur Entrichtung der Abgaben nicht vollständig oder nicht innerhalb der vorgegebenen Frist nach, dann ist er mit einem Säumniszuschlag in einer Höhe von bis zu 100 % der nicht entrichteten Abgaben, aber höchstens mit einem Betrag bis zu 100 Tausend Forint zu belegen.

(8) Entrichtet der Steuerpflichtige die Jahressteuer bis zum Fälligkeitszeitpunkt – mit Berücksichtigung der bereits entrichteten Vorsteuer – nicht in einer Höhe von mindestens 90 %, dann ist er mit einem Säumniszuschlag zu belegen, dessen Höhe sich nach der Differenz der Vorsteuer und dem 90 %-igen Betrag der Jahressteuer richtet und 20 % dieser Differenz beträgt.

(9) Der Steuerpflichtige muss einen 20 %-igen Säumniszuschlag entrichten, wenn die Vorsteuer auf Grundlage der Daten des vorhergehenden Zeitraumes gemindert wurde und er deshalb eine geringere Vorsteuer, als nach den tatsächlichen Daten erforderlich, gezahlt hat. Die Grundlage für den Säumniszuschlag ist die Differenz zwischen der geminderten Vorsteuer und der eigentlich zu entrichtenden Steuer.

(10) Kommt ein Steuerpflichtiger seiner Pflicht zum Steuerabzug oder Steuereinziehung teilweise oder gänzlich nicht nach oder hat er die abgezogene oder einbezogene Steuer nicht entrichtet, dann muss er neben den Verzugszinsen, einen 50 %-igen Säumniszuschlag zahlen. Die Grundlage für den Säumniszuschlag ist die abzuziehen, einzuziehen bzw. zu bezahlen versäumte Steuer.

(11) Die Steuerbehörde kann wegen der Verletzung einer Pflicht, die in diesem Gesetz, in einem Steuergesetz oder in einem, auf Grundlage einer Ermächtigung erlassenen, Rechtsvorschrift geregelt ist, eine Privatperson mit einem Säumniszuschlag bis zu 50 Tausend Forint, jeden anderen Steuerpflichtigen mit einem Säumniszuschlag bis zu 100 Tausend Forint belegen.

(12) Bei der Verhängung des Säumniszuschlags gewichtet die Steuerbehörde alle Umstände des Falls, die rechtsfeindliche Täterhaltung (Handlung oder Säumnis), ihre Schwere und Häufigkeit, im Weiteren den Gesichtspunkt, ob der Steuerpflichtige bzw. sein Vertreter, Angestellter, sein Mitglied oder sein Beauftragter in der gegebenen Situation die erforderliche Umsicht angewandt hat. Auf Grundlage der Gewichtung der einzelnen Umstände verhängt die Steuerbehörde einen Säumniszuschlag, der im angemessenem Verhältnis zur Säumnisschwere steht oder unterlässt es gänzlich einen Säumniszuschlag zu verhängen.

(13) Die oberste Grenze des Säumniszuschlags, der im Hinblick auf die Informationsdienstleistung verhängt wird, ist das Produkt der von der Informationsdienstleistung betroffenen Privatpersonen und dem höchsten, nach einem anderen Gesetz zu bestimmenden, Wert des Säumniszuschlags.

(14) Der Steuerpflichtige kann für den Fall, dass er im Hinblick auf den gewöhnlichen Marktpreis seiner Registraturverpflichtung nicht nachkommt, bzw. dass er im Zusammenhang mit der Registratur seine Aufbewahrungspflicht hinsichtlich von Schriftstücken nicht erfüllt, mit einem Säumniszuschlag bis zu 2 Millionen Forint belegt werden.

Maßnahmen
173. § (1) Verhängt die Steuerbehörde gegen eine Privatperson bzw. gegen einen anderen Steuerpflichtigen wegen einer an den Unternehmernachweis, an die Firmeneintragung geknüpften oder steuerpflichtigen, aber ohne Steuernummer ausgeführten Tätigkeit einen Säumniszuschlag, dann kann sie das Werkzeug der ohne Unternehmernachweis, ohne Firmeneintragung geführten Tätigkeit, im Falle der Produktherstellung das Produkt, den Warenbestand – mit Ausnahme verderblicher Ware und lebender Tiere – bis zur Höhe des verhängten Säumniszuschlags sicherungshalber beschlagnahmen und dies in der Entscheidung zur Verhängung des Säumniszuschlags anordnen. Die Steuerbehörde fertigt über die Beschlagnahme im Beisein von zwei behördlichen Zeugen ein Protokoll an, beschlagnahmt die belegten Sachen oder bringt sie auf Kosten des Steuerpflichtigen weg und bewahrt sie auf.
(2) Die Steuerbehörde verwertet die beschlagnahmten Sachen nach den für die Vollstreckung geltenden Vorschriften, wenn der Steuerpflichtige die Strafe nicht innerhalb von 15 Tagen ab dem Fälligkeitszeitpunkt bezahlt.
(3) Die Steuerbehörde erstattet dem Steuerpflichtigen den aus der Verwertung stammenden Betrag soweit er die Strafe, die Verzugszinsen und die Kosten übersteigt.

174. § (1) Die Steuerbehörde verschließt neben der Verhängung eines Säumniszuschlags die Räumlichkeit, in der die steuerpflichtige Tätigkeit ausgeführt wird, für 12 Werktage bzw. verbietet, je nach steuerpflichtiger Tätigkeit, für einen solchen Zeitraum die Ausübung der Tätigkeit, wenn der Steuerpflichtige
a) einen nicht angemeldeten Angestellten beschäftigt hat,
b) Ware unbekannter Herkunft abgesetzt hat,
c) innerhalb eines Jahres in derselben Räumlichkeit (Werkstatt, Geschäft, Lager), in der die steuerpflichtige Tätigkeit ausgeübt wird, bereits das zweite Mal seit der ersten Überwachung seiner Verpflichtung zur Ausstellung von Rechnungen bzw. Quittungen nicht nachgekommen ist.
(2) Für den Fall der wiederholten, im (1) beschriebenen Säumnis, beträgt der Zeitraum für die Versiegelung der Räumlichkeiten bzw. für die Untersagung der Tätigkeit 30, in jedem weiteren Fall 60 Werktage. Dies gilt nicht für den Fall, dass zwischen zwei identischen Säumnisfällen 3 Jahre liegen.
(3) Die Steuerbehörde entscheidet über die verhängte Strafe, über die Versiegelung der Räumlichkeiten bzw. über die Untersagung der Tätigkeitsfortführung in einem sofort vollziehbaren Beschluss. Dieser muss den ersten und letzten Tag der Versiegelung, der Untersagung der Tätigkeitsfortführung erwähnen. Vor der Festsetzung des Versiegelungszeitpunktes muss dem Steuerpflichtigen Zeit gelassen werden, leicht verderbliche Ware und lebende Tiere wegzuschaffen bzw. für die sichere Verwahrung und Aufbewahrung sonstiger Waren zu sorgen. Entsteht durch die Maßnahme einer dritten Person ein Schaden, dann ist der Steuerpflichtige zum Schadensersatz verpflichtet.
(4) Die Räumlichkeiten werden von der Steuerbehörde mit einem Stempel versiegelt und es wird ein gut sichtbarer Aushang angebracht, welcher über den Zeitraum der Schließung und über die Tatsache, dass die Schließung durch die Steuerbehörde erfolgte, informiert. Im Falle einer Behinderung der Versiegelung kann die Steuerbehörde die Mitwirkung der Polizei in Anspruch nehmen.
(5) Übt der Steuerpflichtige die Tätigkeit mit einem anderen Steuerpflichtigen in denselben Räumlichkeiten aus, dann dürfen die in (4) beschriebenen Maßnahmen sich nur auf den Teil der Räumlichkeiten bzw. auf die Werkzeuge erstrecken, der bzw. die von dem säumigen Steuerpflichtigen genutzt wird bzw. werden.

(6) Die Schließung kann nicht angeordnet werden, wenn die Räumlichkeit, in der die Tätigkeit ausgeübt wird, sich in der Wohnung des Steuerpflichtigen befindet oder mit dieser eine untrennbare Einheit bildet und ferner dann nicht, wenn durch die Schließung eines Geschäfts in näherem Umkreis die Befriedigung wichtiger persönlicher Bedürfnisse nicht mehr gewährleistet ist.

Besuchen Sie unsere Internetseite!

Dort finden Sie Informationen über alle Bücher aus unserem Verlag.

www.centaurus-verlag.de

MIX
Papier aus verantwortungsvollen Quellen
Paper from responsible sources
FSC® C105338

If you have any concerns about our products,
you can contact us on
ProductSafety@springernature.com

In case Publisher is established outside the EU,
the EU authorized representative is:
**Springer Nature Customer Service Center GmbH
Europaplatz 3, 69115 Heidelberg, Germany**

Printed by Libri Plureos GmbH
in Hamburg, Germany